THE HISTORY
OF THE DECLINE AND FALL
OF THE ROMAN EMPIRE

로마제국
쇠·망·사

4

EDWARD GIBBON

THE HISTORY
OF THE DECLINE AND FALL
OF THE ROMAN EMPIRE

로마제국
쇠·망·사

4

에드워드 기번

윤수인 | 김혜진 | 김지현 옮김

민음사

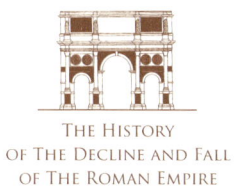

The History
of The Decline and Fall
of The Roman Empire

차 례

일러두기 · viii

39 동로마 황제 제논과 아나스타시우스 · 동고트족의 왕 테오도리크의 출생과 교육, 초기 업적들 · 그의 이탈리아 침략과 정복 · 이탈리아의 고트 왕국 · 서방 세계의 상황 · 군사 정권과 시민 정권 · 원로원 의원 보이티우스 · 심마쿠스의 죽음 · 테오도리크의 회한과 죽음 ······ 1

40 유스티누스 1세의 등극 · 유스티니아누스의 치세: (1)황후 테오도라 · (2)원형경기장에 모인 분파들과 콘스탄티노플의 소요 · (3)비단의 교역과 생산 · (4)재정과 조세 · (5)유스티니아누스가 세운 건축물 · 성 소피아 성당 · 동로마 제국의 요새와 변경 지대 · 유스티니아누스의 아테네 학교와 로마 집정관직 폐지 ······ 39

41 유스티니아누스의 서방 정복 · 벨리사리우스의 성품과 최초의 출정 ·

벨리사리우스의 아프리카 반달 왕국 침공과 정복 · 벨리사리우스의 승리 · 고트 전쟁 · 시칠리아, 나폴리, 로마 수복 · 고트족의 로마 포위 공격 · 고트족의 퇴각과 패배 · 라벤나의 항복 · 벨리사리우스의 영광 · 그의 가정의 수치와 불행 · 그의 아내 안토니나 ──── 121

42 야만 세계의 정세 · 롬바르드족의 도나우 강 연안 정착 · 슬라브 종족과 침략 · 투르크족의 기원, 제국, 외교 사절 · 아바르족의 패주 · 페르시아 왕 호스로우 1세(누시르반) · 그의 치세와 대(對)로마전 · 콜키스 또는 라지카 전쟁 · 에티오피아족 ──── 219

43 아프리카의 반란 · 토틸라에 의한 고트족 왕국의 부활 · 로마의 함락과 탈환 · 나르세스의 이탈리아 최종 정복 · 동고트족의 멸망 · 프랑크족과 알레만니족의 패배 · 벨리사리우스의 최후의 승리, 불명예, 죽음 · 유스티니아누스의 죽음과 그의 품성 · 혜성, 지진, 역병 ──── 273

44 로마 법학의 개념 · 왕정기의 법 · 10인위원회의 12표법 · 민중의 법 · 원로원의 포고 · 정무관의 고시와 황제의 칙령 · 로마 법학자의 권위 · 유스티니아누스의 칙법휘찬, 학설휘찬, 신칙법, 법학제요: ⑴개인권 · ⑵물권 · ⑶위법행위와 소송 · ⑷범죄와 형벌 ──── 329

45 유스티누스 2세의 치세 · 아바르족의 사절 · 그들의 도나우 강 연안 정착 · 롬바르드족의 이탈리아 정복 · 티베리우스의 즉위와 치세 · 마우리키우스의 즉위와 치세 · 롬바르드족과 라벤나 총독 지배하의 이탈리아 정세 · 로마의 고난 · 교황 그레고리우스 1세의 성품과 정책 · 로마의

구원자 ·· 399

46 호스로우(누시르반) 사후의 페르시아 혁명 · 그의 아들 압제자 호르모우즈의 폐위 · 바흐람의 찬탈 · 호스로우 2세의 도주와 복위 · 로마에 대한 그의 사의(謝意) · 아바르족의 왕 · 마우리키우스 황제에 대한 군사 반란 · 그의 죽음 · 포카스의 전제 정치 · 헤라클리우스의 즉위 · 페르시아 전쟁 · 호스로우의 시리아, 이집트, 소아시아 정복 · 페르시아와 아바르족의 콘스탄티노플 포위 · 헤라클리우스의 승리와 개선 ·········· 443

47 성육신 교리의 신학사 · 그리스도의 인성과 신성 · 알렉산드리아와 콘스탄티노플 총대주교들의 대립 · 성 키릴루스와 네스토리우스 · 제3차 에페수스 공의회 · 에우티케스의 이단 · 제4차 칼케돈 공의회 · 민정과 교권의 불화 · 유스티니아누스의 편협함 · 3장논쟁 · 단의론 논쟁 · 동방 종파의 상황 · (1)네스토리우스파 · (2)야고보파 · (3)마론파 · (4)아르메니아파 · (5)콥트파 ·································· 505

일러두기

1. 이 책은 에드워드 기번의 『로마 제국 쇠망사 (*The History of the Decline and Fall of the Roman Empire*)』(전6권, 1776~1788, 런던)를 번역한 것이다. 번역 대본으로 쓴 것은 버리(J. B. Bury)가 편집한 *The Decline and Fall of the Roman Empire*(New York : Random House, Inc., 1995)이다.

2. 로마 시대의 인명, 지명 등은 영어식 음이 아닌 라틴어 음으로 표기하였다. 예: 트라얀(Trajan)→트라야누스, 브리튼(Britain)→브리타니아. 나머지 외국어는 외래어 표기법에 따라 표기하였다.

3. 로마 시대의 민간, 군사 관련 각종 관직명의 번역은 대체로 현재 통용되고 있는 번역어를 사용하였으며, 마땅한 번역어가 없는 것은 라틴어 음을 그대로 달아 놓았다. 예: proconsul→총독, auxiliaries→보조군; spectabiles→스펙타빌레스, dux→두크스

4. 전체 분량의 4분의 1을 차지하는 수많은 각주의 완전 번역에는 많은 무리가 따랐는데, 이른바 '기번의 잡담'이라고도 불리는 4700여 개의 각주 중 기번의 개인적인 감회가 너무 진하게 담긴 것, 각주에서 언급된 본문 부분을 이해하는 데 큰 필요가 없는 것 등 350여 개는 번역을 생략하였음을 밝힌다.

※ 표지를 펼치면 뒷면에 지도가 수록되어 있습니다.

THE HISTORY
OF THE DECLINE AND FALL
OF THE ROMAN EMPIRE

39

THE DECLINE AND FALL
OF THE ROMAN EMPIRE

동로마 황제 제논과 아나스타시우스 · 동고트족의 왕 테오도리크의 출생과 교육, 초기 업적들 · 그의 이탈리아 침략과 정복 · 이탈리아의 고트 왕국 · 서방 세계의 상황 · 군사 정권과 시민 정권 · 원로원 의원 보이티우스 · 심마쿠스의 죽음 · 테오도리크의 회한과 죽음

서로마 제국이 멸망하고 유스티니아누스 황제가 주목할 만한 통치를 하기 전까지 약 50년 동안 제논, 아나스타시우스, 유스티누스 황제가 연이어 콘스탄티노플의 왕좌에 올랐지만, 이들에 대해서는 이름과 불완전한 연대기만이 희미하게 남아 있을 뿐이다. 같은 시기에 이탈리아는 가장 훌륭하고 용감했던 고대 로마인들과 함께 동상을 만들어 세울 만한 자격이 있는 고트족 출신 왕의 치세 아래서 다시 한 번 되살아나 번영을 누렸다.

서기 476~527년

동고트족의 왕 테오도리크는 아말리 왕가[1]의 14대 자손으로, 아틸라가 죽고 2년 후에 비엔나[2] 근처에서 태어났다. 당시 동고트족은 전쟁에서 승리한 덕분에 독립을 회복하였고, 발라미르, 테오데미르, 비디미르 삼 형제가 서로 협력하여 이 호전적인 민족을 통치했는데, 그들은 비록 황폐해졌지만 원래는 비

서기 455~475년, 테오도리크의 출생과 교육

[1] 요르난데스는 테오도리크의 가계를 도미티아누스 황제 시대 즈음에 살았던 반신(半神) 가프트에게서 끌어왔다. 아말리 왕족을 처음으로 칭송했던 카시오도루스는 테오도리크의 손자가 17대 손이라고 계산했다.

[2] 좀 더 정확히 말하자면 카르눈툼 근방의 펠소 호숫가이다. 마르쿠스 안토니누스가 『명상록』을 집필한 곳과 거의 같은 장소이다.

1

옥한 땅이었던 판노니아 지역에 각자 따로 거주지를 정해 놓고 있었다. 훈족은 이처럼 반란을 일으켜 독립한 옛 예속 민족을 여전히 위협하고 있었지만, 그들의 성급한 공격은 발라미르 혼자의 병력으로 간단히 격퇴되었다. 이 승전보가 멀리 떨어진 동생 테오데미르의 진영에 전해진 것은 그의 애첩이 장차 후계자가 될 아들을 낳은 상서로운 때였다. 테오도리크는 여덟 살이 되던 해에 공공의 이익을 위해 어쩔 수 없이 동로마의 황제 레오와의 동맹의 표시로 동로마로 보내졌다. 레오는 1년에 금 300파운드의 보조금을 준다는 조건으로 이에 동의했다. 이 인질 왕자는 콘스탄티노플에서 충분한 애정과 관심을 받으며 교육받았다. 육체는 전쟁의 모든 기술에 적합하도록 단련되었고, 정신은 자유로운 대화의 습관 덕분에 넓게 확장되었으며, 뛰어난 선생이 가르치는 학교에도 다녔다. 그러나 그는 그리스의 문명만은 무시하고 경멸했는데, 끝까지 학문의 기초 지식도 모를 만큼 무식해서 이 문맹의 이탈리아 왕이 서명을 대신할 조잡한 부호가 고안되어야만 했다.³ 그는 열여덟 살이 되자 동고트족의 바람대로 조국으로 돌아갔다. 레오 황제는 관대함과 신뢰를 보여 줌으로써 동고트족을 자기 편으로 만들고 싶어했기 때문이다. 발라미르는 이미 전사했고, 막내인 비디미르는 야만족 군대를 이끌고 이탈리아와 갈리아로 진출해 있었기 때문에, 고트족은 테오도리크의 아버지를 그들의 왕으로 승인하고 있었다. 이 사나운 민족은 젊은 왕자의 건강한 몸과 힘에 찬사를 보냈고, 테오도리크는 곧 그들에게 자신이 용맹스러웠던 조상들에게 뒤지지 않는다는 점을 입증해 보였다. 그는 6000명의 지원군을 이끌고 막사를 몰래 빠져나와 모험을 찾아 도나우 강을 따라 싱기두눔, 즉 지금의 벨그라데까지 내려갔다가, 사르마르티아의 한 왕을 쳐부수고 살해한 후 그 전리품을 가지고 되

---

3 그의 이름의 첫 네 글자(ΘΕΟΔ)를 황금 판에 새긴 다음 종이에 갖다 대면, 왕이 그 틈새로 그려 서명했다. 프로코피우스와 그 시대 고트인들이 증언한 이 권위 있는 사실이 엔노디우스나 테오파네스의 모호한 칭찬보다 훨씬 중요한 의미를 지닌다.

돌아왔다. 그러나 이런 승리는 민족의 명성을 드높였을 뿐이었고, 무적의 동고트족도 식량과 의복의 결핍이라는 극심한 고통을 맛보아야 했다. 그들은 만장일치로 판노니아의 야영지를 버리고 따뜻하고 풍요로운 비잔티움 궁정 근처로 과감하게 진출하기로 뜻을 모았다. 그곳은 이미 동맹 관계에 있는 여러 고트족들이 차지해 긍지와 사치를 누리고 있었다. 동고트족은 몇 번의 적대 행위를 통해 자신들이 위험하거나 적어도 성가신 적이 될 수 있음을 보여 준 다음, 자신들의 화해와 충성을 비싼 값에 팔아 땅과 돈을 얻었고, 아버지의 죽음으로 아말리 왕가의 세습 왕좌를 물려받은 테오도리크의 지휘 아래 도나우 강 하류를 방어하게 되었다.4

4 동고트족의 상황과 테오도리크의 젊은 시절에 대한 이야기는 요르난데스와 말쿠스의 저술에서 찾아볼 수 있다. 이들은 그를 발라미르의 아들이라고 잘못 칭했다.

테오도리크는 왕가의 혈통을 이어받은 영웅이었으니만큼, 로마의 자의를 입고 있었지만 육체적·정신적으로 천부적인 재능도 없었고 왕가 혈통도 아니었고 뛰어난 자질을 갖추지도 못했던 저 비천한 이사우리아인을 분명 경멸했을 것이다. 테오도시우스 왕조가 사라진 이후 마르키아누스와 레오 황제까지는 풀케리아와 원로원의 선택을 어느 정도 정당하다고 할 수 있을 것이다. 다만 레오 황제는 감사와 복종이라는 부채를 너무 무리하게 강요한 아스파르와 그 아들들을 배은망덕하게 살해함으로써 자신의 치세를 확립하는 동시에 더럽히기도 했다. 레오 황제를 이을 동방의 후계자는 황제의 딸 아리아드네가 낳은 젖먹이 손자로 평화롭게 정해졌다. 아리아드네의 남편은 이사우리아 출신이었는데, 이 행운의 사나이는 트라스칼리세우스라는 야만족의 냄새가 물씬 풍기는 이름을 그리스식 이름인 제논으로 바꾸었다. 레오 1세가 사망한 이후 그는 자기 아들에게 부자연스러울 정도의 존경을 표하며 왕좌 주위를 맴돌았고,

서기 474~491년, 제논의 통치

그 대가로 주어진 제국의 2인자라는 지위를 겸허하게 받아들였다. 그런데 자신의 야망을 실현하는 데 더 이상 도움이 되지 않는 어린 황제가 갑자기 죽자 대중의 의심을 불러일으키게 되었다. 그러나 당시 콘스탄티노플 궁정은 여인들이 지배했고, 여인들의 열정에 의해 움직이고 있었다. 레오의 미망인 베리나는 남편이 다스리던 제국은 자신의 것이라고 주장하며, 오직 자신만이 동로마의 황제로 인정해 준 이 쓸모없고 배은망덕한 신하의 폐위를 선언했다. 그녀가 제논에게 반역이라는 말을 꺼내자마자 그는 황급히 이사우리아의 산속으로 도망쳤다. 그러자 아프리카 원정 실패로 이미 명예가 실추된 그녀의 남동생 바실리스쿠스가 비굴한 원로원의 만장일치의 찬성으로 제위에 올랐다. 그러나 이 찬탈자의 치세는 짧고도 혼란스러웠다. 바실리스쿠스는 대담하게도 누님의 애인을 살해했고, 아내의 애인이었던 허영심 많고 무례한 하르마티우스를 공격하기도 했다. 이 하르마티우스라는 자는 동양적인 사치에 푹 젖어 살면서도, 아킬레스처럼 입고 행동하면서 이름까지 빌려 썼다. 불만을 품은 자들의 음모로 제논이 추방에서 다시 돌아왔고, 군대와 수도와 바실리스쿠스의 신병이 그에게 인도되었다. 바실리스쿠스와 그의 전 가족은 오랫동안 적과 대면하거나 용서할 용기조차 없는 이 몰인정한 승리자에 의해 추위와 배고픔 속에서 고통받아야 했다. 오만했던 베리나는 여전히 굴복하거나 포기하지 못했다. 그녀는 총애하던 한 장군의 적의를 선동했고, 그가 파면당하자 시리아와 이집트에서 7만 명의 군사를 일으켜 그를 황제로 선언하고 죽는 순간까지 결실도 없는 반란을 계속하였다. 이런 일은 당시의 유행에 따라 그리스도교 은자들과 이교도 주술사들에 의해 이미 예언된 것이었다. 동로마가 베리나의 정열로 혼란스러운 동안 그녀의 딸 아리아드네는 여성다운 온화한 성품과 정절을 보여 주었다. 그녀는 남편의 추방 생활에도 따라갔고, 복위한 후에는 어머니에게 자비를 베풀어 줄 것을 간청하였다. 제논이 죽고 나서 황제의 딸이자 어머니였고 이제 미망인이 된 아리아드네는 아나스타시우스와 결혼하여 그에게 황제의 칭호를 주었다. 궁정의 노신(老臣)이었던 아나스타시우스는 27년이 넘게 재임했으며, 그의 인품은 "지금까지 살아온 것처럼만 통치하소서."라는 백성들의 찬사로 대변된다.

서기 491~518년,
아나스타시우스의 통치

　　제논은 동고트족의 왕에게 두려움이나 애정의 증거로 줄 수 있는 모든 것을 아낌없이 제공하였다. 귀족의 칭호와 집정관의 지위, 군대의 지휘권, 기마상 한 개와 수천 파운드의 금은보화, 아들의 칭호와 돈 많고 명예로운 신부를 중매하겠다는 약속 등이 그것이다. 테오도리크가 얌전하게 복종한 동안에는, 그는 용맹과 충성심을 발휘하여 은인을 도왔다. 그의 급속한 진군이 제논의 복위를 도와 주었고, 두 번째 반역이 일어났을 때는 그가 이끄는 발라미르군이 동방의 반역도들을 뒤쫓고 압박해서 황제의 군대가 손쉽게 승리를 거둘 수 있도록 해 주었다. 그러나 이 충실한 신하는 어느 순간 갑자기 무시무시한 적으로 변해 버렸다. 전쟁의 불길은 콘스탄티노플에서 아드리아해까지 번져 나가 번영하던 수많은 도시들이 잿더미로 변했고, 포로로 잡힌 농부들의 쟁기질하는 오른손을 잘라 내기도 한 고트족의 무자비한 잔혹성으로 트라키아의 농업은 거의 초토화되었다.5 이런 와중에 테오도리크는 배신자, 감사할 줄 모르는 배은망덕한 자, 만족할 줄 모르는 탐욕가 등의 타당하고도 소리 높은 비난을 감내하고 있었다. 그러나 이런 행위는 그가 처

서기 475~488년,
테오도리크의 공헌과 반란

5 이 잔인한 행위는 발라미르군보다 덜 야만적이었던 트리아리우스의 고트군이 저지른 것 같지만, 어쨌거나 로마의 수많은 도시를 초토화한 책임은 테오데미르의 아들에게 있다.

39장 5

한 상황이 매우 절박하고도 필연적이었다는 사실만으로 변명될 수 있다. 그는 군주로서가 아니라 한 사나운 민족의 대표로서 통치했는데, 이 민족의 기상은 예속에도 굴하지 않았고, 실제적인 혹은 가상적인 모욕은 조금도 참아 내지 못했다. 그들에게 가난은 치유할 수 없는 병이었는데, 아무리 후한 하사품을 내려도 낭비와 사치로 금방 없애 버렸고, 아무리 비옥한 영토도 그들의 손만 닿으면 황폐하게 변해 버렸기 때문이다. 그들은 근면한 속주민들을 경멸하면서도 부러워했다. 동고트족은 생필품이 떨어지면 전쟁과 약탈이라는 익숙한 수단에 의존하였다. 테오도리크의 소망은 스키타이의 경계 내에서 평화롭고 조용히 복종하며 사는 것이었지만(적어도 그는 이렇게 공언하고 있다.), 비잔티움 궁정이 화려하고도 믿을 수 없는 약속들을 남발하면서 동맹 관계인 다른 고트 부족을 공격하도록 유혹했다는 것이다. 그가 모에시아의 주둔지에서 출발할 때만 해도 아드리아노플에 도착하기 전에 풍부한 물자와 말 8000마리, 군사 3만 명이 보강될 것이고, 아시아의 군단이 자신들을 지원하기 위해 헤라클레아에서 야영하고 있다는 약속을 믿어 의심치 않았다. 그러나 이런 지원들은 서로 간의 질시로 이루어지지 않았다. 테오데미르의 아들이 트라키아에 도착했을 때 마주친 것은 아무도 없는 황량한 고립무원의 상태였다. 수많은 말, 당나귀, 마차를 이끌고 따르던 고트족 병사들은 안내자의 배신으로 손디스 산의 기암절벽 속으로 내몰려 트리아리우스의 아들인 또다른 테오도리크에게 무차별 공격을 당했다. 이 교활한 경쟁자는 가까운 산등성이에서 발라미르군의 진영을 향해 욕설을 퍼부으며 그들의 지휘관을 어린아이, 미치광이, 배신자, 동족의 원수 등이라고 모욕적으로 불러댔다. 트리아리우스의 아들은 이렇게 외쳤다.

너는 아느냐? 고트족을 동족 간의 칼부림으로 멸망하게 하는 것이 로마인들의 변함없는 정책인 것을? 이렇게 비정상적인 전투의 승자는 필연적으로 그들의 무자비한 복수의 대상이 된다는 사실을 정녕 모른단 말인가? 그대의 전사들, 나와 그대의 가신들은 지금 어디에 있는가? 남겨진 아내들은 그대의 무모한 야심 때문에 그들의 생명이 희생되었다며 눈물짓고 있다. 고향을 버리고 그대의 군기 아래 모인 병사들의 재산은 어디로 갔는가? 각자 서너 마리의 말은 가지고 있었을 테지만 지금은 그대를 따라 트라키아의 사막을 노예처럼 걸어가야 한다. 그대와 마찬가지로 고귀하고 자유로웠던 용사들이 황금을 말로 퍼담을 거라는 약속에 현혹된 것이 아닌가?"

이런 말은 고트족의 기질에 너무도 잘 들어맞았으므로 병사들은 동요했고 여기저기서 불만이 터져 나왔다. 테오데미르의 아들은 혼자 남겨질 것이 두려워 동족과 연합할 수밖에 없었고, 로마인들이 자주 쓰는 수법인 배반 행위를 모방하게 되었다.

테오도리크의 신중함과 단호함은 행운이 따를 때나 불운할 때나 한결같이 돋보였다. 고트족 연합군을 이끌고 콘스탄티노플 궁정을 위협할 때도 그러했고, 한 무리의 충직한 부하들을 이끌고 에피루스의 산악과 해안 지대로 후퇴할 때도 그러했다. 마침내 트리아리우스의 아들이 사고로 죽자[6] 로마인들이 그토록 원했던 균형은 깨졌고, 고트족 전체가 아말리 가의 테오도리크의 주권을 인정하자 비잔티움 궁정은 불명예스럽고 고압적인 조약에 서명할 수밖에 없었다. 원로원은 이미 고트족 전체를 먹여 살릴 수는 없으므로 그중 어느 한 무리만을 선택

서기 489년,
이탈리아 정복에
착수한 테오도리크

[6] 자신의 야영지에서 말을 타고 있는데, 갑자기 사나워진 말이 막사 앞에 걸려 있던, 혹은 마차 위에 놓여 있던 창끝에 그를 내던졌다고 한다.

해야 한다고 선언하고 있었다. 가장 약체인 고트족 군대7를 유지하려 해도 보조금으로 금 2000파운드와 병사 1만 3000명에게 지급할 막대한 봉급이 필요했다. 게다가 이사우리아인들은 제국이 아니라 황제를 경호하면서 약탈의 특권을 누렸을 뿐 아니라 1년에 5000파운드의 연금을 받았다. 현명한 테오도리크는 자신이 로마인들에게는 미움을 받고 동족에게는 의심을 받는다는 사실을 알아차렸다. 백성들은 오두막에서 매서운 추위와 싸우며 견딜 수 없을 정도의 고난을 겪고 있는데, 왕이라는 자는 그리스풍의 사치에 젖어 있다는 대중들의 불만도 알고 있었다. 그는 제논 황제의 옹호자로서 고트족에 맞서느냐, 아니면 황제의 적으로서 고트족을 이끌고 싸우느냐 하는 두 가지 어려운 대안을 놓고 깊이 고심했다. 마침내 자신의 용맹과 야심에 부합되는 방법을 생각해 낸 테오도리크는 황제에게 다음과 같이 말했다.

> 비록 신은 폐하의 은혜로 풍요롭게 살고 있지만, 부디 제 가슴에서 울려 오는 소망을 들어 주십시오. 폐하의 선조들의 땅이었던 이탈리아도, 세계의 우두머리이자 연인인 로마도 지금은 용병 오도아케르의 폭력과 억압 아래 신음하고 있습니다. 저와 저의 군대가 그 폭군에 대항해 싸우도록 해 주십시오. 제가 패배한다면 폐하는 돈 많이 들고 귀찮은 친구에게서 해방될 것이고, 하늘이 도와 제가 승리한다면 폐하의 이름과 영광 아래서 로마 원로원과 저의 군대에 의해 예속에서 구원되는 공화국의 일부를 통치하게 해 주십시오.

테오도리크의 제안은 받아들여졌는데, 아마도 비잔티움 궁정에서 미리 제시한 방안 같기도 하다. 그러나 위임이나 승인의

7 사비니우스의 기술과 군기로 승부가 판가름 난 단 한 번의 전투에서 테오도리크는 5000명의 병사를 잃었다고 한다.

형식은 상황에 따라 얼마든지 바뀔 수 있게 신중하고 모호하게 표현되었고, 이탈리아를 정복한다면 동로마 황제의 신하나 대리인으로 통치할 것인지 동맹으로 통치할 것인지도 확실하게 정해 두지 않았다.

　지휘관과 그가 이끄는 전쟁에 대한 소문은 종족 전체에 커다란 반향을 일으켰다. 이미 제국의 군대에 복무하거나 속주에 정주하고 있던 고트족이 구름처럼 몰려들어 발라미르군은 대군으로 불어났다. 이탈리아의 부와 아름다움에 대해 익히 알고 있던 이 대담한 야만족들은 더없이 위험한 이번 모험을 통해 매혹적인 전리품을 챙기려는 욕심에 들떠 있었다. 테오도리크의 진군은 한 민족 전체의 이동으로 생각해야만 한다. 고트족의 처자식, 노부모와 귀중한 재산까지 모두 조심스럽게 수송되었다. 이때 군대를 따라간 엄청난 수송 물자의 규모는 에피루스에서 벌어진 단 한 번의 전투로 마차 2000대가 소실되었다는 사실로 어느 정도 짐작할 수 있을 것이다. 식량은 여자들이 휴대용 맷돌로 갈아 낸 곡류, 함께 데리고 간 가축들의 젖과 고기, 가끔씩 생기는 사냥감, 그리고 그들의 진로를 감히 방해하거나 우호적인 원조를 거부한 사람들에게 부과한 공납품 등에 의존하였다. 이런 세심한 주의에도 불구하고 혹독한 추위가 몰아치던 한겨울에 700마일을 행군한 그들은 기아의 위험, 아니 실제로 극심한 기아의 고통에 시달렸다. 로마가 멸망한 이후 다키아와 판노니아는 이미 사람들이 붐비는 도시의 풍요로운 모습, 잘 경작된 들판, 편리한 가도 등의 풍경이 모두 사라지고, 야만과 황폐의 지배가 되돌아왔다. 그 텅 빈 속주를 차지한 불가리아족, 게피다이족, 사르마티아족은 자신들의 타고난 사나움 때문인지 오도아케르의 사주를 받았는지는 모르지

테오도리크의 진군

[8] 테오도리크의 진군에 대해서는 엔노디우스가 자료를 제공하고 또 설명해 주었다. 단 장관설의 웅변을 상식적인 언어로 번역해 이해해야 한다.

[9] 왕이라는 칭호는 멋대로 불어나 그 가치가 하락하였고, 이탈리아의 용병은 수많은 부족과 민족들이 모인 산만한 집단이었음을 기억해야 한다.

만, 고트족의 진군에 저항했다. 잘 알려지지는 않았지만 치열했던 수많은 전투에서 테오도리크는 싸우고 또 이겼으며, 교묘한 작전과 불굴의 용기로 모든 장애를 극복하고 마침내 율리아알프스를 넘어 자신의 무적의 깃발을 이탈리아의 경계에 꽂았다.[8]

서기 489년 8월, 9월, 490년 8월, 오도아케르의 세 번의 패배

그의 군사력에 뒤지지 않는 경쟁자였던 오도아케르는 이미 아퀼레이아의 폐허에서 가까운 손티우스 강의 잘 알려진 유리한 요새를 점령하고 강력한 대군을 거느리고 있었다. 이 대군의 각기 독립적인 왕들[9] 또는 지휘관들은 복종의 의무나 신중한 지체 따위는 경멸하는 사람들이었다. 테오도리크는 피곤에 지친 기병대에게 짧은 휴식과 충전 시간을 준 다음 곧바로 적의 요새를 공격했다. 이탈리아 영토를 차지하려는 동고트족의 열의가 그것을 방어하는 용병들의 열의보다는 훨씬 컸다. 그들은 첫 번째 승리의 대가로 베로나 성벽에까지 이르는 베네치아 속주의 소유권을 얻었다. 이 도시 부근에 있는 아디게 강의 급류가 흐르는 험준한 기슭에서 테오도리크는 수도 불어나고 사기도 떨어지지 않은 새로운 군대를 만났다. 전투는 치열했지만 결과는 좀 더 결정적이었다. 오도아케르는 라벤나로 도망쳤고 테오도리크는 밀라노로 진군했으며, 패배한 군대는 존경과 충성을 약속하는 높은 환호성으로 정복자를 맞이했다. 그러나 그들은 절개도 신의도 없는 민족이었으므로 테오도리크는 곧 절박한 위험에 빠지고 말았다. 몇몇 고트족 코메스도 포함된 선봉대가 성급하게도 탈영병을 믿었다가, 그자의 이중 배신행위로 파엔차 부근에서 전멸되었다. 오도아케르가 다시 전쟁터의 지배자로 등장하자, 침략군은 파비아의 야영지에 깊게 참호를 파고 들어앉아 동족인 갈리아의 서고트족에게 도움을 요청하는 수밖에 없었다. 이 부분은 전쟁에 대한 탐욕스러운

욕망을 차고 넘치게 만족시켜 주는 대목이지만, 필자로서는 불명료하고 불완전한 자료 때문에 이탈리아의 수난과 종국에는 고트족 왕의 능력과 경험과 용맹의 승리로 귀결된 이 방대한 이야기를 충분히 제공하지 못하는 것에 대해 별로 아쉽지는 않다. 베로나 전투 직전에 테오도리크는 어머니[10]와 누이가 있는 막사를 방문하여 자신의 삶에서 가장 빛나는 축제가 될 이 날에 손수 만든 화려한 의상으로 자신을 장식해 달라고 부탁했다. 그는 이렇게 말했다.

우리의 영광은 함께하며 결코 분리될 수 없는 것입니다. 어머니는 세상에 테오도리크의 어머니로 알려질 것이고, 저는 제가 우리의 조상으로 주장하는 저 영웅들의 진정한 후손임을 입증하게 될 것입니다.

테오데미르의 처인지 첩인지 모를 이 여인에게 아들의 생명보다 명예를 훨씬 중요시하는 게르만 어머니들의 기상이 되살아났다. 테오도리크가 위급한 상황을 맞아 도망치는 무리들과 함께 황급히 퇴각했을 때, 이 여인이 대담하게 막사 입구에서 그들을 맞아 온화하게 꾸짖은 다음 다시 적의 창검 앞으로 돌려보냈다는 일화도 전해진다.[11]

알프스에서 칼라브리아 반도의 극단에 이르는 지역을 테오도리크는 정복자의 권리로 통치했다. 반달족 사절은 시칠리아를 그의 왕국의 합법적인 영토로 양도해 주었고, 도망친 찬탈자(오도아케르)에게는 문을 굳게 닫고 있던 원로원과 시민들은 그를 로마의 구원자로 받아들였다. 자연과 기술로 요새화되어 안전했던 라벤나만이 거의 3년에 걸친 포위 공격을 견뎌

서기 493년 3월,
오도아케르의 항복과 죽음

[10] 웅변가가 어전에서 모후를 언급하며 칭찬했을 수도 있으므로, 테오도리크의 위대성이 첩이나 사생아의 속된 비난으로 손상되지는 않았다는 정도로 결론 내릴 수 있을 것이다.

[11] 이 일화는 근래의 작가이지만 권위를 존중할 수 있는 시고니우스에 의해 전해진다. 그의 말투는 좀 기묘한데, "좀 돌아가 주시겠습니까?" 이런 식이다. 그녀는 처음의 퇴각 장소를 제시하고 거의 과시하기까지 했다.

냈는데, 오도아케르가 과감하게 출정할 때마다 고트족 진영에는 한바탕 살육과 혼란이 몰아쳤다. 그러나 결국 식량도 바닥나고 구원의 희망도 사라지자 이 불운한 군주는 백성들의 신음과 병사들의 불만에 굴복했다. 라벤나 주교에 의해 평화 협정이 중재되었고, 동고트족은 도시로 받아들여졌으며, 두 적대적인 왕은 동등하고 통합된 권위로 이탈리아 속주를 통치하기로 엄숙히 맹세하였다. 그러나 이런 조약의 결과는 쉽게 예견할 수 있다. 며칠 동안 눈속임으로 기쁨과 우정의 시간을 보낸 다음, 오도아케르는 성대한 연회 중에 경쟁자의 손에 의해, 적어도 그의 지령에 의해 칼에 찔려 살해당했다. 비밀리에 효과적인 명령이 미리 내려져 있었으므로, 신의 없고 탐욕스러운 용병들은 같은 때에 아무런 저항도 못해 보고 모두 학살당했다. 그리하여 고트족은 테오도리크에게 충성을 맹세했고, 동로마의 황제는 뒤늦게 마지못해 모호한 태도로 승인해 주었다. 이런 경우 대개 패배한 폭군이 음모를 계획했다고 덮어씌우는 법이지만, 그는 죄가 없고 정복자에게 죄가 있다는 사실은 강자라면 진심으로 승인할 리 없고 약자라도 경솔하게 위반할 수 없는 유리한 조약으로 충분히 입증되었다. 권력에 대한 열망이라든지 내란이 가져오는 해악 등을 언급하면 좀 더 품위 있는 변명이 될 것이고, 이탈리아에 공공의 행복을 부활시키는 데 꼭 필요했던 범죄라고 하면 좀 덜 엄격한 선고가 내려졌을 것이다. 어쨌든 이 행복을 가져다준 이는 살아 생전에 세속의 웅변가들과 성직자들에게 지나치리 만큼 넘치는 찬사를 받았다.[12] 그러나 역사는(그의 시대에 역사는 불명예스러운 침묵을 지켰다.) 테오도리크의 미덕을 잘 보여 주는 사건도 흠집을 낼 만한 결점도 전혀 남기지 않았다.[13] 그의 명성에 관한 기록으

서기 493년~526년, 이탈리아의 왕 테오도리크의 통치

[12] 엔노디우스의 낭랑하고 비굴한 웅변은 서기 507년, 혹은 508년에 밀라노, 혹은 라벤나에서 행해졌다. 2, 3년 후에 그는 파비아의 주교라는 보상을 받았는데, 이 직위를 521년에 사망할 때까지 유지했다.

[13] 가장 훌륭한 자료들은 프로코피우스와 발레시아누스 단편이다. 이 단편은 서몬드(Sirmond)가 발굴해서 암미아누스 마르켈리누스 다음에 붙여 출간하였다. 저자의 이름은 알려지지 않았지만, 그의 문체는 야만족의 것인 듯하다. 그러나 그가 보여 준 여러 가지 사실들에서, 열정은 없지만 지식은 많은 동시대인의 면모를 보여 준다. 몽테스키외는 테오도리크의 역사를 쓰려는 계획을 세웠는데, 이것은 멀리서는 풍부하고도 흥미로운 주제로 보일 것이다.

로는 카시오도루스가 왕의 이름으로 펴낸 공공 서한집 한 권이 현존하는데, 이 책은 원래의 가치 이상으로 절대적인 신뢰를 얻고 있는 것 같다.14 이 서한집은 테오도리크의 통치의 실체보다는 그 형식만을 보여 준다. 이 수사학자의 장광설과 학식의 나열, 로마 원로원의 소망, 관례와 판례들, 모든 시대 모든 궁정을 막론하고 신중한 관리들이 주로 사용하는 모호한 언어로 된 선언 등에서는 테오도리크의 순수하고 진정한 감정을 전혀 찾아볼 수 없다. 테오도리크의 명성은 33년에 걸친 치세 동안 눈에 띄게 드러났던 평화와 번영, 동시대인들의 만장일치의 존경, 고트족과 이탈리아인들이 가슴 깊이 느낀 그의 지혜와 용맹, 정의감과 인간애에 대한 기억 등을 기초로 판단하는 것이 더 합당할 것이다.

이탈리아의 영토를 삼등분한 후에 그 3분의 1을 병사들에게 할당한 일은 테오도리크 생애에 저지른 유일한 부당 행위라고 조심스럽게 비난받기도 한다. 그러나 이 행위마저도 오도아케르의 전례를 보나, 정복자의 권리라는 차원에서 보나, 또는 이탈리아인의 진정한 이익이라는 관점, 또는 자신의 약속을 믿고 머나먼 타향까지 따라온 전 민족을 먹여 살려야 한다는 신성한 의무의 관점15에서 볼 때 충분히 변명될 수 있을 것이다. 테오도리크의 치세와 이탈리아의 온화한 기후 속에서 고트족 남자들은 곧 20만의 강력한 집단으로 불어났고,16 여기에 통상적인 여자들과 아이들의 수를 더하면 가족을 합한 전체 인구가 어느 정도인지 추산할 수 있을 것이다. 토지와 건물에 대한 그들의 침해는, 그중 일부는 이미 비어 있기는 했지만, '환대'라는 관대하지만 다소 부적절한 이름으로 위장되었다. 환영받을 리 없는 이 손님들은 이탈리아 각지에 불규칙하게 흩어졌는데, 각자가 차지할 몫은 출신이나 관직, 부양할 식솔, 노예나 가축의

14 『다양한 책』의 가장 훌륭한 편집본은 가레티우스(Joh. Garretius)의 것이다. 훗날 마페이(Scipio Maffei) 후작이 편집하여 베로나에서 출간한 바 있다. 『우아한 야만인』(티라보시(Tiraboschi)가 이런 훌륭한 이름을 붙였다.)은 결코 단순하지도 않고, 그렇다고 명쾌하지도 않은 책이다.

15 마페이는 고트족의 부당성을 과장했는데, 그는 고트족을 이탈리아 귀족으로 생각하여 증오하였다. 평민 무라토리(Muratori)는 그들의 억압에 몸을 낮췄다.

16 엔노디우스는 고트족의 군사 기술과 인구 증가를 묘사한 바 있다.

형태로 소유한 조잡한 재산 등에 맞게 정해졌다. 귀족과 평민의 구분은 있었지만,17 모든 자유민이 소유한 영토는 세금을 면제받았고, 그들은 조국의 법률에만 복종하면 된다는 무한한 특권을 누렸다. 유행과 편리성 때문에 정복자들은 곧 원주민들의 좀 더 우아한 의상을 입게 되었지만, 언어는 계속해서 모국어를 사용했다. 로마 학교를 경멸하는 것에 대해서는 테오도리크도 환영했는데, 그는 회초리를 보고 떠는 아이는 커서 창검을 감히 쳐다보지도 못한다고 선언함으로써 민족과 자기 자신의 편견을 만족시켰다.18 가난으로 고통받던 로마인이 때때로 야만족 같은 사나운 행동을 한 반면, 부유하고 사치스러워진 야만족들은 예전의 사나운 습성을 어느새 잊고 있었다.19 그러나 이런 상호 간의 역전은 테오도리크가 정책적으로 장려한 바는 아니었다. 그는 이탈리아인과 고트족의 분리를 영속화시켜 전자는 평화 시의 기술을, 후자는 전쟁 복무를 담당하게 할 생각이었다. 이와 같은 계획을 실현하기 위해 그는 근면한 백성들은 보호하고, 나라의 방위를 맡은 병사들은 용맹은 그대로 유지하게 하면서 폭력성은 완화시키고자 세심한 노력을 기울였다. 병사들은 군인의 보수로 땅과 봉급을 받았고, 진군의 나팔소리가 울리면 언제든지 자신이 속한 속주 장군의 휘하에서 진격할 준비를 갖추고 있었으며, 이탈리아 전역이 잘 정돈된 막사가 있는 여러 개의 병영으로 나뉘어 있었다. 궁정이나 국경의 방위는 선택되거나 혹은 순번제로 돌아가며 맡았는데, 특별하게 과중한 업무가 부과될 때는 봉급을 올려 주거나 부정기적인 하사금으로 보상되었다. 테오도리크는 그의 용감한 동지들에게 제국은 정복할 때와 똑같은 노력과 기술로 방어해야만 한다는 점을 납득시켰다. 그의 모범을 따라서 병사들은 승리의

고트족과 이탈리아인의 분리

17 테오도리크가 누이를 반달족 왕과 결혼시켰을 때, 그녀는 1000명의 고트족 귀족들과 함께 아프리카로 항해해 갔으며, 귀족들은 각각 다섯 명씩의 무장한 수행원을 데리고 갔다. 고트족 귀족은 용감했던 만큼 수도 많았음에 틀림없다.

18 로마인 소년들은 고트어를 배웠다. 그들의 보편적인 무지는 몇몇 예외들이 있다 해도 바뀌지 않는다. 여성이었던 아말라손타는 수치심 없이 배울 수 있었고, 테오다투스의 학식은 동포들의 분노와 경멸을 불러일으켰다.

19 이런 경험에 기초한 테오도리크의 명언이 전해진다. "불쌍한 로마인들은 고트인을 흉내 내고, 혜택받은 고트인들은 로마인을 흉내 낸다."

견인차였던 창검의 사용뿐 아니라 그때까지 무시하고 있던 날아다니는 무기들의 사용에도 정통하려고 노력했고, 고트족 기병대의 일상 훈련과 연례 열병식에서는 실제 전쟁의 모습이 생생하게 재현되었다. 온건하기는 했지만 확고한 규율이 겸양과 복종, 절제의 미덕을 요구했고, 고트족은 시민들에게 해를 입히지 말 것, 법률을 존중할 것, 시민사회의 의무를 이해할 것, 결투나 사적인 복수 같은 야만적 습성을 포기할 것 등을 교육받았다.[20]

테오도리크의 승리는 서방의 야만족들에게 보편적인 경각심을 불러일으켰다. 그러나 그가 지금의 승리에 만족하며 평화를 원한다는 사실을 알게 되자 공포는 존경으로 바뀌었다. 그리고 한결같이 야만족들의 분쟁을 화해시키고 습성을 교화시키려는 선한 의도로 이루어진 그의 강력한 중재에 복종했다. 유럽의 먼 나라들에서 라벤나의 궁정을 방문한 사절들은 그의 지혜, 기품,[21] 예의 바름에 감복했다. 그는 때때로 노예나 무기, 백마나 진귀한 동물 등을 선물로 받기도 했지만, 이탈리아 백성들의 뛰어난 기술과 노력으로 만든 해시계, 물시계, 음악가 등을 선물하여 갈리아의 군주들까지도 깜짝 놀라게 만들었다. 결혼을 통한 동맹[22]은 아내와 두 딸, 누이와 조카딸을 통해서 테오도리크 가문을 프랑크족, 부르군트족, 서고트족, 반달족, 튀링기아족 왕가와 연결시켰고, 이것은 방대한 서유럽 공화국들 간의 조화와 균형을 유지하는 데 크게 공헌하였다.[23] 게르마니아와 폴란드의 울창한 숲에서 헤룰리족의 이동을 추적하기는 쉽지 않은데, 이들은 갑옷을 입는 것조차 경멸하고 과부나 나이 든 부모가 남편을 잃거나 체력이 약해진 다음에도 살아 있는 것을 책망할 정도로 흉포한 민족이었다.[24] 이 무지막

[20] 이탈리아에서의 고트족 군대의 확립에 대해서는 카시오도루스의 서한집을 참고하였다.

[21] 심지어 그의 식탁과 궁정에 대해서도 감탄했다. 방문객들의 찬탄은 그런 허황된 지출을 납득시키기 위해, 혹은 그런 직무를 맡은 관리들의 노력을 촉구하기 위해서였다고 설명되고 있다.

[22] 고트족 왕조의 부르군트족, 프랑크족, 튀링기아족, 반달족과의 공적, 사적인 동맹 관계를 참조하라. 이 서한집은 야만족들의 정책과 습성에 대한 흥미로운 지식들을 제공해 준다.

[23] 그의 정치 체계는 카시오도루스, 요르난데스, 발레시아누스의 단편 등에서 다루고 있다. 평화, 명예로운 평화가 테오도리크의 일관된 목표였다.

[24] 호기심 많은 독자라면 프로코피우스가 묘사한 헤룰리족을 연구해 볼 것이고, 인내심 많은 독자라면 뷔아(M. de Buat)의 모호하고 세세한 연구 속으로 빠져들 것이다.

25 이런 군사적 제도의 정신과 형식은 카시오도루스에 의해 관찰되었다. 그러나 그는 단지 고트족 왕의 감상을 로마의 웅변으로 바꿔 놓은 데 지나지 않은 듯하다.

26 카시오도루스는 발트해에 살았던 이 문맹의 야만족 아이스티아족에 대해 타키투스를 인용했다. 이 지역의 호박은 무척 유명했는데, 그것은 나무의 수액이 햇빛으로 단단해지고 파도에 씻겨 깨끗해진 것이었다. 이 특이한 물체를 화학자가 분석해 보니 식물성 기름과 무기산으로 이루어져 있었다고 한다.

27 요르난데스와 프로코피우스가 스칸치아, 즉 툴레를 묘사하였다. 고트인이나 그리스인 모두 이 지역을 방문하지는 않았지만, 라벤나나 콘스탄티노플로 은신한 그 지역 원주민들과는 소통하였다.

28 요르난데스 시대에 담비는 스웨덴에 서식했다. 그러나 이 아름다운 동물은 점차 시베리아 동부로 쫓겨났다.

29 베일리(M. Bailly)의 체계 혹은 로맨스에서는 에다의 피닉스, 해마다 반복되는 아도니스와 오시리스의 죽음과 부활은 극지방에서 해가 사라졌다 돌아오는 것의 우화적 상징이다. 이 재능있는 작가는 위대한 뷔퐁(Buffon)의 훌륭한 사도인데, 아무리 차가운 이성의 소

지한 전사들의 왕조차도 테오도리크의 우정을 간청하여 군사적 입양이라는 야만족의 의식에 따라 아들의 지위로 승격되었다.25 발트 해 연안에서는 아이스티아족, 즉 리보니아족이 역시 그의 명성에 탄복하여 알지도 못하는 위험한 1500마일의 길을 여행하여 왕의 발밑에 지역 토산품인 호박26을 진상하였다. 테오도리크는 고트족이 맨 처음 발현한 지역27과도 친밀하게 자주 연락을 주고받아서, 이탈리아인들이 스웨덴의 호사스러운 담비 모피28를 입기도 했고, 그 지역의 군주 중 한 명은 자발적이었는지 강요된 것인지는 모르지만 퇴임한 후에 라벤나의 궁정을 은신처로 삼아 따뜻한 환대를 받기도 했다. 이 사람은 툴레라는 모호한 명칭으로 불리기도 한 스칸디나비아 반도의 작은 한 지역을 개간해, 상당한 인구로 이루어진 열세 개 부족을 다스렸던 사람이다. 이 북쪽 지방은 위도 68도 정도까지 사람이 살거나 적어도 탐험되었는데, 이 극지방의 주민들은 매년 하지와 동지 즈음에 40일간 햇빛을 전혀 받지 못하다가 다시 40일간은 하루 종일 햇빛을 즐겼다.29 햇빛이 없는 긴 밤의 계절은 근심과 걱정이 가득한 우울한 시기였는데, 산꼭대기에 파견된 사자(使者)들이 다시 돌아온 태양의 첫 햇살을 관측하면 평지에 사는 사람들에게 태양의 부활 축제를 선언하곤 했다.

테오도리크의 방어 전쟁

테오도리크의 생애는 승리로 고양되고 활력이 넘친 한창때에 칼을 칼집에 넣음으로써, 야만족으로서는 아주 드물고 칭찬할 만한 모범을 보여 주었다. 그는 33년의 치세 동안 내정에 전념했으며, 가끔씩 연루된 전쟁은 휘하 장군들의 지휘와 기강 잡힌 군대, 동맹군들의 군사력, 그리고 그의 이름에 대한 공포심 등으로 신속하게 끝을 냈다. 그는 강력하고 질서정연한 정부 아래에서 라에티아, 노리쿰, 달마티아, 판노니아 등 별 이

익이 안 되는 속주들까지, 또한 도나우 강의 수원지(水源地)와 야만족의 영토30로부터 시르미눔의 폐허에 게피다이족이 세운 작은 왕국들까지 진압하였다. 신중했던 그로서는 이탈리아의 보루를 그렇게 약하고 불온한 이웃들에게 맡겨 둘 수 없었고, 그들이 억압하고 있던 영토를 자신의 왕국의 일부로, 혹은 아버지의 유산의 일부로 주장하는 것이 그의 정의감에 합당한 일이기도 했다. 성공으로 인해 이제는 배신자라고 불리게 된 신하였던 자의 위대성은 아나스타시우스 황제의 질투를 불러일으켰다. 한편 다키아 국경에서는 변화무쌍한 인간사에서 흔히 그렇듯이, 이 고트족 왕이 아틸라의 후손 한 명을 보호해 준 일로 말미암아 전쟁이 벌어졌다. 자신과 그 아버지의 공적으로 유명했던 사비니아누스가 1만 명의 로마군을 이끌고 진격하였는데, 이때 끝없이 이어진 수송차에 가득 담긴 식량과 무기는 불가리아 종족 중에서도 가장 사나운 부족들에게 배급되었다. 그러나 동로마군은 마르구스 전투에서 열세였던 고트족과 훈족 병력에 패배했고, 로마군의 꽃이자 희망이었던 이 군대는 회복의 여지가 없이 무너지고 말았다. 게다가 테오도리크는 승승장구하는 휘하 부대들에 철저한 자제심을 주입시켜 놓았으므로, 그들은 지휘관이 약탈해도 좋다는 명령을 내리지 않았다 하여 적군의 막대한 전리품을 그대로 그들의 발밑에 놓아 두었다. 이런 치욕에 초조해진 비잔티움 궁정은 200척의 배와 8000명의 병사들을 급파해 칼라브리아와 아풀리아 해안을 약탈하게 했다. 그들은 오래된 도시인 타렌툼을 공격하여 행복하게 살고 있던 백성들의 상업과 농업을 망가뜨리고, 그들이 아직도 로마 형제들이라 생각하던 사람들에게 저지른 해적 같은 승리에 도취되어 헬레스폰투스 해안으로 돌아갔다. 그들의 퇴각은 아마

유자라도 그들의 매력적인 철학에 저항하기는 쉽지 않다.

30 뷔아 백작은 바바리아 궁정의 프랑스 대신이었다. 그는 학구적인 호기심으로 그 나라의 고대사를 연구하게 되었고, 그 결과로 열두 권의 훌륭한 책이 탄생했다.

서기 509년, 테오도리크의 해군력

31 이 무장한 보트는 트로이 공격에서 아가멤논이 사용한 1000대의 선박보다 분명히 작았을 것이다.

32 엔노디우스와 카시오도루스는 왕이 알레만니족을 보호한 것을 기록해 놓았다.

33 갈리아와 에스파냐에서의 고트족의 활동은 카시오도루스, 요르난데스, 프로코피우스가 다소 혼란스럽게 묘사해 놓았다. 부르군트 전쟁에 관한 뒤보(Abbé Dubos)와 뷔아의 장황하고 모순적인 논의들은 듣지도, 정리하지도 않겠다.

도 테오도리크의 신속한 대응 때문에 더 빨라졌을 것이다. 이탈리아 해안은 그가 믿을 수 없을 정도로 재빠르게 건조한 1000척의 경선박[31]이 지켰고, 그의 확고하면서도 온건한 절제는 곧 굳건하고 명예로운 평화로 보상받았다. 그는 강력한 힘으로 서유럽의 균형을 유지했지만, 마침내 그 균형은 클로비스의 야망으로 깨지고 말았다. 그는 비록 성급하고 불행했던 인척인 서고트 왕을 도와 줄 수는 없었지만, 살아남은 그의 가족들과 백성들을 구출하고 승승장구하던 프랑크족을 저지시켰다. 테오도리크의 치세 중 가장 흥미롭지 않은 사건인 전쟁에 대해 장황하게 늘어놓거나 반복하고 싶지는 않다. 다만 알레만니족은 보호받았고,[32] 부르군트족의 침략은 엄하게 응징받았으며, 아를과 마르세유의 정복은 서고트족과의 자유로운 교통의 길을 열었고, 서고트족은 그를 민족의 수호자이자 그의 외손자이기도 한 알라리크의 어린 아들의 보호자로 존경했다는 사실을 덧붙이는 것으로 만족하겠다. 이렇듯 훌륭한 인품을 지녔던 이탈리아의 왕은 갈리아의 민정 총독의 직위를 부활시켰고, 에스파냐 시민 정부의 실정들을 개혁했으며, 그곳의 군사 총독이 현명하게도 라벤나 궁정에 몸을 맡기기를 거부하자 매년 조공을 받는 외견상의 복종으로 만족했다.[33] 이 고트족 왕의 주권은 시칠리아에서 도나우 강까지, 시르미움, 즉 지금의 벨그라데에서 대서양까지 확장되었고, 동로마 제국도 테오도리크가 서로마 제국의 가장 중요한 지역들을 통치한다는 점을 인정했다.

로마법에 따른 이탈리아의 민간 정부

고트족과 로마인의 연합으로 이탈리아는 일시적인 행복을 수 세기동안 이어 나갈 수도 있었을 것이고, 각각의 장점들을 서로 경쟁하는 과정에서 자유민들과 계몽된 군인들로 구성된 최초의 국가들이 서서히 탄생할 수도 있었을 것이다. 그러나 이런 개혁을 이끌어 가거나 지원해 줄 숭고한 정신이 테오도리크 치세에는 아직 준비되어 있지 않았다. 그에게는 입법가로서의 재능이나 기회가 없었다.[34] 그는 고트족이 절제되지 않은 자유를 마음껏 즐기도록 내버려 두는 한편, 콘스탄티누스 대제와 그 후계자들이 만들어 놓은 정치 체계의 여러 제도와 그 악습까지도 맹목적으로 모방했다. 이 야만족 왕은 소멸되어 가는 로마의 가치들을 배려하여 황제의 칭호와 자의, 왕관은 거부했지만, 세습왕이라는 칭호 아래 황제의 특권을 모두 누렸다.[35] 동로마 황제에게 전한 그의 서신들은 정중하지만 다소 애매하다. 그는 두 공화국의 조화로운 공존을 장황하게 칭송하는가 하면, 자신의 정부를 나뉘지 않은 유일한 제국의 완벽한 모습으로 자화자찬했고, 겸손하게 아나스타시우스 황제의 우월성을 인정하다가도 지상의 모든 왕이 자신의 우월성도 똑같이 인정할 것을 요구하기도 했다. 동과 서의 동맹은 매년 두 명의 집정관을 만장일치로 선출함으로써 선언되었지만, 테오도리크가 지명한 이탈리아 측의 후보를 콘스탄티노플의 황제가 공식적으로 인가했다고 보는 편이 옳을 것이다.[36] 고트 왕의 라벤나 궁정은 테오도시우스 또는 발렌티니아누스 황제 시대의 궁정의 모습을 반영하고 있었다. 카시오도루스가 현란한 수사학으로 묘사한 바 있는 민정 총독, 로마 총독, 재무관, 최고 행정관 등이 여전히 국가의 관직을 수행하였다. 사법과 세입 등의 부차적인 업무는 일곱 명의 집정관 대리, 세 명의 감찰관, 다섯 명의 장관에게 위임되었는데, 이 열다섯 명이 로마 법제의 원칙과 형식을 그대로 따르면서 이탈리아의 열다섯 개 관구를 다스렸다.[37] 사법적인 절차가 서서히 자리를 잡으면서 정복자들의 폭력은 감소하고 사라져 갔다. 국내의 행정은 그 직책과

[34] 프로코피우스는 테오도리크와 그 이후 이탈리아 왕들은 어떤 법률도 공표하지 않았다고 확인해 주었다. 그는 고트어로 된 법률을 의미했을 것이다. 154개의 조항으로 이루어진 테오도리크의 라틴어 칙령은 지금까지도 남아 있다.

[35] 테오도리크의 모습은 그의 동전에 새겨져 있다. 그의 겸손한 후계자들은 당대 황제의 머리 위에 자신의 이름을 더하는 것으로 만족하였다.

[36] 동로마 황제와 이탈리아 왕의 동맹은 카시오도루스와 프로코피우스가 설명해 놓았다. 프로코피우스는 아나스타시우스와 테오도리크의 우정을 칭찬했는데, 그가 사용한 비유적인 문체의 찬사는 콘스탄티노플과 라벤나에서 매우 다른 의미로 해석되었다.

[37] 『노티티아(Notitia)』에 기록된 열일곱 개의 지역에, 바느프리드(Paul Warnefrid)는 열여덟 번째로 아펜니노를 첨가하였다. 그러나 사르디니아와 코르시카는 반달족의 영토였고, 두 개의 라에티아와 코티아알프스는 군사 정부에 맡겨 둔 것 같다. 지금의 나폴리 왕국을 형성한 네 개의 지역에 대해서는 잔노네(Giannone)가 애국적인 열정으로 성실하게 연구해 놓았다.

38 카시오도루스라는 이름의 두 이탈리아인, 즉 아버지와 그 아들은 테오도리크의 관직에 연이어 등용되었다. 아들은 서기 479년에 태어났는데 재무관, 최고 행정관, 민정 총독을 지내면서 쓴 서한집은 509년에서 539년까지 이어진다. 30여 년간은 수도사로 살았다.

39 12만 모디우스, 즉 4000쿼터를 넘지 않았다.

봉급이 모두 이탈리아인에게만 돌아갔고, 로마인들은 여전히 자신들의 의복과 언어, 법률과 관습, 개인적인 자유를 향유하며 사유지의 3분의 2를 소유했다. 아우구스투스가 제정의 도입을 숨기고자 했다면, 테오도리크는 야만족의 치세라는 사실을 위장하고자 했다. 백성들은 로마인의 정부라는 즐거운 환상에서 때때로 깨어나기도 했지만, 자신과 백성들에게 이로운 것이 무엇인지 정확하게 꿰뚫어 보고 확고한 의지로 그것을 위해 노력하는 이 고트 왕의 인품에서 좀 더 현실적인 위안을 찾았다. 테오도리크는 자신이 소유한 미덕을 사랑했지만, 자신에게 부족한 재능도 사랑했다. 리베리우스는 불운했던 오도아케르에게 흔들리지 않는 충성을 바쳤지만, 바로 그 이유로 민정 총독으로 중용되었다. 테오도리크의 신하였던 카시오도루스와 보이티우스는 그의 치세에 재능과 학문의 빛을 비춰 주었다.³⁸ 두 사람 중 더 신중하고 운이 좋았던 카시오도루스는 왕의 신임을 잃지 않으면서도 독자적인 명성을 유지했는데, 33년 동안 명예로운 공직을 맡아 일하다가 은퇴 후에는 그와 거의 맞먹는 기간 동안 스퀼라체에서 조용히 신앙과 학문에 몰두하는 은총을 누렸다.

로마의 번영

로마 공화국의 보호자로서 이 고트 왕의 관심사이자 의무는 원로원과 시민들의 애정을 키워 나가는 것이었다. 로마의 귀족들은 격조 높은 명칭이나 형식적인 존경의 표현에 우쭐해지곤 했지만, 사실 그것은 그들 조상들의 미덕이나 권위에 좀 더 어울리는 것이었다. 로마인들은 아무런 공포나 위험 없이 수도의 세 가지 축복, 즉 질서와 풍요와 공공 오락을 마음껏 즐겼다. 로마인의 수가 눈에 띄게 줄어든 것은 구호품의 양에서도 드러나지만,³⁹ 아풀리아, 칼라브리아, 시칠리아는 여전히 곡물을 로마의 창고에 쏟아부었고 궁핍한 시민들에게는 빵과 고기가 무상으로 배급되었으며, 로마인들의 건강과 행복에 기여하는 일은 모두 명예로운 일로 여겨졌다. 아마 동로마의 대사들도 정중하게 박수갈채를 보냈을 공공 경기는 위대한 황제들 시대의 웅장함에 비하면 희미하고도 미약한 모조품에 지나지 않았지만, 음악과 체조와 무언극 등은 아직 완전히 망각되지는 않았고, 아프리카의 야수들은 여전히 원형경기장에서 사냥꾼들의 용기와 기술을 연마시켰다. 이 관대한 고트 왕은 녹색파와 청색파의 경쟁이 경기장을 소란과 함성, 유혈로 뒤덮을 때까지 인내심 있게 참아 내거나 점잖게 제어하곤 했다.[40] 그의 평화로운 치세가 7년째 되던 해에 테오도리크는 이 오래된 세계의 수도를 방문했다. 원로원 의원들과 시민들은 엄숙하게 행렬을 지어 이 두 번째 트라야누스, 혹은 새로운 발렌티니아누스 황제를 환영하였으며, 그도 공평하고 합법적인 통치를 보장함으로써 그와 같은 호칭에 영예롭게 화답했다.[41] 그는 이런 내용을 담은 연설을 아무 거리낌 없이 대중 앞에서 선언하고 놋쇠판에 새겨 놓기까지 했다. 이 장엄한 의식에서 로마는 스러져 가는 영광의 마지막 광채를 발산했는데, 이 화려한 광경을 목격한 한 성인은 그의 경건한 환상 속에서 천상의 새 예루살렘의 영광이 이것을 능가하기를 희망할 수밖에 없었다. 6개월간 체류하는 동안 이 고트족 왕은 명성과 인품과 예의바른 행동으로 로마인들의 찬탄을 불러일으켰고, 왕은 고대 로마의 위대성이 담겨 있는 기념물들을 호기심과 경탄하는 마음으로 살펴보았다. 그는 카피톨리누스 언덕에도 정복자의 발자국을 남겼는데, 트라야누스 황제의 포룸과 드높은 원주를 아침마다 새롭게 경탄하면서 바라보았다고 솔직히 고백하기도 했다.

서기 500년, 테오도리크의 방문

[40] 카시오도루스의 연대기와 서한집을 보면 테오도리크가 대경기장, 원형경기장, 대극장에서의 공연을 배려했고 사랑했음을 알 수 있다. 카시오도루스는 이 주제를 정확한 지식으로, 그러나 다소 과시하는 태도로 여기저기 흩어 놓았다.

[41] 이 고트족 정복자는 사적, 공적인 공적에서 트라야누스 황제보다는 못하지만 적어도 발렌티니아누스 황제보다는 나았다.

폼페이우스 극장은 무너진 상태조차 인간의 노력으로 장식된 거대한 산과 같다고 하였고, 티투스의 거대한 원형경기장을 건설할 때는 황금으로 된 강을 끌어다 써 모두 말려 버렸을 것이라고 막연히 계산하기도 했다.[42] 열네 개의 수도교 입구에서 깨끗하고 풍부한 물이 흘러내려 도시의 구석구석까지 퍼져 나갔는데, 그중에서 클라우디우스 수로는 로마에서 38마일 정도 떨어진 사비네 산맥에서 시작되어 완만하고 규칙적인 경사를 이루며 지어진 튼튼한 아치형 수도교를 통해 아벤티누스 언덕 정상까지 흘러내려 왔다. 흔히 말하는 하수도의 역할을 하기 위해 지어진 이 길고 넓은 구조물은 12세기가 지난 후에도 원래의 모습 그대로 견고하게 남아 있었다. 이 지하수로는 눈에 잘 드러나 보이는 로마의 그 어느 유적들보다도 더 큰 사랑을 받았다. 고트족 왕들은 고대 유적을 파괴했다 하여 심한 비난을 받았지만, 사실 그들은 정복한 나라의 기념물들을 보존하고자 노력했다. 시민들이 유적을 손상시키거나 방치하거나 약탈하는 것을 방지하기 위한 수많은 칙령들을 선포하였고, 전문 건축기사 한 명과 매년 금 200파운드의 예산, 2만 5000장의 타일, 그리고 루크리누스 항구에서의 관세 수입을 성벽과 공공건물의 수리에 사용할 수 있도록 배당하였다. 금속이나 대리석으로 만든 인물상이나 동물상에도 비슷한 주의를 기울였다. 퀴리날리스 언덕에 새로운 이름을 부여한 세 마리 말의 동상은 야만족의 열렬한 성원을 받았고,[43] 신성 가도에 있는 황동 코끼리상도 정성껏 복원되었으며,[44] 그 유명한 미론의 암소상은 평화의 광장으로 끌려가는 가축 무리를 현혹시켰다.[45] 테오도리크는 이 예술품들을 자기 왕국의 가장 고귀한 장식품이라고 생각했으며, 이것을 보호할 임무를 띤 관직도 하나 만들었다.

[42] 카시오도루스는 그 젠체하는 문체로 트라야누스의 포룸, 마르켈루스 극장, 티투스의 원형경기장을 묘사했는데, 독자가 숙독할 가치가 없는 것은 아니다. 바르텔레미(Abbé Barthelemy)는 지금의 가격으로 환산해서 콜로세움의 벽돌 공사 부분만을 계산했는데, 무려 2000만 리브르에 달했다. 게다가 이 부분은 그 거대한 경기장의 작은 일부분에 지나지 않는다!

[43] 몬테카발로에 있는 이 세 마리의 말은 알렉산드리아에서 콘스탄티누스 욕장으로 옮겨 온 것이다. 뒤보는 이 조각상을 경멸했지만 빈켈만(Winckelmann)은 크게 칭찬했다.

[44] 아마도 개선차의 일부분이었던 듯하다.

[45] 프로코피우스는 미론의 암소에 대한 허황된 이야기를 들려 주었는데 이것은 황당하게도 서른여섯 개의 그리스 시에서 칭송되었다.

테오도리크는 서로마 제국 마지막 황제들의 예를 따라 라벤나에 머물며 손수 과수원도 가꾸었다. 왕국의 평화가 야만족들에게 위협받을 때는(침략받은 적은 한 번도 없었다.) 북방 국경인 베로나[46]로 궁정을 옮겼는데, 지금도 그 시대의 동전에 남아 있는 그의 궁정의 모습은 고딕 건축의 가장 오래되고 전형적인 양식을 보여 준다. 그의 치세 동안 이 두 수도는 파비아, 스폴레토, 나폴리를 비롯한 이탈리아의 여타 도시들과 마찬가지로 교회, 수도교, 욕장, 주랑, 궁정 등의 유용하고 화려한 건축물들로 장식되었다.[47] 그러나 백성들의 행복은 노동과 사치라는 좀 더 활기찬 정경, 급격하게 불어나는 국부를 대담하게 즐기는 모습에서 더 두드러지게 나타났다. 로마의 원로원 의원들은 여전히 겨울이 되면 티부르와 프라이네스테의 녹음을 뒤로 하고 따뜻한 햇살과 건강에 좋은 온천이 있는 바이아이로 휴양을 갔는데, 나폴리 만 쪽으로 뻗어 나간 견고한 방파제 위에 지어진 그들의 별장에서는 하늘과 바다와 땅의 여러 가지 조망을 만끽할 수 있었다. 아드리아 해 동쪽에 있는 아름답고 비옥한 이스트리아 속주에는 새로운 대평원이 형성되었는데, 이곳에서는 백 마일 정도의 안전한 항해로 라벤나 궁정과 쉽게 교통할 수 있었다. 루카니아와 인접 속주들의 풍부한 산물은 마르킬리아 분수에서 교환되었는데, 이곳에서는 매년 많은 사람들이 모여 장을 열고 술을 마시고 미신적인 행위도 벌였다. 코뭄 호의 고적한 풍광은 일찍이 플리니우스의 온건한 재능에 생기를 불어넣은 일도 있었는데, 그 당시에도 길이 60마일이 넘는 투명한 호반은 라리우스 호(코뭄 호)의 가장자리를 빙 둘러싸며 지어진 별장들을 비추고 있었고, 완만하게 경사를 이룬 언덕들에는 올리브, 포도, 밤나무가 겹겹이 우거

이탈리아의 번영 상태

[46] 베로나에 대한 그의 애정은 '너의 베로나(Verona tua)'라는 명칭과 영웅 베른의 디트리히(Dietrich) 전설에서 잘 입증된다.

[47] 마페이는 고딕 건축의 타락을 언어나 저술의 타락과 마찬가지로, 야만족의 책임이 아니라 이탈리아인들의 책임으로 돌렸다. 그의 감상을 티라보시의 감상과 비교해 보라.

48 파비아의 성 에피파니우스는 기도, 혹은 몸값을 통해 리옹과 사보이의 부르군트족으로부터 6000명의 포로들을 구해냈다. 이런 행위야말로 가장 훌륭한 기적이다.

49 테오도리크의 정치경제는 다음과 같은 제목에서 확연하게 드러날 것이다. 철광, 금광, 폼프티눔 습지, 스폴레토, 곡물, 무역, 성 키프리아누스 시장, 공공 우편 제도, 플라미니아 가도.

50 곡물은 곡창 지대에서 15~20모디우스가 금 한 닢으로 분배되었는데 이 가격 역시 싼 것이다.

51 왕이 그에게 금 300솔리두스와 60파운드 무게의 은 원반을 선물했다.

져 있었다. 평화가 지속되면서 농업도 되살아났고, 포로 석방 덕분에 농민의 수도 증가하였다.48 달마티아의 철광산들과 브루티움의 금광 한 곳이 세심하게 발굴되었고, 폼프티눔의 습지는 스폴레토의 습지와 마찬가지로 개인 사업가들에 의해 간척되고 경작되었는데, 이렇게 먼 훗날에 보상을 받는 사업의 성패는 지속적인 국가의 번영에 달려 있는 것이었다.49 날씨가 좋지 않아서 농사가 잘 안 되었을 때에는 곡물 창고를 설치하고 가격을 고정하고 수출을 금지하는 등의 다소 효과가 의심스러운 조치를 취한 것이 적어도 국가가 성의를 보였다는 증거가 되어 주었다. 그러나 비옥한 땅에서 부지런한 국민들이 수확하는 양이 워낙 많았기 때문에 이탈리아에서는 포도주 1갤런이 단돈 3파딩에 팔리는가 하면, 밀 1쿼터가 약 5실링 6펜스에 팔리기도 했다.50 교역할 만한 귀중한 물품을 이토록 풍부하게 소유한 나라는 곧 전 세계 상인들의 관심을 끌게 되었고, 자유로운 정신의 소유자였던 테오도리크는 이러한 유익한 교류를 장려하고 보호하였다. 육로나 수로를 통한 속주 간의 자유로운 왕래가 예전과 같이 복구되었고 또 더욱 확대되었다. 도시의 성문은 밤낮으로 활짝 열려 있었고, 금화가 든 지갑을 들판에 놓아 두어도 그대로 있다는 속담은 주민들이 안전했고 또한 그 사실을 인식하고 있었음을 잘 나타내 준다.51

아리우스파인 테오도리크

종교적인 차이는 군주와 백성들의 조화에 항상 나쁜 영향을 미치고 때로는 치명적이기도 하다. 이 고트족 정복자는 아리우스파 교리로 교육받았지만 이탈리아인들은 니케아 신조를 열렬하게 신봉하고 있었다. 그러나 테오도리크의 신앙은 열정에서 비롯된 것이 아니었고, 형이상학적인 신학의 미묘한 논점들을 비교해 보려는 시도 없이 다만 경건하게 조상들의 이단을 따른 것에 지나지 않았다. 그는 아리우스파가 개인적으로 허용되는 것에 만족하면서 국교의 수호자임을 자처했다. 자신이 경멸하던 종교를 겉으로는 존중하면서 그의 마음속에는 정치가나 철학자에게 필요한 건전한 무관심이나 중립의 감각이 생겨났을 것이다. 그의 영토 내의 가톨릭교도들은 내키지 않았을지는 모르지만 교회의 평화를 인정했고, 성직자들은 지위나 공적에 따라 테오도리크의 궁정에서 정중하게 대접받았다. 테오도리크는 아를과 파비아의 정통파 주교인 카이사리우스와 에피파니우스[52]를 살아 있는 성인으로 존경했고, 성 베드로의 무덤에는 이 사도의 교리에 대해 이것저것 따져 보지도 않고 상당한 공물을 헌납하였다. 그가 신임한 고트인들, 심지어 그의 어머니까지도 아타나시우스 신앙을 유지하거나 새로 받아들이도록 허용한 반면, 그의 긴 치세 동안 이탈리아의 가톨릭교도가 선택에 의해서든 강요에 의해서든 정복자의 종교로 개종한 예는 찾아볼 수 없었다.[53] 백성들은 물론 야만족들조차도 화려하고 질서 정연한 종교 의식에 교화되었고, 행정관들은 성직자들의 신체와 재산의 정당한 불가침 특권을 보호하도록 지시받았다. 주교들은 종교 회의를 소집했고, 대주교들은 재판권을 행사했으며, 성역의 면책특권은 로마 법제의 정신에 따라 유지되거나 수정되었다. 테오도리크는 이와 같이 교회를 보호하면서 교회의 법적인 최고 권력을 쥐고 있었다. 그의 강력한 통치 덕분에 서로마의 마지막 약체 황제들 시대에 무시당한 몇몇 유용한 특권들이 회복되고 확대되기도 했다. 그는 이미 교황이라는 존엄한 명칭이 붙어 있던 로마 대주교의 권위와 중요성에 대해서도 무지하지 않았다. 천상과 지상의 광대한 영역에 대한 지배권을 주장하며 수많은 종교 회의 석상에서 모든 죄로부터

가톨릭에 관용을 베푼 테오도리크

[52] 그러나 그의 하사품은 70파운드 무게의 은 촛대 두 개에 지나지 않았는데 콘스탄티노플과 프랑스의 금이나 보석보다는 한참 모자란 것이다.

[53] 그가 아리우스파로 전향한 가톨릭 부제를 참수했다는 허황된 이야기는 무시해도 좋을 것이다.

54 "그는 그들을 불구로 만들었고 이탈리아 전체가 애도했다." 나는 이 처벌이 충성 서약을 위반한 반역자에게만 행해진 것이라 믿고 싶다. 그러나 테오도리크의 치세에 살고 죽은 엔노디우스의 증거가 더 믿을 만할 것이다.

자유롭고 인간의 재판으로부터도 면제된다고 선언한 부유하고도 인기 있는 주교 한 사람에게 이탈리아의 안위가 달려 있다고 해도 과언이 아니었다. 성 베드로 좌(座)(교황)를 놓고 심마쿠스와 라우렌티우스 사이에 경쟁이 붙었을 때 테오도리크의 소환으로 두 사람은 이 아리우스파 군주의 법정에 출두했다. 테오도리크는 두 사람 중 더 나은 사람, 즉 더 다루기 쉬운 사람을 교황으로 결정했다. 질투심과 분노에 사로잡혔던 말년에는 로마인들에 의한 선택을 저지하고 라벤나에서 직접 교황을 임명하기도 했다. 위험하고 극렬했던 종파 분립은 온건하게 제어되었고, 원로원은 추악한 금전에 의한 교황 선거를 가능한 한 절멸시킨다는 마지막 칙령을 내렸다.

테오도리크 정부의 결함

나는 지금까지 이탈리아의 행운이었던 측면에 대해 상세히 설명하였다. 그러나 이 고트족 정복자의 치세 아래에서 고통과 죄악이 없는 인류인 시인들의 황금 시대가 구현되었다고 성급하게 공상해서는 안 된다. 아름다운 정경이 때로는 구름에 가려지기도 했는데, 테오도리크의 지혜가 현혹되는 경우도 있었으며 그의 권력도 때로는 저항에 직면하기도 했다. 또 그의 말년은 민중들의 증오와 귀족들의 유혈로 얼룩지기까지 했다. 첫 승리 후에는 교만에 빠져, 오도아케르 측에 가담했던 모든 사람에게서 시민권은 물론 인간으로서의 기본적인 권리마저 박탈하고자 했던 적도 있었다.54 전쟁의 참화가 채 가시기도 전에 시기 부적절하게 세금을 부과하여 막 발전하기 시작하던 리구리아 지방의 농업을 망칠 뻔한 일도 있었고, 민중 구제라는 목적에서 엄격한 곡물 선매권을 행사하여 캄파니아 지방의 곤궁을 더욱 악화시킬 뻔하기도 했다. 이런 위험한 계획들을 철회시킨 것은 에피파니우스와 보이티우스의 덕성과 웅변이었는데, 이 두 사람은 테오도리크의 면전에서 민중들의 이익을 성공적으로 대변하였다.[55] 그러나 설사 왕의 귀가 이처럼 진실을 향해 열려 있다 해도, 왕의 귀 밑에 언제나 성인과 철학자들만 대기하고 있는 것은 아니었다. 지위나 관직 또는 왕의 총애에서 비롯된 특권들이 이탈리아인들에게는 사기 행위로 고트인들에게서는 폭력의 형태로 너무나 빈번히 남용되었다. 특히 투스카니 부근의 땅을 부당하게 강탈하려 했다가 결국에는 되돌려줄 수밖에 없었던 왕의 조카의 탐욕이 만천하에 공개된 일도 있었다. 그 군주에게조차 두려운 존재였던 20만의 야만족이 이탈리아의 중심부에 자리 잡고 앉아서, 평화와 규율이 주는 구속을 마지못해 따르고 있었다. 그러나 그들이 행군할 때의 무질서는 언제나 알아챌 수 있을 정도였고 때로는 보상이 필요할 때도 있었는데, 처벌하는 것이 위험하다고 생각될 때는 그들의 타고난 사나움의 표출을 차라리 못 본 척하는 것이 신중한 처사로 여겨졌다. 테오도리크가 관대하게도 리구리아 부족에게 세금 3분의 2를 면제해 주었을 때, 그는 몸소 자신이 어려운 상황에 처해 있음을 설명하고 로마 백성들에게 불가피하게 무거운 부담을 지우게 된 것은 바로 백성들을 보호하기 위해서라고 한탄하였다. 이 감사할 줄 몰랐던 백성들은 이 고트족 정복자의 출신이나 종교, 그의 덕성까지도 결코 진심으로 받아들이지 않았다. 과거의 재난은 잊혀졌고, 로마인들은 평온한 현실 속에서 손해를 입을 수도 있다는 피해 의식만 더욱 예민하게 느꼈던 것이다.

테오도리크가 그리스도교 세계에 영광스럽게 도입한 종교적 관용마저도 열렬한 정통파 신도인 이탈리아인들에게는 고통스럽고 불쾌한 일이었다. 그들은 무장한 고트족 이단자들은 존

[55] 이 성인과 원로원 의원의 열정을 존경하되 평가해 보고, 카시오도루스의 다양한 암시를 통해 그들의 불평을 더 강하게 받아들이거나, 아니면 약하게 받아들여라.

가톨릭교도를 박해하도록 선동한 테오도리크

중할 수밖에 없었지만, 부유하지만 무방비 상태였던 유대인이라는 좀 더 안전한 대상을 겨냥해 그들의 종교적 분노를 표출했다. 유대인들은 상업적 이익을 위해 법률의 인가를 받아 나폴리, 로마, 라벤나 등지에 주거지를 형성하고 있었다. 라벤나와 로마의 광분한 군중들이 아마도 더없이 사소하거나 터무니없는 구실에 자극받아 유대인들에게 폭력을 휘두르고 재산을 약탈했으며 유대교 회당을 불살랐던 일이 있었다. 이런 행위를 무시하는 정부라면 그야말로 그런 폭력을 당해야 마땅할 것이다. 즉시 공식적으로 조사하라는 명령이 떨어졌고, 소란을 일으킨 주동자들이 군중 속으로 사라져 버렸으므로 그 집단 전체가 손해를 보상하라는 판결이 내려졌는데, 자신에게 할당된 분담금을 끝까지 거부한 고집불통들은 형벌 집행자들의 손에 잡혀 거리를 끌려다니며 채찍을 맞았다. 이런 간단한 사법 행위가 가톨릭교도들의 불만을 폭발시켰다. 그들은 이 거룩한 신앙 고백자들의 신앙과 인내를 소리 높여 칭송했고, 300여 개의 교회에서 이 같은 종교 박해를 비난하였다. 베로나에 있던 성 스테파노 성당이 테오도리크의 지시로 파괴되었다는 설이 진실이라면, 그의 명성과 위엄에 적대적인 어떤 기적이 그 신성한 무대에서 일어났을 수도 있을 듯하다. 이 이탈리아의 왕은 영광스러웠던 삶의 말년에 와서야 자신이 그토록 힘겹게 행복하게 만들어 주고자 애썼던 그 백성들에게 증오의 대상이 되고 있다는 사실을 깨달았다. 그의 마음은 보답받지 못한 사랑으로 비통했고 분노했으며 질투심에 사로잡혔다. 그리하여 이 고트족 정복자는 원래 전쟁을 좋아하지 않았던 이탈리아 원주민들을 손수 무장해제시키고, 부엌에서 쓰는 작은 칼 외에는 모든 종류의 무기를 금지시켰다. 이 로마의 구원자는 비열하기 짝이 없는 밀고자들과 공모하여 몇몇 원로원 의원들을 비잔티움 궁정과 반역적인 내용의 밀서를 주고받았다는 혐의로 모살하려 했다는 비난을 받기도 했다. 아나스타시우스가 사망한 이후 동로마 제국의 왕관은 한 허약한 노인의 머리 위에 놓여 있었지만 실권은 그의 조카 유스티니아누스가 쥐고 있었다. 그는 당시 이미 이단을 척결하고 이탈리아 및 아프리카 정복을 염두에 두고 있었다. 처벌하겠다는 위협으로 교회의 울타리 안에서 아리우스파를 줄여 나가려는 목적의 엄격한 법률이 콘스탄티노플에서 공포되었는데, 그것은 당연히 테오도리크의 분노를 불러일으켰다. 그는 자신의 영토에서 가톨릭교도들에게 오랫동안 허용해 왔던 것과 똑같은 정도의 종교적 관용을 어려움을 겪고 있는 동로마의 형제들에게도 베풀 것을 요구하였다. 테오도리크의 단호한 지시를 받고 로마 교황이 저명한 원로원 의원 네 명과 함께 사절로 동로마로 출발했는데, 그는 결과가 성공이든 실패이든 똑같이 위험하다는 사실을 아마도 감지했을 것이다. 콘스탄티노플을 방문하고 돌아온 최초의 교황이라 하여 유례없는 존경이 주어지자 질투에 사로잡힌 왕은 그들을 처벌했다. 비잔티움 궁정의 교묘하지만 단호한 거절은 똑같은 정도의, 아니 훨씬 더 큰 정도의 박해를 가하려는 복수심을 불러일으켰다. 이탈리아에서는 지정된 날짜 이후에 가톨릭 예배를 금지한다는 칙령이 준비되었다. 백성들과 적들의 편협한 신앙 때문에 가장 관대했던 군주가 종교 박해의 문전까지 몰려가고 있었다. 아마도 테오도리크의 삶이 너무 길었던 것일지도 모른다. 그는 고결했던 보이티우스와 심마쿠스마저 손수 단죄하고 말았던 것이다.[56]

보이티우스[57]는 카토나 키케로가 자신의 동포라고 인정해 주었을 최후의 로마인이었다. 부유한 고아였던 그는 아니키

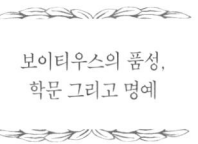
보이티우스의 품성, 학문 그리고 명예

[56] 나는 발레시아누스 단편, 테오파네스, 아나스타시우스, 『잡화집(雜話集)』의 모호하고 간결하며 혼란스러운 암시들로부터 합리적인 서술을 끌어내고자 노력하였다.

[57] 클라크(Le Clerc)는 보이티우스의 생애를 비평적이고 철학적인 견지에서 저술하였다. 티라보시와 파브리키우스의 저술도 참조하기에 유용하다. 그는 서기 470년경에 출생했고 524년에 좀 이른 나이로 사망했다.

우스 가문의 세습 재산과 지위를 물려받았는데, 이 가문은 당대의 왕이나 황제들이 야심차게 이 집안 사람임을 자칭했던 유명한 가문이었다. 또 만리우스라는 이름도 사실인지 꾸며 낸 것인지는 모르겠으나, 그가 카피톨리누스에서 갈리아인들을 몰아내고 자신의 아들들을 공화국의 규율을 위해 희생시킨 집정관들과 독재관들의 후손임을 말해 준다. 보이티우스의 청년 시절에는 아직껏 로마의 학문이 완전히 버려지지 않고 있었다. 한 집정관이 교정한 베르길리우스의 책이 지금까지도 남아 있고, 문법학, 수사학, 법학 교수들이 관대한 고트족 덕분에 여러 가지 특권을 누리고 연금까지 받으며 보호되고 있었다. 그러나 보이티우스의 열렬한 학문적 호기심은 라틴어를 통독하는 것만으로 충족되지 않았다. 그는 프로클루스와 그 제자들의 열의와 학식, 그리고 근면성으로 유지되던 아테네의 학교58들에서 18년간이나 열심히 공부했던 것으로 전해진다. 이 로마인 생도는 이성과 신앙심 덕분에 다행히 아카데메이아 숲들을 오염시킨 신비주의와 마술에 빠져들지는 않았다. 그는 아리스토텔레스의 강인하면서도 섬세한 감각과 플라톤의 경건한 명상과 숭고한 상상력을 조화시키려 했던 살아 있거나 죽은 스승들의 정신을 흡수하고 학문적 방법들을 모방했던 것이다. 로마로 돌아와서 벗인 심마쿠스의 딸과 결혼한 이후에도 보이티우스는 상아와 대리석으로 이루어진 궁궐 같은 집에서 같은 학문을 연구했다.59 그의 아리우스파, 에우티케스주의, 네스토리우스교에 대한 정통파 교리의 심오한 옹호는 가톨릭 교회의 위상을 크게 높였다. 가톨릭 교회의 일체성에 대해서는 서로 별개이지만 동질성을 가진 삼위의 동종성에 대한 공식적인 글을 통해 설명하였다. 그의 재능은 로마의 독자들을 위해 그리스의 기초적인 과학과 학문을 가르치려는 노력을 통해 표출되었다. 유클

---

58 보이티우스의 아테네 공부에 관한 대목은 다소 미심쩍고, 18년이라는 기간도 확실히 너무 길다. 그러나 아테네를 방문했다는 단순한 사실은 많은 내부적인 증거로 입증된다.

59 엔노디우스와 카시오도루스의 서한집에는 그가 당대에 누렸던 높은 평판에 대한 증거가 많이 나와 있다. 파비아의 주교가 그에게서 밀라노의 오래된 집을 사기 원했으므로 칭찬이 집값의 일부로 제공되고 받아들여졌던 것도 사실인 듯하다.

리드의 기하학, 피타고라스의 음악, 니코마코스의 산술, 아르키메데스의 역학, 프톨레마이오스의 천문학, 플라톤의 신학, 아리스토텔레스의 논리학과 그에 대한 포르피리우스의 주석 등이 이 지칠 줄 모르는 로마 원로원 의원의 펜 끝에서 번역되고 또 설명되었다. 또한 그는 여러 가지 경이로운 과학 기구들, 예를 들어 해시계나 물시계, 천체의 운동을 보여 주는 구(球) 등을 설명할 수 있는 유일한 인물로 여겨졌다. 그러다가 보이티우스는 이러한 심오한 학문의 세계에서 사적·공적인 생활에 수반되는 사회적 의무들의 세계로 내려앉았다. 아니 좀 더 정확히 말하자면 올라앉았다. 그는 자선을 베풀어 가난한 자들을 구제했고, 데모스테네스나 키케로의 연설과 비교되곤 했던 웅변에서는 일관되게 청렴결백과 인간애를 호소하였다. 이런 뛰어난 미덕은 안목 있는 군주의 눈에 띄어 보이티우스의 명예는 집정관과 명예고관이라는 칭호로 장식되었고, 그의 재능은 최고 행정관이라는 중요한 직책에서 훌륭하게 발휘되었다. 동서 양 제국이 동등한 권리를 가졌음에도 불구하고 그의 두 아들은 아직 어렸지만 같은 해에 집정관으로 임명되었다.[60] 그들이 취임하던 기념할 만한 날에 그들은 원로원과 군중들의 환호에 둘러싸여 엄숙하고도 화려한 행렬을 이루어 자택에서 포룸까지 행진했는데, 로마의 실세 집정관이었던 그들의 아버지는 기쁨에 겨워서 왕의 은혜를 칭송하는 연설을 마친 후에 대경기장의 경기에 막대한 하사금을 아낌없이 나누어 주었다. 명예와 재산, 공적 직위와 사적 인척 관계, 학문의 수양과 미덕의 함양, 이 모든 것에 아무런 부족함이 없었던 보이티우스는 아마도 행복이라는 변덕스러운 형용사를 말년의 한 인간에게 붙일 수 있다면 그야말로 그 단어에 꼭 들어맞는 인물이었다.

[60] 파기, 무라토리 등은 보이티우스는 서기 510년에 집정관이 되었고, 두 아들은 522년에, 아버지는 아마도 487년에 집정관이 되었다는 데 동의했다. 그 아버지에게까지 집정관의 영예를 돌리려는 시도는 보이티우스의 연대기를 다소 혼란스럽게 만든다.

보이티우스의 애국심

재산은 아낌없이 나누어 주면서 시간은 지나칠 정도로 아꼈던 철학자는 황금과 지위를 좇는 일반적인 야심의 유혹에 대해서는 알지 못했을 것이다. 그리고 자신은 선량한 시민이라면 누구든지 악덕과 무지의 습격으로부터 조국을 구해야 한다고 설교한 신성한 플라톤의 가르침을 마지못해 따랐을 뿐이라고 말한 보이티우스의 말을 믿을 수 있을 것이다. 그는 공적 행위에 있어서 자신의 청렴과 성실성은 조국이 알고 있다고 호소했다. 그의 권위로 왕족 관리들의 교만과 압제를 제어하기도 했고, 그의 웅변술로 파울리아누스를 궁정의 간신배들에게서 구해 낸 일도 있었다. 그는 공적이거나 사적인 약탈로 재산을 다 빼앗기고 곤궁에 처한 속주민들을 항상 동정했고 또 구제해 주었다. 전쟁에서 거둔 승리로 교만해지고 탐욕으로 흥분한데다가 죄를 지어도 처벌받지 않는다는 점에 더욱 의기양양해진 야만족의 압제에 맞설 용기를 지닌 사람은 오직 보이티우스 한 사람뿐이었다. 이런 명예로운 투쟁 과정에서 그의 고귀한 정신은 자신이 처할 수 있는 위험을 고려하거나 계산에 넣지 않았다. 그리고 카토의 경우에서도 알 수 있듯이 순수하고 성품이 강직한 인물이 오히려 편견에 빠지고 열의에 불타올라 공적인 정의와 개인적인 적의를 혼돈하기가 매우 쉽다. 이 플라톤의 사도는 인간 본성의 허약성과 사회의 불완전성을 지나치게 크게 해석하였는데, 아마도 매우 온건한 형태를 띤 고트족 왕국의 체제나 충성과 감사의 의무까지도 이 로마인 애국자의 자유로운 정신에는 견디기 힘든 억압이었을 것이다. 그리하여 공적 생활에서 얻는 행복이 커지는 것과 반비례하여 보이티우스의 충성심과 애정은 점차 감소하였고, 종국에는 그의 권력을 제어하고 분할할 목적으로 하찮은 인물이 동료 최고 행정관으로 임명되기에 이르렀다. 테오도리크의 암울했던 말년에, 보이티우스는 자신이 한 사람의 노예에 불과했다는 사실을 분연히 깨달았다. 그러나 그의 주인인 왕이 자신의 목숨을 쥐고 있었으므로, 그는 원로원의 안위와 자신의 안위가 양립할 수 없다고 믿게 된 분노한 국왕에게 무방비 상태로 당당하게 맞섰다. 그 무렵 원로원 의원 알비누스가 로마의 자유를 '희망' 했다는 죄목으로 고발당해 이미 유죄선고를 받은 일이 있었다. 보이티우스는 "알비누스가 유죄라면 원로원 전체와 나 자신도 같은 죄를 저지른 것이다. 우리가 죄가 없다면 알비누스도 똑같이 법의 보호를 받을 자격이 있다."고 웅변했다. 결코 도달할 수 없는 지고의 행복을 순수하고 헛되이 희망하는 것까지는 법률이 처벌하지 않는다 해도, 만약 음모를 알았더라도 압제자에게 알리지 않았을 것이라는 보이티우스의 성급한 고백은 묵인할 수 없었던 것 같다. 알비누스의 변호인은 곧 자신의 의뢰인이 처한 위험과 죄상에 휘말려 들어갔다. 고트족으로부터 이탈리아를 해방시켜 달라고 동로마 황제에게 요청하는 원본 교서에서 그들의 서명이 발견되었고(그들은 위조라고 부인했다.), 지위는 높았지만 평판은 좋지 않았던 세 명의 목격자가 이 로마 귀족의 반역 음모에 대해 증언하였다.[61] 그는 테오도리크에게 변명할 기회도 박탈당한 채 파비아의 탑에 엄중히 감금당했고, 그곳으로부터 500마일이나 떨어져 있었던 원로원에서 자신들의 가장 저명했던 동료 의원에게 재산 몰수와 사형을 선고한 것으로 보아, 그는 무고하게 죄를 뒤집어쓴 것으로 보인다. 야만족들의 지시로 이 철학자의 심오한 학문 세계마저도 신성 모독과 마술이라는 오명으로 더럽혀졌다.[62] 원로원에 대한 진지하고 충실한 애정도 다른 사람도 아닌 그 원로원 의원들의 떨리는

반역죄로 기소된
보이티우스

[61] 두 밀고자 바실리우스와 오필리오는 카시오도루스의 서한집에 불명예스럽게 묘사되어 있다. 이 서한집에는 보이티우스의 하찮은 동료, 데코라투스도 언급되어 있다.

[62] 마술죄에 관해서는 가혹하고 엄격한 조사와 처벌이 행해졌는데, 많은 점술가들이 간수를 미치게 만든 후 탈출했다고 믿어졌다. 여기서 '미치게'는 '취하게'로 읽어야 할 것 같다.

목소리에 의해 범죄로 규정되었다. 그들의 배은망덕한 행태로 볼 때, 보이티우스가 자신이 죽은 이후에는 같은 죄목으로 처벌받는 사람이 한 사람도 없기를 바란다고 기원 내지는 예언을 한 것도 충분히 수긍할 만하다.[63]

서기 524년, 보이티우스의 투옥과 죽음

보이티우스가 족쇄에 채워져 사형 집행을 기다리면서 파비아의 탑에 갇혀 있을 때 쓴 작품이 『철학의 위안』이다. 플라톤이나 키케로가 보기에도 부족함이 없는 이 훌륭한 책은 그 시대의 야만성과 작가가 처한 상황을 비추어 보면 더욱 형언할 수 없는 가치를 지닌다. 그가 로마와 아테네에서 줄곧 도움을 받았던 천상의 인도자가 이제는 친히 그의 지하 감옥을 비추어 그의 용기를 북돋아 주고 그의 상처에 치유의 연고를 발라 주었다. 또한 그에게 지금까지 누린 영광과 현재의 고난을 비교해 보고 이렇게 불확실한 인생사로부터 새로운 희망을 도출해 보도록 가르쳤다. 이성은 인생의 은혜들이란 변덕스러울 뿐이라는 사실을 가르쳤고, 경험은 그것들의 진정한 가치를 깨닫게 해 주었다. 그는 한 점 부끄럼 없이 그 은혜들을 누렸으므로 이제는 아무 회한 없이 그것들을 내려놓을 수 있었고, 그의 미덕까지는 빼앗을 수 없었기 때문에 결국은 그의 행복도 빼앗지 못한 적들의 무기력한 악의를 조용히 경멸하게 되었다. 보이티우스는 '최고선'을 찾기 위해 지상에서 천상으로 올라가 우연과 운명, 통찰력과 자유의지, 시간과 영원의 형이상학적 미로를 탐험했고, 신의 완벽한 속성과 그 도덕적 물리적 체계에 명백하게 드러나는 무질서라는 모순을 온건한 방식으로 화해시키고자 시도하였다. 이처럼 자명하고도 모호하고 또 난해한 주제는 인간 본연의 감정들을 위안해 주지는 못하는 법이다. 그러나 이와 같은 철학적 노력으로 불행을 잠시나마 잊을 수 있

[63] 보이티우스는 『변명』도 썼는데 아마 『위안』보다 더 흥미로운 책인 것 같다. 우리는 그의 직위, 원칙, 고난 등에 대한 개괄적인 설명에 만족해야 하는데, 이것을 발레시아누스의 단편의 짧고 무게 있는 표현과 비교해 볼 수 있을 것이다. 한 무명의 작가는 그에게 명예롭고 애국적인 반역자라는 혐의를 씌우기도 했다.

었을 것이다. 또한 한 작품 속에 다양하고 풍부한 철학과 시, 웅변을 솜씨 있게 결합시켜 놓은 이 현자는 자신이 추구하고자 했던 담대한 평정심을 이미 체득했음에 틀림없다. 마침내 힘들었던 기다림이 끝나고 사형 집행인이 테오도리크의 극악무도한 명령을 실행에 옮겼거나 아마도 한 발 더 나아가 집행했던 것 같다. 단단한 밧줄을 보이티우스의 목에 감고 눈알이 거의 빠져나올 때까지 잡아당겼는데, 죽는 순간까지 곤봉으로 때린 좀 더 가벼운 고문이 오히려 자비롭게 여겨질 정도였다.[64] 그러나 그의 재능은 살아남아 로마의 가장 어두운 시대에 진리의 빛을 비추었다. 이 철학자의 저술들은 영국 역사상 가장 명예로운 국왕의 손으로 번역되었고, 오토라는 이름을 쓴 세 번째 황제는 아리우스파 박해자들의 손에 의해 순교자가 되고 여러 가지 기적의 명성을 얻은 이 가톨릭 성인의 유골을 보다 영예로운 묘지로 이장해 주었다.[65] 보이티우스는 최후의 순간까지 두 아들과 부인, 그리고 장인이기도 했던 고매한 심마쿠스가 무사하다는 것을 위안으로 삼았다. 그러나 비탄에 잠긴 심마쿠스의 행동은 신중하지 못했고 무모하기까지 했다. 그는 대담하게도 친구의 죽음에 복수하고 말겠다고 탄식했다. 결국 심마쿠스는 사슬에 묶여 로마에서 라벤나의 궁정까지 끌려왔으며, 테오도리크의 의심은 이 죄 없는 늙은 원로원 의원의 피로 겨우 진정되었다.[66]

서기 525년, 심마쿠스의 죽음

인간이라면 양심의 판결과 국왕의 회오를 증언해 줄 보고를 듣고 싶을 터인데, 혼란스러운 공상과 병약해진 육체에 시달리다 보면 무시무시한 망령이 나타나기도 하는 것은 철학에서도 다루어지는 현상이다. 미덕과 영광의 삶을 살았던 테오

서기 526년 8월, 테오도리크의 회한과 죽음

[64] 그는 아그로 칼벤티아노에서 티키눔, 즉 파비아의 코메스인 에우세비우스의 명령으로 처형당했다. 그의 감금 장소는 성당 고유의 건물이자 명칭인 세례당이라 불리는 곳이었다. 파비아의 교회에서는 전통적으로 이 장소와 명칭을 고집하였다. 보이티우스의 탑은 1584년까지 유지되었고 그 도안은 지금까지 보전되고 있다.

[65] 그의 새로운 무덤의 비문은 오토 3세의 스승이었던 교황 실베스테르 2세가 썼는데, 이 교황은 보이티우스와 마찬가지로 시대의 무지 때문에 마술사라 불렸다. 이 가톨릭 순교자는 손에 자신의 머리를 들고 상당한 거리를 걸어갔다고 한다.

[66] 보이티우스는 장인의 미덕을 크게 칭찬했다. 프로코피우스, 발레시아누스 단편, 『잡화집』도 한결같이 심마쿠스의 탁월한 순수성과 고결함을 칭찬했다. 이 전설적인 이야기에서 그를 살해한 것은 교황을 감금한 것과 같은 죄로 취급되고 있다.

67 카시오도루스의 공상적인 웅변에 나오는 다양한 종류의 해수어와 담수어는 광대한 영토를 입증하고, 라인 강, 시칠리아, 도나우 강의 물고기들이 테오도리크의 식탁에 올랐음을 전해 준다. 도미티아누스의 기괴한 가자미는 아드리아 해 연안에서 잡혔다.

68 프로코피우스는 이 기묘한 일화를 소문으로 들었는지, 왕실 의사의 입에서 들었는지 밝혔으면 좋았을 뻔했다.

69 이 분할은 테오도리크에 의해 진행되었고 그의 사망 이후에 실행되었다.

70 동고트족 왕 헤르만리크의 3대손인 베리문드는 에스파냐로 은거하여 이름 없이 살다 죽었다.

도리크는 이제 치욕과 죄의식과 함께 무덤을 향하고 있었다. 과거와 대비되는 현재로 인해 그의 마음은 초라해졌고 당연한 일이지만 눈에 보이지 않는 미래에 대한 공포로 두려움에 떨었다. 전해지는 이야기에 따르면 테오도리크는 어느 날 저녁 식탁에 머리가 큰 생선이 나오자,67 갑자기 심마쿠스의 노한 얼굴이 보인다고, 두 눈은 분노와 복수심으로 불타오르고 입에는 길고 날카로운 이빨이 나 있어 자신을 잡아먹으려 한다고 소리를 질렀다고 한다. 왕은 즉각 방으로 돌아가서 두꺼운 이불을 덮고도 학질에 걸린 듯 덜덜 떨다가 시의(侍醫)인 엘피디우스에게 보이티우스와 심마쿠스를 죽인 일을 깊이 후회한다고 더듬더듬 고백했다고 한다.68 그의 병세는 악화되었고 사흘간이나 설사를 계속 하다가 재위 33년만에, 이탈리아를 침략한 날부터 계산한다면 37년만에 라벤나의 궁정에서 숨을 거두었다. 죽음이 다가옴을 알고 그는 재산과 영지를 두 손자에게 나누어 주면서 론 강을 공동의 경계로 정해 주었다.69 아말라리크는 에스파냐의 왕좌로 복귀하였다. 이탈리아는 동고트족의 모든 정복지와 함께 당시 채 열 살도 되지 않은 아탈라리크에게 넘어갔다. 아말라리크는 어머니 아말라손타가 같은 혈통에 속하는 도피 중인 왕과 짧은 결혼 생활을 했을 때 태어났는데, 아말리 혈통을 물려받은 마지막 남자 자손이라 하여 애지중지 귀하게 길러졌다.70 국왕의 임종 자리에서 고트족 족장들과 이탈리아의 관료들은 이 젊은 왕자와 그 보호자인 모후에게 충성과 신의를 맹세했고, 이 엄숙한 순간에 국왕으로부터 법률을 잘 유지하고 원로원과 로마 시민을 사랑하며, 공경하는 마음으로 동로마 황제와의 우정을 더욱 공고하게 쌓아 나가라는 유익한 충고를 들었다. 테오도리크의 기념비는 그의 딸 아말라손타에 의해 라벤나 도심과 항구에서 가깝고 그 주변 해안들이 잘 내려다보이는 눈에 잘 띄는 장소에 세워졌다. 지름 30피트 정도의 원형 예배당 꼭대기에 한 덩어리의 화강암으로 둥글게 천장을 덮었고, 그 중앙으로부터 네 개의 기둥을 세웠는데, 이것이 12사도의 청동 동상으로 둘러싸여 반암 항아리에 담긴 고트족 왕의 유골을 지탱하였다. 그의 영혼은 어느 정도의 속죄를 거친 이후 인류의 은인들과 함께 섞이도록 허용되었다고 생각해도 좋을 것이다. 테오도리크의 영혼[71]이 신의 복수를 집행하는 사자(死者)의 손으로 불타는 지옥문 중 하나로 여겨진 리파리 섬의 화산에 던져지는 것을 보았다는 어느 이탈리아 은자의 환상이 사실이 아니었다면 말이다.[72]

[71] 이 전설은 그레고리우스 1세가 들려주었고 바로니우스가 확인해 주었다. 이들 교황과 추기경은 둘 다 그럴듯한 견해를 확인해 주기에 충분한, 무게 있는 학자들이다.

[72] 테오도리크 자신이, 아니면 아마도 카시오도루스가 리파리와 베수비우스 화산을 비극적인 어조로 묘사해 놓았다.

유스티누스 1세의 등극 · 유스티니아누스의 치세: 1. 황후 테오도라 · 2. 원형경기장에 모인 분파들과 콘스탄티노플의 소요 · 3. 비단의 교역과 생산 · 4. 재정과 조세 · 5. 유스티니아누스가 세운 건축물 · 성 소피아 성당 · 동로마 제국의 요새와 변경 지대 · 유스티니아누스의 아테네 학교와 로마 집정관직 폐지

유스티니아누스 황제는 사르디카(지금의 소피아)의 유적지 근처에서 태어났다.[1] 그는 잘 알려지지 않은 야만족 출신이었는데[2] 그들이 살고 있던 거칠고 황폐한 지역은 처음에는 다르다니아로 불리다가 다키아, 불가리아로 이름이 바뀌었다. 유스티니아누스의 등극은 대담하고 저돌적인 삼촌 유스티누스에 의해 시작되었다. 유스티누스는 생활에 좀 더 도움이 되는 농사꾼이나 양치기 일을 포기하고, 직업 군인이 되기 위해 같은 동네 농부 두 명과 함께 비스킷 몇 조각을 겨우 넣은 자루를 짊어지고 콘스탄티노플로 향했다. 힘이 좋고 키가 컸던 유스티누스는 콘스탄티노플에 도착하자 곧 레오 황제의 황실 근위대에 들어갈 수 있었다. 유스티누스는 운 좋게도 두 명의 황제의 재위기에 근위대에서 복무하면서 부와 명성을 거머쥐게 되었다. 근위대 복무 시기에 생명을 위협당할 정도의 위험에서 벗어났던 일화들은 훗날 황제의 운명을 관장하는 수호 천사의

서기 482년 5월,
유스티니아누스 황제의 출생

[1] 유스티니아누스 황제가 태어난 날짜는 정확하지 않지만 장소는 분명하다. 바로 베데리아나 지역에 있는 타우레시움인데, 그는 후에 이 출생지를 이름에 나타낸다.

[2] 루드비히(Ludewig)는 유스티니아누스와 황후 테오도라가 아니키우스 가문의 이름을 갖는 것이 옳다고 말하면서, 그 두 사람을 오스트리아의 합스부르크 왕가의 일족과 연결지어 설명하려 했다.

덕분이었다고 기술되었다. 이사우리아인과 페르시아인을 상대로 벌였던 장기간의 전쟁에서 세운 빛나는 전공만으로는 유스티누스의 이름이 후대인들의 뇌리에 남아 있기에는 역부족이지만, 적어도 이런 공적들은 그가 군인으로서 거침없는 승진을 이루는 데 도움이 되었다. 50년 동안 근위대에서 재임하면서 그는 차근차근 군단 장교에서 코메스, 사령관, 원로원 의원, 근위대장의 자리에 올랐다. 아나스타시우스 황제가 사망하면서 벌어진 중차대한 위기 상황에서 근위대는 유스티누스를 자신들의 수장으로 받아들이고 그에게 복종했다. 이전에 아나스타시우스가 승진시키고 부자로 만들어 준 권세 있는 인척들은 모두 왕좌에서 배제되었고, 환관 아만티우스가 그 자리를 대신해서 권세를 떨치고 있었다. 아만티우스는 내심 그를 따르는 이들 중 가장 굽신거리는 자의 머리 위에 왕관을 올려 줄 결심을 하고 있었다. 그래서 근위대의 동의를 얻기 위해 많은 기부금을 마련해 근위대 지휘관에게 맡겨 놓았다. 하지만 지휘관이었던 유스티누스는 신뢰를 저버리고 이 효과 좋은 비책을 자신을 위해 써 버렸다. 그리하여 다른 경쟁자가 나타날 기미가 없어 보였으므로 다키아 출신의 농부는 각 계각층의 만장일치의 지지를 얻으며 자의를 걸치게 되었다. 군인들은 유스티누스가 용감하고 관대하다고 생각했고, 성직자들이나 일반인들은 그가 전통 신앙을 지지한다고 생각했다. 그리고 지방 교회 사람들은 중앙에서 의지를 표명한 일에 무조건적으로 순종하는 맹신을 보이고 있었다. 유스티누스 1세 (같은 가문에서 이름이 같은 또 다른 황제가 있기 때문에 1세라는 호칭으로 구분하고 있다.)는 예순여덟 살의 나이로 비잔티움 제국의 황제로 등극했다. 만약 그가 혼자서 나라를 다스렸다면

서기 518~527년, 유스티니아누스의 숙부인 유스티누스 1세의 등극과 통치

재임하는 9년 내내 백성들에게 자신들의 선택이 얼마나 잘못된 것이었는지 그대로 확인시켜 주었을 것이다. 그의 무지함은 테오도리크와 비슷한 수준이었다. 동시대를 살아간 두 명의 군주가 글자도 깨우치지 못한 문맹이었다는 것은 배움이 그리 어렵지 않았던 당시로서는 참으로 놀라운 일이라 하지 않을 수 없다. 하지만 유스티누스의 머리는 동고트족의 왕인 테오도리크보다 훨씬 떨어졌다. 군인으로서의 경험만 가지고 황제로서 나라를 다스리는 것은 사실 역부족이었다. 개인적으로 보면 참으로 용감한 사람이었지만, 이런 자신의 약점을 잘 알고 있던 유스티누스는 어쩔 수 없이 의심과 불신 그리고 정치적 불안에 시달리게 되었다. 하지만 재무관이었던 프로클루스[3]가 국가의 공적인 업무를 열성적이고도 성실히 처리해 냈다. 노령의 황제는 자신의 조카 유스티니아누스를 입양해서 그의 야망과 재능을 이용했다. 이 야심만만한 젊은이는 다키아의 외딴 시골 구석에서 숙부 유스티누스의 부름을 받고 그의 상속자가 되어 콘스탄티노플에서 교육을 받았고, 결국에는 동로마 제국의 황제가 되었다.

유스티누스가 환관 아만티우스의 돈을 속여 빼앗았던 전적이 있었던 까닭에 아만티우스의 목숨을 빼앗는 것은 피할 수 없는 일이었다.

서기 520~527년,
입양, 유스티니아누스의
제위 상속

그 일은 아만티우스가 음모를 꾸몄다는 혐의를 뒤집어씌우는 것으로 간단하게 수행할 수 있었다. 그리고 재판관들은 그가 남몰래 마니교의 이단 신앙[4]을 갖고 있었다는 정보를 접하게 되어 죄목을 추가하였다. 아만티우스는 참수형을 당했고, 다른 세 명의 궁정 시종관은 사형당하거나 추방당했다. 그리고 이들이 황제로 추대하려던 불운한 황제 후보자는 돌맹이를 매단 채 깊은 토굴에 갇혔다가 사망했고, 불명예스럽

[3] 프로코피우스는 프로클루스의 능력을 칭송했다. 프로클루스는 유스티니아누스의 친구였지만 다른 양자들에게는 원수였다.

[4] 마니교는 에우티케스주의를 의미한다. 콘스탄티노플과 티르에서는 열렬한 호응으로 이 사상을 받아들였다. 콘스탄티노플에서는 아나스타시우스가 사망한 지 6일이 채 지나기도 전에 적극적으로 이 종교를 받아들였다. 그리하여 환관은 죽음을 맞이했고 티르에서는 이를 박수로 환호했다.

5 뷔아(Count de Buat)는 그의 힘, 성격, 사상에 대한 모든 것을 설명해 주고 있다. 그는 아스파르의 고손자이며, 약소국 스키타이의 세습 왕자였으며, 트라키아의 고트족 동맹군의 귀족이었다. 그가 영향력을 행사했던 베시족은 요르난데스가 기술했던 별 볼 일 없는 고트족이었다.

6 어린 시절(사춘기)에 그는 잠시 동안 테오도리크의 인질로 지낸 적이 있었다. 이 호기심을 돋우는 사건에 대해 알레만누스는 스승 테오필루스의 필사본 『유스티니아누스의 생애』의 한 구절을 인용하고 있다. 루드비히는 그가 군인이 되었다면 좋았을 것이라고 말한다.

게도 매장의 절차도 없이 바다에 버려졌다. 비탈리아누스를 무너뜨리는 일은 더 어렵고 위험했다. 이 고트족의 우두머리는 정통 신앙을 수호하기 위해 아나스타시우스와 벌였던 내전에서 용감히 싸웠다는 이유로 민중의 인기를 한몸에 받고 있다고 생각했다. 그래서 유리한 조건의 조약을 맺고 콘스탄티노플 부근에서 머물며 승리의 경험을 가진 가공할 위력의 야만족 군대의 수장으로 지내고 있었다. 하지만 믿을 수 없는 황제의 서약을 과신한 비탈리아누스는 이런 유리한 상황을 단념하고 도시 성벽 안에 들어가 살았다. 하지만 성벽 안에 거주하는 시민들, 특히 청색파 사람들은 황제의 부추김을 받고, 그가 종교를 빙자하여 적대적인 행동을 했다는 사실을 기억하고 그에 대한 반감을 가지게 되었다. 황제와 그의 조카는 황실과 교회의 충실한 옹호자로서 그를 받아들였고, 집정관과 사령관이라는 칭호를 내려 자신들의 호의를 보여 주었다. 하지만 집정관의 직위에 있은 지 7개월이 되던 때, 비탈리아누스는 황실의 연회에 참석했다가 칼로 열일곱 군데를 찔리는 변을 당했다.5 그리하여 황제의 조카 유스티니아누스가 그 자리를 물려받게 되는데, 이 때문에 신임 황제는 영적인 형제를 해한 암살자라는 비난을 받게 된다. 유스티니아누스는 그 일이 벌어지기 얼마 전에 그리스도의 신비를 함께 나누는 데 참여하는 신앙을 갖겠다고 비탈리아누스에게 굳은 언질을 했던 것이다.6 경쟁자가 무너진 후, 유스티니아누스는 군대 복무 경험이 없이도 순조로운 승진을 해서 동로마 제국 군부의 사령관으로 임명되었다. 이제 교전 중인 적국에 대항한 싸움에 군대를 이끌고 나가는 임무를 맡게 된 것이다. 하지만 명예를 추구하는 과정에서 그의 숙부의 약점과 고령으로 인해 그가 현재 쥐고 있는 지배권을 잃어 버릴 수도 있는 일이었다. 따라서 페르시아나 스키타이와의 교전에서 가져온 전리품으로 백성들의 환호를 얻는 대신에 이 계산 빠른 전사는 교회와 원형경기장 그리고 원로원에서의 활약으로 백성들에게 호감을 얻어 내려는 수를 썼다. 가톨릭교도들은 모두 황제의 조카에게 매료되었는데, 그가 네스토리우스교도와 에우티케스주의 사이에서도 강경하고 엄격한 정통파의 입장을 아슬아슬하게 지키고 있었기 때문이다. 황제가 된 유스티니아누스는 처음 얼마간은 작고한 황제에 대한 기억을 되살리며 사람들의 종교적 열광을 부추기고 그 열광을 만족시켜 주었다. 35년간의 분파를 겪은 후였던 터라 유스티니아누스는 로마의 고위 성직자들의 성난 마음과 자만심을 달래고 만족시켜 주었으며, 로마인들에게는 새 황제가 사도들이 세운 교회를 신실한 마음으로 존중하고 있다는 호의적인 여론을 퍼뜨렸다. 그리고 교황의 자리는 자신에게 협조적인 가톨릭 주교들이 차지하도록 했으며, 그 아래 성직자들과 수사들에게는 많은 물품을 베풀어 그의 편에 서게 했다. 국민들은 진정한 종교의 기둥이자 희망이 되실 미래의 주군을 위한 기도를 하라는 가르침을 받았다. 화려함을 좋아하는 유스티니아누스의 기질은 공공 행사를 단연 돋보이도록 호화롭게 치르는 것으로 유감없이 드러났다. 이렇게 화려한 행사의 목적은 국민들의 눈에 니케아 신조나 칼케돈 신조 못지않게 성스럽고 중요한 것으로 보이게 하는 것이었다. 유스티니아누스의 집정관 취임식에 쏟아 부은 경비는 금화 28만 8000닢으로 추정된다. 취임식과 동시에 원형경기장에 스무 마리의 사자와 서른 마리의 표범을 풀어 놓았고, 경기장에서 승리를 거둔 전차병들에게 화려한 장식을 한 수십 마리의 말을 특별 포상하였다. 콘스탄티노플의 시민들에게 후하게 베풀고, 외국 왕실과도 교류를 하던 유스티누스의 조카는 원로원과의 우정을 유지하느라 부지런히 노력하기도 했다. 원로원이라는 유서 깊은 기관에 소속되어 있는 의원들은 국민을 대표하는 정도의 권한과 황제 계승 문제를 통제할 수 있는 힘을 지니고 있었다. 무기력한 아나스타시우스는 통치권을 귀족 정치의 형태 또는 그와 같은 취지의 양식으로 타락시켜 놓았던 것이다. 원로원에서 한 자리를 차지하고 있는 군대의 수장들은 근위대와 일련의 고참병을 마음대로 부리면서 무질서하게 소동이 일어나는 순간에 무력이나 또는 박수갈채를 통해 로마 제국의 왕권을 결정 짓는 힘을 가졌다. 원로원 의원이 가지고 있는 투표권을 얻고자 하던 유스티니아누스는 국고의 보물들을 아낌없이 마구 뿌렸고, 원로원 의원들은 이구동성으로 유스티니아누스를 원로원의 동료로 기꺼이 받아들이겠노라고 황제에게 전했다. 하지만 이 요청은 마지막이 눈앞에 다다른 황제에게는 너무 노골적으로 보였고, 오히려 역효과를 낳아 질투심 많은 고령의 황제의 눈에 거슬렸다. 이미 자신이 휘두를 수 없게 된 권력을 어떻게든 잡아 보려는 마음이 간절한 까닭이었다. 그래서 유스티누스는 자의를 두 손으로 부여잡고 자신의 본래 감정을 드러내지 않으려 애쓰면서 원로원 의원들에게 선거를 통해 더 나이가 많은 후보자를 선택하는 게 어떻겠느냐고 제안했다. 하지만 이런 잔소리에도 굴하지 않고 원로원 의원들은 유스티니아누스에게 황제의 칭호의 하나인 노빌리시무스라는 별칭을 붙여 주었다. 유스티누스는 원로원의 이러한 결정을 조카를 아끼는 마음 또는 두려워하는 마음에서 추인하기에 이른다. 얼마 후 허벅지 부상으로 인해 몸과 마음이 쇠약해진 유스티누스는 남의 도움 없이는 지낼 수 없는 지경에 이르렀다. 그리하여 대주교와 원로원 의원들을 소집하고 그들이 보는 엄숙한 자리에서 조카의 머리에 왕관을 씌워 주었다. 그 후 새로운 황제는 궁에서 원형경기장으로 안내되어 기쁨의 환호를 외치는 백성들의 인사를 받았다. 유스티누스는 그 후 4개월 정도를 더 살았지만 거의 죽은 사람으로 치부되어, 45세의 유스티니아누스가 동로마 제국의 합법적인 황제로서 승인을 받았다.

유스티니아누스는 로마 제국을 38년 7개월 13일간 통치했다. 그가 로마 제국을 다스리는 동안에 일어난 사건들은 그 수와 다채로움 그리고 중요성 면에서 우리의 호기심과 주의를 끌기에 충분하다. 이에 관해서는 벨리사리우스의 비서가 자세한 기록을 남겼다. 이 웅변가, 즉 프로코피우스는 유창한 말재주로 원로원 의원과 콘스탄티노플의 장관 자리까지 오를 수 있었다. 호기롭게 소신을 굽히지 않다가도 어쩔 수 없이 누군가에게 예속되어 있기도 하고, 또 사람들의 호감을 사기도 하다가 불명예스러운 치욕을 당하기를 거듭하면서 프로코피우스는 쉬지 않고 자신이 살고 있던 시대의 역사적 사실, 찬사, 풍자를 활자로 기록했다. 페르시아, 반달족, 고트족과 벌인 전쟁에 대하여 기술한 여덟 권의 책은 이후 아가티아스의 다섯 권의 책으로 이어진다. 이 여덟 권의 책은 아시아의 고대 그리스 작가들이나 아티카 사람의 작품을 성공적으로 모방해 냈다는 점에서 높은 평가를 받을 만하다. 책에서 기술한 사실들은 직접적인 경험이나 군인, 정치가, 여행가들과 자유롭게 나눈 대화에서 나온 것이다. 강하고 우아한 문체를 지속적으로 추구하고 있으며, 종종 그야말로 강하고 우아한 문체를 구사하는 경우도 있다. 또 자신의 생각을 연설문의 형태로 글 중간에 삽입하기도 했는데(지나치게 자주 삽입했다는 생각도 든다.), 그 깊은 성찰의 배경에는 풍부한 정치적 지식이 있음을 느낄 수 있다. 후대의 사람들에게 즐거움을 주면서 많은 것을 가르치고자

> 서기 527~565년, 유스티니아누스의 통치

> 프로코피우스의 성격과 그가 기술한 역사

하는 야심에 가득 차 있던 프로코피우스는 사람들의 편견을 경멸하고 왕궁에 아첨하는 것을 업신여겼다. 프로코피우스의 글7은 동시대의 사람들에게 널리 읽히고 많은 환영을 받았다. 하지만 프로코피우스가 자신의 저작물을 황제의 발치 아래 공손하게 헌정했는데도 유스티니아누스의 자존심은 그가 다른 영웅을 찬양하는 것에 상처를 입었을 것이다. 이 영웅은 활발한 활동을 보이지 못하는 유스티니아누스의 영광을 가리고 말았다. 노예가 느끼는 두려움과 희망은 독립성의 가치를 흐리게 한다. 그래서 벨리사리우스의 비서였던 프로코피우스는 용서와 보상을 바라는 마음에서 『건축사』 전 여섯 권을 저술하는 데 힘을 쏟는다. 프로코피우스는 교묘하게 황제의 가장 훌륭한 업적을 엿보이게 하는 주제를 택했던 것이다. 이 책에서 프로코피우스는 유스티니아누스의 신심과 기품 그리고 천재성을 마음껏 소리 높여 찬양했다. 유스티니아누스가 테미스토클레스와 키루스의 미숙함을 능가하는 입법자요 정복자라고 찬양한 것이다. 하지만 기대했던 바를 얻지 못해서 실망했는지 이 추종자는 은밀한 복수를 하게 된다. 이 책에서 로마의 키루스는 추악하고 비열한 폭군으로 비하되고, 황제와 그 배우자인 테오도라는 인류의 파멸을 위해 인간의 탈을 쓰고 행세하는 두 마리 악마라고 진지한 어조로 기술되고 있다.8 이런 불합리한 서술은 당연히 책의 명성을 훼손하고 프로코피우스의 신뢰성을 떨어뜨리는 결과를 낳았지만, 악의에 찬 그의 독설이 증발되고 남은 『비사(秘史)』에서는 공적인 역사서에서는 신중하게 살짝 언급하는 정도로만 처리한 매우 불명예스러운 사실들까지 그 내적 증거와 당대의 권위 있는 문헌에 의해 확인되고 있다.9 이런 다양한 사료를 근거로, 이제부터 유스티니아누스의 치세에 대한 기술을 시작하고자 한다. 이것은 당연히

---

7 작가로서의 프로코피우스의 운명은 그리 좋은 편이라고 할 수 없다. 첫째, 그가 저술한 『고트전쟁』은 아레틴이 훔쳐가서 자신의 이름으로 출판했다. 둘째, 최초의 라틴어 번역자인 페르소나(Christopher Persona)와 볼라테라(Raphael de Volaterra)는 그의 작품들을 마구 훼손했다. 이 두 역자는 스스로를 과신한 나머지 바티칸 서고에 있는 필사본을 참고할 생각도 하지 않았다. 셋째, 그리스어로 쓴 책은 1607년이 되어서야 아우그스부르크의 회셸리우스(Hoeschelius)가 인쇄해 출간했다. 넷째, 파리 판은 툴루즈의 예수회 수사인 말트레(Claude Maltret)에 의해 엉성하게 발행되었다. 이는 루브르 판이나 바티칸의 필사본과 비교해 보면 완전히 다른 글처럼 보일 지경이었다. 하지만 말트레는 다른 보충 자료를 첨가해 놓았다. 라이덴의 아가티아스는 1594년에 파리 판과 함께 박식한 번역가 보나벤투라 불카니우스가 라틴어로 번역해 놓은 것을 참고하여 재발행하는 현명함을 보였다.

8 도미티아누스 황제와 완벽한 닮은꼴인 고집불통 유스티니아누스는 테오도라의 연인이었지만 그 경쟁자인 다른 악마에 의해 침대에서 쫓겨났다. 테오도라는 위대한 악마와 결혼한다는 예언이 있었다. 한 수사가 왕좌에 올라 있는 것이 유스티니

방대한 분량이 될 것이다. 이 장에서는 황제의 자리에 등극한 일과 테오도라의 성격, 원형경기장에서의 내분, 유스티니아누스의 평화적인 행정을 설명할 계획이다.

> 유스티니아누스의 통치 부문

그 후로 이어지는 세 개의 장에서는 아프리카와 이탈리아 정복을 이룬 유스티니아누스의 전쟁에 관해 기술할 것이며, 이어서 벨리사리우스와 나르세스의 승전에 대해서도 살펴볼 것이다. 하지만 그 공적의 공허성이나 페르시아와 고트족 영웅들의 용맹함도 감추지 않고 모두 기술할 것이다. 그리고 이어서 본 권의 속편에서 유스티니아누스 황제의 법학과 신학을 다룰 것이며, 현재의 동방 교회를 분열하게 한 논쟁과 종파, 그리고 근대 유럽 국가들이 존중하고 따르고 있는 로마법의 개정에 관해서도 다룰 것이다.

1. 유스티니아누스가 로마 황제로서 최고 권력을 최초로 행사한 일은 자신이 사랑한 여인인 그 유명한 테오도라와 권

> 황후 테오도라의 출생과 악덕

력을 나눈 것이었다. 테오도라가 승승장구하게 된 이 기묘한 상황을 부덕(婦德)의 승리라고 추켜세워 줄 수는 없다. 아나스타시우스 재임 기간에 콘스탄티노플의 녹색파가 키우는 야수를 돌보는 일은 키프로스 섬 출신인 아카키우스에게 위임되어 있었다. 그래서 아카키우스는 맡은 직무 때문에 '곰아저씨'라는 별명으로 불렸다. 아카키우스가 죽자 고인의 과부는 일찌감치 재혼해서 이 일의 후계자를 물색해 놓았지만, 이 명예로운 직무는 다른 후보자에게 넘어갔다. 아카키우스는 코미토,[10] 테오도라, 아나스타시아라는 세 딸을 남겼다. 이때 장녀인 아나스타시아는 일곱 살이 채 되지 않았다. 그러던 어느 성스러운 축일, 곤궁에 빠져 분개한 어머니는 이 가엾은 세 고아를 탄원자의 복장을 입힌 채로 극장 한가운데로 들여보냈다. 녹색파

아누스가 아니라 사탄의 대공인 것을 보았다고 했다. 또 하인 한 명은 몸통이 없는 얼굴을 보거나 머리 없는 몸 등을 보았다고 했다. 프로코피우스는 이런 악마와 얽힌 이야기를 자신과 다른 지인들이 모두 믿고 있다고 단언했다.

[9] 몽테스키외는 황제의 권한이 약화되어 있었고, 유스티니아누스가 만든 법이 끊임없이 개폐되는 등 불안정했다는 사실과 관련하여 『비사』의 기술 내용을 신뢰했다.

[10] 후에 코미토는 아르메니아의 군주 시타스와 결혼한다. 아마도 소피아 황후의 어머니가 되지 않을까 싶다. 테오도라의 두 명의 조카는 아나스타시아의 아들일 것으로 보인다.

11 테오도라의 조각상은 콘스탄티노플에 있는 반암 기둥에 부조로 새겨져 있다. 프로코피우스는 『비사』에서 테오도라의 외모를 자세히 묘사하고 있다. 알레만누스는 라벤나에 있는 모자이크 작품에서 수많은 진주와 보석으로 치장한 아름다운 테오도라의 초상화를 선보이고 있다.

사람들은 이 아이들을 경멸했지만, 청색파 사람들은 안타깝게 생각하며 동정을 표명했다. 이런 차이가 나이 어린 테오도라의 마음 깊은 곳에 각인되어 이후에 제국을 통치하는 데 영향을 미치게 되었다. 세 딸은 나이가 듦에 따라 미모가 출중해졌고, 비잔티움 제국인들의 사적인 자리나 공적인 자리에서 즐거움을 주도록 계속해서 헌신하게 되었다. 코미토의 뒤를 이어 무대에 오르게 된 테오도라는 노예의 옷을 입고 머리에 의자를 올린 채로 자신만의 재능을 뽐내게 되었다. 테오도라는 춤을 추거나 노래를 부르거나 플루트를 연주하지 못했다. 그녀가 갖고 있는 기술은 오로지 무언극이었다. 테오도라는 익살꾼이나 광대의 흉내를 내는 데 뛰어난 솜씨를 보였다. 테오도라가 익살스럽게 두 볼을 크게 부풀리고 웃기는 목소리로 투덜거리다가 한 방 얻어맞는 시늉을 하면 콘스탄티노플의 극장에 웃음소리와 박수소리가 가득 울려 퍼졌다. 하지만 테오도라가 받은 찬사의 진정한 대상이자 더욱 강렬한 기쁨의 원천이 되었던 것은 테오도라의 아름다움이었다.[11] 테오도라는 섬세하고 균형 잡힌 외모를 갖고 있었다. 다소 창백해 보이기도 하는 얼굴빛은 자연스러운 색감을 띠고 있었고, 그 생기 넘치는 두 눈동자는 숨김없이 자신의 감정을 드러내고 있었다. 작지만 우아한 몸집에서 풍겨 나오는 편안하고 자연스러운 몸짓은 품위를 느끼게 해 주었다. 사랑에 빠져 있는 사람이나 그녀를 추종하는 사람들이라면 그녀의 비할 데 없는 뛰어난 외모를 시나 그림으로 제대로 그려 내는 일은 불가능하다고 선언하고도 남을 일이었다. 하지만 이런 빼어난 자태는 대중의 눈에 노출되고 음탕한 욕망에 팔려 나갔다는 점에서 그 품위가 저하되었다. 테오도라의 아름다운 용모는 돈에 좌우되어 아무에게나 닥치는 대로, 온갖 직종과 직급의 사람들에게 팔려 나갔다. 운 좋게 하룻밤의 즐거움을 약속받았다 하더라도 더 강하거나 더 부유한 자가 나타나면 가차 없이 테오도라의 침대에서 쫓겨나야 했다. 테오도라가 거리를 거닐면, 추문을 피하고자 하는 이나 유혹을 받지 않으려 하는 이들은 그녀에게서 고개를 돌려야 했다. 세태를 비꼬는 풍자적인 역사가는 얼굴도 붉히지 않고 『비사』에서 테오도라가 극장에서 부끄럼도 없이 나체를 드러냈던 일에 대해 노골적으로 묘사했다. 관능적인 쾌락을 느끼는 일에 체력을 모두 소진한 후에 테오도라는 불쾌한 얼굴로 자연의 인색함에 대해 투덜거렸다고 한다. 한동안 도시인들의 경멸과 기쁨으로 권세를 떨치던 테오도라는 티르 출신의 에케볼루스를 따라 살게 되었는데, 그는 아프리카의 펜타폴리스를 다스리는 임무를 맡고 있었다. 하지만 이 두 사람의 결합은 허술하고 일시적인 것이었다. 에케볼루스는 곧 돈이 많이 들고 정절을 지키지 못하는 첩을 버렸고, 테오도라는 알렉산드리아에서 극심한 곤궁에 빠져 지냈다. 마침내 테오도라는 콘스탄티노플로 돌아가게 되었으며, 이때 들른 동로마 제국의 모든 도시는 키프로스 섬의 이 아름다운 여인을 마음껏 즐기고 흠모한다. 테오도라의 아름다움은 베누스 여신의 혈통을 잇는 것이 분명해 보였기 때문이다. 테오도라는 성교를 애매하게 이끌고 정말 귀찮지만 필요한 피임 조치를 잘 취하고 있었기 때문에, 가장 두려워하는 위험에 처하는 일은 없었다. 하지만 단 한 번, 어머니가 되었다. 갓난아이는 아버지의 보호 아래 아라비아에서 성장하고 교육을 받았다. 아이의 아버지는 임종의 순간에서야 아들에게 황후의 아들임을 알렸다고 한다. 아무것도 모르는 이 젊은이는 희망에 부풀어 서둘러 콘스탄티노플의 궁으로 가서 그의 어머니를 알현했다. 하지만 그는 그 이후로 테오도라가 세상을 떠난 다음까지 단 한 번도 나타나지 않았다. 테오도라는 황후로서 살아가는 자신에게 치명적인 약점이 될 수 있는 비밀을 없애기 위해 그의 목숨을 앗아 갔다는 비난을 벗어날 수 없게 되었다.

유스티니아누스와 결혼한 테오도라

평판이 나빠지고 불운한 나날이 이어지는 시기에 꿈인지 아니면 공상 속에서였는지는 분명치 않은 환영을 본 테오도라는 자신이 강력한 군주의 배우자가 될 운명이라는 확신을 갖게 되었다. 장차 높은 지위에 오르게 될 것임을 깨달은 테오도라는 파플라고니아에서 콘스탄티노플로 돌아가서는 노련한 배우답게 얌전하고 품위 있는 여성으로 가장하고 지냈다. 기특하게도 양모를 자아 털실을 만드는 노동을 통해 곤궁한 생활을 해결하고, 나중에 거대한 사원으로 변모하게 될 작은 집에서 혼자서 지내며 정절을 지키는 삶을 살았다. 우연인지 아니면 책략의 결과인지는 알 수 없지만, 테오도라의 아름다움은 유스티니아누스의 마음을 사로잡아 꼼짝 못하게 만들어 버렸다. 이미 유스티니아누스는 숙부의 이름을 빌려 절대적인 영향력을 행사하고 있었다. 아마도 테오도라는 이전에 가장 비천한 남자들에게도 마구 뿌려 댔던 그녀의 타고난 매력의 가치를 한껏 올리는 방법을 용케도 찾아냈던 모양이다. 어쩌면 처음에는 아주 신중하게 몸을 사리는 것으로 남자를 자극하고, 마지막에는 관능적인 매력으로 연인의 욕망을 자극했을 것이다. 그래서 지극한 신앙심 또는 원래 타고난 성품 탓으로 오랜 철야 기도와 절제된 식사에만 익숙해 있던 젊은이를 흥분시켰을 것이다. 유스티니아누스의 첫 번째 무아지경이 진정되고 난 후에도 테오도라는 뛰어난 분별력과 침착함으로 여전히 그의 마음을 좌지우지 할 수 있었다. 유스티니아누스는 기꺼이 사랑하는 여인을 부유하게 해 주고 신분을 높여 주었다. 동로마 제국의 온갖 보물을 테오도라의 발치에 쏟아 부었다. 결국 유스티누스의 조카는 아마도 양심의 가책을 느꼈는지, 이 내연의 처에게 신성하고도 적법적인 아내의 신분을 부여할 결심을 굳혔다. 하지만 로마의 법은 원로원 의원이 미천한 출신이거나 무대에서 일을 해서 불명예를 짊어진 여자와의 결혼을 금지하고 있었다. 당시 에우페미아라는 별칭을 얻고 있던 황후 루피키나는 비록 교양 없는 이민족이었지만 정절이라는 면에서는 나무랄 데가 없는 사람이었던 까닭에 창녀 출신의 여자를 조카며느리로 받아들이기를 단호히 거부했다. 그리고 미신을 믿는 유스티니아누스의 어머니, 비길란티아는 테오도라가 아름답고 지혜롭다는 것을 인정하면서도 이 기교가 풍부한 정부의 오만함과 경솔함이 아들의 행복과 신앙심을 타락시키지 않을까 하는 걱정을 심각하게 하고 있었다. 그러나 유스티니아누스는 한결같은 애정과 불굴의 의지로 이런 장애들을 모두 뛰어넘었다. 유스티니아누스는 황후의 죽음을 참을성 있게 기다렸다. 그는 자기 어머니가 우는 것을 경멸해서 그 어머니가 고뇌의 무게에 짓눌리게 만들었다. 그리고 유스티누스 황제의 이름으로, 과거의 엄격한 법체계를 폐지하는 법령을 공포했다. 포고령의 말 그대로 '명예를 주는 회개'를 하면 극장에서 몸을 팔았던 불행한 여인들에게도 로마에서 가장 저명한 사람과 합법적인 결혼을 할 수 있는 길이 열린 것이다. 이런 사면에 이어 곧바로 모든 격식을 갖춘 유스티니아누스와 테오도라의 결혼식이 이어졌다. 테오도라의 위엄은 배우자와 함께 점차 드높아졌고, 유스티누스가 조카 유스티니아누스에게 자의를 걸쳐 주자마자 콘스탄티노플의 대주교는 동로마 제국의 새로운 황제와 황후의 머리 위에 왕관을 올려 주었다. 하지만 엄격한 로마의 관습이 황후에게 허용하는 통상적인 영예는 테오도라의 야망에도, 유스티니아누스의 마음에도 차지 않았다. 유스티니아누스는 테오도라 황후를 자신과 동등한 제위에 올려놓았고, 제국의 통치권자로서 독립적인 권한을 가진 동료로 인정했다. 속주 총독들에게는 유스티니아누스와 테오도라 두 사람에게 충성을 선서하도록 의무를 부과했다. 이제 동로마 제국은 아카키우스의 딸이 가진 재간과 행운 앞에 엎드려 머리를 조아리게 되었다. 헤아릴 수 없이 많은 구경꾼들 앞에서 콘스탄티노플의 극장을 더럽히는 행위를 했던 예전의 창녀는 바로 그 도시에서 여제로서 추앙받게 되었다. 근엄한 얼굴의 고관과 정통 신앙을 고수하는 주교 그리고 전승을 거둔 장군들과 포로로 잡혀 온 속국의 군주들이 우러러보는 여걸이 되었던 것이다.12

테오도라의 폭정

여자가 정절을 잃어 버리면 완전히 타락한 것이라고 생각하는 사람들은 테오도라가 정절 문제에 대해 시치미를 떼고 있다는 데 공분하거나 마음속으로 시기하면서 다른 사람들이 떠들어 대는 악담에 열심히 귀를 기울였을 것이다. 그녀의 악행을 과장하고, 돈 때문이었든 의지 때문이었든 젊고 팔팔하고 음란한 여자가 저질렀던 온갖 죄를 엄하게 비난하는 소리를 열심히 들었을 것이다. 수치심 때문이었는지 아니면 자신에게 머리를 조아리는 이들에 대한 경멸감 때문이었는지는 모르지만, 테오도라는 종종 대중의 비굴한 충성의 맹세를 거절하고 왕궁이 있는 도시의 추악한 불빛을 피해서 1년의 대부분을 프로폰티스 해와 보스포루스 해안에 인접해 있는 쾌적한 궁과 정원에서 지냈다. 테오도라는 개인 시간을 자신의 아름다움을 빈틈없이 가꾸는 즐거운 일로 소일하거나, 사치스러운 목욕이나 식사, 또는 아침 나절과 저녁에 자는 긴 낮잠으로 충당했다. 테오도라의 호화 별실에는 마음에 드는 여자들이나 환관이 드나

---

12 "저명한 이들이 그녀를 인정하게 하라. 그러면 그녀는 더 이상 비천하지 않으리." 워버턴(Warburton)이 비판적으로 살펴볼 수 있는 망원경을 빌려 주지 않았더라면, 나는 이 글에서 나타나는 뻔뻔한 부도덕함에서 테오도라에 대한 인신공격적인 암시를 찾아 낼 수 없었을 것이다.

들었는데, 이들이 관심을 갖는 일이나 좋아하는 일을 이루어 주기 위해 황후는 정의를 내팽개쳐 버렸다. 어둡고 찌는 듯이 무더운 대기실에는 저명한 인사들이 북적거렸다. 여러 차례 대기실에서 출석을 확인받은 후에서야 테오도라 황후의 발치에 키스를 할 수 있는 영예가 허락되었다. 황후의 기분 여하에 따라 알현한 사람들은 황후가 무뚝뚝하고 오만하다고 생각하기도 하고, 희극 배우로서 보여 주었던 변덕스러운 경박함을 보기도 했다. 보화를 한없이 쌓아 두려는 황후의 탐욕은 남편의 죽음에 대한 불안감으로 인한 것이라고 너그러이 봐 줄 수도 있을 것이다. 황제가 죽고 나면 황후는 계속 제위에 있거나 아니면 완전히 파멸하거나 둘 중의 하나이기 때문이다. 황제의 와병 중에, 황제의 사후에 궁정의 결정에 무조건 따라가지 않겠노라고 무심코 발설했던 두 명의 장군에 대해 테오도라가 격노했던 것은 야심 때문인 것도 있지만 다 이런 불안감에 따른 일이라 할 수 있다. 하지만 어수룩한 악덕과는 전혀 어울리지 않을 정도의 극도의 잔인함을 드러내 보인 것에 대한 비난은 테오도라의 평판에 지울 수 없는 오점을 남겼다. 테오도라가 고용한 수많은 밀정들은 자신의 여주인에게 조금이라도 해가 될 만한 행동이나 말 또는 표정을 낱낱이 살피고 보고했다. 그리하여 부정한 일을 했다고 고발된 사람은 공식적인 사직 당국의 손길이 전혀 미치지 못하는 테오도라의 개인 감옥에 갇혔다.13 이 감옥에서 혐의자들은 테오도라 앞에서 회초리질을 당하거나 고문을 당해 기도를 올리거나 동정을 구하는 목소리도 내지 못할 정도로 인사불성이 되었다. 이 불운한 희생자들 중 몇몇은 건강을 해치는 깊은 토굴에서 명을 달리했고, 어떤 이들은 팔다리를 잃거나 정신을 잃거나, 아니면 가진 재산을 다 잃은 후에야 다시 세상에 나가, 테오도라의 복수의 살아 있는

13 테오도라의 감옥은 미로의 형태를 가진 그리스 신화에 나오는 타르타로스 지옥으로 궁의 지하에 있었다. 어둠이야말로 잔인함에 어울리는 것이다. 하지만 이것도 꾸며 낸 이야기나 악담에 불과할 가능성이 높다.

본보기가 되었다. 때때로 황후의 복수심은 자신이 파멸시킨 이들의 자녀에까지 미치는 경우도 있었다. 테오도라가 사형이나 추방을 선고한 원로원 의원이나 주교는 충직한 사자 앞에 인도되곤 했는데, 이 사자들은 황후에게 직접 들은 일을 성실하고도 빠르게 처리했다. "내 명령을 이행하는 데 실패한다면, 영원히 사실 이의 이름으로 단언하건대 네 놈 가죽을 홀딱 벗겨 버릴 것이다."

테오도라의 미덕

테오도라의 신조가 이단으로 더럽혀지지만 않았다면, 그녀가 보여 준 모범적인 신앙심은 그 모든 잔인함과 탐욕과 오만함을 다 보상할 수 있었을지도 모른다고 당대 사람들은 생각했다. 하지만 테오도라가 황제의 편협한 격정을 완화하는 데 자신의 영향력을 발휘했더라면, 현대의 사람들은 그녀의 종교에서 좋은 점을 발견하려 노력하거나 교리의 오류를 너그럽게 용인해 줄 수도 있었을 것이다. 테오도라의 이름은 유스티니아누스가 세운 모든 종교 건물이나 자선 사업 건물의 주춧돌에 나란히 새겨졌다. 유스티니아누스가 재임 기간에 한 가장 큰 자선 사업은 돈이 없어 결국에는 매춘에 나섰던 두 언니에 대한 동정심에서 탄생하게 되었다고 볼 수도 있다. 보스포루스 해협의 아시아 쪽에 있던 궁전이 위풍당당하고 넓은 수녀원으로 개조되었고, 콘스탄티노플의 거리와 사창가에서 모아 온 500명의 여인들을 거두기 위해 넉넉한 생계비가 지원되었다. 여인들은 이 안전하고 거룩한 안식처에 영원히 유폐되었다. 일부 절망한 여인들은 바다에 몸을 던지기도 했지만, 이는 관대한 여성 후원자 덕택에 죄악과 비참한 지경에서 구원받은 회개자들의 감사의 목소리에 묻혀 크게 문제가 되지 않았다. 테오도라의 분별력을 칭송해 마지않은 사람은 그 누구보다 유스티니아누스 자신이었다. 그가 제정한 법률은 존경받아 마땅한 아내와 사려 깊은 협의를 거친 끝에 나온 것이었다. 유스티니아누스는 아내를 신이 내린 선물이라 여겼다. 테오도라의 용기는 백성의 폭동이 일어나고 궁정에 공포가 몰아치는 상황에서 단연 돋보였다. 유스티니아누스와 결혼한 이후부터 테오도라의 정절은 그녀와 절대로 화해할 수 없는 적들의 침묵 아래 기정 사실화되었다. 아카키우스의 딸이 애정을 나누는 일에 물렸을지도 모른다고 볼 수도 있지만, 의무감 때문이든, 자신의 이익 때문이든, 쾌락을 추구하던 습관을 희생시킬 수 있을 정도로 확고한 마음을 가졌다는 사실에는 박수를 보내야 할 것이다. 하지만 테오도라의 바람과 기도로도 대를 이을 합법적인 아들을 얻는 축복을 받을 수는 없었다. 유스티니아누스와 결혼해서 얻은 유일한 자손인 딸아이는 어려서 죽고 말았다.[14] 이런 실의에도 불구하고 테오도라의 지배력은 영속적이고 절대적이었다. 테오도라는 타고난 매력과 후천적으로 익힌 기교를 통해 유스티니아누스의 사랑을 지속적으로 누릴 수 있었다. 곁에서 보이는 두 사람 사이의 불화를 진심이라고 믿었던 궁 안의 사람들은 언제나 치명적인 말로를 맛보아야만 했다. 젊음을 방탕하게 소진한 까닭에 건강이 손상된 점도 있고, 늘 몸이 약한 편이었던 테오도라는 의사에게 델포이에서 온천욕을 하라는 권유를 받았다. 이 여행에서 황실 근위대장, 회계 장관, 몇몇 고위 인사와 귀족들과 4000명에 이르는 수행원들이 장엄한 행렬을 이루며 황후의 뒤를 따랐다. 황후가 지나는 주요 도로들은 사전에 보수되었고, 황후를 위한 피로연을 열기 위해 궁전 하나가 세워졌다. 비티니아를 지날 때는 교회, 수도원, 병원 등에 의연금을 넉넉하게 나누어 주었다. 많은 이들이 황후의 건강이 회복되기를 하늘에 간청했을 것이다. 결혼한 지 24년, 여제의 자

[14] 성 사바스는 테오도라가 아들을 얻을 수 있도록 기도를 올려달라는 부탁을 거절했다. 이교도가 아나스타시우스보다 더 최악이라는 사실을 증명하는 일을 자신이 하고 싶지 않았기 때문이었다.

15 『일리아드』 23권을 읽어 보면 전차 경주의 방법과 예절, 그 열정과 정신을 생생하게 볼 수 있다. 고대 올림피아 경기에 관한 학술 논문을 보면 더욱 흥미진진하고 근거가 분명한 정보를 얻을 수 있다.

서기 548년 6월, 테오도라의 죽음

리에 올라 제국을 다스린 지 22년 되던 해에 마침내 테오도라는 암에 걸려 시들어 갔다. 이 돌이킬 수 없는 상실감에 휩싸여 그녀의 남편은 애통해 했다. 그러면 동로마 제국에서 가장 순결하고 가장 고귀한 처녀를 얼마든지 택할 수 있었는데도 극장에서 일하던 창녀였던 아내를 애달파했던 것이다.

경기장의 분파들

2. 고대 그리스와 로마의 경기 대회의 가장 중요한 차이점은 그리스에서는 저명한 이들이 직접 경기에 참가한 반면, 로마에서는 관람객들이 저명한 이들이었다는 것이다. 올림피아 경기장은 부와 공훈, 야망을 이루고자 하는 사람 누구에게나 열려 있는 공간이었다. 경기에 출전하는 자가 스스로의 기술과 민첩함에 자신감을 가지고 있다면 디오메데스와 메넬라오스의 발자취를 따라 전차를 전속력으로 몰아 봄직도 했다.[15] 10대, 20대, 40대의 전차가 일제히 달려 나갔다. 승자에게는 월계관이 포상으로 내려졌고, 그와 그의 가족과 출생지의 명예는 청동이나 대리석으로 만든 기념비보다 더 오래 전해지는 노랫가락에 실려 사람들의 입에서 입으로 회자되었다. 하지만 원로원 의원이나 로마의 공민권을 가진 이들은 품위를 생각해서 로마의 원형경기장에 자신의 말을 내보내거나 직접 참여하는 일을 부끄러워했다. 경기는 국가의 재정이나 행정관 또는 황제의 돈으로 개최되었으나, 전차의 고삐는 노예들이 쥐고 있었다. 인기 있는 전차 기수의 수입이 그에게 환호하는 사람들이 버는 것보다 더 많은 경우가 있었다면, 이는 대중들이 사치를 한 결과이고 불명예스러운 직업을 가진 이에 대한 임금이 높았기 때문이라고 보아야 할 것이다. 초기 전차 경주에서는 전차 두 대만이 경주를 벌이는 형태로, 기수 한 명은 흰 제복

을, 다른 한 명은 붉은 제복을 입고 있었다. 후에 연두색과 진청색의 두 가지 제복이 더 참여하게 되었다. 경기는 스물다섯 차례 되풀이되었기 때문에, 화려한 원형경기장을 하루 동안 누비는 전차는 백 대가 되었다. 이 네 가지 색의 분파는 곧 합법적인 편제를 이룰 수 있다는 인가를 받았고, 각 편대가 가지는 고유색의 신비한 기원도 밝혀졌다. 이 색들은 각각 일 년 중 사계의 자연 풍광의 특징에서 따온 것으로, 여름을 나타내는 시리우스, 겨울에 내리는 하얀 눈, 가을의 깊은 그늘과 봄의 원기 왕성한 신록을 의미하고 있었다.[16] 계절에 대한 비유라기보다는 구성 요소를 염두에 두고 해석하는 방법도 있는데, 이는 녹색과 청색의 갈등이 땅과 바다의 갈등을 나타내고 있다고 보는 것이다. 이렇게 해석한다면 양 진영의 승리는 풍년이나 순항을 알리는 것이라고 볼 수 있으니, 이에 농부와 어부가 서로에게 적개심을 보인다 해도 로마인들이 자신이 신봉하는 색의 진영을 위해 목숨과 재산을 바치며 맹목적인 격정을 보이는 것만큼 생뚱맞아 보이지는 않을 것이다. 이 우스꽝스러운 짓에 현명하기 그지없는 황제들은 가치 없는 일로 치부하거나 반대로 열렬히 참여하기도 했다. 칼리굴라, 네로, 비텔리우스, 베루스, 콤모두스, 카라칼라, 엘라가발루스 같은 황제들은 원형경기장의 녹색파와 청색파 중 한쪽에서 거론되곤 했다. 황제들은 마구간에 직접 찾아가거나 좋아하는 기수를 격려하거나 상대측 기수를 비난하는 행동을 보여 백성들의 호평을 받았다. 대중과 같은 행동 양식을 보이는 자연스러움을 높이 샀던 것이다. 이렇게 피를 볼 정도로 혼란스러운 경기는 도를 지나쳐 급기야 백성들의 흥겨운 축제를 방해하게 되었고, 로마의 대표적인 구경거리가 그 마지막을 고하는 시대에 이르게 될 때까지 이 혼동은 그칠 줄을 몰랐다. 정의감 때문이었는지 아니면 애

[16] 카시오도루스에 따르면 흰색, 붉은색, 연두색, 진청색의 네 가지 색은 각각 사계를 나타낸다. 카시오도루스는 이 연극적인 수수께끼에 대해 상당한 이해력을 갖추고 유려한 문장으로 설명하고 있다. 진청색은 바다에 비치는 하늘의 색을 나타내는 것이라 추정된다. 하지만 관례상 그리고 편리상 파란색과 동의어로 보고 있다.

17 통치자들과 양 당파가 저지른 부도덕한 행위에 대해서, 일반 대중은 입이 무거운 역사가보다 더 호의적이지 못하다. 알레만누스는 나지안주스의 그레고리우스가 남긴 훌륭한 한 구절을 인용해 이 악행의 뿌리 깊음을 보여 주고 있다.

정 때문이었는지 테오도리크는 원형경기장에서 청색파를 열렬히 지지하는 한 귀족과 집정관이 녹색파에게 폭력을 행사하는 것을 막기 위해 자신의 권한을 사용하여 중재에 나선 일도 있었다.

콘스탄티노플과 동로마 제국을 분열시킨 분파들

콘스탄티노플은 고대 로마의 미덕이 아닌 어리석음을 택했다. 이전과 똑같은 양 진영이 이전보다 배가된 감정으로 격분한 채 원형경기장을 휘젓고 다녔다. 아나스타시우스의 치세 때에, 대중의 사랑을 받았던 이 일시적 정신 착란 증세는 종교적 열정이 더해지면서 더욱 뜨겁게 달아올랐다. 녹색파 사람들이 신뢰를 배반하고 과일 바구니 아래 단검과 돌을 숨기고 들어와 엄숙한 제례 동안에 적수가 되는 청색파의 사람 3000명을 살육했던 것이다. 수도에서 시작된 이 전염병 같은 악덕은 동로마 제국의 총독 치하에 있는 다른 속주와 도시들로 퍼져 나갔고, 두 가지 색으로 구분되는 양대 세력은 절대 화해할 수 없는 두 파벌을 만들어 내어 결국 미약한 통치권의 기반을 흔들어 댔다.17 가장 심각한 이권과 관련하여 일어나는 분쟁이나 종교적 주장에 관한 충돌이라 해도, 이 이유 없는 불화와 다툼처럼 고치기 어려울 정도는 아니었을 것이다. 가족의 평화를 무너뜨리고 친구와 형제 사이를 멀어지게 했으며, 원형경기장에 그 모습을 거의 드러내는 법이 없었던 여성들까지도 연인이 신봉하는 진영을 옹호하며 싸움에 휘말리거나 남편의 바람을 거스르는 행동을 일삼았다. 인간이 만든 법이거나 하늘이 정해 준 법이거나 가릴 것 없이 모두 유린되었고, 자신들이 지지하는 편이 이기기만 한다면, 개인적인 어려움을 겪게 되거나 국가적인 재난이 닥친다 해도 전혀 상관하지 않을 것처럼 보였다. 안티오크와 콘스탄티노플에서는 민주 정치적 자유가 없는 상태에서 방종이 되살아났다. 성직이나 행정직을 맡으려는 사람은 어느 한 편의 지지를 반드시 받아야만 했다. 녹색파는 아나스타시우스의 분파나 그 가족을 은밀히 지지하고 애정을 표명한다고 알려져 있었고, 청색파는 유스티니아누스와 정교 신앙을 열심히 지지했다.[18] 막강한 후원자를 등에 업은 양 진영은 약 5년간 절기마다 소요, 소란, 폭동을 일으켜 동로마 제국의 수도와 원로원 그리고 궁정을 심각하게 위협했다. 왕궁의 지지를 받고 오만해진 청색파는 기괴한 이민족의 옷에 훈족의 긴 머리를 하고 품이 넉넉한 옷에 소매는 꽉 끼는 상의를 입고, 거만한 걸음걸이에 과장되게 울려 퍼지는 커다란 목소리로 사람들에게 공포심을 불러일으켰다. 낮에는 양날의 단검을 감추고 다녔지만, 밤이 되면 대담하게도 무장을 한 채 무리를 지어 몰려 다니고 폭력을 저지르고 약탈을 할 만반의 준비를 갖추었다. 청색파의 적수인 녹색파 사람이나 무고한 시민들이 밤에 활동하는 강도들에게 강탈당하거나 심지어 살해되기도 했다. 황금빛 단추나 허리띠를 매는 일은 위험한 짓이 되었고, 평화로운 수도의 거리를 늦은 시간에 돌아다니는 것도 피해야 할 일이 되었다. 당국의 제재를 받지 않는 상황에서 이들의 행동은 더욱 대담해져 급기야 개인 가정에까지 침입하기에 이르렀다. 쉽게 침입하기 위해서, 그리고 이 폭도들이 저지른 범죄 행위를 감추기 위해 방화 수법이 사용되었다. 이들의 약탈을 피할 수 있는 안전한 장소는 어디에도 없었다. 탐욕을 채우기 위해서였는지 아니면 복수심에 불타서였는지 이들은 무고한 사람들의 피를 마구 흩뿌렸다. 교회와 제단은 잔학한 살해로 더러워졌고, 단검을 단 한 번 휘둘러 치명적인 부상을 입힐 수 있는 솜씨가 있다는 것이 그 암살자들의 자랑거리였다. 콘스탄

청색파를 지지한 유스티니아누스

[18] 유스티니아누스가 청색파를 편애했다는 것은 에바그리우스가 입증해 주고 있다. 이외에도 안티오크 세력과 친분을 맺었다고 주장한 말랄라(John Malala)와 테오파네스도 역시 이를 뒷받침하고 있다.

19 프로코피우스의 기술에서 다소 미진한 부분은 에바그리우스가 구체적인 사실과 인명을 분명히 말하면서 좀 더 많은 내용을 담고 있는 기술을 하고 있어서 그것으로 보충할 수 있다. 콘스탄티노플의 한 장관의 비극적인 운명은 말랄라의 글에서 찾은 것이다.

티노플의 방탕한 젊은이들은 이런 소동을 벌이는 청색 제복을 택했다. 법은 침묵했고 사회의 결속력은 느슨해졌다. 채권자들은 돈 받기를 포기하라는 강요를 받았고, 판사들은 판결을 번복했다. 노예들은 풀려났고, 아비들은 자녀의 방탕함과 방종함을 모두 받아 주어야 했다. 점잖은 기혼녀들은 하인들의 욕정에 몸을 맡기고 매춘을 행했으며, 미모의 소년들은 부모가 부리는 군사들의 손에 휘둘렸다. 자기 손으로 목숨을 끊지 못한 부인들은 남편이 보는 앞에서 강간을 당했다. 적수들에게 괴롭힘을 당해도 사법권의 권한을 가진 행정관이 외면하자 녹색파 사람들은 절망에 빠졌다. 급기야 그들은 자기 방어를 위해 일어섰는데 기실은 복수를 위해 나섰다고 봐야 할 것이다. 하지만 이런 싸움에서 간신히 살아남은 자들은 그 후 모두 사형장으로 끌려가야 했고, 그나마 도망친 사람들은 숲 속이나 동굴로 숨어 다니며 자신들을 추방한 곳을 무자비하게 약탈했다. 청색파 사람들의 범죄 행위에 분노하고 그를 처벌할 용기를 가진 사법관들은 오히려 청색파의 무분별한 광기의 희생양이 되었다. 콘스탄티노플의 한 장관은 성묘로 피난을 가야 했고, 동로마 제국의 한 귀족은 불명예스럽게도 태형을 당해야 했다. 킬리키아의 총독은 자기가 부리는 마부를 살해하고 그의 목숨까지 위협한 두 명의 자객을 단죄했다는 이유로 황후 테오도라의 명에 따라 그 두 자객이 매장된 지하 납골당 바로 위에서 교수형을 당했다.19 야심이 있는 사람이라면 이렇게 나라가 소란한 틈을 타서 자신의 업적을 쌓으려는 생각을 해 볼 만도 하다. 게다가 법의 권위를 유지하는 것은 군주에게 의무이기도 하지만 동시에 매우 이익이 되는 일이다. 유스티니아누스의 첫 번째 칙령은 무고한 이들을 보호하고, 계급과 지지하는 파벌에 상관없이 모든 범죄자들을 엄벌하겠다는 강한 의지를 천명한 것이었다. 하지만 이 칙령은 여러 번 반복해서 발표되어야 했고, 그나마 시행되는 것도 간헐적이었다. 그리고 정의는 여전히 청색파에 유리한 쪽으로 기울어 있었다. 황제는 여전히 은밀히 편애하고 있었고, 과거부터 이어온 습성을 하루아침에 바꾸기 어렵기도 하거니와 한편으로는 두려워하기도 했던 것이다. 유스티니아누스가 형평의 원칙을 적용하겠다고 결심한 후, 외견상의 갈등을 보이기도 했지만, 결국 깊은 앙심을 품은 테오도라의 열정에 기꺼이 따르기로 하면서 유스티니아누스의 의지는 흐지부지되고 말았다. 황후는 희극 배우로 무대에 섰을 때 받았던 모욕을 절대로 잊지도, 용서하지도 못했던 것이다. 유스티누스 2세가 등극할 때, 공정하고도 엄격하게 정의를 시행하겠다는 포고는 간접적으로 선대 황제의 편파적인 치세에 대한 비난의 의미도 담고 있었다.

그대들, 청색파여, 유스티니아누스 황제는 더 이상 이 세상 사람이 아니다! 그대들, 녹색파여, 유스티니아누스 황제는 여전히 건재함을 알라![20]

[20] 말라라는 유스티니아누스 황제가 청색파를 편애했다는 것을 인정했다. 하지만 그렇다고 황제와 황후 테오도라가 이 문제로 드러내 놓고 불화했다는 식으로 각색해 기록한 것은 프로코피우스의 질투심 때문이었다고 봐야 할 것이다.

콘스탄티노플을 거의 잿더미로 만들어 버린 소요가 이 두 진영의 잠시 동안의 화해와 상대에 대한 증오로 인해 촉발되었다.

서기 532년, '니카'로 불렸던 콘스탄티노플 폭동

유스티니아누스 황제 치세 5년째 되던 해, 황제는 1월 15일의 축일을 기념하는 행사를 벌였지만, 녹색파가 소리 높여 불만을 토로하는 바람에 끊임없이 뒤숭숭하고 소란스러웠다. 스물두 번째 경기가 진행되기까지 황제는 엄숙한 표정으로 침묵을 지키고 있었다. 그러다가 마침내 조바심을 참지 못하고, 은혜를 베푸는 듯한 태도로 황제와 백성 사이에 그 어떤

21 테오파네스가 기록해 놓은 이 대화는 서기 6세기 콘스탄티노플의 예절이나 당시 통용되던 언어를 보여 준다. 그리스어로 말하고 있지만 그 외 다양한 언어가 혼재해서, 뒤캉주(Ducange)도 어원이나 그 의미를 찾지 못하는 경우가 있다.

대화보다 기묘한 의견 교환이 이루어졌다. 띄엄띄엄 진행된 대화는 선전관의 목소리를 통해 이루어졌다.[21] 처음에 녹색파에서 들려온 불평은 점잖고 예의 바른 것이었다. 하급 관리가 부당한 권력을 행사하고 있다는 비난을 하면서도 황제의 건승과 만수무강을 기원하는 말을 덧붙이고 있었다. 하지만 유스티니아누스는 큰 소리로 외쳤다. "너희들 불손한 불평분자들이여, 참고 조용히 있을지어다!", "너희들, 유대인, 사마리아인, 마니교도들아, 잠자코 있으라!" 녹색파 사람들은 여전히 황제의 동정심을 사려는 시도를 했다.

저희는 가난하고 죄 없는 자들이며, 상처 입은 자들입니다. 저희는 감히 거리를 돌아다닐 수도 없습니다. 저희의 이름과 지지하는 색에 대해 무차별적인 박해가 가해지고 있습니다. 황제시여, 차라리 저희를 죽여 주십시오! 하지만 오직 황제의 명에 의해서만 죽게 하시고 당신께 충성하다가 죽게 해 주십시오!

하지만 편파적인 공격이 반복되자 녹색파의 사람들 눈에는 황제의 권위가 바닥에 떨어진 것으로 보였다. 녹색파는 모든 백성에게 공평무사함을 베풀기를 거부하는 황제에게 충성하기를 포기했다. 유스티니아누스의 아버지가 차라리 이 세상에 태어나지 않았더라면 좋았을 것이라고 한탄하는가 하면, 그 아들인 황제에게 살인범, 고집불통 멍청이, 위증죄를 범한 폭군이라는 모욕적인 비난을 쏟아냈다. "네놈들의 목숨이 중하지 않은 게냐?" 분개한 황제는 소리쳤다. 그리고 청색파 사람들이 격분하며 자리에서 일어섰다. 그들이 내뿜는 적의 가득한 아우성이 경기장 안에 쩌렁쩌렁 울려 퍼졌다. 동등한 경기를 포기한 대전자들은 콘스탄티노플의 거리로 도망쳐 나가 온 도시에 공포와 절망을 퍼뜨렸다. 이 위험한 순간에 로마의 민정 총독으로부터 사형을 선고받았던 양 진영의 악명 높은 자객 일곱 명은 온 도시에 끌려 다닌 끝에, 페라의 외곽에 마련된 사형장으로 끌려갔다. 그중 네 명은 즉시 참수되었고, 다섯 번째 자객은 교수형을 당했다. 하지만 같이 교수형을 받은 다른 두 명은 줄이 끊어지는 바람에 산 채로 땅에 떨어져 목숨을 구했다. 사람들은 그 둘의 기사회생에 박수갈채를 보냈고, 근방에 있던 성 코논 수도원의 수도사들이 그들을 작은 배에 태워 교회의 지성소로 데리고 갔다. 살아남은 죄인 중 한 명은 녹색파의 사람이었고 다른 한 명은 청색파의 사람이었으므로, 두 진영은 각각 폭군의 잔인함과 후원자의 배은망덕함에 흥분했다. 두 죄수를 인도받고 각자의 복수를 할 때까지 잠시 동안의 휴전이 선포되었다. 민정 총독은 치안을 교란시키는 반란에 저항했지만 그의 저택은 즉시 불길에 휩싸이게 되었고, 그의 근위대와 부하들은 무참히 살육당했다. 감옥의 문이 열리고, 공공의 파괴만을 일삼을 이들에게 자유가 주어졌다. 이 총독을 돕기 위해 급파되었던 군대도 무장한 군중을 맞닥뜨리게 되었다. 무장한 무리의 수와 대담성은 시간이 지날수록 커져만 갔다. 그러다가 유혈이 낭자한 이 갈등을 멈추게 하려고 경솔하게 끼어든 성직자와 그가 들고 있던 성 유물을 황제를 돕던 이방인 중에 거칠기로 소문난 헤룰리족이 쓰러뜨리는 일이 발생했다. 이 신성 모독으로 소요는 더욱 격해졌고, 사람들은 신을 위한다는 명분을 업고 더욱 격정적으로 싸웠다. 인근 가옥에 횃불을 던져 방화하는 병사들의 머리 위로 여자들이 창문과 지붕에서 던진 돌덩이가 쏟아졌다. 시민의 손에서 발생한 화재와 이방인들이 저지른 방화의 불길이 걷잡을 수 없게 도시 전역으로 퍼져나갔다. 대화재는 소피아 성당, 제우크십푸스 대욕장 그리고 황제의 궁전

일부를 집어삼켰다. 궁전의 정면에서 마르스 제단에 이르는 지역과 궁전에서 콘스탄티누스 광장에 이르는 기다란 주랑이 모두 화마에 휩싸였던 것이다. 게다가 아픈 병자들을 수용하고 있던 큰 병원과 수많은 교회들 그리고 장엄한 대저택들이 모두 파괴되었고, 막대한 양의 금과 은이 녹아 버리거나 소실되었다. 이와 같이 공포와 비탄이 어우러지는 상황에서 박식하고 부유한 로마의 시민들은 보스포루스 해협을 건너 아시아 지역으로 대피했다. 콘스탄티노플은 5일 동안 "니카!(이겨라!)"라는 구호를 외치던 전차 경주의 두 파벌 사람들에게 내맡겨져 있었다. 이 소요는 이들이 사용했던 구호를 따서 '니카의 반란'이라고 불리게 되었다.

유스티니아누스의 고민

승리로 의기양양해 하는 청색파와 절망에 빠져 비관하고 있는 녹색파는 서로 대치하는 상황에서 야기되는 제국의 무질서나 혼란 따위에는 전혀 관심이 없는 것 같았다. 하지만 양 진영은 재판과 재정의 관리가 부패하고 부도덕하다는 면을 비난하고 책망하는 데는 의견의 일치를 보았다. 그리고 중책을 맡고 있는 두 명의 관리로 교활한 트리보니아누스와 욕심 사나운 카파도키아의 요하네스를 소환해 국민들을 곤궁한 지경에 처하게 한 장본인으로 그 죄상을 물었다. 국민들의 나직한 불만의 목소리라면 쉽게 무시할 수 있었겠지만, 도시가 화염에 휩싸여 있는 상황에서는 관리들도 정중하게 그 목소리를 경청해야 했다. 이 재무관과 민정 총독은 즉시 경질되었고, 흠결 없이 정직한 두 원로원 의원이 그 자리를 맡게 되었다. 국민들의 환호를 받을 만한 양보를 한 유스티니아누스는 자신의 과오를 고백하고, 이에 국민들이 감격해 지난 과오를 뉘우치게 되기를 바라며 경기장에 나갔다. 하지만 사람들은 유스티니아누스의 말을 신뢰하지 않았다. 황제는 신성한 복음서에 대고 엄숙하게 자신의 잘못을 밝혔지만 되돌아오는 냉담한 반응과 불신에 놀라고 말았다. 그래서 허둥대며 궁정이라는 강고한 요새 안으로 물러났다. 그칠 줄 모르고 이어지는 소요는 이제 야심가들이 은밀히 꾸민 음모 탓이라는 의심을 사게 되었다. 폭도들, 특히 녹색파의 사람들이 히파티우스와 폼페이우스에게서 돈과 무기를 공급받고 있다는 주장으로 이런 의심은 더욱 굳어져 갔다. 이 두 명의 귀족은 명예를 위해서 자신들이 아나스타시우스의 조카라는 사실을 잊어 버릴 수도 없었지만, 안전을 위해서는 그 사실을 기억하고 싶지 않은 지경에 처했다. 두 사람은 질투심 많고 경솔한 군주의 신뢰를 받았다가 치욕을 당했다가 다시 용서받는 일을 반복적으로 겪은 끝에 황제에게 충성을 맹세한 신하로 지내오고 있었다. 그런데 이 소요가 일어난 5일 동안 이 둘은 매우 중요한 인질로 억류되어 있었다. 그러다가 마침내 유스티니아누스 황제는 두려움으로 사리분별력을 잃고, 이 두 형제가 밀정이거나 암살자라 생각하여 궁을 떠나라는 준엄한 명령을 내렸다. 이 명령에 순종하면 본의 아니게 반역죄에 휘말리게 될 것이라는 항의를 해 봐도 소용없어서 두 사람은 고향으로 돌아갔다. 그리고 소요가 일어난 지 엿새째 되는 날 아침에, 히파티우스는 사람들에게 포위된다. 아내의 눈물과 그의 용감한 저항에도 불구하고, 그는 결국 콘스탄티누스 광장에 끌려 나가 황제의 왕관 대신으로 만든 호화로운 고리를 머리 위에 얹게 된다. 만약 이 권력 강탈자가 그를 지지하는 원로원 의원의 충고에 따라 성난 군중들을 부추긴 것이 사실이었다면, 초기에 보였던 압도적인 군중의 기세로 벌벌 떨고 있었던 경쟁 상대인 유스티니아누스를 괴롭히거나 쫓아낼 수도 있었을지 모른다. 하지만 이 귀족은 나중에 자신은 그 소동에 동조할 생각이 없었다고 애원하기만 했다. 비잔티움 궁정은 바다로 이어지는 통로를 확보하고 있었다. 정원 계단 아래 선박이 준비되어 있었고, 황제의 가족과 그의 보물을 싣고 수도에서 조금 떨어진 안전한 은신처로 갈 준비가 은밀하게 되어 있었다.

테오도라의 단호함

유스티니아누스의 운명은 여기서 끝났을지도 모른다. 그가 극장에서 데리고 온 창녀가 자신의 정절을 내팽개쳐 버린 것과 마찬가지로 소심함을 내버리고 용기를 내지 않았다면 말이다. 벨리사리우스가 참석한 궁중 회의가 한참 진행되는 도중, 테오도라 황후는 혼자서 영웅의 기개를 선보였다. 그녀만이 장차 황제에게 미움을 살 수도 있다는 우려를 벗어던지고, 일촉즉발의 위험과 아무짝에도 쓸모없는 두려움에서 황제를 구할 수 있었다. 황제의 배우자인 테오도라는 이렇게 말했다.

도망가는 것이 안전을 도모하는 유일한 방법이라고 해도 저는 도망가는 것을 떳떳치 않게 여기겠습니다. 인간은 죽음을 전제로 하고 태어납니다. 하지만 나라를 다스리는 자는 무슨 일이 있어도 권위와 통치권을 잃고는 절대로 살아갈 수 없습니다. 하늘에 기도드리겠습니다. 왕관과 자의 없이 단 하루라도 살아가는 일이 없도록 해 달라고요. 사람들에게 황후라는 이름으로 받아들여지지 않는다면, 더 이상 이 세상의 빛을 보지 않게 해 달라고요. 오, 황제시여, 도망하시기로 마음을 굳히셨다면 금은보화가 있고 바다에는 배가 있으니 어려울 일이 없을 것입니다. 하지만 생명에 연연하며 몸을 떨고 계시다면 필연코 비참한 망명 생활에 이어 불명예스러운 죽음을 맞이하게 되실 것입니다. 저는 태곳적부터 전해 내려오는 금언을 고수하렵니다. 황제의 자리는 영광스러운 무덤입니다.

테오도라의 단호함은 유스티니아누스의 용기를 되살려 주었고, 심사숙고 끝에 계획을 세워 실행에 옮길 생각을 하게 되었다. 하지만 그로 인하여 가장 절망적인 상황의 단초가 마련되어 버렸다. 양 진영이 서로에게 갖고 있던 적의를 되살리는 것이야말로 가장 간단하고 분명한 조치였던 것이다. 청색파는 사소한 피해 때문에 철천의 원수인 적들과 공모하여 자비롭고 관대한 자신들의 후원자에게 대항하는 우매한 죄를 지었다는 사실을 깨닫고 화들짝 놀라고는, 유스티니아누스의 통치권을 다시 찬양했다. 이제 찬탈자인 황제와 함께 원형경기장에 남은

진압된 폭동

것은 녹색파의 사람들뿐이었다. 근위대의 충성심은 의심스러운 상황이었지만 유스티니아누스의 군사는 경험이 많은 노련한 병사들로만 3000명이었다. 그들은 페르시아와 일리리쿰 전쟁에서 용맹을 떨치고 자제력을 훈련받은 자들이었다. 벨리사리우스와 문두스의 지휘 아래, 유스티니아누스의 군대는 두 개 군단으로 나뉘어 비밀리에 궁전에서 나가 눈에 띄지 않게 좁은 골목길을 지나고, 아직도 연기가 나는 불꽃과 쓰러져 가는 건물 사이를 지나 원형경기장의 양쪽 문을 동시에 벌컥 열고 안으로 들어갔다. 이 좁은 공간에서 겁을 먹어 혼란에 빠진 군중들은 양쪽에서 덮쳐 오는 정규군의 단호한 공격에 저항할 도리가 없었다. 청색파는 드러내놓고 후회하고 있음을 표시했다. 이 날의 무자비하고 무차별적인 대학살에서 살해당한 사람의 수는 대략 3만이었다. 히파티우스는 경기장의 왕좌에 앉아 있다가 끌려 나가 형제인 폼페이우스와 함께 황제의 발 아래 꿇어 엎드렸다. 둘은 황제에게 자비를 베풀어 달라는 탄원을 올

22 프로코피우스는 희생자가 3만 명이라고 기록했다. 그리고 테오파네스가 추정한 3만 5000명은 좀 더 나중에 등장한 조나라스에 의해 4만 명까지 불어났다. 이런 것은 이야기가 전해지는 과정에서 과장된 것이다.

23 유스티니아누스와 동시대 사람인 히에로클레스는 서기 535년전에 동로마 제국의 속주와 도시가 대략 얼마나 되는지에 대해 조사했다.

24 「창세기」에서 요셉의 치적에 대해 살펴보도록 하라. 그리스인들과 이스라엘 사람들은 이집트 초기의 기술과 윤택함을 비슷하게 누리고 있었다. 하지만 이 고대인들은 오랜 시간에 걸쳐 기술의 발전을 이룬 것으로 보인다. 그리고 워버턴은 이스라엘 사람들의 일방적인 기록에서 벗어나 사마리아인들의 기록을 참고하여 연대를 추정했다.

25 호메로스의 『일리아드』에 나오는 베일은 시돈의 여자들이 만든 것이었다. 호메로스의 글에서는 페니키아의 항해술보다 베일의 제작에 더 많은 찬사를 보내고 있다. 베일은 프리기아의 기슭에 있는 트로이에 수입되었던 것이다.

렸지만 그들이 저지른 범죄는 너무나 명명백백했고 그들의 무고함은 불분명한데다, 유스티니아누스는 용서를 베풀기에는 너무나 불안하고 두려워하고 있었다. 다음날 아침 아나스타시우스의 두 조카는 공범자로 지목된 집정관이나 귀족급의 열여덟 명의 저명한 인사들과 같이 군인들의 손으로 비공개 처형을 당했다. 사체는 바다로 던져졌고 그들이 소유한 저택은 파괴되었으며 재산도 몰수되었다. 그 후 몇 년간 원형경기장은 애도의 침묵 속에 잠겨 있어야만 했다. 하지만 전차 경기가 재개되자 같은 소요가 다시 일어났다. 청색파와 녹색파는 유스티니아누스가 통치하는 기간 내내 반목하며 골칫거리가 되어 동로마 제국의 안정과 평화를 흔들었다.22

동로마 제국의
농업과 제조업

3. 로마가 야만족의 손아귀에 떨어진 후에도 동로마 제국은 여전히 아드리아해 연안 지역을 지나 에티오피아와 페르시아의 국경 지역을 망라하고 있었다. 유스티니아누스 황제는 64개의 속주와 935개의 도시를 지배했다.23 유스티니아누스가 다스리던 영토는 천혜를 받아 토지, 위치, 기후가 모두 적당했다. 그리고 기술의 발전이 지중해 연안과 나일 강 유역을 따라 끊임없이 퍼져 나가 고대 트로이에서 이집트 테베에 이르는 지역에까지 전파되었다. 잘 알려졌듯이 아브라함24은 이집트의 풍요로움 덕에 구제받았다. 그리고 토지가 적고 인구밀도가 높은 이 지역은 여전히 콘스탄티노플에서 사용될 밀을 해마다 26만 쿼터씩 수출할 수 있었다. 유스티니아누스가 머무는 수도에서는 이미 1500년 전에 호메로스의25 시에서 칭송된 시돈의 물자들이 로마 시민의 수요를 채워 주고 있었다. 2000여 차례의 수확에도 불구하고 우수한 농업 기술로 경작하고, 비료를 풍부하게 주고, 절기별로 윤작을 하는 등의 방법으로 해마

68

다 토지의 지력은 개량되고 더욱 비옥해졌다. 가축의 종류도 크게 증가했다. 농장, 건물, 노동과 쾌락을 위한 도구처럼 인간의 한 평생보다 두 배 이상 지속되는 자산은 누대 사람들의 보살핌 속에서 축적되었다. 전통은 기술의 소박한 적용을 지속하게 했고 경험은 이를 단순화했다. 노동의 분업과 교환의 편이성이 증대됨에 따라 사회는 더욱 부유해졌다. 한 명의 로마인의 의식주를 해결하기 위해 1000명의 조직적인 노동이 필요했다. 베틀과 물레의 발명은 여러 신들의 덕이라 경건히 생각되었다. 각 시대마다 털, 가죽, 양모, 마, 면과 같은 다양한 동식물성 원료를 인간의 몸을 가리거나 장식하는 데 사용해 왔으며, 급기야 비단을 만들기에 이르렀다. 비단은 절대로 색이 바래지 않는 염료로 물들여졌고, 연필을 이용해서 베틀로 직물을 짜는 일의 능률을 성공적으로 향상시킬 수 있었다. 자연을 모방한 색 중에 각자의 취향과 유행에 맞춰 비단에 염색할 색[26]을 마음껏 고를 수 있었다. 하지만 페니키아 사람들이 조개에서 추출해 내는 진보라색[27]만은 신에게 봉사하는 신성시되는 사람과 황궁에서만 사용되도록 엄격히 규제되었다. 이런 규제를 어긴 자는 황제의 특권을 감히 강탈하려는 야심만만한 자로 규정되어 그에 상응하는 벌을 받아야 했다.[28]

비단이 누에의 내장에서 뽑아낸 실로 만들어지는 것이란 사실[29]은 잘 알려져 있다. 원래 누에는 그 실로 고치를 짓고 지내다가 나비가 되어 밖으로 나오는 것이다. 유스티니아누스의 재임기에만 해도 뽕나무 잎사귀를 먹고 사는 누에는 중국에서만 찾아볼 수 있었다. 소나무, 떡갈나무, 물푸레나무의 잎을 먹는 누에 종류는 아시아와 유럽의 산림에서도 흔히 볼 수 있었지만, 이런 누에는 키우기가 더 까다로웠고 생산된 비단의

로마인들의 비단 사용

[26] 오비디우스의 시에서 보면 꽃과 자연계의 4대 요소에서 차용했다는 이 상화된 열두 가지 색이 있다. 하지만 사람이 만들었든 자연이 선사해 주었든 그 훌륭하고 다양한 색의 농담과 명암을 말로 설명하는 것은 거의 불가능한 일이다.

[27] 코치닐 염료를 발견함으로써 우리는 고대인의 색보다 더 뛰어난 색감을 만들어 내게 되었다. 황족이 사용했던 자주색은 강한 냄새가 났고 황소의 피처럼 진하고 어두운 색상이었다.

[28] 이와 같이 시기심에 관한 역사적 증거가 종종 소개되고 있다. 앞으로 더 많은 사례가 추가될 수도 있을 것이다. 하지만 독재자의 독단은 엄격하고 포괄적인 법을 포고함으로써 정당화되었다. 여성 무희들에게 면목 없는 것을 허용해 주고, 필요한 제한이 가해졌다.

[29] 오비디우스의 『변신이야기』보다 훨씬 더 훌륭한 『벌레의 역사』를 보면, 비단누에는 매우 이채로운 위치를 차지하고 있음을 알 수 있다. 플리니우스의 설명에 따르면 케오스 섬의 누에는 중국산 누에와 유사하다고 한다. 하지만 뽕나무 잎을 먹는 누에와 마찬가지로 케오스 섬의 누에 역시 테오프라스투스와 플리니우스에게 알려져 있지 않았다.

40장 69

질도 확실하지 못해서 다른 곳에서는 키우지 않았다. 하지만 아티카 해안가 근처에 있는 케오스 섬은 예외였다. 케오스 섬에서 얇은 명주가 직조되었고, 케오스 섬에서 여자들이 만든 여성용 제품은 오랫동안 동로마 제국과 로마에서 높은 평가를 받아 왔다. 메디아인과 아시리아인이 입은 의상을 생각하면 의심의 여지가 있을 수도 있겠지만, 세레스인들, 즉 중국인들이 나무에서 빗질해서 만든다는 부드러운 모직에 대해 처음으로 분명히 언급한 사람은 시인 베르길리우스였다. 하지만 이런 오해는 비단이 정말 어떻게 생산되는 지와 비교해 보면 그리 놀라운 것도 아니라고 볼 수 있다. 그나마 이런 오해도 각국의 사치를 조장한 첫 번째 주범이 되는 이 유용한 벌레에 관한 지식이 점차 축적되면서 다 풀리게 되었다. 이 귀하고 우아한 사치품은 티베리우스 시대에 진중한 로마인들의 비난을 받았다. 플리니우스는 이런 분위기에 영향을 받아 비단을 얻으려 애쓰는 사람들을 설득력 있게 책망했다. 세상의 끝까지 샅샅이 뒤져서 비단을 구해서는 몸이 드러나고 속이 비치는 옷을 만들어 여인에게 입혀 대중들에게 노출시키려는 사악한 의도라는 것이었다. 피부색과 팔다리의 움직임이 그대로 드러나는 옷은 사람들의 허영심을 채워 주거나 욕정을 자극했다. 촘촘하게 짠 중국 비단은 페니키아 여인들의 손에서 올올이 풀려 다시 실이 되었고, 그 값진 재료는 좀 더 성긴 옷감으로 직조되거나 아마 사와 혼방되었다.[30] 플리니우스가 살았던 시대 이후 200년간 비단 또는 비단 혼방직 의복은 여성만 입었다. 하지만 엘라가발루스를 본보기로 해서 점차 부유한 로마인들과 속주의 사람들에게도 보급되었다. 엘라가발루스는 이 남자답지 못한 예복을 입어 황제로서, 남자로서의 품위를 훼손했다. 아우렐리아누스는 1파운드의 비단이 순금 12온스에 팔리는 사실에 개탄했

[30] 고대의 비단의 짜임새, 용도, 색깔, 이름 들, 그리고 아마포 옷에 대해서는 살마시우스의 장황하고 애매하지만 깊이 있는 연구를 참고해 보라. 이 고전학자는 디종이나 라이덴에서 가장 잘 알려진 무역에 대해서는 아는 바가 없었다.

다. 하지만 수요에 따라 공급이 증가하게 되었고, 공급이 증가함에 따라 가격은 떨어졌다. 그리고 가끔씩 독과점이나 천재지변 등으로 아우렐리아누스가 말했던 시세 이상으로 가격이 올라가는 경우가 있다 해도, 티르와 베리투스의 비단 생산자들은 같은 이유의 작용으로, 터무니없이 치솟은 시세의 9분의 1 가격에 만족해야 했다. 원로원 의원과 희극 배우들의 의상을 구분해야 한다는 생각에 법률이 필요하게 되었다. 중국에서 수입되는 비단의 상당 부분을 유스티니아누스의 신민들이 소비하고 있었다. 하지만 그들은 바다의 누에라고 불리는 지중해의 조개가 천을 만든다는 사실을 더 많이 알고 있었다. 진주조개가 바위에 밀착할 때 사용하는 미세한 털로 천을 짜는 것은 실용성이 있어서라기보다는 그 신기함 때문이지만, 이 신기한 원료에서 만든 예복은 아르메니아의 태수에게 황제의 선물로 하사되었다.

부피는 작지만 값어치가 큰 제조품은 육로를 통한 수송 비용을 감당하고도 수중에 남는 돈이 상당했으므로, 대상들은

육상과 해상을 통한 중국으로부터의 수입

중국해에서 시리아 해안까지 아시아 대륙을 243일간에 걸쳐 지나다녔다. 페르시아 상인들은 비단을 곧바로 로마로 수송했으며, 이들은 종종 아르메니아와 니시비스의 시장에서 장사를 하기도 했다. 하지만 휴전 기간 동안에도 시기와 탐욕으로 어렵게 시행되었던 이 교역은 숙적인 군주들 사이의 오랜 전쟁으로 인해 완전히 중단되었다. 페르시아 황제가 소그디아나와 심지어 세리카(중국)까지도 자신의 속국으로 여기고 있었는지는 모르지만, 실질적으로 페르시아의 세력권은 옥수스 강에 한정되어 있었다. 따라서 이 강을 넘어서 소그드인들과 벌이는 유리한 교류는 그 지역의 정복자로 그 근면한 백성들을 계속해서

통치해 오던 백인 훈족과 투르크족의 마음에 전적으로 달려 있었다. 하지만 가장 야만적인 자들의 통치를 받았다고 해도 아시아의 4대 정원 중의 하나로 칭송되고 있는 이 지역에서 농업과 상업의 새롭게 성장하려는 씨앗이 제거되는 일은 없었다. 사마르칸트와 보카라의 도시들은 그 다양한 상품을 교환하기에 적절한 위치여서, 상인들은 중국31에서 비단의 원료나 비단 직물을 들여와서 페르시아로 수송한 후, 로마 제국에 보급했다. 자만심이 강한 중국의 수도에서는 이 소그드의 대상들을 속국의 사절단으로 대접했다. 이 많은 용기를 필요로 하는 모험은 안전하게 돌아가기만 하면 엄청난 소득을 가져다주었다. 하지만 사마르칸트에서 중국 북서부의 산시〔陝西〕성의 첫 번째 읍내까지 가는 위험하고 어려운 여행에는 적어도 60~80일 또는 100일이라는 기간이 소요되었다. 게다가 야크사르테스 강을 건너자마자 사막으로 들어서야 했다. 그 사막 지역을 방랑하며 지내는 유랑민들은 군대나 수비대의 방해만 받지 않는다면 지나가는 여행객이나 일반인들을 얼마든지 약탈해도 된다고 생각하고 있었다. 그래서 타타르족의 도적 떼와 페르시아의 폭군을 피하기 위해 비단 대상들은 좀 더 남쪽으로 내려가는 길을 찾아냈다. 대상들은 티베트 고원을 넘고, 갠지스 강과 인더스 강을 따라 아래로 내려갔다. 그리고 구제라트와 말라바르 지방에 있는 항구에 이르러 해마다 서쪽에서 오는 선단을 참을성 있게 기다렸다. 하지만 결국 고된 노동과 배고픔 그리고 많은 시간이 소요된다는 점에 비하면 사막의 어려움을 참는 편이 낫다는 결론이 내려지면서 이쪽 도로를 이용하는 이들은 점차 사라졌다. 유럽인이 베이징을 출발해서 그 인적 드문 길을 지나 아홉 달 안에 인더스 강 어귀에 도착한다면 스스로의 부지런함을 자화자찬할 만했다. 그렇지만 대양이 인류의 자유

---

31 예수회 수사들이 맹목적으로 감탄하느라 중국 역사의 다른 시기를 혼동하고 있다. 귀네스(M. de Guignes)는 좀 더 엄격하게 그 역사를 구분하고 있다. 귀네스는 그리스도교 시대가 도래하기 전까지 점차적으로 연대기가 진실되어 가고, 군주제가 확대되어 갔다는 사실을 발견했다. 그는 흥미를 가지고 서구의 나라들과 중국과의 연관성을 살펴보았다. 하지만 이런 연관성은 우발적이거나 미미했다. 세레스인들(Seres) 또는 지나인들(Sinoe)이라고 부르던 중국인들이 자신들보다 열등한 황제를 모시고 있을 것이라는 로마인들의 생각은 만족스러운 답을 얻을 수 없었다.

로운 통상을 위해 개방되어 있었다. 중국 황허 강에서 북회귀선까지 이르는 길에 있는 중국의 속국들은 북쪽의 황제에게 정복당해 개화되어 있었다. 그래서 그리스도가 탄생하던 시기에 즈음하여 이 속국에는 많은 도시가 들어서고, 사람들과 뽕나무와 값진 가축들이 그득했다. 만약 중국인들이 나침반에 관한 지식과 함께 그리스인이나 페네키아인들의 천부적인 재능을 지니고 있었다면, 남반구 전역에 걸쳐 자신들이 발견한 것을 퍼뜨릴 수 있었을 것이다. 나는 중국인들이 페르시아 만이나 희망봉까지 장거리 항해를 했다는 사실을 조사할 능력도 없고, 그렇게 믿고자 하는 마음도 갖고 있지 않다. 하지만 그들의 선조들이 현재의 중국인들처럼 근면하고 많은 성공을 이룬 사람들이었을 것이라고 생각하면, 그들의 항해 범위가 일본 열도에서 동양의 헤라클레스의 기둥이라고 부를 수 있는 말라카 해협까지 뻗쳤으리라고 생각한다. 육지가 보이는 정도의 거리에서 해안가를 타고 항해하다가 아친 곶 가장자리에 중국의 산물, 제조품, 그리고 심지어 중국의 장인까지 가득 실은 10~12척의 배로 해마다 방문했을 것이다. 수마트라 섬과 그 반대편 반도는 금과 은의 산지로 묘사되어 있지만,[32] 프톨레마이오스의 지리학 서적에서 이 무역 도시에 대해 언급한 것을 보면 이런 부유함이 단지 광업에서 오는 것만은 아니라고 생각할 수 있다. 수마트라 섬과 실론 사이의 최단 거리는 대략 300리그로서 중국과 인도의 항해자들은 새들의 비행과 계절풍의 안내를 받았고, 철 못이 아닌 질긴 야자나무 섬유로 동여매어 만든 네모난 배를 타고 안전하게 대양을 가로질렀다. 세렌디브 또는 타프로바나라는 별칭으로 불리던 실론 섬은 서로 적대시하는 두 명의 군주가 영토를 반으로 나누어 통치하고 있었는데, 한 명은 산맥과 코끼리, 그리고 번쩍이는 석류석을 차지하고 있었고, 다

[32] 스트라보, 플리니우스, 프톨레마이오스, 아리아노스, 마르키아누스 등이 코모린 곶에 대해 알고 있는 것, 아니 모르고 있는 것은 당빌(d'Anville)이 훌륭하게 설명하고 있다. 인도에 관한 우리의 지리학 연구는 무역과 정복을 통해 발전되었다. 렌넬(Rennel)의 기억과 그가 제작한 훌륭한 지도로 그 내용을 소상히 파악할 수 있다. 렌넬이 그 명민함과 감식안이 있는 지식으로 탐험을 더 했더라면, 최초의 근대적인 지리학자로서 또는 그 위치를 뛰어넘는 인물로 성공했을 것이다.

33 실론 섬과 수마트라 섬을 혼동했던 플리니우스, 솔리누스, 살마스 그리고 대부분의 고대인들이 말한 타프로바나에 대해서는 코스마스 인디코플레우스테스가 좀 더 명확하게 설명하고 있다. 하지만 이 그리스도교인 지리학자 역시도 이 섬을 과장해서 말한 면이 있다. 인도와 중국 무역에 관한 그의 지식은 그리 많지 않고, 호기심만 가득했던 까닭이다.

34 코스마스는 그 항구와 아둘리스의 이름에 대한 재미있는 지식을 제공해 준다. 그리고 바르바리아 또는 징기의 아프리카 해안을 따라 타프로바나까지 이루어졌던 아크슈미트 사람들의 무역에 대해서도 흥미로운 일들을 알려 주고 있다.

른 한 명은 견고한 국내 산업과 해외 무역이 이루어 내는 부유함과 동서양의 선단이 오가는 거대한 항구인 트린케말리를 소유하고 있었다. 중국의 비단 상인들은 항해를 하는 동안 알로에, 정향, 육두구의 종자, 백단향을 싣고서 각 나라의 한가운데 있다고 생각되는 이 개방적인 섬에서 페르시아 만에서 온 상인들과 자유롭고 유리한 교역을 계속했다. 페르시아 백성들은 자신들의 주군을 대적할 자 없는 훌륭한 이로 칭송하고 그 권세를 기렸다. 하지만 페르시아인들이 사용하는 조잡한 주화와 아나스타시우스 황제의 금화를 비교해 보고 이런 자긍심을 당혹스럽게 느꼈던 한 로마인은 에티오피아의 배를 타고 실론으로 갔던 한 여행객이었다.33

비단이 필수 불가결한 물품이 되어 가자 유스티니아누스 황제는 페르시아인들이 비단 공급을 위한 육로와 해상로의 독점권을 가지고 있어서, 국민들의 재산이 우상 숭배자인 적들의 나라에 지속적으로 유출된다는 사실에 우려하기 시작했다. 당시 로마 제국이 좀 더 적극적인 통치권을 행사했더라면, 로마 제국이 번성하면서 상대적으로 약화되었던 이집트와의 무역과 홍해로의 항해를 다시 시작했을 것이다. 그리고 로마 선박들은 비단을 구하기 위해 실론, 말라카, 심지어 중국까지 직접 항해했을 수도 있었다. 하지만 유스티니아누스는 비굴할 정도로 소극적인 방법, 바로 그리스도교 동맹국들의 도움을 청하는 방법을 택했다. 이 동맹국은 다름 아닌 아비시니아의 에티오피아인들이었다. 이들 역시 그리스인 정복자들의 전리품 장식이 채 사라지지도 않은 아둘리스의 항구를 획득하고,34 항해술을 익히고 무역을 활발히 펼치기 시작한 지 얼마 되지 않은 상황이었다. 이들은 아프리카 해안을 따라 적도까지 남하해서 황금과 에메랄드, 향료를 찾아다녔다. 하지만 인도 시장에 근접해 있는 페르시아인들과 경쟁하는 일이 어려울 것이라는 사실을 알고 공정한 경쟁은 처음부터 사양하는 현명함을 갖추고 있었다. 그래서 유스티니아누스 황제는 실망하지 않을 수 없었으나, 생각지도 못했던 사건이 일어나 그의 바람이 이루어지는 경험을 하게 되었다. 당시 인도에는 이미 복음이 전파되어 있어서 말라바르의 후추 해안에 있는 성 토마스의 그리스도교인들을 주교가 다스리고 있었다. 실론에도 교회가 세워졌고, 선교사들은 통상 무역의 발자취를 따라 아시아의 가장자리를 향하고 있었다. 두 명의 페르시아 수도사가 오랫동안 중국에서 머물렀는데, 아마도 난징〔南京〕이라는 수도에서 지냈던 것으로 보인다. 이 도시의 군주는 외국에서 전해진 미신에 빠져서 실제로 실론 섬의 사절단도 맞아들였다. 이 수도사들은 경건하게 선교에 매진하는 중에도 호기심 어린 눈으로 중국 사람들의 일상복이나 비단 제조 기술 그리고 한때 여왕벌레의 일이라고 생각하고 있었던(실외 또는 실내에서 사육되거나 두 경우 모두) 누에치기[35]를 살펴보았다. 그러면서 곧 수명이 짧은 누에를 본국으로 가지고 가는 것은 불가능하다는 것을 깨닫는다. 하지만 알을 가져가면 수많은 애벌레가 보존되고 완연히 다른 기후 환경에서도 번식할 수 있으리라는 사실도 알게 되었다. 페르시아 수도사들에게는 조국에 대한 사랑보다 종교나 이해득실이 더 큰 힘을 가지고 있었던 것이다. 긴 여행 끝에 두 사람은 콘스탄티노플에 도착하고 황제에게 자신들의 계획을 보고했다. 유스티니아누스는 기뻐하며 많은 선물과 약속을 내려 그들을 격려했다. 하지만 당대 역사가들에게는 이 두 선교사가 다시 중국으로 돌아가 속이 빈 막대기에 누에알을 숨겨, 누에의 비밀을 지키려 노력하는 이들을 속여 넘기고는 의기양양하게 동양의 전리품을 가지고 돌아왔다는 사실보다 카프카즈 산기슭으로 출정한

[35] 중국에서 비단을 발명해 내고 제조하고 일반적으로 어떻게 썼는지에 대해서는 두알데(Duhalde)의 글을 보면 될 것이다. 체키안 지역은 그 양과 질에서 가장 유명하다.

일이 더 자세하게 기술해야 할 일로 보였을 것이다. 이 두 선교사의 지시에 따라 가지고 온 누에알은 퇴비가 썩어서 내는 인공적인 열을 쬐고 적절한 시기를 거쳐 부화되고, 뽕나무 잎사귀를 먹으며 자랐다. 이렇게 누에는 이국의 풍토에서 무사히 자라 누에고치를 지었다. 종자를 번식시키기 위해 적당한 숫자의 누에고치가 나비가 되었고, 이들이 낳은 누에를 먹여 살리기 위해 뽕나무가 심어졌다. 이 새로운 시도에 대한 실수나 오류는 경험과 그에 따른 반성을 통해 시정되어 갔고, 유스티니아누스의 다음을 잇는 황제의 치세 기간에는 소그디아나 사절들도 누에를 키우고 비단을 생산하는 로마인들의 기술이 중국 본토인들에 비해 그리 떨어지지 않는다고 생각하기에 이르렀다. 하지만 이후 중국과 콘스탄티노플은 근대 유럽의 산업에 의해 추월당하게 된다. 나라고 해서 이 우아한 사치품이 주는 이로움을 모르는 바 아니다. 그렇지만 비단을 들여온 사람들이 당시 중국에 있었던 인쇄술을 소개했더라면 메난드로스의 희극과 리비우스의 저서 열 권이 모두 6세기에 출간되어 현재까지 전해졌을 것이라는 생각이 든다. 그랬다면 적어도 지구에 관해 좀 더 크게 보는 시각이 형성되었을 것이고, 그에 따라 사변적인 학문이 발전되었으리라 생각한다. 하지만 그리스도교 지리학은 성경의 본문에서 인용한 내용만이 강요되었고, 자연에 관한 연구는 불신앙을 나타내는 확실한 증거로만 판단되었다. 정통적인 그리스도교 신앙은 사람이 살 수 있는 세상을 온대 지역만으로 한정시켰고, 지구는 400일의 여행으로 갈 수 있는 길이에 200일의 여행으로 갈 수 있는 폭의 타원형 땅이 바다에 둘러싸여 있으며, 하늘은 수정체 뚜껑으로 덮여 있는 것으로 생각하게 만들었다.[36]

4. 유스티니아누스의 백성들은 시대의 추세와 통치 방법에

[36] 코스마스는 서기 535년에서 547년 사이에 알렉산드리아에서 『그리스도교 지형학』을 썼다. 이 책에서 그는 지구가 둥글다는 불경스러운 주장을 반박했다. 이 책에서 가장 가치 있는 부분은 테베노(Melchisedec Thévenot)에 의해서 프랑스어와 그리스어로 번역되었고, 작품 전체가 출간된 것은 몽포콩(Père Montfaucon)의 훌륭한 편집을 통해서였다. 하지만 이 편집자는 코스마스의 네스토리우스교적인 이단 신앙에 얼굴을 붉혔을 법하다. 크로즈(la Croze)는 이런 사실을 간파했다.

불만을 가지고 있었다. 유럽은 야만족에게 통치당하고 있었고 아시아는 수도사들이 다스리고 있었다. 서로마 제국의 빈곤으로 동로마 제국의 무역과 제조업은 쇠퇴했다. 노동의 소산은 교회와 정부와 군부에 있는 무익한 종들의 차지였다. 국가의 부를 구성하는 고정 자본과 유동 자본이 급속도로 감소하고 있음을 체감할 수 있었다. 아나스타시우스의 치세 때는 경제 상황이 국민들의 어려움을 누그러뜨렸다. 이 사려 깊은 황제는 거액의 부를 축적하면서도 국민들을 짓누르는 가장 가혹한 조세를 탕감해 주었던 것이다. 국민들은 모두 감사하는 마음으로 '고통의 돈'이라고 불리던 조세의 폐지에 박수갈채를 보냈는데 이것은 빈민의 근로에 대해 인두세의 개념으로 부과되던 세금이었다.37 하지만 이 조세는 물질적인 면에서보다는 외형적인 면에서 더 견디기 어렵다고 생각되었던 듯하다. 그 이유는 번성하고 있는 도시였던 에데사의 1만 명의 숙련공이 4년에 걸쳐 바친 금이 겨우 140파운드였다는 사실에서도 알 수 있다. 그렇지만 이렇게 관대한 기질을 지탱해 주었던 것은 아주 인색하게 재정을 운영한 결과였는데, 27년간의 치세 기간 동안 아나스타시우스는 해마다 세입에서 1300만 파운드라는 엄청난 액수의 돈, 즉 23만 파운드의 금을 비축해 놓을 수 있었다. 하지만 유스티니아누스는 이런 본보기를 무시하고 쌓아 놓은 재물을 탕진했다. 유스티니아누스는 건물을 세우고, 자선을 베풀고, 야심에 찬 전쟁을 일으키고, 굴욕스러운 조약을 맺는 데 많은 재물을 사용하여 국고를 고갈시켰다. 유스티니아누스의 씀씀이에 비해 세입은 부족했다. 유스티니아누스가 사치스럽게 페르시아에서 프랑스까지 곳곳에 뿌려댄 금과 은을 사람들

세입 상태

유스티니아누스의 탐욕과 사치

37 에바그리우스는 즉시 감사했다. 하지만 조시무스가 콘스탄티누스 대제를 비방한 것에는 화를 냈다. 세금에 관한 모든 기록과 계약서를 모아 보면 아나스타시우스가 근면하면서 교활하다는 것을 알 수 있다. 아버지는 돈을 위해 딸에게 몸을 팔도록 시켜야만 했던 것이다. 가자의 티모테우스는 이 사건을 비극의 주제로 택해서 결국 세금을 없애는 데 기여했다. (이것이 사실이라면) 연극이 매우 좋은 일로 사용된 예라고 할 수 있겠다.

에게 우려내기 위해 온갖 방법이 동원되었다. 유스티니아누스의 치세 동안의 특징은 탐욕과 약탈, 훌륭함과 부족함이 교차했다고 보거나 서로 갈등했다고 보는 편이 맞겠다. 그가 살아 있는 동안에는 보화를 숨겨 놓았다는 평판을 들었지만, 정작 상속자에게 남겨 준 것은 갚아야 할 부채였다. 이런 이유로 후세를 비롯하여 많은 이들의 비난을 받았던 것은 당연하다. 하지만 대중의 욕구 불만이란 것은 모든 것을 쉽게 믿어 잘못된 판단을 내리기 마련이고, 사사로운 악의는 뻔뻔한 짓을 서슴지 않는 법이다. 진리를 사랑하는 사람이라면 프로코피우스가 쓴 교훈적인 『비사』를 숙독하면서 의심하는 눈초리를 가질 필요가 있다. 이 속을 알기 어려운 역사학자는 유스티니아누스의 악덕만을 그려 내고 있고, 그 악덕은 이 역사가의 펜에 의해 어두운 그림자가 드리워져 있다. 야심만만한 시도들은 최악의 동기로 시작된 일이고, 실수는 범죄 행위와 같은 취급을 받고 있고, 우연한 사고도 의도적인 일로, 법에 따른 일도 권력의 남용으로 치부되어 적혀 있다. 한순간 약간의 부당한 조치가 32년간 황제로 있는 내내 적용했던 보편적인 원칙이었던 양 교묘하게 적어 놓았다. 황제는 자신의 아랫사람들의 잘못도 모두 혼자 책임져야 하는 사람이 되어 버렸다. 당시의 무질서나 국민들의 타락 역시 모두 황제 한 명의 책임이라고 주장하고 있다. 심지어 돌림병이나 지진, 홍수와 같은 자연재해까지도 악마의 우두머리 탓으로 돌렸는데, 바로 이 악마의 우두머리가 음흉하게도 유스티니아누스의 탈을 쓰고 가장하고 있다는 것이었다.

이렇게 사전에 충분히 상황을 파악하고 마음의 준비를 해 두었으므로 나는 프로코피우스가 기록한 강탈과 탐욕의 일화를 다음과 같은 추리를 통해 간단히 기술하겠다. 1) 유스티니

아누스는 매우 헤픈 성격이어서 다른 사
람들에게 후하게 베풀 수는 없었다. 궁정　　치명적인 절약
에서 일하게 된 로마 시민이나 군인 장교
들은 처음에는 보잘것없는 직급에 그저 그런 정도의 봉급을 받
았다. 그러다가 연공 서열에 따라 승진하여 부유하고 평안한
삶을 누렸다. 최고위직의 연간 봉급 총액은 40만 파운드에 달
했는데 유스티니아누스는 이 직급을 폐지했다. 가난해서 궁색
하게 지내는 아첨꾼들이나 계산이 빠른 이들은, 이런 식으로
재정을 운영하는 것은 황제의 위엄을 유린하는 일로서 절대로
있어서는 안 되는 일이라며 한탄했다. 우편 비용, 의사들의 봉
급, 야간 전등 장식과 같은 것들은 일반적인 관심의 대상이 되
기 쉬워서, 황제가 이런 시설과 조직에 사용되어야 하는 도시
의 세입을 강탈한다는 점에서 콘스탄티노플의 사람들이 불평
을 했을 수도 있다. 심지어 군인들도 부당한 취급을 받아 기분
이 상했다. 이런 일은 군인 정신을 쇠퇴하게 만들었고, 군인들
은 처벌을 받을 죄를 짓지도 않았는데 학대 수준에 가까운 불
이익을 받게 되었다. 황제는 통상적으로 5년마다 금 다섯 닢을
주었던 것을 거부하고 군 예산을 삭감해 고참병이 빵을 구걸하
고 다니게 했으며, 돈을 받지 못했던 군대들이 이탈리아나 페
르시아에서 벌어지는 전쟁에서 무너져 내리게 만들었다. 2) 유
스티니아누스의 선임 황제들은 자기 치세
동안에 상황이 조금 좋아지면 백성들이　　세금 면제
내지 못한 체납된 세금을 탕감해 주어 관
대함이나 박애심을 베풀었다. 사실 강제로 금을 걷기도 불가능
해서 실시한 이런 조치를 교묘하게도 공공을 위한 배려인 듯
말했다.

38 그중 1센테나리는 제2의 팔레스타인의 수도였던 스키토폴리스에 혜택을 주었고, 12센테나리는 다른 지방에 주었다고 한다. 알레만누스는 솔직히 이 사실을 바티칸 도서관에 있는 그의 제자인 키릴루스가 쓴 『성 사바스의 생애』에서 얻어 낸 것이다. 이 책은 코텔레리우스가 발행했다.

유스티니아누스는 32년의 치세 기간 동안에 이와 비슷한 사면을 내려 준 적이 없었다. 그래서 백성들은 대부분 미납 세금을 보전시키기 위해서 세금에도 못 미치는 땅의 소유권을 자발적으로 포기했다. 아나스타시우스는 적군의 침략을 당해 고통받고 있는 도시의 경우에는 7년간의 면세 혜택을 주기로 약속했다. 하지만 유스티니아누스가 다스리던 곳은 페르시아인들과 아랍인들 그리고 훈족과 슬라브인에게까지 약탈당했어도 고작 1년이라는 말도 안 되는 기간만 세금 납부를 면제해 주었으며, 이마저도 적들에게 실제로 침략을 당한 지역에만 한정시켰다.

이것은 속을 알 수 없는 역사학자 프로코피우스의 말이다. 이 역사학자는 사마리아인의 반란이 있은 후, 팔레스타인에 면세의 혜택을 제공했다는 것을 일부러 부인하고 있다. 하지만 이런 터무니없이 잘못된 비난은 공식 기록을 통해 간단히 논박할 수 있다. 기록에 따르면 성 사바스의 중개로 그 황량한 지역에 13켄테나리(5만 2000파운드)의 금 세금 납부가 면제되었다는 것이 증명된다.38 3) 프로코피우스는 조세 제도에 대해 설명하는 데 호의적이지 않은 어투를 사용했다. 조세를 마치 토지에 우박을 동반한 폭풍이 닥쳐 온 것과 같이 묘사하고 사람들을 잡아 삼킬 듯 덤벼드는 역병처럼 설명했다. 하지만 여기서 프로코피우스가 품은 격한 악의에 동조한다면, 고대부터 내내 적용해 왔던 엄격한 원칙이 모두 유스티니아누스의 탓이라고 해야 할 것이다. 그 원칙은 개인들의 재산이나 신체가 부분적으로 손상을 입었을 때 격려하고 도움을 주는 것이 그 지역 전체의 일이라고 하는 규정이다. 군대나 수도에서 소비되는 곡

세금

물을 공급하는 제도인 안노나를 위해서는 상당한 부담이 되는 가혹한 세금을 임의로 걷어야 했는데, 이는 조세 징수 도급인이 감당할 수 있는 정도의 열 배 이상을 넘어서는 큰 부담이었다. 여기에 징세 청부인을 한층 더 힘들게 만든 것은 도량형을 편파적이고 불공정하게 운용하는 일과 장거리 수송에 대한 노동과 비용 부담이었다. 기근이 든 시기에는 트라키아, 비티니아, 프리기아에 인접한 속주에 터무니없이 과도한 정도의 징발 명령을 내렸다. 하지만 고된 여정과 위험스러운 항해를 마치고 난 뒤에도 그리 충분한 대가를 받지 못하니, 차라리 곡물 창고 입구에서 곡물과 금품을 교환하는 대안을 선택하고 싶었을 것이다. 이런 조심스러운 접근은 수도의 안녕 유지에 대한 애정 담긴 걱정을 표현하는 것일 수도 있다. 하지만 수도 콘스탄티노플은 유스티니아누스의 탐욕스러운 전제 정치에서 자유롭지 못했다. 유스티니아누스가 제위에 오르기 전까지는 보스포루스와 헬레스폰투스 해협은 자유로운 통상을 위해 개방되어 있었고, 야만족이 사용할 무기를 수출하는 것을 제외하고는 아무런 교역품도 금지되지 않았다. 그런데 콘스탄티노플로 들어가는 관문마다 황실의 탐욕을 위한 법무관이 배치되었고, 들고 나는 모든 배와 교역되는 물품에 무거운 관세가 부과되었다. 결국 이런 과한 부담은 아무 힘 없는 소비자에게 전가되었다. 이제 가난한 사람들은 인위적으로 조성된 곡물 부족에 시달리고, 법의 범위를 벗어날 정도로 뛰어오른 물가 때문에 괴로움을 당하게 되었다. 또 주군의 관대함에 의지해 살아가는 일에 익숙해 있던 사람들마저도 때로 물과 빵의 부족에 불평했을 것이다.[39] 명목도 없고, 근거가 되는 법도 없으며 정확한 목적도 없는 가공의 조공으로 황제는 해마다 12만 파운드를 거둬들였고, 이를 황제 근위대장에게 접수하도록 했다. 그리고 그 지출

[39] 말랄라는 빵의 부족에 대해 언급했고 조나라스는 납으로 만든 관이 부족하다고 했다. 이는 유스티니아누스나 그의 종들이 수도교에서 훔쳐 왔던 것이다.

40) 1아우레우스에 해당하는 금은 210온스가 아니라 6분의 1온스 정도였다. 화폐를 만드는 데 드는 비용이 시장 가격보다 아래에 있게 된 부조화로 인해 곧 유통되는 작은 단위의 돈이 부족하게 되었을 것이다. 영국에서는 구리 돈 12펜스가 7펜스 이상도 받지 못했을 것이다.

은 강력한 힘을 지닌 정무관의 임의대로 집행할 수 있도록 맡겨졌다. 4) 하지만 이런 세금도 공정한 경쟁을 저해하고 아주 적은 양의 부정직한 이득을 얻기 위해 백성들의 필수품과 사치품에 제멋대로 부과하는 독점권과 비교하면 오히려 참을 만한 일이었다. 프로코피우스의 『비사』에서 그대로 옮기면,

독점

황제의 회계 담당자가 비단 판매 독점권을 강탈해 가자마자, 티르와 베리투스의 제조업자들은 모두 몰락해서 궁핍함을 겪게 되었고, 배고픔으로 죽어 가거나 적국인 페르시아의 영토로 도망갔다.

속주는 제조업이 쇠퇴하면서 어려움을 겪었을지 모르지만, 비단의 예에서 볼 수 있듯이 프로코피우스는 황제의 호기심 덕택에 제국이 얻게 된 더없이 귀중하고 영속적인 이득을 일부러 간과했다. 유스티니아누스가 일반적인 구리 돈의 가격에 7분의 1 정도의 가치를 더한 행위도 이와 똑같이 공정하게 해석해 볼 수도 있을 것이다. 이런 변경은 현명한 조치였을지도 모르며 적어도 악의가 없었던 것으로 보인다. 공적인 용도나 사적인 용도에 모두 지불 수단으로 사용되던 법정 통화인 금화40)에 비금속을 섞어 순도를 떨어뜨리거나 그 가치를 강화시키는 일은 하지 않았으니 말이다. 5) 징세 청부인이 자신의 할당량을 채우기 위해 행사했던 지배권이 지나치게 강화되었다는 점도 못마땅한 부분일 수 있다. 그들은 마치 황제에게 시민들의 운명과 목숨을 모두 받은 양 굴었던 것이다. 관직과 서훈을 직접적으로 사고파는 행위가 유스티니아누스와 테오도라의 승

매수(買收)

인, 아니 적어도 묵인 아래 궁정 안에서 이루어졌다. 많은 이들이 지지를 하며 공훈을 인정해 주어야 한다는 사람은 무시되기 일쑤였고, 뻔뻔스러운 모사꾼은 행정관의 지위를 돈으로 사고 그에 따르는 오명, 노력과 수고, 위험 부담 그리고 비용을 마련하기 위해 빚을 지고, 그 빚에 대한 과중한 이자를 물고 있는 것을 보상해 줄 만한 넉넉한 일거리를 찾아야만 했다. 하지만 이렇게 금전으로 좌우되는 업무 처리가 해악을 가져오고 평판을 떨어뜨려 황실의 불명예를 낳는다는 자각이 유스티니아누스의 잠자던 고결함을 깨우는 역할을 수행한 것은 그나마 다행이라 할 수 있다. 황제는 선서의 구속력과 벌금 제도로 통치의 흠결 없음을 지키려 시도해 보았지만, 서약이 파기된 채 1년이 지난 뒤에 칙령은 철회되었고, 부패는 무기력한 법을 누르고 그 승리를 남용했다. 6) 수도의 코메스였던 에울라리우스는 유언장에서 황제를 그의 유일한 상속인으로 지명했다.

유언

하지만 조건으로 그의 채무와 유산을 처리할 세 딸에게 어느 정도 적당한 수준의 생활을 유지시켜 주고, 세 딸이 혼인을 하게 되면 각각 10파운드의 금을 몫으로 챙겨 줘야 한다는 것을 내세웠다. 하지만 에울라리우스의 막대한 재산은 화재로 불타 버렸고, 그가 가지고 있던 물건들을 다 합해도 금화 564닢 정도의 근소한 양을 넘지 못했다. 그리스 역사에 나오는 이와 비슷한 예는 황제가 본받아야 할 명예로운 역할을 알려 주었다. 그래서 황제는 재무관의 이기적인 투덜거림을 억제하고, 친구의 신뢰를 칭송하며 빚을 갚아 주고, 처녀인 세 딸을 황후 테오도라의 감시 아래 교육했다. 그리고 결혼 자금을 그 자상한 아버지가 원하던 액수의 두 배로 주었다.[41] 황제의 자애로움(황후는 자애롭지 않았을 것이 분명하다.)은 칭송을 받을 만했다. 하

41 이와 비슷하거나 좀 더 관대한 우정의 행위는 코린트의 에우다미다스의 루키아누스의 일화에서 찾아볼 수 있으며, 이 이야기는 독창적이지만 다소 힘이 빠지는 퐁트넬(Fontenelle)의 희극이 되기도 했다.

42 이런 사람들 중에 한 명인 아나톨리우스는 지진이 일어나 죽었다. 말할 것도 없이 천벌을 받은 것이다! 아가티아스의 책에 나오는 사람들의 원성과 불평은 『비사』에 나오는 것과 똑같다.

지만 이런 고결한 선행에서도 인류에 따른 합법적인 상속자를 밀어내고 그 자리에 대신 들어앉은 고질적인 습관을 발견할 수가 있다. 프로코피우스가 유스티니아누스 치세 기간의 특징이라 이야기하는 부분도 바로 이것이다. 이런 비난은 저명한 사람들의 이름과 불명예스러운 예로 뒷받침되었다. 과부나 고아에게 자비를 베푸는 일도 없이 황실 사람들은 유언을 멋대로 만들거나 억지로 얻어 내거나 부추겼다. 이렇게 도덕적으로 비열하고 해악을 끼치는 폭정은 사생활의 안전까지 침범했다. 욕심을 채우는 데 정신이 팔린 폭군은 곧 유산 상속의 시기를 예상하고, 부를 유죄의 증거로 해석하여 상속을 주장하는 데서 시작해서 몰수의 힘까지 얻고자 하는 유혹에 빠졌다. 7) 약탈의 여러 형태 중에는 철학자가 이단에 빠진 사람들이나 이교도의 재산을 신자들을 위해 사용하게 했다고 둘러댈 수 있는 것이 있었다. 하지만 유스티니아누스의 치세 동안 이 성스러운 약탈은 황제의 정통 신앙에 따른 탐욕의 희생양이 되었던 종파에 속한 사람들만이 비난했다.

유스티니아누스의 대신들

궁극적으로 유스티니아누스의 도덕적 특성에 반영되었을 것이지만, 그의 잘못의 많은 부분과 그보다 더 많은 이익은 대신들이 가로챘다. 이 대신들은 재능이 있어 선택된 것도 아니며 덕을 쌓아 승진한 것도 아닌 그런 이들이었다.42 재무관 트리보니아누스의 공훈은 이후에 로마법의 개혁과 관련해서 평가할 생각이지만, 동로마 제국의 경제는 민정 총독의 수중에

카파도키아의 요하네스

놓여 있었고, 프로코피우스는 카파도키아의 요하네스의 악명 높은 악행에 대해 자신의 유명한 역사책에서 자세히 그려 놓은 것으로 이런 비사를 정당화했다. 요하네스의 지식은 학교

에서 배운 것이 아니었고 문체도 그리 명료하지 않은데도, 타고난 천재성이 지닌 힘을 발휘해서 현명하기 그지없는 조언을 하고, 가장 절망적인 상황에서도 임시변통의 방법을 찾아냈다. 하지만 뛰어난 이해력과 지력을 가진 만큼 마음은 타락하고 부패해 있었다. 그는 이교도의 미신과 주술을 신봉한다는 의심을 받고 있었는데도, 신에 대한 두려움이나 인간들의 비난에 대해 전혀 신경을 쓰지 않는 무감각을 드러내 보였다. 수천 명의 죽음과 수백만의 가난, 도시의 파멸, 속주의 황폐화라는 터전 위에서 그의 재산은 늘어갔다. 새벽의 여명이 비치는 시간부터 저녁 정찬을 드는 시간까지, 그는 바지런히 돌아다니며 로마 제국의 희생을 발판으로 자신의 주군과 자신의 부를 축적하는 데 몰두했다. 그리고 그 이후의 시간은 음란하고 호색적인 쾌락을 위해 소비했고, 고요한 밤에도 암살자의 처벌에 대한 끊임없는 두려움의 훼방을 받으며 지냈다. 그의 능력, 아니 어쩌면 그의 악행 때문에 유스티니아누스와 영원한 우정을 갖게 되었던 것인지도 모른다. 황제는 내키지 않는 마음으로 백성들의 원성을 받아들이기도 했지만 백성들의 원수가 되는 이 사람을 즉각 복위시키는 것으로 종국에는 황제의 승리를 선포했다. 사람들은 요하네스의 포악한 통치 아래 10년 이상의 시간을 보내면서 그가 역경을 딛고 교훈을 얻은 것이 아니라 복수에 혈안이 되어 있다는 것을 느낄 수 있었다. 하지만 사람들의 불만은 유스티니아누스로 하여금 아예 마음을 굳히게 하는 효과만을 낳았다. 이에 분노한 테오도라가 모든 이들이 무릎을 꿇는 권력도 업신여기며 황제와 그가 아끼는 단짝 사이에 불화의 씨앗을 뿌리려 시도했다. 하지만 테오도라는 시치미를 떼고 적당한 때를 기다려야만 했다. 그러다가 교묘한 음모를 꾸며 요하네스가 스스로 파멸하도록 해냈다. 벨리사리우스가 영웅이 아니었다면 반역자로 보였을 수도 있었던 위기의 순간에, 황후의 은밀한 신뢰를 누리고 있던 벨리사리우스의 아내인 안토니나는 민정 총독의 딸인 에우페미아에게 거짓으로 남편이 불만을 갖고 있다는 뜻을 전했다. 곧이곧대로 받아들인 순진한 이 처녀는 자신의 아버지에게 이 위험한 일을 알리고, 요하네스는 황제에 대한 서약과 약속의 중함을 잘 알고 있었던 터라 밤중에 은밀히 벨리사리우스의 아내와 만나 거의 반역에 가까운 면담을 하자는 유혹에 빠지고 말았다. 테오도라의 명령에 따라 근위대와 환관이 두 사람이 만날 장소에서 매복하고 있다가, 칼을 뽑아 들고 나와 죄를 저지른 각료를 사로잡거나 여의치 않으면 즉시 처단하기 위해 나섰다. 요하네스는 수행원의 충성으로 인해 목숨을 구했지만, 위험을 은밀히 경고했던 자비로운 군주에게 억울함을 호소하지 않고 소심하게도 죄인을 비호해 주는 교회의 성역으로 도망갔다. 유스티니아누스 황제가 총애하던 신하는 부부간의 애정, 즉 가정의 평화를 위한 희생양이 되었다. 그리고 수도사로 전향한 민정 총독은 그 야심만만한 포부를 모두 버렸다. 하지만 황제와의 우정은 그가 당해야 할 망신을 줄여 주었다. 그래서 관대한 처벌로 자신의 재산 상당 부분을 지참하고 키지쿠스로 망명하게 되었다. 이 정도의 불완전한 복수로는 테오도라의 무자비한 증오를 만족시킬 수 없었다. 그런데 마침 오래전부터 요하네스와 원수로 지내 오던 키지쿠스의 주교가 살해된 사건은 적절한 핑계거리가 되어 주었다. 과거에 1000명의 목숨을 빼앗고도 멀쩡히 살아가던 요하네스는 결국 자신이 하지도 않은 범죄 때문에 유죄 판결을 받게 되었다. 로마의 집정관이며 귀족으로서의 명예를 누렸던 저명한 각료는 이제 창피하게도 가장 비열한 범죄자와 마찬가지로 따끔한 맛을 보고 있었다. 그가 한때 대단한 자산가였다는 것을 증명하는 유일한 흔적은 너덜너덜한 외투뿐이었다. 요하네스는 범선에 실려 상(上)이집트에 있는 안티노폴리스로 이송되었다. 그리하여 동로마 제국의 민정 총독은 한때 자신의 이름만을 듣고도 벌벌 떨던 도시를 돌아다니며 빵을 구걸하는 신세가 되었다. 7년간의 망명 생활 동안, 테오도라의 교묘한 잔인함은 요하네스의 생명을 연장시켜 주기도 하다가 동시에 위협하기도 했다. 마침내 황후가 죽고, 황제가 자신의 충복을 내친 것을 후회하면서 다시 불러들일 때, 카파도키아의 요하네스의 야심은 성직자로서 겸손하게 소임을 다하는 것이 고작인 상태가 되어 있었다. 한편 그의 후임자는 유스티니아누스 황제의 백성들에게 경험이 풍부하고 근면하다면 부당한 권력 행사의 기술이 한층 더 향상될 수 있다는 것을 보여 주기만 했다. 시리아인 물주의 사기 수법이 재정 경영에 도입되었고, 재무관, 회계 담당자, 속주의 총독, 그리고 동로마 제국의 주요 행정관들이 열심히 이 카파도키아 출신의 각료를 본보기로 삼아 그와 같은 행위를 했다.[43]

5. 유스티니아누스가 세운 건축물들은 국민들의 피와 재산으로 세워진 것이다. 하지만 이런 웅장한 구조물들은 제국의

유스티니아누스의 건축물과 건축가

번영을 널리 알리는 것으로 보였고, 실제로 그들의 건축 기술을 자랑스레 드러내고 있었다. 수리 과학과 기계공의 실력에 따라 결정되는 건축 기술의 이론과 실제 건축은 역대 황제들의 후원 아래 촉진, 장려되어 왔다. 아르키메데스 못지않은 명성을 가진 자들이 프로클루스와 안테미우스였다. 만약 지성을 갖춘 목격자들이 이들이 이루어 놓은 기적을 기록해 놓은 것이 남아 있다면, 지금의 철학자들의 불신을 사는 대신 오히려 사색의 지평을 넓히게 되었을지도 모른다. 전하는 말에 따르면

[43] 프로코피우스의 연대순 배열은 엉성하고 불분명하다. 하지만 파기의 도움으로 요하네스가 서기 530년에 동로마 제국의 근위대장에 임명되었다는 사실을 알아 낼 수 있었다. 532년 1월에 해임되었다가 533년에 다시 지위를 회복하는가 싶더니 541년에 추방당했다. 548년 6월에서 549년 5월 사이의 기간에 다시 황제의 부름을 받았다. 알레만누스는 자신의 뒤를 이은 열 명의 이름을 적어 놓고 있는데, 한 명의 황제가 다스리는 동안에 참으로 숨가쁘게도 많은 이로 바뀌었던 것이라 하겠다.

44 이 화재는 루키아누스와 갈레누스에 의해서 서기 2세기경에 언급되고 있다. 그 후로 1000년이 지나서 조나라스가 디온 카시우스, 체체스, 에우스타티우스의 말과 루키아누스의 글에 대한 주석을 근거로 하여 이 사실을 긍정한다. 이 인용문의 상당 부분은 파브리키우스의 글을 참고했다.

45 조나라스는 근거가 될 만한 인용문 없이 이 사실을 장담하고 있다.

46 체체스는 불을 일으키는 렌즈를 이용한 술책을 설명하고 있는데, 안테미우스의 수학적 보고서를 아무런 지식도 없이 읽었던 것으로 보인다. 그 보고서는 최근에 고전학자이자 수학자인 뒤퓌(M. Dupuys)가 번역하고 도해를 삽입해서 출간했다.

47 시라쿠사의 포위에 대해서는 폴리비우스, 플루타르코스, 리비우스가 침묵했고, 콘스탄티노플을 포위했을 때는 마르켈리누스와 동시대인들의 침묵이 있었다

48 체체스나 안테미우스가 전해 준 지식이 없어도, 불후의 명성을 지닌 뷔퐁(Buffon)은 불을 일으키는 렌즈 기구를 상상해서 만들어 냈다. 그가 만든 기구는 200피트 떨어진 널빤지에 불을 붙일 수 있었다. 황제의 후원을 받아 콘스탄티노플이나 시라쿠사의 강렬한 태양 아래서 그의 천재

아르키메데스44가 불을 피울 수 있는 렌즈를 이용해 시라쿠사의 항구에서 로마의 함대를 재로 만들었다고 하지만, 프로클루스가 이와 비슷한 도구를 사용해서 콘스탄티노플 항구에서 고트족 선단을 파괴함으로써 비탈리아누스의 대담한 도발로부터 자신의 후원자인 아나스타시우스 황제를 보호했다는 주장이 있다.45 기계는 성벽 위에 고정되어 있었으며, 반들반들 윤을 낸 구리로 만든 육각형 거울과 작은 이동식 다각형 거울을 많이 설치하여 지중해 태양 빛을 자유자재로 집중시켜 반사시킬 수 있었다. 기계는 대략 200피트 정도 떨어진 곳에 타오르는 불길을 일으킬 수 있었다.46 하지만 이 특별한 사건의 진실성은 가장 권위 있는 역사학자들이 침묵하는 바람에 묻혀 버렸다.47 그리고 태양 빛을 이용해 불을 일으키는 렌즈를 공격이나 방어에 사용했다는 다른 이야기는 전혀 없는 형편이다. 하지만 한 프랑스 철학자48의 훌륭한 기술로 이런 거울을 만들 수 있다는 가능성이 시연되었다. 이것이 정말 가능한 일이므로, 나는 수도사나 궤변학자가 아무 근거 없이 만든 허구라고 말하기보다는 고대인들의 수학 덕분에 그 기술이 활용되었다고 말하고 싶다. 또 일설에 따르면 프로클루스가 고트족 선단을 물리치는 데 유황을 사용했다고 하는데,49 근대적인 시각에서 생각해 보면 유황이라는 말은 즉시 화약과 관련되어 있을 것이라는 추측을 낳는다. 이런 추측은 프로클루스의 제자 안테미우스가 사용했다는 비밀 기술에 대한 이야기를 생각하면 더욱 강해진다.50 소아시아의 트랄레스에 사는 어떤 사람에게 아들 다섯이 있었는데, 그 아들들이 모두 각각 나름의 장점을 발휘하여 전문가로서 성공했다. 올림피우스는 로마의 법리학 관련 지식과 실무에 능했으며, 디오스코루스와 알렉산드로스는 박식한 의사였다. 디오스코루스의 의술이 동로마 제국을 위해

쓰였다고 한다면, 그 형제인 야심가는 로마에서 명성과 부를 얻는 데 주력했다고 할 수 있다. 문법가로서 메트로도루스의 명성과 수학자와 건축가로서 안테미우스의 명성은 유스티니아누스 황제의 귀에까지 전해지게 되었고, 황제는 그들을 콘스탄티노플로 초청하게 되었다. 그리하여 한 명은 웅변을 가르치는 학교에서 자라는 세대를 가르치게 되었고, 다른 한 명은 제국의 수도와 속주에 자신의 기술을 영원히 드러내 보일 수 있는 기념물을 가득 채우는 일을 했다. 그는 이웃 건물의 창문인지 벽에 관한 사소한 다툼에서는 제논의 달변에 밀리고 말았지만, 이 기계학의 대가는 기회를 노렸다가 웅변가를 보기 좋게 혼내 주었다. 무지한 아가티아스는 해를 끼치지는 않지만 심술궂은 기계학 대가의 책략에 대해 어렴풋이 알고 다음과 같이 기술해 놓고 있다. 낮은 방에 물이 담긴 커다란 솥이나 그릇 몇 개를 늘어놓고, 그 위를 가죽으로 된 관의 한 면으로 덮어 놓는다. 그 관은 위로 갈수록 좁아지고 그것을 옆집 서까래와 들보 사이에 집어넣어 두는 것이다. 솥 아래 불을 지피면 끓는 물에서 수증기가 나와 관을 타고 올라간다. 그러면 압축된 공기가 집을 흔드는 효과를 낳는다. 그러면 집 안에 있던 사람들은 진동을 느끼게 되고 지진이라 생각하다가 다른 사람들은 그것을 전혀 모르고 있다는 사실에 의아해 한다. 또 한 번은 제논의 친구들이 식탁에 앉아 있는데, 안테미우스가 만든 반사경에서 나온 강한 광선에 눈이 부셨던 적도 있었다. 안테미우스가 즉석에서 입자들을 충돌시켜 만들어 내는 소음에 혼비백산한 적도 있었다. 그래서 이 웅변가는 원로원에서 비극적인 어투로 죽음을 피할 수 없는 미약한 인간에 불과한 자신이 어떻게 넵투누스의 삼지창으로 지구를 흔들고, 유피테르의 번개와 천둥을 모사해 내는 적수의 힘에 굴복하지 않을 수 있겠느냐고 선언했

성을 발휘했다면 어떤 기적인들 일으키지 못했겠는가?

[49] 말랄라가 이 사실을 진술했다. 하지만 그는 프로클루스와 마리누스를 혼동했거나 이름을 잘못 쓴 것으로 보인다.

[50] 프로코피우스와 실렌티아리우스는 건축가로서 안테미우스가 가지고 있는 장점을 소리 높여 칭송했다.

51 프로코피우스는 유스티니아누스나 그가 임명한 건축가들의 속임수로 생각되는 꿈의 일치에 대해 말하고 있다. 이 꿈에서 그 양측은 모두 다에 홍수가 일어나는 것을 막을 수 있는 도안을 보았다. 또 예루살렘 근처에 있는 돌산이 황제에게 보였고, 천사 한 명이 성 소피아 성당 안으로 유인되어 영원히 구금되었다.

52 성 소피아 성당의 웅장함을 찬양하는 고대와 근대의 수많은 사람들을 나는 아래와 같이 구분해 보았다. 1) 직접 눈으로 현장을 목격한 네 명의 역사가들 : 프로코피우스, 아가티아스, 실렌티아리우스, 에바그리우스. 2) 이보다 더 후대에 활약한 두 명의 전설적인 그리스인 : 코디누스와 반두리의 익명의 작가. 3) 골동품 연구가 : 뒤캉주. 4) 두 명의 프랑스인 여행객 : 한 명은 16세기에 살았던 질리우스(Peter Gyllius)이고 다른 한 명은 그렐로(Grelot)다. 그는 성 소피아 성당의 내부 전경을 보고 그 전망을 즐겼으며 정확한 도면을 갖고 있다. 그 도면은 규모 면에서 좀 더 작지만 뒤캉주가 가지고 있는 것보다 더 정확하다. 나는 그렐로가 측량한 것을 오차를 감안해서 수정해서 인정하고 있다.

다. 안테미우스와 그의 동료인 밀레투스의 이시도르의 천재성은 군주의 도움으로 마음껏 발휘되었다. 하지만 군주의 건축에 대한 취향은 해악을 만들어 내고 비용이 많이 드는 열정으로 점차 퇴보해 버렸다. 황제가 등용한 건축가들은 설계와 시공에 따른 어려움을 유스티니아누스 황제에게 제기했고, 조심스럽게 자신들이 힘들게 생각해 낸 도안보다 황제가 하늘에서 얻은 영감이 전하는 직관적인 지식이 더 뛰어나다고 말했다. 황제는 언제나 백성들을 안위와 치세의 위업 그리고 황제의 영혼의 구원을 염두에 두고 있다는 말도 덧붙였다.⁵¹

성 소피아 성당의 건립

콘스탄티노플의 창시자가 '영원한 지혜'라는 의미를 갖고 있는 성 소피아 성당을 주교회로 정한 이후로, 성 소피아 성당은 화재로 인해 두 번에 걸쳐 소실되었다. 크리소스토무스의 추방 이후와 청색파와 녹색파 사이에서 일어난 니카의 반란 동안에 일어났던 화재 탓이었다. 폭동이 가라앉자마자 그리스 도교인들은 신성을 모독한 무분별함을 개탄했다. 하지만 새로운 성전이 찬연한 아름다움을 지니게 될 것이란 사실을 미리 알 수만 있었다면, 사람들은 그 큰 불행 속에서도 행복해 할 수 있었을 것이다. 40일간의 폭동이 끝날 무렵에 독실한 신심을 지닌 유스티니아누스 황제의 명으로 새로운 성전은 서둘러 착공에 들어갔다.⁵² 타고남은 잔해는 깨끗이 치워지고 더 넓은 공간을 확보할 수 있도록 설계했다. 이것이 가능하기 위해서는 몇몇 토지 소유자들의 허락이 필요했는데, 그 토지 소유자들은 황제의 간절한 소망과 약한 마음을 이용하여 터무니없을 정도의 엄청난 대가를 받아냈다. 설계는 안테미우스가 맡았다. 그는 천부적인 재능으로 몇만 명의 일손들에게 작업을 지시했다. 일꾼들의 품삯은 은전으로 지불되었으며, 결코 하루를 넘겨 지불되는 일이 없었다. 황제 자신도 아마천으로 지은 튜닉을 입고 공사가 빨리 진척되는지 매일 직접 시찰하고, 공사에 참여한 일꾼들에게 친숙하고 열의에 찬 모습을 보이고 물질적 보상을 아끼지 않으며 부지런한 일꾼들을 격려했다. 주춧돌을 쌓은 지 5년 11개월 10일째 되는 날, 성 소피아라는 이름의 새로운 성당이 대주교에 의해 헌당되었다. 이 엄숙한 축제 중에 유스티니아누스는 신앙심에서 우러나온 자부심에 찬 태도로

> 이러한 엄청난 건물을 세우기에 나를 합당하다고 보신 하나님께 영광을! 솔로몬이여, 나는 당신을 능가했도다!

라고 큰 소리로 말했다.[53] 하지만 이 로마판 솔로몬의 자부심은 20년이 안 되어 꺾여 버렸다. 지진으로 인해 돔 동쪽 부분이 무너진 것이다. 하지만 이 군주의 집념은 성 소피아 성당의 장엄함을 다시 복원하고야 말았다. 유스티니아누스의 통치 36년째 되는 해에 성전을 두 번째로 봉헌했던 것이다. 이것은 12세기가 지난 지금까지도 유스티니아누스의 명성을 나타내는 기념비로 남아 있다. 지금은 대표적인 이슬람 사원으로 바뀐 성 소피아 성당은 투르크 술탄들도 모방하게 되었으며, 장엄한 건축물로서 그리스인들의 애정 어린 감탄을 자아냈으며, 유럽 여행자의 이성적인 관심을 촉발하고 있다. 하지만 관광객들은 반원형 돔과 완만한 지붕들의 불규칙성에 실망하게 되어 있다. 정문 입구에 해당하는 서쪽 전경은 소박함과 장대함이 부족하고, 건물의 규모도 다른 고대 로마 가톨릭 성당에 비해 뒤떨어진다. 하지만 최초로 공중에 띄운 듯한 둥근 천장을 만들어 낸 대담한 디자인과 노련한 건축 기술은

성 소피아 성당에 대한 묘사

[53] 솔로몬이 세운 성전 주변에는 왕궁과 주랑 등이 있었다. 하지만 하나님이 거하는 집의 적절한 구조는 그 높이가 55피트 이상을 넘지 않아야 한다.(이집트나 이스라엘의 1큐빗을 22인치로 계산해 본다면 말이다.) 그리고 너비는 36과 3분의 2피트요, 길이는 110피트여야 한다. 이는 교구마다 있는 작은 교회 정도의 규모로 프리도(Prideaux)가 한 말이다. 하지만 400만~500만 파운드로 지어진 성소는 거의 없는 실정이다!

절찬을 받을 만하다. 스물네 개의 창문이 빛을 발하는 성 소피아의 돔의 곡선은 매우 완만하여 그 높낮음의 차이가 지름의 6분의 1 정도다. 그 지름은 대략 115피트이고 이전에는 십자가가 있다가 지금은 초승달 기장이 있는 중앙 천장의 높이는 바닥에서 무려 180피트이다. 돔을 둘러싸고 있는 원은 네 개의 튼튼한 아치 위에 사뿐히 올려져 있고 이 무게를 네 개의 기초 골조가 지탱해 주고 있으며, 이 골조를 지지해 주는 것은 북쪽과 남쪽에 각각 두 개씩 세워진 이집트 화강암 기둥 네 개이다. 이 건축물의 구조는 사각형 속에 있는 그리스 십자가(사방의 길이가 같은 십자가)를 나타내고 있다. 폭은 243피트이며 최대한 넓게 잡으면 동쪽의 지성소에서 서쪽의 아홉 문까지의 길이인 269피트가 나온다. 여기서 서쪽의 아홉 문은 현관으로 연결되고 이곳은 또 나르텍스, 즉 외부로 드러난 주랑으로 이어진다. 이 주랑이 바로 고해자들이 고해하는 장소였다. 성당의 회중석(會衆席), 즉 중심부는 신자들의 자리이지만 남녀의 자리가 분명하게 구분되어 있어서, 위아래 2층 회랑이 부녀자들이 좀 더 개인적인 기도를 드리는 장소였다. 북쪽과 남쪽 골조물 너머에는 난간이 있으며, 황제석과 주교석이 양쪽에 있었고 이 난간을 중심으로 본당과 성가대가 나뉘었다. 그리고 이 공간은 제단의 계단까지 성직자들과 성가대가 차지했다. 부지불식간에 그리스도교인들에게 친근한 용어가 된 성찬대는 반원통 모양의 동쪽 벽감에 있었다. 이 지성소는 성구(聖具) 보관소, 제복실, 세례당의 문과 연결되어 있을 뿐만 아니라 다른 인접한 건물들과도 연결되어 있는데, 이 건물들은 예배의 화려함을 더하거나 성직자의 사적인 용도로 쓰였다. 유스티니아누스는 이전의 재난에 대한 기억을 되살려 건물을 건축할 때 현명한 대안을 고안하도록 했다. 즉

새 성당에는 문 이외에는 목재를 일체 사용하지 않았던 것이다. 각 부분에 필요한 강도, 경도, 미적 정도에 맞춰 건축 자재가 선택되었다. 둥근 천장을 받치는 견고한 기둥은 엄청난 크기의 암석이었으며, 이것을 사각형과 삼각형으로 잘라 쇠로 테를 두르고 납과 생석회 혼합물로 이어 붙였다. 하지만 둥근 천장은 가벼운 재료를 사용하여 그 무게를 경감시키기 위해 물에 뜨는 부석이나 일반 돌보다 다섯 배나 가벼운 로도스 섬에서 생산되는 돌로 만들어졌다. 성당의 뼈대는 벽돌이었지만 그 천박함을 가리려고 겉을 대리석으로 덮었으므로, 성당 내부, 둥근 천장, 두 개의 큰 반원형 돔 지붕, 여섯 개의 작은 반원형 돔, 벽, 백 개의 기둥과 바닥의 화려함과 다채로움은 야만족의 눈까지도 사로잡았다. 어느 시인[54]은 성 소피아 성당의 초기 모습의 광휘를 보고, 10~12종의 대리석과 벽옥, 반암의 색상과 음영 그리고 반점까지 하나하나 다 열거하면서, 특히 각 광석의 반점은 자연이 매우 열심을 다하여 다양하게 만들어 낸 것으로, 매우 뛰어난 화가가 배합하고 대조시킨 것 같다고 감탄했다. 그리스도의 승리로 이교도들에게서 빼앗아 온 마지막 노획품으로 이 성당을 장식하기도 했지만, 값비싼 돌 대부분은 소아시아의 채석장, 그리스 본토와 여러 섬들, 이집트, 아프리카, 갈리아에서 가져온 것이었다. 아우렐리아누스가 태양의 신전에 안치해 놓았던 여덟 개의 반암 원기둥은 로마의 한 귀부인이 신앙심으로 기증한 것이고, 나머지 여덟 개의 초록 대리석 원기둥은 에페수스의 야심 많고 열성적인 행정관들이 기증한 것이다. 그러나 건축물이 지어진 순서가 그 뛰어남의 우위를 결정하진 않는다. 또 다양한 장식물과 인물상이 모자이크로 특이하게 표현되고 있

대리석

54 실렌티아리우스는 암울하고 시적인 언어로 성 소피아 성당의 건축에 사용된 대리석과 다양한 돌들을 묘사하고 있다. 1) 카리스티아 석재 : 철분 성분이 섞여 있는 흰색. 2) 프리기아 석재 : 두 종류가 있다. 장미색에 하얀 기미가 있는 것과 자줏빛에 은색 꽃무늬가 있는 것. 3) 이집트의 반암 : 작은 별무늬가 있다. 4) 라코니아의 초록색 대리석. 5) 카리아 석재 : 이아시스 산에서 캔 것으로 비스듬하게 흰색과 붉은색의 줄무늬가 나 있다. 6) 리디아 석재 : 흰색에 붉은 꽃무늬가 있다. 7) 아프리카 또는 마우리타니아 석재 : 황금빛이나 선황색. 8) 켈트 석재 : 검은색에 흰색 줄무늬가 있다. 9) 보스포루스 석재 : 흰색에 가장자리가 검다. 그 외에도 도로를 포장하는 데 썼던 프로코네시아산 석재와 테살리아 석재, 몰로시아 석재 등이 있는데 이것들은 특별한 색을 지니지 못했다.

55 프로코피우스가 쓴 건축사의 여섯 권의 책은 다음과 같다. 첫 번째는 콘스탄티노플에 한정되어 있다. 두 번째는 메소포타미아와 시리아를 포함하고 있다. 세 번째는 아르메니아와 흑해를 포함하고 있다. 네 번째 책은 유럽을. 다섯 번째 책은 소아시아와 팔레스타인을. 여섯 번째 책은 이집트와 아프리카를 아우르고 있다. 이탈리아는 프로코피우스가 잊어 버렸든지 아니면 황제가 잊어 버린 모양인데, 이 책은 최후의 정복이 이루어진 서기 555년 직후에 아침의 진수를 보여 주면서 출간되었다.

는데, 그리스도, 성모 마리아, 성인들과 천사들의 형상은 그리스인들이 믿는 미신 때문에 위험에 처했고, 이후 터키인들의 광신적 행동으로 훼손당했다. 각 물건에는 그 성스러운 정도에 따라 얇은 잎 형태나 덩어리로 귀금속이 사용되었다. 성가대 난간, 기둥 머리, 문과 회랑의 장식물들은 금도금을 한 동으로 만들어져 있었다. 둥근 천장의 빛나는 모습은 보는 이의 눈을 부시게 했다. 지성소에는 4만 파운드가 넘는 은이 사용되었고, 성스러운 물병들과 제단의 옷들은 순금으로 만들어지고 수많은 보석들로 장식되었다. 이 교회가 땅에서 위로 2큐빗의 높이가 되기 전에 이미 4만 5200파운드의 돈이 소비되어 결국 전체 비용은 32만 파운드에 이르게 되었다. 독자는 자신이 아는 것에 따라 그 금액을 금이나 은으로 계산할 수 있을 것이다. 하지만 가장 낮게 잡은 금액이 영국 화폐로 100만 파운드이다. 장엄한 성전은 그 나라의 취향과 종교를 반영하는 칭찬할 만한 기념비이다. 열렬한 신자는 성 소피아가 신의 거처이거나 심지어 신이 만들었다고 생각할 수도 있을 것이다. 그러나 이 건축물도 성전 바닥을 기는 가장 하찮은 벌레가 만든 벌레집과 비교해 보면, 인간의 재주란 얼마나 둔하고 그 수고는 얼마나 하찮은지!

부(富)

교회와 궁전

시간이 흐를수록 그 가치를 인정받고 있는 이 건축물에 대한 아주 세밀한 설명을 하는 것은 수도와 다른 속주에 지은 수많은 건물들의 진실을 입증하고, 그 관계를 해명하는 데 도움이 될 수 있을 것이다. 유스티니아누스가 지은 다른 건축물들은 규모나 견고함 면에서 모두 소피아 성당에 미치지 못했다.55 콘스탄티노플과 그 외곽 지역에만도 그리스도와 성모 마리아 그리고 여러 성인들을 기념하여 지은 성당이 스물다섯 개가 된다. 이런 성당의 대부분은 대리석과 황금으로 장식되어 있었다. 그리고 그 위치도 매우 주의를 기울여 선정해서, 주로 북적거리는 광장이나 아름다운 작은 숲, 또는 해안가나 유럽과 아시아 대륙들을 내려다보는 높은 언덕이 그 장소가 되었다. 콘스탄티노플에 있는 성 사도 성당과 에페수스의 성 요한 성당은 성 소피아 성당과 같은 설계로 건축된 것으로 보인다. 이 두 교회의 돔은 성 소피아 성당의 둥근 천장을 모방했지만 더 현명하게도 성찬대는 돔 중앙 아래 설치되었다. 네 개의 장중한 주랑의 교차점에 성찬대가 있어 그리스 십자가의 형상을 더 정확히 표현한 것이다. 예루살렘의 성모 마리아는 신심 깊은 황제가 공간이나 자재가 없는, 건물을 짓기 가장 어려운 곳에 세운 한 성전에 크게 기뻐했을지도 모른다. 깊은 계곡을 산처럼 높여서 평평하게 만들고 성당을 세운 것이다. 주변 채석장의 돌들을 일정한 모양으로 깎아서 마흔 마리의 힘센 황소가 끄는 특이한 마차에 실어 날랐는데 이러한 육중한 화물이 지나가기 위해 도로까지 넓혔다. 목재는 가장 고급스러운 삼목을 레바논에서 공수해 왔다. 또 때맞춰 발견된 붉은 대리석 광맥은 아름다운 기둥을 만드는 데 쓰였는데, 그중에서 외부 주랑을 떠받치고 있는 두 기둥은 세상에서 가장 큰 기둥으로 알려져 있다. 황제의 신앙에서 우러난 자비심은 성지 전체에 미쳤다. 유스티니아누스가 세우거나 복구한 수도원이나 수녀원을 이성적으로 비난할 수 있다 하더라도, 그가 판 우물과 후원한 병원 덕택에 지치고 피곤한 순례자들이 쉴 수 있었다는 점을 생각하면 그 박애 정신에는 박수를 보내야 할 것이다. 교회 분리죄를 범한 이집트는 황제의 자선을 받기는 애초부터 어려웠겠지만 시리아와 아프리카에서는 전쟁과 지진의 폐해에 대해 어느 정도 지원을 받았고, 폐허에서 몸을 일으키던 카르타고와

56 한때 유스티니아누스는 지진이 일어난 후 안티오크를 재건하는 데 금 45센테나리(18만 파운드)를 냈다.

57 지중해에는 고래가 살지 않기에 아마도 길을 잃고 돌아다니던 것일 가능성이 높다. 극 지방과 열대 지방 사이에서는 고래류의 해양 동물이 50 또는 80에서 100피트 정도의 길이까지 자란다.

안티오크에서는 그 자비로운 후원자의 이름이 드높았다.56 달력에 이름이 오른 성인들은 거의 모두 다 헌당의 영예를 누릴 수 있었고, 제국의 대부분의 도시들은 다리, 병원, 수로의 확실한 혜택을 받았다. 하지만 군주가 시혜에 엄격해서 그의 백성들은 욕장이나 극장같이 인기 있는 오락 시설들을 즐기지 못하게 되었다. 유스티니아누스는 공공의 이익을 위해 열심히 일했지만 자신의 품위와 편안함에도 신경을 썼다. 큰 화재로 훼손되었던 비잔티움 궁전이 새로운 웅장함으로 복구되었다. 그 천장이나 문 때문에 붙은 별명인지 모르겠지만 현관 홀이 놋쇠로 만든 것이라는 별칭을 갖고 있었다는 것을 감안하면 이 건물의 규모가 어느 정도였는지 짐작할 수 있을 것이다. 육중한 원기둥이 널찍한 사각형 공간 위에 있는 돔을 떠받쳤고 벽과 바닥은 다채로운 대리석으로 장식되어 있었는데, 밝은 초록색의 라코니아산 대리석과 불타는 듯한 붉은 색이나 흰색의 프리기아산 대리석에 푸른 초록색의 줄무늬가 섞여 있는 식이다. 돔과 사방 벽에 그려져 있는 모자이크 그림은 아프리카와 이탈리아에서 거둔 전승의 영광을 나타냈다. 칼케돈 동부에서 조금 떨어져 있는 프로폰티스 해안가에는 헤라이움의 아름다운 정원과 궁전이 있었는데, 이곳은 유스티니아누스의 여름 별장으로 마련되었다. 하지만 주로 사용한 것은 테오도라였다. 그 시대의 시인들은 자연과 예술 사이의 좀처럼 찾기 힘든 균형을 노래했고, 숲, 샘물, 파도에 있는 님프의 조화를 이야기했다. 그러나 황실을 따라온 수행원들은 불편한 숙박에 대해 불평을 늘어놓았고 님프들도 그 유명한 포르피리오를 보고 자주 놀랐다. 포르피리오는 50년 동안 콘스탄티노플의 바다를 누비다가 상가리스 강어귀에서 오도가도 못하게 된 폭 10큐빗, 길이 30큐빗의 고래였다.57

유스티니아누스는 유럽과 아시아의 요새 수를 늘렸다. 하지만 철학자의 관점에서는 이렇게 무의미하고 소극적인 조치의 반복 자체가 제국의 위태로운 상황을 보여 준다고 할 수 있었다.[58] 벨그라데에서 흑해까지, 그리고 사베 강의 합류 지점에서 다뉴브 강어귀까지 여든 개가 넘는 요새들이 강을 따라 일렬로 구축되었다. 단독 망루는 널찍한 성채로 바뀌었고 토목업자들이 토질에 따라 줄이거나 늘린 성벽 안의 텅 빈 공간에는 이주민과 새로운 수비대를 배속시켰다. 이런 강력한 요새는 트라야누스의 다리의 유적을 지켜 냈다.[59] 그리고 몇 개의 군부대가 도나우 강 너머로 자랑스러운 로마의 이름을 전했다. 하지만 이제 로마의 이름에는 경외감이 결여되어 있었다. 야만족이 매년 침략하면서 이 무용한 성채들을 비웃듯이 지나갔던 것이다. 그래서 최전선의 거주자들은 수비대의 보호를 받는 대신에 고립된 곳에서 긴장을 늦추지 않고 스스로를 지켜야 했다. 한적했던 고대 도시도 사람들로 채워졌는데, 유스티니아누스가 새롭게 설립한 도시들은 너무 일찍 사람이 붐비고 난공불락이라는 소문을 얻었다. 그리고 황제가 출생한 상서로운 곳은 귀족들의 허영심 가득한 공경의 장소가 되었다. 유스티니아나 프리마라는 이름 아래, 타우레시움의 알려지지 않은 한 부락인 이곳이 대주교와 지방 장관의 주재지가 되었는데, 이들의 권력은 일리리쿰의 호전적인 일곱 속주까지 미쳤으며, 기우스텐딜이라는 방언으로 와전되어 전해진 지명이 지금도 여전히 소피아 남쪽 약 20마일 떨어진 곳에 위치한 터키의 군 소재지를 가리키고 있다. 황제의 출생지 사람들을 위해서 성당, 궁전, 수로가 빠른 속도로 건설되었고, 황제의 도시라는 위대함에 걸맞도록 공적인 건물이나 사적인 건물이 모두 수리되었다. 성벽은

유럽의 요새

[58] 몽테스키외는 유스티니아누스의 제국이 노르만인의 침략이 있었던 시기의 프랑스와 매우 닮았다고 주장했다. 모든 마을이 요새화되어 있는데도 약하기 그지 없었던 것이다.

[59] 프로코피우스는 도나우 강이 그 다리의 유적으로 막혔다고 단언했다. 만약 다리를 세운 건축가 아폴로도루스가 자신이 한 일에 대해 직접 쓴 기록을 남겼다면, 디오 카시우스가 믿을 수 없어 하며 경이롭게 생각했던 것도 그 다리의 진짜 모습을 통해 정정되었을 수도 있었을 것이다.

60 이런 방비는 밍그렐리아에 있는 성과 비교해도 자연스러울 것이다.

61 템페 계곡은 페네우스 강을 따라 오사 언덕과 올림푸스 언덕 사이에 있다. 길이가 5마일 정도밖에 되지 않고, 일부는 폭이 120피트도 되지 않는다. 초목으로 뒤덮인 아름다운 이 장소는 플리니우스가 우아한 문체로 묘사한 바 있다.

견고하여 유스티니아누스가 살아 있는 동안에는 훈족이나 슬라브족의 졸렬한 공격을 능히 막아 낼 정도가 되었다. 이 야만족들이 사방을 휩쓸며 약탈을 일삼으려던 계획은 다키아, 에피루스, 테살리아, 마케도니아, 트라키아 등등 이 지역 전체에 걸쳐 있는 것처럼 보이는 수많은 성곽에 의해 방해를 받게 되었다. 유스티니아누스 황제는 이런 요새를 600개나 세우거나 수리했는데 대부분이 네모나거나 둥그런 지역 한가운데 세워진 벽돌이라 돌로 만든 탑에 지나지 않았고, 근방 마을의 가축이나 농부들이 일시적인 위험에 닥쳤을 때 대피할 수 있는 곳에 불과했다고 보는 것이 보다 합당할 것이다.[60] 하지만 국가의 재산을 소모시키는 이런 군사 시설로도 유스티니아누스와 그의 유럽 쪽 백성들이 가지는 근거 있는 불안을 제거할 수는 없었다. 트라키아에 있는 안키알루스의 대욕장은 몸에 좋은 것만큼이나 안전한 곳으로 생각되었다. 하지만 테살로니카의 비옥한 목초지는 스키타이 기병대에게 약탈당했고, 도나우 강에서 300마일 떨어진 곳에 위치한 아름다운 템피 계곡은 전쟁 소리에 끊임없이 놀라야 했다.[61] 제아무리 멀리 떨어져 고립되어 있다 해도 요새가 건설되어 있지 않은 곳은 평화의 혜택을 마음껏 누릴 수가 없었다. 그리스의 안전을 충분히 지켜 줄 수 있을 것으로 보았지만 때때로 이런 기대를 저버렸던 테르모필라이 해협은 유스티니아누스 황제가 공을 들여 열심히 수비를 강화해 놓았다. 그리하여 해변 가장자리에서 삼림과 협곡을 지나 테살리아의 산 정상까지 이르는 모든 곳에 튼튼한 성벽이 이어져서 모든 실질적인 출입구를 통제했다. 성미 급한 농부들 대신에 2000명의 수비대 군인들이 성벽을 따라 배치되었기 때문에, 그들이 먹고 마실 곡물 창고와 저수지가 만들어졌다. 또한 비겁한 일이었는지 모르지만 퇴각했을 때 사용할 수 있는 요새를 건설하기도 했다. 지진으로 전복된 코린토스의 성벽과, 낡아서 무너져 가는 아테네와 플라타이아의 방벽을 세심하게 복구한 결과, 야만족들은 공격을 위해서는 장기간에 걸쳐 공포스러운 포위 공격을 감행해야만 한다는 생각으로 사기가 떨어졌다. 펠로폰네수스 반도 내의 무방비 도시들은 코린토스 지협의 요새화에 포함되었다. 유럽의 맨 끝에 위치한 또 다른 반도인 트라키아의 케르소네수스는 사흘 여정의 거리를 가다 보면 바다에 닿아 인접한 아시아 해변과 함께 헬레스폰투스 해협을 형성한다. 인구 밀도가 높은 열한 개의 도시 사이에는 키가 큰 나무숲, 아름다운 목초지, 경작지가 가득했고, 37스타디움의 길이에 달하는 이 지협은 유스티니아누스가 통치하기 900년 전에 이미 한 스파르타의 장군에 의해 방어 채비를 갖추고 요새화되어 있었다.62 자유와 용맹의 시대에는 가장 얇은 성벽도 기습 공격을 막을 수 있었을 것이다. 프로코피우스는 고대의 우수성을 인지하지 못했던 것으로 보이지만, 바다를 향해 양편으로 쭉 뻗어 나가는 기다란 성벽의 이중 흉벽과 그 단단한 구조를 찬양했다. 그러나 각각의 도시들 특히 갈리폴리와 세스투스의 도시들은 각자의 요새 장비로 지켜지지 않았다면, 이 성벽의 견고함만으로는 케르소네수스를 지키기에는 역부족이라고 말하고 있다. '장벽'이라고 힘주어 말해지는 이 성벽은 그 축조에 대해서 존경심을 품을 만했던 정도만큼이나 그 목적에 있어서는 불명예스럽다. 수도의 부유함은 인접한 나라로 확산되고, 자연의 천국이라고 일컬을 수 있는 콘스탄티노플 지역은 부유한 시민들과 원로원 의원의 대저택과 사치스러운 정원으로 장식되어 있었다. 하지만 그 부유함은 탐욕스럽고 대담한 야만족의 구미를 당기게 할 뿐이었다. 평온과 나태에 푹 절어 지내던 로마의 귀족들은 스키타이의 포로로 잡혀갔고, 그들의

62 비잔티움 제국의 연설가와 지루하고 따분한 장시간의 대화를 나눈 후에 읽은 아테네 작가의 글은 얼마나 우아하고 간명하고 진실된지 신선할 따름이다!

통치자는 궁궐에 서서 도심의 성문까지 사정없이 번져오는 화염을 바라보고 있어야 했다. 아나스타시우스는 불과 40마일밖에 떨어져 있지 않은 곳에 최후의 방어선을 구축해야만 하는 곤경에 처했다. 프로폰티스에서 흑해까지 60마일에 달하는 장벽을 구축한 것은 그 군대의 허약함을 공표한 것에 불과했다. 위험이 임박해지면 임박해 질수록 유스티니아누스의 집요하리만큼 끈질긴 사려 깊음으로 인해 새로운 요새의 숫자는 더해져만 갔다.

이사우리아인들의 복속 이후 아시아의 안전

이사우리아인들이 복속된 후에 소아시아는 적이나 요새가 없는 곳이 되었다. 이 대담한 야만족은 갈리에누스 황제의 백성이 되는 것을 떳떳치 않은 일로 여기고, 230년간 독립적인 삶을 유지하며 약탈을 일삼으며 지내왔던 것이다. 이들과의 관계에서 가장 성공한 군주들이라고 해 봐야 이들이 지내는 산맥의 험한 환경을 인정하고 그곳에서 살아가는 토착민들의 절망을 이해하는 것이 고작이었다. 이 토착민들의 격정적인 기질은 때로 선물을 전해서 달래거나 공포와 두려움을 불러일으켜 억제시켜야만 했다. 한 군대의 수장은 세 개 부대를 이끌면서도 로마 속주의 심장부 한가운데에서 불명예스러운 주둔을 지속하기도 했다. 하지만 권력의 감시가 조금이라도 느슨해지거나 다른 곳으로 분산된다 싶으면 곧바로 경무장한 기병대가 산에서 내려와 아시아의 평화로운 부유함을 침략했다. 이사우리아인들이 덩치가 좋거나 그리 용맹한 민족은 아니었지만 필요에 따라 그들은 대담해졌고, 경험을 통해 유용한 침략전 기술을 익혀 왔다. 그들은 무방비 상태의 도시나 마을을 은밀하고 빠르게 공격하는 데 탁월했다. 그들의 기동대는 이따금씩 헬레스폰투스 해협, 흑해, 타르수스, 안티오크, 다마스쿠스 등의 성문에까지 접근해 약탈을 했다. 그리고 로마 군대가 진군 명령을 받기 훨씬 이전이나 멀리 떨어져 있는 로마의 속주에서 그 피해 액수를 계산하기도 전에 노획품을 함부로 접근하기 어려운 자신들의 산악 본거지에 숨겨 두었다. 폭동을 일으키고 강도짓을 일삼은 죄로 그들은 로마 시민의 권리를 모두 박탈당한 까닭에 행정 장관들은 이사우리아인들을 부활절 축일에 처벌하거나 재판에 회부해도 정의와 신심에 위배되지 않는 칭찬할 만한 일이라는 칙령을 받고 있었다.63 포로가 집에서 부리는 노예가 된다면, 주인의 사적인 싸움에 단도나 검을 들고 함께 싸우고 도와 주는 것이 가능했기에, 공공의 평안을 위해서라면 이런 위험한 부류의 하인의 봉사를 금지하는 것이 합당한 일이었다. 그들의 동족인 타르칼리세우스, 즉 제논이 황제의 자리에 오르면서 뛰어난 능력을 지니고 있고 충성심이 강하지만 황궁과 수도를 능멸했던 이사우리아인들을 불러서 등용하고 이들에게 매년 5000파운드의 금을 보수로 주었다. 많은 재산을 모을 수 있다는 희망에 산악 지역에 살던 인구는 급감했고, 사치와 쾌락은 그들의 몸과 마음의 담력을 약화시켰다. 결국 다른 사람들과 함께 어울려 사는 이사우리아인들이 많아지면서, 가난하지만 독립적으로 자유를 누리는 즐거움에 가치를 두는 비중이 점차 낮아졌다. 제논 황제가 죽고 나서 그의 뒤를 이은 아나스타시우스는 이사우리아인에게 지급하는 수당을 폐지하고, 이사우리아인에 대한 국민들의 복수심을 그대로 드러내게 했으며, 결국 콘스탄티노플에서 쫓겨난 이사우리아인들로 하여금 승리냐 아니면 노예가 되느냐 하는 갈림길에 놓이게 되는 전쟁을 일으킬 준비를 하게 만들었다. 선대 황제의 동생은 아우구스투스의 칭호를 강탈했는데 제논이 모아 놓았던 무기와 보화 그리고 화약은 그를 강력하게 뒷받침해 주었다. 그리고

63 형벌은 엄격하여 금 백 파운드의 벌금이나 좌천을 당하거나 심지어 죽음을 당하기도 했다. 공공의 평화는 위선을 낳을 수 있었지만 제논은 이사우리아 왕조의 충성과 용맹을 점유하기를 간절히 원했다.

64 국가의 중대사나 해마다 드리는 번제(燔祭)와 서약을 위한 제단은 디오클레티아누스가 코끼리 섬에 만들었던 것이다. 유스티니아누스는 이를 폐지했는데 그리 현명한 결정이라 할 수는 없겠다.

그 고장의 토박이인 이사우리아인은 그의 깃발 아래 모여 있던 15만 명의 야만족 중에서 가장 작은 부분을 차지하고 있었던 것이 분명하다. 역사상 처음으로 주교가 참여한 것으로 이 전쟁은 명분을 세웠다. 이 무질서한 대군은 프리기아의 들판에서 훈련이 잘 되어 있고 용맹한 고트족을 맞아 패배당했다. 하지만 6년간 이어진 전쟁은 황제의 용기를 거의 전부 꺾어 버렸다. 이사우리아인은 자신의 본거지인 산악 지역으로 퇴각했지만, 그들의 요새는 계속해서 포위당하고 파괴되었다. 바다로 통하는 통로는 중간에 가로막히기 일쑤였다. 용맹한 이사우리아인 지도자들은 전사했고, 살아남은 수령들은 처형에 앞서서 대경기장 안을 쇠사슬에 묶인 채 끌려 다니는 수모를 겪어야 했다. 젊은이들은 따로 격리되어 트라키아로 이주당했고 나머지 생존자들은 로마의 통치에 굴복해야 했다. 하지만 자신들이 노예의 신분이라는 사실을 완전히 인정하기까지는 몇 세대의 세월이 지나야만 했다. 타우루스 산맥 지역의 번화한 마을들에는 기병대와 궁수들이 가득했다. 주민들은 공물을 바치는 것에는 저항했지만, 유스티니아누스의 군대에 신입 병사를 충당하는 일에는 협조적이었다. 카파도키아의 총독, 이사우리아의 코메스, 리카오니아와 피시디아의 최고 행정관 등은 강간이나 암살과 같은 무법적인 행위를 근절시킬 수 있는 군사력을 부여받았다.

서기 492~498년

흑해에서 페르시아 국경까지의 제국의 요새

열대 지방에서 타나이스 강어귀로 우리의 시선을 옮겨 보면, 한편에서는 유스티니아누스가 에티오피아의 야만성[64]을 억제시키려 예방책을 세우고 있다는 사실과 또 다른 한편으로는 황제와 친근한 관계에 있는 고트족, 즉 3000명의 양치기와 병사들이 있는 식민지를 지키기 위해 크리미아 지역에 성벽을 건설하고 있다는 사실을 알게 된다.65 크리미아 반도에서 트레비존드까지 이르는 흑해의 동해안은 튼튼한 요새와 유리한 동맹 그리고 종교적인 이유로 안전하게 지켜졌다. 곧 고대 지리에서 말하는 콜키스, 근대의 밍그렐리아에 해당하는 라지카의 점령이 중요한 전쟁 목적이 되었다. 시간이 흐른 뒤에 어느 낭만적인 황제의 본거지가 되는 트레비존드에 유스티니아누스 황제는 교회를 세우고 수로와 성을 건설했다. 특히 단단한 바위를 잘라서 이 성의 해자를 만들었다. 이 해안 도시에서부터 유프라테스 강에 있는 로마의 마지막 주둔지인 키르케시움 요새까지 500마일의 전선이 이어졌을 것이다. 트레비존드에서 남쪽으로 닷새 정도의 여정으로 가면 깊고 어두컴컴한 숲과 험준한 산맥이 나온다. 알프스 산맥이나 피레네 산맥처럼 높이 치솟지는 않았지만 그에 못지않은 산악 지역이다. 혹독한 기후 탓에66 눈이 녹을 날이 없고, 과실수의 열매는 잘 여물지 못하고 맛도 없었다. 심지어 꿀에도 독 성분이 있다. 제아무리 부지런히 땅을 경작해도 몇몇 조건이 좋은 산골짜기 외에는 별 소용이 없어서 유목민들은 가축의 고기와 젖으로 근근이 살아가고 있었다. 칼리비아인들67의 이름과 기질은 이곳 토양의 철(鐵)과 같은 특질에서 유래되었다고 한다. 이들은 페르시아의 대왕 키루스의 시대부터 칼데아인과 자니아인이라는 다양한 호칭으로 불리면서 끊임없는 약탈과 전쟁을 일삼으며 살아왔던 것으로 보인다. 유스티니아누스의 치하에 그들은 로마의 신과 황제를 받아들여, 가장 접근이 용이해 보이는 통로가 되는 곳에 일곱 개의 요새를 세우고 페르시아 왕의 야심을 막아 냈다. 유프라테스 강의 주요 수원은 칼리비아 산맥에서 흘러나오는 것으로, 이 수원은 서쪽으로 흘러 흑해에 이르고 나서 남서

65 이 패기 없는 고트족은 테오도리크의 기준을 따르기를 거부했다. 서기 5세기와 6세기가 되어서야 이 민족의 이름과 나라가 카파와 아조프 해협 사이에서 발견되었다.

66 그 지역은 투른포(Tournefort)가 설명했다. 이 솜씨 좋은 식물학자는 그 식물이 꿀을 오염시킨다는 사실을 알아냈다. 그는 루쿨루스의 병사들이 추위에 매우 놀랐다고 주장한다. 사실 에르제룸의 평원에서도 6월에 눈을 볼 수 있고, 9월 전에 추수가 끝나는 법이 거의 없다. 아르메니아의 언덕은 위도 40도 아래에 있다. 하지만 내가 사는 산악 지역에서는 몇 시간만 위로 올라가면 여행객은 랑그도크의 기후에서 노르웨이의 기후로 바뀌는 것을 체험하게 되는 것이 사실이다. 일반적으로 말하자면 2400투아즈의 고도에서는 극 지대 정도의 추위를 느끼게 된다고 한다.

67 칼리비아인 또는 칼데아인이라 불리는 이들의 유사함이나 동일함은 스트라보, 켈라리우스, 프레레(Fréret)가 연구했다고 볼 수 있다. 크세노폰은 그의 이야기에서 자신이 퇴각하면서 맞서 싸웠던 야만인들과 이들이 같다고 생각하고 있다.

68 프로코피우스는 이 이야기를 전하면서 반쯤은 회의적이고 반쯤은 미신처럼 믿는 어조를 견지했다.

쪽으로 굽어져 사탈라와 멜리테네의 성벽 아래(이것들은 유스티니아누스가 소(小)아르메니아의 보호를 위해 세워 놓은 것이다.)를 지난 다음, 서서히 지중해로 다가가다가 급기야 타우루스 산맥에 가로막힌다. 결국 유프라테스 강은 남동쪽으로 그 긴 강줄기를 바꾸어 페르시아 만으로 흘러들어 간다. 유프라테스 강 너머에 있는 로마의 도시 가운데 우리가 특히 주목해야 하는 신도시 두 곳이 있다. 도시의 이름은 테오도시우스와 순교자의 성 유물에서 따왔는데, 바로 아미다와 에데사다. 이 두 곳은 역사를 통틀어 찬양해 마지않는 곳이다. 유스티니아누스는 이 두 도시가 처한 각각의 위험에 맞춰 강점을 적절히 갖추도록 조정했다. 해자와 울타리는 스키타이 부대의 졸렬한 공격에 저항할 수 있을 정도의 짜임새를 갖추고 있었다. 하지만 위대한 페르시아 대왕의 무력과 재력에 대항하며 그 괴롭고 지루한 공격을 이겨 내려면 좀 더 정교한 작업이 필요했다. 페르시아의 공병대는 지하 갱도를 깊이 파는 법을 알고 있었고, 성벽과 같은 높이로 포대를 올리는 일에 탁월했다. 페르시아 왕의 군대는 파성추로 가장 강력한 탑 위의 톱니 모양 벽을 흔들어 놓았고, 때로 코끼리 등에 회전 포탑을 장착하여 전진 공격을 감행하기도 했다. 동로마 제국의 대도시는 공간과 위치의 불리함을 시민들의 열성으로 보충했다. 시민들은 조국과 종교를 지키기 위해서 수비대에 지원했다. 에데사는 절대로 함락되지 않을 것이라고 신의 아들이 한 전설적인 약속은 제국의 신민들의 마음에 영웅적인 자신감을 가득 채워 주었고, 반대로 포위군들에게는 의심과 불안감을 불어넣어 등골이 오싹하게 만들었다.[68] 아르메니아와 메소포타미아에 속해 있는 다른 지역들도 계속해서 수비를 강화했고, 육지나 수로를 장악하기 위해 반드시 필요한 곳으로 보이는 지점은 모두 무수한 요새로 뒤덮였다. 돌로 튼튼하게 지은 요새가 있는가 하면, 현지에서 흔히 볼 수 있는 흙과 벽돌을 이용해 서둘러 지은 요새도 있었다. 유스티니아누스는 모든 장소를 직접 점검했다. 그의 잔혹하리만큼 철저한 경계는 외딴 골짜기의 주민들까지도 전쟁에 휩쓸리게 했다. 산골짜기에서 평화롭게 지내던 토착민들은 결혼과 통상으로 서로 맺어져 지내면서 국가적 불화나 통치자의 다툼 같은 것은 전혀 모르던 사람들이었는데도 말이다. 유프라테스 강의 서쪽에 있는 모래사막 지역은 홍해까지 600마일 정도 이어진다. 자연이, 경쟁하는 두 황제의 야심 사이에 인적이 없는 한적한 곳을 배치해 개입한 형국이다. 마호메트가 세를 일으키기 전까지, 아라비아 사람들은 도적 떼로서만 사람들의 두려움을 샀다. 그래서 평화 유지에 대한 자신감을 지니고 있었기 때문에 시리아 지역의 방위는 가장 취약한 지역에서도 완전히 무시되었다.

하지만 민족적인 적대감, 적어도 그 적대감의 폐해는 휴전으로 인해 당분간 중단되었고 이 휴전은 80년간 이어졌다. 제논 황제가 파견한 사절 한 명이 페르시아의 성급하고 운도 없는 왕 페로제스의 원정에 동행했다. 그 원정은 네프탈족, 즉 백인 훈족을 토벌하기 위한 것이었는데, 백인 훈족은 카스피해에서 인도의 중심부에 이르는 지역을 정복하고, 그 왕좌를 에메랄드로 장식했으며,[69] 기병대는 2000마리의 코끼리가 호위하고 있었다.[70] 이때 페르시아인들의 용맹함은 무용지물이 되었고, 도망도 불가능한 상황에서 거듭 훈족의 계략에 넘어가는 수모를 당하게 되면서, 결국 훈족은 이중의 승리를 거두었다. 훈족은 야만족의 왕을 받들어 모시겠다고 굴복한 페르시아 왕을 풀어 주었다. 그 굴욕은 페로제스 왕의 시선을 떠오르는 태

서기 488년, 페르시아 왕 페로제스의 죽음

[69] 인도와 무역을 하는 아둘리스의 상인들에게 구입한 것이었다. 그 귀금속들은 대략 첫 번째로 많은 것이 스키타이에서 캐 낸 에메랄드였고, 다음으로 박트리아산, 그리고 에티오피아산 에메랄드였을 것이다. 에메랄드의 채굴과 제작 등에 관련된 자세한 사항은 알려져 있지 않다. 사실 고대의 사람들이 알고 있던 열두 가지 종류의 에메랄드가 정말 있는지도 의심스럽다. 하지만 이 전쟁에서 훈족은 세상에서 가장 훌륭한 진주를 얻었다. 아니 적어도 페로제스는 그 진주를 잃었다. 그런데 프로코피우스는 이것이 모두 지어낸 이야기라고 말하고 있다.

[70] 이 인도와 스카타이의 혼혈족은 아우구스투스 때부터 유스티누스 1세 시대까지 그 지역을 다스리고 있었다.

양 쪽으로 돌리도록 한 점성술사의 궤변적인 기지로 간신히 모면할 수 있었다. 분노한 키루스 왕의 후계자는 자신이 처했던 위험이나 자신을 놓아 주었던 상대에 대한 감사를 모두 잊어버렸다. 그는 무모한 분노에 휩싸여 공격을 감행했다가 군사를 잃고 결국 목숨마저 빼앗기게 되었다. 페로제스의 죽음으로 인해 페르시아는 국외와 국내에 있는 적의 손에 떨어지게 되었

서기 502~505년, 페르시아 전쟁

다. 12년간 혼란 상태가 지속된 후 페로제스의 아들인 카바데스 왕의 시대가 되어서야 야망을 가지거나 복수를 생각할 여유를 가질 수 있었다. 아나스타시우스의 지나친 인색함은 로마와의 전쟁의 동기 내지 구실이 되었다. 훈족과 아라비아인들은 페르시아의 깃발 아래 행진해 왔다. 당시 아르메니아와 메소포타미아의 방어 시설들은 거의 황폐화하여 쓸모없는 상태였다. 황제는 마르티로폴리스의 관리와 주민들이 제대로 방어할 수 없었던 도시를 일찌감치 적에게 넘겨준 것에 감사를 표했다. 그리고 테오도시오폴리스의 큰 화재도 이런 타산적인 이웃들의 행동을 정당화하는 구실이 될 수도 있었을 것이다. 아미다는 장기간에 걸친 파괴적인 포위 공격을 끈질기게 견뎌 냈다. 3개월이 지난 후, 5만 명의 병사를 잃은 카바데스 군대는 도무지 이 전쟁을 승리로 이끌 가망성이 없다고 생각하게 되었다. 점성술사가 성벽 위에서 여자들이 음탕하게 가장 은밀한 부분을 적에게 드러내 보이는 짓거리를 하는 것을 보고 사람들의 비위를 맞추는 예언을 했던 것도 결국 소용없는 일이었다. 결국 어느 조용한 밤에 그들은 가장 접근하기 좋은 망루로 기어올라 갔다. 그 망루를 지키던 수도승 몇 명이 축제를 마치고 포도주에 취해 잠이 들어 있었던 것이다. 그날 새벽이 밝아올 무렵 공성(攻城) 사다리가 놓였고, 카바데스의 당당한 풍채와

엄격한 명령 그리고 그가 뽑아 든 칼에 자극을 받은 페르시아인들은 사기충천하여 성을 점령했다. 카바데스의 칼이 다시 칼집에 들어가기 전까지, 성의 주민 8만 명이 죽은 페르시아 병사들의 피 갚음을 했다. 아미다가 함락된 후에도 전쟁은 3년 더 지속되었다. 이 불행한 국경 지방은 온갖 비운과 고난을 겪어야 했다. 아나스타시우스가 금을 너무 늦게 공수해 주는 바람에 그의 군대의 병사 수는 상대편 장군의 숫자만큼 줄어들었고, 산 자나 죽은 자 할 것 없이 사막의 들짐승들에게 버려져 남아 있는 사람이 없었다. 에데사의 저항과 노획품의 빈약함으로 인해 카바데스의 마음은 평화를 유지하는 쪽으로 기울었다. 그는 터무니없이 어마어마한 가격에 자신의 정복지를 팔아넘겨 버려서, 결과적으로 두 왕국을 가르고 있는 국경 지역에서는 여전히 대량 학살과 엄청난 파괴가 자행되었다. 똑같은 재난을 다시 겪지 않기 위해 아나스타시우스는 새로운 근거지를 찾기로 마음먹었다. 페르시아의 힘에 공공연히 반항할 수 있는 아주 강력한 진지가 필요했다. 그러면서 아시리아 지역 쪽으로 멀리 떨어져 있어서 그곳에 주둔하고 있는 군대가 공격적인 전쟁의 위협 또는 실행을 통해 그 지역을 보호할 수 있기를 바란 것이다. 이런 목적을 이루기 위해서 아나스타시우스는 니시비스에서 14마일 정도 떨어져 있고, 티그리스 강에서 도보로 나흘 거리에 있는 다라라는 지역을 택해서 정비했다. 아나스타시우스가 성급하게 세운 이 진지는 유스티니아누스의 인내심과 불굴의 노력에 힘입어 더욱 개선되었다. 그다지 중요하지 않은 곳은 과감히 포기한 다라의 방어 시설은 그 당시의 군사 건축물을 대표한다고 할 수 있다. 도시는 이중 성벽으로 둘러싸여 있는데, 외벽과 내벽의 사이의 50보폭의 공간은 포위 공격을

다라의 요새

받았을 때 가축들을 대피시킬 곳이었다. 내벽은 힘과 아름다움을 유감없이 보여 주었다. 땅에서 60피트 높이에 탑의 높이는 100피트였다. 날아가는 무기로 적을 성가시게 교란시키는 총구멍이 성벽에 즐비했다. 성벽을 따라 이중의 주랑 그늘에 병사들이 배치되었고, 탑 꼭대기에는 넓고 안전한 세 번째 포대가 있었다. 외벽은 내벽에 비해 높이는 낮았지만 더 견고했다. 각각의 탑들은 사각형의 보루로 보호되고 있었다. 단단하고 바위가 많은 토양은 광부들도 엄두를 내지 못했지만, 토양이 좀 더 부드러운 남동쪽에는 적들의 접근을 저지하기 위해 반달 모양의 새로운 진지가 구축되었다. 이중, 삼중으로 되어 있는 해자에는 물이 흐르게 해 놓았는데, 하천의 관리는 가장 많은 기술을 요하는 일이었다. 지역 주민에게는 물을 공급하는 한편, 공격해 오는 적을 압박하고, 자연이나 인위적인 요인으로 생길 수 있는 홍수라는 재앙을 막는 일을 모두 해내야 했다. 다라는 60년 이상을 그 도시를 세운 자의 바람을 충족시켰고 페르시아인들의 질투를 불러일으켰다. 페르시아인들은 이 난공불락의 요새를 구축한 일이 두 나라 사이의 협정을 명백히 위반한 일이라고 끊임없이 불평해댔다.

이베리아 산길

흑해와 카스피 해 사이에 있는 콜키스, 이베리아, 알바니아의 여러 나라들은 사방으로 뻗은 카프카즈 산맥의 지맥으로 구분되는 지역이다. 북쪽에서 남쪽으로 가는 두 갈래의 주요한 산길 또는 통로라고 할 수 있는 곳은 고대와 근대 지리학 모두에서 종종 혼동되고 있다. 카스피아 산길 또는 알바니아 산길이라는 곳은 데르벤트를 가리킨다고 보는 것이 합당할 것이다. 이곳은 산맥과 바다 사이의 짧은 경사지에 해당되는 곳이다. 이 지역에서 전해 오는 말이 맞다고 한다면, 이 도시를 세운 이들은 그리스 사람들이다. 이후 페르시아의 왕은 이 위험스러운 통로에 방파제와 이중 성벽 그리고 철문을 건설함으로써 단단히 방어 태세를 갖추었다. 이베리아 산길[71]은 카프카즈 산속에 있는 6마일 길이의 좁은 통로다. 이베리아, 즉 그루지야의 북쪽에서 시작하는 이 길은 타나이스 강, 볼가 강과 닿아 있는 평지까지 이어져 있다. 아마도 알렉산드로스 대왕이나 그의 후계자 중 한 명이 세운 것으로 보이는 한 요새가 그 중요한 통로를 관할하고 있다. 이 요새는 정복당했는지 아니면 그저 훈족에게 양도되었는지 모르는, 알려지지 않은 이유로 훈족이 소유하고 있었다. 그런데 그 훈족 주군은 적절한 가격에 로마 황제에게 이 지역을 팔겠다고 제안했다. 하지만 아나스타시우스가 망설이면서 비용과 거리를 소심하게 계산하고 있는 동안에 빈틈없는 경쟁자가 끼어들었다. 카바데스가 강제로 카프카즈 해협을 장악했던 것이다. 그리하여 스키타이인 기병들은 통행 가능한 길 중에서 가장 짧은 거리를 자랑하는 알바니아 산길과 이베리아 산길을 다닐 수 없게 되었다. 그리고 산맥의 전방은 아라비아의 칼리프와 러시아인 정복자[72]의 호기심을 자극했던 것으로 알려진 고그와 마고그 성벽으로 방어되었다. 최근의 기록에 따르면 두께 7피트에 높이가 21피트나 되는 거대한 돌을 철이나 시멘트 없이 접합해서 성벽을 쌓았다고 한다. 길이 300마일이 넘는 이 성벽은 데르벤트에서 시작되어 언덕을 넘어 다게스탄과 그루지야 골짜기를 지나고 있다. 카바데스는 아무런 생각도 없이 이 공사를 했을 것이며, 그의 아들이 이 공사를 완성하는 데에도 특별한 기적은 필요 없었을 것이다. 카바데스의 아들 호스로우는 로마인들에게 무서운 존재였고, 동양인들에게는 누시르반이라는 이름으로 매우 친근했다. 이 페르시아 군주의 손에 평화와 전쟁의 열쇠가 쥐어져 있었

71 프로코피우스는 약간 혼동을 하는 경우도 있었지만 거의 대부분 그들을 카스피아인이라고 불렀다. 그 길은 현재 타타르토파, 즉 '타타르 길'이라고 불리고 있다.

72 표트르 1세가 1722년에 데르벤트의 주인이 되었을 때 그 성벽을 측정하니 3285러시아오르기아이 정도가 되었는데, 이 단위들은 영국에서 보면 약 7피트 정도의 길이를 나타낸다. 그러므로 전체 길이가 4마일 정도를 넘지 않은 것으로 보인다.

다. 하지만 그는 모든 협정에서 유스티니아누스 황제도 두 나라의 공동 국경 방어에 드는 비용을 함께 지불할 것을 조건으로 내걸었다. 그렇게 해야 두 제국이 스키타이의 침략에서 똑같이 보호받을 수 있다는 것이었다.

7. 유스티니아누스가 폐지한 아테네의 학교 제도와 로마의 집정관 제도는 인류에게 수많은 현인과 영웅을 남겨 주었다. 두 가지 제도 모두 원래의 명성을 잃고 변질된 지 오래되었지만, 그래도 이를 폐지한 것은 유스티니아누스의 질투와 허욕 때문이 아닌가 싶다. 그의 손에서 이런 유서 깊은 제도나 유적이 많이 파괴되었다.

아테네의 학교들

페르시아 전쟁에서 승리한 후 아테네는 이오니아의 철학과 시칠리아의 수사학을 채택했다. 이런 학문은 도시의 공유 재산이 되었으며, 남자들만 대략 3만 명에 이르는 이 도시의 거주민들은 한 세대라는 짧은 기간 동안에 수백만 년의 지혜와 천부의 재능을 압축해서 꽃을 피웠다. 다음의 사실을 상기하는 것만으로도 인간성의 고귀함을 한껏 자각할 수 있을 것이다. 이소크라테스는 플라톤과 크세노폰의 동료였고, 어쩌면 역사가 투키디데스와 함께 소포클레스의 「오이디푸스」와 에우리피데스의 「이피게니아」의 초연을 도왔을 것이다. 그리고 그의 제자인 아이스키네스와 데모스테네스가 테오프라스투스의 스승인 아리스토텔레스 앞에서 애국심의 극치에 대해 논쟁했을 것이다. 여기서 테오프라스투스는 아테네에서 스토아 학파와 에피쿠로스 학파의 창시자들과 함께 가르침을 폈던 인물이다. 아티카의 순진무구한 젊은이들은 자국 교육의 혜택을 마음껏 누렸는데, 이 교육은 경쟁하는 다른 도시에 아무런 질투심 없이 모두 전해졌다. 2000명의 제자들이 테오프라스투스의 가르침을 경청했다. 수사학을 가르치는 학교는 철학을 가르치는 곳보다 훨씬 더 인기가 있었을 것이 분명하다. 학생들은 가르침을 재빨리 습득하고 계승하여 그 선생의 명성을 그리스어와 이름이 전해지는 곳곳마다 모두 전파했다. 그리고 그 전파는 알렉산드로스 대왕의 승승장구로 인해 더욱 확대되어 갔다. 아테네의 예술은 아테네의 자유와 지배가 끝난 이후에도 살아남았다. 고대 마케도니아인들이 이집트에 세우고, 아시아 전역에 흩어 놓은 식민지의 그리스인들은 일리수스 강둑에 있는 그들이 가장 좋아하는 신전에서 뮤즈 신을 숭배하기 위해 종종 기나긴 순례 여행을 감행했다. 로마의 정복자들은 신하들과 포로들의 교훈에 삼가 귀를 기울였다. 키케로와 호라티우스의 이름이 아테네의 학교 명부에 올랐으며, 로마 제국이 완벽한 안정을 찾게 된 후에는 이탈리아, 아프리카, 브리타니아 출신들이 학교가 밀집되어 있는 곳에서 동방에서 온 동료들과 함께 대화를 나누었다. 철학과 수사학은 자유롭게 탐구할 수 있고 설득력 있는 권력에만 복종하는 나라에 적합한 것이었다. 그래서 그리스와 로마 공화국에서 수사 기술은 애국심이나 야망을 펼치는 강력한 도구가 되었다. 수사학을 가르치는 학교는 수많은 정치가와 입법가를 배출했다. 공개적인 토론이 금지되었을 때도, 자신의 주장을 말하는 영광스러운 직업을 가진 웅변가는 무죄와 정의라는 명분을 주장할 수 있었다. 하지만 웅변가는 그런 재능을 좀 더 벌이가 되는 송덕문을 읊는 데 낭비하기도 했다. 같은 식의 규범이 소피스트들의 별난 열변이나 역사적 창작물의 좀 더 고상한 아름다움을 이끌어 냈다. 신, 인간, 우주의 본성을 드러내 보이겠다고 공언하는 것은 철학도들의 궁금증을 만족시키고 즐겁게 해 주었다. 철학도들은 각자의 취향에 따라 회의론으로 의심하거나 스토아 학파적인 금욕주의로 결정하거나, 플라톤주의로 사색하거나 아리스토텔레스처럼 격하게 논쟁했을 것이다. 서로 반대되는 주장을 펴는 학파의 자랑이라 하면 도덕적 행복과 완벽함이라는 도저히 이룰 수 없는 개념들을 각자 얼마나 잘 확립시키느냐 하는 것이었다. 하지만 이 경쟁은 명예롭고 건전한 것이었다. 제논의 제자들과 에피쿠로스의 제자들도 행동하고 고민하라는 가르침을 받았다. 그리고 페트로니우스의 죽음은 폭군의 무능력을 폭로함으로써 압제자의 무력함을 알렸다는 점에서 세네카의 죽음보다 그 영향력이 절대 약하지 않았다. 학문의 빛은 아테네의 성벽 안에만 갇혀 있을 수 없었다. 유례 없이 훌륭한 저술가들이 온 인류에게 이야기를 건넸으며 살아 있는 스승들이 이탈리아와 아시아로 이주해 갔다. 이후에 베리투스는 법학 연구의 중심지가 되었고 알렉산드리아의 박물관에서는 천문학과 의술이 개발되었다. 하지만 아테네의 수사학 학교와 철학 학교는 펠로폰네수스 전쟁이 나던 때부터 유스티니아누스 치세 전까지 명성을 계속 유지해 왔다. 아테네는 비록 불모지였지만 깨끗한 공기와 자유로운 해운, 그리고 고대 예술의 기념비를 소유하고 있다. 그 성스러운 은둔처는 통상이나 행정과 같은 일로 방해를 받는 일이 거의 없었다. 아네테의 후손들은 다른 지역 사람들과는 달리 쾌활한 기지, 순진한 취향과 언어 사용, 사교에 관한 예의 범절 그리고 대화에서만큼은 조상들의 도량과 관대함을 간직하고 있었다. 아테네 근교에는 플라톤주의자들이 세운 아카데메이아, 소요학파의 리케움, 스토아 학파의 주랑, 에피쿠로스 학파의 정원이 있었는데, 모두들 나무가 심겨져 있고 조각상으로 장식되어 있었다. 철학자들은 은둔 생활을 하며 지내는 대신 널따란 곳을 즐겁게 산책하면서 자신들의 가르침을 전했는데 이런 활동은 몸과 마음을 단련시키는 데도 기여했다. 각 학파의 창시자의 기풍이 그 유서 깊은 장소에 여전히 살아 있다. 이성의 대가의 뒤를 잇겠다는 야심은 너그러운 경쟁을 고취하여, 후보자들의 업적이 개명한 사람들의 자유로운 의견을 통해 각각 알려졌다. 아테네의 교수들은 제자들에게 돈을 받아 생활했다. 상호 간의 필요와 능력에 따라 보수는 다양했던 것으로 보인다. 이소크라테스는 궤변가의 탐욕을 비웃었으면서도, 자신이 운영하는 수사학 학교에서 백 명의 학생들에게 일인당 30파운드를 요구했다. 물론 노동의 대가는 정당하고 명예로운 것이다. 하지만 이소크라테스 그 자신은 첫 번째 사례금을 받고 눈물을 흘렸을 것이다. 스토아 학파도 돈을 경멸해야 한다는 것을 가르치기 위해 고용되었을 때는 얼굴을 붉혔을 법하다. 나는 지식을 금전과 교환한다는 점에서 아리스토텔레스나 플라톤 역시 소크라테스의 모범에서 많이 변질되어 있다는 면을 발견하게 되어 유감스럽다. 하지만 법률의 인정과 고인이 된 친구들의 유산에 의해 아테네의 철학 강좌 개설을 위해 약간의 토지와 주택이 마련되었다. 에피쿠로스는 80미나이, 즉 250파운드로 구입했던 정원과 매달 검소한 생활을 꾸려 나가고 제례를 올릴 만한 정도의 기금을 제자들에게 물려주었다.[73] 그리고 플라톤이 물려준 재산은 매년 세를 받을 수 있었는데, 이 세는 8세기 동안 황금 세 닢에서 1000닢으로 인상되었다. 아테네의 학원들은 로마 군주 중에서 가장 현명하고 덕이 높은 군주들의 보호를 받았다. 하드리아누스가 세운 도서관은 그림과 조각상 그리고 설화(雪花) 석고로 된 지붕으로 장식되어 있는 주랑에 위치해 있었는데, 그 주랑은 프리기아의 대리석으로 만든 백 개의 기둥이 받치고 있었다. 두 명의 안토니누스 황제는 관대하게도 각 학교의 정치학, 수사학, 플라톤 철학, 아리스토텔레스 철학, 스토아파 철학, 에피쿠로스파 철학

[73] 한 통의 서한으로 아레오파구스 재판소의 불평부당함, 에피쿠로스 학파의 정절, 키케로의 빈틈없는 예의 바름, 로마의 원로원 의원들이 그리스의 철학자들과 철학에 대해 경멸하는 마음과 존경하는 마음을 복합적으로 품었다는 사실 등을 다 알 수 있다.

74 에피쿠로스의 출생은 기원전 342년으로 알려져 있다. 그리고 기원전 306년에 아테네에서 자신의 학교를 열었다. 이 편협한 법률은 바로 이때 또는 그 직후에 제정되었다. 소요학파의 우두머리인 테오프라스투스도 같은 이유로 추방당했다.

교수들에게 공식적인 봉급으로 매년 1만 드라크마, 즉 300파운드 이상의 돈을 지급했다. 마르쿠스 아우렐리우스의 사후에 이런 관대한 하사금과 각 학문의 권위자에게 부여된 특권은 폐지되었다가 부활되고 또 축소되었다가 다시 확대되기를 반복했다. 하지만 황제의 하사금의 흔적은 콘스탄티누스 이후의 황제들에게서도 모두 찾아볼 수 있다. 그런데 황제가 후원을 받을 사람을 임의로 선택하는 중에 자격이 없는 이가 혜택을 보는 경우가 발생하면, 아테네의 철학자들은 가난했지만 독립적으로 지내던 시절을 그리워하였다. 두 안토니누스 황제가 각기 다른 네 학파에 공평하게 호의를 베푼 것은 참으로 대단한 일인데, 이는 모두가 똑같이 유용하거나 아니면 적어도 모두들 큰 해를 끼치지는 않는 사조라고 생각했기 때문인 것으로 보인다. 이전에 소크라테스는 나라의 영광이기도 했지만 골칫거리이기도 했다. 에피쿠로스의 최초의 가르침도 아테네 사람들의 신앙심을 묘하게 자극하는 바람에, 에피쿠로스와 그의 논적 모두를 추방하여 신의 본성에 관련된 모든 헛된 논의를 중지시킨 일도 있었다. 하지만 다음 해에 경솔했던 판결을 취소하고 학파의 자유를 복원시켰다. 그리고 시간이 흐르면서 쌓은 경험을 통해, 철학자의 도덕성이 그들이 신학적으로 다양한 사고를 한다고 해서 손상되지는 않는다는 사실을 확신하게 되었다.74

아테네의 학교들을 억압한 유스티니아누스

고트족의 무력 침공도 새로운 종교의 등장보다 더 아네테의 학교에 치명적이지는 않았다. 이 새로운 종교의 성직자들은 이성적인 사고를 부정하고, 모든 의문을 신앙에 관련된 글로 해결하고, 무신론자나 회의주의자를 영원한 지옥불에 떨어질 것이라고 비난했다. 장황한 논쟁이 적힌 많은 책에서 그들은 지성의 약점과 인간 감성의 타락을 부각시키고, 과거의 현인들의 인간성을 경멸하고, 철학적 탐구를 할 때 교리나 종교의 성향과 일치하지 않는다면 이를 금지해야 한다고 주장했다. 이런 상황에서 플라톤주의 철학자들은 살아남았는데, 이 철학자들을 플라톤 본인이 알았다면 얼굴을 붉혔을 것이 분명하다. 그들은 그 숭고한 이론에 미신과 마법을 마구 뒤섞어 놓았다. 그리스도교 세계의 한복판에서 고립된 채, 교회와 국가의 가혹한 통치가 자신들을 내리누를 때 그들을 반대하며 은밀한 적개심을 가지게 되었다. 율리아누스의 치세 이후 1세기가 지나서 75 프로클루스는 아카데메이아에서 철학 강좌를 맡게 되었다. 그가 얼마나 부지런했는지 종종 하루에 다섯 차례 강의를 하고, 700행이나 되는 글을 적었다. 그의 명민한 이성은 도덕과 형이상학에 관한 심오한 의문을 탐구하기에 이르렀고, 나아가 그리스도교의 천지창조에 관하여 열여덟 가지의 논박을 주장하기까지 했다. 하지만 학문을 하는 짬짬이 그는 개인적으로 그리스 신화의 신들인 판, 아이스쿨라피우스, 미네르바와 이야기를 나누었고, 그들의 비밀 의식을 남몰래 올리고, 버려진 그 조각상을 경배했다. 그리고 철학자는 세계 시민이므로 다양한 신을 섬기는 사제가 되어야 한다고 확신했다. 어느 해인가 일식이 일어나자 그는 자신의 죽음이 임박했음을 알리는 것이라 했다. 제자 중에서 가장 박식했던 두 사람이 프로클루스와 그의 문하생이었던 이시도르의 전기를 편찬했다. 이는 인간 이성의 제2 유아기의 비통한 모습을 잘 보여 주고 있다. 하지만 플라톤의 뒤를 잇는 황금 고리는 프로클루스가 죽은 후 44년째 되던 해에 나온 유스티니아누스의 칙령으로 끊기고 만다. 유스티니아누스의 칙령은 아테네의 여러 학교에

프로클루스

서기 485~529년, 프로클루스의 계승자들

75 이것은 꾸며 낸 이야기가 아니다. 이교도들은 자신들의 영웅이 살아 있던 때를 기준으로 자신들이 겪을 대재앙을 계산했다. 프로클루스의 탄생은 그의 점성술에서(서기 412년 2월) 중요한 날이 되었고, 그는 124살의 나이로 죽었다.

40장 115

76 아가티아스가 이 흥미로운 이야기를 했다. 호스로우는 서기 531년에 제위에 오르고, 533년 초에 로마와 평화를 이룬다. 이시도르의 오래된 연륜과 이 황제의 얼마 되지 않은 평판을 생각해 보면 적정한 때다.

영원히 침묵할 것을 강요했는데, 이는 그리스의 학문과 미신을 열렬히 신봉하는 몇몇의 분노와 슬픔을 낳았다. 통치자의 종교를 따르지 않았던 동료이자 친구였던 일곱 명의 철학가들인 디오게네스와 헤르미아스, 에울라리우스와 프리스키아누스, 다마스키우스, 이시도르와 심플리키우스 등은 자신들의 고국에서 누릴 수 없었던 자유를 외국에서 찾기로 결심했다. 그들은 플라톤이 말하던 공화국이 페르시아 제국에서 실현되었다는 말을 듣고 곧 속아 넘어갔다. 그래서 애국자 왕이 세상에서 가장 행복하고 가장 덕이 높은 나라를 다스리고 있다는 말을 믿었던 것이다. 하지만 곧 자연스럽게 페르시아 역시 지구의 다른 나라와 다를 것이 없다는 사실을 발견하게 되었다. 한 철학자의 이름에 영향을 미쳤던 호스로우는 잔인하고 야심 많고 허영심이 강했고, 고집불통에다가 완고하고 편협해서 점성술사들과 어울려 다녔다. 귀족들은 오만하고, 아첨꾼들은 비굴하고, 나라의 관리들은 부패했다. 실망한 철학자들은 페르시아의 진정한 미덕을 간과하게 되었다. 아내를 여러 명 두는 것이나 첩을 두는 것, 근친혼, 사체를 땅에 묻거나 태우지 않고 개와 독수리가 먹게 하는 것 등의 험담을 듣고 자신들의 직업에 어울리지 않게 그 험담을 그대로 믿어 버렸다. 후회한 철학자들은 서둘러 귀국해서 야만족의 부와 호의를 누리는 것보다 로마 제국의 국경 안에서 죽는 게 더 낫다고 호언했다. 그렇지만 이 여행을 통해 그들은 호스로우의 성격을 분명하게 알아 내는 이득을 얻었다. 그는 페르시아 궁을 방문한 일곱 명의 철학자들이 유스티니아누스가 이단자들에 대해 제정해 놓은 형법에서 면죄되어야 한다고 요구했다. 평화 협정에 분명하게 명기되어 있었던 이 특전은 강력한 중개자가 경계를 늦추지 않고 살펴보는 것으로 지켜졌다.76 심플리키우스와 그의 동료들은 조용히

문혀 살다가 평화롭게 삶을 마감했다. 제
자를 육성하지 않았던 까닭에 그들은 그   철학자들의 최후
리스 철학자의 기나긴 목록을 없애 버렸
다. 많은 결점을 가지고 있기는 했지만, 그들은 동시대를 살아
가던 사람들 중에서 가장 현명하고 가장 덕이 높았던 자들로서
칭송받아 마땅할 것이다. 심플리키우스의 저서는 현존하고 있
다. 아리스토텔레스의 자연학과 형이상학에 대한 그의 주석은
시대의 유행과 함께 사라져 갔지만, 에픽테투스에 관한 도덕적
해석은 여러 나라의 도서관에 보관되어 있다. 신과 인간 모두
의 본성을 확실히 인지함으로써 자신의 의지를 통제하고 마음
을 맑게 하고 이해력을 강화하는 데 가장 적절한 고전이다.

피타고라스가 처음으로 철학자라는 호
칭을 만들어 냈던 때와 같은 시기에 로마   서기 541년,
에서는 브루투스가 자유와 집정관 제도를   집정관직을 폐지한
                                            유스티니아누스
만들어 냈다. 집정관 제도라는 혁명적인 사건은 그 대의와 어
두운 그림자 그리고 그 명성이라는 관점에서 보면 현재의 역사
속에서도 계속해서 언급되고 있다고 볼 수 있다. 로마 공화국
최초의 행정관은 민중의 손으로 선출되어 원로원과 군영지에
서 평화와 전쟁의 권력을 행사했다. 이 권한은 추후에 황제의
손으로 넘어가게 되었다. 하지만 고대의 위엄 있는 전통은 로
마인들과 다른 야만족들에 의해 오랫동안 존중받았다. 고트족
의 한 역사가는 테오도리크가 집정관에 취임한 것을 세속적인
영광과 위대성의 정점으로 칭하며 박수갈채를 보냈다. 이탈리
아의 왕도 매해 행운의 총애를 받게 되는 사람들이 아무런 걱
정도 없이 그 자리의 영광을 누리게 되는 것을 축하했다. 초대
집정관이 취임한 지 1000년이 지난 후에는 로마와 콘스탄티노
플의 통치자들이 두 명의 집정관을 세웠다. 그해의 표기를 나

77 바실리우스가 집정관을 지내고 18년이 지난 후에, 마르켈리누스, 빅토르, 마리우스 등의 판단에 따라 비밀 역사가 기록되었다. 프로코피우스의 눈에는 이 집정관 제도가 마침내 폐지된 것으로 보였다.

78 율리우스 아프리카누스 등에 따르면 세상은 그리스도가 태어나기 5508년 3달 25일 전 9월 초엽에 만들어졌다. 이 숫자는 동양의 그리스도교인 그리스인들에 의해 사용되었다. 심지어 러시아인들도 표트르 1세가 즉위하기 전까지는 이 숫자를 사용했다. 이 기간은 아무렇게나 정한 것이었지만 분명하고 편리했다. 세상이 창조되고 7296년이 지났다고 생각한다면, 그중에 3000년의 시간은 무지와 어둠이었다고 할 수 있다. 2000년은 거짓이거나 애매모호했다. 1000년은 고대의 역사로 페르시아와 로마, 아테네 공화국의 역사가 시작된 때다. 또 1000년은 서로마 제국이 멸망하고 아메리카 대륙을 발견한 시기다. 그리고 나머지 296년은 유럽과 다른 인류의 근대 국가가 이루어진 3세기와 엇비슷하다. 나는 이런 연대기를 버린 것이 아쉽다. 그리스도 시대를 전후로 시간을 바로 셌다가 거꾸로 세는 방법이 혼돈스럽고 중복이 되는 것을 생각하면 저 편이 더 나은 것 같기 때문이다.

타내고 민중에게 축제를 열어 주기 위한 이유 때문이었다. 하지만 이 축제의 비용은 전임자의 부와 허영심을 능가하려는 경향 때문에 해가 갈수록 늘어나 총액이 8만 파운드라는 엄청난 액수가 되어 버렸다. 현명한 원로들은 가족이 다 망하고 말 이 쓸데없는 명예직을 거절했다. 나는 집정관에 관한 역년표에서 후대로 내려가면서 가끔 공란이 생긴 이유를 이와 같이 서로 사양하게 된 결과라고 보고 싶다. 유스티니아누스의 선임자들은 국고에서 돈을 내서 다소 부유하지 못한 후보자들의 품위를 유지시켜 주었다. 하지만 이 탐욕스러운 군주는 충고와 단속이라는 한층 더 싸게 먹히고 편리한 방법을 이용했다. 일곱 가지의 행렬이나 구경거리만을 허용했는데 유스티니아누스의 칙령에서 지정한 것은 말이나 마차의 경주, 체육 경기, 음악, 극장에서 펼치는 무언극, 들짐승 사냥 등이었다. 금메달을 만드는 데는 은 조각을 대신 사용하게 했다. 이 금메달은 어느 인심 후한 사람이 사람들에게 뿌리는 경우가 있어서 그때마다 큰 소란이 일어나거나 한바탕 술을 마셔댔기 때문이다. 이런 예방책을 세우고 몸소 본을 보였는데도, 집정관직의 승계는 유스티니아누스 치세 13년째 되는 해에 단절되고 말았다. 유스티니아누스 황제의 독재적인 성격으로 보아 고대의 자유를 로마인들에게 일깨워 주는 이런 직위가 없어진 것에 퍽 만족스러워 했을 것으로 생각된다.77 하지만 매년 집정관을 세우던 의식은 민중의 마음속에 여전히 살아 있었다. 사람들은 이 제도가 조속히 부활하기를 기대했다. 그들은 유스티니아누스의 뒤를 잇는 황제가 재임 첫 해에 보여 준 예의 바른 저자세에 박수갈채를 보내며 이 제도가 다시 되살아나기를 바랐다. 하지만 유스티니아누스가 죽고 나서 3세기가 지나자 이미 관습에 의해 폐지되어 있던 시대에 뒤떨어진 이 고관직은 법률에 의해 폐지되었다.

매년 행정관의 이름으로 해를 구분하는 방법은 영속적인 연대를 표기하는 방법으로 대체되었다. 동로마 쪽 나라들은 『70인역 성서』에 따라 천지창조의 기원을 채택하였다.[78] 그리고 샤를마뉴 대제 시대 이후로 라틴계 여러 나라는 그리스도의 탄생일을 기준으로 날짜를 계산하게 되었다.[79]

[79] 그리스도교의 기원(紀元)은 여섯 번째 공의회(서기 681년)를 치른 후 동로마 제국에 보급되었다. 서로마 제국에서는 그리스도교 기원이 6세기에 처음 만들어졌다. 그리고 8세기에 가경자(可敬者) 비드의 글과 권위를 통해 널리 유포되었다. 하지만 이것이 합법적이고 대중적으로 사용되기 시작한 것은 10세기가 되어서였다.

41

THE DECLINE AND FALL
OF THE ROMAN EMPIRE

유스티니아누스의 서방 정복 · 벨리사리우스의 성품과 최초의 출정 · 벨리사리우스의 아프리카 반달 왕국 침공과 정복 · 벨리사리우스의 승리 · 고트 전쟁 · 시칠리아, 나폴리, 로마 수복 · 고트족의 로마 포위 공격 · 고트족의 퇴각과 패배 · 라벤나의 항복 · 벨리사리우스의 영광 · 그의 가정의 수치와 불행 · 그의 아내 안토니나

유스티니아누스 황제가 즉위했을 때는 서로마 제국이 몰락하고 50여 년이 지난 뒤였다. 이때 고트족과 반달족이 세운 왕국은 이미 유럽과 아프리카 대륙에서 든든한 기반을 다져서 외양적으로는 합법적인 통치권을 누리고 있는 상황이었다. 로마 제국의 승리로 새겨 놓았던 법적 권리는 야만족의 칼날로 완전히 지워져 버렸다. 야만족의 약탈이 성공하면서 양순한 신민들이 2, 3세대에 걸쳐 되풀이해 오던 충성의 맹세, 여러 협정들, 약속은 모두 그 효력을 상실하게 되었다. 그리스도교 교리와 그동안의 경험으로 보면 로마 제국이 신에 의해 세워졌고, 영원토록 이 땅의 온 나라를 다스릴 것이라는 희망이 미신이라고 논박당할 수밖에 없었다. 하지만 동로마 제국의 병사들도 더 이상 믿지 않는 이 영원무궁하며 파기할 수 없는 통치권을 지녔노라는 자부심 강한 주장은 제국의 정치인들과 법률가들이 계속 강경하게 주장하는 바였다. 때로는 현대 법학의 여러 학

서기 533년,
아프리카 침공을 결심한
유스티니아누스

¹ 반달족 전쟁에 관해서는 프로코피우스가 질서정연하고 우아한 문체로 기록해 놓았다. 이런 지침서를 놓고 그 뒤를 따라갈 수 있다는 것은 나에게 큰 행운이다. 나는 그리스어로 된 본문 전체를 열심히 정독하고 난 후 그로티우스와 쿠쟁(Cousin)의 라틴어와 프랑스어 번역본을 전적으로 신뢰해서는 안 된다고 감히 말할 자격을 갖게 되었다. 하지만 쿠쟁은 종종 후고 그로티우스가 최초로 학문의 시대를 연 학자였다고 칭송하곤 했다.

² 뤼나르(Ruinart)가 가장 자신 있게 증언한 것은 그의 제자 중 한 명이 쓴 성 풀겐티우스의 생애에서 인용한 것이다. 그리고 성 풀겐티우스의 생애는 상당 부분 바로니우스의 연대기에서 발췌한 것이다. 이 연대기는 여러 작품집에 포함되어 출간되었다.

파에서도 이와 같은 의견이 되풀이되고, 유포되고 있기도 하다. 로마에서 황제의 자의를 찾아볼 수 없게 된 뒤 콘스탄티노플의 황제는 로마 제국의 성스러우며 유일무이한 주권자가 되었다. 콘스탄티노플의 황제는 합법적으로 상속받은 권한에 따라 집정관이 정복했던 속주들과 카이사르가 소유하고 있던 속주에 대한 통치권을 행사했으며, 이교도들과 야만족들이 강탈해 간 서로마 제국의 충성스러운 신민들을 구해 내고자 하는 마음을 미약하나마 갖고 있었다. 이 웅대한 복안을 실행에 옮기는 일은 상당 부분 유스티니아누스의 몫으로 남겨져 있었다. 유스티니아누스는 제위에 오른 뒤 처음 5년 동안 많은 비용이 드는데다 소득은 전혀 없는 페르시아와의 전쟁을 마지못해 수행하다가, 결국 그의 자존심이 야망에 굴복해 44만 파운드의 대가를 치르고서 불안정한 휴전을 얻어 낼 수 있었다. 이 휴전에 대해 양국에서는 끝없는 평화라는 식의 그럴듯한 호칭을 내려 미화하였다. 어찌되었든 동로마 제국의 안전이 보장되자, 황제는 군사력을 일으켜 반달족 토벌에 나설 수 있는 여력을 갖추게 되었다. 게다가 아프리카의 내부 사정이 로마 군대가 움직일 수 있는 명예로운 동기를 부여해 주며 유리한 전망을 약속해 주고 있었다.¹

서기 523~530년,
반달족의 상황, 힐데리크

창설자의 유언에 따라 아프리카 왕국은 반달 왕가의 장자인 힐데리크에게 직계 상속이 이루어졌다. 정복자의 손자요, 폭군의 아들이지만 유순한 성격을 타고난 힐데리크는 관대함과 평화가 전해 주는 충고를 더 선호하는 사람이어서 왕위를 계승하면서 건전한 칙령을 선언하기에 이른다. 이는 200명의 주교를 교회로 복귀시키고, 원하는 사람은 누구든지 아타나시우스 신경(信經)으로² 신앙 고백을 하도록 허락하는 것을 골자로 하고 있었다. 하지만 가톨릭계는 냉담하기 그지없는 표정으로 일시적인 감사만을 표시하고 자신들의 요구와 주장에 비해 불충분한 조치라고 생각하며 힐데리크의 호의를 달갑지 않게 받아들였다. 그리고 힐데리크의 이런 선행은 사람들의 비위만 건드리게 되었다. 아리우스파 성직자들은 감히 왕이 신앙을 저버렸다고 빗대어 말하고, 병사들은 더욱 큰 소리로 조상들의 용기를 타락시켰다고 불평해댔다. 왕의 대사들이 비잔티움 궁에서 불명예스러운 협상을 비밀리에 했다는 의심을 받았다. 일명 반달 왕국의 아킬레스라고[3] 불리던 왕의 총사령관은 무방비로 있던 오합지졸 무어족과의 일전에서 패배했다. 국민들의 원성이 일자 겔리메르는 그 원성을 더욱 부추겼다. 연령으로 보나 혈통으로 보나 군사적인 명성으로 보나 부족함이 없던 겔리메르는 왕위 계승의 권리를 주장할 수 있었다. 결국 겔리메르는 국내 세력들의 묵인 아래 왕국의 통치권을 떠맡았다. 불운한 군주는 아무런 저항도 하지 못한 채 왕위에서 영락하여 토굴 감옥으로 떨어졌다. 그곳에서 힐데리크는 충실한 고문관과 반달 왕국의 아킬레스인 인기 없는 자신의 조카와 더불어 엄한 감시 속에 갇혀 지내게 되었다. 하지만 힐데리크가 가톨릭교도인 신민들에게 보인 관용은 강력한 효과를 발휘하여 유스티니아누스 황제의 호감을 사게 되었다. 유스티니아누스는 종파의 이득을 위해서라도 종교의 자유가 보장되는 것이 정당하며 그 유용성이 크다는 것을 인식하고 있었다. 유스티니아누스가 황제의 조카로 있는 동안에도 힐데리크와의 관계는 개인적인 서신과 선물을 주고받음으로써 단단하게 굳어져 있었다. 그리하여 황제가 된 유스티니아누스는 왕족의 명예와 우정이라는 대의명분을 주장할 수 있었다. 그리고 두 번 연달아 대사

서기 530~534년,
겔리메르

[3] 정신이나 육체의 본질에 대해 생각했던 걸까? 속도, 아름다움, 용기도? 반달족은 호메로스의 작품을 어떤 언어로 읽었을까? 호메로스가 독일어를 할 수 있었을까? 라틴어에는 네 가지 버전이 있는데, 세네카어가 훌륭함에도 불구하고 라틴어는 그리스 시를 번역하기보다는 흉내 내는 데 더 성공적이었던 것으로 보인다. 하지만 아킬레스라는 이름은 글을 모르는 야만족들 사이에서도 널리 알려지고 인기를 얻고 있었을지도 모른다.

를 파견하여 모반을 일으킨 강탈자에게 죄상을 참회하고 하느님과 로마 제국을 불쾌하게 하는 도발적인 폭력을 자제할 것을 강력하게 요구했다. 그리고 혈족과 왕위 계승의 규율을 공경하고 노쇠한 왕이 카르타고의 왕좌에서나 아니면 콘스탄티노플의 궁정에서 마지막 남은 생을 평화롭게 마감할 수 있도록 허용하라는 요구도 했다. 격노해서였는지 아니면 빈틈없는 계산에서 나온 행동이었는지는 알 수 없지만, 겔리메르는 로마 황제가 으름장을 놓으며 도도하게 내린 요구를 일언지하에 거절했다. 그리고 비잔틴 궁전에서는 거의 들어 볼 수 없는 언어로 그의 야심만만한 시도의 정당성을 역설했는데, 국왕의 역할을 제대로 수행해 내지 못한 군주를 처벌하거나 없애는 것은 자유로운 신민들의 권리라고 하였다. 콘스탄티노플 군주의 충고가 아무런 소득도 얻지 못하자, 감금되어 있던 국왕은 더욱 혹독한 대접을 받았고 그의 조카는 두 눈을 빼앗겼다. 잔인한 반달족은 자신의 힘과 먼 거리만을 믿고, 동로마 제국의 황제가 어림없는 협박이나 하고 아무것도 실행에 옮기지 못하고 꾸물거리는 것을 비웃고만 있었다. 유스티니아누스는 친구를 구해 내든지 아니면 그를 위한 복수를 하고야 말겠다고 결심하고, 겔리메르는 왕위 찬탈을 계속해 나가기로 마음을 굳히고 있었다. 문명화된 나라의 관습에 따라 쌍방은 모두 근엄한 어조로 진심으로 평화를 바란다고 주장했지만, 전쟁이 점차 목전에 다가오고 있었다.

아프리카 전쟁에 대한 논쟁

아프리카와의 전쟁이 개시되리라는 소식은 콘스탄티노플에 사는 허영심 강하고 게으른 하층 계급에게만 기쁜 소식일 뿐이었다. 그런 사람들은 가난해서 조공의 의무를 질 필요가 없었고 비겁하여 군에 지원할 리가 없었기 때문이다. 하지만 과거의 경험에 비추어 미래를 판단할 수 있는 현명한 시민들은 바실리스쿠스의 원정에서 제국이 떠맡아야 했던 인명과 재정의 막대한 손실을 떠올리며 전쟁에 대해 숙고하였다. 군대는 다섯 번의 고된 출정을 마치고 페르시아 최전방에서 돌아온 후인지라 바다를 두려워했고, 미지의 적이 보유한 군사력과 그곳의 기후를 겁내고 있었다. 재무 담당 관리들은 자신들의 능력이 닿는 한 열심으로 아프리카 전쟁에서 소요될 재정의 양을 어림잡아 보았다. 끊임없이 많은 것을 요구할 게 뻔한 전쟁으로 인해 부담하게 될 세금과 자신의 목숨 또는 수지가 맞는 훌륭한 고용인들을 잃게 될지도 모른다는 위험 부담 등의 극히 이기적인 동기에서(공공의 선을 위한 열의는 애초에 가지고 있지 않았다고 생각한다.) 카파도키아의 요하네스는 전체 회의 석상에서 감히 황제의 의향을 거스르는 반대 의견을 개진하였다. 요하네스는 이 전쟁의 중요성을 생각하면 아무리 큰 대가를 치르고라도 승리를 이끌어 내야만 한다는 사실은 인정했다. 그렇지만 이 재무 장관은 심상치 않은 표정으로 그 결과가 어떠리라는 것은 불확실하나 그 과정에서 어려움이 많을 것임은 확실하다고 강연하듯 설명했다.

지금 카르타고를 포위 공격하겠다고 단언하셨습니다만, 육로로 가면 적어도 백 일하고 사십 일이 걸리는 거리입니다. 바다로 가면 해군에게 소식을 다시 듣기까지 일 년이 꼬박 걸리는 곳입니다.[4] 설혹 아프리카를 몰락시킬 수 있다고 해도, 시칠리아나 이탈리아 반도를 추가적으로 정복하지 않으면 그곳을 계속 다스릴 수 없습니다. 성공을 위해서는 또 다른 수고를 더해서 협정을 강요해야만 합니다. 그러다가 단 한 번의 재난만 닥쳐도 그 야만족들은 전쟁으로 지쳐 있는 이 제국의 심장부로

[4] 1년이라니! 과장이 심하다! 아프리카 정복은 서기 533년 9월 14일로 기록될 수 있다. 유스티니아누스가 같은 해 11월 21일에 발행한 법전의 서문에 축사가 나와 있다. 항해한 기간과 돌아온 기간을 포함하면 그런 계산이 우리의 인도 제국에 정말 적용될지 모른다.

쳐들어올 생각을 할 겁니다.

유스티니아누스는 이 건전한 충고의 무게감을 감지했다. 늘 순종적이던 충실한 종이 보기 드물게 자유로운 발언을 하는 것에 황제는 당황했다. 그래서 어쩌면 이 전쟁 계획을 단념하려 했을지도 모른다. 만약 세속적인 계산으로 생긴 의구심을 잠재웠던 한 목소리가 황제의 용기를 소생시키지 않았다면 정말 그렇게 되었을지도 모른다. 동로마 제국에 있던 교활하거나 아니면 광신자인 것이 분명한 한 주교가 이렇게 말한 것이다.

저는 환상을 보았습니다. 황제 폐하시여, 이것은 하느님의 뜻입니다. 황제께서는 아프리카에 있는 교회를 해방하려는 이 대담하고 성스러운 계획을 절대로 포기하셔서는 안 됩니다. 하느님께서 군기 앞에서 행진하여 적들을 쫓아 버리실 것입니다. 그 적들은 하느님의 아들 예수 그리스도의 적들이기 때문입니다.

이 시의적절한 계시를 황제는 기꺼이 믿으려 했고 고문관들은 억지로 받아들여야 했다. 하지만 사실 이들 모두는 반달 왕국의 변경에서 힐데리크, 즉 아타나시우스를 지지하는 사람들이 반란을 일으켰다는 사실에서 실질적인 희망을 찾았던 것이다. 아프리카 사람이었던 푸덴티우스가 은밀하게 자신이 왕에게 충성한다는 의중을 나타내자 약간의 군사적 원조가 더해져 트리폴리가 동로마의 지배 아래 들어오게 되었다. 사르디니아의 통치권은 고다스에게 위임되어 있었는데 그는 용감한 야만족으로 반달 왕국에 바치던 조공을 중지하고, 왕위를 찬탈한 자에게 충성하지 않을 것을 선언하고서 유스티니아누스의 밀사를 공식 접견했다. 밀사들이 보기에 고다스는 친위대를 거느리고 있으면서 풍요로운 섬을 다스리는 통치자로서 자랑스레 반달 왕족의 표장을 드러내는 이였다. 반달 왕국의 군사력은 불화와 의심으로 와해된 반면 로마 제국의 군대는 벨리사리우스 장군의 정신력으로 인해 한층 사기가 고무되어 있었다. 이 영웅적인 인물은 어떤 시대이든 어떤 나라에서든 모르는 이가 없을 정도로 그 명성이 자자했다.

5 벨리사리우스의 처음 두 번의 페르시아 원정은 그의 기록관과 상당히 연관되어 있다.

로마 제국의 새로운 아프리카누스인 벨리사리우스는 트라키아의 농가에서 태어나 교육을 받았다. 그는 2대에 걸친 두 명의 스키피오가 보여 준 미덕이 갖는 장점, 즉 자유 국가에서의 경쟁이나 학문의 자유, 귀족 출신이 갖는 이점 등과는 전혀 상관없이 자라났다. 수다스러운 역사가의 침묵으로 보아 아마도 벨리사리우스의 어린 시절은 그리 칭찬할 만한 거리가 없는 것으로 보아도 될 듯하다. 벨리사리우스가 가장 확실한 명성을 얻고 용맹을 떨친 것은 유스티니아누스의 개인 경호대로 일할 때였다. 그리고 그가 수행하던 이가 황제로 등극하자 그 역시 군의 지휘관으로 승진하게 되었다. 페르사르메니아에 과감하게 침입한 후 그 영예를 동료 한 명과 나누어 가졌지만, 그 후의 행보는 적에 의해 저지당해야 했던 벨리사리우스는 다라의 중요 거점에서 전열을 가다듬었다. 그곳에서 성실한 역사가이며 충실한 벗인 프로코피우스가 그의 공훈에 대해 기록하는 것을 허락하였다.5 페르시아의 미라네스는 최정예 부대 4만 명을 이끌고 다라의 요새를 무너뜨리기 위해 진격해 왔다. 그리고 오만하게도 전투에서 승리를 거둔 뒤에 휴식을 갖기 위해 목욕 채비를 차려야 할 날짜와 시간을 주민들에게 미리 통고

벨리사리우스의 성격과 선택

서기 529~532년, 페르시아 전쟁에서의 벨리사리우스의 공헌

했다. 그러나 그는 여기서 동로마 제국의 총사령관이라는 새로운 직위를 가진 그에 못지않은 맞수와 조우하게 된다. 총사령관은 병법에서는 월등히 뛰어났지만 수적·질적으로 훨씬 부족한 군대를 이끌고 있었다. 로마인들과 야만족들을 합해서 겨우 2만 5000명에 불과한 군사가 규율도 느슨해져 있는데다, 얼마 전에 겪은 참사로 사기도 떨어져 있었던 것이다. 다라의 벌판은 평평해서 전략을 펼치거나 매복하기 위한 장소를 마련하기도 어려웠기 때문에, 벨리사리우스는 전방에 참호를 깊게 파서 수비했다. 이 참호는 처음에는 세로로 깊었지만 나중에는 가로로 길어져 적군의 후미와 측면을 바라보는 위치에 있는 기병대의 측면까지 이어졌다. 본대로 공격이 들어오자, 로마군은 적당한 시기를 기다려 일시에 돌격해 들어가는 전략을 구사해서 전투를 마무리지었다. 페르시아의 깃발은 땅에 쓰러졌고 불멸한다는 자들은 도망치기에 바빴다. 병사들은 방패를 집어던져 버렸고 패전병 8000명이 전장에 남겨졌다. 다음번 출정은 시리아가 사막 쪽에서 침입을 받아서였다. 벨리사리우스는 2만 명을 거느리고 그 속주를 구하러 다라에서 서둘러 떠났다. 그해 여름 내내 적들은 치밀하고 기술적인 벨리사리우스의 작전으로 인해 번번이 계획을 그르쳤다. 벨리사리우스는 전날 차린 적군의 야영지를 매일 밤 하나씩 차지해 가면서 적이 퇴각하도록 압박을 가했다. 벨리사리우스가 이끄는 병사들이 참을성 없이 조바심 내는 것을 말릴 수만 있었다면 계속 그런 식으로 무혈의 승리를 쟁취할 수도 있었을 것이다. 하지만 로마의 병사들이 한 용맹의 약속은 전투하는 동안 그 의미가 약해졌다. 오른쪽 편대에 있는 그리스도교인 아랍계 사람들이 반역을 꾀해서였는지 아니면 겁을 먹어서였는지 탈영을 계속했다. 800명의 노련한 고참병으로 이루어진 훈족 군대는 그 많은 수를 유지하는 것 자체가 어려움이었다. 이사우리아인 부대에서도 도주가 일어나는 것을 간신히 저지하고 있었다. 하지만 로마 보병들은 왼쪽 진영을 굳건히 지켰다. 벨리사리우스가 몸소 말에서 내리지 않으면서, 모든 것을 버리고 두려움까지 버리는 것이야말로 가장 안전한 방법임을 보여 주었기 때문이다. 로마 병사들은 유프라테스 강을 뒤로하고 적군을 마주하고 서 있었다. 수많은 화살이 쏟아졌지만 비스듬히 기울여 촘촘하게 배열된 로마군의 방패에 빗나가고 말았다. 창을 들고 선 난공불락의 전투 부대가 페르시아 병사들의 끊임없는 공격을 막아냈다. 몇 시간의 저항 후에, 남아 있는 로마 부대들은 밤의 어둠을 틈타서 교묘하게 배를 타고 빠져나갔다. 페르시아 지휘관은 불명예스러운 가운데 정신없이 군사를 되돌리면서, 아무런 소득도 올리지 못한 전쟁의 승리로 인해 수많은 병사들의 목숨이 스러져 간 것에 대한 답을 찾아야 했다. 반면 전투에 패했음에도 벨리사리우스의 명성은 훼손되지 않았다. 병사들의 무분별하고 경솔함이 낳은 최악의 결과에서도 자신의 부대를 오롯이 지켜 냈기 때문이다. 평화의 시대가 도래하자 벨리사리우스는 동로마 제국의 최전방을 지키는 일에서 물러나게 되었다. 그리고 콘스탄티노플에서 소요 사태가 일어났을 때 벨리사리우스는 황제에 대한 의리를 지키고 은혜를 갚는 행동을 충분히 보여 주었다. 아프리카 전쟁이 많은 이들의 이야깃거리가 되면서 그 전쟁의 참여에 관해 은밀히 검토하는 상황이 닥치자, 로마의 많은 장군들은 공명심을 품기보다는 그 영예의 위험성을 생각했다. 하지만 유스티니아누스가 그 전쟁을 호의적으로 평가한다고 선언하자마자, 벨리사리우스의 선택에 모든 이들이 이구동성으로 찬사를 보냈고 장군들의 시기심은 격해지기 시작했다. 비잔티움 궁전의 이런 분위기는 벨리사리우스라는 영웅이 사실은 그 아내의 음모에 의해 은밀히 지원받고 있다는 의심을 더욱 부채질했다. 영민하면서도 아름다운 벨리사리우스의 아내 안토니나는 황후 테오도라의 미움을 샀다가 다시 신임을 얻기를 반복하는 여자였다. 안토니나는 출생이 비천했다. 전차 경기 선수 집안에서 태어났고 가장 창피스러운 치욕을 당해 정절도 더럽혀져 있었다. 하지만 저명한 남편의 마음을 오랜 기간 단단히 사로잡고 있었다. 안토니나가 자신의 배우자에 대한 정절의 미덕을 업신여겼다고는 하더라도, 벨리사리우스와 남성적인 우정을 가지고 있었음은 분명했다. 그녀가 군 생활의 모든 어려움과 고난 속에서도 굴하지 않고 언제나 단호하게 벨리사리우스의 곁을 지켰기 때문이다.

서기 533년, 아프리카 전쟁에 대한 대비

아프리카 원정 준비는 카르타고와 로마 사이에 벌어진 마지막 겨룸이라는 위상에 걸맞은 규모였다. 군대의 최정예 부대와 핵심 인력은 벨리사리우스의 호위대로 구성되어 있었다. 이 호위대는 당시 누리던 사악한 특전에 따라 특별한 충성 맹세를 하고서 대장을 위해서라면 기꺼이 한 몸을 바치는 사람들이었다. 매우 신중하게 선택된 호위대는 건장한 체격에 강인한 힘을 지니고 있었고, 말과 무기도 뛰어났으며, 전쟁에 필요한 모든 훈련을 부단히 수련해 온 까닭에 그 대단한 용기로 못할 일이 없었다. 그리고 그들이 누리는 지위에 사회적 영예가 따른 것과 개인적인 야심을 채우며 인기와 부를 누릴 수 있었다는 점에서 이런 용맹함은 더욱 고취되었다. 헤룰리족 중에서 가장 용감한 400명을 선발하여 충성스럽고 적극적인 파라스의 깃발 아래 행진하도록 했다. 이들의 고분고분하지 않은 용맹함은 그리스인들과 시리아인들이 보여 준 잘 길들여진 순종보다 더 높이 평가되었다. 그러던 중에 600명의 마사게테 부족, 즉 훈족의 원군을 조달해 내는 문제가 중요하게 대두되었다. 하지만 결국 사기와 협잡을 통해서 이들이 원정 함대에 올라타도록 꾀어 냈다. 그리하여 아프리카 정복을 위하여 콘스탄티노플에서 5000명의 기병대와 1만 명의 보병이 승선하기에 이르렀다. 하지만 트라키아와 이사우리아에서 징집해 온 사람들이 다수 포함되어 있던 보병 부대는 기병대의 평판과 압도적인 실용성에 밀리고 있었다. 그리하여 스키타이의 활이 로마 군대가 주로 의지하는 무기가 되었다. 프로코피우스는 자기 주제의 가치를 강하게 주장하려는 의도에서 당시의 군사들을 궁수라고 부르면서도 성미 까다로운 비평가들에게서 구해 내려 하였다. 비평가들은 고대의 중무장한 용사들에게만 명예로운 이름을 붙여 주고 악의를 지닌 채 호메로스가 소개한 궁수라는 단어를 멸시의 의미가 담긴 것으로만 생각했기 때문이다.

이런 멸시는 어쩌면 트로이의 벌판을 걸어 다니던 벌거벗은 젊은이들 탓에 생긴 것 같다. 그 젊은이들은 묘비 뒤에 숨거나 친구의 방패 뒤에 몸을 의탁한 채 활시위를 가슴팍까지 당겼다가[6] 무기력하고 맥빠진 화살을 날리는 데 그쳤기 때문이다. 하지만 우리의 궁수들은 (프로코피우스는 말을 계속했다.) 말에 올라타서 감탄할 만한 기술로 말을 부린다. 또 머리와 어깨는 투구와 둥근 방패로 보호하며, 다리에는 철로 된 정강이 받이를 대고 쇠사슬 갑옷을 입어 몸을 보호한다. 오른편에는 화살집을 차고, 왼편에는 칼을 찼으며, 접근전을 벌일 때 필요한 창을 휘두르는 데 능숙하다. 이들의 화살은 강하고 무겁다. 사방 어디로나 화살을 쏠 수 있고, 전선을 향해 전진하거나 후방이나 측면으로 퇴각하는 일에도 능숙하다. 그리고 궁수들은 가슴까지 활시위를 당기라고 훈련받은 것이 아니라 오른쪽 귀까지

[6] 이 얼마나 간명하며 적당하고 아름다운 묘사인가! 궁수의 모습을 눈앞에 그릴 수 있다. 활시위가 당겨지는 소리가 들린다.

잡아당겨 화살을 쏘도록 배우고 있어서, 그들이 날린 화살의 날렵한 공격에 저항하려면 매우 단단한 갑옷이 필요하다.

이집트와 킬리키아 그리고 이오니아에서 온 뱃사람 2만 명의 안내를 받아 항해하던 500척의 선박이 콘스탄티노플 항구에 모여들었다. 이 선박 중에서 가장 작은 것도 어림잡아 30톤 정도였고, 가장 큰 선박은 500톤 규모였던 것으로 보인다. 평균 잡아 10만 톤 정도였음이 분명한데 이것은 넉넉한 편이었지 지나친 규모가 아니었다. 병사와 뱃사람 3만 5000명을 태우고 거기에 5000마리의 말과 무기, 병기, 군수품 들을 실어야 했고, 석 달 정도의 항해를 위해 충분한 정도의 물과 보급품도 실어야 했기 때문이다. 이전에 수백 개의 노로 지중해를 휩쓸고 다니던 자랑스러운 갤리선은 사라진 지 오래였다. 그래서 유스티니아누스의 함대를 호위하는 것은 경량 쌍돛대 범선 아흔두 척이 고작이었다. 이 범선들은 적이 투척용 무기를 사용하는 경우에 대비해서 완전히 폐쇄된 구조이며, 콘스탄티노플에서 뽑아 온 용맹하고 늠름한 젊은이 2000명이 노를 저었다. 스물두 명의 장군이 임명되었는데 대부분은 후에 벌어지는 아프리카와 이탈리아와의 전쟁에서 혁혁한 공적을 올린다. 하지만 해상과 육상 모두를 아우르는 최고의 지휘권은 벨리사리우스에게만 위임되어서 그의 재량에 따라 무소불위의 권한을 행사할 수 있었다. 마치 황제가 직접 전쟁에 참여한 것처럼 보였다. 해군과 육군이 분리된 것은 현대에 들어서 항해 기술이 향상되고 해상전이 활발해졌기 때문이며, 그에 따라 군사력이 분리됨으로써 기술의 향상이 더욱 가속화되었다.

서기 533년 6월, 함대의 출발

유스티니아누스의 치세 7년째 되는 해의 하지에 600척의 함대는 위풍당당하게 궁전 정원 앞에 정렬해 있었다. 총대주교가 축복을 내리고 황제는 마지막 명령을 내렸다. 장군들의 나팔이 출발 신호를 알렸고, 모든 사람들은 두려움에 떨거나 혹은 희망을 품고서 호기심 어린 얼굴로 앞으로 불운이 닥칠 것인가 성공을 거둘 것인가를 마음속으로 점쳐 보고 있었다. 첫 번째 정박지는 페린투스, 즉 헤라클레아였다. 그곳에서 벨리사리우스는 군주의 선물인 트라키아산 준마 몇 마리를 싣기 위하여 5일간 정박하였다. 여기서부터 함대는 프로폰티스 해를 가로질러 가는 항로를 택했다. 하지만 헬레스폰투스 해협을 힘겹게 지나고 있을 때, 역풍이 불어 아비두스에서 4일간을 지체해야 했다. 그런데 그곳에서 병사들은 단호함과 엄격함에 관한 잊지 못할 가르침을 받게 되었다. 훈족 두 명이 술에 취해 싸움을 하던 중 동료 병사 한 명을 죽이는 일이 발생했다. 일을 저지른 병사들은 즉시 모든 병사들이 보는 앞에서 교수대에 매달리게 되었다. 이로 인해 훈족은 민족적 자긍심에 상처를 입고 격분해서, 로마 황제의 맹목적인 율법의 권위를 부정하고 스키타이인의 자유로운 특권을 주장했다. 그 특권에 따르면 약간의 벌금을 내는 것으로 폭음과 격노로 인한 경솔한 돌발 행동에 대한 죄갚음을 할 수 있었다. 이들의 주장은 일견 그럴듯했고 훈족의 아우성은 단호하고 요란했다. 그리고 로마인들도 소요를 일으켰다가 면책을 받는 선례가 생기는 것을 굳이 반대하지 않았다. 하지만 선동이 일어나 소요가 커져 가던 것을 동로마 제국의 총사령관은 달변과 권위로 진정시켰다. 그는 군대를 집합시켜 놓고 죄를 지은 것에 응당의 대가를 치러야 할 의무가 있음과 규율의 중요성, 충성과 덕행에 따르는 보상을 역설하고 살인은 용서받을 수 없는 죄임을 분명히 알려 주었다. 게다가 이런 죄악이 취중이었다는 것으로 변명할 수 있는 것이 아니라 취중이었

7 그리스의 법률 제정자에 관해 책을 읽었는데, 취한 상태에서 저지른 범죄에 대해서는 이중으로 처벌했다. 하지만 이것은 도덕적 법률이라기보다는 정치적인 법률이었다고 보아야 할 것 같다.

8 어쩌면 3일이 지나지 않았는지도 모른다. 첫 번째 날 저녁에 인접해 있는 테네도스라는 섬에 닻을 내렸기 때문이다. 두 번째 날에는 에우보이아 섬에 있는 세 번째 갑인 레스보스까지 항해했다. 그리고 네 번째 되는 날 아르고스에 도착했다. 어떤 해적 한 명은 헬레스폰투스에서 스파르타의 항구까지 3일에 항해 했다고 한다.

기에 더욱 커다란 죄가 된다고 말했다.7 그리스인들이 트로이를 함락하고 나서 4일에 걸쳐 헬레스폰투스 해협에서 펠로폰네수스까지 가는 항해 중에,8 벨리사리우스의 함대는 선두에 선 갤리선의 안내를 받았다. 이 갤리선은 낮에는 빨간 돛으로, 밤에는 돛대 꼭대기에서 불타는 횃불로 분명히 알아볼 수 있었다. 섬 사이를 지나 말레아 곶과 타이나리움 곶으로 접어드는 때에 조타수의 임무는 많은 함대가 일정한 간격을 유지하면서 질서 정연하게 항해할 수 있도록 유지하는 일이었다. 바람이 순조롭게 불어 주어 조타수들의 노동은 바람직한 결과를 얻었고, 군대는 메세니아 해변가에 안전하게 정박하여 한동안 휴식을 취하면서 항해에서 겪은 피로를 풀었다. 이곳에서는 권력을 등에 업은 탐욕이 나라를 위해 용감하게 나선 수천 명의 목숨을 기분 전환 삼아 농락할 수 있는지를 경험하게 된다. 군대의 관례에 따라 로마인들이 먹는 빵과 비스킷은 오븐에서 두 번 구워졌는데, 그 중량을 줄이기 위해 재료의 양을 4분의 1 정도 줄이는 것이 흔쾌히 허용되었다. 얼마 안 되는 것이나마 이득을 취하고, 또 땔나무를 아끼기 위해 카파도키아의 요한네스 민정 총독은 콘스탄티노플에서 목욕물을 데우는 정도로 약하게 불을 때서 밀가루를 구우라고 명령했다. 축 늘어진 부대에는 곰팡이 핀 밀가루 반죽이 든 채로 병사들에게 배급되었다. 계절이 계절인 만큼 높은 기온을 보인 까닭에 더욱 유해해진 음식은 곧 유행성 질병을 일으켰고, 500명의 병사들이 질병에 감염되었다. 병사들의 건강은 벨리사리우스가 메토네에서 신선한 빵을 공급해 가면서 공들여 보살핀 덕에 회복되었다. 그리고 이 총사령관은 당연한 의분을 강경하게 개진하는 보고서를 황제에게 전달했다. 그의 불만을 보고받은 황제는 총사령관을 칭찬했지만 부정을 저지른 민정 총독을 벌하지는 않았다.

134

조타수들은 함대를 메토네 항구에서 벗어나 펠로폰네수스 반도의 서해안을 따라가다가 잔트라고도 불리는 자킨투스 섬까지 이끌고, 이오니아 해를 건너는 100리그의 항해(그들의 눈에는 참으로 힘든 항해였을 것이다.)를 해냈다. 바람이 불지 않아 당혹스러웠던 뱃길은 장장 16일이나 걸렸다. 총사령관도 재간이 뛰어난 아내 안토니나가 유리병에 물을 담아 햇빛이 비치지 않는 선박 안 모래 속에 깊이 묻어 두지 않았다면 목마름으로 참기 어려운 고통을 당할 뻔했다. 마침내 시칠리아 남쪽 해안에 위치한 카우카나 항에 도착하고서야9 안전하게 쉴 곳을 발견할 수 있었다. 테오도리크 왕의 손자와 딸의 이름으로 그 섬을 관리하고 있던 고트족 관리는 로마 군대가 분별 없이 내리는 명령에 복종하면서 유스티니아누스의 군대를 친구 또는 동맹자처럼 맞아들였다. 식량이 충분히 공급되었고 기병대는 다시 말을 탈 수 있었다. 그리고 곧 프로코피우스가 시라쿠사에서 반달족의 작전 계획과 현 상황에 대한 정확한 정보를 가지고 왔다. 프로코피우스의 보고를 들은 벨리사리우스는 서둘러 작전을 펴려고 마음먹었고, 현명하게 내린 빠른 결정을 뒷받침해 주는 바람이 불어 일은 더욱 빨리 진행되었다. 함대는 곧 시칠리아를 벗어나 말타를 지나서 아프리카 대륙의 곶을 바라보며 강한 북동풍을 타고 해안을 따라 항해한 끝에, 카르타고 남부까지 대략 5일 정도의 여정을 남겨 둔 장소인 카푸트 바다(Caput Vada) 곶에 닻을 내리게 되었다.10

겔리메르가 적들의 접근을 미리 알고 있었다면 자신의 일신의 안전과 당장 조국을 방어해야 하기 때문에 사르디니아 정복 작전을 연기했을 것이다. 파견했던 5000명의 병사와 120척의 갤리선을 다시 불러 반달족의 군사력을 보강했을 것이다.

9 카마리나 근처에 있는 카우카나는 시라쿠사에서 적어도 50마일 떨어져 있다.

10 프로코피우스의 카푸트바다(유스티니아누스가 이후에 도시를 세운 곳이다.)는 스트라보가 말한 암몬의 곶이다. 프톨레미의 브라코데스, 즉 현재의 카파우디아이다. 이곳은 바다로 나 있는 좁고 긴 협로이다.

9월, 아프리카 해안에 상륙한 벨리사리우스

11 백인대장 안토니우스는 좀 더 힘든 훈련을 받았으면서도 바다로 나가 해상전을 벌이는 것이 싫다고 말했다.

그랬다면 가이세리크의 후손들은 짐을 잔뜩 실어 움직임이 둔한 수송선과 재빨리 도망가는 재주밖에 없는 경량 범선으로 구성된 동로마 제국의 함대를 급습하여 간단히 진압할 수 있었을 것이다. 사실 벨리사리우스도 내심 떨고 있었던 것이 병사들이 지나가면서 말하기를, 해변에서 싸우게 된다면 손에 든 무기가 부끄럽지 않게 싸우길 바라지만, 바다에서 공격을 받게 된다면 야만족이 문제가 아니라 바람과 파도에 맞서 싸울 용기를 바라기가 어려울 것이라고 했기 때문이다.[11] 병사들이 이런 생각을 한다는 사실을 알게 된 벨리사리우스는 아프리카 해안에 상륙할 첫 번째 기회를 절대로 놓치지 않겠다고 결심한다. 그래서 작전 회의장에서 함대를 이끌고 좀 더 항해하여 카르타고 항으로 가자는 제안을 조심스레 거절했다. 콘스탄티노플에서 출발한 지 석 달이 지난 그때, 무기와 군수품은 안전하게 육지로 이동되고, 배마다 다섯 명의 병사들이 보초로 남아 타원형을 이루며 정박해 있는 배를 지켰다. 나머지 군사들은 옛적부터 전해 오는 규율에 따라 해안가에 참호와 누벽으로 주위의 방어시설을 굳건히 세워 만든 야영지에 진을 쳤다. 신선한 물을 공급받을 수 있는 곳을 찾아 목마름을 가라앉히자 로마인들의 미신 같은 자신감이 되살아났다. 다음 날 아침 근방에 있던 농경지가 약탈을 당했다. 벨리사리우스는 이런 약탈을 감행한 장본인을 엄하게 벌하고 나서, 그 사소한 사건을 정의와 관용 그리고 올바른 정책에 관한 격언을 알아듣도록 가르칠 수 있는 절호의 기회로 삼았다.

내가 처음 아프리카를 정복하라는 사명을 받았을 때, 내가 믿은 것은 군대의 수도 아니요 용맹성도 아니었다. 정작 믿은 것은 이곳 토착민들이 우리를 친근하게 대해 줄 것이고, 반달족에 대해 영원한 증오를 갖고 있으리라는 사실이었다. 그런데 너희가 그 희망을 없애 버릴 수 있다. 제군들이 얼마 안 되는 돈을 좇아 약탈을 계속한다면, 그 폭력적인 행동으로 말미암아 저 무자비한 적이 용서받게 되고, 심지어 그들이 이 나라를 쳐들어온 침입자들에 맞서는 정의롭고 성스러운 자들로 둔갑하게 될 것이다.

이런 훈계 후에 엄격한 규율이 적용되어 그 효과가 배가되었다. 병사들은 곧 엄격한 규율을 실감했고 그로 인해 얻게 된 건전한 결과를 칭송했다. 아프리카 사람들은 집을 버리고 도망가거나 곡물을 숨겨 두지 않아도 되었고, 대신에 적정한 시장 가격으로 로마 병사들에게 식량을 팔았다. 속주의 관리들은 유스티니아누스의 이름 아래서 기존의 일을 계속했다. 성직자들도 양심의 문제와 자신에게 이익이 된다는 이유로 가톨릭교도 황제의 대의에 대한 선전을 열심히 전개하였다. 야영지에서 하룻길 정도 떨어진 곳에 위치한 술렉테라는 소도시는 자진해서 성문을 열고 맨 처음으로 예전의 충성을 되찾는 영예를 누렸다. 렙티스와 아드루메툼 같은 좀 더 큰 도시들은 벨리사리우스가 모습을 드러내자마자 곧 충성의 모범을 이어 갔다. 그래서 벨리사리우스는 반달족의 왕국이 있던 그라세까지 아무런 저항 없이 진군할 수 있었다. 그곳에서 카르타고까지는 50마일 정도 거리였다. 피로한 로마 군사들은 그늘진 나무숲과 시원한 분수, 맛있는 과일이 주는 상쾌함에 푹 빠져 원기를 회복했다. 프로코피우스가 이 땅의 정원이 동서 로마를 통틀어 그때까지 보아 온 그 어떤 정원보다 훌륭하다고 감탄한 것은 아마도 그의 기호에 맞는 곳이어서였든지 아니면 무척 피곤해서였다고 볼 수 있다. 3세대를 거치면서 풍요와 온화한 기후는 반달족의

12 페르시아인들이 이름 붙이고 유행시킨 파라다이스는 이스파한의 왕족 정원에서 찾아볼 수 있다.

용맹한 기상을 소멸시켜 버렸고, 그에 따라 반달족은 부지불식간에 가장 사치스러운 민족이 되어 있었다. '파라다이스'라는 페르시아의 명칭에 걸맞은 별장이나 정원에서12 평화롭고도 우아한 휴식을 즐기며 살았던 것이다. 이 야만족들은 매일 목욕을 하고 산해진미가 잔뜩 차려진 식탁에 앉았다. 풍성하게 늘어진 비단 가운은 메디아의 유행을 따라서 황금으로 수를 놓았다. 살면서 하는 유일한 노동이 사랑과 사냥이었으며, 무료한 시간은 팬터마임이나 전차 경주 또는 극장에서 감상하는 음악이나 춤으로 달랬다.

첫 번째 전투에서 반달족을 무찌른 벨리사리우스

10일에서 12일 정도 행군을 하는 동안 벨리사리우스는 항상 경계를 늦추지 않고 잠을 이루지 못하면서 언제 어디서 갑자기 나타나 공격을 퍼부을지 모르는 보이지 않는 적에 대비했다. 자신감이 넘치는 신임 두터운 아르메니아 관리 요하네스는 300마리의 말을 이끌었고, 600명의 마사게테족이 어느 정도의 거리를 두고 왼쪽 측면을 담당했다. 모든 함대는 해안가를 따라 항해하면서 항시 군대를 볼 수 있는 곳에 있었다. 군대는 매일 12마일 정도를 움직이면서 저녁이 되면 야영지를 튼튼히 구축하거나 호의적으로 맞아 주는 도시에 들러 숙영했다. 로마군이 카르타고에 거의 다 왔다는 정보는 겔리메르의 마음속에 두려움과 근심을 가득 안겨 주었다. 겔리메르는 자신의 형이 이끄는 고참병들로 구성된 군대가 사르디니아 정복 전쟁에서 돌아올 때까지 전쟁을 오래도록 끌고 갈 수 있기를 바랐다. 그리고 그제서야 선조들이 아프리카의 요새를 파괴하고 수도 주변 도시에서 전투를 해야만 하는 위험에 처하게 만들어 놓은 성급한 정책을 시행한 것을 한탄했다. 정복자 반달족은 처음의 5만 명에서 두 배로 늘어나 여자와 아이들을 계산하지 않고도 전쟁을 할 수 있는 장정이 16만 명이었다. 이 정도의 인원이 용맹스럽게 하나로 단결한다면 지치고 무기력한 로마군 정도는 처음 상륙했을 때 완전히 궤멸시킬 수도 있었다. 그러나 유폐당한 왕을 지지하는 사람들은 벨리사리우스의 진군에 저항하기보다는 그의 제안을 받아들이고 있었다. 자부심이 강한 야만족 상당수는 전쟁을 하고 싶지 않은 마음을 솔직하게 인정하는 대신, 권력을 강탈한 자에 대한 증오라는 구체적인 명분을 내세웠다. 하지만 겔리메르는 권위를 내세우고 희망찬 약속을 하면서 가공할 만한 군대를 소집했다. 겔리메르는 상당한 수준의 군사적 기술로 구체적인 작전 계획을 세웠다. 겔리메르의 동생 아마타스에게 카르타고의 모든 병력을 소집해서 수도에서 10마일 정도 떨어진 곳에 주둔하고 있는 로마군 선두와 대치하라는 명령이 떨어졌다. 겔리메르의 조카인 기바문트는 2000명의 기병대를 이끌고 로마군의 왼쪽 측면을 치라는 명을 받았으며, 이때 군주 자신은 조용히 뒤를 따르다가 로마군의 후방으로 돌격해 들어가 원군이 오는 것을 막거나 함대가 상황을 파악하는 것을 방해하기로 했다. 하지만 아마타스가 서두르는 바람에 그의 목숨이 위험에 처했을 뿐 아니라 그의 조국 역시 치명적인 상황에 처하게 되었다. 아마타스는 공격 시간을 앞당겨서 굼뜨게 뒤따라오는 후진을 훨씬 뒤로 제쳐 놓는 바람에 열두 명의 용맹하기 그지없는 적군을 직접 베어 내고도 그만 치명적인 부상을 입고 만다. 그가 이끄는 반달족들은 카르타고로 도망갔지만 거의 10마일에 이르는 도로가 시체로 뒤덮였다. 300명의 로마군이 휘두르는 칼로 그런 엄청난 학살이 일어났다는 사실을 믿기 어려울 정도였다. 겔리메르의 조카는 가벼운 전투에서 마사게테족 600명에게 패배했다. 군사의 수는 3분의 1에도 미치지 않았지만 이 스키타이인들은 모두 우두머리의 본을 받아 사기가 하늘을 찔렀다. 그들의 수령은 말을 타고 홀로 선두에 나서서 첫 번째 화살을 적진을 향해 날리며 민족 전통을 영광스레 실천해 보였다. 그러는 사이 겔리메르는 전황이 어떻게 돌아가는지도 모른 채, 산 속에 난 꼬부랑길에서 헤매다가 무심코 로마군을 지나쳐서 아마타스가 쓰러진 바로 그 현장에 도착하였다. 형제의 죽음과 카르타고의 운명을 슬퍼하며 눈물을 흘린 겔리메르는 분노에 불타서 진군 중이던 적의 한 부대를 공격했다. 죽은 자에게 충실하기 위해서라고는 하지만, 만약 아무런 소득도 없는 이런 의무 이행으로 더없이 귀중한 시간을 낭비하지 않았더라면 겔리메르는 적군을 추격해서 어쩌면 승리를 거두었을지도 모르는 일이다. 죽은 자를 위한 장례 의무에 정신이 팔려 있던 겔리메르는 벨리사리우스의 나팔 소리를 듣게 되었다. 벨리사리우스는 안토니나와 보병을 야영지에 남겨 두고 근위대와 남은 기병대를 이끌고 진군하면서 공격을 감행하던 군사들을 다시 결속하고 그날의 전세를 가다듬으려 했다. 이렇게 무질서한 전투에서는 지휘관의 재능이 발휘될 여지가 별로 없었다. 결국 반달족의 왕은 우리의 영웅에게 쫓겨 도망쳤다. 무어인 같은 적군에만 익숙하던 반달족은 로마군의 규율 잡힌 군사력과 뛰어난 무기를 버텨낼 수가 없었다. 겔리메르는 서둘러 누미디아 사막으로 발걸음을 옮겼다. 그리고 곧 자신이 힐데리크와 함께 붙잡혀 있는 무리를 처형하라고 내렸던 밀명이 충실히 이행되었음을 알고 안도했다. 그러나 폭군의 복수는 적군을 이롭게 만들었다. 합법적인 국왕의 죽음은 사람들의 동정을 샀다. 사실 힐데리크가 살아 있었더라면 승리에 들뜬 로마군은 당황했을지도 모른다. 유스티니아누스의 부관은 자신은 전혀 관련되지 않은 범죄로 인해 정복한 나라를 단념하거나 명예를 박탈당하는 고통스러운 양자택일의 기로에 서지 않아도 되었던 것이다.

어수선한 흥분이 가라앉자마자 각 부대는 그날의 전과를 보고했다. 벨리사리우스는 승리의 현장에 병영을 세우고, 카르타고에서 열 번째 이정표가 세워진 이곳을 라틴어로 데키무스라고 이름 지었다. 현명하게도 반달족이 계략을 짜거나 수완을 발휘할 것을 경계한 벨리사리우스는 다음 날 전투 대형으로 행진했고, 저녁 무렵에 카르타고의 성문 앞에 멈춰 서서 하룻밤 휴식을 취하게 했다. 이는 어둠과 무질서를 틈타 도시에서 병사들이 방종하게 구는 일이 없게 하거나 도심에 은밀히 매복해 있던 적들이 병사들을 기습 공격하는 일이 없도록 하기 위함이었을 것이다. 벨리사리우스의 우려는 두려움을 모르는 침착한 이성적 사고의 결과였지만, 곧 아무런 위험도 없이 평화롭고 우호적인 수도를 신뢰해도 좋다는 확신을 갖게 되었다. 카르타고는 셀 수 없이 많은 횃불을 비추며 주민들이 기뻐하고 있다는 신호를 보냈다. 항구로 들어오는 입구에 있던 쇠사슬은 철거되었고 모든 성문은 활짝 열렸으며, 사람들은 감사의 환호로 동로마의 해방군을 환영하며 맞아들였다. 반달족의 패배와 아프리카의 자유가 수도에 선언된 때는 바로 성 키프리아누스 축제일 전야였다. 3세기 전부터 이어져 온 미신으로 이 지역의 신이나 다름없는 위치로 격상된 이 순교자의 축제일을 위해 교회는 모두 아름다운 장식을 하고 밝은 등을 내건 상태였다. 아리우스파들은 더 이상 이곳을 다스릴 수 없음을 자각하고 성전을 가톨릭교도들에게 내주었다. 가톨릭교도들은 불경스러운 손에서 자신들의 성인을 구하고, 성스러운 의식을 거행하고 큰 소리로 아타나시우스 신경과 유스티니아누스의 이름을 선포했다. 이 경건한 한 시간이 서로 경쟁하던 두 종파의 운명을 뒤

> 서기 533년 9월,
> 카르타고의 함락

13 카르타고의 인근 지역은 바다나 육지, 강 할 것 없이 인간의 변화무쌍함 만큼이나 많이 변해 버렸다. 도시의 길목인 지협이 지금은 대륙과 혼동될 정도이다.

바꾸어 놓았다. 최근까지 정복자의 악습에 젖어 있던 반달족들은 애원하면서 교회의 성소에 마련된 초라한 은신처를 찾았고, 동로마 제국의 상인들은 궁전 안 깊은 지하 감옥에서 무시무시하기만 하던 간수에 의해 구출되었다. 간수들은 포로들에게 자신들을 보호해 달라고 간청하면서 벽에 난 틈으로 로마 함대가 들어오는 것을 보여 주었다. 육상 부대와 헤어진 뒤 해군 지휘관들은 해안가를 따라 천천히 전진하다가 헤르마이안 갑에 이르러 벨리사리우스의 전승에 관한 소식을 처음으로 접했다. 해상에 있던 병사들은 지휘관의 명령을 충실히 이행하고자 항구에 매여 있는 쇠사슬에서 20마일 정도 떨어진 곳에 닻을 내리려고 했지만, 노련한 뱃사람들이 해안의 위험성과 폭풍이 다가오는 징후를 알려 주어 그렇게 하지 않았다. 하지만 혁명의 성공을 아직 모르고 있던 그들은 항만 입구를 가로질러 설치되어 있던 쇠사슬을 제거하고 항구로 강제 진입하려는 성급한 기도는 자제했다. 그러다가 이런 자제 명령에 복종하지 않은 장교 한 명이 만드라키움 항구와 그 인근 지역에서 약탈을 저지르는 불미스러운 일이 발생하기도 했다. 하지만 로마 황제의 함대는 순조로운 바람에 힘입어 골레타 강의 좁은 하구를 통과해서 깊고 넓은 투니스 호수에 정박했다. 이곳은 수도에서 5마일가량 떨어진 안전한 장소였다.[13] 벨리사리우스는 함대의 도착을 보고받자마자 해군의 상당수를 당장 상륙시켜 개선식에 참가하여 로마군의 숫자를 불려 보이도록 하라는 명령을 내렸다. 하지만 벨리사리우스는 해군이 카르타고의 성문 안으로 들어오는 것을 허락하기 전에, 당시의 상황과 그의 인격에 어울리는 장중한 훈시를 통해서 군사들에게 현재 누리고 있는 무기의 영광을 더럽히는 일이 없도록 하라고 타일렀다. 그리고 반달족은 압제자였지만 로마군은 아프리카의 해방군이므로 아프리카인들을 대할 때 같은 군주를 모시는 자발적이고 호의적인 신민들로 대해야 한다고 말했다. 로마군은 혹여 있을지 모르는 적의 등장에 대비해서 밀집 대형을 이룬 채 거리를 행진해 들어갔다. 총사령관이 복종의 의무를 군사들의 마음에 새겨 놓은 까닭에 엄격한 질서가 유지되었다. 정복자들의 권리 남용은 면책되는 것이 관습이어서 처벌을 면하던 시절이었지만, 한 사람의 비범한 능력으로 인해 승리에 도취한 군대의 격정을 억누를 수 있었다. 협박과 불만의 소리는 잠잠해지고 카르타고의 교역은 아무런 장애 없이 계속 이루어졌다. 아프리카의 주인과 그 통치 권력이 바뀌었음에도 상점은 문을 열었고 많은 이들이 찾아왔다. 병사들은 충분한 경비대를 세운 뒤에 각자에게 배정된 환영식이 열리는 곳으로 갔다. 벨리사리우스는 궁전에서 기거하면서 일찍이 가이세리크의 옥좌였던 곳에 앉았다. 그리고 야만족의 전리품을 다시 분배하고, 반달족 중에서도 협조적인 이들의 생명은 구해 주었으며, 전날 밤에 자행된 만드라키움 외곽 지역의 파괴를 보수하는 데 힘썼다. 저녁에는 장교들을 불러서 형식을 갖춘 장엄한 궁전 연회를 베풀었다.[14] 궁정에서 일하던 관리들도 이 개선 장군을 공손히 모셨다. 축하연에 참석한 사람들 중에 편견 없는 이들이 벨리사리우스의 공덕과 성공을 찬양하면, 아첨하는 자들이 시기심에서 그들의 말 한 마디 한 마디와 몸짓 하나하나에 독을 섞어서 질투심에 사로잡힌 군주의 의심을 사게 했다. 이런 호사스러운 일을 벌이느라 하루가 소비되었지만 이것을 아무짝에도 쓸모없는 일로 치부할 수만은 없다. 대중의 존경심을 유인해 낼 수 있었기 때문이다. 하지만 승리를 만끽하는 가운데서도 패배의 가능성을 생각하는 민활한 두뇌의 소유자인 벨리사리우스는 이미 아프리카에서 로마 제국의 지배권을 유지하는 일에 군대의 힘을 빌리거나

[14] 델피쿰이라는 이름은 그리스어와 라틴어 모두 델포이라는 말에서 유래된 것으로, 고대 그리스 아폴론 신전의 청동 제단에 붙여진 것이다. 이와 유사한 명칭이 로마, 콘스탄티노플, 카르타고에서 황실 연회실에까지 확대되었다.

대중들의 호의에만 기대서는 안 된다는 결정을 내리고 있었다. 카르타고의 방어 시설은 유일하게 반달족의 침탈에서 제외된 곳이었지만, 95년간의 통치 동안 나태하고 경솔한 반달족 때문에 낡아서 붕괴된 채로 방치되어 있었다. 현명한 정복자는 가능한 한 빨리 도시의 방벽과 참호를 복구했다. 정복자의 관대함은 일꾼들의 사기를 올려 주었고, 보병과 수병 그리고 시민들은 모두 이 유익하고 건전한 노동에 경쟁하듯 참여했다. 겔리메르는 이전에는 무방비 도시에서 자신의 측근도 믿지 못하고 지낸 까닭에 난공불락의 요새가 힘차게 솟아오르는 모습에 경악하고 또 절망하며 바라보았다.

서기 533년 11월, 겔리메르와 반달족의 최종적인 패배

이 불행한 군주는 자신의 수도를 잃어버린 후에, 앞선 전투로 격멸되었다기보다는 사방으로 흩어져 있었다고 해야 옳은 남은 병력을 집결하는 데 전념했다. 약탈품을 취할 수 있을지도 모른다는 희망을 품은 무어인 무리가 겔리메르의 휘하로 들어왔다. 겔리메르는 카르타고에서 나흘의 여정이 걸리는 곳에 위치한 불라 벌판에 진영을 치고 카르타고로 이어지는 물길을 차단하여 수도를 곤경에 빠뜨렸고, 로마군의 머리 하나당 상당한 포상금을 내걸었다. 또 아프리카인들의 재산과 생명을 아끼는 듯하면서 은밀히 동맹을 맺은 훈족과 아리우스파 신도들과 교섭했다. 이런 상황에서 사르디니아 정복은 그의 걱정거리를 더욱 크게 하는 역할을 할 뿐이었다. 겔리메르는 깊은 후회와 괴로움에 젖어 이 쓸모없는 계획에 가장 용맹스러운 5000명의 기병대를 낭비했다는 사실을 떠올렸다. 그리고 수치심과 슬픔에 젖어 그의 형 자노가 보낸 편지를 읽었다. 자노는 선조들의 본을 받아 왕이 무분별한 로마군을 응징하고 있다고 낙관적인 확신을 했다. 이에 겔리메르는 답신을 썼다.

슬프다, 형제여! 하늘은 이미 불운한 우리 민족에게 비운을 주었다. 당신이 사르디니아를 정복하는 동안 우리는 아프리카를 잃었다. 벨리사리우스가 한줌밖에 안 되는 병력을 이끌고 모습을 드러내자마자 반달족의 용맹스러움과 번창함은 끝나고 말았다. 우리 조카 기바문트와 동생 아마타스도 다 함께 그 따르는 무리들의 배신으로 인해 죽음을 당했도다. 우리의 말, 배, 수도 카르타고 그리고 아프리카가 모두 적군의 수중에 들어갔다. 하지만 우리 반달족은 아내들과 자녀들 그리고 자신들의 재산과 자유를 희생하면서 불명예스러운 안식을 탐하고 있다. 지금 우리에게 남은 것은 불라 벌판과 당신의 용맹함뿐이다. 사르디니아를 포기하고 우리를 구하러 달려와서, 우리 제국을 다시 세우도록 하자.

자노는 이 서한을 받자마자 측근들에게 슬픔을 표했지만 이 소식은 섬의 원주민에게는 교묘하게 감춰졌다. 부대는 카글리아리 항구에서 120척의 갤리선을 타고 출발하여 사흘째 되는 날 마우리타니아의 국경에서 닻을 내렸다. 그리고 서둘러 진격을 계속하여 불라 벌판에 있는 국왕군과 합류했다. 두 사람의 만남은 슬픔에 잠겨 있었다. 두 형제는 서로를 포옹했다. 그리고 아무 말 없이 눈물을 흘렸다. 사르디니아에서의 승리에 대해서도 묻지 않았고 아프리카에서의 비운에 대해서도 묻지 않았다. 두 사람은 눈앞에 펼쳐진 커다란 재난을 묵묵히 바라보았다. 아내와 아이들이 곁에 없다는 것은 포로로 잡혔거나 아니면 죽음을 당했다는 우울한 증거였다. 사기가 저하된 반달족은 그들의 왕의 간청, 자노의 무용에 자극받고, 자신들의 나라와 종교를 위협하는 즉각적인 위험을 인식하고는 마침내 정신을 차리고 통합하였다. 반달족의 군사가 전투에 나서게 되었다. 군사

15 이 연설들은 언제나 시간에 대한 생각을 표하고, 때로는 관여자의 생각을 표현하기도 했다. 나는 그런 생각은 간단히 간추리고 장광설은 던져 버렸다.

력이 급속히 늘어 가서 군대가 카르타고에서 20마일 떨어진 곳에 있는 트리카메론에 도착하기 전에 약간의 과장을 해서 말하면 얼마 되지 않는 로마 군대의 열 배를 넘는 병력을 자랑할 정도가 되었다. 하지만 로마군을 지휘하는 자는 벨리사리우스였다. 벨리사리우스는 로마군이 가진 강점을 분명히 인식하고 있었기 때문에 그 야만족이 불시에 습격해 오는 것을 그대로 두었다. 로마군은 습격을 받자 즉시 군장을 갖추고 개울을 앞에 두고 진을 쳤다. 기병대가 선두에 섰는데, 벨리사리우스가 그 가운데 버티고 서서 500명의 근위대를 이끌었다. 조금 떨어진 곳에 보병대가 두 번째 진을 형성했다. 또 로마군의 총지휘관은 외떨어진 곳에 진을 치고 있으면서 충성심이 의심스러운 마사게테족 부대를 감시하는 일에도 경계를 게을리 하지 않았다. 마사게테족은 누구든 아프리카를 정복하는 편을 돕겠다는 생각을 은밀히 하고 있었다. 우리의 역사가가 기술해 놓았으니 책을 읽는 독자들도 지휘관들이 어떤 대화를 나누었을지 쉽게 알 수 있다.15 지휘관들은 당시 상황에 가장 부합되는 논쟁을 벌여 승리의 중요성과 생명의 하찮음에 대해 알아듣도록 가르쳤다. 한편 자노는 사르디니아 정복에 나섰던 부대를 이끌고 군의 중앙에 자리 잡고 있었다. 만일 반달족 다수가 이 부대의 용맹한 결심을 흉내만 낼 수 있었어도 가이세리크의 왕좌는 그대로 온전할 수 있었을 것이다. 창과 투척용 무기를 모두 던져 버린 반달족은 칼을 빼들고 돌격 명령을 기다리고 있었다. 로마 기병대는 세 번이나 개울을 건너갔다가 퇴각하기를 반복했다. 접전이 이어지다가 마침내 자노가 쓰러졌고 벨리사리우스의 군기가 내걸렸다. 겔리메르는 퇴각하였지만 그 뒤를 쫓는 추격에 훈족이 합류했고, 전승을 올린 자들은 죽음을 당한 병사들이 지닌 것을 약탈해 갔다. 하지만 전장에 널브러져 있던 로마군은 50명, 반달족은 800명 정도에 불과했다. 한 나라가 멸망하고 아프리카 제국의 지배권을 교체한 하루 동안의 학살로는 그리 많은 수가 아니었다. 그날 저녁 벨리사리우스는 보병 부대로 하여금 적진을 공격하게 했다. 젤리메르는 무기력하게 도망쳤고 그 모습은 얼마 전에 패자에게는 죽음이야말로 안식이요, 구차한 목숨은 짐이며, 두려워해야 할 대상은 오로지 불명예일 뿐이라고 호언장담한 것이 빈말임을 드러냈다. 그의 도주는 은밀하게 진행되었다. 하지만 반달족은 자신들의 왕에게 버림받았다는 사실을 알아채자마자 허둥지둥 흩어졌다. 반달족 군사들은 오로지 개인의 안위만 걱정할 뿐 인간에게 중요하고 소중한 모든 가치에 대해서는 신경 쓰지 않았다. 로마군은 아무런 저항 없이 적군의 진지에 들어설 수 있었다. 더없이 처참한 무질서의 장면은 밤의 어둠과 혼란에 가려져 잘 알아볼 수 없었다. 로마군의 칼에 맞은 야만족은 모두 비참하게 학살당했고, 이들의 아내와 딸은 재산을 상속받은 아름다운 첩이 되어 방탕한 병사들의 품에 안기게 되었다. 오랜 기간 누리던 번영과 평화로운 시간을 통해 경제적 성과를 이룬 나라를 정복하고서 얻은 결실인 금은보화는 로마군의 탐욕을 충족시키고도 남을 정도였다. 벨리사리우스의 친위대를 포함한 모든 로마군은 약탈을 위해 미친 듯이 사방을 뒤지고 다니면서 평소에 조심스럽게 여기던 것들이나 유의하던 것들을 모두 잊어 버렸다. 정욕과 약탈에 도취되어 버린 로마군은 작은 무리를 이루거나 아니면 단독으로 인근의 벌판이나 숲, 바위산, 동굴 등을 돌아다니면서 그럴듯한 전리품이 숨겨져 있음직한 장소를 찾았다. 약탈품을 잔뜩 짊어진 병사들은 부대를 이탈하여 호위해 줄 동료 병사도 없이 카르타고의 대로변을 돌아다녔다. 혹여 도망가던 적군이 다시 돌아오기라도 했더라면 정복자들의 상

16 성 아우구스티누스의 유물은 아프리카의 주교가 사르디니아 섬에 있는 탈출로까지 가지고 갔다.(서기 500년) 8세기에는 롬바르드족의 왕인 리우트프란트가 사르디니아에서 파비아까지 운반했다고 알려져 있다.(721년) 1695년에 그 도시에 있는 아우구스티누스의 수도사들이 벽돌로 만든 아치문, 대리석관, 은제 용기, 실크 포장지, 뼈, 피 등과 아고스티누스가 고트어로 쓴 비문인 듯한 것을 발견했다. 하지만 이 유용한 발견은 이성이라는 이름과 질투심으로 인해 의심을 받았다.

당수는 그저 당할 수밖에 없었을 것이다. 이런 위험한 일이 벌어질 가능성이 있고, 그에 따른 불명예를 보게 되리라는 것을 인지한 벨리사리우스는 승전보를 울린 전장에서 불안한 하룻밤을 보냈다. 그러나 그는 동이 터오는 즉시 언덕에 군기를 세우고, 친위대와 고참병들을 불러 모으고, 로마군 진영이 서서히 명령에 복종하고 절도 있는 모습을 되찾도록 하였다. 한편 적병을 진압하는 것 못지않게 바다에 엎드려 항복한 야만족들을 구해 주는 일도 걱정해야 했다. 교회에 숨어서 자비를 애원한 항복한 무리들은 그의 보호 아래 무장 해제를 하고 개별적으로 분리 수용해서 공공의 평화를 해치거나 성난 대중의 희생양이 되는 일도 없게 했다. 벨리사리우스는 겔리메르의 뒤를 쫓도록 약간의 병력을 떼어 보내고는 나머지 군대 전체를 이끌고 열흘을 행군해서 히포레기우스까지 갔는데, 그곳에는 이미 성 아우구스티누스의 유물이 더 이상 존재하지 않았다.16 반달족이 로마군의 손이 닿지 않는 무어족의 영지로 이미 도망쳐 버렸다는 소식이 전해지자 벨리사리우스는 계절적 측면을 고려하여 헛된 추격전을 단념하고 겨울을 날 근거지를 카르타고로 삼기로 했다. 그곳에서 벨리사리우스는 부관 중 최고위직을 황제에게 보내 석 달에 걸쳐 아프리카 정복을 완수했노라고 전하게 했다.

서기 534년,
벨리사리우스의
아프리카 정복

벨리사리우스가 전한 말은 모두 사실이었다. 살아남은 반달족들은 아무런 저항 없이 무기와 자유를 버리고 항복했다. 카르타고에 인접한 지역에서도 벨리사리우스가 나타나면 굴복했고, 더 멀리 떨어진 속주들은 벨리사리우스의 승전보를 듣고 차례로 항복하였다. 트리폴리는 자발적으로 충성을 서약했고, 사르디니아와 코르시카는 칼 대신에 영웅이던 자노의 머리를 들고 간 장군에게 투항했다. 마요르카, 미노르카, 이비카 등의 여러 섬은 아프리카 제국의 미천한 수행원으로 머물기에 기꺼이 동의했다. 그리고 지리학에서 종종 오늘날의 알지에와 혼동하기도 하는 도시인 카이사레아가 있었는데, 이곳은 궁전이 있던 곳으로 카르타고에서 서쪽으로 30일간 가야 하는 곳에 위치했다. 여기로 가는 육로에는 무어족이 출몰하기 십상이었다. 하지만 바닷길은 열려 있었고 그즈음 로마군은 바다에 관해서라면 통달해 있었다. 민첩하면서도 신중한 사령관 한 명이 해협까지 배를 타고 가서 일명 케우타[17]라 불리던 셉템을 정복했는데, 이곳은 지브롤터의 반대편으로 아프리카 해안에 인접해 치솟아 올라 있는 지역이었다. 이 한적한 장소는 이후에 유스티니아누스에 의해 요새로 정비된다. 유스티니아누스는 제국을 헤라클레스의 기둥까지 확장하고자 하는 헛된 야망에 빠져 있었던 것으로 보인다. 유스티니아누스가 벨리사리우스의 승전보를 전해 들었을 때는 로마법 대전을 출간하기 위한 준비를 하고 있는 시기였다. 신심이 많았는지 아니면 질투심이었는지 모르지만 황제는 하느님의 선하심을 소리 내어 찬양하고, 마음속으로만 총사령관의 성공적인 위업을 인정했다. 반달족 폭군의 세속적인 종교적 영향력을 빨리 없애고자 하는 조바심에서 황제는 지체 없이 가톨릭 교회의 전면적인 제도화에 착수했다. 교회의 사법권, 재산권 그리고 주교제 종교에서 무엇보다 중요한 요소인 면세권은 당장 회복되었고, 관대한 황제의 도움으로 더욱 확대되었다. 아리우스파 신앙은 억압되었고 도나투스파의 집회는 금지되었다. 카르타고에서 열린 종교 회의에서는 217명의 주교가[18] 목소리를 모아 종교를 빙자한 보복을 정당한 조치라고 칭찬했다. 이런 경우의 회의라면 정통파 고위 성직자 다수가 참석하는 것이 당연한 일이었다. 하지만 고대에 열렸던

[17] 포르투갈 사람들에게 외관을 손상당한 케우타는 귀족들과 큰 저택들로 번창하고 농업과 제조업이 융성했는데, 아랍인들의 통치 아래에서 좀 더 번성했다.

[18] 뒤팽(Dupin)은 주교의 부패를 알아 내고 몹시 슬퍼했다. 교회가 좀 더 번성한 때에는 690개의 교구가 있었다. 하지만 아무리 열심히 돌아다닌다 해도 그 모든 곳에 동시에 있을 수는 없는 일이었다.

종교 회의에 이보다 두 배에서 많게는 세 배 이상의 인원이 참석했던 것을 생각해 보면, 상대적으로 적은 숫자가 참석했다는 사실은 교회와 국토가 상당히 쇠락했음을 알 수 있다. 유스티니아누스는 스스로를 신앙의 보호자로 추켜세우면서 승승장구하는 장군이 서둘러서 황제의 좁은 지배권을 넓혀 주어, 무어족과 반달족이 침략해 오기 전에 예전에 로마가 다스리던 곳까지 장악할 수 있게 되기를 야심차게 바라면서 즐거워했다. 벨리사리우스는 트리폴리, 렙티스, 키르타, 카이사레아, 사르디니아 등의 편리한 다섯 개 지점에 각각 두크스를 임명하여, 아프리카 방위에 필요한 궁정 부대 또는 국경 수비대의 수를 계산해 내도록 했다. 반달 왕국은 민정 총독을 세울 가치가 충분히 있는 곳이었다. 그리하여 네 명의 총독과 세 명의 준총독이 로마 시민법의 지배를 받는 속주 일곱 곳을 통치하도록 임명되었다. 이들의 수하에 있는 관리와 서기, 연락관, 보좌관 등의 인원수도 상세하게 지정되었는데 민정 총독에게는 396명, 그의 대리인에게는 각각 50명씩 배정되었다. 그리고 그들이 받는 임금과 보수에 대해서도 엄격하게 규정하고 있었는데, 이는 권력 남용을 막기 위해서라기보다는 그 권력을 더욱 공고히 하고자 한 것이 더 큰 이유였다. 이런 행정 장관들은 위압적으로 권력을 행사하기도 했지만 게으름을 피우지는 않았다. 로마 공화국의 자유와 공명정대함을 부활하겠노라고 선언한 새로운 통치 체제 아래에서도 세입과 정의로운 사법권 행사에 관련된 미묘한 문제들은 크게 늘어났다. 정복자는 아프리카 백성들에게서 신속하게 많은 물품들을 뽑아내기를 간절히 원하고 있어서, 반달족에게 부당하게 강탈당했던 가족 소유의 땅과 집에 관한 권리를 방계 친족에서 벗어나 3등 친족까지 주장할 수 있도록 허락하였다. 직권을 발휘하여 이 문제를 다루던 벨리사리우스가 떠난 후 군의 수장을 위해 준비된 통상적인 규정은 하나도 없었다. 그런 상황에서 민정 총독의 임무가 군인 한 명에게 이양되어 버렸다. 유스티니아누스의 선례에 따라 민정 권력과 군사 권력이 하나로 통합되어 총독 한 명에게 집중되었던 것이다. 이탈리아뿐만 아니라 아프리카에서 황제의 대리인은 곧 에크사르크라는 명칭으로 불리며 다른 직분과 구별되었다.

그러나 이전 통치자의 신변이 인도되기 전까지 아프리카의 정복은 완전할 수 없었다. 살아 있는지 죽었든지 로마군의 손에 들어와야 했다. 전쟁의 결과에 자신이 없던 겔리메르는 은밀히 명을 내려 그의 재산 중 일부를 에스파냐로 옮겨 놓도록 했다. 그곳에 있는 서고트족 왕국의 궁전을 안전한 망명처로 삼을 수 있으리라 바랐던 것이다. 하지만 이런 지시는 우발적인 사건과 믿었던 이들의 배신 그리고 지칠 줄 모르는 적군의 추격으로 인해 좌절되고 말았다. 적군은 해변에서 도망치는 겔리메르의 퇴로를 차단하였고, 그 뒤를 쫓아 이 불운한 군주와 몇 명의 추종자들을 누미디아의 오지에 자리 잡은 사람이 접근하기 어려운 파푸아 산으로 몰아넣어 버렸다.[19] 겔리메르는 즉시 파라스에 의해 포위되었다. 파라스는 헤룰리 사람인데, 이 부족은 야만족 중에서도 가장 타락한 것으로 알려져 있었다. 하지만 이와는 달리 파라스는 성실과 절제의 미덕을 지닌 자로 찬사를 받았다. 벨리사리우스는 이 중요한 임무를 파라스에게 전적으로 위임했다. 파라스는 산을 기어오르는 대담한 시도를 한 차례 하고서 병사 110명을 잃었다. 그러자 겨울 동안 포위를 하고 있으면 기근과 고통으로 반달족 왕의 마음이 변하리라 기대했다. 쾌락이 넘치는 쾌적하기 그지없는 생활을 누리고, 신민들을 마음대로 부리고 그로 인한 끝없는 부를 장

[19] 당빌(d' Anville)은 파푸아의 산이 있던 곳을 히포레기우스와 해안가 근처로 추정했다.

서기 534년 봄, 겔리메르의 고민과 갈금

악하던 반달족 왕은 이제 무어족20의 가난한 삶을 공유할 처지로 전락했다. 무어족은 더 행복한 상태가 무엇인지 전혀 모르기에 자신들의 생활에 자족하고 있었다. 진흙과 작은 가지로 엮은 이동식 울타리로 만든 조잡하기 짝이 없는 막사는 연기는 빠져나가지 않고 빛은 차단되었다. 그런 곳에서 양가죽 한 장이나 깔아 놓았을까 말까 한 바닥에 아내와 아이들 그리고 가축까지 모두 뒤범벅이 되어 잠을 잤다. 입고 있는 옷가지는 허술하고 불결했으며 빵과 포도주의 용도에 대해서도 아는 바가 없었다. 굶주린 야만족은 잿더미에서 대충 구워 낸 귀리나 보리가 원료인 건빵을 거의 날것이나 다름없는 상태로 게걸스럽게 먹어 치웠다. 겔리메르는 이런 상황을 어떻게든 참고 견뎌야 했겠지만 이렇게 낯설고 몸에 익지 않은 어려움을 겪으면서 건강이 악화되지 않을 수 없었다. 하지만 그 무엇보다도 겔리메르를 괴롭힌 것은 과거의 영광을 되새김질해야 하는 것이나, 매일 이어지는 보호자들의 무례한 언행들, 그리고 경박하고 타산적인 무어인들이 후한 대접을 해 주어야 한다는 생각을 언제라도 버릴지 모른다는 인식이었다. 이런 상황 인식을 하게 된 겔리메르는 파라스에게 호의적이면서 교양을 갖춘 편지를 적어 보낸다. 이에 헤룰리족의 수장은 다음과 같이 말했다.

나도 당신과 마찬가지로 말 그대로 야만족입니다. 하지만 나는 정직함과 상식에 의거한 말을 하고자 합니다. 어째서 아무런 가망도 없는 고집을 내세우고 있나요? 어째서 자신뿐만 아니라 가족과 나라를 망치려 합니까? 자유를 사랑하고 노예로 살아가는 것을 혐오하신다고요? 이런, 참으로 딱하군요! 친애하는 겔리메르여, 당신은 이미 무어족이 세운 저급한 나라의 노예 중의 상노예가 아닙니까? 파푸아의 산중에서 왕위를 누

20 쇼(Shaw)는 베두인족과 카바일족이 사는 방식을 매우 정확하게 그려내고 있다. 이 두 민족은 무어족에서 파생되었다고 스스로 말하고 다니지만, 이들은 상당히 변화해 있었고 문명화되어 있었다! 그리고 이들에게 양식은 충분했고 빵은 흔하디흔한 것이었다.

리는 것보다 차라리 콘스탄티노플에서 가난한 노예로 살아가는 것이 더 낫지 않겠습니까? 유스티니아누스 황제의 신민이 되는 것이 그리도 수치스럽다고 생각합니까? 벨리사리우스도 그의 신민입니다. 그리고 당신과 비교해서 더 열등할 것이 없는 태생의 우리도 로마의 황제에게 충성하는 것을 부끄러워하지 않습니다. 관대하신 주인께서 반드시 당신에게도 넉넉한 토지를 상속받을 수 있도록 해 주실 것이고, 원로원에서 지위를 보장해 주실 것이며 귀족으로서의 위엄을 잃지 않게 해 주실 것입니다. 이것이 바로 인자하신 황제의 생각이십니다. 그러니 벨리사리우스의 말을 전적으로 신뢰해도 좋을 것입니다. 하늘에서 우리에게 고난을 받으라 명하시는 일이라면 참고 인내하는 것이 미덕이겠습니다. 하지만 그 어려움에서 구해 주겠노라는 제안을 거절한다면, 결국 그 구원의 손길은 맹목적이고 우매한 절망으로 바뀔 것입니다.

이에 반달족 왕은 이렇게 답했다.

    당신의 충고가 얼마나 이성적으로 옳고 친절한 마음에서 하는 말임을 모르지 않습니다. 하지만 나는 불의한 적군의 노예가 되는 것을 스스로에게 용납할 수 없습니다. 나는 그를 향해 용서할 수 없는 증오심을 품고 있습니다. 나는 단 한 번도 말이나 행동으로 그에게 어떤 해도 입힌 적이 없습니다. 그렇지만 그는 난데없이 나를 해하라고 벨리사리우스라는 자를 보내어 나를 왕좌에서 이 비참한 심연으로 떨어뜨렸습니다. 유스티니아누스도 사람입니다. 그리고 군주입니다. 그러니 그도 입장이 바뀌어 지금의 나와 같은 처지에 처하게 될까 걱정되지 않는답니까? 더 이상은 글을 쓸 수가 없겠습니다. 비탄한 마음이

21 프로코피우스는 리라라고 말했지만 하프였다면 좀 더 자국의 분위기를 낼 수 있었을 것이다. 이 악기는 베난티우스 포르투나투스에 의해 유명해졌다.

22 헤로도투스는 우아한 문체로 또 왕이 포로로 잡혀 슬픔을 이상하게 드러낸 것에 대해 설명하고 있다. 이집트의 삼메티쿠스는 훨씬 덜한 일에는 눈물을 흘렸지만, 가장 큰 불행 앞에서는 침묵했다. 파울루스 아이밀리우스와 페르세우스를 면담할 때 벨리사리우스는 자신이 해야 할 역할을 알았는지도 모른다. 하지만 그가 리비우스나 플루타르코스를 읽어 본 적이 한 번도 없었을 가능성도 있다. 그리고 벨리사리우스의 관대함에 관한 한은 더 이상 가르침을 줄 사람을 찾을 필요가 없었음이 분명한 사실이다.

너무 커서 나를 짓누릅니다. 친애하는 파라스여, 간청하오니, 나에게 리라21와 스펀지, 그리고 빵 한 덩어리나 좀 보내 주시오.

반달족의 사신에게서 이런 서신을 받은 파라스는 이렇게 단순한 부탁을 하게 된 동기가 무엇인지 파악했다. 아프리카의 왕이 빵을 맛본 지가 한참 되었던 것이다. 또한 극심한 피로와 끊임없이 흐르는 눈물로 인하여 안질을 앓고 있었다. 그런 상황에서 반달족 왕은 자신의 불운한 일생에 대한 슬픈 이야기를 수금에 맞추어 노래하면서 우울한 시간을 위로하고자 했던 것이다. 파라스의 인간애가 발휘되어 이 세 가지 특별한 선물이 보내졌다. 동시에 그의 온정은 감시를 더욱 강화하는 데도 발휘되었다. 그로 인해 포위를 당한 자가 로마군에 유리한 결심을 내리도록 강제할 수 있었다. 그것은 겔리메르 자신을 위해서도 유익한 일이었다. 마침내 겔리메르의 고집도 이성과 모진 생명을 이어가기 위해 불가결한 필요에 의해 꺾이게 되었다. 벨리사리우스가 보낸 사절은 신변의 안전과 명예로운 대접을 보장해 준다는 약속을 황제의 이름으로 추인해 주었고, 반달족 왕은 산에서 내려왔다. 첫 번째 공식 접견은 카르타고의 교외에서 열렸다. 포로가 된 국왕은 정복자의 이름을 크게 부르다가 갑자기 웃음을 터뜨렸다. 그곳에 모인 사람들은 그런 모습을 보고 극단적인 슬픔이 겔리메르의 정신을 온전치 못하게 한 것이라고 생각했다. 하지만 좀 더 지적인 관찰자들에게는 이런 비통한 상황에 어울리지 않는 때아닌 환희와 웃음은 헛되고 일시적인 인간의 영화를 진지하게 생각할 가치가 없다는 사실을 암시해 주는 사건이었다.22

지혜로운 관찰자들의 이런 경멸이 정당하다는 것은 권력을 지닌 자에게는 아

서기 534년 가을,
벨리사리우스의
복귀와 승리

부가 따르고, 뛰어난 자질을 지닌 자에게는 시기가 따른다는 통속적인 진리를 보여 주는 새로운 사례를 통해 입증되었다. 로마군의 수장들은 스스로가 벨리사리우스라는 영웅에 견줄 만한 사람이라고 생각하고 있었다. 이들은 개인적으로 사절을 보내어 아프리카를 정복한 자가 사람들에게 인기가 있고 그 명성이 자자한 것에 자만하여 그 자신이 반달족을 다스리는 왕위에 앉으려는 계략을 꾸미고 있다는 악의적인 말을 전했다. 유스티니아누스는 인내심을 발휘하면서 이런 말들을 경청했다. 그의 침묵은 신하의 충성심에 대한 확신에서 나온 것이라기보다는 걷잡을 수 없는 시기심에서 나온 것이라 해야 옳았다. 속주에 남아 있느냐 아니면 수도로 돌아가느냐 하는 명예로운 선택은 전적으로 벨리사리우스의 판단에 달려 있었다. 하지만 벨리사리우스는 황제의 성격을 잘 알고 있었고, 모략을 꾸미는 편지를 중간에서 낚아채 앞뒤 정황을 파악하고 있었다. 그래서 깃발을 올리고 목숨을 내걸거나 아니면 적들의 의표를 찔러 황제에게 순종하여 수도로 돌아가서 적들을 당황케 하는 것 중 하나를 결정해야만 한다는 현명한 생각을 했다. 자신의 결백을 믿고 있던 벨리사리우스는 용기를 내어 결정을 내렸다. 그의 친위대와 포로들이 배에 오르고 금은보화들을 부지런히 배에 옮겨 실었다. 항해는 순조로워 카르타고에서 출발했다는 소식이 도착하기도 전에 벨리사리우스는 콘스탄티노플에 도착했다. 이런 생각지도 못한 충성심에 유스티니아누스의 불안감은 모두 사라져 버렸다. 하지만 질투심은 대중들의 태도에 따라 잠잠해졌다가도 다시 뜨겁게 타올랐다. 세 번째 아프리카누스의 승전을 기리기 위해 콘스탄티노플에서 단 한 번도 개최되지 않은 성대한 개선식을 갖게 되었다. 이 개선식은 고대 로마에서도 티베리우스 황제 치세 이후부터는 황제의 상서로운 전승

23 '임페라토르' 라는 칭호를 얻자 군사적 감각을 잃게 되었고, 로마의 후원은 그리스도교 신앙에 의해 폐지되었다. 그러니 개선식은 한 장군에게는 사사로운 일로서 어울리지 않는 것이 될 수 있었다.

24 『전도서』가 정말로 솔로몬이 쓴 것이라면, 프리오르의 시처럼, 좀 더 이후에 그의 이름으로 그의 회개에 대하여 쓴 경건하고 도덕적인 작문이 아니라고 보아야 할 것이다. 후자는 학식이 있으면서 자유로운 정신의 소유자인 그로티우스의 의견이다. 실제로 『전도서』와 『잠언』은 어떤 유대인이나 한 명의 왕에게만 해당되는 이야기라고 보기에는 매우 다양한 범위의 생각과 사건들을 전하고 있다.

을 위해서 유보되었던 것이다.23 벨리사리우스의 저택에서부터 대경기장에 이르는 주요 도로까지 행렬이 이어졌다. 이 기억할 만한 날은 아마도 일찍이 가이세리크가 주었던 모욕에 대한 앙갚음을 하고, 로마인들의 수치심을 씻기라도 하려는 듯 보였다. 나라의 온갖 보물들이 선을 보였다. 남자들이나 여자들의 사치에 관련된 전리품들이며 호화로운 갑옷과 투구, 황금 옥좌 그리고 반달족의 여왕이 사용하던 의식용 마차들이 전시되었다. 왕족의 연회에서 사용하던 거대한 가구와 찬란히 빛나는 값진 보석들, 우아한 형태를 자랑하는 조각상과 꽃병들, 좀 더 현실적인 가치가 뛰어난 황금 그리고 오랜 기간 떠돌아다니다가 예루살렘의 그리스도교 교회에서 조심스럽게 보관하고 있던 유대교 성전에서 사용하는 성기물(聖器物)들도 있었다. 반달족의 최고 귀족들은 내키지 않았지만 긴 줄을 이루어 걸으면서 그 우람한 체구와 남성적인 용모를 대중에게 노출했다. 겔리메르는 천천히 앞으로 걸어 나갔다. 자줏빛 예복을 차려입은 그는 왕의 위엄을 지키고 있었다. 눈물 한 방울도 떨어뜨리지 않았고 한숨도 한 번 쉬는 법이 없었다. 하지만 그는 솔로몬의 말을 되뇌면서 자신의 자존심 또는 경건한 신심에 은밀한 위로를 전하고 있었다.24 "헛되고 헛되니 모든 것이 헛되도다." 겸손한 정복자는 말 네 필이나 코끼리가 끄는 개선 마차에 타는 대신 자신의 용감한 동료들의 맨 앞에 서서 걸어갔다. 신중하고 분별력 있는 벨리사리우스는 일개 신하에게는 참으로 이목을 끄는 명예라고 거절한 듯하다. 어쩌면 가장 타락한 군주들에 의해 종종 더럽혀졌던 이 의식을 경멸하는 배포를 지녔기에 사양했는지도 모르겠다. 화려하고 장엄한 행렬은 대경기장 문을 들어섰고, 그곳에 모여 있던 사람들과 원로원 의원들의 환호를 받다가 유스티니아누스와 테오도라가 앉아 있는 옥좌 앞에서 멈춰 섰다. 황제와 황후는 포로가 된 왕과 승리한 영웅에게서 충성의 맹세를 듣기 위해 와 있었다. 두 사람은 관례에 따른 예를 올렸다. 두 사람은 땅바닥에 엎드려 칼 한 번 빼 보지 않은 군주와 극장에서 춤추던 창녀의 발치에 입술을 대었다. 가이세리크의 손자 되는 이의 고집스러운 성품을 굽히기 위해 사전에 얼마간의 폭력이 행사된 까닭에 가능한 일이었다. 그리고 천성적으로 예속과 복종에 길들여져 있었다 하더라도 뛰어난 재능을 지닌 벨리사리우스 역시 은밀히 반발감을 가지고 있었음이 분명하다. 그 즉시 벨리사리우스는 다음해의 집정관으로 임명되었다. 그의 취임식 날은 두 번째 개선식을 연상시켰다. 상아로 된 옥좌는 반달족 포로들이 들어 올렸고 전쟁의 전리품이며 금제 컵과 호화로운 허리띠는 아낌없이 뿌려졌다.

서기 535년 1월, 벨리사리우스의 단독 집정관 취임

그러나 벨리사리우스가 받은 포상 중에서 가장 온전한 것은 반달 왕에게 했던 그의 약속이 충실히 이행된 것이었다. 아리우스파 이단을 고수하겠다는 겔리메르의 종교적 신념은 로마 원로원이나 귀족 사회의 존엄함과 위엄을 위해서는 있을 수 없는 일이었다. 하지만 겔리메르는 황제로부터 갈라티아 속주에 있는 광대한 토지를 하사받고, 그곳에서 모든 것을 포기한 군주로서 가족과 친구들과 함께 평화롭고 풍요로워 만족스러웠을 것이 분명한 삶을 누렸다. 힐데리크의 딸들은 나이와 불운한 처지로 인해 존경을 받고 친절한 대우를 받아 행복했다. 유스티니아누스와 테오도라는 테오도시우스의 여자 후예들을 양육하고 지도하는 일을 기꺼이 도맡았다. 반달족의 젊은이 중에서 가장 용감한 자들은 다섯 개의 기병대로 편성되었는데,

겔리메르와 반달족의 최후

후원자의 이름을 붙인 이 기병대는 페르시아 전쟁에서 선조들의 영광을 재현해 냈다. 하지만 이렇게 출생에 따른 보상을 받거나 용맹함에 따른 대우를 받는 예는 극히 드문 일로, 짧은 기간 동안의 무혈 전쟁 전까지 그 숫자가 60만 이상을 나가던 한 민족의 운명을 다 설명한다고 보기는 어렵다. 국왕과 귀족이 유배된 후에 노예로 살아가게 된 이 민족은 자신들의 인격과 종교, 언어를 모두 버리는 것으로 일신의 안위를 구할 수 있었다. 그리고 그 자손들은 점차 의식하지 못한 채로 아프리카 민족들과 혼동될 정도로 퇴화되어 갔을 것이다. 하지만 현재까지도 무어족이 거주하는 한복판에서 호기심 많은 여행객들은 북방 민족의 특징인 긴 담황색의 머리카락과 하얀색 얼굴을 지닌 이들을 발견하기도 한다.[25] 이전에는 대담한 반달족이 로마인들 몰래 그 지배권을 벗어나 대서양 연안 지대에서 자신들만의 자유를 향수했다고 믿었다. 하지만 일찍이 그들의 제국이던 아프리카가 그들의 감옥이 되었다. 그들은 모험심이 덜한 동포들이 여전히 그 나고 자란 숲에서 돌아다니고 있는 엘베 강 지역으로 돌아갈 희망을 품을 수조차 없었다. 겁쟁이가 미지의 바다와 포악한 야만족들이라는 장애물을 극복하는 것은 불가능했다. 마찬가지로 용감한 사람들이 동포들의 눈앞에서 치부를 드러내고 패배를 전하면서 잃어 버린 왕국을 설명하고, 잘 살던 시기에 주저 없이 포기했던 보잘것없는 유산을 나누어 달라고 주장하는 것 역시 불가능한 일이었다.[26] 엘베 강과 오데르 강 사이에 있는 루사티아 지방에 반달족이 모여서 세운 몇 개의 마을이 번성하면서, 여전히 자신들의 언어와 관습을 유지하고 혈통을 이어 나가고 있다. 이들은 인내심을 갖고 색슨족 또는 프로이센족의 속박을 견뎌 내고 있으며, 아무도 몰래 자발적인 충성심을 발휘하여 고대 왕들의 후손을 섬기는데,

[25] 하지만 프로코피우스가 아틀라스 산에 사는 사람들 이야기를 했을 때 이미 하얀 피부와 노란 머리를 특징으로 꼽았기 때문에, (페루의 안데스 산맥에서 볼 수 있었던 것과 같은) 이러한 이상한 일은 당연히 높은 지대에서 살고 있고 기후가 높은 탓으로 돌려졌을 것이다.

[26] 단 한 명은 이에 저항했고 가이세리크는 공식적인 답변 없이 게르마니아의 반달족을 떠나게 했다. 하지만 아프리카의 반달족은 그의 신중함을 비웃고 자신들이 살고 있는 숲의 보잘것없음을 경멸하였다.

이 후손들은 입고 있는 옷가지나 현재의 상황이 그 신하들 중에 가장 천한 이들과 혼동될 정도의 수준이다.27 이 불행한 부족의 이름과 그들이 처한 상황은 아프리카의 정복자들과 같은 족속일지도 모른다는 암시를 주기도 하지만, 슬라브 방언을 사용한다는 점에서 새로운 식민지의 마지막 생존자가 분명하다. 이들이야말로 프로코피우스 시대에 멸망해서 산산이 흩어져 버린 진정한 반달족을 계승하고 있는 것이다.28

벨리사리우스가 충성심에 약간의 틈이라도 있었다면, 그는 황제의 생각에 반해서라도 반달족보다 더 야만적인 적들에게서 아프리카를 구하는 데 반드시 필요한 의무를 수행했을지도 모른다. 무어족의 기원은 어둠에 싸여 있다. 그들은 문자를 사용하지도 못했다.29 그들이 다스리는 지역의 범위를 정확히 기술할 수도 없다. 끝없는 대륙이 리비아의 양치기들에게 열려 있었다. 계절이 바뀌고 목초지의 상황이 바뀌는 데 따라 그들의 이동 경로는 바뀌었다. 초라한 오두막과 보잘것없는 가구를 무기나 가족들과 함께 아무렇게나 섞어서 옮겨 갔고 가축들도 그 범벅 속에 함께했다. 가축에는 양, 소, 낙타가 있었다.30 로마 제국의 힘이 번성하던 시절에 이들은 카르타고와 해안 지역에서 상당한 거리를 확보하고 있었지만, 만만한 반달족이 다스리자 누미디아의 도시들을 침략하고, 탕헤르에서 카이사레아에 이르는 해안가를 점령한 다음 아무런 제재도 받지 않고 비자키움의 비옥한 속주에 자신들의 진지를 세웠다. 벨리사리우스의 가공할 힘과 훌륭한 지휘는 무어족의 수령들이 중립 정책을 펴도록 만들었다. 무어족 수령들의 허영심이 로마 황제의 이름으로 자신들이 제왕으로서의 표장을 받기를 동경하도록 만들었던 것이다.31 이들은 급속도로 전개되어 가는 상황에 놀

서기 535년,
무어인들의 관습과 패배

27 (1687년에) 황제 선출권을 가졌던 위대한 선거후의 이야기를 빌리면 톨리우스는 은밀히 왕족임을 말하고 브란덴부르크의 반달족에 저항하는 마음을 품고 있었다. 그래서 톨리우스는 포(砲) 등을 가지고 있는 5000~6000명의 병사를 소집했다. 하지만 선거후의 진실성이 아니라 톨리우스의 진실성이 의심을 살 만하다.

28 프로코피우스는 아무 것도 모르고 있었다. 다고베르의 통치 아래(서기 630년) 소르비와 베네디의 슬라브족은 이미 튀링기아 가까운 곳에 있었다.

29 살루스트는 무어족을 헤라클레스가 이끌던 군대의 생존자라고 묘사했고 프로코피우스는 강도 여호수아에게서 도망친 가나안인의 후세라고 했다. 그는 페니키아어로 된 비문과 두 개의 글을 인용했다. 나는 글이 있었다는 것은 믿지만 비문의 존재는 의심스러워서 프로코피우스가 주장하는 혈통을 받아들이지 않는다.

30 베르길리우스와 폼포니우스 멜라는 아프리카 양치기들의 방랑 생활을 묘사하기를 아랍과 타타르의 생활과 매우 유사하다고 했다. 쇼는 시인과 지리학자의 글에 최고의 주석을 달아 놓았다.

31. 통상적인 선물은 홀(笏), 왕관과 모자, 하얀

라 정복자의 모습에 온몸을 떨었다. 하지만 정복자가 곧 떠날 것이라는 사실은 야만스럽게 미신에 사로잡혀 사는 이 민족의 두려움을 완화해 주었다. 아내의 숫자가 상당히 많은 까닭에 이들은 인질로 잡힌 아이들의 안전에 대해서는 무시했다. 동로마군 총사령관이 카르타고 항구에서 닻을 올렸을 때 황량한 속주에서 울려 퍼지는 울부짖음을 들었고 불길이 타오르는 것을 보았다. 하지만 그는 애초에 마음먹은 대로 연약한 주둔군을 보강하기 위해 자신의 근위대 중 일부를 남겨 두고, 아프리카의 지휘권을 환관 솔로몬에게 위임했다.32 솔로몬은 벨리사리우스의 뒤를 잇는 후계자로서 부끄럽지 않은 인물임을 보여 주었다. 첫 번째 침공을 당했을 때 두 명의 훌륭한 장교를 둔 분견대가 기습을 받았다. 하지만 솔로몬은 재빨리 병력을 모아 카르타고에서 국토의 중심부로 진군해 나가 두 번의 대전을 치러 야만족 6만 명을 격파했다. 무어족은 병력의 우세와 병사들의 민첩함 그리고 접근이 어려운 산악 지형을 믿고 있었다. 그리고 그들이 타고 있는 낙타의 생김새나 냄새가 로마 기병대를 혼란스럽게 했다고도 한다.33 하지만 말에서 내리라는 명령을 받자마자 로마군은 이 경멸할 만한 장애물을 비웃었다. 로마군의 종대가 언덕을 오르자 벌거벗고 이리저리 뛰어다니는 무질서한 패거리들은 번쩍이는 무기들과 질서 정연한 부대의 행진 모습에 현혹되어 정신을 놓았다. 무어족이 수염 없는 적장에게 패배하고야 만다는 여성 예언자의 으름장이 계속되고 있었다. 승리를 거둔 환관은 카르타고에서 13일간의 거리를 전진하여 아우라시우스 산을 포위 공격했다.34 그곳은 무어족이 택한 최후의 피난처이면서 동시에 누미디아에서 가장 비옥한 지역이었다. 이 지역은 대(大)아틀라스의 한 지맥으로 둘레가 120마일이나 되었으며 다양한 토양과 풍토로 이루어져 있었다. 중간

색 망토, 무늬가 있는 튜닉 그리고 온통 금과 은으로 장식된 신발이었다. 이런 귀중한 금속들은 동전의 형태로도 만족스러웠다.

32 아프리카 통치와 솔로몬의 전쟁은 프로코피우스가 쓴 글을 보면 된다. 솔로몬은 소환되었다가 다시 복권되었다. 그는 유스티니아누스 치세 13년째(서기 539년)되던 해에 마지막 승전을 거두었다. 그는 어릴 적 사고로 환관이 되었다고 하는데 다른 로마 장군들은 턱수염이 많이 나 있었다.

33 말은 선천적으로 낙타에 질색한다고 고대인들은 믿고 있었다. 하지만 직접 경험해 보면서 그렇지 않다는 것이 증명되었는데, 이 일로 누구보다 이런 사실을 잘 알고 있는 동양인들의 비웃음을 사게 되었다.

34 아우라시우스 산에 대해 처음으로 묘사한 사람은 프로코피우스였다. 그의 글은 레오 아프리카누스(Leo Africanus), 마몰(Marmol), 쇼가 쓴 것과 비교해 볼 수 있다.

에 있는 계곡과 고원 지대에는 비옥한 목초지와 끊임없이 흐르는 시내, 그리고 맛있으면서 진기할 정도로 커다란 과일들이 풍부하였다. 이 한적한 곳에는 로마의 도시인 람베사의 유적이 있으며, 한때 보병 군단의 본거지이면서 4만 명의 주민들이 거주하던 곳이었다. 그러나 지금은 이오니아식으로 지은 아이스쿨라피우스의 신전 주변에 무어인들의 오두막이 세워져 있고, 가축들은 원형극장의 한가운데 있는 코린트식 기둥이 만들어 내는 그늘 아래서 풀을 뜯고 있다. 산꼭대기에는 깎아지른 듯한 날카로운 바위가 치솟아 있는데 아프리카의 왕들이 자신들의 아내와 금은보화를 숨겨 두던 곳이었다. 아랍인들에게 잘 알려진 금언이 하나 있는데, 아우라시우스 산에 사는 불친절한 원주민과 그 험준한 절벽을 감히 공격하는 자는 불을 삼키는 것과 마찬가지라고 했다. 이런 대담하고 모험적인 계획을 환관 솔로몬은 두 번이나 시도했다. 첫 번째 공격에서 솔로몬은 불명예스럽게 후퇴했다. 두 번째 공격에서도 그의 인내심과 식량이 바닥나고 말았다. 이때 만약 병사들의 분별없는 무모한 용기가 그를 이끌어 가지 않았더라면 솔로몬은 다시 한 번 퇴각했을 것이다. 그의 병사들은 과감하게 산을 올라 무어족들을 깜짝 놀라게 했고, 결국 적군의 진지에까지 이르러 쌍두바위 꼭대기까지 올라갔다. 그곳에 요새를 세워 이 중요한 정복을 확실하게 하고 무어족들에게 패배를 상기시켰다. 그리고 서쪽으로 계속 진군해서 오래전에 잃어 버렸던 속주인 마우리타니아의 시티피를 다시 로마 제국에 합병시켰다. 무어 전쟁은 벨리사리우스가 떠난 뒤 몇 년간 계속되었다. 하지만 벨리사리우스가 충실한 부관에게 맡겼던 승리의 월계수는 솔로몬 자신의 것이라고 보아야 하겠다.

과거에 겪은 실패의 경험은 때로 분별 있는 나이를 먹은 한

서고트족의 중립

개인의 행동을 고쳐 주기도 하지만, 인류 전체로 볼 때는 그 대를 이어 도움이 되는 경우가 거의 없다. 다른 민족의 안전에 거의 신경을 쓰지 않은 고대의 여러 민족들은 독립을 영위하다가 로마 제국에 정복당하여 노예가 되었다. 이런 끔찍한 교훈을 통해 서로마 제국 지역에 있던 야만족들은 시의적절한 충고를 받아들이고 연합군을 조직하여 유스티니아누스의 끝없는 야욕에 맞서야 했다. 하지만 똑같은 실수가 반복되었고 똑같은 결과가 빚어졌다. 이탈리아와 에스파냐에 있는 고트족은 모두 임박한 위험을 감지하지 못하고, 냉담한 시선으로 그리고 심지어 기뻐하면서 반달족의 급속한 쇠락을 지켜보고만 있었다. 왕가의 혈통이 끊어진 뒤 용맹스럽고 힘센 지휘관인 테우데스가 에스파냐의 왕위에 오르게 되었다. 그때까지 그는 테오도리크와 그의 어린 손자의 이름으로 이 나라를 통치하고 있었다. 그의 명령에 따라 서고트족은 아프리카 해안에 있는 케우타 요새를 포위했다. 하지만 안식일을 평화롭고 경건하게 보내는 동안 그들의 진지는 도시에서 갑자기 출격한 반달족 병력에 의해 침략당하고 말았다. 왕 자신은 위험을 무릅쓰고 어렵사리 탈출하여 적군의 손아귀에서 벗어났다. 하지만 곧 불행한 겔리메르가 보내 온 사절이 애원하는 소리를 들으며 그의 자존심은 회복되었고 분노는 가라앉았다. 겔리메르의 사절은 곤궁한 처지를 드러내며 에스파냐 왕국이 도와 줄 것을 간청했다. 하지만 테우데스는 아무 가치도 없는 격한 감정을 버리고 관대함과 사려분별의 지시를 따르는 대신, 사절을 좋은 말로 위로만 하다가 카르타고가 멸망했다는 소식을 들은 후에는 태도를 바꿔, 고국으로 가서 반달족의 현재 상황을 조사해 보는 것이 좋겠다는 애매하면서 모욕적인 충고를 던지며 사절을 물리쳤다. 이탈리아에서의 전쟁이 장기간 지속되면서 서고트족에 대한 징벌은 늦춰지고 있었다. 그래서 테우데스는 자신의 잘못된 정책의 결과를 보기 전에 두 눈을 감고 말았다. 그가 죽은 뒤 에스파냐의 왕권을 놓고 내전이 벌어졌는데, 힘이 약한 왕위 계승 후보자는 유스티니아누스에게 보호를 간청하고는 동맹 조약에 야심찬 서명을 했다. 하지만 이 서약으로 인해 그의 조국의 행복과 독립성은 깊은 상처를 받게 되었다. 해안이나 지중해에 인접한 몇몇 도시들은 로마 군대에 양도되었는데, 이후로 로마군은 안전 보장이나 지불 담보의 약속을 철회하기를 거부했다. 로마군은 아프리카로부터 끊임없이 공급되는 물자를 통해 방비를 강화했는데 굳이 이 난공불락의 주둔지를 지키고 있었던 것은 야만족 사이에 있는 분파나 종교적 분파를 자극하려는 악의에 찬 목적 때문이었다. 이 고통스러운 가시가 에스파냐 제국의 가슴팍에서 뿌리째 뽑히기까지는 70년의 세월이 걸렸다. 그리고 로마의 역대 황제들이 이런 한적하고 아무 쓸모없는 영토의 일부를 계속 지니고 있는 한, 그들의 허영심으로 인해 에스파냐는 로마의 속주 목록에 들어 있었고, 알라리크의 후계자들은 로마 황제의 가신의 반열에 올라 있어야 했다.[35]

서기 550~620년, 에스파냐에서의 로마인들의 정복

이탈리아를 통치하고 있던 고트족이 범한 실수는 에스파냐에 사는 동포들이 저지른 실수보다 더 변명의 여지가 없는 일이었다. 그래서 그들은 좀 더 신속하고 끔찍한 징벌을 받았다. 개인적인 앙갚음을 하려는 생각에서 그들은 가장 위험한 적군이 자신들에게 가장 가치 있는 동맹국을 괴멸시키는 것을 가능하게 도와 주었다. 테오도리크 대왕의 누이가 아프리카 왕 트라시몬트에게 출가했을 때, 시칠리아의 릴리바이움 요새가[36] 반

서기 534년, 이탈리아의 동고트족을 위협한 벨리사리우스

[35] 서고트족이 가톨릭 교회로 다시 집결하고 나서 서고트족의 수인틸라 왕이 로마 제국 사람들을 완전히 쫓아내게 되었다.

[36] 릴리바이움은 카르타고인들이 세운 곳으로 제1차 포에니 전쟁에서 안전한 입지와 뛰어난 항만으로 인해 양국에서 중요한 목표로 삼기도 했다.

달족에게 양도되었다. 아말라프리다 공주는 무어 전쟁에서 용맹을 뽐냈던 1000명의 귀족 자제와 5000명의 고트 병사들로 이루어진 수행원의 호위를 받았다. 그들은 자신들의 뛰어남을 스스로 과대평가하고 있었지만 반달족은 이들을 무시한 듯하다. 이 수행원들은 반달족의 국토를 질투어린 눈으로 보았지만 그 정복자들은 멸시하였다. 그러나 진의를 알기 어려운 이들의 음모는 대학살을 통해 저지되었다. 고트인들은 억압당하고 아말라프리다는 감금당했다가 곧 은밀하고 수상쩍은 죽음을 당했다. 카시오도루스의 웅변적인 서사에는 반달 왕국이 모든 사회적, 공적 의무를 거스른 잔인한 행위에 대한 따끔한 꾸지람이 있다. 하지만 그가 자신이 모시는 군주의 이름으로 위협적으로 말했던 복수도, 사방이 바다로 둘러싸여 있는 아프리카에서 고트족에게 해군이 없는 한은 그저 비웃음을 살 뿐이었다. 비탄과 분노에 빠져 있던 고트족은 동로마군의 원정을 기쁘게 맞이했고 시칠리아 항에서 벨리사리우스의 함대를 환대했다. 그리고 자신들의 복수가 바라던 것보다 훨씬 더 강력하게 실행되었다는 놀라운 소식을 접하고는 기뻐한 동시에 매우 황망해 했다. 동로마의 황제가 아프리카의 왕위를 얻을 수 있었던 것은 자신들의 우정에 빚진 바 있으므로, 고트족은 최근에 결혼식 선물로 주면서 시칠리아에서 분리된 불모지 섬을 차지할 권리가 있다고 생각했다. 하지만 곧 벨리사리우스가 내리는 오만한 칙령에 의해 자신들의 오판을 깨닫게 되는데, 이 칙령은 고트족으로 하여금 아무런 소용도 없는 후회를 마지못해 하게 만들었다. 로마의 총사령관은 말했다.

릴리바이움의 곶과 도시는 반달족의 소유였으니 나는 정복자의 당연함으로써 그 권리를 주장하는 바이다. 이 주장에 여러분이 복종하면 황제 폐하의 호의를 입을 것이나, 고집을 피워 황제의 심기를 불편하게 한다면 전쟁을 불러일으켜 여러분의 완전한 파멸만이 결말로 얻어질 것이다. 우리로 하여금 무기를 들게 한다면 우리는 단 하나의 도시를 얻기 위해서가 아니라 여러분이 합법적인 통치자들로부터 부당하게 점거하고 있는 모든 속주를 빼앗기 위해 싸울 것이다.

37 클로비스의 누이인 아우데플레다가 테오도리크와 결혼한 해는 아마도 이탈리아를 정복한 직후인 서기 495년이었을 것이다. 에우타리크와 아말라손타의 결혼식은 515년에 거행되었다.

20만 명의 병력을 지닌 나라라면 유스티니아누스와 그 부관의 으름장에 그저 미소만 지어 보일 수도 있었을 것이다. 하지만 이탈리아에는 불화가 만연해 있었고, 민심의 이반이 불거지는 상황이어서 고트족은 내키지 않았지만 어쩔 수 없이 여성의 통치라는 불경스러움을 받아들여야 했다.

이탈리아의 섭정을 담당한 여왕 아말라손타의 출생은 고트족의 걸출한 두 가문을 하나로 결합했다. 클로비스의 누이인 아말라손타의 어머니는 메로빙거 왕조의 장발왕의 혈통이었고,37 아말리족 왕통의 제11대에는 아버지 테오도리크의 이름이 빛나는데 그는 큰 공적으로 출생 신분을 뛰어넘는 작위를 수여받았다. 테오도리크의 딸은 여자인 까닭에 고트족 왕위에서 배제되었다. 하지만 아버지는 백성들과 그의 가문에 대한 빈틈없는 애정으로 왕족의 마지막 후손을 찾아 냈다. 그의 조상은 에스파냐로 망명해 있었다. 에우타리크라는 행운아는 갑자기 집정관과 왕족의 반열에 오르게 되었다. 그는 짧은 시간 동안만 아말라손타의 매력과 왕위 계승의 희망에 즐거워할 수 있었다. 그가 죽고 장인마저 죽은 뒤 남은 미망인은 아들 아탈라리크와 이탈리아 왕국의 후견인이 되었다. 스물여덟 살 정도이던 아말라손타는 타고난 지성을 갖추었고 외모는 완벽하게

서기 522~534년, 이탈리아의 여왕 아말라손타의 통치

성숙해 있었다. 테오도라가 혹 황제를 꾀어낼지도 모른다는 의심을 하게 만들 정도로 뛰어난 아말라손타의 외모는 남성다운 지성과 활동력 그리고 결단력이 곁들여져 더욱 돋보였다. 교육을 받고 경험을 쌓으면서 여왕의 재능은 더욱 발전하였고, 그녀가 수행한 철학적 연구는 허영심과는 전혀 상관없이 진지하게 이루어진 일이었다. 아말라손타는 그리스어와 라틴어 그리고 고트어를 유창하고도 우아하게 구사할 수 있었지만, 이 테오도리크의 딸은 국무 회의 석상에서는 신중한 침묵을 지켰다. 아말라손타는 아버지의 통치 시대의 덕목을 충실히 따르는 것으로 나라의 번영을 부흥시켰다. 그러면서 경건하고 세심한 배려로 아버지가 쇠락해 가던 시절의 어두운 기억은 제거하고 그가 저지른 잘못에 대해서는 보상하려 애썼다. 보이티우스와 심마쿠스의 자녀들은 아버지의 상속권을 되돌려 받게 되었다. 그리고 매우 자비로운 여왕은 자신의 영토에 있는 로마인들에게 그 어떤 금전상이나 신체상의 처벌을 가하지 않기로 동의했다. 또 정복한 지 40년이 지난 당시에도 여전히 이탈리아 국민을 자신들의 노예나 적으로 생각하고 있는 고트족의 야유를 완전히 경멸했다. 그녀가 편 건전한 정책들은 무척 지혜로웠기 때문에 카시오도루스는 유창한 변설로 찬양했다. 아말라손타는 동로마 황제의 우정을 간청했고 그런 우정을 받을 만한 자격이 있었다. 유럽의 왕국들은 평화 시이거나 전시이거나에 상관없이 고트족의 위엄을 존중했다. 하지만 여왕과 이탈리아의 앞으로의 행복은 그의 아들에게 어떤 교육을 하느냐에 달려 있었다. 그 아들은 태어날 때부터 야만족으로 이루어진 병영의 수장과 문명화된 국가의 최고 행정관이라는 공존하기 힘든 전혀 다른 성격의 일을 감당해야 하는 운명을 지니고 있었다. 아탈라리크는 열 살 때부터[38] 로마의 황태자에게는 쓸모가 있을 수

[38] 테오도리크가 사망했을 때 그의 손자 아탈라리크는 여덟 살 정도의 어린 소년이었다고 프로코피우스는 쓰고 있다. 하지만 카시오도루스는 권위 있는 근거를 들어 나이가 두 살 더 많았다고 한다.

있지만 장식에 불과할 수도 있는 학문과 기예를 열심히 배웠다. 고트족 중에서 존경할 만한 세 명의 인물이 선택되어 이 젊은 왕에게 명예와 미덕의 원칙을 가르쳤다. 하지만 정작 본인은 그런 것을 배워서 얻는 이익이 무엇인지 느끼지 못하고 교육이 주는 속박을 몹시 싫어한 것이 틀림없다. 이에 아들에 대한 여왕의 애정은 엄격하고 걱정스러운 태도로 변질되었다. 이는 아들의 심기를 건드렸고 그를 따르는 신하들의 고분고분하지 않은 성정을 불편하게 했다. 고트족의 관리들이 라벤나의 궁전에서 모이는 한 축제에서 이 고귀한 젊은 왕은 어머니의 거처에서 빠져나와 자부심과 분노가 어린 눈물을 쏟으면서 자신이 고집스레 불복종한 일로 여왕이 체벌을 가했음을 토로했다. 고트족은 자신들의 왕에게 가해진 무례한 행동에 대해 불쾌하게 여기면서 여왕의 섭정이 왕의 목숨과 그 왕좌를 해하려는 음모라고 비난했다. 이어서 오만한 어조로 자신들의 왕은 여자나 현학자들의 비열한 통제에서 벗어나 비슷한 사람들과 어울리면서 선조들의 영예로운 무지 속에서 영웅적인 고트족으로 교육받아야 한다고 요구했다. 온 백성의 목소리라며 끈덕지게 몰아대는 이 무례한 아우성에 아말라손타는 할 수 없이 이성적인 판단을 포기하고 마음에서 우러나온 소중한 소망을 버려야만 했다. 이탈리아의 왕은 술과 여자 그리고 거친 오락에 빠져 지냈다. 그리고 이 은혜를 모르는 젊은이는 지각없이 경멸심을 드러내다가 아말라손타의 적수들과 함께 그의 친구들이 꾸민 사악한 의도를 드러내었다. 내부의 적들에게 포위된 아말라손타는 은밀히 동로마 황제 유스티니아누스와 협상을 시작했다. 그리하여 동로마 제국의 호의적인 처우를 확답받고는 에피루스에 있는 디라키움에 금 4만 파운드를 맡겨 두었다. 아말라손타가 조용히 그 미개한 파벌들을 떠나 평화롭고 화려한 콘스탄티노플로 물러났다면 그녀의 명성이나 안전에 관한 한 참으로 행복한 결말을 맞을 수 있었을 것이다. 하지만 아말라손타의 마음속에는 야망과 복수의 불길이 타오르고 있었다. 그녀가 탄 배가 항에 닻을 내리는 동안 격노한 마음에서 일어나 옳다는 확신에까지 이른 한 범죄 행위가 성공하기를 기다리고 있었다. 가장 위험스러운 선동자 세 명이 충성심과 명령 이행이라는 구실 아래 이탈리아의 변경 지대로 보내진 후 아말라손타가 보낸 개인 밀정에 의해 암살당했다. 그리고 이 고트족 귀족들의 피는 라벤나 궁정에서 왕의 어머니를 절대적인 존재가 되게 하였고, 자유로운 신민들에게는 추악한 존재가 되게 했다. 그러나 아말라손타는 곧 눈물을 흘리지 않을 수 없었다. 아들이 병에 걸린 것을 슬퍼했다면 얼마 지나지 않아 아들이 회복할 수 없을 정도로 쇠약해진 것에도 슬퍼했을 것이기 때문이다. 무절제한 방종의 결과로 완전히 수척해진 아탈라리크는 열여섯 살의 나이에 죽음에 이르렀고, 이로써 아말라손타는 그 어떤 합법적인 왕권도 갖지 못하게 되었다. 하지만 왕위는 절대로 여자에게 위임되지 못한다는 나라의 법에 순종하는 대신, 이 테오도리크의 딸은 자신의 사촌 가운데 한 명과 왕권을 나누면서 절대 왕권의 실질적인 부분은 자신의 손에 남겨 둔다는 실행 불가능한 계획을 세웠다. 아말라손타의 사촌은 매우 감동하여 감사한 마음과 존경심을 가지고 왕의 어머니의 제안을 받아들였다. 웅변가 카시오도루스는 원로원과 황제에게 아말라손타와 테오다투스가 이탈리아의 왕좌를 물려받았다고 전했다. 테오다투스의 혈통은(그의 어머니가 테오도리크의 누이였다.) 왕위 계승권자로는 부족하다고 볼 수 있었다. 그리고 그가 탐욕을 부리고 우유부단한 성격인 까닭에 이탈리아 사람들의 애정을 받지 못하고 야만족들의 존경을 얻지 못하였기에 아말라손타는 더 강력하게 자신의 선택을 강요하기에 이른다. 하지만 테오다투스는 자신을 경멸하는 아말라손타에게 격분했다. 또 그가 투스카니 사람들에게 압제를 가하는 것을 두고 아말라손타가 비난하면서 중지를 요구하자, 죄책감을 느끼며 분노하던 고트족의 유력한 인물들 몇몇이 둔하고 소심한 왕을 부추기는 음모를 꾸몄다. 이탈리아의 여왕이 볼세나 호수[39]에 있는 작은 섬에 투옥되자마자 즉위 축하의 서한이 도착했다. 그곳에서 잠시 감금되어 있던 여왕은 목욕을 하던 중에 질식사하는데, 이는 새로운 왕의 명령에 의한 것이거나 아니면 적어도 그의 묵인 아래 저질러진 일이 분명했다. 새로운 왕은 동요하는 부하들에게 그들이 군주로 섬기던 이의 피를 흘리게 지시했던 것이다.

서기 535년 4월, 아말라손타의 추방과 죽음

유스티니아누스는 기꺼운 마음으로 고트족의 불화를 지켜보았다. 동맹국에 대한 중재라는 미명 아래 정복자의 야심만만한 야욕은 감춰졌다. 유스티니아누스가 보낸 사절은 많은 이들이 보는 앞에서 릴리바이움 요새와 열 명의 야만족 망명자 그리고 일리리쿰 변방에 있는 작은 마을을 강탈한 것에 따르는 정당한 대가를 요구했다. 하지만 은밀히 테오다투스와 투스카니의 속주를 저버릴 것을 협상하는 동시에, 아말라손타에게는 위험하고 난처한 처지의 그녀를 구해 주겠다고 유혹하면서 이탈리아 왕국을 완전히 인도하라고 꾀었다. 거짓으로 꾸민 굴욕적인 서한에 포로가 된 여왕은 내키지 않는 서명을 하고 말았다. 하지만 콘스탄티노플에 보내진 로마 원로원 의원의 입을 통해 여왕의 처참한 상황이 밝혀지자, 유스티니아누스는 새로운 사절을 보내 매우 강력하게 그녀의 목숨과 자유를 탄원했

서기 535년 12월, 시칠리아를 침공해 정복한 벨리사리우스

[39] 그 호수는 에트루리아에 인접한 마을에서는 불시니엔시스(지금의 볼세나) 또는 타르퀴니엔시스라고 불렸다. 소(小)플리니우스는 이 호수에 떠다니던 두 개의 숲이 우거진 섬을 찬미하였다. 호수 주변은 하얀 바위로 둘러싸여 있고 물고기와 야생 조류가 많이 서식하였다. 이것이 순전히 지어낸 이야기라면, 고대인들은 정말로 모든 것을 곧이곧대로 받아들이는 사람이지 않을 수 없다! 사실이었다면, 현대인들은 얼마나 부주의한지 모른다! 하지만 플리니우스 덕에 사람들이 자주 찾아와 이 섬이 고정되었는지도 모르는 일이다.

40 하지만 프로코피우스가 한 이 말은 신빙성을 상실했는데 공적인 역사서에서 자신이 진실을 말하지 않았음을 고백했기 때문이다.

다. 하지만 동시에 그 사절은 테오도라의 잔인한 질투심과 딱 어울리는 은밀한 지시를 받고 있었다. 사절은 교묘하고도 애매한 암시를 통해 로마인들에게도 매우 유용할 만한 범죄를 실행하라고 부추겼다.40 그렇지만 여왕의 죽음을 알게 되자 짐짓 슬픔과 분노에 싸인 얼굴을 하고서는 황제의 이름으로 불신의 암살자에게 영원한 전쟁을 선포했다. 아프리카에서와 마찬가지로 이탈리아에서도 왕위를 강탈한 죄는 유스티니아누스의 군사력이 개입하는 것을 정당화해 주었다. 하지만 유스티니아누스가 준비해 놓은 병력은 거대한 왕국을 전복하기에는 역부족이었다. 한 영웅의 이름과 정신 그리고 그 명성에 의해 몇 되지 않는 병력이 증가되는 일이 없었다면 정말 그럴 수 없었을 것이다. 정예 부대로 구성된 근위병은 말을 타고 창과 둥근 방패로 무장한 채 벨리사리우스의 신변을 수행했다. 그가 이끄는 기병대는 200명의 훈족과 300명의 무어족, 그리고 4000명의 다국적군으로 이루어져 있었다. 보병은 이사우리아인 3000명이 고작이었다. 이전의 원정에서와 같은 경로를 따라 온 로마의 집정관은 시칠리아에 있는 카타나에 닻을 내리고 그 섬의 적의 상황을 정찰하여, 아프리카 해안으로 가는 항해를 계속할 것인지 아니면 정복을 위한 전투를 치를 것인지 결정하기로 했다. 그곳에는 비옥한 땅과 친절한 사람들이 있었다. 농경의 쇠퇴에도 불구하고 시칠리아는 여전히 로마의 곡창 지대였다. 농부들은 군부대의 압제에서 풀려나 있었다. 거주민들이 섬을 잘 방어하리라고 믿었던 고트족은 자신들의 신뢰가 배은망덕하게도 배반당했다고 투덜거릴 만했다. 이탈리아의 왕이 도와 주기를 기대하고 간청하는 대신에 거주민들은 벨리사리우스의 첫 번째 요구에 기꺼이 복종했다. 이 속주는 오랫동안 로마 제국에서 분리되어 있던 끝에 다시 통합되었다. 팔레르모에 주둔해 있던 고트족 수비대는 단독으로 저항하려다가 적군의 뛰어난 작전으로 인해 패배하고 말았다. 벨리사리우스는 함대를 항구의 가장 깊숙한 곳으로 이끌고 가서 보트를 밧줄과 도르래로 돛대 꼭대기까지 힘들게 끌어 올린 뒤 그 안에 궁수들을 태워서 활쏘기에 유리하도록 높은 위치를 확보하고 성벽을 공격했다. 아주 간단하지만 성공적인 작전 끝에 정복자는 승승장구하는 군대의 선두에 서서 위풍당당하게 시라쿠사에 입성하였다. 그리고 그가 집정관으로서의 임기를 마치는 그 영광스러운 날에 주민들에게 황금 메달을 나누어 주었다. 그는 고대 그리스 식민지의 유적 한가운데 있는 옛 왕이 머물던 궁전에서 겨울을 보냈다. 한때 그곳은 반경 22마일까지 그 영토가 확장되어 있었다.[41] 봄이 되어 부활절 축일이 다가올 즈음에 그동안 세웠던 그의 계획은 아프리카 왕국의 병력에 의해 일어난 위험한 반란으로 저지당했다. 카르타고는 벨리사리우스가 모습을 드러내자 구원받았다. 벨리사리우스는 1000명의 근위대와 함께 갑자기 상륙했던 것이다. 흔들림 없는 충성심을 지닌 2000명의 병사들이 오래전부터 모시던 지휘관의 깃발 아래로 돌아왔다. 벨리사리우스는 동정심과 경멸을 보내는 적군을 소탕하기 위해 주저함 없이 50마일을 넘게 행진했다. 8000명의 반역자들은 벨리사리우스가 다가오자 벌벌 떨기 시작했다. 로마군 수장의 빈틈없음으로 인해 첫 번째 공격에서 모든 반역자들을 찾아냈다. 만약 이 정복자를 시칠리아로 경솔하게 호출해서 그가 없는 사이에 일어난 선동을 달래도록 하지 않았다면, 이 조악한 승리로도 아프리카의 평화를 되찾을 수 있었을 것이다.[42] 무질서와 불복종은 당시에 만연해 있던 고질병이었다. 명령을 내리는 천부의 재능과 복종의 미덕은 오직 벨리사리우스의 마음속에만 존재했다.

[41] 시라쿠사의 다섯 거리가 과거에 보여 준 화려함과 웅장함은 키케로, 스트라보, 도르빌(d'Orville)가 서술하였다. 아우구스투스가 수복한 이 신흥 도시는 이후에 섬으로 축소되고 말았다.

[42] 프로코피우스는 벨리사리우스가 시칠리아로 되돌아온 것에 대해 매우 분명하게 기술하고 있어서, 나는 학식 있는 비평가의 오해와 이상한 접근 방법에 놀랐다.

> 서기 534년 10월~536년 8월,
> 이탈리아의 고트족 왕
> 테오다투스의 통치와 약점

테오다투스는 여러 영웅들의 자손임에도 불구하고 전쟁 기술에 무지했고 전쟁의 위험을 꺼려했다. 그가 비록 플라톤과 툴리의 글을 공부했지만, 철학으로는 그의 마음에서 가장 기본적인 격정인 탐욕과 두려움을 없앨 수 없었다. 그는 은혜를 모르는 배은망덕과 살인을 통해 왕위를 얻었다. 적군의 첫 번째 위협에서 그는 자신과 나라의 위엄을 떨어뜨렸고 이 일로 존경받을 자격이 없는 군주가 되어 벌써 멸시받고 있었다. 최근에 겔리메르에게 생긴 일을 보고 놀란 테오다투스는 자신도 콘스탄티노플 거리를 쇠사슬에 묶인 채 끌려갈 수 있다고 생각했다. 벨리사리우스가 불어넣어 준 두려움은 비잔티움의 대사 페테르스의 달변을 통해 더욱 강화되었다. 이 대담하고 교활한 대변인은 그를 설득하여 너무 불명예스러워서 영원한 평화의 초석이 될 수 없는 그런 조약에 서명하도록 만들었다. 그 조약에는 로마 신민들이 환호성을 지를 때는 로마 황제의 이름이 언제나 고트 왕의 이름 앞에 와야 한다고 명시되어 있었다. 그리고 테오다투스의 조각상이 대리석 위에 청동으로 만들어지는 만큼 유스티니아누스의 신성한 형상도 그 오른편에 세워져야 한다는 조항도 있었다. 이탈리아의 왕은 원로원의 영예를 부여하는 것이 아니라 간청해야 하는 정도로 몰락하고 말았다. 이제 원로원 의원이나 성직자의 뜻에 거스르는 사형 선고나 재산 몰수의 언도를 할 때는 반드시 동로마 황제의 동의를 얻어야만 했다. 이 허약한 군주는 시칠리아의 소유권도 포기했다. 자신의 복종심을 보이기 위해 매년 300파운드의 금으로 만든 왕관을 제공하기도 했다. 그리고 황제의 요청에 따라 3000명의 고트족 지원군을 약속했다. 이런 엄청난 특권에 만족한 유스티니아누스의 사절은 성공적으로 일을 마치고 발걸음을 서둘러 콘스탄티노플로 돌아갔다. 하지만 알바의 별장에 도착하자마자 그는 테오다투스의 걱정스러운 호출을 받고 되돌아가야 했다. 그때 고트족 왕과 이 사절 사이에 오고 간 대화는 원래의 간결한 문장 그대로 묘사해 놓을 가치가 있다. "황제가 이 조약을 인가할 것이라고 생각하오?" "아마도 그럴 겁니다." "만약 거절한다면 어떤 결과를 보게 될 것인가?" "전쟁입니다." "그런 전쟁이 정당하고 합리적인 것이라 할 수 있겠는가?" "분명 그렇습니다. 황제라면 그렇게 생각하실 것입니다." "자네의 진의는 무엇인가?" "왕께서는 철학자이십니다만, 유스티니아누스 황제께서는 전체 로마 국민의 황제이십니다. 자신의 개인적인 다툼에 수천 명이 피를 흘리게 하는 것이 플라톤의 문하생에게는 전혀 어울리지 않는 일이 되겠습니다만, 아우구스투스의 후예는 자신의 권리를 보호하기 위해 무력으로 제국의 과거 속주들을 회복해야만 합니다." 이런 논리가 그리 납득이 가지 않았을 수는 있지만 테오다투스의 약점을 들추어내고 압박하기에는 충분했다. 그래서 테오다투스는 곧 자신이 내밀었던 마지막 제안에 몸을 굽히게 되었다. 그 제안은 생활 보조금으로 4만 8000파운드라는 적은 액수를 받는 대가로 고트 왕국과 이탈리아를 포기하고, 남은 여생을 철학과 농경 연구에서 얻을 수 있는 순수한 기쁨을 만끽하면서 지내게 해 달라는 것이었다. 이 두 조약은 사절의 손에 맡겨졌는데 첫 번째 조약이 분명하게 거부당할 때까지는 두 번째 조약을 제출하지 않겠다는 믿을 수 없는 다짐을 받고 나서였다. 결과가 어떻게 되었는지는 쉽게 예상할 수 있다. 유스티니아누스는 고트 왕의 퇴위를 요구하고 그렇게 되는 것을 당연시하였다. 로마 황제의 끈질긴 대변인은 콘스탄티노플에서 라벤나로 돌아가 다양한 훈령과 그럴듯한 서한을 전했다. 그 서한에는 왕족 철학자의 지혜와 관대함을 칭송하면서 한 백성으로서 그리고 가톨릭교도로서 누릴 명예를 보장해 주고, 연금을 전달한다는 내용이 담겨 있었다. 그리고 그 조약의 최종 실행을 벨리사리우스에게 직접 나서서 처리하도록 했다. 하지만 조약의 효력이 발생하기 전의 휴지기에 두 명의 로마 장군이 달마티아의 속주에 들어섰다가 고트족 군대에 패해 목숨을 잃었다. 비참한 절망과 맹목적인 좌절감에서 테오다투스는 아무런 근거도 없이 치명적인 추정을 하고 변덕을 부리면서 감히 유스티니아누스의 사절에게 경멸어린 태도로 협박하기에 이르렀다. 사절은 고트족 왕이 한 약속을 지킬 것을 요구하고 신하로서의 충성을 권유했으며 대담하게 자기 자신의 지위가 갖는 불가침의 특권을 주장했다. 벨리사리우스의 군대가 진군하여 잠시 꿈에 잠겨 내세운 자존심을 사라지게 해 주었다. 첫 번째 원정으로[43] 시칠리아의 정복을 이루었기 때문에, 프로코피우스는 이탈리아 정복을 고트 전쟁 중에서 두 번째 해의 일로 기록하고 있다.

[43] 투키디데스를 어느 정도 모방해 쓴 프로코피우스의 연대기는 유스티니아누스 치세의 매해 봄과 고트 전쟁 기간의 매해 봄에서 시작된다. 그리고 바로니우스의 연대기에 따르면 그가 말한 첫 번째 시기는 서기 536년이 아니라 535년 4월과 일치한다. 하지만 당황스럽게도 어떤 구절에서는 마르켈리누스의 연대기 날짜와 프로코피우스 자신이 적은 연대기 날짜가 일치하지 않는 경우가 있다.

서기 537년, 이탈리아를 침공하고 나폴리를 진압한 벨리사리우스

벨리사리우스는 팔레르모와 시라쿠사에 충분한 주둔군을 남긴 뒤 메시나에 있는 부대를 승선시켜 레기움의 반대편 해안에 아무런 저항도 받지 않은 채로 상륙했다. 테오다투스의 딸과 결혼한 고트족 귀족 한 명이 이탈리아로 들어가는 입구를 지키기 위해 군대를 지휘하고 있었다. 하지만 그는 양심의 가책도 없이 공적인 의무나 사적인 책임에 신의를 지키지 않던 군주의 모범을 그대로 따랐다. 불성실한 에베르모르는 자신의 추종자들과 함께 로마군에 투항하고, 군대의 수장 자리를 내놓고서는 비잔티움 궁정의 노예가 되는 영예를 누렸다. 레기움에서 나폴리에 이르기까지 벨리사리우스의 함대와 군대는 항상 서로의 위치를 확인할 수 있는 거리를

두고 해안가를 따라 300마일 가까이를 진군했다. 브루티움, 루카니아, 캄파니아의 주민들은 고트족의 종교와 그 이름을 혐오하고 있었기 때문에 자신들의 성벽으로는 방어가 불가능하다는 그럴듯한 변명을 하며 투항해 왔다. 병사들은 많은 물자를 거래하면서도 적당한 가격을 지불했다. 농부들이나 장인들은 별다른 방해를 받지 않고 자신들의 일을 평화로이 할 수 있었다. 그들이 일하는 데 방해가 되는 것은 바로 자신들의 호기심이었다. 지금은 인구가 밀집한 거대 도시가 된 나폴리는 오래 전부터 고대 그리스의 식민지 시대의 풍속과 언어를 지켜 오고 있었다. 베르길리우스의 선택을 받음으로써 이 기품 있는 피한지는 학문과 평화를 사랑하는 사람들을 매료시켜 로마의 소음과 연기 그리고 귀찮은 일이 많은 부유한 생활을 피하여 찾아가는 곳으로 유명했다.[44] 이곳을 육해 양면으로 포위한 벨리사리우스는 주민들의 대표자를 접견하였다. 이 대표자들은 벨리사리우스에게 그의 군인들에게는 하찮기만 한 이곳의 정복은 가볍게 여기고, 전장에서 고트족의 왕을 찾아 승리를 거둔 후에 로마의 수장으로서 속주의 도시들의 충성을 요구하라고 권유했다. 이 말에 동로마 제국의 총사령관은 도도한 미소를 지으며 대답했다.

나는 적을 대하는 데 있어 충고를 받기보다는 하는 일에 더 익숙하오. 그리고 지금 나의 한 손에는 피할 수 없는 몰락이 있고, 다른 손에는 현재 시칠리아가 누리는 것과 같은 평화와 자유가 있소.

답이 지연되어 초조해진 벨리사리우스는 가장 관대한 조건을 제시하는데, 자신의 명예를 걸고 나폴리인들이 자유롭게 행동

[44] 나폴리에서 보내는 휴가는 로마 시인들의 찬미의 대상이 되었다. 베르길리우스며 호라티우스, 실리우스 이탈리쿠스, 스타티우스 등이 바로 그들이다. 스타티우스는 우아한 서한으로 아내를 환락의 로마에서 끌어내 조용한 휴양지로 데려가는 아주 어려운 일을 해냈다.

45 측량은 로저(Roger) 1세가 나폴리를 정복한 후에 하였다.(1139년) 그는 이곳을 자신의 새로운 왕국의 수도로 삼았다. 그리스도교계 유럽에서 세 번째 가는 이 도시는 지금은 그 둘레가 12마일 정도이고 그 어떤 곳보다 많은 인구가(35만 명) 밀집해 살고 있다.

46 지리적인 단위로서의 보폭이 아니라 일반적인 보폭을 말한 것으로, 프랑스에서 사용하는 인치로 따지면 약 22인치 정도 된다. 2363걸음은 영국에서 사용하는 마일 단위로 보면 1마일도 되지 않는다.

할 수 있도록 보장해 주겠다는 것이었다. 하지만 나폴리는 두 개의 당파로 분열되어 있었다. 그리스식의 민주주의는 웅변가들에 의해 불붙게 되는데, 이 웅변가들은 힘차고 진실된 어조로 대중들에게 주장하기를, 고트족은 그들의 변절에 대한 벌을 받아야 하고 벨리사리우스도 자신들의 충성심과 용기를 중히 여겨야만 한다고 말했다. 그렇지만 이들의 토의가 완전히 자유로운 것은 아니었다. 도시는 800명의 야만족이 지키고 있었는데 이들은 충성의 표식으로 아내와 자녀들을 라벤나에 볼모로 보내 놓고 있었다. 그리고 부유하고 수가 많은 유대인들조차도 필사적이고 열성적인 태도로 유스티니아누스의 이설을 받아들이지 않는 완고한 법규에 저항했다. 시간이 한참 더 지난 뒤에도 나폴리의 둘레는45 겨우 2363걸음 거리 정도밖에46 되지 않았다. 이곳의 요새는 절벽이나 바다가 지키고 있었다. 수로가 차단되는 경우에는 우물이나 분수에서 물을 끌어와 공급할 수 있었으며 식량을 충분히 비축해 놓아서 포위군의 인내심이 다 할 때까지 쓸 수 있었다. 20일이 지나자 벨리사리우스의 인내심도 거의 바닥을 드러냈다. 결국 포위 공격을 포기하는 불명예를 감수하고 겨울이 오기 전에 고트족 왕과의 대결을 위해 진군해야겠다고 마음먹었다. 하지만 이런 고민거리는 대담한 호기심을 지닌 한 이사우리아인에 의해 해결되었다. 그는 물이 마른 수로를 돌아다니면서 도시 심장부로 일단의 무장 병사들을 비밀리에 침입시킬 수 있는 구멍 뚫린 통로를 찾아 보고하였다. 이 작전이 은밀하게 수행되었을 때, 자비심 깊은 총사령관은 비밀 작전을 들킬지도 모르는 위험을 무릅쓰고 적군에게 위험이 임박했다는 충고를 마지막으로 했지만 상대는 신경 쓰지 않았다. 한밤의 야음을 틈타 400명의 로마 병사들이 수로를 타고 숨어들어 밧줄을 올리브 나무에 동여매고 올라가서 한 외로운 노부인의 정원이었는지 집이었는지 모를 곳으로 들어갔다. 그리고 나팔을 불어 보초병을 놀라게 하고 성벽 사방을 기어오르던 동료들을 안으로 들어오게 하여 도시의 성문을 열어젖혔다. 사회 정의로 징벌받아야 하는 모든 범죄들이 전쟁의 권리라는 미명 아래 행해졌다. 훈족은 그 잔인함과 신성 모독 행위로 유명했다. 벨리사리우스가 혈혈단신으로 나폴리의 교회와 거리에 모습을 드러내고 이미 예견한 재난을 조금이라도 완화해 보려 했다. 그는 반복해서 크게 말했다.

　금과 은은 여러분의 용맹의 대가로 가져도 좋다. 하지만 주민들은 보호하라. 그들은 그리스도교인들이고, 간청하며 용서를 구하고 있고, 이제는 우리의 백성들이다. 어린아이들은 부모의 품에 되돌려 주고, 아내는 그 남편에게 보내 주어라. 이들에게 이전에 완강하게 거부한 친구가 얼마나 관대하고 자애로운지 보여 주도록 하라.

나폴리는 그 정복자가 덕과 권위를 갖춘 덕분에 살아남을 수 있었다.[47] 나폴리 사람들이 집으로 돌아왔을 때 은밀히 숨겨 두었던 보화들이 무사한 것을 위로 삼을 수 있었다. 야만족으로 이루어진 주둔군은 동로마 황제를 섬기는 일에 협력했다. 역겨운 고트족에게서 풀려난 아풀리아와 칼라브리아는 동로마 황제의 통치를 승인했다. 여전히 베네벤툼에 남아 있던 칼리돈의 멧돼지의 엄니에 대해 벨리사리우스의 역사가는 호기심 어린 시선으로 기술하고 있다.[48]

나폴리의 충성스러운 병사와 시민들은 고트족의 왕으로부터 해방되기를 기대하고 있었다. 이 왕은 나폴리의 파멸을 시

서기 536년 8월~540년, 이탈리아의 왕 비티게스

[47] 벨리사리우스는 이때의 학살 때문에 실베리우스 교황의 책망을 받았다. 벨리사리우스는 나폴리에 다시 사람들이 돌아와 살게 했고 시칠리아, 칼라브리아, 아풀리아 등지에 아프리카의 포로들을 데려다 놓았다.

[48] 베네벤툼은 멜레아게르의 조카인 디오메데스가 세웠다. 칼리돈의 멧돼지 사냥은 야만스러운 삶의 한 단면이다. 3, 40명의 영웅들이 돼지를 잡기 위해 함께 나섰다. 돼지가 아닌 짐승들은 목숨을 구하기 위해 여자들과 싸워야 했다.

⁴⁹ 클루베리우스는 데켄노비움을 우펜스 강과 묘하게 혼동하였다. 사실대로 이야기하면 데켄노비움은 아피 포럼에서 테라키나까지의 19마일 정도의 수로이다. 그곳에서 호라티우스가 한밤에 출항했던 것이다. 데켄노비움은 완전히 파괴되었다가 재건되었다가 완전히 사라져 버렸다.

⁵⁰ 한 유대인이 그리스도교인들에 대한 미움과 경멸을 만족시켰다. 돼지 열 마리씩을 세 무리로 나누어 각각 고트인, 그리스인, 로마인이라고 이름 붙여 구별해 놓았다. 이들 중 첫 번째 무리는 대부분 죽었고, 두 번째 무리는 대부분 목숨을 건졌으며, 세 번째 무리는 반은 죽고 나머지는 털이 몽땅 빠져 버렸다. 이 사건에 부적절한 상징성은 없다.

종일관 무기력하게 거의 무관심으로 방관하고 있었다. 테오다투스는 로마 성벽 안에 몸을 감추고는 한 발자국도 밖으로 나가지 않았는데, 그의 기병대는 아피아 가도를 40마일이나 달려, 최근에 고인 물을 길이 19마일의 운하로 빼냄으로써 우량한 목초지로 바뀐 폼프티누스 소택지에 진지를 차렸다.⁴⁹ 그러나 고트군의 주력 부대는 달마티아, 베네치아 및 갈리아의 각지에 분산되어 있었고, 동시에 이 무기력한 국왕은 왕국이 결국 멸망한다는 예언으로 생각되는 불길한 점괘로 마음이 혼란스러웠다.⁵⁰ 천하디천한 노예라도 불운을 당한 주인의 약점이나 죄악을 비난하게 마련이다. 테오다투스는 자신들의 특권과 능력을 잘 알고 있던 병사들로부터 엄격하게 관찰당한 후 나라와 민족 그리고 왕위에 전혀 어울리지 않는 인물로 선언되었다. 이리하여 일리리쿰 전쟁에서 그 용맹을 돋보인 비티게스 장군이 그의 동료들이 방패를 두드리며 갈채하는 성원 속에 국왕으로 옹립되었다. 이 소식을 풍문으로 접하게 된 퇴위 군주는 자신이 다스리던 나라의 사직(司直)의 손아귀에서 도망쳐야 했다. 하지만 사사로운 앙심으로 그의 뒤를 쫓는 자가 있었다. 한 고트인이 자신의 사랑에 상처를 주었던 테오다투스를 플라미니아 가도에서 따라잡고, 사내답지 못한 비명을 질러대는 그를 죽여 버렸다. 우리가 계속 언급해 온 역사가의 말에 따르면 테오다투스는 제단 아래 떨어진 희생양처럼 땅에 엎어져 있었다고 한다. 신민들의 선택을 받았다는 것은 그들을 통치하기 위한 최고, 최상의 자격이라고 한다. 하지만 이런 생각은 모든 시대를 통해 전해지는 편견이었던 것이, 비티게스는 어서 라벤나로 돌아가기를 바라고 있었는데 그곳에서 썩 내키지 않아 하는 아말라손타의 딸과 함께 선대로부터 물려받은 희미한 권리를 움켜잡으려 했다. 국가 회의가 즉시 소집되었고,

새로운 군주는 야만족의 조바심을 설득하면서 전임자의 실정으로 불가피하게 된 사태 수습을 떠맡았다. 고트족은 승승장구하는 적군을 앞에 두고 퇴각할 것에 동의하고 다음 봄이 오기 전까지 적극적인 전쟁을 미루기로 했다. 그리고 흩어진 군대를 소집하였지만 멀리 떨어져 있는 속령은 포기하기로 했으며, 로마마저도 그 주민들의 손에 맡기기로 했다. 그리하여 레우데리스라는 노령의 장수가 4000명의 병사들과 함께 수도에 남게 되었다. 이렇게 허약한 주둔군으로는 로마인들이 바라는 것을 거스르는 일이 불가능했지만 적어도 열의를 일으킬 수는 있었다. 종교와 애국심에 대한 일시적인 열정이 그들의 마음속에서 타오르고 있었다. 그들은 로마 교황의 자리가 더 이상 아리우스파의 묵인이나 그 승리로 인해 모욕당하는 일이 있어서는 안 된다고 힘차게 외쳤다. 그리고 로마 황제의 무덤이 더 이상 북쪽의 미개인들에 의해 짓밟히게 할 수는 없다고 했다. 그리고 동로마 제국의 일개 속주로 전락할 것이라는 생각을 진지하게 해 보지도 않은 채, 로마 황제의 통치를 다시 받게 되는 것을 자유와 번영의 새로운 시대가 열린 것으로 생각하며 신이 나서 환영했다. 시민들과 원로원 그리고 교황과 성직자의 대표들이 유스티니아누스의 부관에게 정중히 청하기를 자신들의 자발적인 충성을 받아 주고, 그를 환영하기 위해 모든 성문을 활짝 열어 놓은 도시로 입성해 달라고 했다. 벨리사리우스는 새롭게 점령한 나폴리와 쿠마이의 방비를 강화하는 일을 마치자마자, 약 20마일을 이동해 불투르누스 강의 제방으로 가서 카푸아의 쇠락한 장대함을 가만히 응시했다. 그리고 라틴 가도와 아피아 가도가 갈라지는 지점에서 걸음을 멈추었다. 9세기 동안 계속해서 사용되어 왔지만 우리의 감찰관이 이루어 놓은 업적은 태곳적 아름다움을 여전히 지니고 있었고, 광택이 나는 포석(鋪

51 1차 로마 수복의 해 (서기 536년)는 정확한데, 이는 개악되거나 가필된 것으로 보이는 프로코피우스의 글을 근거로 하는 것이 아니라 일련의 사건들을 나열함으로써 분명해진다. 달(12월)은 에바그리우스가 분명하게 밝혀 주었고, 날짜(10일)는 니케포루스 칼리스투스가 살짝 언급하여 확인해 주었다. 이렇게 정확한 연대가 기록된 것은 파기의 부지런함과 판단력 덕분이다.

石)에는 그 어떤 흠집도 발견되지 않았다. 그 돌로 만들어진 길은 폭이 좁았지만 견고하기가 매우 옹골졌다. 하지만 벨리사리우스는 라틴 가도를 택했다. 그 길은 바다나 소택지에서 멀리 떨어져 있으면서 산허리를 따라 120마일에 걸쳐 뻗어 있었다. 적군은 이미 모습을 감춰 버리고 없었다. 벨리사리우스가

서기 536년 12월, 로마에 입성한 벨리사리우스

아시나리아 성문을 통해 입성했을 때 수비대는 플라미니아 가도를 따라 철수했다. 그리하여 60년간 예속당하고 있던 로마 시(市)는 야만족의 속박에서 벗어나게 되었다. 레우데리스는 자존심 때문이었는지 아니면 불평불만이 있었기 때문인지는 알 수 없지만, 혼자서 그 도망자의 대열에 끼기를 거부했다. 그래서 그는 승리의 트로피가 되어 로마 시의 열쇠와 함께 유스티니아누스 황제에게 보내졌다.51

서기 537년 3월, 로마를 포위 공격한 고트족

오래전부터 지켜 온 사투르날리아 축제와 겹치는 처음 며칠간은 서로 축하를 나누고 모든 이들이 기쁨에 들떠 지냈다. 그리고 가톨릭교도들은 다른 축일과 경쟁할 필요 없이 다가오는 그리스도의 탄신 축일을 기리기 위한 준비를 했다. 영웅의 일상적인 대화에서 로마 시민들은 역사 속의 조상들이 갖추었던 미덕의 개념에 대해 알게 되었다. 그들은 벨리사리우스가 성 베드로의 후계자에게 분명한 예의를 갖추는 것을 보고 교화되었다. 벨리사리우스는 엄격한 훈육으로 전쟁의 와중에도 무사공평함의 축복을 분명히 받을 수 있게 해 주었다. 로마 시민들은 벨리사리우스 군이 신속하게 승리를 거둔 것에도 박수갈채를 보냈다. 벨리사리우스의 군대는 인접한 지역을 제압했는데, 그 범위가 나르니, 페루시아, 스폴레토에까지 이르렀다. 하지만 이런 군을 보면서 원로원이나 성직자들, 그리고 호전적

이지 않은 사람들은 고트족이 다시 포위 공격을 해 올 것이라는 사실을 알고는 모두 두려움에 몸을 떨었다. 비티게스는 겨울 동안 궁리한 계획을 부지런히 그리고 효율적으로 실행에 옮겼다. 고트족은 라벤나에 모여 자신들의 나라를 지켜 내려 했다. 달마티아를 구출하기 위해 군대를 파견하고도 15만이나 되는 군사가 왕의 깃발 아래 모였다. 신분이나 공훈에 따라 고트족 왕은 무기와 말, 값진 선물, 관대한 약속을 적절히 분배하였다. 그는 플라미니아 가도를 따라 이동하다가 페루시아와 스폴레토를 포위 공격하는 것은 소용없다고 거부하고, 나르니의 난공불락 바위산도 피하여 로마에서 2마일 정도 떨어진 곳에 있는 밀비우스 다리의 교각에 도착했다. 좁은 통로를 방어하고 있는 것은 망루였는데, 벨리사리우스는 새로운 교각을 세우는 데 20일 정도가 소요될 것이라고 어림잡았다. 하지만 망루에 있던 병사들은 대경실색하여 도망가거나 근무지를 이탈함으로써 벨리사리우스의 바람을 이룰 수 없게 했고, 벨리사리우스 자신의 신변도 일촉즉발의 위험에 처하는 상황을 맞았다. 1000명의 기병대를 이끌고 로마의 총사령관은 플라미니아 성문에서 출격하여 유리한 지점에 진지를 구축한 다음 야만족의 진영을 조사하려 했다. 적군이 테베레 강의 반대편에 있다고 생각한 벨리사리우스는 갑작스레 포위를 당한 채 수많은 적군의 공격을 받았다. 이탈리아의 운명이 그의 목숨에 달려 있었다. 탈주병들은 이목을 끄는 한 마리 말을 지적했는데 그 말의 머리는 하얗고 몸은 붉은 갈색[52]에 갈기와 꼬리는 검은색이었다. 바로 이 잊지 못할 날에 벨리사리우스가 타고 있던 말이었다. 적들은 일제히 커다랗게 외치기 시작했다. "저 밤색 말을 겨누어라." 모두들 화살을 당기고 투창을 던져서 그 중대한 목표물을 맞히려 했다. 발포 명령이 계속 이어졌고 실제로 무엇

[52] 적갈색 말은 그리스어로는 팔리오스(φάλιος)라고 부르고, 야만족의 언어로는 발란(balan), 로마어로는 스파딕스(Spadix)라고 한다. 베르길리우스는 '순결하고 산뜻한 갈색'이라고 말했다. 스파디크시(Σπά-δiξ) 또는 바이온(βάιον)은 종려나무 가지를 의미한다.

을 하는지도 모르는 수천 명이 그 명령에 따랐다. 더 대담한 야만족들은 칼과 창으로 하는 좀 더 명예로운 전투를 위해 앞장서 나갔다. 그러다가 비산두스가 쓰러지자 적군도 칭송하며 그 명예로움을 기렸다. 비산두스는 기수로서 제일 앞줄에 서서 열세 번의 부상을 입으면서 버티고 있었던 것이다. 그 상처 중 일부는 아마도 벨리사리우스 자신이 입었어야 할 것이었다. 이 로마 장군은 강하고 능동적이며 능수능란했다. 그는 체중을 실어 날리는 치명적인 일격을 사방으로 휘둘러댔다. 그의 충직한 근위대 역시 그의 용맹스러움을 본받아 벨리사리우스의 신변을 보호했다. 1000명의 병력을 잃은 후 고트군은 영웅의 막강한 무력 앞에서 도망치고 말았다. 벨리사리우스의 병사들은 성급하게 고트족의 진지까지 추격해 갔으나 수에서 압도당해 처음에는 조금씩 밀리다가 결국에는 허둥대면서 성문까지 퇴각해 와야 했다. 하지만 성문은 사람들이 함부로 들어오지 못하도록 굳게 닫혀 있었다. 벨리사리우스가 살해당했다는 소문에 공포는 커져 갔다. 사실 벨리사리우스의 얼굴은 땀과 먼지 그리고 피로 얼룩져 있었고 목소리도 쉬었으며 기력도 거의 탈진해 있었다. 하지만 그가 지닌 불굴의 의지력은 여전히 남아 있었다. 벨리사리우스는 자신의 의지력을 절망에 빠진 동료들에게 나누어 주었다. 그래서 그들의 마지막 돌격은 도망치는 야만족들에게는 기운이 충만한 온전한 군대가 도시에서 새로 투입된 것같이 느껴지게 만들었다. 플라미니아 성문은 진정한 승리 앞에 활짝 열리게 되었다. 하지만 벨리사리우스는 각 진지를 방문하고 공공의 안전을 위해 필요한 것을 원조한 후에야 아내와 친구들의 권유를 받아 식사를 하고 휴식을 취하였다. 전쟁 기술이 더욱 향상된 현재 상황에서는 지휘관이 개인

벨리사리우스의 무용(武勇)

적으로 위대한 무력을 발휘하는 일이 필요하거나 요구되는 일이 거의 없다. 그러니 벨리사리우스의 예는 앙리 4세나 피루스, 알렉산드로스 같은 이들과 마찬가지로 매우 보기 드문 경우로 보아야 할 것이다.

실패로 끝난 이 최초의 도발 이후에 고트족 군대 전체는 테베레 강을 건너 도시를 포위했다. 이 포위 공격은 1년 이상 지속되었다. 우리가 어떤 상상을 하더라도, 지리학자들의 엄격한 계산에 따르면 로마 시의 둘레는 12마일과 345보 정도였고, 바티칸 궁전을 제외한다면 아우렐리아누스 황제가 승전보를 울리던 때부터 현재의 교황의 평화롭지만 애매한 치세에 이르기까지 그 둘레는 변함이 없다.[53] 하지만 로마의 전성기에 성벽 안에는 주거지와 주민들로 북적거렸고, 공공 도로를 따라 사방으로 뻗어 있던 인구가 조밀한 교외 지역은 하나의 중심으로부터 광선이 방사되어 있는 것과 같았다. 하지만 로마에 닥친 불행은 이런 아름다운 외견을 일시에 휩쓸어 갔고, 일곱 개의 언덕 대부분도 황량한 곳으로 변하고 말았다. 하지만 이런 상황에서도 로마는 전장에 보낼 수 있는 연령의 남성이 3만 명 이상 있었다.[54] 훈련과 군기의 부족함에도 불구하고 가난의 고통에 익숙한 이 대부분의 장정들은 자신들의 나라와 종교를 지키기 위해 병역에 복무할 수 있었다. 빈틈없는 벨리사리우스는 이런 중요한 자원을 놓치지 않았다. 시민들의 부지런함과 열의로 인해 벨리사리우스의 병사들은 쉴 수 있었는데, 그들은 병사들이 잠자는 동안 망을 보았고 병사들이 휴식을 취하는 동안 군무를 보았다. 벨리사리우스는 로마의 젊은이 중에서 가장 빈곤하지만 가장 용감한 자의 자발적인 봉사를 받아들였다. 그리고 때때로 시민들로 편성된 부대가 좀 더 중요한 임무를 위해

벨리사리우스의 로마 방어

[53] 당빌(M. d'Anville)은 1756년의 학술 회고록에서 로마의 지도를 작은 규모로 보여 주었다. 하지만 이것은 1738년 롤린(Rollin)의 역사서에서 윤곽을 그렸던 것보다 훨씬 더 정확해진 것이었다. 경험을 통해 지식을 더욱 쌓아 간 당빌은 로시(Rossi)의 지형학 대신에 새로운 기법의 놀리(Nolli)의 지도를 사용했다. 플리니우스가 13마일이라고 측량한 것은 8마일로 줄어들게 되었다. 언덕이나 산을 없애는 것보다는 문장을 바꾸는 것이 더 쉬운 일이다.

[54] 1709년에 라바(Labat)는 13만 8568명의 그리스도교도 외에 8000이나 1만 정도의 유대인이 있었다고 계산했다. 1763년에는 그 수가 16만을 넘어섰다.

55 나르디니의 정확한 눈은 벨리자리오의 난잡한 작품을 구별해 냈다.

56 프로코피우스가 보았던 이 성벽의 균열과 기울어짐은 현재에도 그대로 볼 수 있다.

57 립시우스는 프로코피우스가 분명하게 적었던 이 부분을 알지 못했다. 이 기계 장치는 오나그로스(ὄναγρος) 또는 칼키트란도(calcitrando) 또는 야생 당나귀라고 불렸다. 멜빌(Melville) 장군이 고안하여 만든 재치 있는 모형을 본 적이 있는데, 고대 걸작을 그대로 재현한, 아니 그보다 더 뛰어난 작품이었다.

58 이 웅장한 묘에 대한 묘사는 프로코피우스의 것이 최초이며 최고이다. 놀리의 평면도를 보면 그 측면이 260피트 정도이다.

자리를 비운 부대의 빈자리를 대신해 지키기도 했다. 하지만 무엇보다 벨리사리우스가 믿었던 이들은 그와 함께 페르시아와 아프리카 전쟁에 참전했던 노련한 고참병들이었다. 비록 그 용감한 병사의 수가 5000명으로 줄어 있었지만, 벨리사리우스는 그 적은 수의 병사들에게 5만 명의 야만족들로 구성된 적군을 상대하여 12마일에 달하는 로마 주변을 수비하는 일을 맡겼다. 벨리사리우스가 건설하거나 복구했던 로마의 성벽에서 고대 건축물의 재료를 알아볼 수가 있다.55 그렇게 전체 방비가 완성되었지만, 핀키우스 성문과 플라미니아 성문 사이에는 여전히 크게 갈라진 틈이 남았다. 그곳은 고트족과 로마인들의 편견으로 인해 사도 베드로의 영험한 가호에만 맡겨져 있었다.56 흉벽(胸壁) 또는 보루는 뾰족한 예각을 이루었고 해자는 깊고 넓어서 성벽의 하부를 보호했다. 성벽 위의 궁수들에게는 여러 가지 병기가 보급되었다. '발리스타'라는 강력한 석궁은 사정거리는 짧았지만 강한 화살을 날려 보냈다. 일명 야생 당나귀라고 불리는 '오나그리'는 투석기의 원리를 이용하여 만든 것으로 무거운 돌이나 거대한 탄환을 발사했다.57 테베레 강에는 쇠사슬이 가로질러 걸렸다. 수로의 아치문은 통과할 수 없게 막았고 하드리아누스의 능묘58도 최초로 요새로 사용하기 위해 개조되었다. 그 훌륭한 구조물에는 두 명의 안토니누스 황제의 유해가 있었는데, 둥근 모양의 작은 탑 두 개가 사각형의 기저부에서 위로 솟은 모양을 하고 있었다. 겉은 파로스 섬에서 가져온 하얀색 대리석으로 덮였는데, 그 대리석에는 여신들과 영웅들의 조각상이 장식되어 있었다. 그런데 예술 애호가라면 누구라도 다음의 이야기를 읽으면서 한숨을 쉴 것이다. 프락시텔레스나 리시포스의 작품들이 높은 받침돌에서 떼어내져 포위군의 머리 위로 던져지다가 수로에 처박힌 것이다.59 벨리사리우스는 부관들에게 성문을 수비하라는 임무를 맡겼는데, 어떠한 위험이 닥쳐온다 해도 각자의 초소를 충실히 고수해야만 한다고 현명한 지시를 엄중하게 내리면서 로마의 안전에 대해서는 자신을 믿어야 한다고 했다. 가공할 만한 고트족의 군대도 도시 전체를 포위하기에는 역부족이었다. 로마에는 열네 개의 성문이 있었는데, 그중 프라이네스티네 가도에서 플라미니아 가도까지 이어지는 길에 있는 일곱 개의 성문만 포위하고 있었다. 비티게스는 군대를 여섯 개의 진영으로 나누어 수로를 파고 누벽을 세워 방비 태세를 갖추었다. 강에서 투스카니 쪽으로 가는 곳에는 바티칸의 넓은 벌판에 있는 대경기장에 일곱 번째 진지가 세워졌다. 이곳에서라면 밀비우스 다리와 테베레 강의 수로를 잘 내려다볼 수 있었기 때문이다. 하지만 이들 고트족은 인접해 있는 사도 베드로의 교회에는 신앙심을 가지고 다가갔다. 그 성스러운 사도들의 영역은 그리스도교도 적군의 포위 공격 기간 내내 존중되었다. 이전에 로마 제국의 전성 시대에는 원로원이 장거리 정복 전쟁을 결의할 때마다 집정관이 장엄하고 호화스러운 분위기를 연출하면서 야누스 신전의 문을 활짝 열어 개전을 선포했다.60 하지만 이제 내전으로 인해 이런 경고는 쓸데없는 것이 되었고, 새로운 종교가 승인됨으로써 이 의례는 설 자리를 잃고 말았다. 하지만 높이 5큐빗이나 되는 인간의 형상을 한 신의 조각상이 서 있을 정도의 크기인 놋쇠로 만든 야누스의 신전은 포럼에 그대로 서 있었다. 이 조각상의 두 얼굴은 동쪽과 서쪽을 향하고 있었다. 이 두 쪽의 출입문도 마찬가지로 놋쇠로 만들어져 있었다. 녹슨 돌쩌귀가 달린 이 문을 열어 보려는 헛된 노력은 그저 로마인들이 여전히 자신들의 선조가 가지고 있던 미신에 집착한다는 수치스러운 비밀을 드러냈다.

59 프락시텔레스는 파우누스를 멋지게 만들어 냈다. 아테네에 있는 파우누스 동상은 그의 걸작이다. 현재 로마에는 파우누스 조각상이 대략 서른 개 정도 있다. 성 안젤로 성의 해자는 우르바누스 8세 치하에서 깔끔하게 정리되었는데, 이때 일꾼들은 잠자고 있던 바르베리니 궁전의 파우누스 상을 발견해 냈다. 하지만 그 아름다운 조각상에서 다리, 허벅지, 오른팔이 떨어져 나가 있었다.

60 프로코피우스는 야누스 신전에 대해 매우 잘 묘사했다. 이곳은 한때 로물루스와 누마가 세운 초기 로마의 성문이었다. 베르길리우스는 이 고대 의식을 시인이나 골동품 애호가처럼 묘사하고 있다.

**고트족의 총공격을
격퇴한 벨리사리우스**

포위군이 고대인들이 발명했던 온갖 공격 무기를 조달하는데만 18일이 걸렸다. 수로를 메우기 위해 장작단을 준비하고 성벽을 기어오르기 위해 성곽 공격용 사다리를 만들었다. 숲에서 가장 큰 나무를 베어다가 네 개의 파성추를 만드는 들보로 사용했다. 파성추의 앞부분에는 밧줄에 매달린 쇠가 붙어 있었는데 파성추 하나를 움직이기 위해서는 쉰 명이 달려들어야 했다. 나무로 만든 높은 망루는 바퀴, 즉 굴림대로 움직였다. 이 망루로 성벽과 같은 정도의 높이에 넓은 포대를 만들 수 있었다. 그리고 19일째 되는 날, 프라이네스티네 성문에서 바티칸에 이르는 전선에서 전면적인 공격이 감행되었다. 고트족 일곱 부대가 병기로 무장하고 공격을 위해 전진했다. 로마 병사들은 성벽에 줄을 지어 서서 설마 하는 마음과 걱정하는 마음이 반반인 채로 그들의 지휘관이 기운차게 장담하는 소리에 귀를 기울이고 있었다. 적군이 수로에 도착하자마자 벨리사리우스는 직접 최초의 화살을 날렸다. 그의 이러한 강인함과 기민함은 야만족의 지휘관 중에서 맨 앞에 서 있던 자를 관통시키는 쾌거를 올렸다. 승리의 함성과 박수갈채가 성벽을 따라 울려 퍼졌다. 벨리사리우스는 두 번째 활시위를 잡아당겼고 그 화살은 첫 번째처럼 성공적이었다. 다시 한 번 환호와 박수갈채가 쏟아졌다. 그러자 로마의 장군은 궁수들에게 소 떼를 겨누라고 명령했다. 이내 소들이 쓰러지면서 이 소들이 끌고 가던 망루는 꼼짝도 할 수 없는 무용지물이 되었다. 고트족의 왕이 야심차게 세운 계획이 한순간에 엎어져 버렸다. 이런 실망스러운 결과를 당한 뒤에도 비티게스는 여전히 살라리아 성문 공격을 계속했다. 아니 어쩌면 계속하는 척했다고 말하는 것이 옳은데, 그렇게 함으로써 적군의 주의를 분산시킬 수 있을지도 모르는 일이었다. 그러는 동안 주력 부대는 더욱 맹렬하게 프라이네스티네 성문과 하드리아누스의 묘를 공격했다. 이 두 곳은 3마일 정도 떨어져 있었다. 프라이네스티네 성문 근처에 있는 비바리움61의 이중 벽은 나지막하게 다 부서져 있었다. 하드리아누스 묘의 방비는 매우 취약했다. 고트족의 용맹은 승리와 노획의 가능성을 바라보면서 더욱 커져 갔다. 만약 단 하나의 진지라도 야만족에게 내주게 된다면, 로마군과 로마 시는 돌이킬 수 없게 지고 말 것이었다. 하지만 이렇게 위험했던 그 날이야말로 벨리사리우스의 일생에서 가장 영광스러운 날이 되었다. 큰 소동이 일어나고 다들 놀라고 불안해 하는 와중에 공격과 수비에 대한 전체적인 계획이 벨리사리우스의 머릿속에 분명하게 떠오르고 있었다. 벨리사리우스는 매순간 변화하는 상황을 관찰하고 가능한 이점을 모두 찾아 경중을 가리고, 직접 위험한 현장에 가서 자신의 기개와 용기를 침착하고 단호한 어조로 병사들에게 전했다. 싸움은 아침부터 저녁까지 치열하게 이어졌다. 고트족은 사방에서 밀렸으며, 고트족 지휘관의 말을 그대로 빌리면 이 유혈이 낭자한 교전에서 3만 명의 고트족이 전사하고 부상자도 비슷한 수에 이르렀다. 고트족이 진격할 때의 밀집 대형의 혼란은 오히려 로마군의 투창의 표적이 되었다. 그리고 고트족이 퇴각할 때는 로마의 시민들까지 합세하여 그 뒤를 쫓아가 아무런 제재도 받지 않고 도망가는 적군의 후미를 잡아 학살했다. 벨리사리우스는 즉시 성문을 열고 나갔다. 병사들이 그의 이름과 승리를 연호하는 가운데 적국의 병기는 재로 변해 버렸다. 고트군은 막대한 손실에 망연자실했으며, 이 날부터 로마의 포위 공격은 지루하고 따분한 봉쇄 작전으로 바뀌었다. 그렇지만 로마의 지휘관이 소규모 접

61 비바리움은 야생 동물을 위해 둘러친 새로운 벽 안에 있는 모퉁이다.

벨리사리우스의 출격

62 단단한 청동으로 만든 금관 악기로 소리를 내면 돌격하고, 가죽이나 가벼운 나무로 만든 나팔 소리가 나면 퇴각하는 등의 구분을 두었는데, 이는 프로코피우스가 제안하고 벨리사리우스가 채택한 방법이다.

전을 계속 일으켜 최고로 용감한 병사 가운데 5000명 이상을 살상하는 등의 일로 고트족은 끊임없이 시달림을 받았다. 고트족의 기병대는 활을 사용하는 데 익숙하지 않았고, 고트족의 궁수들은 걸어 다니면서 전투를 했다. 이렇게 이원화된 병력은 먼 거리에서 또는 가까운 거리에서 창과 화살을 모두 자유롭게 활용하는 로마군과 겨루는 일을 불가능하게 했다. 벨리사리우스의 신기에 가까운 기술은 이런 유리한 기회를 잘 포착해서 이용했으며, 때와 장소를 정확히 선택하고 공격과 퇴각을 재빨리 판단함으로써,62 그가 파견한 부대는 실패하는 법이 거의 없었다. 이런 유리한 상황은 병사들과 로마 시민들 사이에 성급한 열광을 퍼뜨렸다. 사람들은 포위를 당해 어려움을 겪어보고는 전면전의 위험을 과소평가하기 시작했다. 하층 계급의 평민들도 스스로를 영웅으로 생각했고, 규율 이완으로 최전방에서 쫓겨난 보병들도 로마 보병 군단의 옛적 명예를 갈망했다. 벨리사리우스는 병사들의 기개를 칭송하면서도 그 주제넘은 태도를 꾸짖었다. 병사들과 시민들이 아우성치는 소리를 받아들이면서도 혼자만이 용감하게 인정한 패전의 가능성에 대해 생각하고 그에 따른 대비책을 강구했다. 바티칸의 전선에서 로마군은 승리했다. 이 돌이킬 수 없는 순간에 진지를 약탈하느라 시간을 낭비하지 않았더라면, 로마군은 밀비우스 다리를 점령하고 고트족 주력 부대의 배후를 공격할 수 있었을지도 몰랐다. 테베레 강 건너편에서 벨리사리우스는 핀키우스 성문에서 살라리아 성문에 이르는 지역을 전진해 나갔다. 하지만 약 4000명 정도의 병력이 광활한 평원에서 새롭게 충원된 다수의 적군에 의해 포위당하고 진압당했다. 용감했지만 효과적인 공략에 서툴렀던 보병대의 지휘관들은 대부분 전사하고 말았다. 퇴각(매우 서두른 퇴각)은 로마 최고 지휘관의 빈틈없음으로 인해 가능했다. 승리를 거두고 추격하던 고트족은 가공할 만한 성벽이 완전 무장한 모습에 경악하며 물러섰다. 벨리사리우스의 명성은 이번 패배로도 아무런 손상을 입지 않았다. 우쭐해져서 스스로를 과신하게 된 고트족의 상태만큼이나 로마 군대의 후회와 조심성 있는 태도는 벨리사리우스의 계획에 여러 모로 도움이 되는 일이었다.

벨리사리우스가 포위 공격을 감당해 내기로 마음 먹은 순간부터 그는 부단히 기근의 위험에 대비해서 로마에 물자를 공급하려 애써 왔다. 기근이야말로 고트족 군대보다 더 두려운 존재였다. 그래서 시칠리아에서 막대한 양의 옥수수를 들여왔고, 캄파니아와 투스카니에서 추수한 곡물은 로마에서 사용하기 위해 우격다짐으로 모두 휩쓸어 가지고 왔다. 사유 재산의 권리는 공공의 안전이라는 강력한 구실로 인해 침해당했다. 적군이 수로를 차단하리라는 것은 쉽게 예상할 수 있는 일이었다. 그렇게 되면 물레방아가 정지하는 것이 가장 먼저 겪게 될 불편이었다. 이 문제는 곧 강물에 대형 선박을 띄워 놓고 연자맷돌을 고정하는 것으로 해결할 수 있었다. 하지만 얼마 지나지 않아 굵은 나무들 때문에 물이 잘 흐르지 않게 되었고, 떠내려 오는 시체들로 오염되기 시작했다. 그러나 로마의 최고 지휘관의 사전 대책은 효과 만점이어서 테베레 강의 물은 여전히 방아를 돌리고 거주민들의 식수를 공급해 주었다. 멀리 떨어져 있는 막사들은 자체적으로 우물을 파서 물을 공급했다. 포위당한 주민들은 공공 목욕탕을 사용하지 못하게 된 것에도 불편해 하지 않고 견뎌 냈다. 프라이네스티네 성문에서 사도 바울의 교회에 이르는 넓은 지역은 단 한 번도 고트족의 침입을 받지 않았다. 고트족의 습격은 무어족 군대의 활약으로 억

로마 시의 고민

63 프로코피우스는 이 수로에 이름 붙이는 것을 잊어 버렸다. 로마에서 이 정도 떨어져 있는 교차점이 두 개가 겹쳐지는 이곳은 프론티누스, 파브레티(Fabretti), 에스키나르(Eschinard), 아퀴스(de Aquis), 아그로 로마노(de Agro Romano)의 글에서 분명히 확인할 수 없었고, 라메티와 키콜라니의 지역 지도에서도 찾아볼 수 없었다. 이 도시에서 7, 8마일(50스타디아) 떨어진 곳에 있는 알바노로 가는 길에서, 라틴 가도와 아피아 가도 사이에서 나는 수로(아마도 셉티미아 수로인 듯하다.)의 유적을 알아보았는데, 25피트 높이의 아치가 일렬(630걸음 거리)로 서 있었다.

64 노새의 살로 소시지를 만들었는데 전염병으로 죽은 경우에는 몸에 해로웠다. 그렇지만 않았다면 그 유명한 볼로냐 소시지는 나귀의 살코기로 만들어졌다는 말이 있었을 것이다.

제되었다. 테베레 강에서의 항해나 라틴 가도와 아피아 가도 그리고 오스티아 가도의 통행은 평온하고 자유로워서 옥수수와 가축의 반입이 가능했으며, 캄파니아나 시칠리아에서 피난처를 찾아온 사람들의 통로로도 사용되었다. 아무 쓸모도 없이 먹어대기만 하는 사람들을 없애야 한다는 생각에서 벨리사리우스는 여자와 아이와 노예들은 당장 로마를 떠나라고 강제적으로 명했다. 병사들에게도 남녀 종자 모두를 떠나보내도록 명령했다. 그리고 병사들에게 지급해야 하는 수당을 일정 분량은 식량으로 나머지는 돈으로 지급하도록 통제했다. 고트족이 로마 인근의 중요한 진지 두 군데를 점령하자마자 벨리사리우스가 예견했던 대로 모든 이들이 곤궁에 처했다. 지금은 포르토 시로 불리는 항구를 적에게 점령당하자 테베레 강에 대한 권리를 빼앗겼고, 그에 따라 바다로 통하는 최상의 통로를 잃었다. 벨리사리우스는 슬픔과 분노에 잠겨 만약 300명의 군사만 더 있었다면 그 약한 병력으로도 난공불락의 요새를 지켜 낼 수 있었으리라는 후회를 했다. 아피아 가도에서 라틴 가도 사이에 있으면서 수도에서 7마일 떨어진 곳에는 두 개의 주요 수로가 교차하는데, 여기에는 높이 솟은 단단한 아치문이 둘러싸서 지키는 공간이 있었다.63 그곳에 비티게스는 7000명의 고트족으로 하여금 진지를 구축하게 하고 시칠리아와 캄파니아의 호송 선단을 봉쇄하도록 했다. 로마의 곡물 창고는 서서히 바닥을 드러냈고 인접한 지역은 불과 칼로 인해 황폐해졌다. 이렇게 식량이 부족해졌지만 잠시 동안의 습격으로 얻은 것들은 용맹의 포상이나 부를 쌓기 위한 수단이 되었다. 말 사료와 병사들이 먹을 빵은 절대로 떨어지는 일이 없었지만, 포위 공격이 마지막으로 치닫는 시점에서는 식량 부족으로 몸에 해로운 음식64을 먹을 수밖에 없는 곤경에 처했으며, 전염병이 창궐하기도 했다.

벨리사리우스는 주민들의 이런 고통을 보고 동정하면서, 동시에 병사들의 충성이 변질되고 불만이 커져 갈 것이라는 사실을 이미 예견하였고 곧 그런 일들이 일어나는 것을 보았다. 고난은 로마 시민들로 하여금 자유나 고상한 가치 따위의 미몽에서 깨어나게 했다. 그리고 굴욕적인 교훈을 얻게 되었는데, 자신들의 군주의 이름이 고트어에 속하든 라틴어에 속하든 그들의 실제적인 행복에 별로 중요하지 않다는 사실을 깨달은 것이었다. 유스티니아누스의 부관은 이들의 근거가 충분한 불평에 귀를 기울였다. 하지만 항복하거나 도망가자는 의견은 경멸하며 거부했다. 그리고 시민들이 안달복달하면서 결전에 나서라고 끈덕지게 요구하는 것도 무마했다. 그리고 곧 확실하게 구출될 것이라고 말하면서 그들의 마음을 달래고, 낙담의 결과로 일어날 수도 있는 반역으로부터 로마와 자신의 안위를 단단히 지켜냈다. 매달 두 번씩 성문을 방어하는 임무를 맡은 부대의 위치를 바꾸었다. 순찰, 암호, 불, 음악 같은 다양한 예방 조치는 성벽에서 일어나는 모든 일을 알 수 있게 해 주었다. 수로 바깥쪽에도 진지가 세워졌는데 여기에는 믿을 수 없는 인간의 충성심을 보충할 충직한 개들이 경계를 섰다. 라테란 교회와 이웃해 있는 아시나리아 성문이 고트군을 위해 은밀히 열릴 것이라는 내용의 서한이 발각되었다. 반역죄가 의심되거나 증거가 확실한 몇몇 원로원 의원이 추방되었고, 교황 실베리우스는 황제의 대리인이 있는 핀키우스 궁전의 본관으로 소환당했다.[65] 교황을 따르던 성직자들은 첫 번째 방이나 두 번째 방에서 기다렸고,[66] 교황 혼자만이 벨리사리우스를 만났다. 로마와 카르타고를 정복했던 위대한 영웅은 품위 있는 의자에 몸을 기댄 안토니나의 발 아래에 앉아 있었다. 총사령관은 침묵을 지켰

서기 537년 11월, 교황 실베리우스의 추방

[65] 궁전, 산, 성문의 이름은 모두 원로원 의원 핀키우스의 이름에서 따온 것이다. 최근에 찾아낸 신전과 교회의 유적은 이제는 트리니타 델 몬테 교회의 정원과 어우러져 버렸다. 벨리사리우스는 자신의 주둔지를 핀키우스 성문과 살라리아 성문 사이에 두었다.

[66] '첫 번째', '두 번째'라는 표현에서 벨리사리우스는 포위 공격을 당하는 가운데서도 황제를 대신해 비잔티움 궁정의 예를 다했던 것으로 보인다.

67 프로코피우스는 이런 신성 모독을 냉담한 태도로 마지못해 기술했다. 리베라투스와 아나스타시우스의 이야기는 독특하지만 열정적이다.

다. 하지만 질책과 위협의 목소리가 그 도도한 아내의 입술에서 떨어졌다. 믿을 만한 목격자가 고발하고 교황 자신이 서명한 증거가 있었기에, 성 베드로의 후계자는 로마 교황의 권위를 박탈당하고 보잘것없는 수사의 옷을 입고 곧바로 멀리 떨어져 있는 동쪽의 유배지로 떠났다. 황제의 명령에 따라 로마의 성직자들은 새로운 교황을 선택하는 일을 시작했다. 성령의 가호를 기원한 후에 부제 비길리우스를 선출하였는데, 그는 교황직을 황금 200파운드의 뇌물로 얻었다. 이런 성직 매매는 그 대가와 그에 따른 죗값이 결국 벨리사리우스에게 귀결될 일이었다. 하지만 이 영웅은 아내의 명령에 순종했을 뿐이었으며 안토니나 역시 황후의 열정을 받든 것뿐이었다. 테오도라는 자신의 보화를 아낌없이 사용해서 칼케돈 회의에 관심이 없거나 적대적인 사람을 교황으로 세우기를 바랐다. 하지만 소용이 없었다.67

로마 시의 구출

벨리사리우스가 황제에게 보낸 서한에는 자신이 거둔 전승과 현재 닥친 위험 그리고 결심이 적혀 있다.

황제 폐하의 명에 따라 저희는 고트족의 영지에 진입해 있습니다. 그리고 시칠리아와 캄파니아, 그리고 로마를 폐하의 지배권에 두게 되었습니다. 하지만 이 정복지를 획득한 것보다 잃는 것이 더욱 불명예스러운 일이 될 것입니다. 지금까지 우리는 다수의 야만족에 맞서 잘 싸워 왔습니다만, 수적인 열세를 극복하지 못하고 마침내 밀리고 말았습니다. 승리는 하늘의 은총이겠습니다만, 국왕이나 지휘관의 명성은 자신들의 계획을 성공하느냐 아니면 실패하느냐에 달려 있습니다. 부디 제가 자유롭게 말하는 것을 허락해 주소서. 우리가 살아남아야만 한다고 생각하시면 의식주에 필요한 최소한의 생활 수단을 보내 주십시오. 우리가 승리하기를 원하신다면 무기와 말 그리고 병사들을 보내 주십시오. 로마 시민들은 우리를 친구이자 구원자로 받아들이고 있습니다. 하지만 현재와 같이 곤란한 처지에 있는 때는 뻔뻔하게도 자신들의 원래 모습을 드러낼 수도 있고, 반역이나 증오를 보이며 우리를 괴롭힐지도 모릅니다. 사실 저의 목숨은 온전히 폐하의 것입니다. 이런 상황에서 제 죽음이 황제 폐하의 치세에 영광과 번영을 더할 수 있을지 아닌지는 폐하께서 판단해 주십시오.

만약 동로마 제국의 온건한 군주가 아프리카와 이탈리아의 정복을 포기했어도 그의 치세는 별 차이없이 번영했을 것이다. 그러나 유스티니아누스는 명성을 얻고자 하는 야망이 있었기 때문에 애를 써서(그리 열심히 애를 쓴 것은 아니었지만.) 승승장구하는 총사령관을 어려움에서 구해 주고 원조물을 보내려 했다. 마르티누스와 발레리아누스가 이끄는 1600명의 슬라브족과 훈족이 원군으로 구성되었다. 겨울 동안은 그리스의 항구에서 휴식을 취했기 때문에 병사와 말은 항해로 인해 기력이 약해지지 않았다. 포위군을 향해 처음으로 공격할 때는 이들의 용맹함이 도드라져 보였다. 하지(夏至)가 될 무렵에 에우탈리우스는 병사들에게 지급할 상당한 양의 돈을 가지고 테라키나에 상륙했다. 이 부대는 호위를 받으며 조심스레 아피아 가도를 따라 전진해 카페나 성문[68]을 통해 로마에 입성했다. 반면 벨리사리우스는 고트족의 주의를 돌리기 위해 반대쪽에서 작은 충돌을 일으켜 좋은 성과를 얻어 냈다. 동로마군 총사령관은 이처럼 시기적절한 원군을 잘 활용하고 그 명성을 이용해서 병사들과 시민들의 용기, 적어도 희망을 북돋워 주었다. 역사

[68] 카페나 성문은 아우렐리아누스에 의해 현재의 성 세바스찬 교회의 입구 근처로 옮겨졌다.(놀리의 평면도를 보라.) 그 기념할 만한 장소는 에게리아 숲, 누마의 유물, 개선문, 스키피오나 메텔루스 가(家) 등의 묘로 신성화되었다.

가 프로코피우스도 파견되었는데 캄파니아에서 모집 및 조달할 수 있는 병력과 식량을 끌어모으고, 또 콘스탄티노플에서 보내진 물건들을 확보해야 하는 중요한 사명을 띠고 있었다. 프로코피우스의 뒤를 따라 안토니나가 나섰는데, 이들은 적군의 주둔지를 대담하게 가로질러 가서 동로마 제국의 원조물을 가지고 돌아와 남편과 포위된 도시를 안심시켰다. 이사우리아인 3000명을 태운 함대는 나폴리 만에서 전진하여 오스티아에 정박했다. 트라키아산 군마가 포함된 2000마리 이상의 말이 타렌툼에 도착하고, 캄파니아 출신의 500명의 병사들과 포도주와 밀가루를 가득 실은 마차 행렬이 만나서 아피아 가도를 이용해 카푸아에서 로마 인접 지역으로 행진했다. 해상과 육상으로 속속 도착한 병력은 테베레 강어귀에서 합류하였다. 안토니나는 군사 회의를 소집했다. 그리고 이 자리에서 노와 돛으로 강을 역류하여 올라갈 것을 결의하였다. 고트족은 벨리사리우스가 귀를 기울였던 협상이 성급한 적대 행위로 깨질까 봐 염려했다. 고트족은 그대로 속아 넘어가 자신들이 보는 것이 함대와 보병의 선발대에 불과하다고 믿어 버렸다. 로마군이 이미 캄파니아 평원과 이오니아 해를 제압했다고 생각한 것이다. 이런 환상은 비티게스의 사절을 접견한 로마군 총사령관의 위압적인 말로 인해 더욱 그럴듯하게 보였다. 사절은 자신들의 입장을 정당화하기 위한 그럴듯한 말을 늘어놓은 후에, 평화를 위해 시칠리아를 단념할 마음이 있다고 단언했다. "황제께서는 누구 못지않게 자애로운 분이시네." 황제의 부관이 경멸 어린 미소를 보이면서 답했다. "자네들이 이미 갖고 있지도 않은 선물을 받아 주고 그 답례로 예로부터 내려오는 황제의 속주를 선사하실 것이네. 황제께서는 고트족에게 브리타니아의 군주 임무를 위탁하셨네." 벨리사리우스는 이 말과 함께 단호하고 경멸 어린 표정으로 진상품을 거절했다. 하지만 고트족 사절에게 유스티니아누스의 입을 통해 직접 그들의 운명에 대해 들을 수 있도록 허락했다. 그리고 내키지 않는 얼굴로 동지에서 춘분까지 석 달간의 휴전을 승낙했다. 벨리사리우스는 타고난 세심함과 분별력으로 야만족의 서약이나 인질을 완전히 믿지 않았지만 로마군 총사령관으로서의 우월감은 그의 부대 배치에서 그대로 나타났다. 두려움 때문인지 아니면 굶주림 때문이었는지는 모르지만, 고트족은 알바, 포르토, 켄툼켈라이에서 철수하게 되었고 그 빈자리는 즉시 로마군에 의해 채워졌다. 나르니, 스폴레토, 페루시아의 로마 측 수비대는 증강되었고, 고트군의 일곱 개 진지는 서서히 포위 공격이 가져온 재난을 입게 되었다. 밀라노의 주교인 다티우스의 기도와 순례는 효과가 없지 않아, 아리우스파의 폭군에 대항하는 리구리아의 반란을 지원하던 이사우리아인과 트라키아인 병사들 1000명을 확보했다. 동시에 별칭으로 '흉포한' 요하네스[69]라고 불리는 비탈리아누스의 조카는 정예 기병대 2000명을 이끌고 처음에는 푸누스 호수에 있는 알바 지역으로, 나중에는 아드리아 해안에 있는 피케눔의 변경 지대로 파견되었다. 벨리사리우스가 말했다.

이탈리아의 많은 도시를 되찾은 벨리사리우스

[69] 아나스타시우스는 이 '흉포한 자'라는 별칭을 간직해 왔는데 이는 호랑이에게나 어울릴 법한 이름이다.

고트족은 그 지역에 아무런 방비도 하지 않고 위험이 있을 것이라고는 생각도 하지 않은 채 가족과 재산을 놓아 두었다. 그들이 휴전 협정을 어길 것은 의심의 여지가 없는 일이다. 그들이 우리의 동태를 파악하기 전에 먼저 모습을 드러내라. 그리고 이탈리아인들의 목숨은 살려 주어라. 배후에 적국의 진지가 방비를 갖추는 것을 절대로 허용하지 마라. 노획품은 모두에게 공정하게 분배하기 위해 잘 보관해 두어라.

그리고 벨리사리우스는 웃으며 덧붙였다.

우리가 꿀벌을 격파하려고 애쓰고 있는 동안 더 운이 좋은 우리의 형제가 재빨리 날아서 달콤한 꿀을 맛보는 건 합리적이지 않은 일이다.

서기 538년 3월, 로마를 포위 공격한 고트족

동고트족 전체가 공격을 위해 집결하여 로마 포위 공격에 거의 모든 전력을 쏟아부었다. 한 지식인 관찰자의 말이 옳다면, 최소한 이 대군의 3분의 1이 로마의 성벽 아래서 벌어진 몇 번의 유혈 낭자한 전투에서 섬멸되었다. 여름의 악명 높은 기온과 유해한 날씨는 농작이 좋지 않고 인구가 감소하게 된 원인 중 하나라 볼 수 있다. 게다가 기근과 역병의 재난은 고트족의 비우호적인 습성과 부도덕함에 의해 더욱 악화되었다. 자신에게 닥친 운명과 싸우면서 불명예와 몰락 사이에서 망설이던 비티게스는 가족에게 닥친 위험을 전해 듣고는 퇴각을 서두르게 되었다. 고트족의 왕에게 전령들은 떨리는 목소리로, 흉포한 요하네스가 아펜니노 산맥에서 아드리아 해까지 이르는 지역에서 약탈과 파괴를 일삼고 있다는 말을 전했다. 그리고 피케눔에서 가져온 온갖 약탈품과 수많은 인질들이 리미니의 요새에 있고, 이 가공할 수장은 비티게스의 숙부를 격파하고 수도를 습격하여 은밀한 편지를 보내 도도한 아말라손타의 딸, 즉 비티게스의 아내를 유혹했다는 것이다. 그러나 비티게스는 완전히 물러서기 전에 로마에 대한 최후의 기습 공격을 감행했다. 수로 중 한 군데에서 비밀 통로가 발견되었다. 뇌물을 받은 두 명의 바티칸 주민이 아우렐리아누스 성문의 경비병을 술에 취하게 만들었다. 기습 공격은 테베레 강 너머에 있는 성벽에서 시작되었다. 그곳에는 망루가 없어서 방비가 허술했는데 고트족은 횃불과 사다리를 가지고 핀키우스 성문을 공격했다. 하지만 이 모든 시도는 벨리사리우스와 그의 두려움을 모르는 고참병 부대에 의해 좌절되고 말았다. 벨리사리우스의 정예 부대인 고참병들은 가장 위험천만한 상황에서 도와 줄 동료 병사들이 없는 것에도 전혀 개의치 않고 싸웠다. 고트족은 생존에 필요한 최소한의 물자도 없고 희망도 없는 상태에서 휴전 기간이 끝나 로마 기병대가 다시 집결하기 전에 어서 퇴각하자고 주장했다. 포위 공격을 시작한 지 1년 하고도 9일이 지난 그때, 얼마 전까지도 승승장구하며 무력을 자랑하던 군대는 막사를 태워 버리고 흐트러진 대열로 밀비우스 다리를 건너갔다. 철수하는 그들이 아무런 피해를 입지 않을 수는 없었다. 좁은 통로로 쇄도하듯 몰려든 대군은 급기야 적군이 뒤쫓아올지도 모른다는 두려움에 허둥지둥 서두르다가 테베레 강에 빠지기도 했으며, 이런 상황에서 핀키우스 성문을 박차고 나온 로마의 총사령관이 패주하는 군대에 치명적인 철퇴를 가하였다. 병약한 몸과 절망적인 마음을 이끌고 가는 병사들의 기다란 행렬은 플라미니아 가도를 따라 천천히 움직였다. 이따금씩 리미니와 라벤나로 가는 대로를 지키는 로마 수비대를 만나지 않기 위해 길에서 벗어나 걷기도 했다. 이렇게 퇴각하는 군대였지만 여전히 강대했기 때문에 비티게스는 끝까지 지켜 내기를 간절히 바라는 여러 도시를 방어하기 위해 1만 명의 병력을 남겨 두었고, 조카 우라이아스에게 반역을 일으킨 밀라노를 징벌하기에 충분한 군사력을 주어 파견하였다. 비티게스는 주력 부대의 맨 앞에 서서 리미니를 포위 공격했다. 그곳은 고트족의 수도에서 33마일밖에 떨어져 있지 않았다. 허술한 성벽과 좁은 해자는 흉포한 요하네스의 용맹과 기교로 간신히 유지되고 있었다. 요하네스는 가장 낮은 서열의 병사가 겪는 피곤함과 위험을 함께 나누었고, 그의 위대한 총사령관의 군사적 미덕을 좀 덜 빛나는 무대에서 흉내 내고 있었다. 고트족의 망루와 파성 병기는 쓸모없는 것이 되었고 공격은 격퇴당했다. 결국 지루하고 따분한 봉쇄 작전이 시작되어 수비대를 극심한 기아 상태로 몰아넣었지만, 그 덕분에 시간을 번 로마군이 통합되어 힘을 모을 수 있었다. 안코나를 놀라게 했던 함대는 포위된 도시를 구하기 위해 아드리아 해안을 따라 항해하였다. 환관 나르세스는 2000명의 헤룰리족과 동로마 제국에서 가장 용맹한 병사 5000명을 이끌고 피케눔에 상륙했다. 아펜니노 산맥의 바위가 뚫렸다. 1만 명의 고참병들이 벨리사리우스의 지시에 따라 산기슭을 돌아 전진했다. 헤아릴 수 없이 많은 불빛으로 번쩍거리는 야영지는 새로운 군사들이 플라미니아 가도를 따라 전진하는 것처럼 보였다. 놀라고 절망스러워 당황한 고트족은 리미니에 대한 포위 공격을 포기하고, 군기며 지휘관을 모두 내던지고 말았다. 비티게스는 이런 창피한 퇴각의 모범을 보였거나 아니면 다른 사람을 따라 한 번도 멈추지 않고 뛰었는데 라벤나의 성벽과 소택지에 도착해서야 쉴 곳을 찾을 수 있었다.

라벤나로 물러나는 고트족

서기 538년, 로마 지휘관들의 시기

고트족의 왕국은 이제 라벤나의 성벽과 아무런 도움도 받을 수 없는 몇몇 요새로 축소되었다. 이탈리아의 속주에는 이전부터 황제를 지지하는 당파가 있었는데, 이들의 세력이 점점 커져 2만 명에 달하게 된 황제의 군대가 이탈리아 땅을 정복하는 일은 매우 쉽고 빠르게 진행될 수도 있었다. 만일 그 불굴의 군사력이 로마군 지휘관들의 불화로 약해지지만 않았다면 말이다. 공격이 끝나기 전에 영문을 알 수 없고 지각없는 유혈 사건이 일어나 벨리사리우스의 명성을 더럽혔다. 충성스러운 이탈리아인 프레시디우스가 라벤나에서 로마로 도망가던 중 스폴레토의 군정 장관인 콘스탄티누스에 의해 저지당하고 황금과 값진 보석이 잔뜩 새겨진 두 개의 단검을 다른 곳도 아닌 교회에서 강탈당하는 사건이 있었다. 국가적인 위기가 진정되어 가자 프레시디우스는 자신이 입은 손실과 모욕에 대한 소송을 제기했다. 그의 소송은 받아들여졌지만 손해 배상을 해주라는 명령은 가해자의 자존심과 탐욕으로 인해 거부되었다. 명령 이행이 지체되는 것에 격노한 프레시디우스는 대담하게도 벨리사리우스가 광장을 지날 때 그 말을 막아섰다. 그리고 시민 정신에 입각해 로마 법률의 보편적인 은혜를 입게 해 줄 것을 간청했다. 벨리사리우스는 명예를 걸고 약속하고, 회의를 소집해서 자신의 부하에게 명령을 이행할 것을 지시했다. 하지만 되돌아오는 거만한 답에 흥분하여 급히 호위병을 호출했다. 콘스탄티누스는 호위병이 들어오는 것이 자신의 죽음을 의미한다고 생각하고 칼을 뽑아 최고 사령관에게 달려들었다. 벨리사리우스는 재빨리 칼을 피하고 호위를 받았다. 자포자기한 자객은 무장해제를 당하고 옆방으로 끌려가 처형당했다. 아니 벨리사리우스의 독단적인 명령에 따라 그의 호위병의 손에 살해당했다고 말하는 편이 더 정확할지도 모르겠다.[70] 이런 성급한 폭력적 행위로 인해 콘스탄티누스의 죄는 그대로 시인되고 그의 죽음은 잊혀졌다. 이 용감한 장교의 절망과 죽음은 안토니나의 복수였다는 말이 은밀히 퍼졌다. 그리고 콘스탄티누스와

콘스탄티누스의 죽음

[70] 이런 처리는 정사에는 공정하게 또는 신중하게 진술되어 있고, 비사에는 악의에 찬 어조나 자유스러운 어조로 기록되어 있다. 하지만 마르켈리누스나 그의 계승자는 콘스탄티누스의 죽음이 계획된 암살이라는 식의 언급을 살짝 하고 있다.

71 하지만 헤룰리족은 나르세스가 떠난 후에는 그를 따르지 않았다. 고트족에게 포로와 가축들을 팔아 버리고 다시는 그들과 싸우지 않겠노라고 맹세했다. 프로코피우스는 이 방랑족들의 모험과 생활 방식에 대한 여담을 소개하는데, 이들 중 일부는 나중에 세상의 끝, 즉 스칸디나비아 지역으로 이주해 갔다.

같은 죄를 저질렀던 동료들은 똑같은 운명에 처해지지 않을까 하고 두려워했다. 공통의 적이 있었지만 그에 대한 두려움으로 이들의 시기심과 불만은 금세 표면화하지는 않았지만, 이길 승산이 있다는 자신이 드는 순간 그들은 강력한 한 사람을 대항마로 세워 로마와 아프리카의 정복자에게 저항하도록 부추겼다. 궁전의 내무를 맡아보고 개인 세입을 관리해 오던 환관 나르세스가 갑자기 군대의 수장이 된 것이다. 이후에 벨리사리우스의 영광과 공덕에 못지않게 일을 처리해 내는 이 기개 있는 영웅은 고트족과의 전쟁을 수행하는 일에 있어서는 갈피를 잡지 못하게 하는 데에만 기여하고 말았다. 현실에 불만을 품은 파벌의 지도자들에 의해 리미니를 수복한 일이 나르세스의 현명한 충고의 덕이 되어 버렸고, 이들은 나르세스를 설득하여 독립된 명령권을 갖도록 건의했다. 하지만 유스티니아누스의 서한에는 나르세스가 총사령관에게 복종하도록 되어 있었다. 단지 그 서한에는 위험한 예외 규정이 하나 있었는데 그것은 '공공의 이익을 위해 이로운 경우에 한해서는' 이 사려 깊고 신중한 황제의 총애하는 신하가 자율적인 판단을 할 수 있다는 것이었다. 그런데 나르세스는 자신의 주군이 친근하게 전한 신중한 말을 자의적으로 해석하여 서한에 적힌 애매한 권리를 행사한다는 미명 아래 벨리사리우스의 의견에 끊임없이 이의를 제기했다. 그리고 마지못해 우르비노를 포위 공격하라는 명을 이행한 후에, 밤중에 동료들을 버리고 아이밀리아의 속주를 정벌하러 가 버렸다. 용맹무쌍한 헤룰리족이 나르세스를 따랐고[71] 1만 명의 로마인들과 동맹국 병사들도 나르세스의 깃발 아래 모였다. 바로 이때 평소에 불만을 품었던 사람들은 이런 상황을 자신의 사사로운 잘못이나 또는 있지도 않은 잘못

환관 나르세스

을 처벌한 상대를 복수할 기회로 삼았다. 벨리사리우스의 지휘를 받던 다른 부대들은 시칠리아에서 아드리아 해에 이르는 지역의 수비를 위해 소규모로 나뉘어 분산되어 있었다. 그러나 벨리사리우스의 지략과 불굴의 노력은 모든 장애를 극복해 냈다. 우르비노는 정복되었고, 파이술라이, 오르비에토, 아우크시뭄 공략도 강력하게 수행되고 있었다. 환관 나르세스는 결국 다시 소환되어 궁정의 내무를 맡게 되었다. 로마 총사령관에 의해 모든 불화는 진정되었고 모든 반목과 반감도 억제되었다. 적들도 벨리사리우스를 존경하지 않을 수 없었다. 벨리사리우스는 되풀이하여 가르치기를, 국가의 군사력은 하나의 몸이 되어서 한 명의 지도자에 의해 움직여야 한다고 했다. 하지만 이렇게 불화와 다툼을 하는 사이에 고트족은 숨을 쉴 수가 있었다. 중요한 시기를 놓쳐 버려서 밀라노는 파괴되었고 이탈리아 북부의 여러 주가 쇄도하는 프랑크족에게 시달리게 되었다.

> 벨리사리우스의 확고한 신념과 권위

유스티니아누스가 처음에 이탈리아를 정복하려 했을 때 프랑크족 왕들에게 사절을 보내어, 서로 동맹을 맺은 사이이고 같은 종교를 갖고 있다는 공통점을 들먹이며 아리우스파에 대항하는 이 대담한 계획에 동참할 것을 요구했다. 하지만 더 절박했던 고트족은 동로마 제국보다 좀 더 효과적인 설득 방법을 사용하여 땅과 돈으로 우정을 사려 했다. 아니 적어도 이 경박하고 믿을 수 없는 나라가 중립적인 위치만이라도 유지해 달라고 청하였지만 소용이 없었다. 그러나 벨리사리우스의 무력과 이탈리아인의 반란이 고트족을 흔들기 시작하자마자, 메로빙거 왕조에서 가장 강력한 힘을 지니고 있으면서 가장 호전적인 아우스트라시아의 테오데베르트가 곤란한 지경을 겪고 있는

> 서기 538, 539년, 프랑크족의 이탈리아 침공

72 바로니우스는 이 반역죄를 성원하고 가톨릭 주교의 행동을 정당화했다. 좀 더 이성적인 무라토리는 위증죄가 있다는 암시를 하고 다티우스가 경솔했다고 비난했다.

73 다티우스는 야만족에 대항한 것보다 악마에 대항하여 더욱 성공적으로 싸웠다. 그는 수많은 시종들을 대동하고 여행을 했으며 코린토스에 커다란 집을 차지하고 있었다.

74 그레고리우스는 벨리사리우스가 길 것이라고 예상했지만 애모앵(Aimoin)의 글에서 보면 그는 프랑크족에게 학살당했다.

고트족을 도와 주겠다고 마음을 바꾸고는 시기적절하게 간접적인 도움을 주었다. 테오데베르트는 군주의 동의를 기대하지도 않은 채 새롭게 신민이 된 부르군트족을 알프스 산맥에서 이끌고 나와 비티게스가 밀라노의 반란을 징벌하기 위해 보낸 군대에 합류시켰다. 완강한 포위 공격이 있은 후 리구리아의 수도는 기아로 인해 함락되었다. 하지만 로마의 수비대가 안전하게 퇴각한다는 것 외에는 아무런 항복 조건도 맺지 못했다. 정통파 주교 다티우스는 동포들을 꾀어 내어 모반을 일으키고 나라를 황폐하게 한 장본인이었지만,72 비잔티움의 사치스럽고 명예로운 자리로 도망갔다.73 하지만 아리우스파의 일반 성직자들은 자신들의 제단 아래서 가톨릭 신앙을 지키려던 자들의 손에 학살당했다. 30만 명의 남자들이 학살당했다고 보고되고 있다. 여성들과 좀 더 값진 약탈품들은 부르군트족에게 넘겨졌다. 밀라노의 집들 또는 성벽은 흔적도 없이 파괴되어 버렸다. 고트족은 마지막 순간에 그 크기나 부유함에서 로마에 버금가면서 화려한 건물이나 거주민의 수가 로마 못지않은 도시 하나를 완전히 부수어 버림으로써 복수를 했다. 벨리사리우스는 혼자서 자신의 충실한 친구들이 버림받은 것에 대해 조의를 표했다. 이 침략의 성공에 기운을 얻은 테오데베르트는 이듬해 봄에 10만 명의 야만족을 이끌고 이탈리아 평원으로 쳐들어갔다.74 왕과 그의 강력한 친위대는 말에 올라타 창으로 무장하고 있었지만 활이나 창이 없는 보병들은 방패와 칼 그리고 손에 쥔 양날의 전투용 도끼에 만족해야 했다. 그러나 이것들은 가공할 만한 필살의 무기였다. 이탈리아는 프랑크족의 행군 소리에 떨고 있었다. 고트족의 왕과 로마의 최고 사령관은 모두 프랑크족이 원하는 것은 무시한 채 희망과 두려움에 젖어

밀라노의 파괴

이 위험한 동맹국의 우정을 간청했다. 클로비스의 손자는 파비아의 다리에서 포 강을 건너는 길목을 확보하기 전까지는 자신의 의도를 숨기고 있다가, 마침내 로마 제국의 군사들과 고트족 군사들의 진지를 거의 동시에 공격함으로써 그의 의도를 드러냈다. 로마군과 고트족은 군사력을 합쳐 대항하는 대신 똑같이 허둥대며 도망갔다. 비옥한 땅이지만 황폐해진 리구리아와 아이밀리아의 속주는 방탕한 야만족군의 손아귀에 떨어지게 되었다. 그들에게 황폐화한 도시들 중에서 대리석으로 만들어진 건물이 아직 없는 제노아가 특히 중요했다. 보통의 전쟁과 마찬가지로 수천 명이 목숨을 잃었지만 이 죽음은 여자들과 어린이들을 제물로 바치는 우상 숭배 의식보다는 덜 두려운 것이었다. 이런 의식은 그리스도교도 왕이 있는 진영에서도 아무런 문책을 받지 않고 자행되었다. 처음으로 가장 잔인한 고난을 겪는 것이 언제나 무고하고 힘없는 자들의 몫이라는 게 우리가 인정해야 하는 우울한 진실만 아니라면, 역사는 이 정복자들이 이후에 겪은 어려움을 크게 기뻐했을 것이다. 정복자들은 온갖 보화를 지닌 와중에도 빵과 포도주가 없어서 포 강의 물을 마셔야 했고, 병들어 죽은 가축의 고기를 먹어야 했다. 병력의 3분의 1을 이질이 휩쓸어 갔다. 알프스를 다시 넘어가야 한다는 신민들의 아우성에 테오데베르트도 벨리사리우스의 권고에 귀를 기울이게 되었다. 이 불명예스럽고 파괴적인 교전의 기억은 갈리아의 훈장에 새겨져 영원히 전해졌다. 유스티니아누스는 칼집에서 칼을 빼지도 않고 프랑크족을 이긴 승리자라는 칭호를 얻게 되었다. 메로빙거 왕조의 군주는 황제의 허세에 매우 불쾌해졌다. 황제는 고트족의 불운에 동정을 표하는 척하면서 연방체를 이루자는 교활한 제안을 하고, 50만 명의 병사들 앞에 서서 알프스를 넘어 침략하겠다는 약속 또는 위협

75 그리스의 역사학자들은 이때 만약에 판노니아의 롬바르드족이나 게피다이족을 정복했다고 해도 트라키아에서 패배했을 것이 분명하다고 확신하고 있다.

76 왕이 자신의 창을 겨누었지만 소가 그의 머리 위로 나무를 넘어뜨렸다. 바로 그날 왕은 숨을 거두었다. 이것은 모두 아가티아스의 이야기다. 하지만 프랑스의 초기 역사학자들은 왕의 죽음이 열병 탓이었다고 한다.

으로 그 제안을 더욱 강화하였다. 정복에 대한 그의 야심은 끝이 없어서 아마도 환상 속에 있게 된 모양이었다. 아우스트라시아의 왕은 유스티니아누스를 응징하기 위해 콘스탄티노플 성문으로 진군할 것이라고 큰소리쳤지만,75 벨기카의 숲에서 사냥을 하다가 야생 소에 받혀 죽고 말았다.76

라벤나를 포위 공격하는 벨리사리우스

벨리사리우스는 내부와 외부의 적들을 평정하자마자 자신의 전력을 모아 이탈리아의 함락에 동원하는 일에 진지하게 나섰다. 그런데 오시모를 포위 공격하다가 로마의 총사령관이 화살로 관통상을 입을 뻔했다. 그의 호위대 중 한 명이 치명적인 타격을 막아 내고 오른손을 잃으면서 임무를 충실히 하지 않았다면 벨리사리우스는 유명을 달리할 수도 있었다. 오시모에 있는 고트족 전사 4000명은 파이술라이와 코티아알프스의 병력과 함께 독립을 끝까지 지켜 낸 이들이었다. 이들의 용감한 저항은 정복자가 그 인내심을 거의 잃어버리게까지 만들어서 로마군의 존경심을 자아냈다. 벨리사리우스는 분별력 있게, 이들이 라벤나에 있는 동포들과 합류하기 위해 안전하게 통행하게 해 달라는 것에 동의하지 않았다. 하지만 고트족은 명예롭게 조건부 항복을 해서 자신들의 재산 중 적어도 절반 정도를 지켜 냈다. 이들은 평화롭게 자신들의 소유지로 물러나거나 아니면 페르시아 전쟁에서 황제를 위해 싸우라는 양자택일의 권유를 받았다. 다수의 사람들은 여전히 비티게스의 군기에 애정을 가지고 있었는데 이들의 수가 로마 제국의 군대를 압도했다. 하지만 그의 충성스러운 국민의 기도나 반항 또는 절박한 위기 의식도 고트 왕이 라벤나 성 밖으로 진격해 나가도록 만들지는 못했다. 고트족 왕이 있는 성의 방비는 실제로 난공불락이어서 어떤 기술이나 무력으로도 침공할 수 없었다. 벨리사리우스는 곧 기아만이 야만족 왕의 고집을 꺾을 수 있으리라는 결론을 내렸다. 바다와 육지, 그리고 포 강의 수로는 로마 총사령관의 감시를 받았다. 벨리사리우스의 도덕성은 전쟁이라는 상황적 정당성 아래서 물에 독을 타는 것과[77] 곡물 창고에 불을 질러[78] 포위된 도시를 괴롭히는 것도 가능하도록 유연해졌다.[79] 라벤나를 봉쇄하고 압박을 가하던 벨리사리우스는 콘스탄티노플에서 온 두 명의 사절을 보고 놀라게 된다. 이들은 평화 조약을 가지고 왔는데 유스티니아누스가 자신에게 승리를 안겨 준 장본인과 상의하지도 않고 경솔하게 서명을 한 것이었다. 이 불명예스럽고 위태로운 조약으로 인해 이탈리아와 고트족의 재산은 둘로 나뉘고 포 강 너머의 속주에서는 테오도리크의 후계자가 왕의 칭호를 그대로 사용할 수 있게 되었다. 사절들은 이 임무를 완수하기 위해 열심이었고 감금되어 있는 것이나 마찬가지이던 비티게스는 기쁨에 넘쳐 이 기대하지 못했던 왕위를 받아들였다. 고트족에게는 명예보다 음식이 더 간절히 필요했고, 전쟁이 계속되는 것에 불만을 품고 있던 로마의 장수들은 황제의 명령에 무조건적인 복종을 선언했다. 벨리사리우스가 일개 병사에 지나지 않았다면 소심한 마음과 질투심 때문에 승리의 월계관을 손에서 강취당했을 수도 있다. 하지만 이 결정적인 순간에 벨리사리우스는 정치가로서의 담대함을 발휘하여 혼자서 고귀한 불복종의 결과와 위험을 고스란히 떠맡기로 결심했다. 그의 수하의 지휘관들은 일제히 라벤나를 포위 공격하는 것은 실용성이 없으며 이길 가망도 없다는 의견서를 제출했다. 그러자 최고 사령관은 분할 조약을 거부하고 자신이 직접 비티게스를 쇠사슬에 묶어 유스티니아누스 황제의 발밑으로 끌고 가겠노라고 선언했다. 고트족은 실망스럽고 한편으로는 미심쩍은 마음으로 물러났다. 이 단호한 거절로

[77] 아우크시뭄을 포위하고 공격할 때 처음에는 오래된 수로를 파괴하기 위해 애를 썼다. 하지만 나중에는 시냇물에 1) 시체를 던졌고, 2) 해로운 독초를 넣었고, 3) 생석회를 넣었다. 생석회는 고대 그리스어로 티타노스(τίτανος) 불렸고 현대 그리스어로는 아스베스토스(ἄσβεστος)라 불린다. 하지만 갈레누스, 디오스코리데스, 루키아누스에 따르면 이 두 단어는 같은 뜻으로 쓰였다고 한다.

[78] 고트족은 마타수엔타가 이 범죄의 공모자라고 의심했다. 하지만 이 사건은 번개로 인해 일어난 사고였을 가능성이 있다.

[79] 엄격하게 말하면 전쟁이 허용하는 권한은 몰상식과 모순까지 확대될 수 있다. 그로티우스도 자연법과 국제법 그리고 독살과 전염 사이의 구분에 그리 정확하지 못했다. 그로티우스는 호메로스와 플로루스의 글, 그리고 솔론의 판례와 벨리사리우스의 예를 놓고 저울질했다. 하지만 나는 합의의 이로움과 적법성을 이해하고 있다. 암묵적으로 이루어진 것이든 드러내 놓고 이룬 합의든 간에 어느 쪽이든 적개심을 잠재우는 것은 사실이다.

그들이 유일하게 믿을 수 있는 희망이 사라지게 되었고, 이것으로 명민한 적군이 자신들의 처참한 상태를 완전히 파악하고 있다는 사실을 깨달았다. 고트족은 자신들의 불행한 왕의 약한 모습과 벨리사리우스의 명성과 우세함을 비교한 끝에 비상한 일을 계획하기에 이르렀다. 비티게스는 자리에서 물러나는 것을 명백히 하고 계획을 따르라는 강요를 받았다. 분할은 나라의 국력을 해할 수 있고 망명은 나라의 명예를 떨어뜨릴 것이다. 하지만 만약 벨리사리우스가 주인으로서의 권위를 거부하고 고트족의 선택을 받아들여, 모든 조건이 완벽한 그 자신이 이탈리아의 왕이 되어 주기만 한다면 기꺼이 라벤나의 요새와 자신들의 재산과 무기를 모두 바치겠다고 제의했다. 왕관의 거짓된 영광이 이 충직한 신하의 충성심을 유혹할 수 있었다고 하더라도, 이 분별력 있는 총사령관은 야만족이 조만간 변덕을 부리리라는 사실을 예견할 수 있었음이 분명하다. 그리고 그의 이성적인 야심은 로마의 장군으로서 누리는 명예와 안전함을 더 선호했을 것이다. 인내심을 가지고 겉으로 만족스러운 척하면서 반역죄를 저지르라는 제안을 듣고 있었던 것만으로도 악의에 찬 해석을 할 수 있다. 하지만 유스티니아누스의 부관은 올바른 행동이 무엇인지 자각하고 있었다. 그는 고트족의 자발적인 항복을 이끌어 낼 수도 있다는 생각에 그 어둡고 구불구불한 길로 들어섰다. 그리고 속으로는 질색하는 조약을 이행하겠다는 약속이나 서약은 하지 않으면서, 교묘하게 자신이 그들이 바라는 대로 하고자 하는 마음이 생겼다는 식으로 생각하게끔 만들었다. 라벤나가 항복하는 날은 고트족의 사절에 의해 명문화되었다. 식량을 가득 실은 선단이 항구의 가장 깊은 부두에 환영을 받으며 들어왔다. 이탈리아의 왕이 되어 줄 것이라 믿었던 이에게 성문이 활짝 열렸다. 벨리사리우스는 적군한 명 맞닥뜨리지 않고 난공불락의 도시의 거리를 행진해 갔다.[80] 로마인들은 생각지도 못한 성공에 놀랐다. 키가 크고 건장한 체격의 야만족들은 참을 수밖에 없는 자신들의 모습이 저주스러웠다. 그리고 남자들만큼이나 씩씩한 고트족 여자들은 자식이나 남편의 얼굴에 침을 뱉으면서, 수적으로나 체구로나 모두 왜소한 남쪽의 소인(小人)들에게 자신들의 영토와 자유를 넘겨준 것에 대해 격렬하게 비난했다. 고트족이 이런 당혹감에서 벗어나 정신을 차려 자신들이 바라던 것이 실행되는 것에 의심을 가져 후회와 반란이 일어나기 전에 승리자는 라벤나에 권력을 구축했다. 비티게스는 피신하려고 시도한 적도 있은 듯하지만, 결국 자신의 궁전에서 명예롭게 호위를 받으며 지내게 되었다.[81] 고트족 젊은이 중에서 가장 훌륭한 자들이 황제를 섬기는 일에 선발되었다. 나머지 사람들은 남쪽 속주에 있는 자신들의 평화로운 거주지로 돌아가게 되었다. 이탈리아인 이민들은 인구가 줄어든 수도에 보충 인력으로 받아들여졌다. 수도가 항복하자 이탈리아의 다른 도시와 마을도 그 본을 받았다. 로마군이 직접 찾아가거나 정복하지 않았는데도 말이다. 그리고 파비아와 베로나에서 무장한 채 독립적으로 지내던 고트족들도 벨리사리우스의 신민이 되기만을 갈망하고 있었다. 하지만 그의 단호한 충성심은 유스티니아누스의 신민으로서가 아닌 충성 맹세는 거부했다. 왕이 되기보다는 노예가 되기를 선택했다고 비난하는 그들의 대표의 말에도 벨리사리우스는 기분 나빠하지 않았다.

벨리사리우스가 두 번째 승리를 거두자 질투심이 다시 황제의 귓가를 울리기

서기 539년 12월, 이탈리아의 고트 왕국을 정복한 벨리사리우스

비티게스의 감금

서기 540년, 벨리사리우스의 귀환과 영광

80 라벤나가 함락된 것은 서기 540년이 아니라 539년 말이었다. 파기의 주장은 무라토리에 의해 수정된다. 무라토리는 540년 1월 3일 전에 라벤나와 파엔차 사이에서 평화와 자유의 조화가 회복되었다는 것을 증명해냈다.

81 흉포한 요하네스에게 사로잡혔지만 신변의 안전은 보장받았다. 아나스타시우스는 애매모호한 구석이 있지만 그럴듯한 설명을 하고 있다. 몽포콩(Montfaucon)의 글을 인용한 것은 마스코우인데, 비티게스가 포로가 되었음을 상징하는 내용을 담은 방패에 대한 내용이다.

82 비티게스는 콘스탄티노플에서 2년을 살았다. 그의 미망인 마타수엔타는 대(大)게르마누스의 아내, 소(小)게르마누스의 어머니가 되어 아니키우스 혈통과 아말리 혈통을 하나로 잇게 만들었다.

시작했다. 유스티니아누스는 그 소리에 귀를 기울이고 영웅을 불러들였다.

고트족과의 나머지 전쟁을 위해서 벨리사리우스가 더 있을 필요는 없다. 인자한 군주는 그의 수고에 상을 내리고 그 지혜를 빌려 자문하고자 초조하게 기다리고 있다. 그리고 페르시아의 수많은 적군에 대항해 동로마 제국을 지킬 수 있는 이는 오로지 그뿐이다.

벨리사리우스는 황제가 품은 의혹을 알아차리고 그가 내민 구실을 받아들여 노획품과 기념품을 가지고 라벤나에서 출발했다. 벨리사리우스가 이렇게 순종하자 이탈리아의 통치를 그만두고 급작스럽게 소환해 가는 것이 경솔할 뿐만 아니라 사리에 맞지 않는다는 것이 증명되었다. 황제는 예의 바르게 비티게스와 그의 고귀한 배우자를 맞아들였다. 고트족의 왕이 아타나시우스의 신앙에 순응하자 그는 고위 인사로서 원로원에 지위를 얻고 또 아시아에 있는 비옥한 땅을 하사받았다.[82] 이제 사람들은 야만족 젊은이의 건장한 체구와 힘을 위험스럽게 보지 않고 마음껏 감탄하게 되었다. 고트족 젊은이들은 황제의 위엄을 존중했고 자신들의 은인을 위해 피를 흘리겠노라고 약속했다. 유스티니아누스는 비잔티움 궁전에 고트족 왕국의 보화를 보관했다. 아첨하기 잘하는 원로원은 때로 그 화려한 장관을 볼 수 있도록 허락받기도 했다. 이탈리아의 정복자는 자신이 당연히 얻어야 할 두 번째 승리의 영예를 불평 한 마디 없이 한숨 한 번 내쉬는 법 없이 포기했다. 하지만 그에 대한 칭송은 모든 겉치레나 과시를 넘어서는 것이었다. 노예근성이 만연한 시기였지만 온 나라에서는 벨리사리우스에 대한 존경과 칭송이 자자했으니 그것으로 황실에서 공허하게만 전하는 몇 마디 칭찬을 대신하고도 남음이 있었다. 벨리사리우스가 콘스탄티노플의 공공 장소나 거리에 모습을 드러내면 모든 사람의 이목이 집중되었다. 커다란 체구와 위엄 있는 용모는 영웅에 대한 기대감을 모두 충족해 주어 가장 비천한 시민이라도 그의 고상하고 우아한 품행을 보고는 용기를 얻었다. 벨리사리우스를 따르는 병사들은 전장에서처럼 붙어 다니지 않아서 벨리사리우스의 모습을 사람들이 더 가까이서 볼 수 있게 해 주었다. 그 용맹과 아름다움이 비할 데 없는 7000명의 기병대는 여전히 벨리사리우스의 휘하에 있었는데, 이들은 총사령관이 개인 비용으로 유지하고 있었다.[83] 이들의 무용은 개별 전투에서나 전열의 맨 앞에서나 똑같이 뛰어나게 발휘되었는데, 적군과 아군 모두 로마가 포위 공격을 당하던 때에 벨리사리우스의 근위대가 단독으로 야만족의 무리를 쳐부수었다는 사실을 인정했다. 이 근위대의 수는 적군에서 가장 용감하고 충실한 병사들이 투항해 오면서 계속 증가했다. 운이 좋은 이 포로들은 반달족, 무어족, 고트족 등이었는데 이들은 벨리사리우스의 본국 병사들과 충성심을 겨루었다. 관대하고 공평무사함을 두루 갖춘 벨리사리우스는 사람들의 애정을 잃지 않으면서 병사들의 마음을 얻고 있었다. 병들고 부상당한 병사들에게는 약품과 금전이 지급되었다. 그리고 무엇보다도 총사령관이 미소를 지으며 직접 찾아와 주는 것이 치료 효과를 발휘했다. 무기의 손실은 즉시 보충해 주었고, 용맹스러운 행동에 대해서는 팔찌나 목걸이 같은 명예롭고 가치 있는 상을 내려 주었다. 훈장은 벨리사리우스의 인정을 받는 것이므로 무엇보다 귀하게 여겨졌다. 벨리사리우스는 농부들의 사랑도 받았는데 그의 깃발 아래서라면 평화로움과 풍성함을 누릴 수 있었기 때문이다. 로마

[83] 11세기의 프랑스 수사 애모앵은 벨리사리우스에 관한 제대로 된 정보를 얻어서는 그 평판을 손상한 사람인데, 그가 말하기를 1만 8000명의 병사 외에도 1만 2000명의 노예가 더 있었다고 한다.

군대가 진격해 왔지만 해를 입기는커녕 나라는 더욱 풍요로워 졌다. 벨리사리우스의 군대는 엄격한 훈련을 받았기 때문에 사과 하나도 나무에서 따내거나 옥수수 밭을 함부로 다니거나 하는 일이 없었다. 벨리사리우스는 고상하고 건전했다. 군 생활이라는 것이 얼마든지 방종할 수 있었지만 그 누구도 벨리사리우스가 술에 취한 모습을 보지 못했다. 포로가 된 고트족이나 반달족의 절세 미인들이 벨리사리우스 앞에 섰지만 그는 그 매력을 물리치고 안토니나의 남편으로서 단 한 번도 부부간의 정절 약속을 어기지 않았다. 그의 공훈을 기록한 역사가와 옆에서 지켜본 이들은 전쟁의 위험이 닥친 와중에도 벨리사리우스는 경솔함 없이 용감했고, 두려움 없이 신중했으며, 순간 순간의 상황에 따라 완급을 조절해 가며 대처했다고 전한다. 가장 비참한 지경에 빠졌을 때도 희망적인 생각을 하거나 실제로 희망을 찾아내어 활기를 잃지 않은 반면 가장 운이 좋은 순간에도 신중하고 겸손한 모습을 잃지 않았다고 한다. 이런 미덕으로 인해 벨리사리우스는 과거의 군사 전략의 귀재들과 어깨를 나란히 하거나 심지어 더 뛰어난 사람이었다고 볼 수 있다. 육상과 해상, 그 어디에서도 그의 군대는 승리했다. 그는 아프리카, 이탈리아, 그리고 인접한 섬들을 굴복시켰다. 가이세리크와 테오도리크의 후계자들을 포로로 끌고 왔고, 콘스탄티노플에 적들의 전리품을 가득 쌓아 놓았으며, 6년 사이에 서로마 제국의 속주들의 절반을 되찾았다. 명성과 높은 덕, 부와 권력으로 인해 그는 제국에서 상대를 찾을 수 없는 제일가는 인물이 되었다. 질투심 어린 목소리만이 그가 중요한 인사로 대접받는 것이 위험하다고 과장하여 말했다. 황제가 자신이 벨리사리우스의 천재성을 발견하여 등용하였을 정도로 분별력이 있었다는 사실에 기뻐하는 정도로 만족했다면 참으로 좋았을 일이었다.

로마의 개선식에서는 허약한 인간의 본성과 운명의 불안정성을 정복자에게 상기시키기 위해 전차 뒤에 노예를 두는 것이 관습이었다. 프로코피우스는 그의 『비사(秘史)』에서 노예와 같이 은혜를 모르는 역할을 스스로 맡았다. 관대한 독자라면 이런 중상비방은 흘려들을지도 모르지만 분명한 사실은 프로코피우스의 기억을 두둔하고 있다. 이 역사가는 내키지 않는 어조로 고백하는데, 벨리사리우스의 명성이나 미덕도 그 아내의 잔인함과 탐욕에 의해 훼손되었다고 한다. 그래서 그 영웅은 훌륭한 역사가의 펜에서 빠져나갈 수 없는 없는 호칭을 받아야 한다고 말하는 것이다. 안토니나의 어머니는 극장에서 일하는 창녀였고, 그녀의 아버지와 할아버지는 모두 테살로니카와 콘스탄티노플에서 돈은 많이 벌었지만 비천했던 전차 기수였다. 가정 배경이 이렇게 다채로운 까닭에 안토니나는 황후 테오도라의 친구가 되기도 하고 적이 되기도 하고 충실한 신하가 되기도 했다. 행실이 나쁘고 야망은 컸던 이 두 여인은 비슷한 쾌락을 즐기는 공통점을 가지고 있었다. 두 사람은 성적 부도덕에서 나온 질투심으로 갈라섰다가 결국에는 공통의 죄의식을 가지고 화해했다. 안토니나는 벨리사리우스와 결혼하기 전에 남편과 많은 연인을 거느리고 있었다. 이전 결혼에서 낳은 아들인 포티우스는 나폴리 공격에서 용맹을 드러낼 수 있는 나이였다. 안토니나가 트라키아 젊은이와 수치스러운 애정 행각에 정신없이 빠져 지내게 된 것은 그녀가 나이 들어 아름다움이 시들기 시작하면서 일어난 일이었다. 테오도시우스는 에우노미우스를 추종하는 이단 신앙을 갖고 자랐다. 아프리카 원정은 첫 번째로 승선한 병사에 대한 세례와 그 상서로

벨리사리우스의 부인 안토니나의 비밀스러운 이야기

안토니나의 연인 테오도시우스

운 이름으로 인해 신성시되었고, 이 개종자는 자신의 영적 부모, 즉 벨리사리우스와 안토니나의 가족이 되었다. 이들이 아프리카 해안에 닿기 전에 이 성스러운 친족은 호색적인 애정의 대상으로 타락하였다. 곧 안토니나는 정숙함과 신중함이라는 경계를 넘어서게 되어, 이 불명예스러운 일에 대해 모르는 이는 로마의 최고 사령관 혼자뿐이었다. 카르타고에 머무는 동안 최고 사령관은 두 연인이 지하실에서 단둘이 거의 벌거벗고 있는 모습을 목격했다. 분노가 그의 눈동자에서 이글거렸다. 하지만 부끄러움을 모르는 안토니나가 말했다. "이 젊은이의 도움으로 우리의 소중한 재산을 유스티니아누스 모르게 숨기고 있었어요." 젊은이는 옷을 다시 입었고, 신앙심 깊은 남편은 자신의 지각 기관을 통해 직접 얻은 증거를 믿지 않기로 했다. 이렇게 기꺼운 마음으로 자발적으로 스스로를 기만한 벨리사리우스는 시라쿠사에서 매사에 참견하기 좋아하는 마케도니아라는 여자의 정보에 의해 비로소 현실을 깨달았다. 이 시녀는 자신의 안전을 보장해 달라고 한 다음에 안토니나의 간통 장면을 종종 목격했던 두 명의 시종을 증인으로 내세웠다. 테오도시우스는 아시아로 재빨리 도망가 화가 난 남편의 처벌을 피할 수 있었다. 벨리사리우스는 근위대 중 한 명에게 테오도시우스의 살해를 명령했던 것이다. 하지만 안토니나의 눈물과 교묘한 꾐을 곧이곧대로 받아들이곤 하는 우리의 영웅은 아내의 무죄를 믿었다. 그래서 그는 자신의 신의와 판단을 흐리게 하여 아내의 정절을 의심하고 비난하게 만든 경솔한 두 친구를 저버리게 되었다. 죄를 저지른 것이 분명한 여자의 복수는 앙심이 깊고 유혈이 낭자한 것이었다. 불행한 마케도니아는 두 명의 증인과 함께 안토니나의 잔인한 하인에 의해 사로잡혀 혀를 잘리고 온몸이 토막난 채 시라쿠사의 바다에 버려졌다. 그리고 콘스탄티누스가 "상대가 되었던 그 소년보다 간통한 여인을 처벌해야 한다고 생각합니다."라고 경솔하지만 현명하기 짝이 없는 충고를 한 것을 안토니나는 마음속 깊이 기억하고 있었다. 그리고 2년이 지난 후 그가 절망에 빠져 벨리사리우스의 뜻을 거스르자 안토니나는 잔인한 충고를 하여 그의 처형을 서두르게 했다. 포티우스의 분노조차도 그의 어머니는 용서하지 않았다. 아들을 추방한 안토니나는 연인을 불러올 준비를 했다. 이리하여 테오도시우스는 이탈리아 정복자의 긴급하고 겸허한 초대를 받아들였다. 평화와 전쟁의 양면에 관한 중요한 임무84를 맡은 이 총애받는 젊은이는 짧은 기간 내에 40만 파운드에 달하는 부를 축적했다. 콘스탄티노플에 돌아온 후에도 안토니나의 열정은 전혀 약해지지 않고 더욱 격렬해져 갔다. 하지만 두려움과 신앙심, 그리고 어쩌면 권태로움까지 더해져 테오도시우스는 좀 더 신중하게 생각하게 되었다. 그는 콘스탄티노플에 퍼진 떠들썩한 추문을 두려워했고, 벨리사리우스의 아내의 무분별한 애정 공세를 무서워하여 그녀의 품을 피해 에페수스로 숨어들어 머리를 깎고 수도자의 생활이라는 피난처를 찾았다. 이 새로운 아리아드네의 절망은 남편의 죽음으로도 설명되지 않을 정도였다. 안토니나는 머리를 쥐어뜯으며 통곡하면서 온 궁전을 울음소리로 가득 채웠다. "나는 가장 사랑하는 친구를 잃었다. 가장 사랑스럽고 믿음직하며 근면한 친구를 잃은 것이다!" 하지만 안토니나의 간절한 요청에다가 벨리사리우스의 기도까지 더해도 에페수스에서 독거하고 있는 성스러운 수도사를 끌어내기는 역부족이었다. 테오도시우스가 콘스탄티노플로 돌아온 것은 총사령관이 페르시아 전쟁을 위해 출정한 후였다. 자신도 페르시아로 떠나게 되기 전까지의 짧은 기간 동안 안토니나는 사랑과 쾌락을 정신없이 탐닉했다.

84 서기 537년 11월 포티우스는 교황을 체포했다. 539년 말 즈음에 벨리사리우스는 테오도시우스에게 중요하면서 이익이 되는 임무를 주어 라벤나로 보냈다.

85 테오파네스는 그를 벨리사리우스의 사위인 포티누스라고 칭했다. 이것을 아나스타시우스가 따라 했고, 『잡화집(雜話集)』에도 똑같이 적혀 있다.

벨리사리우스의 분노와 안토니나의 아들 포티우스

철학자라면 자신에게는 아무런 해도 끼치지 않는 여자의 선천적인 약점을 용서하고 불쌍하게 여길지도 모른다. 하지만 아내의 추문 때문에 자신이 불명예를 당하는데도 참고 있는 남편은 한심하다. 안토니나는 깊은 앙심을 품고 아들을 뒤쫓았다. 용감한 포티우스는 티그리스 강 너머에 있는 진지에서 어머니의 은밀한 박해를 받아야 했다. 포티우스[85]는 자신의 권리가 침해당하는 것과 육친의 망신스러운 짓거리에 화가 나서 이번에는 자신이 가족이라는 감상을 치워 버리고 벨리사리우스에게 어머니와 아내로서의 의무를 모두 저버린 여자의 비열함을 고해 바쳤다. 로마의 최고 사령관은 놀라면서 크게 분노하는 모습을 보였는데, 아마도 이전에 쉽게 속아 넘어간 것이 정말인 모양이었다. 그는 안토니나의 아들의 무릎을 끌어안고 출생의 정보다 의무를 기억하도록 서약시키고, 제단에 서서 서로를 지켜 주고 복수해 주자는 신성한 맹세를 했다. 벨리사리우스가 페르시아 국경에서 돌아와 안토니나를 만났을 때, 처음에는 일시적인 감정으로 아내의 신체를 감금하고 목숨을 위협했다. 포티우스는 정말 어머니를 처벌하려고 마음먹고 절대로 용서해 주지 않으려 했다. 그는 에페수스로 직접 가서 충직한 환관에게서 안토니나의 죄악에 대한 고백을 강요해 얻어 낸 다음, 성 요한 교회에서 테오도시우스의 신병과 재산을 압류했다. 그리고 이 포로를 킬리키아의 외딴 숲에 숨겨 두고 처형 기회를 기다렸다. 사법 제도를 위반하는 이런 대담한 불법 행위는 벌을 받지 않고 무사히 넘어갈 수 없었다. 안토니나가 항의를 제기하자 황후가 지지해 주었던 것이다. 황후는 최근에 어떤 총독을 자리에서 내려오게 한 일과 교황의 추방과 암살의 공을 세운 일로 안토니나를 아끼고 있었던 것이다. 전투를 마친 벨리사리우스는 황실의 소환을 받았는데 평소와 마찬가지로 황제의 명령에 순순히 따랐다. 그는 모반을 일으킬 생각도 하지 않았다. 자신의 명예에 반하는 명령을 받는다 해도 벨리사리우스의 복종은 진심으로 그의 마음에서 우러나는 것이었다. 그래서 명령에 따라 아내를 포옹하게 되었을 때, 황후 앞에서 이 자애로운 남편은 아내를 용서하고 또 용서받고 싶어졌다. 테오도라의 너그러움은 친구를 위해 더 소중한 호의를 준비해 놓고 있었다. 황후가 말했다.

나의 사랑하는 귀족 부인에게 줄 더없이 귀중한 진주를 찾아 놓았다. 지금껏 어떤 사람도 보지 못했던 보물이다. 하지만 이 보물을 보고 소유하는 일은 오로지 내 친구만이 할 수 있다.

호기심과 조바심으로 가득 차 기다리는 안토니나에게 갑자기 침실로 통하는 문이 활짝 열리면서 그녀의 연인이 나타났다. 부지런한 환관들이 은밀하게 가두어 놓았던 그를 찾아낸 것이다. 그녀의 놀라움은 감사와 기쁨의 탄사로 터져 나왔다. 안토니나는 테오도라를 자신의 여왕이라 부르고 은인이며 구세주라 불렀다. 에페수스의 수사는 궁정에서 사치스럽게 지내면서 야망을 키워 갔다. 하지만 약속받은 대로 로마 군대의 지휘관이 되지는 못하고 이 호색적인 만남에서 생긴 최초의 과로로 숨을 거두고 말았다. 안토니나는 연인을 잃은 슬픔을 아들의 고난으로 달랬다. 집정관의 위계를 가진 병약한 체질의 이 젊은이는 재판도 없이 노예나 범죄자와 같은 벌을 받았다. 하지만 지조가 굳은 포티우스는 채찍질과 고문의 심한 고통을 견디며 벨리사리우스에게 했던 맹세를 어기지 않았다. 이 아무

아들에 대한 학대

소용 없는 학대가 끝난 뒤 안토니나의 아들은 어머니가 황후와 즐겁게 지내는 동안 그녀의 비밀 지하 감옥에 갇혀 밤낮의 구별도 못하고 지내게 되었다. 포티우스는 두 번 탈옥하여 콘스탄티노플의 유서 깊은 성소인 성 마리아 성당, 성 소피아 성당으로 피신했다. 하지만 그를 괴롭히던 압제자들은 동정심을 모르는 것만큼이나 종교에 대해서도 이해하지 못했다. 성직자들과 민중들이 아우성치는 소리가 울려 퍼지는 가운데서도 포티우스를 두 번 다 제단에서 끌어내 토굴 감옥에 집어넣었다. 하지만 세 번째 탈옥은 성공했다. 3년이 지났을 때, 예언자 자카리아 또는 죽음을 각오한 어떤 친구가 도망칠 방법을 일러 주었던 것이다. 포티우스는 황후의 친위대와 스파이를 속여서 예루살렘의 성묘에 도착했고, 그곳에서 수사가 되었다. 수도원장이 된 포티우스는 유스티니아누스가 죽은 후 이집트의 교회들을 정화하고 통제하는 일에 힘썼다. 안토니나의 아들은 적대자들이 가할 수 있는 모든 억압을 견뎌 낸 반면 안토니나의 인내심 많은 남편은 아들에게 한 약속을 어긴 스스로를 자책하면서 매우 고통스러워했다.

벨리사리우스의 불명예와 굴종

벨리사리우스는 다시 한 번 페르시아 원정에 나섰다. 그는 동부를 구했지만 테오도라를 화나게 했고 어쩌면 황제를 노하게 한 것인지도 모른다. 유스티니아누스는 병에 걸렸는데 이로 인해 그가 죽었다는 풍문이 돌았다. 이에 로마의 총사령관은 만약에 있을지도 모르는 일에 대비하여 일개 병사나 시민으로서의 솔직한 심정을 이야기했다. 그의 동료인 부제스는 똑같은 소견을 말했다가 황후의 박해를 받아 지위를 잃고 건강과 자유를 잃었다. 하지만 벨리사리우스는 자신의 인격과 아내 덕을 보았다. 벨리사리우스의 아내는 남편을 더 비참하게 만들고 싶었을지도 모르지만, 자신의 반려자인 그를 완전히 망치고 싶지는 않았다. 벨리사리우스에게 퇴락하는 이탈리아의 상태를 혈혈단신으로 찾아가 되돌려 놓아야 한다는 임무가 맡겨졌다. 하지만 그가 자신의 몸을 지킬 만한 군사도 없이 귀환하자 동부에는 냉담한 명령이 하달되어 그의 모든 재산을 압수하고 그의 행동을 비난하였다. 그를 개인적으로 따르던 근위대와 고참병들은 다른 지휘관들에게 배속되었고, 심지어 환관들도 제비를 뽑아 벨리사리우스의 군사를 나누어 가졌다. 그가 콘스탄티노플의 거리를 초라한 수행원과 함께 지나자 그 비참한 몰골에 모두들 경악하며 동정했고 유스티니아누스와 테오도라는 차가운 배은망덕으로 그를 맞이했고 아첨하는 패거리들도 무례한 시선으로 경멸감을 드러냈다. 저녁이 되자 그는 황폐해진 집으로 떨리는 걸음을 옮겼다. 몸이 불편하다는 거짓인지 아니면 진짜인지 모를 변명으로 안토니나는 내실에서 나오지 않았다. 그런 안토니나가 주랑 현관에서 오만한 얼굴로 조용히 서성이는 동안, 벨리사리우스는 침대에 몸을 던지고 슬픔과 두려움에 몸부림치면서 로마의 성벽 아래서는 몇 번이고 용감하게 맞섰던 죽음을 기다렸다. 해가 떨어지고도 한참이 지난 시각에 황후로부터 사자가 도착했다. 벨리사리우스는 호기심 반, 걱정 반인 심정으로 자신의 운명이 적힌 서한을 열었다.

부관은 내 역정을 사기에 충분한 행동을 했다는 사실을 모르지 않을 것이다. 하지만 나는 안토니나의 충성심을 모른 척할 수가 없다. 안토니나의 탄원과 그 높은 덕을 생각해서 부관의 목숨을 살려 주기로 한다. 원래는 국가에 귀속되어야 할 재산도 일부는 지니고 있도록 해 주겠다. 당연히 감사한 마음을 지녀야 하나, 이를 말이 아닌 앞으로의 행동으로 보여 주기를 바란다.

이 영웅이 말도 안 되는 용서의 말을 듣고 기뻐 어쩔 줄 몰라 했다고 기술된 이야기를 정말로 믿어야 할지는 모르겠다. 그는 아내 앞에 엎드려 그 구세주의 발에 키스하고 안토니나의 유순한 노예가 되어 감사하는 마음으로 살겠노라고 엄숙하게 약속했다고 한다. 벨리사리우스의 재산 중에서 12만 파운드가 벌금으로 징수되었다. 그는 궁전의 마사를 관리하는 직위를 받고 이탈리아 전선을 지휘하게 되었다. 그의 친구들과 국민들은 모두 그가 콘스탄티노플을 떠나게 되면 곧 자유를 되찾아 위선을 버리고 그의 아내와 테오도라, 그리고 어쩌면 황제까지도 정당한 보복의 희생양으로 삼을 것이라고 생각했다. 하지만 그들의 생각은 틀리고 말았다. 벨리사리우스의 엄청난 인내심과 충성심은 범인(凡人)을 뛰어넘는 것이거나 아니면 한참 아래의 수준으로 보인다.

42

야만 세계의 정세 · 롬바르드족의 도나우 강 연안 정착 · 슬라브 종족과 침략 · 투르크족의 기원, 제국, 외교 사절 · 아바르족의 패주 · 페르시아 왕 호스로우 1세(누시르반) · 그의 치세와 대(對)로마전 · 콜키스 또는 라지카 전쟁 · 에티오피아족

우리는 인간 공통의 능력을 기준으로 개인의 공적을 판단하곤 한다. 행동에서건 이론에서건 천재성 내지 덕성의 성과는 실제로 이룩한 수준보다는 그가 속한 시대 또는 국가의 수준을 얼마나 뛰어넘었는가에 의해 측정되는 것이다. 거인족에서는 전혀 눈에 띄지 않고 지나칠 신장을 가진 사람도 소인족에서는 반드시 눈에 띄게 마련이다. 레오니다스와 그의 병사 300명은 테르모필라이에 생을 바쳤다. 그러나 그들의 유년기, 소년기, 청년기의 교육이 이 기념할 만한 희생을 준비 또는 거의 보장한 것이라고 할 수 있다. 스파르타인이면 누구든 자기나 8000명의 다른 시민들이 똑같이 수행할 수 있는 이 의무 행위에 대해 존경을 표하는 것이 아니라 그저 수긍하고 말 것이다.[1] 대(大)폼페이우스는 전쟁터에서 200만 명의 적을 격파하고 마이오티스 호에서 홍해에 이르기까지 1500개 도시를 진압했다고 전승 기념비에 새겨 넣을 수 있었을지 모른다.[2] 그

서기 527~565년, 유스티니아누스 제국의 약점

[1] 헤로도토스를 읽는 것은 힘든 일이 아니라 기쁨이리라. 테르모필라이에서 크세르크세스와 데마라투스가 나눈 대화는 역사상 가장 흥미롭고 도덕적인 장면이다. 이 스파르타 왕에게 자기 국민의 덕성을 고통과 회한을 느끼며 지켜보아야 한다는 것은 고문이었다.

[2] 그처럼 영욕을 격렬하게 맛본 사람은 거의 없다. 에우베날리스도 인간 소망의 운과 허망함이 성쇠하는 데 대해 이보다 더 확실한 예를 들 수 없었다.

러나 로마의 운은 그의 독수리 깃발 앞에서 날아가고 말았다. 제 민족은 제각각의 공포에 짓눌려 있었고 그가 지휘한 무적의 군단은 정복의 습관과 오랜 세월의 규율 위에 확립되어 있었다. 이러한 관점에서는 벨리사리우스를 고대 공화정 시대의 영웅들보다 더 위에 두는 것이 마땅할지 모른다. 그의 결함은 시대의 악습에서 비롯된 것이었으나 그의 덕성은 천성 내지 성찰에서 얻은 천부의 재능, 그 자신만의 것이었다. 그는 스승이나 경쟁자 없이 스스로를 고양시킨 사람이다. 그에게 맡겨진 군대는 어찌나 무능한지, 그가 누릴 수 있는 유일한 이점이라고는 적들의 오만과 뻔뻔함뿐이었다. 벨리사리우스의 지휘하에서 유스티니아누스 황제의 국민들은 로마인이라 불릴 만했다. 그러나 오만한 고트족은 경멸의 뜻으로 그리스인이라는 용맹스럽지 못한 명칭을 사용했고, 자신들이 비극과 팬터마임 배우와 해적으로 이루어진 민족을 상대로 이탈리아 왕국의 패권을 다투어야 한다는 사실에 짐짓 얼굴을 붉혔다. 호전적 기질의 민족에게 아시아의 풍토는 유럽의 풍토만큼 적합하지 않았다. 인구가 조밀한 아시아 국가들은 사치와 폭정, 미신으로 무기력해져 있었고, 수도승들은 동로마 제국의 병사들보다 돈도 더 많이 받고 수도 더 많았다. 제국 정규군 병력은 한때 64만 5000명에 달했으나 유스티니아누스 시대에는 15만으로 줄었다. 이 수는 많아 보일지 모르나 해상과 육지에 걸쳐, 에스파냐와 이탈리아, 아프리카와 이집트, 도나우 강변, 흑해 연안, 페르시아 국경 지대 등에 조금씩 분산되어 있었다. 시민들은 지쳐 있었고 병사들은 돈을 받지 못했다. 병사들의 빈곤은 약탈과 나태라는 특권으로 사방에 해를 끼치고서야 달랠 수 있었다. 이미 체불된 급여는 용기나 위험이라는 대가도 치르지 않고 전쟁의 이익만을 가로채는 관리들이 사기를 치며 지연시키고 가로채고 있었다. 군대는 공적·사적인 곤란 때문에 모집되었다. 그러나 전장에서는, 더구나 적을 앞에 두고는 그 수가 언제나 모자랐다. 국민 정신의 부족은 신뢰할 수 없고 무질서한 야만족 용병으로 메워졌다. 덕성과 자유가 사라져도 존속했던 군인의 명예마저도 거의 완전히 소멸하고 말았다. 전 세대와 비교해 전례 없이 불어난 수의 장군들이 일하는 것은 오로지 동료들의 성공을 막거나 평판을 해치기 위해서만이었다. 게다가 이들은 경험상, 공훈은 황제의 질투를 불러일으키지만 실수나 죄는 너그러이 용서받을 수 있다는 사실을 알고 있었다. 그러한 시대에 벨리사리우스의, 그리고 후일 나르세스의 성공은 비할 데 없이 찬란한 것이다. 그러나 이들의 성공은 치욕과 참화의 그림자에 가려져 있다. 자신의 부관이 고트족과 반달족 왕국을 정복하는 동안, 야심만만하지만 소심한 유스티니아누스 황제[3]는 야만족 병력의 균형을 도모하고 아부와 거짓으로 그들의 분열을 조장하고 끈기와 후한 씀씀이로 반복해서 위해를 조장했다. 카르타고와 로마, 라벤나의 열쇠가 정복자에게 주어진 반면에 안티오크가 페르시아에 의해 파괴되자 유스티니아누스는 콘스탄티노플의 안전을 걱정하며 떨고 있었다.

[3] 아가티아스는 황제와 제국의 이러한 약점이 유스티니아누스의 노령 때문이라고 하고 있다. 몹시 유감스러운 일이다. 그렇다면 그는 젊었던 적이 없었기 때문이다.

벨리사리우스가 고트족에 거둔 승리마저도 국가에는 해가 되었으니, 이로 인해 테오도리크와 그 딸에 의해 충실하게 보호되어 오던 도나우 강 상류의 주요 방벽이 사라졌기 때문이다. 고트족은 이탈리아 방어를 위해 판노니아와 노리쿰의 평화와 번영에 흠집 하나 못 낸 채로 철수했다. 로마 황제는 이 지역의 통치권을 주장했지만 과감한 최초의 침략자에게 실질적인 소유권을 내어주고 말았다. 도나우 강 반대편, 상(上)헝가리 평원과 트란실바니아 구릉 지대는 아틸라 사후 게피다이족

야만족들의 상황

게피다이족

이 소유해 왔는데, 이들은 고트족의 무력을 경외했으며 로마가 하사하는 금전 자체는 경멸하지 않았지만 그 연간 보조금 뒤에 숨어 있는 비밀스러운 동기를 경멸했다. 강 연안의 비어 있는 성채는 이 게피다이족이 곧바로 점거했다. 그들은 시르미움과 벨그라데의 방벽에 군기를 세웠다. 거기에 이들이 보낸 빈정대는 변명의 어조는 제국의 주권을 더욱 모욕하는 것이었다.

오 황제 폐하, 당신의 영토는 너무도 광대하고 도시의 수는 너무도 많아 폐하는 화평으로든 전쟁으로든 그런 쓸모없는 소유물을 넘겨줄 나라를 끊임없이 찾고 계십니다. 게피다이족은 폐하의 용맹하고 충실한 동맹입니다. 폐하의 선물이 예상되면, 저희도 폐하의 관대한 하사에 맞는 정당한 신뢰를 보여 왔습니다.

그들의 오만불손함은 유스티니아누스 황제에게 복수의 구실을 제공했다. 황제는 신하를 보호하기 위함이라는 주권자의 권리를 주장하는 대신, 다른 민족을 끌어들여 도나우 강과 알프스 산맥 사이의 로마 지역을 침략하여 점령하도록 한 것이다. 게피다이족의 야심은 롬바르드족이라는 신흥 세력과 그 명성에 의해 저지된다.[4] 이 타락한 이름은 13세기에 이 야만족 전사의 이탈리아 후예인 상인과 은행가들에 의해 널리 퍼졌는데, 본래 이름인 랑고바르드(Langobard)는 수염의 특정한 길이와 모양만을 나타내는 것이었다. 이 책에서는 롬바르드족이 스칸디나비아 출신임을 부정도 긍정도 할 수 없으며,[5] 그들이 미지의 지역을 지나 놀라운 모험을 거쳐 이동해 온 경로를 추적할 생각

---

[4] 최고의 지리학자들은 이들을 엘베 강 너머, 마그데부르크의 주교구와 브란덴부르크의 중간 경계에 위치시켰다. 그들의 상황은 대부분의 야만족 정복자들은 아직까지도 프러시아 군대를 배출하고 있는 나라에서 나왔다는 헤르츠베르크(Hertzberg) 백작의 애국적인 발언과도 일치하는 것이었다.

[5] 부제 파울루스로 잘 알려진 바느프리드(Paul Warnefrid)가 고트족과 롬바르드족이 스칸디나비아 출신이라고 주장하지, 프러시아 출신인 클루베리우스(Cluverius)는 이를 비난했으며 스웨덴 대사 그로티우스(Grotius)는 이를 옹호했다.

도 없다. 아우구스투스와 트라야누스의 치세 무렵, 암흑에 둘러싸인 그들 고대인에게 겨우 역사의 서광이 비치기 시작했고 엘베 강과 오데르 강 사이에서 처음으로 이들이 발견되었다. 전형적인 게르만인 이상으로 흉포한 이들은 자기들 머리가 개의 머리와 닮았고 자신들이 전쟁에서 무찌른 적의 피를 마신다는 무시무시한 소문을 기쁘게 퍼뜨렸다. 그들은 용맹한 노예들을 채용함으로써 부족한 인원을 보충했다. 그리고 막강한 인근 부족들 속에서 이들은 혼자 힘으로, 무력으로 꿋꿋하게 독립을 지켜 나갔다. 수많은 종족과 국가를 압도한 북부의 폭풍우 속에서 롬바르드족이라는 작은 범선은 여전히 바다 위를 떠돌았고, 점차 남부와 도나우 강을 향해 내려왔다. 그리고 마침내 400년 뒤 이들은 다시 고대의 용맹과 명성을 등에 업고 등장한다. 그들의 풍습 또한 여전히 흉포했다. 국왕 딸의 면전에서, 바로 그 왕녀의 명령에 의해 국빈 암살이 행해졌는데 이는 그녀가 몇 마디 모욕적인 말에 분노하고 그 국빈의 작은 키에 실망했기 때문에 이루어진 일이었다. 이 국빈의 형제인 헤룰리족의 왕은 피의 대가로 롬바르드족에게 공납을 요구했다. 역경은 절제와 정의감을 다시 불러일으켰고, 폴란드 남부 지역에 위치했던 헤룰리족의 오만한 정벌은 완전한 패배와 돌이킬 수 없는 이산(離散)이라는 벌을 받았다. 롬바르드족은 승리의 결과 여러 황제들과의 친선을 얻었다. 그리고 이들은 유스티니아누스의 간청으로 도나우 강을 건너 협약에 따라 노리쿰의 도시와 판노니아의 요새를 점령했다. 그러나 약탈의 정신은 곧 이 광대한 지역의 경계선을 넘으라고 유혹했다. 이들은 아드리아 해 연안을 따라 디라키움까지 나아갔고, 언제나 그렇듯 뻔뻔하게도 로마의 우방 도시와 가택에 침입해 그들의 무례한 손아귀에서 도망치려던 포로들을 붙잡았다. 롬바르드족은 이러한 적대

⁶ 불가리아족이라는 명칭은 엔노디우스, 테오파네스, 그리고 카시오도루스와 마르켈리누스의 연대기에서 채용한 것이다. 훈족이라는 명칭은 너무나 모호하고, 쿠투르구리아족과 우투르구리아족이라는 명칭은 지나치게 세밀하고 억세다.

행위가 일부 해이한 용병들의 돌출 행동일 뿐이라고, 종족 전체의 행위가 아니라고 부인했고 황제는 이를 묵인했다. 그러나 롬바르드족의 무력은 30년간의 항쟁에 훨씬 중요하게 사용되었으며 이 항쟁은 게피다이족의 근절로 종지부를 찍었다. 이 적대적인 두 민족은 종종 콘스탄티노플의 황제 앞에서 자신들의 정당성을 주장했다. 그러나 두 야만 종족을 마찬가지로 달갑지 않게 여겼던 교활한 유스티니아누스 황제는 부분적이고 모호한 발언만 하고 때늦은 쓸모없는 원조만 제공하며 교묘하게 전쟁을 연장시켰다. 전장으로 수만 명의 병사를 보냈던 롬바르드족이 열세를 주장하며 로마의 보호를 요청했던 것을 보면 양측의 병력은 대단했던 듯하며 그 기질 또한 용맹스러웠다. 그러나 용기란 매우 불확실한 것이어서 두 군대 모두가 갑자기 공황 상태에 빠지곤 했다. 서로가 서로를 피해 달아났으며 경쟁 상대인 두 왕만이 텅 빈 평원 한가운데 근위병들과 남아 짧은 휴전이 이루어졌다. 그러나 서로 간의 분노가 또다시 불타올랐다. 그리고 수치의 기억 때문에 다음 접전은 한층 필사적이고 유혈적이 되었다. 4만 명의 야만족들이 결정적인 전투에서 쓰러져 갔으며, 이 전투는 게피다이족의 권력을 소멸시키고 유스티니아누스 황제의 불안과 소망을 다른 곳으로 돌렸다. 또한 훗날 이탈리아를 정복할 롬바르드족의 젊은 왕자 알보인이라는 인물이 처음 세상에 모습을 드러낸 것도 이 전쟁을 통해서였다.

슬라브족

유스티니아누스 황제 시대에 러시아, 리투아니아, 폴란드 평원에 거주하거나 유랑하던 미개한 종족들은 크게 불가리아족⁶과 슬라브족으로 나눌 수 있다. 그리스 저자들에 따르면 흑해와 마이오티스 호에 접해 있는 불가리아족은 훈족에서 그 이름 또는 출신이 유래한다고 하는데, 세상에 이미 잘 알려진 타타르족의 소박한 풍습을 다시 그려 보일 필요는 없으리라. 그들은 용맹하고 솜씨 좋은 궁사들이었으며 발 빠르고 지칠 줄 모르는 준마의 젖을 마시고 그 고기를 즐겨 먹었다. 이러한 준마의 무리는 이동이 잦은 막사를 따라다녔다. 아니 오히려 이끌고 다녔다. 이 종족의 침략에는 아무리 멀고 튼튼한 나라도 견뎌 내지 못했다. 이들은 두려움을 모르는가 하면 도주에도 익숙했다. 이들은 두 개의 강대하고 적대적인 종족으로 나뉘어 있었는데 형제간의 갈등과 같은 증오심을 느끼며 서로를 쫓았다. 황제의 호의 또는 하사품을 두고 격렬하게 논쟁을 벌였으며, 문맹인 군주의 입에서 구두로만 지시를 받던 한 사자는 자연이 충직한 개와 탐욕스러운 늑대를 결정할 때 사용하는 구분을 적용했다.7 어느 종족이든 불가리아족은 모두 로마가 갖고 있는 부에 끌렸다. 이들은 슬라브족에 막연한 지배권을 발휘했고 그 발 빠른 행군을 저지할 수 있는 것은 발트 해 또는 북부의 혹한과 빈곤뿐이었다. 반면 슬라브족은 어느 시대에든 동일한 종족이 동일한 지역을 보유하고 있었던 것으로 보인다. 아무리 멀리 떨어져 있고 적대적이어도 이 수많은 종족들은 같은 언어(거슬리고 불규칙했지만)를 사용했으며, 거무스레한 타타르족과는 다르고 게르만족의 큰 키와 하얀 얼굴에는 다소 못 미치는 체구로 알려져 있었다. 4600개의 마을8이 러시아와 폴란드 지역에 흩어져 있었고 이들은 석재도 철재도 부족한 지역에서 거친 목재로 허술하게 오두막을 지었다. 깊은 숲 속, 강둑, 저지대의 습지에 지어진 또는 숨겨진 집들은 비버의 집에 비견할 만했는데, 육지와 강 양쪽으로 출구를 내어 탈출하기 쉽도록 했다. 야만인들은 저 훌륭한 네 발 짐승보다 더럽고, 게으르고, 사교성이 부족했다. 슬라브족의 소박한 풍성함은 이

7 그의 구두 전달(그는 스스로가 까막눈 야만인 이라고 인정한다.)은 서간으로 전달된다. 그 문체는 야만스럽고 비유적이며 독창적이다.

8 이 수는 밀라노 도서관에서 발견된 서기 550년의 기이한 단편적 원고에서 나온 특정한 목록을 합한 것이다. 그 당시의 모호한 지리는 뷔아(Buat)의 인내심을 자극했다. 이 프랑스 공사는 색슨족이나 폴란드인 길잡이를 필요로 하는 황무지에서 종종 길을 잃곤 했다.

42장 225

9 사르마티아인들은 말 젖이나 피를 섞어 조죽을 만들었다. 현대 농업의 풍요로 우리 시대에 조는 가금류를 먹일 음식이지 영웅을 먹일 음식이 아니지만.

종족의 부지런함이 아니라 땅의 비옥함에서 나온 것이었다. 그들의 양과 소는 덩치도 크고 수도 많았으며 조나 수수를 뿌린9 밭에서는 빵 대신 조잡하고 영양가 적은 식량이 나왔다. 이웃 종족들의 끊임없는 침략으로 그들은 이 보물을 땅 속에 묻어야 했지만 그래도 이방인이 나타나면 후하게 먹을 것을 나누어 주었는데, 그로 인해 그들의 나쁜 평판은 품위 있고 인내심 있으며 친절하다는 표현으로 완화되었다. 최고신으로 그들은 보이지 않는 우레의 주인을 경배했다. 강과 님프는 그 다음의 영예를 얻었고 이에 대한 대중적인 숭배는 서약과 공양으로 표현되었다. 슬라브족은 독재자나 군주, 심지어는 행정관에 대한 복종까지도 경멸했다. 그러나 그들의 경험은 너무도 일천했고 열정은 지나치게 완고해 평등한 법이나 총체적 방어 체제를 구축할 수가 없었다. 연장자나 용맹한 자에 대해서는 얼마간 자발적인 존경을 바쳤으나 각각의 종족 또는 촌락은 별도의 공화국으로 존재했는데, 이 모든 부족이나 촌락은 설득을 해야지 절대로 그 무엇도 강요할 수가 없었다. 그들은 방패를 제외하고는 방어 무기도 없이 땅 위에 서서, 거의 나체 상태로 싸웠다. 공격 무기는 활과 독을 묻힌 작은 화살이 든 화살통, 그리고 긴 밧줄이었는데 이들은 이 밧줄을 멀리서 능숙하게 던져 올가미로 적을 포박하곤 했다. 전쟁터에서 슬라브족 보병대는 빠르고 민첩하고 강건해 매우 위험했다. 이들은 헤엄치고 물에 뛰어들고 속이 뚫린 대통 같은 줄기를 통해 숨을 쉬며 잠수를 계속했다. 이들이 의심받지 않고 매복하는 장소는 강과 연못이었다. 하지만 이는 첩자나 패잔병의 행동에 지나지 않는다. 슬라브족은 용병술을 몰랐다. 그들의 이름은 미천하였으며 정복은 영예롭지 못했다.

이제까지 슬라브족과 불가리아족에 대한 일반적 개요를 설명했는데, 이 두 야만족 스스로도 정확하게 몰랐고 고려하지도 않았던 중간 경계선에 대해서는 정의하려 하지 않았다. 이들의 중요성은 로마 제국에 대한 인접성으로 가늠할 수 있다. 몰다비아와 왈라키아의 평탄한 국토는 슬라브족의 하나인 안테족이 점령했는데, 이는 유스티니아누스에게 정복의 칭호를 한 줄 더 늘려 주었다.[10] 황제는 안테족에 대적하기 위해 도나우 강 하류에 요새를 건조했다. 그리고 트란실바니아 산맥과 흑해 간의 200마일 사이, 북부 범람 지역의 통로에 자리 잡은 부족과 동맹을 확보하려 애썼다. 그러나 안테족은 격렬한 범람을 저지할 힘도 의지도 부족했다. 가볍게 무장한 수많은 슬라브 종족은 불가리아족 기마대의 발자취를 엇비슷한 속력으로 뒤쫓았다. 병사 일인당 금 한 닢을 지불하면 도나우 강 상류 통로를 점거하고 있는 게피다이족 영토를 통과하는 안전하고 쉬운 퇴로를 확보할 수 있었다. 야만족들의 희망과 불안, 내부 통합과 분열, 우연히 얼어붙거나 얕은 물, 곡물 또는 포도 수확의 전망, 로마인들의 번영 또는 고난 등, 말하기도 지루하고 결과적으로는 파괴적인 이러한 사건들이 연례행사 같은 침략[11]이 반복되는 원인이었다. 라벤나가 항복한 같은 해, 아마도 같은 달에 훈족 또는 불가리아족의 침략이 있었는데, 이는 어찌나 무시무시한지 과거 침략의 기억을 전부 지워 버릴 정도였다. 이들은 콘스탄티노플의 외곽 지역으로부터 이오니아 만까지 뻗어 나갔고, 스물세 개 도시 또는 성채를 파괴했으며 아테네가 쌓아 올리고 필리푸스가 공격했던 포티다이아를 섬멸했으며, 유스티니아누스의 신민 12만 명을 말발굽 뒤에 끌고 도나우 강을 다시 통과했다. 다음 침략에서 이들은 트라키아 반도의 성벽을 돌파, 부락과 부락민들을 섬멸하고 대담하게 헬레

슬라브족의 침입

10 안티쿠스라는 국가적 칭호는 유스티니아누스의 법전과 비명에서 그 후계자들에 의해 사용되었으며 경건왕 루드비히에 의해 정당화되었다. 이것은 중세 사람들을 기묘하게 혼란에 빠뜨렸다.

11 프로코피우스에 의하면 훈족의 침략 가운데 하나는 유성과 연관이 있는데, 아마도 서기 531년의 침략을 말하는 듯하다. 아가티아스는 그의 전임자에게서 초기 사실의 일부를 차용하고 있다.

스폰투스를 가로질러 아시아의 전리품을 잔뜩 가지고 고국으로 돌아갔다. 로마인들의 눈에는 대군으로 보인 또 다른 종족은 저항도 받지 않고 테르모필라이 해협에서 코린토스 지협까지 진출했다. 그리스의 마지막 영락은 역사의 주목을 받기에는 지나치게 작은 사건으로 보인다. 황제가 보호라는 명목으로 국민들에게 부담을 주며 쌓아 올린 방비책은 결국 다른 방치된 곳의 약점을 드러내는 역할만 했다. 그리고 말로는 난공불락이라 칭송받던 성벽들은 수비대에게 버림받거나 야만족이 기어올라 함락되었다. 3000명의 슬라브족은 오만불손하게도 두 무리로 나뉘어 진격해 자랑스러운 치세의 약점과 비참함을 보여주었던 것이다. 이들은 도나우 강과 헤브루스를 지나 자신들의 전진을 막으려는 로마 장군들을 무찔렀으며, 이 야만족을 압도할 만한 무기와 군사를 보유하고 있던 일리리쿰과 트라키아의 도시들마저 손쉽게 약탈했다. 슬라브족의 대담함이 아무리 칭송받을 만한 것이라도, 그들이 포로들에게 자행했다고 지탄받는 무자비하고 고의적인 잔인성은 그 빛을 바래게 한다. 포로들은 지위, 연령, 성별 구분 없이 창에 찔리거나 산 채로 가죽이 벗겨지거나 네 개 말뚝에 묶인 채로 죽을 때까지 곤봉으로 맞거나 넓은 건물에 갇혀 이 야만스러운 승자의 진군에 방해가 되는 전리품이나 가축들과 함께 불에 타 죽었다.12 그러나 좀 더 공평하게 얘기하자면 이러한 끔찍한 행위는 줄어들고 그 만행의 본성도 완화될 것이고 때로는 슬라브족 자신들도 잔인하게 보복당했으리라고 말할 수 있을 것이다. 일례로 토피루스를 함락할 당시13 끈질긴 저항에 격노한 슬라브족은 1만 5000명의 남자를 학살했다. 그러나 여자와 아이들은 살려 주었으며, 귀중한 포로들은 노동을 시키거나 몸값을 받아내기 위해 언제나 살려 두었다. 노역은 그다지 혹독하지 않았고 석방 조건은 조

12 슬라브족의 잔인성은 프로코피우스가 설명 또는 과장하고 있다. 포로에 대한 슬라브족의 다소 온화하고 관대한 행동에 대한 출처로는 좀 더 최근의, 마우리키우스 황제를 참조한다.

13 토피루스는 트라키아, 즉 마케도니아의 필리피 부근, 타소스 섬 반대편에 위치하고 있으며 콘스탄티노플에서 12일 거리에 있다.

속하고 온화했다. 그러나 유스티니아누스의 신민 내지 역사가는 불만과 비난의 어조로 황제가 마땅히 느낄 분개함을 표출했다. 프로코피우스는 32년의 치세 동안 야만족의 침공으로 매년 로마 제국민 20만 명이 사망했다고 확언한다. 유스티니아누스 치세 때 이 지역에 해당하는 터키 제국의 총 인구가 600만 명이라는 점을 고려하면 이 믿을 수 없는 추산의 결과는 실제로는 나올 수 없을 것이다.[14]

눈에 띄지 않는 이러한 재앙 가운데 유럽은 투르크족의 이름과 그 종족이 세상에 처음 모습을 드러내는 데서 혁명의 충격을 느꼈다. 로물루스와 마찬가지로 이 호전적 종족의 창시자는 암늑대의 젖을 먹고 자랐으며 후에 많은 자손을 낳았다고 한다. 투르크족 군기에 있는 늑대 그림은 라티움과 스키타이의 목자들이 상호 교류 없이도 이 우화의 기억을 간직하거나 아니면 착상해 냈음을 암시했다. 카스피 해, 북극해, 중국해, 벵골 만의 여러 바다에서 2000마일 떨어진 지점에는 아시아 대륙의 중심이자 정점인 산맥이 뚜렷이 보인다. 이 산맥은 각 민족의 언어로 이마우스, 카프,[15] 알타이, 황금 산맥, 지구의 띠 등으로 불린다. 산맥의 경사면에서는 광물이 나오는데, 유연(柔然)족의 위대한 칸의 노예 가운데서도 가장 멸시받는 종족이던 투르크족은 전쟁에 대비해 철의 단조(鍛造)[16]를 실시하고 있었다. 그러나 이들의 노역은 용맹하고 언변 뛰어난 지도자가 일어나 그들이 주인을 위해 연마하는 바로 그 무기가 자신들의 손에 자유와 승리를 가져다줄 무기가 될 것이라고 설득하자 바로 끝나고 말았다. 그들은 산에서 뛰쳐나왔다. 조언에 대한 보상으로 그 지도자에게는 제왕의 홀이 주어졌다. 군주와 귀족들이 불에 달군 쇠붙이를 대장장이의 망치로 연달아 다루는 연례

서기 545년 등, 아시아에서 투르크족의 기원과 왕국

14 『비사(秘史)』의 악의에 찬 증언에 따르면, 이러한 침공은 도나우 강 남부 지역을 스키타이의 황무지 상태로 만들었다고 한다.

15 카프에서 카프로. 이는 좀 더 합리적인 지리로 해석하자면 이마우스에서 아마도 아틀라스 산까지일 것이다. 마호메트교들의 종교 철학에 따르면 카프 산의 기반은 에메랄드이며, 그 반사광이 하늘의 쪽빛을 만들어 내는 것이다. 이 산은 그 뿌리 또는 지맥에 민감한 영향을 받고 있는데 그 떨림은 신의 명령에 따라 지진을 일으킨다.

16 시베리아 철은 세계 최고의 품질을 가지고 있으며 가장 풍부하다. 또 남부 지역에서는 러시아인들이 예순 개가량의 광산을 발굴하고 있다. 투르크족은 철을 판매하기 위해 내놓았다. 그러나 로마 사절들은 이상할 정도로 완고하게 이 모든 것이 속임수이며, 그들의 영토에서 철이 전혀 나지 않는다고 믿었다.

행사는 수 세기 동안 투르크 종족의 소박한 직업과 합당한 긍지를 상징해 왔다. 그들의 첫 번째 지도자인 베르테제나는 주변 부족들과의 전쟁을 성공으로 이끌면서 종족과 자신의 용맹을 증명했지만 위대한 칸의 공주를 아내로 맞고 싶다고 감히 요청하자 일개 노예이며 직인인 그의 불손한 요구는 일축되고 말았으며, 그는 더 고귀한 신분의 중국 공주와 연을 맺어 이 수치를 갚았다. 그리고 유연족을 거의 섬멸한 결정적 승리로 타타르 지방에 새롭고 더욱 강대한 투르크족 제국이 들어섰다. 그들은 북방 지역을 지배했으나 선조들이 살아온 산지를 충실하게 지킴으로써 정복이 덧없음을 보여 주었다. 국왕의 막사는 거의 늘 알타이 산이 보이는 곳에 설치되었고 이르티시 강은 이 산에서 나와 세계에서 가장 많은 양과 소를 먹이는 칼무크족의 비옥한 목초지로 흘러들었다. 땅은 비옥했으며 기후는 온화하고 알맞았다. 이 행복한 지역은 지진도 역병도 몰랐다. 황제의 왕좌는 동쪽을 향해 돌려져 있었고, 창 맨 위의 황금 늑대가 황제의 천막을 지키고 있는 것으로 보였다. 베르테제나의 후계자 가운데 하나는 중국의 호화로움과 미신에 끌렸으나 도시와 사원을 짓고자 하는 그의 계획은 야만족 고문관의 소박한 지혜에 무릎을 꿇었다. 이 고문관은 이와 같이 말했다.

투르크족은 그 수로는 중국인의 100분의 1도 안 됩니다. 우리가 그들과 힘의 균형을 이루고 군대를 물리치고 지나갈 수 있는 것은 고정된 주거 없이 전쟁과 사냥을 하며 유랑하기 때문입니다. 우리가 강하다면? 그러면 우리는 전진하고 정복합니다. 우리가 약하다면? 그러면 우리는 후퇴하고 자취를 감춥니다. 투르크족이 도시의 방벽 안에 스스로를 가둔다면 전쟁의 패배는 그 제국의 파멸을 의미할 것입니다. 승려들은 인내와 겸손, 세상으로부터의 단절을 설교합니다. 오, 왕이시여! 그러한 것은 결코 영웅의 종교가 아닙니다.

17 이 사실은 하위 종족에만 적용되는 것이었지만 여기에 언급해 둔다.

그들은 조로아스터교의 교리에는 꽤 호의를 가졌지만 이 종족 대부분은 별다른 의문 없이 조상들의 의견 내지 관습을 따랐다. 공양의 영예는 최고신에게 바쳐졌다. 이들은 투박한 노래로 공기, 불, 물, 흙에 대한 자신들의 의무를 인정했으며 사제들은 점술을 사용해 약간의 이익을 얻어 냈다. 그들의 불문율은 엄격하고 공정했다. 도둑질은 열 배의 배상으로, 간음과 역모, 살인은 사형으로 처벌되었다. 그리고 드물지만 용서받을 수 없는 비겁함이라는 죄에는 아무리 무거운 형벌도 지나치게 생각되지 않았다. 투르크족의 깃발 아래 복속된 종족들이 진군할 때, 그 기병대는 말과 사람을 합쳐 수백만으로 추산되었다. 주력 부대는 40만 군사로 이루어져 있었고, 불과 50년도 안 되는 사이에 투르크족은 평화 시에나 전쟁 시에나 로마, 페르시아, 중국과 관계를 맺게 되었다. 그들의 북방 변경에서는 수렵과 어로 생활을 하고 개에게 썰매를 끌게 하며 땅을 파서 집을 짓는 캄차카족의 모습을 발견할 수 있을 것이다. 투르크족은 점성술을 알지 못했다. 그러나 8피트나 되는 해시계 바늘로 중국 과학자가 실시한 관측에 따르면 그들 황제의 본영은 경도 49도에 위치했으며 가장 멀리 진군했을 때에는 북극권의 3도, 적어도 10도까지 이르렀다고 한다.[17] 그들의 남부 정복 가운데 가장 뛰어난 업적은 네프탈리트 또는 백훈족(White Huns)의 정복이었다. 백훈족은 품위 있고 호전적인 종족으로 보카라와 사마르칸트라는 상업 도시를 보유했으며 페르시아 왕을 격파하여 인더스 강변과 그 하구까지 승전기를 휘날렸다. 서쪽으로 투르크족 기병대는 마이오티스 호를 향해 진군해 얼어붙은 호

18 페이소넬(Peyssonnel)은 카파와 보스포루스의 거리가 16타타르리그라며 얕잡아 보았다.

19 틸 또는 툴라 강은 귀녜스(de Guignes)에 따르면 사막을 흐르는 작지만 반가운 물줄기로 오르콘과 셀링가 등으로 흘러들었다. 그러나 키트 강을 따라 오비로 향해한 벨(Bell)의 설명에서는 키트 강이 '검은 강'이라는 명칭과 특징을 갖고 있다.

수를 건넜다. 알타이 산기슭에 거주하던 칸은 보스포루스[18] 점령 명령을 내렸는데, 이 도시는 로마에 자발적으로 복속했고 군주들은 아테네와 친교를 맺어 왔다. 동쪽으로 투르크족은 중국의 통치가 느슨해지는 틈을 타 수차례 침략을 감행했다. 당시의 역사 기록을 읽어 보면 투르크족은 온순한 적병을 삼이나 풀 베듯 쓰러뜨렸는데, 중국인들은 이 야만족을 황금의 창으로 무찌른 한 황제의 지혜를 칭송했다고 한다. 제국의 확대로 인해 투르크 황제는 자기 핏줄 세 명으로 속국 영토를 다스려야 했으나 이 속국의 군주들은 곧 은혜와 동맹을 잊고 말았다. 정복자들은 근면한 종족이 아니면 언제나 치명적인 결과를 낳는 사치 때문에 약해졌다. 중국은 정복된 종족들의 재독립을 장려하는 정책을 썼고, 투르크족의 권세는 200년밖에 지속되지 않았다. 그들의 이름과 영토가 아시아 남부에서 다시 위세를 떨친 것은 후대의 일이었으며, 그들의 원래 왕국을 이은 왕조의 이야기는 로마 제국의 쇠망과는 전혀 관련이 없으므로 망각 속에 잠들게 될 것이다.

투르크족에게서 도망쳐 동로마 제국에 접근한 아바르족

빠른 속도로 정복을 이루어 나가는 가운데 투르크족은 틸 강 유역의 오고르족, 그러니까 바르코니트족을 공격하여 제압했다. 틸 강은 그 어두운 물빛, 또는 어두운 숲 때문에 '검은 강'으로 불리고 있었다.[19] 오고르족의 칸은 부하 30만 명과 함께 살해당했으며 이들의 시신은 다니는 데 4일은 족히 걸릴 정도의 지역에 흩뿌려졌다. 살아남은 자들은 투르크족의 힘과 관용을 받아들였다. 2만 명 정도의 소수의 전사는 노예 상태로 전락하기보다 망명을 택했고 잘 알려진 볼가 강의 길을 따라 내려갔는데 여러 종족들이 이들을 아바르족과 혼동했다. 이 잘못 알려졌으나 유명한 이름은 공포를 불러일으켰는데 사실 이 이름의 정당한 주인은 여전히 투르크족의 속박에서 벗어나지 못하고 있었다.[20] 승승장구한 긴 여정 끝에 이 새로운 아바르족은 알라니족[21]과 키르카시아족의 땅인 카프카즈 산기슭에 도착했고, 여기서 로마 제국의 찬란한 명성과 쇠퇴에 대해 처음으로 듣게 되었다. 그들은 동맹인 알라니의 군주에게 이 부(富)의 원천에 자신들을 인도해 달라고 공손히 요청했다. 그들의 사절은 라지카 총독의 허가를 얻어 흑해를 지나 콘스탄티노플까지 안내되었다. 시민 모두가 호기심과 공포에 싸여 이 새로운 인종을 보기 위해 몰려들었다. 긴 머리는 땋아 얌전하게 끈으로 묶어 내려뜨렸지만 나머지 옷차림은 훈족의 방식을 모방한 것으로 보였다. 유스티니아누스 황제의 알현이 허락되자 최초의 사절 가운데 한 사람인 칸디시는 다음과 같이 말했다.

서기 558년, 콘스탄티노플에 파견된 아바르족 사절단

오 위대한 군주시여, 폐하 앞에 서 있는 것은 최고로 강하고 가장 많은 백성을 가진 불패의 아바르족 대표들입니다. 우리는 폐하께 봉사할 준비가 되어 있습니다. 지금 폐하의 평안을 어지럽히는 적들을 모두 무찔러 근절할 수 있습니다. 그러나 동맹의 대가로, 우리의 용맹에 대한 보수로 귀중한 선물과 연간 보조금과 풍요로운 재산을 내려 주시기를 바라옵니다.

이들을 접견했을 때 유스티니아누스는 30년 이상 나라를 다스려 왔고 75세가 넘어 있었다. 몸은 물론이고 정신마저도 약하고 무기력한 상태였다. 한때 아프리카와 이탈리아를 정복했던 그였지만 국민의 영원한 이익에는 관심을 잊은 채로, 불명예스러워도 평화의 한가운데서 생을 마감하는 것만을 열망하고 있

[20] 그리고 아직 진정한 아바르족은 귀네스의 눈에도 보이지 않았다. 거짓만큼 눈에 띄는 것이 또 어디 있겠는가? 오고르족 도망자들에게 붙여진 그 이름은 투르크족 스스로가 인정한 것이었다.

[21] 알라니족은 타타르의 계보 연대기나 당빌(d'Anville)의 지도에서도 찾을 수 있다. 이들은 카스피 해를 따라가는 칭기즈칸 수하 장군들의 진격에 저항했고 대규모 전투에서 패배했다.

었다. 황제는 심사숙고한 연설을 통해 모욕은 무시하고 아바르족의 우정을 돈으로 사들일 것이라는 뜻을 원로원에 전했다. 그리고 원로원은 모두 저 중국 관리들과 마찬가지로 주군의 비할 바 없는 지혜와 선견지명을 칭송했다. 비단옷, 푹신하고 화려한 침대, 금을 입힌 줄과 목걸이 등 이 야만인들을 사로잡을 호화로운 물품들이 즉시 준비되었다. 사절단은 이러한 융숭한 대접에 만족해 콘스탄티노플을 떠났으며 황제의 근위병 가운데 하나인 발렌티누스가 이들과 같은 사명을 가지고 카프카즈 산기슭에 있는 그들의 진영으로 파견되었다. 이 야만인들이 파멸하든 성공하든 어차피 제국에는 유리할 것이었으므로 발렌티누스는 그들에게 로마의 적국을 침략하라고 설득했고, 선물과 약속에 쉽게 넘어간 그들은 자기들의 지배 성향을 충족하고자 했다. 투르크족의 무력을 피해 도주했던 이 망명자들은 타나이스와 보리스테네스를 지나 폴란드와 게르마니아의 심장부로 과감하게 진군해 제국민의 법률을 어기고 승자의 권리를 남용했다. 10년도 채 되지 않아 그들의 진영은 도나우와 엘베 강에 위치하게 되었으며, 많은 불가리아와 슬라브족이 지상에서 사라졌고 그들 종족 가운데 살아남은 자들은 아바르족의 군기 아래 속국이나 봉신(封臣)이 되었다. 아바르족 왕의 고유한 명칭인 샤간(Chagan)은 여전히 황제와 우의를 도모하는 척했고 유스티니아누스는 이들을 판노니아에 정착시켜 롬바르드족의 우세한 세력과 균형을 이루게 하려는 생각도 갖고 있었다. 그러나 정직인지 배반인지 모를 한 아바르인의 행동으로 이들 종족이 갖고 있던 은밀한 증오와 야심만만한 계획이 드러났다. 자신들의 사절을 억류시키고 제국의 수도에서라면 구매 허가를 해 주었을 무기를 승인하지 않는 경계심 많고 소심한 정책에 대해 소리 높여 불만을 말한 것이다.

황제의 의향이 명확하게 변한 것은 아바르족 정복자들이 보낸 사절단 탓일 수도 있다.22 군대도 닿지 못할 만한 먼 거리도 그들의 분노를 가라앉히지 못했다. 투르크족 사절단은 자이크 강, 볼가 강, 카프카즈 산, 흑해, 콘스탄티노플까지 패배자들을 추적하여 마침내 콘스탄티누스 대제의 후계자 앞에 나타나 반란자와 도망자의 명분을 지지해서는 안 된다고 요청한 것이다. 이 주목할 만한 협상에는 상업도 얼마간 영향을 주었다. 당시 투르크족의 속국이던 소그도족은 카스피 해 북부를 통해 중국 비단을 수입하여 로마 제국으로 들여갈 새로운 길을 개척할 기회를 찾고 있었다. 실론 항로를 우선시했던 페르시아는 보카라와 사마르칸트의 대상을 억류하고 비단을 불태워 버렸다. 투르크족 사절 몇 명이 페르시아에서 죽었는데 독살이라는 의심도 있었다. 그리고 위대한 칸은 자신의 충실한 봉신이자 소그도족 군주인 마니아크가 비잔티움 궁정에서 그들 공동의 적에 대항해 동맹 조약을 제안하는 것을 허락했다. 동양의 호화로움을 보여 주는 그들의 화려한 의상과 값진 선물은 마니아크와 그 동료들을 불손한 북부 야만인들과 구분 지었다. 스키타이 문자와 말로 쓰여진 서한은 이들이 학문의 기본을 배운 종족임을 입증했다.23 그들은 자신들의 정복 이력을 일일이 나열하고 투르크족과의 우호와 군사 원조를 제안했다. 그들은 자기들의 목과 주인이신 디사불의 목을 걸고 맹세한다며 으스스하게 자신들의 진심을(설사 거짓이라 하더라도 말이다.) 전했다. 그리스 군주는 먼 곳의 강성한 군주가 보내 온 사절단을 환대했다. 그러나 누에와 베틀을 보고 소그도족의 희망은 사라지고 말았다. 황제는 도망자 아바르족을 부인하거나 부인하는 척하고 투르크족과의 동맹을 받아들였다. 그리고 로마 제국의

서기 569~582년, 투르크족 사절들과 로마인

22 귀네스가 파악한 바에 따르면, 테오파네스와 『잡화집(雜話集)』은 유스티니아누스에게 보낸 투르크족 사절단을 언급하는 것으로 보인다. 그러나 유스티누스 황제의 통치 4년째 콘스탄티노플에 도착한 최초의 사절단은 확실히 마니아크의 사절단이다.

23 러시아인들은 이르티시와 예니세이 강변에서 찾아낸 메달, 비석, 바윗돌, 오벨리스크 등에서 조잡한 상형문자들을 발견했다. 하이드(Hyde)는 티베트와 위구르의 두 가지 문자를 제시했다. 나는 모든 스키타이 학문과 일부, 어쩌면 상당 부분의 인도 학문이 박트리아의 그리스인들에게서 나온 것이 아닌가 하는 의심을 오랫동안 품어 왔다.

사자가 조약이 비준되었음을 알타이 산기슭까지 찾아가 전달했다. 유스티니아누스 황제 후대에 이르러 두 민족의 우호는 빈번하고 진정한 교류로 증진되었다. 총애받는 봉신들이 위대한 칸을 본받는 것이 허용되면서 콘스탄티노플을 방문했던 106명의 투르크족 사람들이 여러 이유로 일시에 고향을 향해 떠났다. 비잔티움 궁정에서 알타이 산까지의 여정에 걸리는 시간과 거리는 알려진 바 없다. 이름 없는 사막과 산맥, 강, 타타르의 소택지를 통과하는 길을 표시하기는 힘들었을 것이다. 그러나 왕의 막사에서 로마 제국 사절단이 받은 환대에 대한 흥미로운 기록이 남아 있다. 칭기즈칸의 아들들이 다스리는 동안에도 남아 있던 의례에 따라 불과 향으로 정화받은 후, 사절들은 디사불 왕을 알현하게 되었다. 황금 산의 골짜기에서 그들은 위대한 칸이 자기 막사 안 바퀴 달린 의자에 앉아 있는 것을 보았는데, 그 의자에는 말이 매여 있는 경우도 있었다. 선물을 바치고 관리들이 이를 접수하자마자 사절들은 미사여구를 동원해 로마 황제의 안부를, 투르크족의 군대에 승리가 함께하기를, 그들의 치세가 오래도록 번영하기를, 지상에서 가장 강한 그들 두 나라 간에 시기나 기만 없는 확고한 동맹이 계속되기를 바라는 마음을 표명했다. 디사불의 화답은 이 우호적인 말에 상응하는 것이었으며 그날 하루 종일 계속된 연회에서 사절단은 그의 곁에 앉았다. 천막 안은 비단 벽걸이로 휘감겼고 타타르 술이 상에 올랐으며 이 술은 적어도 포도주 정도로 취하는 효과가 있었다. 다음 날의 환대는 더욱 융숭했다. 두 번째 천막의 비단 벽걸이는 다양한 모양으로 수놓여 있었고 왕이 앉을 자리와 잔, 꽃병은 모두 금으로 되어 있었다. 세 번째 천막은 도금한 나무 기둥이 받치고 있었다. 거대한 순금 침대가 역시 금으로 된 네 마리 공작 모양의 다리 위에 놓여 있었다.

천막의 입구 앞에는 은으로 된 접시와 수반, 감탄할 만한 공예품 등이 짐차 위에 보란 듯 쌓여 있었는데, 이는 여기에 든 노력보다는 용맹을 기념하는 것이었다. 디사불이 페르시아 국경 지대로 군대를 끌고 나갔을 때 동맹인 이 로마인들은 투르크군의 진군을 여러 날 동안 따라다녔는데, 로마 사절단은 왕이 베푼 연회에서 시끄럽고 사나운 소음으로 연회의 정적을 깨뜨렸던 페르시아의 사절보다 상석을 누린 후에야 물러났다. 페르시아의 왕 호스로우의 권세와 야망은 그의 영토 양편과 접해 있는 투르크족과 로마의 동맹을 더욱 견고하게 했다. 그러나 멀리 떨어진 이 두 나라는 맹세와 조약의 의무를 잊고 자기 이익만을 따랐다. 부왕의 장례식을 치르는 동안 디사불의 후계자는 티베리우스 황제의 사절단을 맞이했는데, 사절단은 페르시아 침공을 제의하고는 이 도도한 야만인의 노한, 그리고 온당한 꾸짖음을 들었다.

여기 내 열 손가락이 보이시오.

위대한 칸은 이렇게 말하면서 손가락을 입으로 가져갔다.

당신들 로마인들은 이만큼의 혀를 갖고 말하지만 그건 기만과 새빨간 거짓말로 이루어진 혀요. 당신들은 내게 한 똑같은 얘기를 내 신하들에게는 또 다른 말로 얘기하오. 우리는 계속해서 당신들의 기만적인 달변에 속고 있소. 당신들은 동맹을 전쟁과 위험으로 몰아넣고 그들의 노고를 누리면서 은혜를 베푼 자들을 소홀히 하오. 어서 돌아가 그대들의 군주에게 투르크족은 거짓을 말할 수도 용서할 수도 없다고, 그대들은 받아 마땅한 처벌을 곧 받게 될 것이라고 전하시오. 당신들의 왕은 속 빈 아첨의 말로 짐의 우정을 얻어 내려 하면서 망명 중인 바르코니트족과 내통하고 있지. 그 하잘것없는 노예들을 치러 짐이 직접 진군하면, 그것들은 우리 채찍 소리에도 벌벌 떨 것이오. 짐의 엄청난 기병대의 말발굽 아래 개미굴처럼 짓밟힐 거요. 그 기병대가 그대들의 제국을 침략하기 위해 갔던 길을 짐이 모르지 않소. 카프카즈 산이 로마 제국을 지켜 주는 난공불락의 방벽이 된다는 허세에도 속지 않소. 짐은 드니에스테르 강, 도나우 강, 헤브루스 강의 수로를 알고 있소. 제아무리 호전적인 종족들도 투르크족의 무위(武威) 앞에 무릎을 꿇었지. 해가 뜨는 곳부터 지는 곳까지, 이 대지는 어디나 짐이 물려받은 유산이오.

이러한 위협에도 불구하고 상호 이익을 고려하여 투르크족과 로마의 동맹은 재개되었다. 그러나 위대한 칸의 자긍심은 그의 분노보다 오래 지속되었다. 맹우 마우리키우스 황제에게 자신의 대규모 정벌을 통고하면서, 그는 자신을 세계 일곱 종족의 주군, 일곱 풍토의 지배자라고 칭했다.

서기 500~530년, 페르시아의 상황

아시아의 통치자들 간에는 세계의 왕이라는 칭호를 두고 분쟁이 잦았다. 그런 논쟁은 결국 아무도 그 칭호를 얻지 못했음을 증명하는 것이었지만 말이다. 투르크족 왕국은 옥수스 또는 기혼이라 불리는 강을 국경으로 하고 있었다. 그리고 투란 땅은 이 거대한 강에 의해 국력도 인구도 훨씬 큰 경쟁 상대인 이란, 즉 페르시아 왕국으로부터 좀 더 작은 범위로 분리되었다. 페르시아 민족은 투르크족과 로마 민족을 침략하고 격퇴했으며, 유스티니아누스 황제가 제위에 오르기 300년 전부터 시작되었던 사산 왕조의 지배를 여전히 받고 있었다. 유스티니아누스 황제의 동시대인으로 코바드라 불린 카바데스는 아나스타시우스 황제와의 전쟁에서 승리를 거두었다. 그러나 그의 치세는 국내 분쟁과 종교 분쟁으로 어지러웠다. 신하들 손에 포로가 되고 페르시아의 적국들로 망명하던 그는 아내의 정조를 팔아 자유를 얻고, 위험하게도 자기 부친을 살해한 야만족에게서 용병을 원조받아 왕국을 되찾았다. 귀족들은 카바데스가 자신을 추방한 사람도, 복위시킨 사람도 용서하지 않을 것이라 의심했다. 국민들은 여성의 공유[24]와 인류의 평등을 주장하면서도 가장 비옥한 땅과 가장 아름다운 여인들을 신도들이 갖도록 빼돌린 마즈다크의 광신적인 교리에 속아 흥분했다. 그 자신의 법과 선례로 조장된 이러한 무질서[25]는 페르시아 국왕의 만년을 고뇌에 차게 했으며, 왕위 세습의 자연스럽고 관습적인 순위를 무시하고 호스로우와 누시르반이라는 이름으로 잘 알려진 가장 사랑하는 셋째 아들에게 왕위를 물려주려는 계획을 의식하면서 그의 불안은 더욱 커져 갔다. 국민들에게 이 청년이 더 빛나 보이게 하기 위해 카바데스는 그가 유스티누스 황제의 양자가 되기를 바랐다. 평화를 바랐던 비잔티움 궁정은 이 특이한 제안을 받아들일 의향이 있었다. 그랬다면 호스로우는 로마 양부의 유산에 대한 그럴듯한 권리를 갖게 되었을 것이다. 그러나 로마는 그러한 훗날의 재앙을 재무관 프로클루스의 조언으로 피할 수 있었다. 양자를 들이는 의식을 민간 의식으로 할 것인가 군사 의식으로 할 것인가를 놓고 이견이 생겨났고,[26] 조약은 갑작스레 취소되었다. 이미 콘스탄티노플을 향한 여정을 떠나 티그리스 강까지 도달했던 호스로우의 마음 깊은 곳에 이로 인한 분노가 자리 잡았다. 그의 부왕은 이러한 실망 뒤 오래지 않아 세상을 떠났고 죽은 왕의 유언이 귀족들 앞에서 낭독되었다. 이에 대비하고 있었던 왕권 승계 서열을

[24] 여성의 공유라는 새로운 법에 대한 소문은 곧 시리아와 그리스까지 퍼져 나갔다.

[25] 그는 예언자에게 자기 아내와 누이를 바쳤다. 그러나 누시르반의 기도가 그의 어머니를 구했으며, 분개한 국왕은 그의 효심으로 자신이 받은 그 치욕을 결코 용서하지 않았다.

[26] 프로클루스는 지나치게 현명했던 것이 아닐까? 그 위험이란 상상의 산물 아니었나? 그 구실은 적어도 글을 모르지 않았던 민족에게는 해가 되는 것이었다. 페르시아에서 어떤 형식으로든 입양이 이루어졌는가는 몹시 의심이 가는 사항이다.

27 프로코피우스와 아가티아스의 글로부터 파기(Pagi)는 호스로우가 유스티니아누스 황제 재임 5년째(서기 531년 4월 1일~532년 4월 1일)에 왕위에 올랐다고 증명했다. 그러나 존 말랄라(John Malala)는 그리스인과 동방인들과도 일치하는 진짜 연대를 확인해 주고 있다. 카바데스는 43년 2개월의 치세 뒤인 서기 531년 9월 8일 상태가 나빠졌고, 9월 13일 사망했다. 에우티키우스의 연대기에 따르면 호스로우는 47년 6개월 동안 통치했다. 그의 사망은 따라서 579년 3월이었을 것이다.

28 이스파한 궁전의 문은 현재 또는 과거에 치욕이나 죽음이 일어나던 운명적인 현장이었다.

무시한 한 강력한 당파가 호스로우를 페르시아의 왕위에 옹립했으며 그는 48년에 걸쳐 번영기의 통치자로 군림했다.27 그리고 정의로운 누시르반(호스로우)에 대한 이야기는 동방 민족들에게 영속적인 찬양의 주제로 칭송되고 있다.

서기 531~579년, 누시르반, 즉 호스로우의 통치

그러나 군왕들의 정의란 군왕 스스로는 물론 그 신하들도 열정과 이익의 충족에 대한 엄청난 관대함을 가지고서만 이해되는 것이다. 호스로우의 미덕은 정복자의 미덕이었다. 정복자란 평화와 전쟁의 척도 속에서 야망에 흥분하고 분별로 억제되며 국민의 강성함을 자신의 행복과 혼동하여 단 한 사람의 명성 또는 위락을 위해 수많은 목숨을 희생시키는 것이다. 내정을 살펴보면 정의로운 누시르반은 우리가 보기에는 독재자라는 말을 들을 만하다. 그의 두 형은 왕위에 대한 정당한 기대를 박탈당했다. 군주라는 최고 지위와 신하라는 지위 사이에서 이후 두 형의 삶은 자신들에게는 고통스럽고 군주에게는 두려운 것이었다. 그들은 복수심은 물론 두려움 때문에 반란을 일으킬 수도 있었다. 그들에게 불행의 원인을 제공한 자에게는 아무리 하찮은 음모의 증거라도 충분했다. 호스로우의 평온은 이 불행한 왕자들과 그 가족, 신하들의 죽음으로 보장되었다. 죄 없는 젊은이 하나가 어느 노(老)장군의 동정으로 방면되었는데 장군의 아들이 밝힌 이 인도적인 행동은 열두 개 종족을 페르시아에 복속시킨 공훈보다 무거운 죄가 되었다. 메보데스의 열정과 분별은 호스로우의 머리에 왕관을 확실하게 씌워 주었다. 그러나 그는 어느 날 군대 점호 임무를 수행하느라 왕의 부름에 다소 늦게 도착했고, 그 즉시 궁전 정문에 서 있는 철의 삼각대로 가라는 명령을 받았다.28 희생자를 놓아 주거나 가까이 다가가면 사형이었다. 메보데스는 며칠 동안 괴로움에 시달린 후에야 완고하게 오만하고 말 없이 배은망덕한 카바데스의 아들에게 판결을 받았다. 그러나 민중, 특히 동방의 민중들은 대개 이런 최고 수장들이나 변덕스러운 군주의 미소에 살고 찌푸린 얼굴에 죽어 나가는 노예들이 당하는 잔인함을 쉽게 용서하며, 심지어 칭송하는 경향이 있다. 자신은 결코 위반할 생각이 없는 법을 집행하면서, 개개인의 행복은 물론 자신의 권위를 공격하는 범죄를 처벌하는 데에 불멸의 영혼 호스로우는 정의롭다는 말을 들을 만했다. 그의 통치는 확고하고 엄격하고 공정했다. 그의 치세의 첫 과제는 공동 또는 평등 소유라는 위험한 논리를 폐지하는 것이었다. 마즈다크의 신도들이 강탈했던 토지와 여성은 본 소유자에게 되돌려 주었다. 광신도와 사기꾼에 대한 엄격한 처벌은 사회에서 가정의 권리를 확인해 주었다. 왕은 총신의 말을 맹목적으로 듣지 않고 제국의 4대 지역인 아시리아, 메디아, 페르시아, 박트리아를 관할하는 장관을 임명했다. 법관과 민정관, 고문관을 선정할 때 그는 사람들이 왕 앞에서 항상 쓰는 가면을 걷어 내고자 했으며 출신과 재산 등의 우연적 특질을 타고난 재능으로 대체하고자 했다. 그는 가슴으로 가난을 느껴 본 자를 선발하고 마기의 신전에서 개를 쫓아내듯 사법의 권좌에서 부패를 몰아내고 싶다는 그럴듯한 말로 자기 의도를 피력했다. 아르타크세르크세스 1세의 법전을 부활시켜 행정관이 지켜야 할 규칙으로 발표했다. 그러나 덕성을 확보하는 최선의 길은 위법 행위가 신속히 처단될 것임을 확실히 보여 주는 것이었다. 왕의 비밀 또는 정규 요원들이 암약하여 행정관들의 행동은 수천 개의 눈이 감시하고 그들의 말은 수천 개의 귀가 엿듣고 있었다. 빠르고 환영받는 행보에서 하늘에 있는 형제와 경쟁이라도 하는 듯 행동하는 이 통치자는 인도에서 아라비아 국경 지역에 이르기까지 자주 방문했다. 페르시아 모든 도시의 고아와 빈민 아이들이 공공 비용으로 부양되고 교육받았다. 딸들은 그 지위에서 가장 부유한 시민들에게 시집을 갔으며 아들들은 그 재능에 따라 상업에 종사하거나 그보다 더 영예로운 직업으로 출세했다. 버려진 촌락들이 그의 은혜로 되살아났다. 자기 땅을 경작할 수 없었던 농부와 소작인들에게 그는 가축과 종자, 농기구를 하사했다. 그리고 신선한 물이라는 귀하고 소중한 보물을 낭비 없이 관리하여 페르시아의 건조 지대에 빈틈없이 분배했다.[29] 왕국의 번영은 그의 덕성의 결과이자 증거였다. 그의 악덕은 동방 전제 군주의 일반적 행태 그것이었다. 그러나 호스로우와 유스티니아누스의 오랜 경쟁에서 공적과 행운은 거의 모두 이 야만족 왕의 편으로 기울었다.

누시르반의 학문 사랑

누시르반은 정의롭다는 칭송에 더하여 박식하다는 평판까지 얻었다. 그의 궁정을 방문한 일곱 명의 그리스 철학자들은 페르시아의 왕위에 플라톤의 사도가 앉아 있다는 기묘한 확신을 가졌으나 이는 잘못된 믿음이었던 것으로 드러났다. 그들은 전쟁과 통치의 노고와 필사적으로 싸우는 군주가 아테네의 학자들과 한가하게 시간을 때우며 마음을 달래 그들과 같은 수준으로 추상적이고 심오한 문제를 절묘하게 토론할 수 있다고 생각한 것일까? 어릴 적부터 자신의 절대적이고 변덕스러운 의지만이 도덕적 의무의 유일한 규칙이라고 배워 온 전제 군주의 삶을 철학의 계율로 지도하고 그 정열을 통제할 수 있기를 바랐던 것일까? 호스로우의 학식은 과시적이고 피상적이었으나 그의 본보기는 이 영리한 민족의 호기심을 일깨웠고, 페르시아 영토 전역에 과학의 서광이 비치기 시작했다.[30] 수도인 수사의 인근 도시 곤디사포르에는 의술 아카데미가 설립되었는데 이

[29] 페르시아에서 물을 관리한 사람은 국가 관리였다. 우물과 지하 수도의 수는 많이 줄어들었고 따라서 땅의 비옥함도 사라져 갔다. 타우리스 부근에서는 400개의 우물이 사라졌는데, 코라산에서는 그 수가 한때 4만 2000개에 이르는 것으로 추정되었다.

[30] 아가티아스는 페르시아의 문학적 상황과 그리스어 번역, 철학자, 소피스트, 그리고 호스로우의 학식 또는 무지에 대해 많은 정보와 강한 편견을 보여 주고 있다.

는 점차 시, 철학, 수사학을 가르치는 인문 학교로 변모해 갔다. 왕국의 연대기[31]도 작성되었다. 그의 믿을 만한 역사서로 이 군주와 그 국민들에 대한 유용한 가르침을 얻고 있기는 하지만 초기 시대에 대한 무지는 동방 로맨스 문학의 거인과 용, 위대한 영웅들로 미화되어 왔다.[32] 학식이 있거나 확신에 찬 이방인들은 모두 왕의 은혜를 입어 부유해지고 왕과 대화를 나누는 것을 자랑스럽게 여겼다. 그는 3000명의 포로를 풀어 주어 한 그리스 의사에 후하게 보답했다.[33] 왕의 총애를 얻으려 다투던 소피스트들은 경쟁에서 성공한 우라니우스의 부와 오만에 분통을 터뜨렸다. 누시르반은 마기의 종교를 믿거나 적어도 존중했고 그의 치세 동안 이교에 대한 박해의 흔적을 어느 정도 찾아볼 수 있다.[34] 그러나 그는 여러 종파의 교의를 자유롭게 비교했으며, 그가 종종 주재한 신학 논쟁은 사제의 권위를 약화시키고 민중의 정신을 교화시켰다. 그의 명령으로 그리스와 인도의 가장 저명한 작품이 페르시아 말로 번역되었다. 페르시아 말은 아가티아스의 무지와 오만 때문에 야만적이고 비음악적인 말이라고 낙인찍혔지만 실은 마호메트가 천상을 묘사하는 데 사용하라고 권한 부드럽고 우아한 언어였다. 그러나 이 그리스 역사가가 플라톤과 아리스토텔레스의 저작 전체를 자유 정신과 섬세한 철학적 탐구를 표현하는 데 적합하지 않은 외국어로 옮기는 일이 가능한가에 의문을 표한 것은 당연한 일이다. 스타기라 사람(아리스토텔레스)의 이성이 어떤 언어로 쓰여져 있든 마찬가지로 난해하거나 명철하다면 소크라테스의 사도(플라톤)의 극적 기법과 문답에 의한 논증은 아티카식 문체의 우아함 및 완벽함과 불가분인 것으로 보인다. 누시르반은 보편적 지식을 탐구하면서 고대 브라만인 필파이의 도덕적이고 정치적인 우화가 역대 인도 왕의 보물로 조심스럽

[31] 아마도 『샤 나메(*Shah Nameh*)』, 즉 『왕들의 서(書)』는 번역가 세르기우스에 의해 그리스어로 번역된 최초의 역사 기록일 것이다.

[32] 열두 마리의 코끼리와 맞먹는 힘을 가진 것으로 알려진 영웅 레스톰 또는 로스탐은 5세기 아르메니아들 사이에 매우 친숙한 이름이었다. 7세기 초에는 로스탐과 이스펜디아르에 대한 페르시아의 로맨스 문학이 메카에서 인기를 얻었다.

[33] 카바데스에게는 에데사의 스테판이라는 총애하는 그리스인 의사가 있었다. 이 관습은 고대부터 내려오는 것이었다. 헤로도투스는 크로토나의 데모케데스의 모험을 설명하고 있다.

[34] 조약 가운데 하나에는 가톨릭교도에 대한 관용과 매장에 관한 명예 조항이 삽입되었다. 누시르반의 아들 누시자드는 그리스도 교도이자 반항아, 그리고 어쩌면 순교자였을지도 모른다.

게 경배되어 왔다는 사실을 알게 되었다. 어떤 대가를 치르든 이 귀중한 작품에 대한 정보를 얻어 오라는 은밀한 임무를 띠고 의사 페로제스가 갠지스 강가로 파견되었다. 그는 교묘하게 사본을 손에 넣고 부지런히 공부해 번역을 완성했다. 필파이의 우화는 누시르반의 궁정과 그 귀족들에게 읽히고 칭송되었다. 인도어 원본과 페르시아어 번역본은 오래전에 사라졌지만 이 존경할 만한 기념비적 작품은 아랍 칼리프들의 호기심 덕택에 살아남아 현대 페르시아어, 터키어, 시리아어, 히브리어, 그리스어로 부활했고 유럽 현대어로 차례로 번역되어 널리 전파되었다. 현재 남아 있는 형태에서 힌두인의 독특한 성격과 관습, 종교의 흔적은 완전히 자취를 감추었으며 필파이 우화 자체의 장점은 파이드루스의 간결한 우아함이나 라퐁텐(La Fontaine)의 타고난 세련미에는 훨씬 뒤진다. 열다섯 편의 도덕적·정치적 명제가 일련의 교훈적인 우화 형태로 제시되어 있는데 그 구성은 복잡하고, 서술은 장황하며 교훈은 뻔하고 시시하다. 그러나 이 브라만은 즐거운 허구를 창안했다는 영예는 누릴 만하다. 그 허구는 진실의 적나라함을 화려하게 장식하고 교훈이 왕의 귀에 거슬리지 않도록 완화해 주었다. 인도인들은 국왕의 힘이 오로지 신하들의 힘에서만 나온다는 교훈을 주기 위해 체스 게임을 만들었으며 이 또한 누시르반의 치세에 페르시아에 도입되었다.

서기 533~539년,
로마인들과의 평화와 전쟁

카바데스의 아들은 콘스탄티누스의 후계자와 전쟁을 하며 왕국의 기초를 세웠다. 그리고 국내 정세에 대한 우려 때문에 그는 유스티니아누스가 초조하게 돈을 주고 사고자 했던 휴전 협정 쪽으로 기울게 된다. 호스로우는 로마 사절단을 그의 발아래 맞이했다. 그는 항구적 또는 무기한 평화의 대가로 금

1만 1000파운드를 받아들였다.35 몇 가지 상호 교환 조건이 정해졌다. 페르시아는 카프카즈 성문들의 수비를 맡고, 다라의 파괴는 이곳을 절대 동부 사령관의 주거지로 만들지 않는다는 조건하에 중지되었다. 황제의 야망이 이 한때의 평온을 요구하고 부지런히 개선시켰다. 그의 아프리카 정벌은 페르시아 조약의 첫 번째 결실이었다. 호스로우의 탐욕은 카르타고 전리품의 상당 부분을 얻는 것으로 충족되었는데 그의 사절단은 농담조로 우호를 가장하며 이 전리품을 요구했다. 그러나 벨리사리우스의 승전은 대왕의 평온한 잠을 방해했다. 그는 세 번의 민첩한 습격으로 시칠리아와 이탈리아, 로마까지 유스티니아누스 황제에게 속하게 되었다는 소식을 놀람과 선망, 두려움을 느끼며 들었다. 조약 파기를 해 본 적 없던 그는 대담하고 교활한 가신 알몬다르를 은밀히 교사했다. 히라에 살던 이 사라센 군주는36 포괄적인 휴전 협정에 포함되어 있지 않았으며 그의 경쟁자인 가산족의 수장 아레타스와 눈에 띄지 않는 전쟁을 계속하고 있었다. 이들 간 분쟁의 원인은 팔미라 남부 사막의 양을 방목할 수 있는 넓은 땅이었다. 방목을 허가해 주는 대가로 옛 날부터 공납을 바쳐 왔다는 사실은 알몬다르의 기득권을 뒷받침하는 것으로 여겨졌으나 가산족은 라틴어 스트라타, 즉 포장된 도로를 뜻하는 말을 내세워 이것이 로마 제국의 통치권과 노고를 증명한다고 강변했다.37 두 군주 모두 자기 가신의 주장을 지지했다. 더디고 의심스러운 중재를 기다리지 않고 페르시아 아랍족은 시리아에서 얻은 전리품과 포로들로 자신들 진영을 채웠다. 유스티니아누스는 알몬다르의 군대를 물리치는 대신 충성을 얻어 내고자 하는 한편, 멀리 떨어진 에티오피아로부터 스키타이에 이르는 제 민족에게 그의 경쟁자의 영토를 침공하라고 요청했다. 그러나 이 우방들의 도움은 너무 멀리서

35 항구적 평화는 유스티니아누스 재위 6년째, 세 번째 집정관 임기 동안(서기 533년 1월 1일과 4월 1일 사이)에 결정 또는 비준되었다. 마르켈리누스는 그의 연대기에서 메디아인과 페르시아인의 문제를 구사하고 있다.

36 히라의 왕 알몬다르는 카바데스에 의해 폐위되었다가 누시르반에 의해 복위되었다. 그의 어머니는 그 미모 덕분에 '천상수(天上水)'라는 별명을 얻었는데, 이 이름은 후대에 전해져 시리아 아랍 군주들 사이에서는 한층 고귀한 명분(기근 가운데의 너그러움)을 칭하는 말로 그 의미가 확대되었다.

37 아우라니티스에서 바빌로니아까지 열흘이 걸리는 이 포장 도로의 기원과 목적은 알 수 없다. 베젤링(Wesseling)과 당빌은 아무 언급도 하지 않는다.

38 이 짧은 연설에 아르메니아의 아르사키데스와 고트족 사절단의 연설 두 가지를 섞어 놓았다. 프로코피우스는 유스티니아누스가 전쟁을 일으켰다고 믿고 있으며 우리에게도 그러한 인상을 심어 준다.

불확실하게 오는 것이었고, 이 적대적인 서신이 발각되자 고트족과 아르메니아족의 불만은 정당한 구실을 얻게 되어 이들은 거의 동시에 호스로우에게 보호를 요청했다. 아르메니아에 아직도 많이 남아 있던 아르사케스의 후손들은 민족의 자유와 세습 지위의 잔재에 대한 권리를 주장해야 하는 처지가 되었다. 비티게스의 사절단도 은밀히 동로마 제국을 건너 이탈리아 왕국의 절박하고 거의 필연적인 위험을 알렸다. 그들의 말은 한결같고 엄숙하며 효과적이었다.

저희는 자신만이 아니라 폐하의 이익을 대변하는 자로서 이렇게 옥좌 앞에 서 있습니다. 야심만만하고 신뢰할 수 없는 저 유스티니아누스는 세계의 유일한 지배자가 되기를 열망하고 있습니다. 항구적 평화 조약을 체결한 이래 그는 말로는 폐하의 맹우라 하지만 실제로는 폐하의 적이었으며, 자기 편이고 적이고 간에 모두 모욕하며 이 지상을 피와 혼돈으로 채우고 있습니다. 그가 아르메니아의 특권과 콜키스의 독립, 자니아산의 야생의 자유를 모두 침범하지 않았습니까? 또한 탐욕스럽게도 얼어붙은 마이오티스 호를 건너 보스포루스의 도시와 홍해 연안의 종려나무 골짜기를 침략하지 않았습니까? 무어족과 반달족, 고트족이 차례로 무릎 꿇었고 모두들 자기 이웃의 멸망을 조용히 지켜볼 뿐이었습니다. 오, 왕이시여! 이 좋은 기회를 받아들이십시오. 동쪽은 방어력 없이 방치되어 있고, 유스티니아누스의 군대와 그의 저 유명한 장군들은 멀리 서쪽에서 지체하고 있습니다. 폐하께서 주저하고 망설이신다면 벨리사리우스와 승승장구하는 그의 군대가 테베레 강에서 티그리스 강으로 곧 돌아올 것이며 페르시아는 마지막 패배라는 참담한 위안 외에는 얻는 바가 없을 것입니다.[38]

호스로우는 이러한 논리에 쉽게 설득당해 자신이 비난했던 선례를 따랐다. 그러나 군인으로서 명성을 얻으려는 야망을 갖고 있던 이 페르시아 왕은 비잔티움 궁전의 안전한 권좌에서 유혈 명령을 내리는 저 소극적인 교전 상대를 경멸했다.

호스로우가 받은 도발이 어떤 것이었든, 그는 조약에 대한 신뢰를 악용했다. 이러한 위선과 허위에 가해 마땅한 비난은 그의 승리가 발하는 빛으로만 가려질 수 있을 것이다.39 페르시아 군대는 바빌론 평야에 군집해 메소포타미아의 강성한 도시들을 신중하게 피해 가며 유프라테스 강 서쪽을 따라 내려갔는데, 인구는 많지만 작은 도시 두라는 감히 대왕의 진군을 막고자 했다. 그러나 두라의 성문은 내부의 배신 때문에 갑자기 열렸다. 그리고 호스로우는 자신의 언월도를 주민들의 피로 물들이자마자 유스티니아누스 황제의 사자를 놓아 주면서 로마의 적이 어디까지 와 있는지 주군에게 가서 아뢰라고 했다. 이 정복자는 여전히 인간애와 정의를 찬미하는 양 가장하고 있었다. 한 귀부인이 아이와 함께 거칠게 끌려가는 모습을 보면서 그는 탄식하고 눈물지으며 신의 정의가 이러한 재난을 가져온 자를 처벌해 주기를 기도한 것이다. 그러면서 1만 2000명의 포로 무리에게는 금 200파운드의 몸값을 매겼다. 인근 세르기오폴리스에 있는 주교가 지불을 약속했다. 그러나 관대함 때문에 맺었지만 이행할 수 없었던 이 의무에 대해 호스로우는 냉혈한 탐욕을 발휘하여 다음 해 가차없이 벌금을 거두어 갔다. 그는 시리아의 심장부로 진격했으나 허약한 적은 그가 접근하자마자 사라져 버려 승리의 영예를 누리려던 그에게 실망을 안겨 주었다. 또 이 침략에서 지배권을 확립할 수 없게 되자 이 페르시아 왕은 도적과도 같은 비열함과 탐욕스러운 악덕을 보

*서기 540년,
시리아를 침공한 호스로우*

39 프로코피우스의 전체 저작에는 시리아의 침공, 안티오크의 멸망 등이 설명되어 있다. 동방의 기록에서도 약간의 부대적인 도움을 얻을 수 있었다. 어쨌든 유스티니아누스와 누시르반을 동시대 사람으로 만들어 놓았다는 비난에 부끄러워해야 하는 사람은 이들이 아니라 데르벨로(d'Herbelot) 그 자신이다. 전장에 대한 당빌의 설명은 풍부하고 만족스럽다.

여 주었다. 히에라폴리스, 베로이아, 즉 알레포, 아파메아, 칼키스 등이 연달아 포위 공격을 받았다. 이들은 각각의 인구수와 부에 비례해 금이나 은으로 몸값을 내고 안전을 보장받았다. 그들의 새로운 군주는 자신은 전혀 지키지도 않는 항복 문서를 강제로 시행했다. 마기의 종교 교육을 받은 그는 일말의 후회도 없이 성물 모독이라는 돈벌이 방법을 사용했으며, 진품 십자가에서 금과 보석을 떼어 내고는 그 나머지 부분을 관대하게도 아파메아의 그리스도교 신자들에게 경배하라며 돌려주었다. 안티오크는 지진으로 큰 피해를 입은

안티오크를 파괴한
호스로우

지 채 14년도 지나지 않았지만 동방의 여왕, 신(新)테오폴리스인 이 도시는 유스티니아누스의 관대함으로 부흥하여 건물과 인구가 늘어나면서 최근의 재앙을 잊어 가고 있었다. 이곳은 한쪽은 산으로, 다른 한쪽은 오론테스 강으로 방어되고 있었는데, 가장 접근하기 쉬운 곳은 다소 심하게 튀어나온 언덕 부분이었다. 그러나 도시의 약점을 적에게 노출할 수 있다는 한심한 두려움 때문에 적절한 방어책이 거부되었다. 그리고 황제의 조카 게르마누스는 포위된 도시의 성벽 안에 자기 몸과 위신을 의탁하는 것을 거절했다. 안티오크 시민들은 조상들의 허세 잘 부리고 빈정대기 좋아하는 성질을 물려받았다. 그들은 갑작스레 6000명의 병사가 늘어나자 환희에 차서 유리한 항복 조건을 무시했다. 그리고 성벽 위에서 폭언으로 대왕의 위엄에 모욕을 가했다. 그의 지휘하에서 수많은 페르시아군이 공격용 사다리를 타고 성곽을 공격했으며 로마 용병들은 반대편 다프네의 문으로 도주했다. 그리고 안티오크 젊은이들의 몸을 사리지 않는 저항은 조국의 불행을 증대시키는 역할밖에 하지 못했다. 유스티니아누스의 사절을 동반하고 산을 내려오면서 호스로우는 푸념하는

듯한 목소리로 이 불행한 사람들의 완고함과 멸망을 짐짓 개탄했다. 그러나 살육은 무자비하고 광포하게 계속되었고 야만족의 손에 들어간 도시는 불길에 휩싸였다. 안티오크 대성당이 살아남은 것은 정복자의 신심 때문이 아니라 탐욕 때문이었다. 성 율리아누스 성당과 도시의 사절단 숙소는 그나마 다소 명예롭게 구제되었다. 멀리 떨어진 곳에 있는 몇몇 거리는 바람의 방향이 바뀌어 화를 면했다. 남은 성벽은 일단 주민들을 보호해 주었지만 그것도 곧 무너졌다. 광신적 행위로 다프네의 장식은 파괴되었지만 호스로우는 이 요정의 숲과 샘 사이에서 더 깨끗한 공기를 마시고 있었으며, 그의 행렬 가운데 우상 숭배자 몇몇은 그 우아한 휴식처의 요정들에게 제물을 바쳤을지도 모른다. 안티오크 아래쪽으로 18마일 떨어진 곳에서는 오론테스 강이 지중해로 흘러들고 있었다. 오만한 페르시아 왕은 자신이 정복한 땅의 한계선을 찾아 이 바다에서 홀로 몸을 씻은 뒤 태양을 향해, 아니 태양보다는 마기가 숭배하는 태양의 창조신을 향해 감사의 산 제물을 바쳤다. 이 이교 의식 때문에 시리아인들의 선입관이 커졌다고는 해도 그들은 왕이 경기에 예의 바른, 아니 열렬한 관심을 보인 데 만족했다. 호스로우는 황제의 지지를 받는 쪽이 청색파의 전차 기수라는 말을 듣더니 무조건적인 명령을 내려 녹색파 전차 기수의 승리를 보장해 주었다. 백성들은 그의 군대의 규율에서 한층 확실한 위안을 받았는데, 정의로운 누시르반의 약탈을 지나치게 충실하게 따른 한 병사의 목숨을 살려 달라고 사람들이 간청했지만 결국 무위로 돌아갔다. 누시르반은 시리아에서의 약탈에 만족하지는 않았지만 지쳐서 유프라테스 강 쪽으로 서서히 움직여 갔으며, 바르발리수스 인근에 가교를 설치하고 그 수많은 군사를 3일에 걸쳐 철수시켰다. 그는 귀국 후 크테시폰 궁에서 하루 정도 걸리는 거리에 새로운 도시를 세워 호스로우와 안티오크의 이름을 함께 붙였다. 시리아인 포로들은 이곳에서 고향의 모습과 주위 환경을 다시 보게 되었다. 그들이 사용하도록 욕탕과 대경기장이 건설되었고 음악가와 전차 기수들의 무리는 아시리아에 그리스 수도의 향락을 부활시켰다. 도시를 건설한 국왕의 호의 덕택에 이 운 좋은 망명자들에게는 후한 수당이 주어졌고 그들은 자기 동족으로 인정하는 노예들에게 자유를 줄 수 있는 독특한 특권까지 누렸다. 호스로우의 다음 야심 내지 탐욕의 대상은 팔레스타인과 예루살렘의 신성한 부였다. 콘스탄티노플과 카이사르의 궁정은 이제 더 이상 난공불락이거나 너무 먼 곳으로 보이지 않았다. 그의 야심만만한 공상은 이미 소아시아를 페르시아 군대로, 흑해를 페르시아 해군으로 뒤덮고 있었다.

<small>40 프로코피우스의 역사 기록에 따르면 말이다. 그리고 몇 가지 예외를 제외하고는 『비사』의 악의적인 수군거림은 듣지 않아도 무방할 것이다.</small>

서기 541년,
벨리사리우스의 동방 방어

이탈리아의 정복자가 때마침 동부 방위의 임무를 띠고 소환되지 않았더라면 이러한 희망은 이루어질 수도 있었다.[40] 호스로우가 흑해 연안에서 이 야심만만한 계획을 추구하고 있을 때 급여도 못 받고 규율도 없는 군대를 이끌고 있던 벨리사리우스가 유프라테스 저편 니시비스에서 6마일도 되지 않는 곳에 주둔하고 있었다. 그는 능란한 작전으로 페르시아군을 철벽 같은 요새에서 유인해 낸 뒤 아군의 우위를 활용해 퇴로를 차단하고 섬멸하거나, 도망치는 야만족 군대를 쫓아 성문 안으로 진입할 계획을 세웠다. 그는 페르시아 국경을 지나 하루 정도의 거리를 전진하여 시사우라네 요새를 공략하고 선발된 기병대 800명과 그곳 총독을 보내 이탈리아 전쟁에서 황제를 섬기도록 했다. 그는 로마 병사 1200명을 지원받아 아레타스와 그 휘하 부대를 티그라스 강 건너편 내륙으로 침투시켜 오랫동안 전란을 겪어 보지 못한 풍요로운 아시리아 지역의 수확을 모두 망쳐 놓았다. 그러나 벨리사리우스의 계획은 진영으로 복귀하지도, 정보를 보내지도 않은 아레타스의 고집스러운 성격 때문에 어긋나고 말았다. 이 로마 장군은 애타게 기다리면서 한 곳에 묶여 버렸고 행동할 시간은 지나가 버리고 말았다. 메소포타미아의 작열하는 태양은 유럽인 병사들의 피를 열병으로 끓게 했다. 시리아의 주둔군과 장교들은 방어력 없는 자기들 도시의 안전을 매우 걱정했으나 이 작전은 호스로우에게 손실을 주어 서둘러 귀국하도록 하는 데 성공했다. 벨리사리우스의 능력이 규율과 용맹으로 뒷받침만 되었더라도 그가 크테시폰을 점령하고 안티오크 포로들을 석방해 주는 것까지 기대했던 국민의 낙천적인 바람은 충족되었을지 모른다. 출정이 끝나고 그는 감사할 줄 모르는 궁정에 의해 콘스탄티노플로 소환되었으나 다음 봄의 위기로 인해 신뢰와 지휘권을 되찾았다. 그리고 이 영웅은 거의 홀로, 파발마처럼 빠르게, 그 이름과 존재만으로도 시리아를 침공한 적을 물리쳤던 것이다. 그는 유스티니아누스 황제의 조카를 포함한 로마 장군들이 두려움 속에 히에라폴리스의 요새 안에 틀어박혀 있음을 깨달았다. 그러나 벨리사리우스는 그들의 겁에 질린 조언을 듣는 대신, 자신을 따라 에우로푸스로 오라는 명령을 내렸다. 이곳에서 그는 병력을 집결하여 적을 상대로 신이 주신 모든 능력을 행사할 작정이었다. 유프라테스 강변에서 보여 준 그의 단호한 태도 때문에 호스로우는 팔레스타인으로 진격하지 못했다. 그리고 그는 이 페르시아 왕의 사절, 아니 첩자들을 술책과 위엄으로 맞이했다. 그는 히에라폴리스와 유프라테스 강 사이의 평원을 기병 6000명의 병력으로 뒤덮었는데, 이 키 크고 건장한 사

서기 542년

냥꾼들은 적병을 두려워하지 않고 사냥감을 추적했다. 사절단은 또 강 반대편에 도열한 1000명의 아르메니아 기병대를 볼 수 있었는데, 이들은 유프라테스 강에 이르는 통로를 호위하는 듯했다. 벨리사리우스의 천막은 동양적인 화려함을 경멸하는 전사의 검소한 무장답게 매우 투박한 아마천으로 만들어져 있었다. 막사 주변에는 그의 휘하에서 진군하는 여러 종족들이 교묘하게 섞여 배치되어 있었다. 트라키아와 일리리쿰 병사들은 정면에, 헤룰리족과 고트족의 군대는 중앙에, 무어족과 반달족은 시야를 가리는 위치에 있었는데 이들을 허술하게 배치해 그 수를 더 많아 보이게 했다. 그들의 복장은 가볍고 활동적이었으며 채찍을 들고 다니는 병사도 있었고 검, 활, 도끼 등을 들고 다니는 병사들도 있었다. 이 모든 정경은 군대의 용맹과 장군의 주도면밀함을 보여 주는 것이었다. 호스로우는 그 설명에 속아 넘어갔고 유스티니아누스 황제의 신하가 보여 준 천재성에 감탄했다. 적군의 장점은 알되 실제 병력은 알지 못했기에 그는 병사 한 명도 살아 돌아오지 못할 가능성마저 있는 먼 나라에서의 결전을 치르는 데 두려움을 느꼈다. 결국 대왕은 유프라테스 강을 되돌아가기로 했다. 벨리사리우스는 로마군이 페르시아의 10만 대군으로도 물리칠 수 없는 병력을 갖고 있는 체하며 그의 후퇴를 더욱 몰아붙였다. 병사들의 행운도 용맹도 장군의 명예를 손상시키지 못한 이 안전한 무혈 승리에 비하면 아프리카와 고트족에 대한 승리는 덜 영광스러운 것이었다. 벨리사리우스가 페르시아 전쟁에서 이탈리아 전쟁으로 두 번째로 배속되었다는 사실은 그의 개인적 공훈이 어느 정도인가를 보여 주었다. 그는 부족한 규율과 용맹을 바로잡거나 채워 주었다. 지략도 능력도 없는 열다섯 명의 장군

서기 543년 등

이 3만 명의 로마 병사를 이끌고 아르메니아 산맥을 넘었다. 두비스에 주둔하고 있던 4000명의 페르시아군이 거의 전투라고 할 만한 것조차 해 보지 않고 이 무질서한 무리들을 섬멸했다. 쓸모없었던 그들의 무기는 길에 흩어졌고 말들은 급한 노정에 지쳐 쓰러졌다. 그러나 로마 진영의 아랍인들은 반대 진영에 있는 그들의 동포를 상대로 승리를 거두었고, 아르메니아인들은 동맹으로 복귀했다. 다라와 에데사는 급습과 정기적으로 이루어지는 포위 공격에 저항했지만 전쟁으로 인한 재난은 전염병 때문에 일시 중지되었다. 두 군주의 암묵적 혹은 공식적 합의에 의해 동쪽 변방의 평온은 유지되었다. 호스로우의 무력은 콜키스 또는 라지카 전쟁에 한정되어 있었는데 이 점에 대해서는 당시 역사가들이 지나칠 정도로 세세하게 기록하고 있다.

콘스탄티노플에서 파시스 강어귀에까지 이르는 흑해의 엄청난 길이는[41] 항해로 치면 아흐레, 거리로 치면 700마일이 걸릴 정도였다. 이 강은 아시아에서 가장 높고 험준한 이베리아 반도 쪽의 카프카즈 산에서 엄청난 급경사를 이루며 흘러나오는데 이곳을 건너려면 다리 120개가 필요했다. 같은 산골짜기에서 흘러나오지만 반대 방향, 카스피 해로 흐르는 키루스 강으로부터 5일 걸리는 사라파나 마을에 이르러서야 물살은 잔잔하고 항해할 수 있는 정도가 된다. 이 두 강이 근접해 있다는 사실로 미루어 볼 때 인도의 귀중한 상품들을 아래쪽의 옥수스 강으로 운반하여, 카스피 해를 건너 키루스 강을 거슬러 올라가 파시스 강의 물결을 따라 흑해와 지중해로 실어 날랐음을 짐작할 수 있을 것이다. 파시스 강에서는 콜키스 평원을 흐르는 물들이 전부 합쳐지므로 강이 엄청나게 깊지만 물살은 더디게 움직인다. 강 하구의 깊이는 60길에 너비는 반 리

콜키스, 라지카

41 『페리플루스(Periplus)』, 즉 『흑해의 주항(周航)』은 살루스트가 라틴어로, 아리아누스가 그리스어로 기술하고 있다. 1) 살루스트의 저작은 지금은 더 이상 존재하지 않으며, 디종 의회 초대 의장인 브로스(M. de Brosses)의 뛰어난 근면성 덕택으로 복원되었는데, 그는 이 로마 역사가의 성격을 가정하고 있다. 흑해에 대한 그의 묘사는 원작의 모든 파편과 살루스트가 모사했을 가능성이 있거나 그를 모사했을 가능성이 있는 그리스어와 라틴어 작품 모두를 독창적으로 구성하고 있다. 그의 솜씨는 몹시 기묘한 그 구성을 보상해주는 것이다. 2) 아리아누스의 『페리플루스』는 하드리아누스 황제에게 바쳐진 것으로, 폰투스의 총독이 트레비존드에서 디오스쿠리아스에 이르기까지 본 것 모두와, 디오스쿠리아스로부터 도나우 강에 이르기까지에 대해 들은 것 모두, 그리고 도나우 강부터 트레비존드에 이르기까지 알고 있는 것 모두를 담고 있다.

[42] 고대의 여러 시인, 역사가 등 외에도 콜키스의 지리에 대한 설명은 스트라보와 플리니우스를 참조할 수 있다.

[43] 밍그렐리아와 그 인접국에 대한 최근의 세 가지 설명을 인용할 것이며 이들을 사용했다. 1) 랑베르티 신부(Père Archangeli Lamberti)의 설명. 그는 선교사가 가질 수 있는 모든 지식과 편견의 소유자이다. 2) 샤르댕(Chardin)의 설명. 그의 의견은 분별력 있지만, 이 지역을 탐험한 그의 경험이 그의 의견보다 훨씬 많은 것을 알려 준다. 3) 페이소넬의 설명. 그는 프랑스 영사로 카파에 오래 거주했는데 그의 경험은 그의 학식보다 훨씬 값지다.

그나 되는데, 강물 중간에 숲이 울창한 작은 섬이 있었다. 강물은 토사나 금속 침전물을 금방 퇴적시켰지만 물결 표면을 떠다니기 때문에 더 이상 쉽게 부패하지는 않는다. 파시스 강의 전체 길이는 100마일이며 그 가운데 40마일은 대형 선박의 항해도 가능한데 이 강은 콜키스,[42] 다시 말해 밍그렐리아[43]의 한 경계선을 이루었다. 이 지역의 다른 삼면은 이베리아와 아르메니아 양 산맥으로 둘러싸이고 해안선은 트레비존드 부근에서 디오스쿠리아스와 키르카시아 국경 지대까지 200마일에 걸쳐 있었다. 이곳의 토양과 기후는 습기가 많아 부드러웠다. 파시스 강과 그 지류 외에도 스물여덟 개의 하천이 바다로 물을 운반했다. 또 땅이 움푹 팬 것으로 미루어 흑해와 카스피 해 사이에 지하 수맥이 있음을 나타내는 것으로 보인다. 밀과 보리를 파종할 밭의 토양은 너무 보드라운 탓에 쟁기질을 버텨 낼 수 없어 기장이나 고수풀 비슷하고 좁쌀처럼 알갱이가 작은 곰(gom)이라는 곡물을 경작했다. 이것이 민중의 주식으로 빵은 국왕과 귀족에게 한정되어 있었다. 그러나 포도 수확량은 곡식에 비해 엄청나게 많았고 포도주의 우수한 품질과 포도 덩굴의 굵기를 보면 인간이 전혀 손대지 않은 자연의 힘을 알 수 있었다. 바로 이러한 힘이 계속해서 이 나라를 산림으로 뒤덮었다. 이 지역 산림의 목재와 평원 지대의 아마 덕택에 조선(造船) 재료가 풍부하게 갖춰졌다. 말과 소, 돼지 등의 가축과 야생 동물도 매우 많았는데 실제로 'pheasant'(꿩)라는 명칭은 그 원산지가 바로 파시스 강변 지대임을 의미한다. 현재까지도 많은 이익을 내며 채굴되고 있는 트레비존드 남부의 금광은 유스티니아누스와 호스로우 사이의 국가적 분쟁의 주된 대상이었다. 금광은 이 구릉지 주변 전체에 똑같이 뻗어 있었는데도 개발하지 않은 것은 밍그렐리아 사람들이 게을러서 방치해 두었기 때문이든지, 아니면 현명해서 숨겨 두었던 것으로 보면 무리가 없을 것이다. 사금 알갱이가 섞인 강물은 양가죽이나 양털로 체질을 했다. 그런데 이 놀라운 우화라고 할 수 있을 만한 방법, 기초 작업은 고대 왕들의 힘과 노력으로 처녀지에서 채취한 부에 대해 희미하게 짐작할 수 있게 해 준다. 은의 궁전과 황금의 방이라는 말은 믿기 힘들지만 그들이 대단한 부자라는 평판은 아르고 호 선원들의 모험심 강한 탐욕을 자극한 것으로 전해진다.[44] 이집트인이 파시스 강변에 학문적이고 기품 있는 마을을 만들고 아마를 생산하며 선박을 건조하고 지도를 발명했다는 전승은 어느 정도 근거가 있었던 것 같다. 근대인들은 흑해와 카스피 해 사이의 지협에 번창하는 도시와 민족을 가득 채워 나갔다. 그리고 한 생생한 상상력을 가진 작가는 기후와, 자기 생각에는 통상 면에서도 비슷하다며 콜키스가 고대의 네덜란드라고 주저 없이 선언했다.

그러나 콜키스의 부는 어림짐작 또는 전승이라는 무지 속에서만 빛나고 있을 뿐이며, 그 실제 역사는 야만성과 가난으로 일관되었다. 디오스쿠리아스의 거리에서 130개 언어가 통용되고 있었다 한들, 그것은 카프카즈 산의 골짜기에서 서로 고립된 엄청나게 많은 야만족이나 가정에서 통용되는 불완전한 말일 뿐이었다. 촌에 있는 수도(首都)의 수는 그들의 중요성을 감소시킨 지리적 고립 때문에 증가했음에 틀림없다. 오늘날 밍그렐리아의 상태로 미루어 마을이라고 해야 목책으로 둘러싸인 몇몇 오두막의 집합에 불과할 것이다. 성벽이라야 깊은 숲 속에 설치된 것으로, 키타 또는 코타티스라는 수도들만 봐도 집의 호수는 고작 200호로 그 가운데 석조 건물은 왕족이나 누릴 수 있는 대단한 특권이었다. 콘스탄티노플에서 열두 척의

토착민들의 관습

[44] 콜키스의 금은 광산은 아르고 호 승무원들을 끌어들였다. 현명한 샤르댕은 금광에서도, 강에서도, 그 어디에서도 금을 찾을 수 없었다. 그러나 밍그렐리아 사람 하나가 콘스탄티노플에서 산지의 금 표본을 조금 보여 주어 손과 발 하나를 잃은 일이 있다.

45 밍그렐리아의 사절이 콘스탄티노플에 200명을 대동하고 도착했다. 그러나 그는 그들을 매일같이 팔아치웠고 마침내 그의 수행원은 비서관 하나와 시종 둘로 줄어들고 말았다. 한 밍그렐리아족 남자는 정부(情婦)를 사들이기 위해 열두 명의 사제와 자기 아내를 투르크족에게 팔아 버렸다.

함선과 예순여 척의 범선이 노동의 결실을 가득 싣고 해마다 이곳 해안에 닻을 내렸다. 유스티니아누스의 백성들에게서 구입한 곡물과 소금의 대가로 주민들은 노예와 짐승 가죽 외에는 줄 것이 없었으므로 콜키스의 수출은 엄청나게 증가한 것으로 보인다. 고대 콜키스족의 기술, 지식, 항해술 등의 흔적은 전혀 찾아볼 수 없다고 할 정도로 남아 있는 것이 거의 없다. 아르고 호 선원들의 궤적을 쫓겠다는 희망을 실행한 그리스 사람의 수도 극히 미미했고 이집트 식민의 흔적조차 좀 더 자세히 들여다보면 소멸되고 없다. 할례 의식을 거행한 것은 흑해의 마호메트교도들뿐이고, 아프리카인 특유의 곱슬머리와 검은 얼굴 색은 이미 가장 완벽한 인간 종족에게 흠이 되지 않는다. 적어도 우리가 보기에는 자연이 팔다리의 모양, 피부색, 균형 잡힌 생김새, 얼굴 빛깔 등의 전형적인 미(美)를 그루지야, 밍그렐리아, 키르카시아 인근 지역에 부여한 듯하다. 남녀의 구분이라는 면에서 남자는 행동을 위해, 여성은 사랑을 위해 만들어진 것 같다. 카프카즈 산간 지대에서 여자들이 끊임없이 공급되어 아시아 남부 지역 여러 민족의 혈통이 순화되고 종족이 개량되었다. 고대 콜키스의 일부이던 원(原)밍그렐리아 지역은 1만 2000명의 노예를 오랫동안 수출해 왔다. 죄수와 범죄자의 수만으로는 연간 수요를 충당하기 부족했을 것이다. 일반 대중은 각자의 거주지 영주의 노예 상태로 전락한데다 법이라고는 없는 공동 사회에서는 사기와 약탈 행위도 아무런 처벌 대상이 되지 않았다. 따라서 국가와 어버이가 권위를 남용해 시장에는 끊임없이 노예가 공급되었다. 그러한 교역은[45] 인간을 가축 수준으로 전락시켰으니, 결혼과 출산이 장려된 것도 자녀가 많을수록 탐욕스럽고 비인간적인 부모가 돈을 벌 수 있다는 이유에서였다. 그러나 이 불순한 부의 원천은 필연적으로 국가 풍습을 오염시키고 명예와 덕성에 대한 감각을 지워 버렸으며 자연의 본능을 소멸시켰다. 그루지야와 밍그렐리아의 그리스도교도들은 인류 가운데 가장 타락한 종족으로, 어려서 낯선 나라의 노예로 팔려 간 아이들은 아비의 약탈과 어미의 매춘을 모방하는 법을 배웠다. 그러나 이처럼 조악한 무지 속에서도 이들은 정신과 기술 양면에서 독특한 재주를 발휘했다. 그리고 비록 단결과 규율의 부족으로 자기들보다 강대한 인근 국가에게 취약했지만 대담하고 용맹한 정신이 매 시대마다 콜키스인들에게 생기를 불어넣어 주었다. 이들은 크세르크세스 왕의 군대에서 보병대를 구성했는데 무기는 단검, 투창과 나무로 만든 투구, 생가죽을 씌운 둥근 방패였다. 그러나 본국에서는 보병보다 기병이 일반적이었다. 미천한 신분의 농민들조차 걷는 것을 경멸했고, 무인 귀족들은 적어도 말 200마리는 소유하고 있었다. 그리고 밍그렐리아 군주의 행렬에는 5000마리 이상의 말이 뒤를 따랐다. 콜키스의 통치 형태는 계속해서 순수한 세습 왕정이었고 그 주권자의 권위는 신하들의 동란이 있을 때만 제한되었다. 신하들이 고분고분 복종하면 왕은 수많은 군대를 이끌고 출정할 수 있었다. 그러나 수아니아족이 20만 명의 병사로 이루어졌다든가 밍그렐리아의 인구가 400만에 달한다는 말은 믿기 어렵다.[46]

콜키스족은 자신들의 조상이 세소스트리스의 승리를 저지했다는 것을 자랑으로 여기고 있었다. 이 이집트 왕의 패배 이야기는 그가 카프카즈 산기슭까지 진격하는 데 성공했다는 것보다는 믿음이 간다. 그들은 키루스의 정복에 별다른 저항 없이 굴복하여 먼 나라로 가 대왕의 휘하에서 싸웠고, 5년마다

[46] 그러나 샤르댕과 정반대되는 주장 또한 피해야 할 것이다. 그는 기껏해야 2만 명의 주민이 1만 2000명의 수출 노예를 공급했다고 주장하고 있는데, 이는 그와 같은 현명한 여행자에게는 걸맞지 않은 말도 안 되는 이야기이다.

콜키스의 변혁

기원전 500년, 페르시아인들 치하에서의 콜키스의 변혁

47 헤로도투스를 보면 크세르크세스의 그리스 출병 대목에서 그들의 병력과 봉직에 대해 나와 있다.

한 번씩 이 지방 최고의 상품인 백 명의 소년과 백 명의 처녀들을 바쳤다.47 그리고 그는 이 선물을 인도의 금이나 흑단, 아라비아의 유향, 에티오피아의 흑인이나 상아나 마찬가지로 아무렇지 않게 받아들였다. 콜키스족은 페르시아 지방 장관의 통치에는 종속되지 않고 끝까지 실질적인 민족의 독립을 유지했다. 페르시아 제국 멸망 후 폰투스의 왕 미트리다테스는 광대한 흑해 연안 정복에 콜키스를 보태었다. 콜키스 주민들이 감히 그의 아들에게 통치자가 되어 달라고 요청하자 그는 이 야심만만한 젊은이를 황금 사슬로 묶어 두고, 대신 한 신하를 보냈다. 로마 군대는 미트리다테스를 추격해 파시스 강변까지 진격해 왔으며 그들의 범선은 강을 거슬러 올라와 폼페이우스와 그의 군대가 주둔하고 있는 진지까지 도달했다. 그러나 원로원과 후대의 황제들은 이 멀리 떨어진 쓸모없는 정복지를 속국으로 삼으려는 의욕을 잃었다. 그리하여 한 그리스 웅변가 가문이 안토니우스부터 네로 황제 시대에 걸쳐 콜키스와 그 인근 왕국들을 통치해도 좋다는 허락을 받았다. 폴레모의 가계가 끊기자 그의 이름을 물려받은 동부 폰투스는 트레비존드 인근 너머로 확대되지 않았다. 이 경계선 너머로는 히수스, 아프사루스, 파시스 강, 디오스쿠리아스 또는 세바스토폴리스, 피티우스 등지의 요새가 충분한 수의 기병과 보병의 호위를 받고 있었다. 동로마 황제 부관의 손에서 콜키스의 여섯 왕이 왕관을 받아 썼다. 그 부관의 하나였던 웅변가이자 철학자 아리아누스는 하드리아누스 황제 시대에 흑해 연안을 조사하고 이를 기록으로 남겼다. 파시스 강 하구에서 그가 목격한 수비대는 400명의 선발 정예 부대로 이루어져 있었다. 벽돌로 쌓은

기원전 60년, 로마인들 치하에서의 콜키스의 변혁

서기 130년, 아리아누스의 방문

성벽과 망루, 이중 해자, 군사 병기 등으로 인해 이 요새는 야만족의 접근이 불가능한 것으로 보였다. 그러나 아리아누스가 보기에 상인과 퇴역 군인들이 건설한 교외의 새로운 영토는 외부에 대한 방어가 부족했다.[48] 제국의 힘이 점차 쇠퇴하면서 파시스 강변에 주둔하던 로마 군대는 철수하거나 격퇴당했다. 지금은 그 후손이 트레비존드 연안에서 다른 말을 쓰며 살고 있는 라지카족[49]은 고대 콜키스 왕국에 자신들의 이름과 통치권을 강요했다. 그러나 무력과 조약으로 이베리아의 주권을 얻어낸 강대한 이웃 나라가 곧 그들의 독립을 침해했다. 라지카족의 왕은 결국 페르시아 왕의 손에서 홀을 받게 되었고, 콘스탄티누스의 후계자들도 먼 옛날부터 내려오는 불변의 권리라고 자랑스럽게 주장하면서 그들의 이 불쾌한 행동을 묵묵히 따랐다. 그들의 영향력은 6세기 초 그리스도교가 도입되면서 부활했다. 밍그렐리아인은 그 교리를 특별히 이해하거나 계율을 지킨다고는 볼 수 없지만 여전히 그리스도교를 열렬하게 신봉하고 있다. 자투스는 부왕 서거 후 위대한 왕의 총애로 국왕의 지위에 올랐다. 그러나 이 신심 깊은 젊은이는 마기의 의례를 혐오해 콘스탄티노플 궁에서 정교의 세례를 받고, 귀족 가문의 아내를 맞이하고, 유스티니아누스 황제와 동맹을 맺기를 바랐다. 라지카의 왕은 엄숙하게 왕관을 받았으며 흰 비단에 금실로 테를 두른 그의 망토와 튜닉은 화려한 자수로 새로운 후원자의 모습을 나타내고 있었다. 유스티니아누스는 환대와 종교라는 공경할 만한 구실로 페르시아 궁정의 질투를 누그러뜨려 콜키스인의 반란을 변호해 주었다. 두 제국의 공통 이익 때문에 콜키스인은 카프카즈 산맥 고갯길을 방어하는 의무를 부여받았는데 지금도 밍그렐리아의 머스켓 총병들은 60마일이

서기 522년, 라지카족의 개종

[48] 프로코피우스의 시대에는 파시스에 로마군의 성채가 없었다. 피티우스와 세바스토폴리스는 페르시아 군대가 온다는 소문에 소개(疏開)되었는데 세바스토폴리스는 후일 유스티니아누스에 의해 수복되었다.

[49] 플리니우스, 아리아누스, 프톨레마이오스의 시대에 라지카족은 콜키스 북부 변두리의 특이 종족이었다. 유스티니아누스 시대에 이들은 콜키스 전체에 분포하거나, 적어도 전체를 지배했다. 현재 그들은 트레비존드 쪽으로 연안을 따라 이주해 독특한 언어를 쓰는 거친 뱃사람들이 되었다.

50 페트라의 유일한 흔적은 프로코피우스와 아가티아스의 저작에만 존재하고 있다. 라지카의 촌락과 성 대부분은 랑베르티의 글에 있는 밍그렐리아 지도에서 그 이름과 위치를 대조해 보면 찾을 수 있다.

51 로마 여행가인 발레 (Pietro della Valle)의 흥미로운 서한을 참조할 것. 1618, 1619, 1620년에 그는 압바스 왕과 대화하며 공동의 적인 투르크족에 대항하여 페르시아와 유럽을 연합시킬 수 있는 계책을 강력하게 권했다.

나 되는 성벽을 교대로 경비하고 있다.

━━━━━━━━
서기 542~549년,
콜키스족의 반란과 후회
━━━━━━━━

그러나 이 명예로운 관계는 로마인들의 탐욕과 야심으로 곧 타락하고 말았다. 라지카족은 자신들이 이제 동맹의 지위에서 전락해 속국이 되었음을 말과 행동을 통해 끊임없이 상기하게 되었다. 그들은 파시스 강 남쪽 연안 지방을 제압하는 페트라 요새[50]가 압사루스 강에서 걸어서 하루밖에 안 되는 거리에 우뚝 선 것을 보았다. 콜키스는 외국 용병들의 용맹 덕분에 보호를 받는 것이 아니라 그들의 방종함 때문에 모욕을 받은 것이다. 상업적 이익도 비열하고 부아가 치미는 독점에 의해 변질되고 말았다. 토착 왕 구바제스는 유스티니아누스 황제의 신하들이 갖는 막강한 권위에 의해 허울뿐인 왕이 되었다. 그리스도교의 미덕을 기대하다 실망하고 분개한 라지카인들은 이교도인 페르시아 왕의 정의에 어느 정도 신뢰를 돌리게 된다. 더 이상 로마에 사절을 보내지 않겠다는 비밀 확약을 준 뒤 그들은 호스로우의 친교와 원조를 공공연히 요구했다. 현명한 대왕은 콜키스의 효용과 중요성을 즉각 파악하고 정벌 계획을 고려했다. 이 계획은 그의 후손 가운데 가장 현명하고 막강했던 왕인 압바스가 실행에 옮겼다.[51] 호스로우의 야망은 페르시아 선단을 파시스 강에서 출항시켜 흑해의 상권과 해운을 장악하고, 폰투스와 비티니아 연안을 황폐화하며, 콘스탄티노플을 압박하고 다시 공격해, 인류 공동의 적과 싸우자는 자신의 기백을 알리는 동시에 군대를 지지해 달라고 유럽의 야만족을 설득하려는 희망으로 불타올랐다. 스키타이 전쟁을 구실로 그는 조용히 군대를 이끌고 이베리아 국경을 향했다. 콜키스의 안내자들은 그들을 카프카즈 산의 숲과 절벽을 따라 안내할 준비가 되어 있었다. 그리고 좁은 산길은 기병대와 코끼리 부대

260

의 진군을 위해 안전하고 넓은 길로 만들어졌다. 구바제스는 페르시아 왕의 발아래에 몸을 굽힌 채 왕관을 바쳤고, 콜키스인들은 주군의 복종을 따랐다. 페트라의 성벽이 무너지자 로마 주둔군은 항복 문서를 보내 임박한 마지막 공격을 모면했다. 그러나 라지카족은 곧이어 자신들의 성급함 때문에 훨씬 참기 힘든 재앙에 직면했음을 깨닫게 되었다. 소금과 곡물의 독점 행위는 이 귀중한 상품들이 없어지면서 효과적으로 제거되었다. 로마 입법자의 권위 대신 동방 전제 군주의 오만한 체제가 들어앉았으며, 이 전제 군주는 자신이 신분을 올려 준 노예나 자기 왕좌 발치에 머리를 조아린 왕이나 똑같이 경멸하는 사람이었다. 마기의 열광으로 불의 숭배가 콜키스에 도입되었고 그들의 편협한 기질은 그리스도교도들의 열렬한 신심을 자극했다. 자연적으로 또는 교육에 의해 형성된 선입관은 날아다니는 까마귀와 독수리들이 쪼아 먹도록 부모의 시신을 높은 망루 꼭대기에 놓아두는 불경한 관습 때문에 더욱 악화되었다. 정의로운 누시르반은 이러한 증오가 점점 커져 자신의 원대한 계획 실행을 방해한다는 사실을 깨닫고는 은밀히 라지카족의 왕을 암살하고 그 국민을 먼 땅으로 이주시키며, 파시스 강변에 충실하고 호전적인 식민지를 건설하라는 명령을 내렸다. 그러나 콜키스인들은 방심하지 않고 경계심을 발휘해 임박한 파멸을 예견하고 예방했다. 콘스탄티노플은 유스티니아누스 황제의 자비가 아니라 주도면밀함 때문에 그들의 후회를 받아들였다. 그리고 그는 다기스테우스에게 7000명의 로마 병사와 1000명의 자니족 병사를 주어 흑해 연안에서 페르시아 군대를 내치도록 했다.

라지카족의 지원을 받은 이 로마 장군은 곧바로 페트라에 대한 포위 공격을 시작했으며, 이는 당대의 가장 주목할 만한

서기 549~551년, 페트라에 대한 포위 공격

전투였다. 도시는 바다로 튀어나온 험준한 바위 위에 위치해 육지와는 급경사의 좁은 길로 연결돼 있었다. 얼마나 접근하기 어려운지를 고려하면 공격은 불가능해 보였다. 페르시아군은 이미 유스티니아누스의 이 성채를 강화해 진입이 우려되는 곳에 추가로 보루를 세워 대비하고 있었다. 호스로우의 세심한 배려로 이 성채에는 수비대원은 물론 공격군의 다섯 배나 되는 인원이 무장할 수 있을 정도의 충분한 방어 및 공격 무기를 저장해 두었다. 밀가루와 소금 등 식량도 5년분의 소비를 감당하기에 부족함이 없었고 포도주의 부족은 식초와 강한 술을 추출할 수 있는 곡물로 메워졌다. 그리고 삼중의 수로는 적의 주의, 아니 의심의 대상조차 되지 않았다. 그러나 페트라의 방어에서 가장 확고한 것은 부드러운 대지의 지맥을 따라 비밀리에 갱도를 뚫으며 들어오는 로마군의 공격에 대항하는 페르시아 병사 1500명의 용맹이었다. 임시방편으로 얇은 기둥이 받치고 있던 성벽은 공중에서 흔들렸다. 그러나 다기스테우스가 특정한 보상금을 확보할 때까지 공격을 지연시키고 있어 그의 사자가 콘스탄티노플에서 돌아올 때까지 도시는 한숨 돌릴 수 있었다. 페르시아 군대는 400명으로 줄어들었고 그 가운데 다치거나 병들지 않은 자는 50명도 안 되었다. 그러나 그들은 불굴의 의지로 자신들의 피해를 적에게 숨겼고, 불평 한 마디 없이 1100명 동료들의 시신이 썩어 가는 모습과 악취를 참아 내었다. 시체를 내버리고 구멍은 모래 부대로 막았으며 새 흙으로 갱도를 메우고 튼튼한 목재로 새 성벽을 세웠다. 그리고 두 번째 포위 공격에 대비할 3000명의 수비대가 새로 배치되었다. 공격과 수비 작전 모두 교묘하고 끈기 있게 행해졌다. 양 진영 모두 과거의 실패에서 유익한 교훈을 얻었다. 가볍게 만들 수 있고 막강한 효력을 지닌 파성추가 발명되었는데, 이것은 마흔 명의 병사로 이동과 조작이 가능했고, 또 계속되는 가격으로 성벽의 돌이 헐거워지면 기다란 쇠고리를 사용해 그 돌을 성벽에서 떼어 낼 수 있었다. 성벽 위에서는 공격하는 병사들 위로 비 오듯 화살이 쏟아졌지만 가장 위험한 것은 콜키스인들이 '메데아의 기름'이라고 이름 붙인, 유황과 역청을 섞어 만든 발화성 혼합물이었다. 공성용 사다리를 타고 오르는 6000명의 로마 병사 가운데 선두에 선 이는 나이가 일흔이나 된 노장 베사스였다. 늙은 지휘관의 이와 같은 용기, 그리고 그의 추락과 더불어 생명이 위험에 처한 상황을 보자 군대는 사력을 다해 전투에 임하게 된다. 그의 우세한 병력은 페르시아 수비대의 전의를 꺾지는 못했지만 그 병력만은 제압했다. 이 용맹한 자들의 운명에 대해서는 좀 더 상세하게 살펴보아야 한다. 포위 공격 중에 700명이 쓰러졌으며, 살아남은 2300명이 그 틈을 방어했다. 1070명은 최후 공격의 불길과 난무하는 검 앞에 사망했다. 그리고 포로로 잡힌 730명 가운데 영예로운 상처가 없는 자는 18명뿐이었다. 나머지 500명은 요새로 피신했으며, 이들은 구제되리라는 희망 없이 괜찮은 항복 조건과 예속을 거부하고 저항을 계속하다 불길 속에 사라졌다. 그들은 군주의 명령에 복종하여 죽어 간 것이며 그러한 충성과 용맹의 본보기는 동포에게 이와 똑같이 절망적인 행동에서 한층 훌륭한 성과를 얻을 수 있다는 자극을 주었다. 페트라 성채의 즉각적인 파괴는 정복자의 경악과 불안을 증명하는 것이었다.

스파르타인이라면 이 영웅적인 노예들의 덕성을 찬양하고 동정했겠지만, 로마와 페르시아 양군의 지루한 전투와 승패의 반복은 더 이상 후세의 주의를 끌지 못한다. 유스티니아

서기 549~556년,
콜키스 또는 라지카 전쟁

누스의 군대는 우세함을 얻어 한층 더 찬란한 전과를 올렸지만, 페르시아 대왕의 군사도 계속 불어나 결국 코끼리 8마리와 병사 7만까지로 늘어났고, 그 가운데는 1만 2000명의 스키타이 동맹군과 자발적으로 히르카니아 구릉 지대에서 내려와 참전, 접근전과 원거리 전쟁 어느 면에서나 무적을 자랑한 딜레미타족도 포함되어 있었다. 아르카이오폴리스란 그리스인들이 부여한 또는 와전시켜 버린 이름인데, 이 도시의 포위 공격은 다소간의 손상만 입히고 곧 끝났지만 페르시아군은 여전히 이베리아의 통로를 점령하고 있었다. 콜키스는 그들 요새와 수비대의 노예 상태로 전락했고 이들은 민중의 식량을 먹어 치웠다. 라지카의 왕은 산으로 도피해 버렸다. 로마 진영에는 충성도 규율도 없었다. 똑같은 힘을 배분받은 독립적인 지휘관들이 서로 악덕과 부패를 뿜내고 있었다. 페르시아군은 군소리 하나 없이 유일한 지휘관의 명령에 따랐으며 이 지휘관은 지고한 군주의 의지에 절대적으로 복종하고 있었다. 그들의 총사령관은 동방의 영웅 중에서도 전략적 지혜와 전장에서의 무용으로 특히 유명한 인물이었다. 노령도, 절뚝거리는 두 발도 메르메로에스의 정신적·육체적 활동에 장애물이 되지 못했다. 그가 가마에 올라타 최전방을 시찰할 때면 적군은 공포를, 아군은 마땅한 자신감을 느껴 그의 휘하에서 틀림없이 승리했다. 그의 사후 총사령관직을 인계받은 나코라간은 오만한 태수로, 황제의 지휘관들이 모인 회의 석상에서 자신은 손가락에 낀 반지처럼 확실하게 승리를 얻을 수 있다고 뻔뻔하게 말한 바 있었다. 그러한 오만함이야말로 치욕적인 패배의 당연한 원인이자 전조였다. 로마군은 점차 해안선까지 밀렸는데, 파시스 강변의 그리스 식민지 폐허에 세운 이들의 마지막 진지는 강력한 참호와 강, 흑해, 갤리선단으로 사방을 방어하고 있었다. 절망으로 인해 그들의 지략은 한데 모이고 군사는 단련되었으며 페르시아군의 급습을 버텨 낼 수 있었다. 총사령관 나코라간의 퇴주를 전후해 그의 최정예 부대 1만 명이 전투에서 쓰러져 갔다. 그는 로마군에게서는 도망쳤지만 가차 없는 군주의 손에 떨어졌다. 왕은 자신이 행한 잘못된 인사(人事)를 자기 손으로 시정하려 했다. 이 불운한 장군은 산 채로 가죽이 벗겨졌고 가죽은 속이 채워져 박제 상태로 산꼭대기에 내걸렸다. 이로써 왕은 향후 페르시아의 이름과 운명을 위임받을 사람들에게 본보기를 보인 것이다.[52] 그러나 호스로우는 분별력을 발휘해 국민의 뜻과 노력을 거스르면서까지 멀리 떨어진 땅을 정복하거나 점령하는 것은 결국 불가능하다고 판단했고, 따라서 콜키스 전쟁을 단념하는 쪽으로 생각이 기울었다. 콜키스 왕인 구바제스의 충성심은 혹독한 시련을 이겨 냈다. 그는 미개인과 같은 생활을 끈기 있게 참아 냈고 페르시아 궁정의 그럴듯한 유혹을 경멸하며 거부했다. 라지카의 왕은 그리스도교 교육을 받았고 그의 모친은 원로원 의원의 딸이었다. 청년 시절 그는 10년간 비잔티움 궁정의 고문관으로 일했는데, 연체된 급료는 그의 불평의 원인이기도 했지만 집착의 동기가 되기도 했다. 그러나 오래도록 재난이 계속되면서 그는 적나라한 진실을 드러내고 말았다. 그 진실이란 파괴적인 전쟁이 지연되는 동안 적들을 놓아 주고 우방을 짓밟는 짓을 일삼아 온 유스티니아누스 휘하 부관들에게는 절대로 허용할 수 없는 명예훼손이었다. 이들의 악의적인 정보에 따라 황제는 이 불충한 가신이 또다시 변절을 꾀하고 있다고 믿게 되었다. 그를 체포해 콘스탄티노플로 연행해 오라는 밀명을 받고 급사가 파견되었다. 구바제스는 무기도 위험에 대한 의심도 없이 안심하고 있다가 호의적인 담화 중에 칼에 찔렸다. 격노하고 절망한 콜키스족은 처음에는

[52] 산 채로 가죽을 벗기는 형벌을 페르시아에 도입한 것은 샤푸르가 아니며, 또한 프리기아의 마르시아스에 관한 어리석은 일화에서 모방한 것일 리도 없다. 아가티아스는 매우 어리석게도 이 선례를 인용하고 있지만,

53 이 법관의 웅변에 대해 아가티아스는 그릇되고 화려한 수사로 18 내지 20쪽을 아낌없이 할애하고 있다.

복수를 위해 나라와 종교를 던져 버리려 했다. 그러나 소수 현명한 자들의 권위와 달변으로 유익한 휴지기가 생겼다. 파시스 강의 승리가 로마군에 대한 공포를 되살렸고, 황제도 불명예스러운 살인에 대한 비난을 씻어 내고 싶어했다. 원로 판관이 라지카 왕의 행위와 죽음에 대한 조사를 일임받았다. 그는 사법과 형벌 담당관들에 둘러싸인 권위 있는 법정에 등단했다. 두 나라 국민이 참석한 가운데 이 기묘한 사건의 심리는 민법 체계의 형식으로 진행되었으며, 상처받은 국민은 미천한 하수인들에게 내려진 판결과 형 집행으로 약간의 만족을 얻었다.53

서기 540~561년, 유스티니아누스와 호스로우 사이의 협상과 조약

평화 시 페르시아 왕은 계속해서 불화의 구실을 찾았다. 그러나 무기를 들자마자 그는 안전하고 명예로운 조약을 원했다. 맹렬한 적대 행위 중에 두 왕은 기만적인 협상을 즐겼다. 이 점에서 호스로우는 어찌나 뛰어났던지, 그 자신은 로마 사절들을 오만과 경멸로 대했지만 그의 사절은 제국의 궁정에서 전례 없는 예우를 받았다. 이 키루스의 후계자는 동방의 태양으로서의 위엄을 내세웠는데, 그의 동생 유스티니아누스가 달빛의 창백한 반사광을 가지고 서방을 지배하는 것을 자비롭게 허락했다는 태도였다. 황실 의전관 중 한 사람인 이스디구네의 허식과 달변은 이 거창한 표현을 뒷받침했다. 그의 아내와 딸들도 환관과 낙타로 이루어진 수행단을 이끌고 사절단의 행렬에 참가했다. 황금관을 쓴 두 명의 태수가 그 뒤를 따랐고, 이스디구네는 페르시아에서 가장 용맹한 기병대 500명의 호위를 받았다. 다라의 로마 총독은 현명하게도 군인으로 이루어진 이 적대적인 대열 중에서 스무 명 이상은 받아들이지 않겠다며 거부했다. 이스디구네는 황제에게 예를 갖추고 선물을 진상한 뒤 별다른 심각한 논의 없이 콘스탄티노플에서 10개월을 보냈다.

이 페르시아의 사절은 자기 숙소에 머물면서 파수꾼들이 주는 음식과 물을 받는 대신에 첩자나 호위병 없이도 수도를 다닐 수 있는 허가를 받았다. 그리고 그의 식속들까지 누린 대화와 교류의 자유는 신뢰나 특별 대우 없이 엄격하게 제 민족의 법률을 행사하던 시대의 선입관을 깨뜨리는 것이었다.54 그의 통역사는 로마 행정 장관의 눈에 띌 정도도 아닌 지위의 시종이었는데도 전례를 찾아볼 수 없는 관대함으로 자기 주인 옆, 유스티니아누스 황제와 같은 테이블에 앉았다. 또한 그의 여정과 오락을 위해 1000파운드의 황금이 배정되었다. 그러나 이스디구네의 계속된 노고는 부분적이고 불완전한 휴전 협정을 끌어낼 수 있을 뿐이었으며, 이는 언제든 재보로 살 수 있고 비잔티움 궁정의 요청에 따라 갱신될 수 있는 것이었다. 유스티니아누스와 호스로우가 서로 지쳐 노년의 평화를 합의한 것은 무용하고 황폐한 세월이 수없이 흐른 뒤였다. 국경에서 행해진 회의에서 양측은 그다지 신뢰를 얻으리라는 기대 없이 자기 주군들의 힘과 정의로움을 설파하며 화평의 의도를 내보였다. 그러나 쌍방 간의 필요와 이익 때문에 평화 조약을 맺을 필요가 있었다. 결국 50년의 조약이 맺어졌는데, 이는 그리스어와 페르시아어로 작성되었으며 통역사 열두 명의 인장으로 확인되었다. 교역과 종교의 자유가 확인되고 규정이 마련되었다. 황제와 대왕의 우방들도 포함되어 같은 특혜를 받고 의무를 지게 되었다. 또한 두 적대국의 국경 지대에서 발생할 수 있는 우발적인 분쟁을 예방 또는 해결할 수 있도록 매우 신중한 주의가 기울여졌다. 미약하지만 파괴적인 20년간의 전쟁을 치른 뒤인데도 국경은 여전히 변함이 없었다. 호스로우는 콜키스와 그 인근 지역에 대한 위험한 소유권 주장을 포기하라고 설득받았다. 동방에 이미 수많은 재화를 축적하고 있던 그는 로마에서

54 프로코피우스는 라벤나의 고트족 궁정의 관습을 설명하고 있다. 그리고 터키와 러시아, 중국에서도 외국 사절들은 마찬가지로 빈틈없는 감시를 받았다.

연간 금화 3만 닢을 뜯어냈다. 이 적은 금액은 망신스러운 공물의 불명예를 적나라하게 드러내고 있었다. 사전 회담에서 유스티니아누스 황제의 신하 가운데 한 사람은 세소스트리스의 전차와 운명의 수레바퀴에 대해 논하면서 안티오크와 시리아 몇몇 도시의 함락이 이 야만족의 허영과 야심을 가늠할 수 없을 정도로 키웠다고 지적했다. 겸허한 페르시아인은 이렇게 대답했다.

잘못 아셨습니다. 왕 중의 왕이시자 전 인류의 지배자께서는 그런 사소한 이득은 무시하고 계십니다. 그분의 무적의 군대가 점령한 열 개 나라 가운데 그분은 로마를 가장 허약한 적으로 보십니다.

동방인들에 의하면 누시르반의 제국은 트란속시아나의 페르가나로부터 예멘, 즉 아라비아펠릭스까지 확대되었다. 그는 히르카니아의 반란군을 평정하고 인더스 강 연안의 카불과 자블레스탄 지역을 함락한데 이어 에우탈리테족의 권력을 말살했으며, 명예로운 휴전으로 투르크족과의 전쟁을 종결짓고 투르크족 대왕의 딸을 합법적인 왕비 가운데 하나로 받아들였다. 아시아 군주들 사이에서 승리를 거두고 존경을 받았던 그는 마다인 또는 크테시폰의 궁전에서 세계 각국의 사절들을 접견했다. 공납이나 진상품으로 무기, 호화로운 옷, 보석, 노예, 향료 등이 겸허하게 그의 발 앞에 바쳐졌다. 그는 또한 인도 국왕이 보낸 침향나무 10퀸틀과 키가 7큐빗인 처녀, 비단보다 부드러운 양탄자, 매우 진귀한 뱀가죽 등도 생색을 내며 받아들였다.

유스티니아누스는 에티오피아인들과의 동맹 때문에 마치

그가 야만족 흑인들을 문명 사회의 체제 속에 끌어들이려 한 듯이 비난을 받아 왔다. 그러나 로마 제국의 동맹인 아크수미트족, 즉 아비시니아인들은 아프리카의 원주민과는 항상 구별될 수 있다. 자연의 작용으로 흑인들의 코는 납작하고 머리는 곱슬거리는 머리카락으로 뒤덮였으며 피부는 태생적이고 지울 수 없는 검정으로 물들었다. 하지만 아비시니아인들의 올리브 빛 얼굴과 그들의 머리, 체격, 이목구비 등은 이들이 아랍인 계통임을 확실히 보여 주고 있다. 언어와 관습의 유사성, 고대 이주에 대한 기록, 홍해 해안과의 짧은 거리 등으로도 이 계통은 확인할 수 있다. 그리스도교는 이 나라를 아프리카의 야만적인 수준 이상으로 끌어올리고 있었는데,[55] 이집트나 콘스탄티누스 대제의 후예와 그들과의 교류로 이미 학문과 예술의 기초가 전수되었다. 그들의 배는 실론 섬과 교역했으며 아비시니아의 최고 군주인 네구스에게 일곱 왕국이 복종했다. 풍요롭고 축복받은 아라비아를 지배하던 호메리테족의 독립이 최초로 침범당한 것은 에티오피아의 정복자에 의해서였다. 그는 시바 여왕의 후손이라며 타고난 권리를 주장하면서 종교적 열의로 자신의 야망을 신성화했다. 유랑하면서도 활발하고 강성했던 유대 민족은 호메리테족의 왕인 두나안의 환심을 사서 제국의 법률 때문에 자신들의 불운한 동포에게 가해진 박해에 보복을 하려고 했다. 몇몇 로마인 상인은 부당하게 박해를 받았고, 네그라[56]의 여러 그리스도교도들은 순교자의 왕관을 쓰게 되었다.[57] 아라비아의 교회들은 아비시니아 왕에게 보호를 요청했다. 네구스 왕은 선단과 군대를 이끌고 홍해를 건너 유대교 개종자들에게서 나라와 목숨을 빼앗고 저 외딴 몰약(沒藥)과 유향(乳香)의 나라를 2000년 이상 지배해 온 왕가를 소멸시켰다.

서기 522년, 아비시니아족의 정복

[55] 포르투갈 선교사인 알바레즈(Albarez), 베르무데스(Bermudes), 로보(Lobo), 텔레즈(Tellez)는 현대의 아비시니아에 대해 자신들이 본 것 또는 조작한 것만을 말할 수 있었을 것이다. 25개 국어를 알고 있던 루돌푸스의 박식함도 그 고대의 역사에 대해서는 아무것도 더해 줄 수 없었다. 그러나 예멘의 정복자 칼레드, 즉 엘리스타이우스의 명성은 국가(國歌)와 민족의 전설을 통해 칭송되고 있다.

[56] 예멘의 네그라 또는 나그란 시는 종려나무로 둘러싸여 있고 수도 사아나와 메카 사이의 큰길에 위치하고 있으며, 대상이나 낙타 여행으로 사아나에서는 10일, 메카에서는 20일 정도 걸린다.

[57] 네그라의 군주 성 아레타스와 340명의 순교는 메타프라스테스와 니케포루스 칼리스투스의 전설에서 미화되었는데 바로니우스는 이 전설을 따랐고, 아라비아와 에티오피아 유대 민족의 상황을 조사했던 바스나지(Basnage)는 분명치 않게 열심히 이를 반박했다.

42장 269

58 알바레즈는 1520년에 아크숨의 번영상을 목격했다. 아크숨은 같은 세기에 투르크족의 침략으로 폐허가 되었다. 현재는 가옥 100여 채 정도밖에 남아 있지 않다. 그러나 그 과거의 강성함에 대한 기억은 국왕의 대관식으로 여전히 보존되고 있다.

정복자는 즉시 승리의 복음을 선포했으며 정통 교회의 주교 파견을 요청했다. 아울러 로마 제국에 대한 친밀함을 어찌나 열렬히 표시하는지 유스티니아누스는 비단 무역 길을 아비시니아 경유로 돌리고, 아라비아의 세력을 자극해 페르시아 왕과 대립하게 만들 수 있으리라는 희망까지 품게 되었다. 황제는 이 중요한 임무 수행에 사절단 가문 출신인 논노수스를 임명했다. 그는 현명하게도 단거리지만 위험이 많은 누비아 사막을 경유하는 길을 피하고 나일 강을 거슬러 올라가 홍해에서 배를 갈아타고 아프리카의 항구 아둘리스에 무사히 도착했다. 아둘리스에서 수도 아크숨까지는 직선 거리로는 기껏해야 50리그였지만, 구불구불한 산길 때문에 15일이나 걸렸다. 그는 숲들을 통과하면서 약 5000마리의 야생 코끼리를 본 것으로 추산했다. 그의 보고에 따르면 수도는 크고 인구가 많았다. 아크숨 마을은 지금까지도 왕의 대관식과 그리스도교 교회의 유적, 그리스 글자가 새겨진 16~17개의 오벨리스크로 유명하다.58 네구스는 벌판에서 호화롭게 치장한 네 마리 코끼리가 끄는 높은 전차 위에 앉은 채 귀족과 악사들에 둘러싸여 사절단을 접견했다. 그는 아마로 만든 옷과 모자를 쓰고 손에는 두 개의 투창과 가벼운 방패를 들고 있었다. 옷은 속살을 완전히 감추지 못했지만 진주와 보석으로 풍성하게 장식한 황금 사슬과 목걸이, 팔찌 등으로 야만족의 허영을 뽐내고 있었다. 유스티니아누스의 사절이 무릎을 꿇었다. 네구스는 논노수스를 땅에서 일으켜 세워 포옹하고는 봉인에 입을 맞추더니 서신을 읽은 뒤 로마의 동맹 제안을 받아들였다. 그는 무기를 휘두르며 불의 숭배자들에게 준엄한 전쟁을 선포했다. 그러나 그는 비단 무역에 대한 제의는 회피했다. 아비시니아인들의 확언과 바람

서기 533년, 유스티니아누스와 제휴한 아비시니아족

에도 불구하고 이 적대적인 위협은 별다른 효과 없이 사라졌다. 호메리테인들은 자신들의 향료 숲을 포기하고 모래투성이 사막을 건너느라 피로에 지친 나머지, 개인적으로 아무런 피해도 준 적 없는 강대한 민족과 맞서 싸우고 싶지 않았던 것이다. 에티오피아의 국왕은 정복을 확대하는 것은 고사하고 점령 지역 방어조차 할 수 없었다. 아둘리스의 로마인 상인의 노예 아브라하가 호메리테족의 왕위를 찬탈했던 것이다. 아프리카의 군대는 이 좋은 기후에 매혹되었다. 유스티니아누스가 이번에도 우호 관계를 청하자 찬탈자는 약간의 공물을 바쳐 주군의 패권에 대한 예를 표했다. 긴 번영 끝에 아브라하의 권력은 메카의 성문 앞에서 전복되었고, 그 자손의 권리는 페르시아의 정복자에 의해 박탈되었다. 그리고 에티오피아인들은 마침내 아시아 대륙에서 추방된다. 세상에 알려지지 않은 이 먼 옛날의 사건도 로마 제국의 흥망과 무관하지 않다. 아라비아에서 그리스도교 세력이 그대로 유지되었다면 마호메트의 교의는 요람기에 분쇄되었을 것이 틀림없으며, 아비시니아가 세계의 사회 및 종교 현상을 변화시킨 그 혁명을 저지했을지도 모르는 일이다.

43

THE DECLINE AND FALL
OF THE ROMAN EMPIRE

아프리카의 반란 · 토틸라에 의한 고트족 왕국의 부활 ·
로마의 함락과 탈환 · 나르세스의 이탈리아 최종 정복 ·
동고트족의 멸망 · 프랑크족과 알레만니족의 패배 · 벨
리사리우스의 최후의 승리, 불명예, 죽음 · 유스티니아누
스의 죽음과 그의 품성 · 혜성, 지진, 역병

도나우 강에서 나일 강에 이르는 지역의 여러 종족을 살펴 보니 로마의 약점이 곳곳에서 드러났다. 그런데 고대부터의 국경조차 방어하지 못하는 이들이 감히 제국 확장을 꾀했다는 사실은 놀라울 수밖에 없다. 그러나 유스티니아누스가 수행한 전쟁과 정복, 그리고 승리는 노년에 이루어진 허약하고 유해한 노력이었으며 이는 남아 있는 힘마저 고갈시켜 생명력의 쇠퇴를 가져왔다. 그는 아프리카와 이탈리아를 제국 영토로 수복한 영예로운 성과에 의기양양했지만, 벨리사리우스가 떠난 후 일어난 재난은 이 정복자의 무능함을 보여 주며 그 불행한 국가들의 멸망을 완성하는 것이었다.

유스티니아누스는 새로운 영토에서 자신의 자존심은 물론 탐욕까지도 후하게 충족시킬 수 있을 것이라 생각했다. 욕심 많은 재무 담당관이 벨리사리우스의 발자취를 바짝 쫓았다. 그리고 반달족이 예전 공납 대장을 불태워 버렸으므로 그는 아프

서기 535~545년,
아프리카의 걱정거리

리카의 부를 자기 멋대로 계산하고 평가해 버렸다.[1] 멀리 떨어진 곳의 통치자가 가져갈 세액 증가와 세습 또는 왕실 소유지의 독단적인 회수 조치가 취해지자 대중은 환희로 인한 도취에서 곧 깨어났다. 그러나 황제는 군대의 불만이 폭발한 데 놀라 눈을 뜨고 나서야 숨겨진 국민의 불만을 깨닫게 되었다. 로마 병사의 상당수가 반달족의 과부나 처녀들과 결혼했다. 그들은 정복과 상속이라는 이중의 권리를 주장하며 가이세리크가 승리를 거둔 휘하 군대에 나눠 주었던 영지를 요구했다. 따라서 이들은 유스티니아누스 황제의 관대함이 그들을 야만 또는 노예 상태에서 신분을 상승시켜 주었으며, 이미 아프리카의 전리품과 패배한 야만족들의 재산과 노예, 가산(家産)으로 부유해졌고, 예로부터 전해 온 황제들의 적법한 세습 재산은 그들의 안위와 보상을 쥐고 있는 통치 체제의 유지에만 사용될 것이라는 냉정하고 이기적인 관리들의 말을 듣고 모멸감을 느꼈다. 벌써부터 아리우스파의 교리를 흡수하고 그 성직자들에게 선동되고 있던 수천 명의 헤룰리족 병사들은 은밀하게 반란을 모의했다. 그리고 광신이라는 면제의 힘 덕분에 서약 파기와 반란이 종교적인 대의명분으로 신성화되었다. 아리우스파의 신도들이 1세기 이상이나 아프리카에서 번영을 누렸던 자신들의 교회가 패배한 것을 개탄하고 자녀의 세례 등 각종 종교적 예배 의식을 금지한 법률을 증오한 것은 당연했다. 벨리사리우스가 선발한 반달족 가운데 대다수는 동부 전선에 종군한다는 명예를 느끼며 자신의 고국과 종교를 잊었다. 그러나 400명의 고결한 병사들은 레스보스 섬을 눈앞에 두고 선원들에게 진로를 바꾸도록 강요해 펠로폰네수스에 들른 후, 아프리카의 황량한 해안에 상륙하여 아우라시우스 산꼭대기에 독립과 반란의 깃발을 꽂았다. 이 영토의 부대들이 상관의 명령을 거부하면서

[1] 아프리카의 재난에 대해서는 프로코피우스 이외의 안내자도 없고 다른 안내자를 바라지도 않는다. 그는 자기 시대의 주목할 만한 사건에 대해 눈으로 그 모습을 관찰하고 귀로 세간의 이야기를 수집했다. 『반달족 전쟁사』에서 그는 스토자의 반란과 벨리사리우스의 귀환, 게르마누스의 승리, 솔로몬의 제2기 정부, 세르기우스의 통치, 곤타리스의 독재와 죽음에 대해 기술하고 있다. 또한 그가 그린 다양한 인간 군상에서는 아무런 아첨이나 악의의 표시도 찾아볼 수 없다.

카르타고에서는 영예롭게 벨리사리우스를 대신한 솔로몬의 목숨을 빼앗으려는 음모가 생겨났다. 아리우스파 신도들은 부활절 성체 행사가 진행 중일 때 이 폭군을 희생 제물로 제단 앞에 바치려는 경건한 결심을 하고 있었다. 두려움 또는 가책 때문에 암살자들은 단검을 빼지 못했지만 솔로몬의 끈기는 그들의 불만을 더욱 부채질했고, 열흘 후에는 대경기장에서 격렬한 폭동이 발생했으며 이는 그 후 10여 년간 아프리카를 황폐화시켰다. 도시의 약탈과 무차별적인 주민 학살은 어둠과 잠, 그리고 만취 상태에 의해서만 겨우 멈출 수 있었다. 카르타고 총독은 역사가 프로코피우스를 포함한 일곱 명만을 데리고 시칠리아로 도망쳤다. 군대의 3분의 2가 반역에 가담했다. 그리고 불라 벌판에 모인 8000명의 폭도들은 훌륭할 정도로 반란군의 미덕을 갖추고 있던 사병 스토자를 지휘관으로 선출했다. 자유라는 가면 아래 행해진 그의 웅변은 동료들의 열정을 유도하거나 적어도 부추길 수 있었다. 그는 벌판에서 벨리사리우스 및 황제의 조카와 감히 대적함으로써 자신을 그들과 같은 수준으로 끌어올렸다. 무훈에 빛나는 장군들도 스토자가 한층 순수한 명분과 정당한 지휘권을 행사할 수 있는 인물임을 인정하지 않을 수 없었다. 전투에서 패배한 그는 솜씨 좋게 협상의 기술을 활용해 로마 군대의 충성심을 동요하게 만들었으며, 그의 신의 없는 약속을 믿은 지휘관 몇몇은 누미디아의 교회에서 그의 명령에 따라 살해되기도 했다. 무력에서도, 배반적 책략에서도 밑천이 모두 떨어지자 스토자는 물불을 가리지 않는 반달족 몇을 데리고 마우리타니아 황야로 피신했다. 그리고 이곳에서 한 야만족 군주의 딸을 얻었으며 자신이 죽었다는 정보를 흘려 적의 추격을 피했다. 벨리사리우스의 개인적 위엄과 황제의 조카인 게르마누스의 지위와 정신, 기질, 그리고 환관 솔로몬의 두 번째 통치 덕분에 군대는 평정을 회복했고 아프리카의 질서를 일시적이나마 유지할 수 있었다. 그러나 그 먼 영토에서도 비잔티움 궁정의 악행은 감지되었다. 군인들은 봉급도 받지 못하고 제대로 허락되지 않는다며 불만을 호소했다. 사회의 무질서가 충분히 무르익자 스토자는 부활하여 무장한 채 카르타고의 성문 앞에 나타났다. 그는 일 대 일 싸움에서 쓰러지고 말았지만 자신의 투창이 적의 심장에 꽂혔다는 말을 듣고는 죽음의 고통 속에서도 미소 지었다. 스토자의 사례, 다시 말해 운 좋은 병사가 최초로 왕까지 되었다는 사실은 곤타리스의 야망을 부채질했고, 그는 무어족의 원조를 얻어 자신이 카르타고의 왕위에 오르게 된다면 그들과 아프리카를 나누어 갖겠다는 위험한 약속을 했다. 유약한 아레오빈두스는 화평이나 전쟁 문제에 관한 기술은 없었지만 유스티니아누스의 조카딸과 결혼해 총독 자리까지 올랐다. 그는 호위대의 갑작스러운 봉기로 억류되었는데, 그의 비굴한 탄원은 냉혹한 전제 군주의 경멸만 샀을 뿐 동정심을 유발하지는 못했다. 곤타리스는 30일의 치세 뒤 연회에서 아르타반의 칼에 찔려 죽고 말았다. 아르사케스 왕가의 일원인 아르메니아 군주가 카르타고에 로마 제국의 권위를 다시 확립했다는 것은 정말 묘한 일이다. 브루투스가 카이사르를 향해 검을 빼어 들게 한 음모에 관해서라면 후대 사람들에게는 모든 상황이 흥미롭고 중요해 보인다. 그러나 이 충성 또는 반역적 암살자들이 경험한 죄나 공훈은 희망과 두려움, 우호 또는 분노 때문에 개인적으로 아프리카의 혁명에 가담했던 프로코피우스의 동시대인들에게나 흥미가 있을 것이다.[2]

[2] 그러나 프로코피우스가 곤타리스의 살해 장면을 생생하게 그린 공적을 부정해서는 안 되겠다. 암살자 가운데 하나는 로마인 애국자에 걸맞은 심정을 토로했다. 아르타시레스가 말했다. "만일 내가 첫 번째 타격에서 실패한다면 고문대의 톱니바퀴 때문에 내가 공모자에 대해 발설하지 않도록 그 자리에서 나를 죽여 주시오."

서기 543~558년,
무어인의 반란

이 나라는 페니키아의 식민 통치와 로마의 법률로 인해 벗어났던 야만 상태로 다시 빠르게 침잠하고 있었다. 내분의 모든 단계는 야만이 문명을 이기는 개탄할 만한 승리라는 특징을 갖고 있었다. 무어족³은 정의는 몰랐을지언정 압제는 참지 못했다. 그들은 유랑 생활과 끝없는 황야 덕택에 침입자를 좌절시키고 정복자의 쇠사슬을 피할 수 있었다. 경험상 그들의 충성은 서약도 의무도 보장해 줄 수 없음을 이미 배운 바 있다. 아우라스 산의 승리는 확실히 그들을 위압해 일시적으로 순종하게 만들었다. 무어족은 솔로몬의 성품을 존경했지만, 그가 무분별하게도 트리폴리와 펜타폴리스의 지방 총독으로 임명한 키루스와 세르기우스의 오만과 사치를 증오하고 경멸했다. 한 무어 부족은 렙티스 성벽 아래 진을 치고 동맹 조약을 갱신하여 총독에게서 정해진 선물을 받고자 했다. 그들의 대리인 여든 명은 맹우 대접을 받으며 도시에 안내되었으나 음모를 전혀 의심하지 않았던 이들은 세르기우스의 연회 석상에서 학살되었다. 그 결과 시르테스에서 대서양에 이르기까지, 아틀라스 산 골짜기마다 전쟁과 복수를 외치는 소리가 메아리쳤다. 안탈라스는 자기 형제가 부당하게 처형당했다는 개인적 원한 때문에 로마인을 적대시했다. 이전 반달족의 토벌은 그의 용맹함을 두드러지게 보여 주었다. 그는 아드루메툼을 잿더미로 만들면서, 황제에게 아프리카의 평화는 솔로몬과 그의 보잘것없는 조카들을 불러들여야 보장될 것이라고 경고했다. 솔로몬은 카르타고에서 군대를 이끌고 출정했는데 6일 거리에 있는 테베스테⁴ 부근에서 야만족 군의 병력이 강하고 사기가 드높음을 알고 깜짝 놀랐다. 그는 교섭을 제안하고 강화 조약을 권유하면서 매우 엄숙한 서약으로 맹세하겠다고 제안했다.

어떤 서약으로 맹세할 수 있다는 거요?

---

³ 무어 전쟁은 프로코피우스의 기록에 때때로 소개된다. 테오파네스는 유스티니아누스의 말년에 있었던 몇 가지 성쇠의 사건들을 첨가하고 있다.

⁴ 오늘날 알제리 왕국의 티베시. 이 지역에는 수예라스 강이 흐르고 있는데, 강은 메예르다(바그라다스)로 흘러든다. 티베시는 여전히 거대한 돌로 이루어진 성벽(로마의 콜로세움 같은), 샘, 그리고 호두나무 숲으로 유명하다. 이 지역은 풍요로우며 이웃한 베레베르족은 호전적이다. 한 비문에 따르면 하드리아누스의 치세에 제3 군단이 카르타고에서 테베스테로 가는 길을 건설했다고 한다.

분개한 무어인들이 말했다.

그리스도교의 성서에 맹세할 건가? 조카인 세르기우스가 무고하고 불운한 우리 동포 여든 명에 대해 한 맹세도 바로 그 책에 대고서 한 것이었소. 그들을 다시 한 번 믿기 전에 자기들의 배반을 얼마나 잘 응징하고 명예를 얼마나 잘 변명하는지 한번 봅시다.

그들의 명예에 대한 변명은 테베스테 들판에서 솔로몬의 죽음과 그 군사들의 전멸로 이루어졌다. 새로 파견된 부대와 더 노련한 지휘관이 도착하면서 무어족의 오만함은 곧 저지되었다. 같은 전장에서 그들의 주군 열일곱 명이 살해되었다. 콘스탄티노플 시민들은 불확실하고 일시적인 무어족의 굴복에 아낌없는 칭송을 보냈다. 연이은 침공으로 아프리카 영토는 이탈리아의 3분의 1 수준으로 줄어들었지만, 로마의 황제들은 카르타고와 지중해의 비옥한 해안 지대를 1세기 이상 계속해서 지배했다. 그러나 유스티니아누스의 승리와 패배는 모두 인류 전체에 해가 되는 것이었다. 아프리카의 황폐화는 너무도 심한 지경이어서 이방인이 며칠을 헤매도 아군도 적군도 만나지 않고 지나게 될 정도였다. 반달족은 사라졌다. 한때 그들은 여자와 어린이, 노예를 제외하고 전사만 16만의 인구를 헤아렸지만 그 수는 이제 냉혹한 전쟁으로 섬멸된 무어족의 수보다 훨씬 적었다. 그리고 똑같은 파괴의 보복이 로마와 그 우방에 가해졌는데 이들은 상호 간의 분쟁과 야만족의 분노에 의해 사라져 갔다. 프로코피우스는 처음 이곳에 도착했을 때 상업 도시와 농촌의 인구가 많은 것을 보고 감탄했지만 20년도 되지 않아 그 번화한 모습은 고적한 침묵으로 바뀌어 버렸다. 부유한 시민들은 시칠리아와 콘스탄티노플로 탈출했으며 이 비사를 기록한 역사가는 유스티니아누스 황제의 전쟁과 통치로 500만 명의 아프리카인이 희생되었다고 단언하고 있다.[5]

비잔티움 궁정의 시기로 인해 벨리사리우스는 이탈리아 정복을 완수할 수 없었다. 이 유스티니아누스의 신하가 갑작스럽게 전출되자 그의 천재성과 덕성, 그리고 자신들을 속여 몰아냈던 칭송할 만한 동기까지도 포함해 그를 경외하던 고트족은 다시 용기백배했다.[6] 그들은 국왕과 (사소한 손실이다.) 수도, 재보, 그리고 시칠리아에서 알프스에 이르는 영토와 말과 무기로 잘 무장된 20만 명의 야만족 군사를 잃었다. 그러나 명예와 자유에 대한 애착, 자신들의 위대한 과거에 고무된 1000명의 고트족이 파비아를 지키고 있는 이상 모든 것을 잃은 것은 아니었다. 최고 지휘권은 만장일치로 용맹한 우라이아스에게 주어졌는데, 다른 사람은 몰라도 그 자신은 숙부 비티게스의 총애를 잃으면 그 자리에서 제외될 것임을 알고 있었다. 그는 힐디발트의 선출을 지지했는데 힐디발트는 에스파냐 군주인 테우데스가 고트족 공동의 이익을 옹호해 주리라는 헛된 희망에서 추천된 것이었다. 리구리아와 베네치아에서 거둔 군사적 성공은 그들의 선택을 정당화해 주는 것으로 보였다. 그러나 힐디발트는 곧 자신이 은인을 용서하거나 그에게 명령을 내릴 능력이 없음을 만천하에 알렸다. 힐디발트의 부인은 우라이아스의 아내의 미모와 부, 긍지에 깊은 상처를 받았다. 그리고 이 덕성 높은 애국자를 죽게 해 자유로운 종족의 분노를 자극했다. 한 대담한 암살자가 연회 석상에서 힐디발트의 목을 침으로써 종족의 평결을 집행했던 것이다. 그러나 외부 종족인 루기아족이 선거의 특권을 독단적으로 사용하자 죽은 왕의 조

서기 540년, 고트족의 반란

[5] 일련의 아프리카 역사는 이 우울한 진실을 증명하고 있다.

[6] 프로코피우스는 유스티니아누스 치세 5~15년에 일어난 고트 전쟁을 기술하고 있다. 요르난데스와 마르켈리누스의 연대기는 몇 가지 부차적인 암시를 주고 있다. 시고니우스(Sigonius), 파기(Pagi), 무라토리(Muratori), 마스코우(Mascou), 뷔아(de Buat)의 저작 역시 유용하며 참고가 되었다.

카 토틸라는 복수심에 불타 자신과 트레비소의 수비대를 로마군에 인도해 버릴 생각까지 했다. 그러나 이 용감하고 유능한 청년은 유스티니아누스에게 예속되는 것보다는 고트족의 왕위를 얻는 것이 더 나음을 금세 깨달았다. 그리고 파비아 궁전에서 루기아족 찬탈자를 쓸어 내자마자 그는 5000명의 병력을 모아 주저 없이 이탈리아 왕국의 수복에 착수했다.

서기 541~544년, 토틸라의 승리

같은 계급의 장군 열한 명으로 이루어진 벨리사리우스의 후계자들은 약하고 단결되지 않은 고트족의 섬멸을 소홀히 하다가 토틸라의 진군과 유스티니아누스 황제의 질책을 듣고 겨우 행동에 나섰다. 제국에 봉사하는 페르시아군 백 명의 선두에 서 있는 아르타바주스에 의해 베로나의 성문이 조용히 열리고 고트족은 도시에서 도망쳤다. 60펄롱까지 전진한 지점에서 로마의 장군들은 전리품 분배를 조정하기 위해 일단 정지했다. 그들이 다투고 있는 동안 적은 이 승리자의 인원수를 파악하고 말았다. 페르시아 병사들은 곧 제압되었고 아르타바주스는 성벽에서 뛰어내려 겨우 사지를 벗어났으나 며칠 뒤 일 대 일 결투를 청해 온 한 야만족 병사의 창에 찔려 목숨을 잃고 말았다. 2만 명의 로마군이 파엔차와 플로렌티아령 무젤로에서 토틸라의 군대와 맞닥뜨렸다. 조국 수복을 위해 싸우는 해방노예들의 열정과 군기 잡힌 복종이라는 미덕조차 갖추지 못한 용병의 열의 없는 기개가 맞부딪친 것이다. 첫 번째 공격에서 용병들은 군기를 버리고 무기를 내팽개친 채 엄청난 속도로 도망쳤고 이로써 이들의 손실은 줄었으나 패배의 치욕은 커졌다. 고트족 왕은 적군의 천박함에 얼굴을 붉혔고 빠른 행보로 영광과 승리의 길을 밟았다. 토틸라는 포 강을 건너고 아펜니노 산맥을 넘어 라벤나, 플로렌티아, 로마 등 주요 도시의 공략은 일단 미룬 채 이탈리아 중앙부로 진격, 나폴리에 대한 포위 공격, 봉쇄에 들어갔다. 로마군 지휘관들은 각자의 주둔 도시에 틀어박혀 치욕의 책임을 서로에게 전가시킬 뿐 누구 하나 그의 진격을 저지하는 일에 나서지 않았다. 그러나 토틸라의 이탈리아 정복이라는 곤란과 위기에 크게 놀란 로마는 나폴리에 갤리선단과 트라키아 및 아르메니아 병사들로 이루어진 원군을 파병했다. 이들은 풍부한 군량을 제공하는 시칠리아에 상륙했다. 그러나 전쟁을 모르는 정무관 출신 새 사령관이 지체하여 포위된 자들의 고통은 늘어 가고 있었다. 그가 겁내며 뒤늦게 투입한 원군은 나폴리 만에서 토틸라가 주둔시킨 무장 병력에 의해 연달아 차단되었다. 로마군 지휘관은 밧줄로 목이 조인 채 성벽 아래로 끌려 나와 떨리는 목소리로 시민들에게 자기처럼 정복자의 자비에 몸을 맡기라고 호소했다. 그들은 휴전을 요청했고 30일이 지나도 실질적인 원군이 도착하지 않으면 도시를 내주겠다고 약속했다. 그러나 대담한 야만족은 한 달이 아니라 석 달을 주었다. 이는 기근 때문에 기한 전에 항복이 이루어질 것으로 확신했기 때문이며 그 확신은 정확한 것이었다. 나폴리와 쿠마이가 성을 열고 항복했고 루카니아, 아풀리아, 칼라브리아 등의 영토도 고트족 왕에게 굴복했다. 토틸라는 로마의 성문 앞으로 군대를 이끌고 갔으며 제국의 수도에서 20마일 이내 거리에 있는 티부르, 즉 티볼리 강에 진영을 치고, 그리스인의 압제와 고트인의 치세를 비교해 보라며 원로원과 민중을 조용히 설득하기 시작했다.

토틸라의 빠른 승리가 가능했던 것은 부분적으로는 3년간의 경험이 이탈리아 국민들의 감정에 가져온 혁명적 변화 덕택이다. 그리스도교도인 황제의 명령, 또는 적어도 그의 이름

악덕과 미덕의 대조

7 로마 주교인 실베리우스는 처음에는 리키아의 파타라로 유배되었다가 결국에는 팔마리아 섬에서 서기 538년 6월 20일 굶어 죽었다. 프로코피우스는 황후와 안토니나만을 비난하고 있다.

8 타르키나와 볼스키 연안 맞은편의 작은 섬 팔마리아.

9 프로코피우스는 토틸라의 장점에 대해 풍부하고 기꺼이 공정한 평가를 하고 있다. 살루스트에서 타키투스에 이르기까지 로마 역사가들은 야만족의 덕성에 대해 고찰하면서 자기 민족의 악덕을 기꺼이 잊었다.

으로 이탈리아 국민의 영적 아버지인 교황7이 로마 교회에서 끌려 나와 굶어 죽거나 외딴 섬에서 살해당했다.8 로마, 라벤나, 플로렌티아, 페루기아, 스폴레토의 주둔지에서는 벨리사리우스의 인덕 대신 사령관들 열 명의 다채로운 아니, 한결같은 악덕이 팽배해 있었다. 그들은 색욕 또는 물욕을 채우기 위해 부여된 권한을 한껏 남용했다. 오랫동안 비잔티움의 사기와 압제에 익숙해 있던 교활한 서기 알렉산데르가 재정의 개선을 맡았다. 그는 금화의 모양을 손상시키지 않고도 크기를 줄이는 기술을 갖고 있어 프살리크티온(Psalliction), 즉 가위라는 별명을 갖고 있었다. 그는 화평과 경제 회복을 기대하지 않고 이탈리아 전 국민의 재산에 무거운 세금을 매겼다. 그러나 고트족 왕 치하에서 공금 수납에 관여한 모든 자들이 재산과 신변에 가한 독단적이고 자의적인 조치에 비하면 그가 현재나 미래에 할 요구는 그래도 덜 증오스러운 편이었다. 알렉산데르는 병사들을 속여 돈을 빼앗는 한편 그들을 경멸했으며, 이러한 불공평한 괴로움을 모면한 유스티니아누스의 신민들은 병사들을 부양하느라 허덕이고 있었다. 사람들은 병사들의 부 또는 생계를 위한 성급한 출격 때문에 차라리 야만족의 미덕이 자신들을 구제해 주기를 바라게 되었다. 토틸라9는 순수하고 온화했다. 그는 자신의 신의나 자비에 의지하는 우방은 물론 적도 기만하지 않았다. 이탈리아 농민들에게 이 고트족의 왕은 반가운 포고를 내렸다. 통상적인 세금만 납부하면 전쟁의 재해에서 반드시 보호해 준다는 약속을 믿고 안심하고 본업에 종사하라는 것이었다. 그는 무장한 도시를 연이어 공격해 항복을 받아 내는 즉시 성채를 파괴했다. 이는 장차 주민이 포위 공격이라는 재난에 다시 노출되거나 로마군이 이와 같은 방어 기술을 활용할 기회를 없애 버림으로써 두 국가 간의 긴 항쟁이 전쟁터에서 공정하고 명예로운 대결로 결정되는 조건을 만들기 위함이었다. 따라서 로마군 포로와 탈주병들은 이 관대하고 정중한 적의 편에 서고 싶은 기분이 들었다. 또 노예들은 그들을 주인에게 다시 넘기지 않겠다는 확고하고 성의 있는 약속에 마음이 끌렸다. 결과적으로 토틸라의 진영에는 1000명의 파비아 전사로 구성된 같은 고트군의 이름을 가진 새로운 집단이 서서히 생겨나기 시작했다. 그는 항복 조항을 성실히 이행했고 모호한 어구나 예기치 않은 사건을 통해 음흉하게 이익을 챙기거나 받아들이는 법이 없었다. 예를 들어 나폴리 수비대는 해상으로 탈출해도 좋다는 약속을 받았으나 바람이 좀처럼 바뀌지 않아 출항을 할 수 없게 되자 토틸라는 말과 식량을 가지고 로마 성문까지 갈 수 있는 통행증을 순순히 발급해 주었다. 캄파니아 지방의 별장에서 급습을 받은 원로원 의원의 부인들은 몸값 요구 없이 남편들에게 돌려보냈다. 부녀자의 정조를 해하는 행위에는 사형이라는 준엄한 처벌을 내렸다. 이 정복자는 굶주린 나폴리 시민의 식사를 건강하게 조절하는 인도적이고 사려 깊은 의사의 역할을 맡았다. 토틸라의 정책은 진짜 책략이든 종교적 원칙이든 인도주의적 본능이든 간에 칭송받을 만하다. 그는 병사들에게 종종 긴 열변을 토했다. 국가의 악덕과 멸망은 뗄 수 없이 연결되어 있으며, 승리는 군사적 덕성은 물론 도덕적 덕성의 결과이고, 군주는 물론 국민까지도 처벌되지 않은 범죄에 대한 책임을 져야 한다는 것이 그의 한결같은 논지였다.

벨리사리우스가 자신이 정복한 영토를 구하기 위해 돌아와야 한다는 것은 그의 적이나 벗 모두가 강력하게 요청하는 바였다. 고트 전쟁은 이 노련한 총사령관에

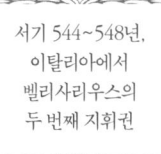
서기 544~548년, 이탈리아에서 벨리사리우스의 두 번째 지휘권

게는 신임일 수도, 유배일 수도 있었다. 유프라테스 강변의 영웅이면서 콘스탄티노플 궁정의 노예인 그는 자신의 명성을 뒷받침하고 자기 후계자들의 과오를 만회해야 하는 고통스러운 임무를 마지못해 받아들인 것이다. 로마군이 해양만은 제압하고 있었으므로 선단과 병사가 디오클레티아누스 궁전 부근의 살로나에 집결하자 벨리사리우스는 이스트리아의 폴라에서 군대를 사열하고 휴식을 취하게 했다. 그리고 아드리아 해 안쪽을 돌아 라벤나 항구에 들어가며 부근 여러 도시에 대한 방비에 앞서 명령을 전달했다. 장군은 황제의 이름으로 고트와 로마 양군에 호소한 최초의 연설에서 황제가 이탈리아 국민의 염원에 따라 페르시아 정벌을 일시적으로 보류했다고 말했다. 그는 최근 벌어진 재난의 원인과 그 책임자에 대해서는 완곡하게 다루었고, 과거의 행동 때문에 처벌받을지 모른다는 두려움과 앞으로 죄를 지어도 벌을 받지 않으리라는 희망을 지우려고 애썼다. 성공은 하지 못했으나 자기 휘하의 모든 구성원을 애정과 복종이라는 굳은 기반으로 통합시키고자 열심히 노력했다. 너그러우신 주군 유스티니아누스께서 사면과 보상을 할 마음이 있으며, 찬탈자의 기교에 넘어가 기만당한 동포들의 마음을 돌리는 것은 그들의 의무일 뿐 아니라 이익이기도 하다는 것이었다. 그러나 고트족 왕의 전열을 이탈하려는 병사는 하나도 없었다. 이윽고 벨리사리우스는 자신이 젊은 야만족 청년의 영광을 손을 놓고 무력하게 바라보기 위해 파견되었다는 사실을 깨달았다. 황제에게 보낸 그의 서신은 숭고한 정신적 고뇌를 말하고 있다.

폐하, 우리는 전쟁에 필요한 그 무엇도, 병력도 무기도 금전도 없이 이탈리아에 도착했습니다. 최근 트라키아와 일리리쿰의 마을을 순회해 장비도 옷도 없고, 무기를 다루는 데도, 군대의 규율에도 익숙지 않은 4000여 명의 신병을 겨우 징발했습니다. 주둔하고 있는 군대는 이미 불만과 불안, 환멸을 느끼고 있으며 적의 함성을 듣기만 해도 말을 버리고 무기를 땅에 던질 태세입니다. 이탈리아는 이미 야만족의 점령하에 있으니 세금 징수는 불가능하고, 따라서 그들에게 급여를 줄 수 없으니 명령은 고사하고 경고할 수 있는 권리마저 사라졌습니다. 솔직히 말씀드리면 폐하의 군대 대다수가 이미 고트족에게 돌아섰습니다. 이 벨리사리우스만으로 전쟁을 치를 수 있다면 폐하의 소원은 실현되신 것입니다. 소인은 이미 이탈리아 한가운데에 있으니 말입니다. 하지만 폐하의 의도가 정복이시라면 그 밖에 훨씬 더 많은 준비가 필요합니다. 군사력 없는 사령관의 이름은 무의미합니다. 그러니 제 휘하의 고참들과 국내 호위병을 파견해 주십시오. 전투 개시를 위해 다양하게 무장한 군대를 충분히 보충하고 보급을 받아야 하며, 강력한 훈족 기병대의 필수 불가결한 원조를 받기 위해서도 현금이 없으면 안 됩니다.[10]

10 이 서한에는 영웅의 혼이 깊게 각인되어 있다. 그리고 이러한 진실하고 독창적인 글은 비잔틴 역사가들의 화려하지만 공허한 언사와 혼동할 수도 없다.

벨리사리우스의 신임을 받던 한 장교가 이 서한을 휴대하고 원군을 요청해 이끌고 오도록 라벤나에서 비잔티움 궁정으로 파견되었다. 그러나 이 전갈은 묵살되었고, 전갈을 가져간 사자는 유리한 조건의 결혼으로 콘스탄티노플에 발이 묶였다. 지체와 실망으로 조급해진 로마군 총사령관은 다시 아드리아해를 건너 디라키움에서 제국과 동맹국으로부터 더디게 모아진 군대의 도착을 기다렸다. 그러나 고트족의 왕이 확실하게 포위한 로마를 구하기에는 병력이 여전히 부족했다. 아피아 가도는 40일 거리의 먼 길까지 야만족 군대로 가득 차 있었다.

벨리사리우스는 여러 가지 우려 때문에 전투를 피해 에피루스 해안에서 테베레 강 하구까지 5일간의 안전하고 신속한 항해로 로마 구출 작전을 수행하는 방법을 택했다.

<small>서기 546년 5월, 고트족의 포위 공격을 받는 로마</small>

이탈리아 중부 여러 영토의 그다지 이름이 알려지지 않은 도시들을 무력이나 협정으로 정복한 뒤, 토틸라는 저 오래된 수도를 직접 공격하지 않고 포위해 식량 보급로를 차단하기로 했다. 유서 깊은 로마 성 안의 광대한 구역을 담당하는 수비군 3000명의 지휘관은 고트족 출신의 장군 베사스였는데, 로마 시민들은 그의 탐욕으로 고통받으면서 방어를 받고 있었다. 그는 민중의 곤란을 담보로 엄청난 부당 이득을 취하고 있었으므로 포위 공격이 계속되는 것을 은근히 기뻐했다. 로마의 곡물 창고는 가득 찼으나 이익은 그 혼자 독점했다. 교황 비길리우스는 자비심을 발휘해 시칠리아 곡물을 대량으로 사서 선적했다. 이 비축분이 야만족에게 빼앗기지는 않았지만 탐욕스러운 총독에게 횡령되었던 것이다. 그는 병사들에게 소량을 배급한 뒤 나머지는 부유한 로마인들에게 팔아넘겼다. 밀 1쿼터의 5분의 1 정도가 금화 일곱 닢에 교환되었고, 우연이 아니고서는 얻기 힘든 소는 금화 쉰 닢에 거래되었다. 기근이 계속되면서 터무니없는 가격은 더욱 올라갔고, 용병들은 연명하기에도 충분치 않은 급여를 아예 받지 않겠다고까지 생각하게 되었다. 빈민들은 밀기울이 밀가루의 세 배는 섞여 있는 영양가 없고 맛없는 음식으로 굶주림을 달래고 있었다. 그리고 점차 죽은 말, 개, 고양이, 쥐는 물론이고 도시의 폐허에 자라고 있는 잡초와 쐐기풀까지 먹을 정도로 사정이 나빠졌다. 육신은 질병으로, 정신은 절망으로 허덕이는 창백하고 말라빠진 유령 같은 한 무리의 사람들이 총독 관저를 에워싸고는 노예를 부양

하는 것이 주인의 의무라는 무용한 진실을 강조하고, 식량을 확보해 주든지 도주를 허용해 주든지 즉각 처형 명령을 내리든지 어느 한 가지를 선택해 달라고 공손하게 요구했다. 베사스는 이에 무표정하게 평정을 유지하면서 황제의 신민을 먹여 살리는 것은 불가능하고 도주를 허락하는 것은 위험하며 죽이는 것은 불법이라고 답했다. 한 시민의 사례는 독재자도 죽음이라는 특권만은 막을 수 없음을 보여 주었다. 그는 빵을 달라고 헛되이 보채는 다섯 자식들의 울음에 괴로워하며 아이들에게 자기 뒤를 따르라고 이르고는 말 없는 절망 속에서 테베레 강 다리 가운데 하나로 걸어가 가족과 로마 시민들이 지켜보는 가운데 얼굴을 손으로 가린 채 강물에 뛰어들었다. 돈 많고 겁 많은 자들에게 베사스[11]는 탈출 허가증을 팔았다. 그러나 도망자들은 대개 노상에서 죽거나 야만족 유격대에 사로잡히고 말았다. 한편 이 교활한 총독은 선단과 군대가 동쪽 최전방에서부터 그들을 구하기 위해 서둘러 오고 있다는 막연한 이야기를 퍼뜨려 로마 사람들의 불만을 달래고 희망을 되살렸다. 그들은 벨리사리우스가 항구에 도달했다고 확신하게 되면서 훨씬 안도했고, 병력 수를 세어 보지 않고서도 이 위대한 구원자의 인간애와 용기, 실력을 확고히 믿었다.

  토틸라는 선견지명을 발휘해 그러한 적에게 어울리는 장애물을 쌓아 두었다. 그는 수도에서 90펄롱 하류, 폭이 좁은 강변 양쪽에 다리 형태로 튼튼하고 딱딱한 나무를 걸쳤다. 그리고 그 위에는 두 개의 높은 탑을 세워 투척 무기와 공격 병기를 넉넉히 보유한 가장 용감한 고트족 병사들로 진을 쳤다. 이 다리와 탑에 접근하는 것은 굵고 튼튼한 쇠사슬로 저지되었다. 테베레 강 양쪽에 닿아 있는 이 사슬 끝은 수많은 정예 궁사들

벨리사리우스의 시도

[11] 프로코피우스는 베사스의 탐욕을 못 본 척하지 않았다. 그는 페트라이아의 영광스러운 정벌로 로마의 상실을 보상했다. 그러나 테베레 강에서 파시스 강까지 똑같은 악덕이 그를 따라다녔다. 그리고 이 역사가는 그의 성품의 장점과 단점을 똑같이 충실하게 기록하고 있다.

이 지키고 있었다. 바로 이런 장애물을 돌파하면서 수도를 해방시킨 모험이야말로 벨리사리우스의 대담성과 지휘 능력을 잘 보여 주는 것이었다. 그의 기병대는 항구에서 큰길을 따라 진군하며 적의 움직임을 제압하고 주의를 산만하게 만들었다. 그의 보병 부대와 보급품은 200척의 큰 선박에 실려 있었다. 각 선박은 두꺼운 판자로 된 보루로 가려져 있었고 판자에 뚫린 수많은 작은 구멍을 통해 투척 무기가 나가게 되어 있었다. 맨 앞에는 두 척의 대형 선박이 연결되어 부유(浮游) 성채를 지탱하고 있었는데, 이 성채는 적의 다리 위의 탑을 내려다보고 있었으며 화약과 유황, 역청을 저장하고 있었다. 사령관이 직접 지휘한 선단도 힘들게 강을 거슬러 올라갔다. 강 양편으로 걸쳐 놓았던 굵은 사슬은 선단의 무게로 끊어졌고 고트족 군대는 죽거나 패주했다. 다리 위 탑 가운데 하나가 200명의 고트족 병사들과 함께 불길에 휩싸였고, 공격자들은 승리의 함성을 질렀다. 벨리사리우스의 지략이 부하들의 잘못으로 좌절되지만 않았더라도 로마는 구원되었을 것이다. 벨리사리우스는 베사스에게 도시에서 때맞춰 출격하여 작전을 지원하라고 사전에 명령을 내린 뒤, 부관인 이삭에게는 항구에 정주하라고 엄명했다. 그러나 베사스는 탐욕 때문에 미동도 하지 않았고, 이삭은 젊은 혈기와 넘치는 열정 때문에 우세한 적의 손에 들어가게 되었다. 벨리사리우스가 패배했다는 부풀려진 소문이 곧 장군 자신의 귀에 들어왔다. 그는 잠시 멈칫했다. 그리고 그 짧은 한순간 생애 처음으로 놀라움과 당황을 드러냈다. 그는 아내 안토니나와 자신의 재보, 그리고 투스카니 연안에 유일하게 확보한 항구를 지키기 위해 마지못해 퇴각 명령을 내렸다. 그가 마음속에 품은 고뇌는 치명적일 수도 있는 열병으로 나타났으며, 로마는 토틸라의 자비 또는 분노에 대해 아무런 방비도 없는 채였다. 계속되는 전투로 내부의 증오가 심각해졌다. 아리우스파 성직자는 로마에서 치욕스럽게 추방되었다. 부주교 펠라기우스는 고트군 진영에 사절로 파견되었으나 성과 없이 돌아왔다. 로마 교황의 칙사인 한 시칠리아 주교는 교회와 국가에 봉사한다는 명목하에 감히 거짓을 말한다는 이유로 양손을 잃었다.

로마 수비대의 전력과 기강은 이미 굶주림으로 풀어져 있었다. 죽어 가는 시민들에게서는 그다지 효과적인 도움을 얻을 수 없었고, 총독은 장사꾼 같은 비인간적 탐욕 때문에 마침내 총독으로서의 경계심까지도 잃고 말았다. 네 명의 이사우리아인 보초가 어느 날 밤 동료들이 잠들고 상관들이 없는 틈을 타 줄사다리를 타고 성벽을 내려가서는 고트족 왕에게 군대를 시내로 들여보내 주겠다고 은밀히 제안했다. 이 제의는 의심을 받고 냉담하게 퇴짜를 받고 말았다. 그러나 이들은 무사히 되돌아왔고 방문을 두 번 더 반복했다. 위치도 두 번 확인되었다. 음모는 새어 나갔지만 간과되었다. 토틸라가 드디어 동의하자 이들은 아시나리우스 성문을 열어 고트군을 안으로 들였다. 고트군은 배신과 매복을 경계해 동이 틀 때까지 전투 대열로 정지해 있었지만 베사스의 군대는 지휘관과 함께 도주했다. 고트족의 왕에게 사람들은 추격을 권했지만 그는 적의 도주만큼 감사할 만한 것은 없다고 조용히 대답하고 움직이려 하지 않았다. 데키우스와 바실리우스 등 말을 갖고 있던 귀족들은 총독과 함께 도망쳤고 같은 귀족 가운데서 올리브리우스, 오레스테스, 막시무스는 성 베드로 성당으로 피했다고 역사가는 기술하고 있다. 그러나 수도에 남은 주민의 수가 500명에 불과했다는 주장 때문에 이 역사가의 기술이나 내용의 진실성에 다소

서기 546년 12월, 고트족에게 점령된 로마

12 비길리우스가 오랜 유배 생활을 하다가 사망하기까지 로마 교회는 부주교였다가 마침내는(서기 555년) 주교가 된 펠라기우스의 다스림을 받았다.

의심을 품게 된다. 해가 뜨면서 고트군의 대승이 확실해지자 왕은 사도 중의 우두머리인 베드로의 묘 앞에 참배했다. 그러나 그가 제단 앞에 엎드려 있는 동안에도 성당 앞에서는 병사 스물다섯 명과 시민 예순 명이 살해되었다. 부주교 펠라기우스12는 복음서를 손에 들고 그의 앞에 나섰다.

오, 왕이시여, 당신의 종에게 자비를 베푸소서.

토틸라는 비웃는 듯한 미소를 띠며 이렇게 답했다.

펠라기우스, 그대도 자존심을 버리고 탄원자가 되었구려.

저는 진실로 탄원자입니다. 신께서 저희를 당신의 신민으로 만드셨으니 저희는 신민으로서 폐하의 관용을 바라는 처지에 있습니다.

그의 공손한 청원 덕분에 로마 시민의 생명을 구하고 굶주린 병사들의 정욕에서 처녀와 부인들의 정조를 지킬 수 있었다. 그러나 국왕이 가장 진귀한 보물을 확보한 뒤 병사들은 자유로운 약탈을 허용받아 전투의 보상을 얻었다. 원로원 의원들의 집에는 금은보화가 가득했으며, 베사스의 탐욕은 수치스럽게도 정복자의 이득에 협력해 준 결과밖에 안 되었다. 이 혁명 때문에 로마 집정관의 자식들은 전에 자신들이 경멸 또는 구제하던 비참함을 몸으로 느끼게 되었다. 그들은 넝마를 입고 길거리를 배회하거나 자신들이 대대로 물려받았던 저택 문전에서 헛되이 먹을 것을 구걸했다. 심마쿠스의 딸이자 보이티우스의 아내인 루스티키아나는 기아의 고통을 조금이나마 덜어 주고자 아낌없이 자기 재산을 나눠 주었다. 그러나 야만족은 그녀가 테오도리크 대제의 조각상을 무너뜨리도록 민중을 선동했다는 사실을 알고 격분했다. 토틸라가 그녀의 출신과 덕성, 그리고 복수의 숭고한 동기를 존중하지 않았다면 이 고귀한 부인의 생명은 테오도리크의 묘 앞에 희생되었을지도 모른다. 토틸라는 다음 날 두 가지 연설을 했다. 한 연설에서는 고트군의 승리를 축하하면서 자숙을 명했다. 또 다른 연설에서는 원로원 의원들은 천박한 노예와 같다면서 그들의 맹세 위반과 어리석음, 배은망덕을 비난했고, 따라서 그들의 재산과 명예는 당연히 몰수해 군대의 재산으로 삼겠노라고 엄숙하게 선언했다. 그러나 토틸라는 이들의 반역죄를 면해 주었다. 원로원 의원들도 이에 보답하여 소작인과 가신들에게 회람을 돌려, 그리스군을 버리고 조용히 자기 토지를 경작할 것이며 주인의 본보기를 따라 고트족 왕에 대한 복종을 배우라고 지시했다. 토틸라는 자신의 승리를 오랫동안 막아 온 이 도시에 자비를 베풀 생각이 없었다. 그의 명령으로 여러 곳에서 성벽의 3분의 1이 파괴되었다. 고대부터 내려온 장엄한 건축물을 파괴하고 뒤엎기 위해 각종 화기와 무기를 준비했다. 로마 시를 가축 방목지로 만들어 버리라는 포고에 세상은 경악하고 말았다. 그러나 그 실행은 벨리사리우스의 단호하고 냉정한 충고로 연기되었다. 그는 고트족의 왕에게 죽은 자의 자랑이자 산 자의 기쁨인 기념물을 파괴함으로써 명성을 더럽히지 말라고 경고했다. 토틸라는 적의 충고에 마음을 바꾸어 로마를 자기 왕국의 장식품으로, 평화와 화합의 아름다운 기념물로 남겨 두겠다고 마음먹었다. 그는 벨리사리우스의 사절에게 도시를 보존하겠다는 뜻을 전하고 이 로마군 사령관의 동정을 감시할 부대를 120펄롱 떨어진 곳에 주둔시킨 뒤 나머지 병력을 이끌고 루카니아와 아풀리아

13 나폴리 공국의 가르가누스 산은 아드리아 해로 약 300스타디움가량 뻗어 있으며, 무지한 시대에는 유령과 기적, 대천사 성 미카엘의 교회로 설명되었다. 아풀리아 또는 루카니아 태생인 호라티우스는 가르가누스의 느릅나무와 떡갈나무들이 그 높은 해안에서 북풍에 흔들리며 울부짖는 소리를 내는 것을 보았다.

14 한니발의 진영이라는 이곳을 확인할 수는 없다. 그러나 카르타고의 병영은 길게 늘어서 있었고 종종 아르피 인근에도 있었다.

15 트리불리(tribuli)는 네 개의 못이 박힌 도구로, 못 하나는 땅에 박혀 있고 나머지 세 개는 곤두서 있거나 반대로 나 있다. 이 이름은 이탈리아에서는 아주 흔한 풀인 트리불리(남가새, land-caltrops)에서 나온 것으로, 이 식물에는 가시투성이 열매가 열린다.

로 진격, 그 옛날 가르가누스 산13 정상에 한니발이 세웠다는 주둔지14에 머물렀다. 원로원 의원들은 그 뒤를 따라야 했다. 이들은 캄파니아의 요새에 갇혔고, 로마 시민들 또한 식구들을 이끌고 도시 밖으로 흩어졌다. 40일간 로마는 황량하고 암울한 황야로 변모했다.

서기 547년 2월,
벨리사리우스가
되찾은 로마

이렇게 적국의 손에 떨어진 로마는 세간에서 성급한 행동이라고 또는 영웅적 행위라고도 평가되는 작전에 의해 수복된다. 로마군 총사령관은 항구에서 출정, 1000여 기병의 선두에 서서 그의 앞을 가로막는 적군은 모두 짓밟아 버렸다. 그는 안타까움과 경외심을 가지고 인기척 없는 영원의 도성에 들어갔다. 인류에게 너무나도 뛰어나 보이는 이 지역을 지킬 것을 결심한 그는 군대 대부분을 카피톨리누스 언덕에 꽂은 군기 아래로 불러 모았다. 주민들은 조국에 대한 사랑과 식량을 얻을 수 있으리라는 희망을 갖고 모여들었다. 로마 성문의 열쇠는 다시 한 번 유스티니아누스 황제에게 전해졌다. 고트군이 파괴한 성벽은 조잡한 땜질용 재료로 고쳤고, 메워진 해자는 다시 파냈으며 고트족 기병대의 진로를 막기 위해 큰길에는 쇠못15을 수없이 뿌려 두었다. 새 성문을 만들기에는 시간이 촉박했으므로 도시의 입구는 가장 용감한 병사들이 스파르타식 방어로 굳게 수비했다. 25일이 지난 후 토틸라는 이 상실과 치욕을 보복하고자 아풀리아에서 급히 되돌아왔다. 고트군은 세 차례 공격했으나 기다리고 있던 벨리사리우스의 손에 매번 격퇴당했다. 그들은 최정예 군사를 잃었고 국왕의 군기마저 로마군의 손에 떨어질 뻔했다. 무공으로 상승 가도에 올랐던 토틸라의 명성은 패배로 땅에 떨어졌다. 로마군 총사령관은 능력과 용기로 달성할 수 있는 온갖 행동을 취했다. 나머지는 야심차게 시작한 전쟁을 유스티니아누스 황제가 강하고 적절한 노력을 기울여 종결짓는 일뿐이었다. 적을 경멸하면서도 자기 부하를 질투했던 이 황제의 나태와 무능으로 이탈리아의 재난은 계속되었다. 오랜 침묵 뒤에 벨리사리우스는 충분한 수비대를 로마에 남기고 최근 그리스도교적 열정에 이끌려 아리우스파 정복자들의 굴레를 벗어던진 루카니아로 이동하라는 명령을 받는다. 야만족의 무력 앞에 언제나 무적이었던 이 영웅은, 불명예스러운 이 전투에서 부하들의 주저와 불복종, 비겁함 때문에 비참하게 패배했다. 아군 기병대가 루카니아 구릉의 두 군데 길을 방어하고 있다고 확신한 그는 크로토나의 동계 막사에서 휴식을 취했다. 그러나 그들의 배반 또는 유약함 탓에 방어가 되지 않았고, 고트족 군대의 빠른 진격 앞에 벨리사리우스는 시칠리아 해안으로 도주할 수밖에 없었다. 시바리스의 폐허에서 60펄롱 떨어진 요새에서 그는 루카니아 귀족들이 피신하고 있던 루스키아눔 또는 로사노[16]를 구하기 위해 육해군을 동원하였다. 로마군은 첫 번째 공격에서는 폭풍우로 물러났고 두 번째 공격에서는 해안까지 접근했다. 그러나 언덕은 궁사로 가득했고 상륙 지점은 창으로 무장한 군사들이 방어하고 있었으며 고트족의 왕은 그 배후에서 결전을 기다리고 있었다. 이탈리아의 정복자는 탄식하며 퇴각했고, 원군을 청하기 위해 콘스탄티노플에 갔던 안토니나가 황후의 사후 그의 귀국 허가를 받아 낼 때까지 불명예스럽고 무기력하게 적을 바라볼 수밖에 없었다.

벨리사리우스가 치른 마지막 다섯 번의 전투는 여태까지 그의 영광에 눈부셔 하며 상처 입었던 경쟁자들의 질투심을 덜어 주었을지 모른다. 고트군에게서 이탈리아를 해방시키는

[16] 루스키아는 속교구 없는 대주교 교구인 루스키아눔 또는 로사노에서 60스타디움 떨어진 곳에 있다. 시바리스 공화국은 현재 코리글리아노 공작의 영지에 속해 있다.

서기 548년 9월, 벨리사리우스의 최후 소환

17 이 음모에 대해서는 프로코피우스가 매우 거리낌 없이 솔직하게 묘사하고 있어 『비사(秘史)』의 자유분방함에 덧붙일 것은 없을 정도이다.

과업을 완수하는 대신 그는 해안을 헤매었고, 내륙으로 진군도 못하고 토틸라의 거듭되는 대담한 도전에 응할 엄두도 내지 못했다. 그러나 지략과 결과를 구분할 수 있고 수단과 그 실행을 비교할 수 있었던 소수 사람들의 판단에 따르면, 벨리사리우스는 왕을 두 명이나 포로로 잡아 유스티니아누스 황제 앞에 바친 절정기보다 이때 훨씬 더 완벽한 전략의 대가가 되었던 것으로 보인다고 한다. 그의 용기는 나이가 들어도 식을 줄 몰랐고 분별력은 경험을 통해 성숙했다. 그러나 인간애와 정의라는 도덕적 미덕은 시대의 모진 필요에 굴복한 것으로 보인다. 황제의 인색 또는 곤궁 때문에 그는 이탈리아 국민의 사랑과 신뢰를 받아 온 행동 강령에서 일탈할 수밖에 없었다. 전쟁은 라벤나, 시칠리아, 그리고 제국의 모든 충실한 백성들을 억압하며 진행되고 있었다. 헤로디아누스에게 내려진 가혹한 고소 때문에 이 음해당한 또는 죄지은 장교는 스폴레토를 적의 손에 넘기게 된다. 안토니나의 마음은 한때는 사랑으로 주의를 돌릴 수 있었지만 이제는 탐욕만이 지배하고 있었다. 벨리사리우스 자신은 부패한 시대에는 부가 개인적 공훈을 뒷받침하고 장식해 준다는 사실을 늘 알고 있었다. 그가 공직에 봉사하는 명예를 훼손한 것이 있다면, 전리품의 일부를 개인적 이익으로 돌리지 않았다고 단정할 수 없다는 점이다. 우리의 영웅은 야만족의 칼은 피했지만 그를 기다리고 있었던 것은 음모의 단검이었다.[17] 아프리카의 독재자를 처단했던 아르타반은 부와 명예의 한가운데서도 궁정의 망은(忘恩)에 대해 불평했다. 그는 황제의 조카딸인 프라이엑타가 자신에게 보답하고 싶어한다는 것을 알고 그녀를 얻으려 했다. 그러나 신앙심 깊은 테오도라는 그의 결혼 경력이 결혼에 장애가 된다고 주장했다. 이 황가 후손의 자긍심은 감언에 자극받았으며, 그가 자랑으로 여겼던 공적은 자신이 대담하고 피비린내 나는 행동을 할 수 있다는 사실을 증명했다. 유스티니아누스 황제를 암살하자는 계획이 세워지고, 음모 가담자들은 계획의 실행을 무방비 상태인 벨리사리우스를 콘스탄티노플 궁전에서 급습한 뒤로 하자며 늦췄다. 오랜 시련을 견뎌 온 벨리사리우스의 충성심을 흔들어 놓을 가망은 전혀 없었던 것이다. 그리고 이들은 이 노장의 복수 또는 정의를, 다시 말해 그가 트라키아에서 신속히 군대를 모아 암살자들을 처벌하고 아마도 자신들이 저지른 범죄의 결과를 누릴 것을 두려워했다. 그러나 음모 실행이 지연되면서 무분별한 연락과 정직한 고백이 이루어졌다. 아르타반과 공범자들은 체포되어 원로원에서 유죄를 선고받았다. 그러나 유스티니아누스는 극단적인 관용으로 그들을 그저 궁전 안의 허술한 구속 상태에 둘 뿐이었다. 그리고 마침내는 자신의 왕좌와 목숨을 노렸던 이 대역죄인들을 사면하고 말았다. 적대자들을 용서했다면 황제는 승리만이 기억되는, 그리고 최근에 겪은 공동의 위기로 인해 주군의 사랑을 받게 된 자신의 동반자를 진심으로 포옹해야 했다. 벨리사리우스는 고생스러운 임무에서 해방되어 동부 사령관 겸 국내군 사령관이라는 높은 직책에 있었다. 그보다 나이가 많은 집정관이나 귀족들도 로마인 가운데 첫째가는 인물의 대적할 수 없는 업적에 공손히 상석을 내주었다.[18] 로마인 가운데 첫째가는 이 인물은 여전히 아내의 노예가 되는 것을 감수했지만, 습관과 애정으로 인한 이 망신스러운 노예 상태는 테오도라 황후의 죽음으로 두려움이라는 저열한 영향력이 사라지면서 다소 완화되었다. 그들의 딸이자 유일한 재산 상속자인 요안니나는 황후의 손자 내지 조카 정도 되는 아나스타시우스[19]와 약혼한 상태였는데, 황후의 친절한 간섭으로 젊은이들의 사랑이 결실을 맺은 것이었다. 그러나 테오

[18] 벨리사리우스가 얻은 영예에 대해 그의 비서관이 기쁘게 기념하고 있다. 스트라테고스(Στρατηγός)라는 칭호는 아직도, 적어도 이 경우에는 민정 총독으로 해석된다. 무인(武人)에게는 군사령관(magister militum)이 더 경우에 맞고 적절한 표현이다.

[19] 알레만누스, 뒤캉주(Ducange), 하이네키우스 세 사람 모두 아나스타시우스가 테오도라의 딸이 낳은 아들이라고 주장하고 있다. 그리고 이들의 의견은 프로코피우스의 명백한 증언에 근거를 두고 있다. 그러나 다음 사항은 말해 두고자 한다. 1) 시기 547년에 테오도라가 사춘기 나이의 손자를 갖는다는 것은 거의 불가능했다. 2) 이 딸이라는 인물과 그 남편에 대해 우리가 아는 것은 전혀 없다. 3) 테오도라는 자기 사생아를 비밀로 했으며, 유스티니아누스와의 사이에서 나온 손자라면 제국의 법정 상속인이다.

도라의 힘은 소멸했고 요안니나의 부모는 돌아왔으니, 그녀의 명예와 행복은 무정한 어머니의 복수에 희생되고 말았는데 그 어머니는 이 결혼이 교회 의식으로 승인되기 전에 파혼시켜 버렸다.

서기 549년,
고트족에게
재차 점령된 로마

벨리사리우스가 떠나기 전 페루지아는 이미 포위되어 있었으며 고트족의 무력을 견뎌 낼 수 있는 도시는 이제 거의 없었다. 라벤나와 안코나, 코로토나는 아직도 야만족에게 저항하고 있었다. 토틸라는 프랑스 공주 가운데 하나를 왕비로 달라고 청했을 때 이탈리아의 왕이라는 칭호는 로마 시민들의 승인을 받지 않으면 소용이 없다는 질책을 듣고 감정이 상하고 말았다. 로마군 최고의 병사 3000명이 이 수도의 방어를 위해 남아 있었는데, 그들은 독점 혐의를 들어 총독을 학살한 후 유스티니아누스에게 성직자를 대리인으로 파견하여, 자기들의 죄를 사면하고 밀린 급여를 지불하지 않으면 토틸라의 구미 당기는 제안을 즉각 수용할 것이라고 공언했다. 그러나 지휘권을 이어받은 장교(그의 이름은 디오게네스였다.)는 이들의 존경과 신뢰를 받을 만했다. 고트족은 쉽게 정복할 것이라는 예상과는 달리 항구와 해상 보급 전체의 손실도 끈기 있게 견뎌 낸 병사와 시민들의 거센 저항을 받았다. 이사우리아인에 대한 토틸라의 후한 제의로 인해 매수되기 쉬운 자들 일부가 반역의 선례를 따르지만 않았다면, 로마의 포위 공격은 해제되었을지 모른다. 어두운 밤, 반대편에서 고트족의 나팔이 울리고 있는 사이, 이들은 성 베드로의 문을 조용히 열었다. 야만족들은 도시로 몰려들어 왔다. 도망치던 수비대는 켄툼켈라이 항구에 도착하기도 전에 잡히고 말았다. 킬리키아 출신의 파울루스라는 한 병사가 벨리사리우스 식으로 400명의 병사를 이끌고 하드리아누스의 영묘(靈廟)로 후퇴했다. 그들은 고트족을 물리쳤지만 허기에 지쳐 있었다. 말고기 맛을 혐오한 그들은 좀 더 필사적이고 확정적인 일에 모험을 걸어 보고자 하는 결의를 굳혔다. 그러나 그들의 심정은 서서히 항복 조건을 받아들이는 쪽으로 돌아서고 있었다. 그들은 토틸라의 군대로 편입하면서 체불 임금을 받고 무기와 말도 그대로 보유했다. 동방에 있는 처자식에 대한 애착을 호소한 지휘관들은 명예제대를 할 수 있었다. 그리고 성소로 피난했던 400명 이상의 로마군도 승자의 관용으로 구제되었다. 토틸라는 이제 고트족 왕국의 영토로 여겨지는 로마의 건물을 파괴하려는 소망도 더 이상 품지 않았다.[20] 원로원과 시민들도 고국으로 돌아왔다. 생계를 유지할 수단이 아낌없이 제공되었다. 토틸라는 평화 시의 예복을 갖춰 입고 대경기장의 경마 대회를 개최했다. 그가 대중의 눈을 즐겁게 해 주는 동안 군대를 수송하기 위해 400척의 선단이 준비되고 있었다. 레기움과 타렌툼이 점령되었다. 그는 참을 수 없는 분노의 대상인 시칠리아를 지나갔는데, 이 섬은 금과 은, 지상에 열려 있는 모든 과실, 수많은 말과 양, 소 등을 죄다 빼앗겼다. 사르디니아와 코르시카도 이탈리아의 운명을 따랐다. 그리고 그리스 해안에도 300척의 갤리선단이 찾아들었다.[21] 고트족은 코르키라와 에피루스의 고대 대륙에 상륙했고 아우구스투스의 전승지 니코폴리스와 한때 유피테르의 신탁으로 유명했던 도도나[22]까지 진격했다. 승리의 걸음마다 이 총명한 야만족 왕은 유스티니아누스 황제에게 평화의 염원을 전달하고 선조들의 협약을 칭송했으며 고트족 군대를 제국을 위해 사용하라고 제안했다.

유스티니아누스는 평화의 소리에 귀를 기울이지 않으면서 전쟁 수행에는 소홀했다. 그의 나태한 기질이 집념의 완고함을

[20] 로마인들은 여전히 조상들의 기념비에 애착을 갖고 있었으며, 프로코피우스에 따르면 한 줄의 노로 이루어진, 폭 25피트에 길이 120피트인 아이네아스의 갤리선이 아벤티누스 언덕 기슭, 테스타케오 산 부근의 나발리아에 보존되어 있었다.

[21] 이 바다에서 프로코피우스는 칼립소 섬을 찾아 헤맸으나 무위로 돌아갔다. 그는 포이아키아, 즉 코르키라에서 석화된 율리시스의 배라는 것을 보았다. 그러나 그것이 여러 개의 돌로 최근에 만들어졌으며, 어떤 상인이 에우피테르 카시우스에게 바친 것임을 알게 되었다.

[22] 당빌(M. d'Anville)은 암브라키아 만을 설명하고 있지만 도도나의 위치를 확인하지는 못한다. 이탈리아가 보이는 곳이 아메리카 대륙의 황야보다도 잘 알려져 있지 않다.

> 서기 549~551년,
> 고트 전쟁에 대비한
> 유스티니아누스

어느 정도는 꺾어 놓았다. 이러한 상태에서 황제를 깨운 것은 교황 비길리우스와 명예고관 케테구스였다. 이들은 옥좌 앞에 나와 신과 신민의 이름으로 이탈리아 정복과 해방을 계속하라고 간청했다. 사령관을 선정하는 데서는 판단력뿐만 아니라 변덕도 보였다. 시칠리아를 구하기 위해 선단과 군대가 리베리우스의 지휘하에 항해를 시작했다. 그러나 후에 이 사령관이 혈기도 경험도 부족함이 드러났고 그는 시칠리아의 해안에 닿기도 전에 후임자로 대체되었다. 리베리우스 대신 음모자 아르타반이 옥에서 나와 군사적 명예를 얻었다. 그가 고마움 때문에라도 용맹을 드높이고 동맹을 강화할 것이라는 실현 가능성 없는 추측으로 중책을 맡긴 것이다. 벨리사리우스는 명예의 그늘 속에서 쉬고 있었고, 궁정의 엄청난 경계로 그 지위와 업적 면에서 오랫동안 억눌려 있던 황제의 조카 게르마누스가 주력 부대의 지휘를 맡았다. 테오도라는 자녀의 결혼 문제나 형제의 유언 등 한 개인 시민으로서의 그의 권리를 침해했었다. 그의 행동은 순수하고 흠잡을 곳이 없었지만 유스티니아누스는 그가 불평분자들의 신뢰를 얻는다는 점을 불쾌해 했다. 게르마누스의 생애는 절대적인 복종을 보여 주고 있다. 그는 대경기장의 파벌 싸움에 자신의 이름과 인품을 팔기를 당당히 거절했다. 그의 진지한 태도는 순진한 쾌활함으로 순화되었다. 자기 재산은 궁핍하거나 가치 있는 친구들에게 이자 없이 빌려 주었다. 그는 도나우 강변의 슬라브족과 아프리카의 반란군들을 상대로 용맹함을 발휘하며 승리를 거뒀다. 그의 승진이 알려지면서 이탈리아 국민의 희망은 되살아났다. 게르마누스도 로마군 탈영병들이 자신이 접근하면 토틸라의 군기 아래서 빠져나올 것으로 내심 확신하고 있었다. 테오도리크의 손녀인 말라손타와 재혼한 사실도 고트족으로 하여금 게르마누스를 한층 친근하게 느끼도록 해 주었다. 그들은 마지못해 아말리 가계의 마지막 후손인 어린 왕자의 부친을 상대로 진격했다. 황제는 거액의 수당을 내렸고 장군 또한 개인 재산을 제공했다. 또 그의 두 아들 역시 인기 있고 활발해 그가 실시한 징집은 신속함과 유능함에서 세간의 예상을 뛰어넘었다. 그는 트라키아에서 기병대를 선발하도록 허가를 얻었는데, 콘스탄티노플과 유럽의 노장 및 젊은이들이 자발적으로 입대를 신청했고 그의 명성과 시원스러운 씀씀이로 게르만 내지(內地)의 야만족 원조도 얻어 냈다. 로마군이 사르디카에 진출하자 슬라브족 군대는 곧 퇴각했다. 그러나 마지막 출정 이틀 후, 게르마누스가 병으로 죽는 바람에 모든 계획은 무산되고 말았다. 하지만 그가 이탈리아 전쟁에 준 자극은 여전히 활기 있게 효과적으로 작용했다. 안코나, 크로토나, 켄툼켈라이 등 항구 도시들은 토틸라의 공격에 저항했다. 시칠리아는 아르타반의 열의에 정복됐고, 고트족의 해군은 아드리아 해안 부근에서 패배했다. 양군 함대는 각각 갤리선 마흔일곱 척과 쉰 척으로 전력은 거의 비슷했다. 승리를 결정지은 것은 로마 함대의 해전 지식과 노련함이었다. 그러나 군함들은 매우 가까운 거리에서 접전을 벌여, 이 불행한 해전에서 빠져나올 수 있었던 고트군 함선은 열두 척에 불과했다. 고트족은 자신들이 숙련되어 있지 않은 분야라며 가볍게 여기는 체했지만, 해상을 지배하는 자가 육지를 지배한다는 격언의 진리를 경험으로 확인하고 말았다.

게르마누스 사후 로마군의 지휘권이 한 환관에게 넘어갔다는 기묘한 소문에 국민들은 실소를 금치 못했다. 그러나 환관 나르세스[23]는 이 불행한 직함에 인류가 보내는 경멸과 증오

서기 552년,
환관 나르세스의
성격과 원정

[23] 프로코피우스가 이 두 번째 고트 전쟁에서 빚어진 일련의 사건과 나르세스의 승리에 대해 설명하고 있다. 정말 굉장한 광경이다! 타소는 마음속으로 몇 번이고 곰곰이 생각해 보던 서사시의 여섯 주제 가운데서도 벨리사리우스의 이탈리아 정복과 나르세스의 이탈리아 정복을 놓고 주저했다.

를 면할 수 있는 몇 안 되는 인물 가운데 하나다. 약하고 왜소한 그의 몸에는 위정자와 용사의 혼이 동시에 잠들어 있었다. 젊은 시절, 그는 베틀과 물레를 관리하고 가사를 돌보고 여자들의 사치품을 다루는 일을 했다. 그러나 이런 일로 바쁘게 손을 놀리면서 그는 남몰래 강하고 통찰력 있는 능력을 쌓았다. 학문과 군사는 잘 몰랐으나 궁정에서 진의를 숨기는 법과 아첨, 설득의 기술을 배웠다. 나르세스와 직접 접촉하자마자 유스티니아누스 황제는 시종장이자 개인 재무관인 이 인물의 용감한 조언을 듣고 놀람과 기쁨을 표했다. 나르세스는 자신의 기술을 잦은 외교 사절 파견을 통해 갈고닦았다. 이탈리아에서 군대를 지휘했고 전쟁과 나랏일에 대한 실질적인 지식을 배웠으며 결국은 천재적인 벨리사리우스와 겨룰 정도까지 되었다. 그리고 이 환관은 귀환 12년 만에 로마 최고의 장군이 미완으로 남겨 둔 정복 사업을 달성하도록 선택되었다. 그는 허영과 경쟁심에 현혹되지 않았으며, 충분한 병력을 주지 않으면 결코 자신과 군주의 영광을 위태롭게 하는 데 동의할 수 없다고 엄숙히 선언했다. 그 결과 유스티니아누스 황제는 벨리사리우스에게 주는 것이었다면 거절했을 원조를 이 총신에게 제공했다. 꺼져 가던 고트 전쟁의 불씨는 다시 살아났고, 고대부터 이어져 온 제국의 위엄에 손색없는 준비가 이루어졌다. 국고의 열쇠는 나르세스의 손에 맡겨졌다. 그는 군수품을 모으고 병사를 모집하고 무기와 군마를 구입하며, 체불된 급여를 지급하고 도망자나 탈영병의 귀환을 도모하는 데 자금을 아낌없이 지출했다. 게르마누스 부대는 여전히 무장 중이었고, 살로나에 주둔해 새 지휘관의 부임을 기다리고 있었다. 잘 알려진 대로 나르세스가 아낌없이 돈을 쓴 덕택에 속국과 동맹군으로 군대가 편성되었다. 롬바르드족 왕[24]은 협정의 의무를 내용 이상으로 이

---

[24] 롬바르드계인 바느프리드(Paul Warnefrid)는 자기 만족을 가미해 동포들의 원군, 봉사, 명예로운 퇴거를 기록하고 있다. 무인(武人)인 알비온 왕이 부하들을 직접 이끌지 않은 것은 놀라운 일이다.

행해 최정예 병사 2200명과 그에 딸린 종자 및 군속 3000명을 빌려 주었다. 3000명의 헤룰리족 기병대가 필레무트 지휘하에 싸웠고, 로마의 관습과 규율을 채택한 아라투스 또한 같은 민족의 고참 병사 무리를 이끌었다. 다기스테우스는 감옥에서 풀려나 훈족의 지휘를 맡았다. 페르시아 대왕의 손자이자 조카인 카바데스는 왕관을 빛내면서 충실한 페르시아군의 선두에 섰고, 병사들은 주군의 운명에 자신을 바쳤다.[25] 권위의 행사에서도, 병사들로부터 받는 애정에서도 절대적이었던 나르세스는 용감한 대부대를 이끌고 필리포폴리스에서 살로나로 이동했고, 거기서 다시 아드리아 해 동쪽 연안을 따라 올라가 이탈리아 국경까지 전진했다. 그러나 진격은 여기서 잠시 저지당했다. 로마는 아직까지 이런 병력과 군마를 수송할 수 있을 정도의 대선단을 보유하지 못했고, 전반적인 혼란 속에서 베네치아 영토의 대부분을 침범한 프랑크족은 롬바르드족의 우방이 자유롭게 지나가도록 놔두지 않았던 것이다. 베로나 성은 테이아스가 이끄는 고트군 정예 부대가 지키고 있었다. 이 노련한 지휘관은 인근의 나무를 베어 내어 강을 막고 물을 범람시켰다.[26] 이런 난관 속에서 한 고참 장교가 안전한 전술 하나를 제안했다. 로마군이 신중하게 해안선을 따라 전진하는 한편, 선단이 이들의 진군에 앞서 아드리아 해에서 라벤나 북부로 흐르는 티마부스, 브렌타, 아디게, 포 등의 강어귀에 배를 연달아 배치해 다리를 놓는다는 것이다. 나르세스는 시내에서 아흐레를 쉬고 남은 이탈리아 군대를 모아 리미니 쪽으로 출격해 적과 대적했다.

나르세스는 분별력을 발휘해 신속하고 결정적인 행동을 택했다. 그의 군대가 국가의 마지막 희망이었다. 하루하루 전쟁

[25] 사기꾼이 아니라면 그는 눈먼 자메스의 아들이라는 점으로 동정을 얻어 목숨을 구했으며, 정책, 자긍심, 관대함 등의 다양한 동기에 힘입어 비잔티움 궁정에서 교육을 받았다.

[26] 아우구스투스 시대와 중세에는 아퀼레이아로부터 라벤나까지의 황무지 전체가 숲과 호수, 소택지로 뒤덮여 있었다. 지금은 물이 제방에 둘러싸여 있으니 인간이 자연을 정복해 땅이 경작된 것이다.

서기 552년, 토틸라의 패배와 죽음

비용으로 엄청난 돈이 들었다. 규율에도 사역에도 익숙하지 않은 여러 종족의 부대는 성급하게 서로에게 또는 후원자에게 무기를 들이댈 수 있었다. 이와 똑같은 우려가 토틸라의 열의를 억제했는지 모른다. 그러나 그는 이탈리아의 성직자와 국민 모두가 두 번째 혁명을 기대하고 있음을 의식하고 있었다. 그는 급속한 반역의 전개를 감지했고 하루의 승산에 고트족 왕국의 운명을 걸기로 했다. 이런 상황에서는 용감한 자라면 눈앞에 닥친 위험에 고무될 것이고, 불충한 자라면 적과 서로를 잘 알지 못한다는 사실을 두려워하게 될 것이었다. 로마군 사령관은 라벤나에서 출격해 리미니 수비대를 섬멸하고 곧바로 우르비노 언덕을 넘어 플라미니아 가도로 재진입했는데, 이곳은 그의 진군을 지연 또는 저지할 수 있는 인위적·자연적 장애물인 구멍바위로부터 9마일 지난 지점이었다.[27] 고트군은 로마 부근에 집결해 있다가 곧 적을 찾아 출격했는데, 양 군대는 타기나[28]와 갈리아인 묘지 사이에 100펄롱의 거리를 두고 대치하게 되었다.[29] 나르세스의 오만한 전갈은 강화가 아니라 사면 제의였다. 이에 고트족 왕은 승리 아니면 죽음뿐이라는 결의를 통보했다. "결전일은 어느 날로 정하시겠습니까?" "여드레째." 이것이 전령의 물음과 토틸라의 대답이었다. 그러나 그는 다음 날 새벽, 속임수에 대비하고 있던 로마군 진영에 급습을 시도했다. 용맹 면에서는 확실하나 신의 면에서는 의심스러운 헤룰리족과 롬바르드족의 병사 1만 명이 중앙에 배치되었다. 양 날개에는 각 8000명의 로마군이 있었다. 오른쪽은 훈족 기병대가 방어하고, 왼쪽은 1500명의 정예 기병대가 엄호하고 있었다. 이들은 사태의 심각성에 따라 아군의 퇴각로를 유지하거나 적의 측면을 포위할 터였다. 나르세스는 우익의 선두인 자기 위치에서 말을 타고 대열을 순시했고 목소리와 표정으로 승리에

[27] 플라미니아 가도는 수정된 여행기와 현대 지도 가운데 최고인 당빌의 지도에 따르면 다음과 같이 설명할 수 있다. 로마에서 나르니까지 51로마마일, 테르니까지 57, 스폴레토까지 75, 폴리그노까지 88, 노케라까지 103, 카글리까지 142, 인테르키사까지 157, 포솜브로네까지 160, 파노까지 176, 페사로까지 184, 리미니까지 208. 그는 토틸라의 죽음에 대해 전혀 주목하고 있지 않다. 그러나 베젤링(Wesseling)은 타기나스 들판을 잘 알려져 있지 않, 노케라에서 8마일 떨어진 프타니아스라고 바꿔 쓰고 있다.

[28] 타기나이 또는 타디나이는 플리니우스가 언급하고 있다. 그러나 이 잘 알려지지 않은, 구알도에서 1마일 떨어진 평원에 있던 주교구는 1007년 노케라의 주교구와 통합되었다.

[29] 이 전투는 로마력 458년에 치러졌으며 집정관 데키우스는 자신의 목숨을 바쳐 조국과 자신의 동료 파비우스의 승리를 확실하게 했다.

대한 확신을 표시했다. 그는 황제의 병사들에게 도적 떼의 죄와 광기를 처단하라고 촉구하고, 공을 세운 자를 위한 포상품으로 황금 사슬과 목걸이, 팔찌 등을 내보였다. 그들은 시험 삼아 치러진 일 대 일 결투에서 승리의 전조를 확신했고, 작은 언덕을 사수하고 고트군 기병대의 공격을 연달아 세 번 물리치면서 로마군 궁사대의 두려움을 모르는 용기를 기쁘게 지켜보았다. 두 화살거리(bow-shot)에 불과한 간격을 사이에 두고 엄청난 긴장 속에 이들은 아침을 보냈다. 로마군은 흉갑도 말재갈도 풀지 못한 채 식사를 했다. 나르세스는 공격을 기다렸다. 그러나 토틸라는 2000명의 고트족 군사로 이루어진 최후의 증원군이 올 때까지 공격을 미뤘다. 고트족 왕은 성과 없이 협상으로 시간을 보내면서도 협소한 공간에서 전사로서의 힘과 명민함을 보여 주면서 사기를 진작시켰다. 그의 투구는 금으로 조각되었고 자줏빛 군기는 바람에 휘날렸다. 그는 창을 하늘로 던졌다가 오른손으로 받아 내고 다시 왼손으로 옮겼다. 몸을 거꾸로 젖혔다가 제자리로 되돌아오기도 했다. 또 성미 사나운 군마를 다루어 승마술의 온갖 걸음걸이와 동작을 시범으로 보였다. 원군이 도착하자 그는 곧 자기 막사로 돌아가 사병의 군복과 무기를 갖추고 전투 개시 신호를 내렸다. 1열에 나선 기병대는 분별보다는 용기로 너무 앞서 나갔고, 2열의 보병대를 뒤에 남기게 되었다. 이윽고 그들은 초승달 모양 진영의 양 끝 사이로 들어가게 됐는데, 이 안으로 적의 양 날개가 눈치 채지 못하게 구부러져 들어와 일제히 쏘아대는 화살 세례를 받았다. 열의와 어쩌면 고난이 그들을 앞으로 몰아내 불리한 접근전에 빠진 상황에서, 이들은 온갖 전투 무기에 능숙한 적을 상대로 오로지 창만 가지고 싸워야 했다. 로마군과 여러 야만족 동맹 부대는 엄청난 경쟁심을 보였다. 냉정하게 전투를 관찰하며 지

30 성처녀의 성령이 나르세스에게 전투일과 전투의 신호를 알려 주었다.

휘하고 있던 나르세스도 누가 가장 용감하게 싸웠는지 판결을 내리기 힘들 정도였다. 고트족 기병대는 급습을 당해 흐트러져 궤멸 상태에 빠졌다. 보병대는 창을 휘두르지도, 간격을 넓히지도 못하고 도망치는 아군 기병대의 말발굽에 짓밟히고 말았다. 고트군 6000명이 타기나 벌판에서 살육당했다. 고트족 왕은 다섯 명의 수행원과 함께 게피다이족 병사인 아스바드의 추격을 받았다.

이탈리아의 왕을 구하라!

어느 충성스러운 목소리가 이렇게 외쳤지만, 아스바드는 창을 던져 토틸라의 몸을 꿰뚫었다. 그나마 충성스러운 고트족 군사들이 곧 이 공격에 복수하고 죽어 가는 국왕을 그 불명예스러운 장소에서 7마일 떨어진 곳까지 옮긴 덕분에, 그의 최후 순간이 적의 발아래에서 비참해지지 않을 수 있었다. 그의 유해는 눈에 잘 띄지 않는 무덤에 숨겨졌다. 그러나 로마군은 고트 왕의 유해를 눈으로 보기 전까지는 승리에 만족할 수 없었다. 보석으로 장식된 투구와 피 묻은 군복이 승전을 알리는 전령의 손으로 유스티니아누스 황제에게 바쳐졌다.

나르세스의 로마 정복

나르세스는 승리의 신과 자신의 수호신인 성처녀30에 대한 예배를 마치자마자 롬바르드군을 치하하고 보수를 주어 물러가게 했다. 과거 이 용맹한 야만족 때문에 촌락은 잿더미가 되었고, 그들은 제단 앞에서까지 부인과 처녀들을 욕보이곤 했다. 그 같은 혼란의 반복을 방지하기 위해 강력한 정규 부대 파견군이 그들의 퇴로를 주의 깊게 감시했다. 승리를 거둔 환관은 투스카니를 지나 진군하며 고트군의 항복을 받아들였고,

이탈리아인들로부터 환호와 적지 않은 불만을 청취했으며 엄청난 군대의 나머지 병력으로 로마 성벽을 둘러쌌다. 나르세스는 이 너른 성벽 주위에서 자신과 부하들이 진짜 또는 거짓으로 공격할 지점을 정하면서, 한편으로는 쉽게 뚫고 들어갈 수 있는 곳을 은밀히 찾고 있었다. 하드리아누스 황제의 영묘와 항구의 요새도 이 정복자의 진군을 오래 저지할 힘이 없었다. 유스티니아누스는 이렇게 다시 로마의 열쇠를 받았는데, 이로써 그의 치세에 로마는 다섯 번이나 빼앗기고 되찾은 셈이었다.[31] 그러나 로마의 해방은 시민들에게는 최후의 재앙이었다. 나르세스의 동맹인 야만족들은 너무 빈번하게 평화의 특권과 전쟁의 특권을 혼동했다. 도망치는 고트군은 피비린내 나는 보복을 통해 자신들의 절망에 다소 위안을 얻었다. 포 강 너머에 인질로 보내졌던 귀족 가문의 젊은이 300명은 토틸라의 후계자 손에 무참히 살해되었다. 원로원의 운명은 인간사의 흥망성쇠에 경외심을 일으킬 정도의 교훈을 준다. 토틸라가 국외로 추방한 원로원 의원 가운데 일부는 벨리사리우스의 부하에게 구출되어 캄파니아에서 시칠리아로 옮겨졌다. 한편 또 어떤 사람들은 죄가 있어 유스티니아누스의 온정에 용서를 빌 수 없거나 가난해서 해안까지 도망칠 말도 빌릴 수 없었다. 반면 그들의 동료들은 5년을 궁핍과 망명 생활로 고생하다가 나르세스의 승리로 희망을 되찾았다. 그러나 지나치게 성급한 그들의 귀환은 성난 고트족에게 저지당했고, 캄파니아의 모든 요새는 귀족들의 피로 물들었다. 로물루스가 만들어 낸 이 제도는 1300년이라는 세월이 흐른 뒤 소멸했다. 로마의 귀족이 원로원 의원 칭호를 여전히 가지고 있다 해도 공공 회의나 입헌 질서의 흔적은 그 후 거의 찾아볼 수 없게 되었다. 600년 전까지만 해도 각 나라의 왕이 원로원 앞에 노예나 해방노예 신분으로

[31] 서기 536년 벨리사리우스, 546년 토틸라, 547년 벨리사리우스, 549년 토틸라, 552년 나르세스. 말트레투스는 부주의하게 '여섯 번(sextum)'이라고 번역했다가 후에 이 오류를 정정했다.

알현을 요청했던 모습을 상상해 보라!³²

서기 553년 3월, 고트족의 마지막 왕 테이아스의 패배와 죽음

고트 전쟁은 아직 끝나지 않았다. 용감한 고트족은 포 강 너머로 퇴각해 전사한 영웅의 복수를 할 후계자로 테이아스를 만장일치로 선출했다. 새 왕은 프랑크족의 원조를 간청, 아니 사들이기 위해 사절단을 파견했고, 파비아 궁전에 쌓여 있던 재산을 국가의 안전을 위해 아낌없이 쏟아부었다. 나머지 왕실 재산은 캄파니아의 쿠마이에서 그의 동생 알리게른이 보관하고 있었다. 그러나 토틸라가 강화했던 이 요새는 나르세스의 군대에 의해 바짝 포위되었다. 고트족 왕은 동생을 구하기 위해 알프스에서 베수비우스 산으로 급히 달려가 로마군 지휘관들의 경계를 피해 누케리아에서 나폴리 만으로 흘러드는, 드라코 강³³이라고도 불리는 사르누스 강둑에 진영을 세웠다. 두 군대는 강을 사이에 두고 대치했다. 성과 없는 원거리 전투로 60일이 지나갔다. 테이아스는 선단의 퇴각과 함께 보급의 희망도 사라질 때까지 이 요지를 지켰다. 그는 공기와 우유 때문에 갈레누스³⁴ 시절부터 로마 의사들이 환자를 요양 보냈던 락타리아 산으로 마지못해 걸음을 옮겼다. 그러나 고트족 군사들은 곧 이 산에서 내려와 말을 놓아 주고, 무장을 한 채 자유인으로 죽자는 고결한 결의를 한층 굳혔다. 왕은 오른손에 창을, 왼손에 넓고 둥근 방패를 들고 행렬의 선두에서 진군했다. 그는 창으로는 공격군의 최선두에 나선 자를 찔러 죽이고, 방패로는 그의 생명을 노려 던져대는 무기를 막아 냈다. 몇 시간의 전투가 계속되자 그의 왼팔은 방패에 꽂힌 투창 열두 자루의 무게로 지치고 말았다. 이 영웅은 그 자리에서 움직이지 않고 창을 계속 던지면서 시종을 소리쳐 불러 새 방패를 가져오라고 했는데, 그의 옆구리가 잠깐 드러난 그 순간 치명적인 투창이

---

³² 폴리비우스가 단편적으로 전달하는 프루시아스의 예에서 왕들이 노예인 이 기묘한 광경을 찾아보라.

³³ 프로코피우스가 말하는 드라콘(Δράκων)은 사르누스 강이 틀림없다. 클루베리우스는 성급하고 과격하게 이 텍스트를 비난 또는 변경했다. 그러나 나폴리의 펠레그리니(Pelegrini)는 옛 기록들에서 이 강이 서기 822년부터 드라콘티오 또는 드라콘첼로라고 불렸음을 증명했다.

³⁴ 갈레누스는 심마쿠스와 카시오도루스의 시대에도 그 의학적 효과로 유명해 많은 사람들이 찾았던 락타리아 산의 높이와 깨끗한 공기, 풍부한 우유에 대해 설명하고 있다. 이제는 레테레라는 마을 이름 외에는 남아 있는 것이 없다.

옆구리에 명중하고 말았다. 그는 쓰러졌다. 그리고 창끝에 꽂혀 높이 들어올려진 그의 수급은 여러 종족에게 고트족 왕국은 더 이상 존재하지 않음을 알렸다. 그러나 그의 죽음은 지휘관과 함께 죽기를 맹세했던 동지들을 더욱 자극했다. 그들은 어둠이 땅에 내릴 때까지 계속 싸웠다. 그리고 무기를 베고 휴식을 취했다. 해가 뜨면서 전투는 다시 시작되었고, 둘째 날 저녁까지 조금도 수그러들지 않고 계속되었다. 둘째 날 밤, 휴식과 물 부족, 용감한 동료들의 전사 속에서 살아남은 고트족 군사들은 나르세스가 신중히 제시한 공평한 항복 조건을 받아들이게 되었다. 그들은 유스티니아누스의 백성이자 군인으로 이탈리아에 거주하거나 개인 재산을 얼마간 가지고 어딘가 새로운 독립국을 찾아간다는 선택 조건을 수용했다.[35] 그러나 1000명의 고트족 병사들은 충성과 망명의 맹세 모두를 거부하고 조약 체결 전에 탈주, 대담하게 파비아 성벽으로 퇴각했다. 알리게른도 자신의 처지는 물론 타고난 기질 때문에 형의 죽음을 슬퍼하기보다 그 용맹을 본받았다. 강하고 뛰어난 궁수였던 그는 화살 한 발로 적의 갑옷과 가슴을 꿰뚫었다. 그가 군대를 지휘해 쿠마이[36]는 1년 이상 로마군의 공격을 막아 냈다. 그들은 시빌의 동굴[37]을 큰 갱도에 이를 때까지 부지런히 파냈고, 버팀목을 태우기 위해 가연성 물질을 사용했다. 쿠마이의 성벽과 성문이 이 동굴 속으로 함몰되었고 나머지 부분은 깊고 접근하기 힘든 낭떠러지를 만들어 냈다. 바위 파편에 홀로 흔들림 없이 올라서서 조국의 절망적인 상황을 조용히 둘러보던 알리게른은 프랑크족의 노예가 되는 것보다는 나르세스의 편이 되는 것이 더 명예롭다고 판단했다. 테이아스 사후 로마군 총사령관은 이탈리아 내 도시 정복을 위해 병력을 나누었다. 루카는 오랫동안 격심한 포위 공격을 견뎌 냈다. 그러나 나르세스는 주

[35] 뷔아는 자신이 좋아하는 바바리아에 이 남은 고트족들이 갔다고 보고 있다. 이들은 다른 이들에 의해 우리(Uri) 산맥에 묻히거나 자신들의 고향 섬 고틀란트에 보내졌다는 것이다.

[36] 쿠마이(Cumœ)의 기원에 대한 스칼리게르와 살마시우스의 논쟁에는 개입하지 않겠다. 이탈리아에서 가장 오래된 그리스 식민지인 이 도시는 에우베날리스 시대에는 이미 텅 비어 있었고 이제는 폐허가 되어 있다.

[37] 아가티아스는 시빌의 동굴을 쿠마이의 성벽에 위치시키고 있다. 세르비우스에 동의하는 것이다. 베르길리우스를 훌륭하게 편찬해 낸 헤인(Heyne)이 왜 이들의 의견을 반대하는지 알 수가 없다. 그러나 쿠마이는 아직 지어지지 않았고, 아이네아스가 그리스 도시가 맞다면 경계선이 말도 안 되는 셈이다.

38 프로코피우스의 『고트전쟁사』 35장을 아가티아스의 『역사』 제1권과 연결하는 데는 다소 어려움이 있다. 지금은 정치가이자 군인인 저자(프로코피우스)보다는 시인과 웅변가(아가티아스)의 발걸음을 따라야 한다.

39 부첼린(Buccelin)의 뛰어난 공적 가운데에는 벨리사리우스를 패주시키고, 이탈리아와 시칠리아 등지를 정복한 것이 있다.

민들의 거듭되는 배반에도 불구하고 자비 또는 신중을 발휘해 인질의 생명을 앗으려 들지 않았다. 인질들은 무사히 석방되었고 그들은 감사가 담긴 열의로 동포들의 완고함을 잠재웠다.38

서기 553년 8월, 프랑크족과 알레만니족 이탈리아 침공

루카의 항복 전에 이탈리아에는 또다시 야만족의 침입이 넘쳐나고 있었다. 클로비스의 손자인 허약한 젊은이가 아우스트라시아인 그러니까 동프랑크족을 다스리고 있었다. 테오데발트 왕의 후견인들은 고트족 왕이 보낸 사절의 거창한 약속을 냉담하게, 마지못해 들었다. 그러나 이 민족의 호전적 기질은 궁정의 소심한 조언을 이겨 냈다. 알레만니족 영주인 로테르와 부첼린39 형제가 이탈리아 전쟁 지휘관으로 나섰고, 7만 5000의 게르만족이 그해 가을 라에티아알프스를 넘어 밀라노 평원에 진입했다. 로마군 선봉 부대는 풀카리스의 지휘하에 포강 가까이 주둔해 있었는데, 그는 사령관의 유일한 의무와 자질이 용맹함이라고 생각하는 헤룰리족이었다. 이 지휘관이 질서도 경계심도 갖추지 않고 아이밀리아 가도를 진격하고 있을 때, 매복 중이던 프랑크족이 파르마 원형경기장에서 갑자기 튀어나왔다. 그의 군대는 이 기습으로 패주했지만 그만은 도망치기를 거부하면서 나르세스의 분노한 얼굴을 대하느니 죽음이 편안하다고 마지막 순간까지 공언했다. 풀카리스의 죽음과 남은 병사들의 퇴각은 동요하고 있던 고트족으로 하여금 저항의 결의를 굳히도록 했다. 그들은 해방자의 깃발 아래 모여 여전히 로마군에 대항 중이던 여러 도시로 갔다. 이탈리아 정복자는 이렇게 저항할 수 없는 야만족의 물결에 길을 열었다. 그들은 케세나 성벽 아래를 통과했고, 고트족 왕의 재산으로는 더 이상 애써 침입한 데 대한 보답을 해 줄 수 없다는 알리게른의

충고에 협박과 비난으로 답했다. 한편 방종한 약탈을 벌하고자 직접 300명의 기병대를 내세우고 리미니에서 출병한 나르세스의 기술과 용기 앞에 2000명의 프랑크족 부대가 섬멸되었다. 삼니움 국경에서 두 형제는 병력을 둘로 나눴다. 우익을 통솔한 부켈린은 캄파니아, 루카니아, 브루티움의 전리품을 취하고, 좌익을 지휘한 로테르는 아풀리아와 칼라브리아의 전리품을 손에 넣었다. 이들은 각각 지중해와 아드리아 해의 해안을 따라 레기움과 오트란토까지 진출했고, 이번에는 이탈리아 최남단의 땅이 그들의 최종 진격 목표였다. 가톨릭이었던 프랑크족은 단순한 약탈과 이따금의 살인으로 만족했으나 그들의 믿음으로 구제되었던 교회도 선조의 정기가 서린 숲과 강의 신에 말 머리를 희생 제물로 바치며 성물을 파괴하는 알레만니족의 손에 남김없이 약탈당했다.[40] 그들은 신성한 용기(容器)를 녹이거나 모독하고 성당과 제단의 잔해를 신자들의 피로 물들였다. 부켈린은 야망, 로테르는 탐욕에 의해 움직였다. 부켈린은 고트족 왕국의 재건을 꿈꿨으나 로테르는 빨리 돌아와 지원한다는 약속을 남긴 뒤 약탈한 재보를 알프스 저 너머로 운반해 갔다. 그들의 군대는 이미 기후 변화와 전염병으로 기력이 쇠하고 있었다. 게르만족은 이탈리아의 포도주를 한껏 즐겼지만, 이들의 이러한 무절제는 대적할 힘 없는 백성들의 비참함을 어느 정도 보상해 주는 결과가 되었다.

봄이 오면서 도시를 방위하고 있던 제국의 군대가 로마 근교로 집결했고, 그 수는 1만 8000명에 이르렀다. 그들은 결코 헛되이 겨울을 보내지 않았다. 나르세스의 명령과 모범에 따라 그들은 매일 전투 훈련을 반복했고, 나팔 소리에 따르도록 귀를 익혔으며 고대 전투에서 쓰던 전무(戰舞)의 스텝과 전

서기 554년, 나르세스에게 패한 프랑크족과 알레만니족

[40] 아가티아스는 이들의 미신을 철학적인 어조로 설명하고 있다. 스위스의 추크에서는 서기 613년 우상 숭배가 만연했다. 성 콜룸바누스와 성 갈(St. Gall)이 이 야만 도시의 사도였다. 성 갈은 은둔자의 집을 세웠는데, 이것이 팽창하여 교회 공국으로, 자유와 교역이 있는 인구 밀집 도시로 발전했다.

[41] 로테르의 죽음에 대해서는 아가티아스와 바느프리드를 참조. 아가티아스는 그가 미친 사람처럼 말하며 자기 살을 쥐어뜯었다고 말한다. 그는 교회를 약탈했다.

[42] 다니엘 신부(Père Daniel)는 이 전투를 풍부한 상상력으로 설명하고 있는데, 이는 저 유명한 폴리비우스의 편집자로 자신의 습관과 의견을 모든 고대의 군사 작전에 맞추어 버렸던 폴라르(Chevalier Folard)와도 비슷하다.

개 동작을 훈련했다. 부켈린은 시칠리아 해협에서 프랑크족과 알레만니족 3만 명을 이끌고 카푸아로 서서히 이동, 카실리눔 다리를 점령해 목조탑을 세웠다. 그리고 오른편은 불투르누스 강으로 보호하고, 나머지는 뾰족한 말뚝의 누벽과 바퀴를 땅에 묻어 원형으로 배치한 마차로 보강했다. 그는 로테르의 귀환을 기다렸으나 불행히도 그의 동생은 돌아올 수 없었으니, 그는 모르고 있었지만 로테르는 군대와 함께 트렌트와 베로나 사이의 베나쿠스 호에서 괴이한 질병[41]으로 죽고 말았던 것이다. 나르세스의 군대가 불투르누스 강에 모여들자 이탈리아의 눈은 이 최후 결전의 결과에 집중되었다. 로마군 사령관의 재능은 전투의 소란에 앞선 작전 계획에서 가장 확실히 발휘된 듯하다. 그는 교묘한 움직임으로 야만족 보급로를 차단했고, 다리와 강에서 누리던 우위를 빼앗았으며 야만족이 행동 지점과 시기를 선택할 때 적의 의도에 따를 수밖에 없게 만든 것이다. 그 중요한 날의 아침, 대열이 정비되었을 때 한 시종이 사소한 과오로 헤룰리족 지휘관인 주인에게 살해되었다. 이에 나르세스의 정의감 아니면 격정이 자극된 모양이다. 그는 죄지은 자를 불러 그의 변명도 듣지 않고 사형 집행관에게 신호를 보냈다. 이 잔인한 주인이 자국 법률을 위반한 것이 아니라면 이 자의적인 처형은 경솔 이상으로 부당한 처사였을 것이다. 헤룰리족은 분개하여 그 자리에 멈춰 섰다. 그러나 로마군 사령관은 그들의 분노를 달래지도, 결심을 기다리지도 않고 그저 나팔 소리가 울려 퍼지는 가운데 서둘러 가지 않으면 승리의 영예를 잃게 될 것이라고 외칠 따름이었다.[42] 그의 부대는 길게 배치되었고, 양 날개에는 기병대, 중앙에는 중무장한 보병대, 후위에는 궁수대와 투석대가 배치되었다. 게르만군은 삼각형 또는 뾰족한 쐐기형의 날카로운 종대로 전진했다. 그들은 방어가 허술한 나르세스 진영의 중앙을 돌파했는데, 이를 본 나르세스는 적이 치명적인 함정에 빠진 데 미소 지으며 양 날개의 기병대에게 서서히 적의 측면으로 선회해 배후를 포위할 것을 지시했다. 프랑크족과 알레만니족 군대의 주력은 보병이었다. 그들은 검과 둥근 방패를 옆에 내려뜨리고 공격 무기로는 무거운 손도끼나 갈고리 모양의 투창을 사용했는데, 이 무기들은 접근전이나 근거리에서 힘을 발휘할 수 있는 것이었다. 로마 궁수대는 완전 무장한 상태로 말을 달려 빠른 속도로 인원 부족을 보충하고, 흉갑과 투구가 아니라 헐렁한 모피나 아마천으로 만든 옷을 입은 야만족 군대에 화살을 날렸다. 그들은 멈춰서서 동요했고 대열은 혼란에 빠졌다. 또 복수보다 영광을 택한 헤룰리족 군대는 맹렬하게 게르만군 종대의 선두를 습격했다. 그들의 지휘관 신드발과 고트족 왕 알리게른의 뛰어난 용맹은 칭송할 가치가 있는데, 그들의 모범을 따라 승승장구하는 군대는 검과 창으로 적군을 완전 섬멸했다. 부켈린과 그 병사의 대부분은 전장에서, 불투르누스 강에서 스러지거나 분노한 농민의 손에 죽음을 당했다. 그러나 알레만니족 병사가 단 다섯밖에 살아남지 못했다는 이 승리를 로마 병사 여든 명의 손실로 이룩했다는 말은 믿기 어렵다.[43] 이 전쟁에서 생존한 7000명의 고트족 군사들은 이듬해 봄까지 캄프사 요새를 방어했다. 나르세스가 보낸 전령은 매번 이탈리아 도시들의 점령을 알렸는데, 이 도시들의 이름은 그리스인들의 무지 또는 허영 때문에 와전되어 버렸다.[44] 카실리눔 전투 후 나르세스는 수도에 입성했다. 고트, 프랑크, 알레만니족의 무기와 보물이 진열되었다. 병사들은 손에 화환을 들고 정복자를 칭송했으며 로마는 마지막으로 개선식 비슷한 것을 보게 되었다.

60년의 치세 끝에 고트족의 왕좌는 제국의 전쟁과 평화 시

[43] 아가티아스는 나르세스의 이 승리에 대해 여섯 행으로 된 그리스 경구를 지어 마라톤과 플라타이아의 전투와 이 전투를 호의적으로 비교하고 있다. 가장 큰 차이점은 그 결과였다. 전자의 예는 너무도 평범했던 반면 후자의 경우에는 너무도 영속적이고 영예로웠던 것이다.

[44] 테오파네스 또는 그의 필사인이 말하는 베로이아(Beroia)와 브린카스(Brincas)는 베로나(Verona)와 브릭시아(Brixia)로 읽어야 한다.

서기 554~568년, 이탈리아의 안정

로마 황제의 대리인 역할을 하는 라벤나의 총독에게 넘어갔다. 그들의 관할구는 곧 협소한 한 개 속주로 축소되었지만 초대 총독인 나르세스는 15년 이상 이탈리아 왕국 전역을 통치했다. 벨리사리우스처럼 그 역시 선망과 중상, 불명예 같은 우여곡절을 겪어야 마땅했지만, 이 총애받는 환관은 여전히 유스티니아누스의 신임을 받았고 승리를 거둔 사령관의 힘으로 소심한 궁정을 경외하도록 함으로써 반대 세력을 제압하고 있었다. 그러나 나르세스가 군대의 애정을 얻은 원인은 심약하고 유해한 결과를 낳을 금품의 배포가 아니었다. 군대는 과거는 잊고 미래는 상관하지 아니한 채 현재의 번영과 평화를 악용했다. 이탈리아의 도시들은 술판과 춤판으로 떠들썩했고 전리품은 감각적인 쾌락에 낭비되었다. 그리고 (아가티아스에 따르면) 방패와 투구를 부드러운 류트와 커다란 술통으로 바꾸면서 병사들에게는 아무것도 남지 않았다. 환관 출신 총독은 로마의 감찰관에게 어울리는 늠름한 연설로 그들의 명성을 욕되게 하고 안전에 위험을 가져오는 이러한 방종한 악덕을 꾸짖었다. 병사들은 얼굴을 붉히고 그에게 복종했다. 기강이 확립되고 요새가 수복되었다. 주요 도시마다 방위와 군사 지휘를 위해 두크스가 배치되었다. 나르세스는 칼라브리아에서 알프스에 이르는 광활한 지역을 굽어보고 있었다. 살아남은 고트족은 국외로 물러갔거나 국민들과 섞여 들었다. 프랑크족 역시 부켈린의 죽음에 복수하는 대신, 싸워 보지도 않고 이탈리아 정벌을 포기했다. 그리고 반항적인 헤룰리족 지휘관 신드발은 패한 뒤 붙잡혀 총독의 준엄한 판결에 따라 높은 교수대에 매달렸다. 오랜 폭풍우 같은 소요 끝에 이탈리아의 내정은 교황의 요청에 따라 유스티니아누스 황제가 공포한 국서 조칙을 따르게 되었다. 유스티니아누스는 자신의 법체계를 서방의 학교와 법정에 도입하게 했고, 테오도리크와 그 직계 후손들의 법 또한 비준했다. 그러나 토틸라의 정복하에 무력으로 취해지거나 공포 때문에 따랐던 모든 법률은 무효화되고 철폐되었다. 재산권 시효의 안전성을, 국가의 요구와 민중의 가난을, 범죄 사면을 덕성 및 사회 질서에 대한 관심과 조화시키려는 온건한 이론이 구상되었다. 라벤나 총독의 지배하에서 로마는 제2 서열로 강등되었다. 그러나 원로원 의원들은 이탈리아의 자기 영지에 대한 방문 허가 및 콘스탄티노플의 궁정에 장애 없이 접근할 수 있는 허가로 만족했다. 도량형의 조정은 교황과 원로원에 위임되었다. 이 고대 수도에 과학의 불씨를 보존하고 다시 한 번 불태우기 위해 법률가와 의사, 웅변가와 문법학자 등의 급여가 결정되었다. 유스티니아누스는 관대한 칙령을 내리고[45] 나르세스는 도시와 더 중요한 교회를 수복하여 그의 소망을 지원할 수 있었다. 그러나 왕의 권력이란 파괴에서 가장 큰 효력을 발휘하는 법이다. 20년의 고트 전쟁으로 이탈리아의 곤궁과 인구 감소는 극에 달했다. 벨리사리우스의 직접 지휘로 이루어진 네 번째 전투 때부터 이미 피케눔 같은 작은 지역에서 5만 명의 사람들이 굶어 죽었다.[46] 프로코피우스가 제시하는 증거를 좀 더 엄밀히 살펴보면 이탈리아의 사망자가 현재의 국민 수를 모두 합친 것보다 많음을 알게 될 것이다.[47]

　벨리사리우스가 나르세스의 승전을 진심으로 기뻐했다고 믿고 싶지만 감히 확언은 하지 못하겠다. 그러나 그가 자신의 업적을 의식했다면 아마도 경쟁자의 업적을 질투심 없이 평가하는 법 정도는 배웠으리라. 이 나이 든 전사의 휴식은 황제와 수도를 구한 마지막 승전으로 대미를 장식하는 데서 얻었다.

서기 559년, 불가리아족의 침입

[45] 유스티니아누스의 국서 조직은 이탈리아 내정 회복과 규제를 골자로 27조항으로 구성되었으며, 일자는 서기 554년 8월 15일로 되어 있다. 이는 나르세스와 이탈리아 민정 총독인 안티오쿠스 앞으로 되어 있으며, 율리아누스 안테케소르에 의해 『로마법 대전』에서 유스티니아누스와 유스티누스, 티베리우스의 신칙법과 포고령 다음에 보존되었다.

[46] 이오니아 만 등 남부 영토에서는 이보다 더 많은 수가 기근으로 죽었다. 빵 대신 도토리가 쓰일 지경이었다. 프로코피우스는 버려진 고아들에게 염소젖을 먹이는 모습을 보았다고 한다. 또 두 여자가 손님 열일곱 명을 묵게 하고 살해한 뒤 먹었는데, 이들은 열여덟 번째 손님에게 발각되어 죽었다고 한다.

[47] 대략 1500에서 1600만 명일 것이다. 프로코피우스는 아프리카가 500만 명의 국민을 잃었고, 이탈리아의 경우는 그 세 배에 이르며 인구 감소가 더 큰 비율로 이루어졌다고 하고 있다. 그러나 그의 계산은 격정에 의한 것이고 불확실함으로 둘러싸여 있다.

유럽 각지의 속주들을 매년 침공하던 야만족들은 뜻하지 않은 패배에 용기를 잃은 것이 아니라 전리품과 보조금이라는 이중의 희망에 흥분했다. 유스티니아누스 치세 32년째 되는 해 겨울, 도나우 강은 깊이 얼어붙었다. 자베르간은 불가리아족 기병대를 이끌었으며 수많은 슬라브족이 그의 군기 뒤를 따르고 있었다. 야만족 지휘관은 별 저항도 받지 않고 강을 넘고 산을 지나 마케도니아와 트라키아 전역에 군대를 진군시킨 뒤, 기껏 7000명의 기병대를 데리고 콘스탄티노플 지역 방어를 위해 축조된 기다란 성벽까지 나아갔다. 그러나 인간이 만든 것은 자연의 공격 앞에 무력한 법이다. 최근의 지진으로 성벽의 기반이 흔들렸다. 제국의 병력은 이탈리아와 아프리카, 페르시아의 먼 국경에 분산되어 있었다. 호위대 또는 국내군 일곱 부대[48]는 5500명으로 불어나 있었고, 대개 평화로운 아시아의 도시에 주둔해 있었다. 그러나 용감한 아르메니아 병사들의 자리는 게으른 시민들이 부지불식간에 채우고 있었는데 이들은 시민의 의무를 금전으로 대신하여 군 복무의 위험에 자신들을 노출시키지 않으려는 사람들이었다. 이런 병사들 가운데 성문 밖으로 출격하려는 자는 거의 없었다. 또 불가리아족에게서 도망칠 힘과 빠른 발이 있는 자들은 전쟁터에 아무도 남으려 하지 않았다. 도망자들은 적이 성처녀를 욕보였고 갓 태어난 아기를 개와 독수리에게 던져 주었다며 적의 병력과 흉포성을 과장해 퍼뜨렸다. 시골 사람들이 그들에게 음식과 보호를 청한다는 소문은 도시를 경악시켰다. 자베르간은 수도에서 20마일 떨어져 있고 멜란티아스를 둘러싸고 프로폰티스 해로 흘러드는 작은 강둑에 막사를 세웠다.[49] 유스티니아누스는 전전긍긍했다. 이 황제의 노년의 모습만 보았던 사람들은 그가 젊은 시절의 명민함과 활기를 잃었다고 짐작하고 그것으로 만족했다. 그의 명령

[48] 이러한 군부대의 타락에 대한 프로코피우스의 풍자는 아가티아스에 의해 확인되고 설명될 수 있는데, 아가티아스를 적대적인 증인이라고 받아들이지 않아서는 안 될 것이다.

[49] 아티라스 강. 유스티니아누스는 이 강의 어귀에 같은 이름의 마을 또는 성을 요새화했다.

으로 콘스탄티노플 인근과 교외의 교회에서까지 금과 은으로 된 성물들이 옮겨졌다. 성벽은 겁에 질린 구경꾼으로 가득했다. 금문(golden gate)에는 쓸모없는 장군들과 참모들이 몰려 있었다. 원로원 의원들은 민중의 피로와 고통을 같이 느끼고 있었다.

그러나 군주와 시민은 허약한 노장에게 눈을 돌렸고 국가의 위기로 그는 카르타고에 진입할 때와 로마를 방어할 때 입었던 무장을 다시 갖춰야 했다. 궁정, 일반 가정, 경마용 마구간에서까지 급히 말이 징발되었다. 벨리사리우스라는 이름에 노소(老少)할 것 없이 경쟁심을 불태웠고, 그의 첫 진영은 승전 중인 적이 있는 곳에 세워졌다. 그의 사리분별과 호의적인 농민들의 노고로 참호와 성벽이 만들어져 밤에 휴식을 취할 곳이 마련되었다. 병력을 더 많아 보이게 하기 위해 수많은 불꽃과 구름 같은 먼지를 교묘하게 만들어 냈다. 병사들은 갑자기 절망에서 벗어나 오만해졌다. 1만 명의 목소리가 전투를 요구하는 가운데, 벨리사리우스는 시련의 국면에서는 자신이 고참 300명의 견실함밖에 기댈 곳이 없다는 사실을 알고 있음을 숨기고 있었다. 다음 날 아침 불가리아족 기병대가 급습해 왔다. 그러나 그들은 다수의 함성을 듣고 전방의 무기와 정렬 상태를 보았다. 그리고 숲에서 튀어나온 두 개 매복 부대에 의해 측면을 공격받았다. 최전방 전사들이 늙은 영웅과 그 호위대의 손에 쓰러졌고, 로마군의 접근전 공격과 빠른 추격 앞에서는 날렵한 동작도 소용이 없었다. 이 교전에서 (도망이 어찌나 빨랐는지) 불가리아족은 기병대 400명만 잃었다. 그러나 콘스탄티노플은 구제되었다. 자베르간이 명장의 손길을 느끼고 멀찍이 물러난 것이다. 그러나 황제 주위에는 자베르간의 편이 많았는

벨리사리우스의 최종 승리

[50] 불가리아 전쟁과 벨리사리우스의 마지막 승리에 대해서는 아가티아스의 지루한 장광설과 테오파네스의 건조한 연대기 모두 불충분하게 설명하고 있다.

지, 벨리사리우스는 조국의 구원을 완수하지 못하도록 하는 유스티니아누스의 시기로 가득 찬 명령에 마지못해 복종해야 했다. 그가 수도로 귀환하자 민중들은 여전히 자신들의 위험을 의식하면서도 그의 개선을 기쁨과 감사의 환호로 맞이했는데, 이 또한 승전한 사령관의 죄로 돌려졌다. 그러나 그가 궁정에 들어섰을 때 조신들은 침묵했고, 황제는 냉담하게 감사의 마음이라고는 없는 포옹을 한 번 한 다음 그가 물러가 노예들과 섞여 있도록 내버려 두었다. 하지만 그의 영예가 사람들의 가슴 속에 어찌나 깊은 인상을 남겼는지, 77세의 유스티니아누스 황제도 수도에서 40마일 떨어진 곳까지 가서 몸소 성벽의 복구 상황을 시찰할 생각이 들었다. 불가리아족은 트라키아 평원에서 여름을 낭비했으며, 그리스와 케르소네수스에 대한 성급한 작전이 실패로 돌아간 탓에 강화 쪽으로 의향이 기울어 있었다. 포로를 처형한다는 협박으로 큰 금액의 몸값 지불이 앞당겨졌다. 자신의 퇴로를 막기 위해 도나우 강에 뱃머리가 이중으로 된 배가 건조되었다는 보고에 자베르간은 출발을 서둘러야 했다. 위험은 곧 잊혀졌고 한가한 도시는 자신들의 통치자가 지혜를 더 많이 보였는지, 단점을 더 많이 보였는지 따위의 시시한 질문을 재미삼아 주고받았다.[50]

서기 561년, 벨리사리우스의 불명예와 죽음

벨리사리우스의 마지막 승전 2년 후 황제는 요양, 용무 또는 기도차 떠났던 트라키아 여행에서 돌아왔다. 유스티니아누스는 두통으로 고통받고 있었는데 은밀한 입성도 그가 죽을 것이라는 소문을 부추겼다. 그날 제3시가 지나기 전 빵집에서는 빵이 약탈되었고, 집들은 굳게 닫혔으며 모든 시민은 희망 또는 공포를 품은 채 임박한 소요에 대비했다. 원로원 의원들도 불안과 의심에 가득 차서 제9시에 모였다. 수도 총독은 도시 모든 구역을 돌아다니며 황제의 건강이 회복되었음을 알리라는 명령을 받았다. 소요는 가라앉았지만 모든 사건은 시민을 통치하는 것이 불가능하다는 점과 그들의 당파적 기질을 보여 주었다. 호위대는 근무 구역이 바뀔 때마다, 또는 급여가 체불될 때마다 하극상을 일으키려 했다. 화재와 지진 등 잦은 재난도 무질서의 구실이 되었다. 청색파와 녹색파, 정교와 이교의 논쟁은 피비린내 나는 전투로 변질되었다. 그리고 유스티니아누스 황제는 페르시아 사절 앞에서 자신과 신하들 때문에 얼굴을 붉혀야 했다. 변덕스러운 사면과 제멋대로인 처벌이 긴 치세에 대한 싫증과 불만을 악화시켰다. 궁정에는 음모가 싹텄는데 마르켈리누스와 세르기우스가 우리를 속인 것이 아니라면, 조신들 가운데 가장 고결한 자와 가장 방탕한 자 모두가 같은 계획에 연루되어 있었다. 이들은 실행 시간을 정했다. 높은 지위 덕분에 이들은 황제의 연회에 참가할 수 있었다. 그리고 그들의 흑인 노예[51]들이 대기실과 주랑에 배치되어 독재자의 죽음을 알리고 수도를 선동하기로 되어 있었다. 그러나 한 공모자의 부주의로 유스티니아누스의 초라한 남은 날들은 구제되었다. 옷 밑에 단검을 숨긴 음모자들이 색출, 체포되었다. 마르켈리누스는 자기 손으로 죽음을 택했고 세르기우스는 성역에서 끌려 나왔다. 회한에 짓눌려서인지 구명을 바라는 마음에서였는지, 그는 벨리사리우스의 장교 둘을 비난했다. 고문 끝에 이들에게서 자기들 주인의 은밀한 지시에 따라 행동했다는 강제 자백을 받아 냈다. 후세 사람들은 인생의 한창때에도 엄청난 야망과 복수의 제의를 거절했던 영웅이 그다지 오래 살 것 같지도 않은 군주를 굳이 살해하려 했다는 것을 쉽게 믿지 않겠지만 말이다. 그의 추종자들은 도망치기에 급급했다. 그러나 도주하려면 반역을 해야 하는 벨리사리우스는 이미 나이로

[51] 이들이 진짜 인도인일 리는 없다. 간혹 이 이름으로 알려진 에티오피아인들은 고대인들의 호위병이나 종자로 사용된 적이 전혀 없다. 이들은 값비싸지만 경박한 여성 및 왕실의 사치품이었던 것이다.

52 벨리사리우스의 불명예와 복권에 대해서는 말랄라(John Malala)가 남긴 단편과 테오파네스의 꼼꼼한 연대기에 진실에 대한 기록이 남아 있다. 케드레누스와 조나라스는 죽어 버린 진실과 커가는 허위 사이에서 망설이는 듯하다.	서기 563년 12월	나 영예로나 충분히 오래 살았다고 생각했다. 그는 두려워하기보다 분개하며 원로원에 출두했다. 40년간이나 봉사해 왔지만 황제는 그의 유죄를 미리 판결해 버린 것이다. 황제는 은혜라도 베푸는 듯이 벨리사리우스의 목숨을 살려 주었으나 재산은 몰수했고, 12월부터 다음 해 7월까지 그를 자택에 죄수로 구금하였다. 그러다가 마침내 그의 무죄가 인정되고 자유와 명예도 회복되었다. 그리고 사면 8개월 후, 분노와 슬픔으로 재촉되었을지 모를 죽음이 그를 세상에서 사라지게 했다. 벨리사리우스의 이름은 죽지 않았다. 그러나 그를 기념하며 바쳐야 마땅할 장례식이나 기념비, 조각상 대신에 그의 재산과 고트족 및 반달족에게서 거둔 전리품이 황제에 의해 즉시 몰수되었다는 기록밖에는 읽을 수가 없다. 미망인을 위해 약간의 재산이 남겨졌다. 뉘우칠 일이 많았던 안토니나는 남은 인생과 재산을 수도원에 바쳤다. 이것이 벨리사리우스의 몰락과 유스티니아누스의 배은망덕에 관한 단순하고 진실한 이야기이다.52 그가 눈을 뽑히고 시기심 때문에 몰락하여 먹을 것을 구걸하며
53 이 시시한 거짓말의 기원은 아마도 수도사 체체스(John Tzetzes)가 쓴 12세기의 잡화집에서 나온 것이리라. 그는 10행의 통속 또는 정치적 시에서 벨리사리우스의 실명(失明)과 구걸에 대해 이야기하고 있다. 이 도덕적 또는 로맨스적 우화는 그리스어 원고로 이탈리아로 수입되었다. 15세기 말까지는 크리니투스, 폰타누스, 볼라테라누스 등이 이야기를 되풀이했다. 법을 존중한 알키아트는 이를 공격했고 교회를 존중한 바로니우스는 이를 옹호했다. 그러나 체체스 자신은 다른 연대기에서 벨리사리우스가 눈을 잃지 않았으며, 명예와 재산을 회복했다는 사실에 대해 읽었다고 한다.	서기 564년 7월	
54 일반적으로 벨리사리우스라고 믿어지는, 로마의 보르게세에 있는 손을 펼치고 앉은 자세의 조각상은 아마도 복수의 여신을 달래려는 아우구스투스로 생각하는 편이 더 맞을 것이다.	서기 565년 3월	

사령관 벨리사리우스에게 한 푼만 주십쇼!

라고 외치며 돌아다녔다는 것은 후대에 꾸며 낸 이야기로,53 운명의 영고성쇠에 대한 기묘한 사례로 믿게 하기 위한 것에 불과하다.54

황제가 벨리사리우스의 죽음을 기뻐할 수 있었다고 해도,

그처럼 저급한 만족은 38년간의 통치와 83년간의 인생에서 마지막 8개월 동안밖에 누릴 수 없었다. 자기 시대에 가장 뛰어난 사람이 아니었던 군주의 성품을 더듬어 보는 일은 힘들겠지만, 그의 덕성에 대한 가장 확실한 증거는 적의 진술일 것이다. 도미티아누스의 흉상과 유스티니아누스의 흉상이 비슷하다는 악의적인 주장이 있다. 그러나 잘 균형 잡힌 풍채와 혈색 좋고 호감이 가는 얼굴을 가졌다는 점은 인정되고 있다. 황제는 접근하기 쉬웠고, 끈기 있게 의견을 들었으며, 담화 중에는 예의 바르고 붙임성 있었고, 독재자의 가슴속에 파괴적인 격렬함을 불러일으키는 격노의 감정을 제어할 줄 알았다. 프로코피우스는 그의 기질을 칭송하는 한편으로, 조용하고 고의적인 잔인함을 비난한다. 그러나 그의 권위와 인품을 공격하는 모의에 대해, 좀 더 솔직한 심판관이라면 유스티니아누스의 정의를 인정하거나 관용을 존경할 것이다. 그는 금욕과 절제라는 개인적 미덕에서 매우 뛰어났다. 그러나 테오도라에 대해서는 남편으로서 애정을 갖기보다는 아름다움에 대한 치우치지 않는 사랑을 가지는 편이 덜 해로웠을 것이다. 또한 그의 검소한 식사도 철학자의 분별이 아니라 수도사의 미신적 습관에서 조절된 것이었다. 그의 식사는 간단하고 소박했다. 종교적 금식을 하는 경우, 그는 물과 채소만으로 배를 채웠다. 열정은 물론 체력도 뛰어나 음식을 전혀 입에 대지 않고도 이틀 밤낮을 지낼 수 있었다. 수면 시간 역시 마찬가지로 엄격했다. 한 시간을 쉬고 나면 영혼이 몸을 깨웠으며, 유스티니아누스가 새벽녘까지 산책하거나 공부하는 모습에 시종들도 놀라움을 금치 못했다. 그러한 쉼 없는 근면은 지식을 습득하고[55] 업무를 처리할 시간을 늘려 주었다. 그가 세세하고 터무니없을 정도의 근면함으로 통치

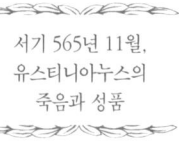

서기 565년 11월, 유스티니아누스의 죽음과 성품

55 유스티니아누스의 학문과 과학 지식은 프로코피우스의 고백과 칭송에 의해 입증되고 있다.

의 일반적인 질서를 흩뜨려 놓았다는 비난은 받을 만하다. 황제는 스스로를 음악가이자 건축가, 시인이자 철학가, 법학자이자 신학자라고 칭했다. 비록 그리스도교 종파들을 화해시키는 과업에는 실패했다 하더라도, 로마의 법체계 정비 작업은 그의 진의와 근면함을 증명하는 숭고한 기념비라 할 것이다. 제국의 통치 면에서 그의 현명함 내지 성공은 뒤떨어지는 것이었다. 시대는 불운했으며 백성들은 억압받고 불만에 차 있었다. 테오도라는 권력을 남용했다. 연달아 부적절한 대신을 임명한 것도 그의 분별력에 손상을 입혔다. 유스티니아누스는 생전에 사랑을 받지도, 죽어서 애도를 받지도 못했다. 명성에 대한 애착이 그의 가슴 깊이 뿌리박혀 있었지만 그는 칭호와 명예, 당대의 칭송이라는 하찮은 야망 탓에 지조를 버렸다. 로마 국민들의 찬양을 얻으려 애쓰는 동안 그들의 존경과 애정을 잃었다. 아프리카와 이탈리아 전쟁 계획은 대담하게 착상되고 실행되었다. 그의 통찰력은 전장에서는 벨리사리우스의 재능을, 궁정에서는 나르세스의 재능을 발견하게 했다. 그러나 이 황제의 이름은 승전을 거둔 사령관의 이름에 가려진다. 벨리사리우스는 여전히 살아남아 그의 주군이 보여 준 시기와 배은망덕을 꾸짖고 있는 것이다. 세상은 전장의 부하에게 명령하고 지휘하는 정복자의 재능을 편파적으로 선호하는 경향이 있다. 필리푸스 2세와 유스티니아누스의 성격은 전쟁은 즐기되 전쟁터의 위험은 거부하는 냉정한 야심가라는 특징을 보여 준다. 그러나 한 거대한 청동상은 이 황제가 말에 탄 채 마치 아킬레스 같은 무장을 갖추고 페르시아 군대를 향해 진군할 준비를 하는 모습을 보여 주고 있다. 성 소피아 성당 앞 대광장에 있는 이 동상은 황동 기둥과 일곱 개의 돌계단 받침 위에 놓여 있다. 그리고 유스티니아누스의 탐욕과 허영 때문에 원래 그 자리에 있던 무게가 은 7400파운드나 되는 테오도시우스의 기둥은 철거되었다. 후대의 군주들은 그의 사후의 명성에 대해 한결 공정하거나 관대했다. 안드로니쿠스 2세가 14세기 초, 이 기마 동상을 보수했지만, 제국의 몰락 이후 이 동상은 승리한 투르크족에 의해 대포로 만들어졌다.

이제 유스티니아누스의 시대를 경악과 고통에 빠뜨렸던 혜성과 지진, 전염병 이야기로 이 장을 맺고자 한다.

1. 그의 치세 5년째 되던 해 9월, 혜성[56] 하나가 서쪽 하늘에서 20일간 관찰되었는데 이것은 길게 꼬리를 끌며 북쪽으로 사라지곤 했다. 8년 후 태양이 염소자리에 있을 때 또 다른 혜성이 나타나 궁수자리를 따라가는 듯했다. 그 크기는 점차 커지고 있었다. 그 머리 부분은 동쪽을, 꼬리 부분은 서쪽을 향하고 있었으며 40일 이상 관측되었다. 경악하며 이를 지켜본 여러 민족은 이 불길한 영향 탓에 전쟁과 재앙이 일어날 것으로 예상했다. 천문학자들은 이 불타는 별의 성질에 대한 무지를 숨기고 이것이 공기를 떠다니는 유성인양 굴었다. 이것이 좀 더 긴 주기와 조금 더 편심(偏心)적인 움직임을 가진 행성일 뿐이라는 세네카와 칼데아인의 주장을 믿은 이들은 몇 안 되었다.[57] 시간과 과학은 로마 현자들의 추측과 예측이 옳았음을 밝혀 주었다. 망원경이 천문학자들의 눈에 신세계를 열어준 것이다.[58] 그리고 역사와 우화라는 협소한 범위에서 보더라도 하나의 동일한 혜성이 575년의 주기로 일곱 번이나 지구를 찾아왔다는 사실이 이미 밝혀졌다. 첫 번째[59]는 기원전 1767년까지 거슬러 올라가는데 고대 그리스의 창건자인 오기게스의

서기 531년, 혜성

[56] 첫 번째 혜성은 존 말랄라와 테오파네스가, 두 번째는 프로코피우스가 언급하고 있다. 그러나 그 정체가 무엇이었는지는 심히 의심스럽다. 테오파네스는 태양이 흐려진 것은 다른 해였다고 기록하고 있다.

[57] 세네카의 『자연학 문제』 제7권에서는 혜성 이론을 철학적으로 제기하고 있다. 그러나 진정한 발견이라는 업적과 모호한 예측 등을 너무 무차별적으로 혼동해서는 안 될 것이다.

[58] 천문학자들은 아마 뉴턴(Newton)과 핼리(Halley)를 공부할 것이다. 나는 달랑베르(M. d'Alembert)의 『백과전서』의 혜성 항목에서 과학을 얼마간 공부했다.

[59] 정직하고, 신심 깊고, 예언적이던 휘스턴(Whiston)은 노아의 홍수 시대(기원전 2242년)에 같은 혜성이 먼저 나타나 그 꼬리 부분으로 지구를 물에 잠기게 했다고 상상했다.

시대에 발생했다. 이 혜성의 출현은 바로가 기록한 전승, 즉 오기게스의 치세하에 금성이 색과 크기, 모양, 궤도를 바꿨다는 것을 설명해 준다. 이는 이전에도 이후에도 예를 찾아볼 수 없는 불가사의한 일이었다.[60] 기원전 1193년의 두 번째 출현은 트로이 전쟁으로 여섯 명이 되어 버린 플레이아데스의 일곱 딸 가운데 일곱째인 엘렉트라의 우화에 어느 정도 암시되어 있다. 다르다누스의 아내였던 이 님프는 고국의 멸망을 견디지 못해 자매들과 춤추던 원에서 빠져나와 황도대(黃道帶)에서 북극으로 갔으며, 헝클어진 머리채 때문에 혜성(comet)이라는 이름을 얻었다고 한다. 세 번째는 기원전 618년으로 엄청나게 큰 시빌 혜성, 아마도 플리니우스가 말했던 혜성과 정확하게 일치한다. 이 혜성은 키루스의 치세 두 세대 전에 서쪽에서 나타났다고 한다. 네 번째 출현은 기원전 44년으로 무엇보다 장대하고 중요했다. 카이사르 사후, 젊은 옥타비아누스가 베누스 여신과 자기 숙부를 기념해 개최한 경기 도중, 꼬리가 긴 별이 로마 시민과 여러 민족의 눈에 확실하게 보였다. 그것이 절대 권력자의 신성한 영혼을 천국으로 데려가는 것이라는 일반적인 믿음은 위정자의 신심에 의해 신봉되고 신성시되었으며, 한편으로 그는 은밀한 미신적 믿음에 따라 그 혜성이 자기 치세의 영광을 의미한다고 생각했다.[61] 다섯 번째 출현이 이미 언급한 유스티니아누스 치세 5년째의 일로, 서기 531년에 해당한다. 이 사례나 그 전의 사례에서도 혜성이 나타난 뒤 태양의 빛이 엄청나게 희미해졌다는 사실은 주목할 만하다. 여섯 번째 회귀는 1106년에 있었는데 유럽과 중국의 연대기에 이 혜성의 출현에 관한 사실이 기록되어 있다. 십자군 원정 초기의 종교적 열정 속에서 그리스도교도나 이슬람교도 모두가 이 현상이 이교도 멸망의 전조라고 추측했을 것이다. 일곱 번째로 나타난 것

[60] 프레레(Fréret)의 논문에는 철학과 박식이 잘 결합되어 있다. 오기게스 시대의 현상은 바로가 기록하고 있으며, 바로는 카스토르, 나폴리의 디온, 키지쿠스의 아드라스투스를 인용하고 있다. 그 다음 두 주기는 그리스 신화와 예언시에 대한 믿을 수 없는 책에 기록되어 있다.

[61] 플리니우스는 아우구스투스의 원(原)연대기를 기록했다. 마이란(Mairan)은 중국에 있는 선교사 파렌닌(P. Parennin)에게 보낸 매우 독창적인 편지에서 이 경기와 혜성을 기원전 44년에서 43년으로 옮기고 있다. 그러나 이 천문학자의 비판에 완전히 수긍이 가는 것은 아니다.

은 1680년으로 계몽 시대 사람들의 눈앞에 나타났다.62 베일(Bayle)의 철학은 밀턴(Milton)이 얼마 전 시를 통해 혜성은

<blockquote>그 무시무시한 꼬리에서 역병과 전란을 흩뿌린다.63</blockquote>

고 노래했던 선입관을 없애 주었다. 플람스테드와 카시니는 정밀한 기술로 천체의 혜성 궤도를 관측했고 베르누이와 뉴턴, 핼리가 수학을 통해 그 공전 주기의 법칙을 조사했다. 여덟 번째로 돌아오는 2255년에는 시베리아나 아메리카의 황무지에 새로 생길 미래의 수도에서 천문학자들이 그들의 계산을 검증할지도 모른다.

  2. 혜성의 접근은 우리가 살고 있는 지구에 해를 가하거나 파괴를 불러올 수 있다. 그러나 이제까지 지구 표면에 일어난

지진

변화는 화산과 지진 활동에 따른 것이었다. 이것들은 지하의 불에 의해 만들어지고 이런 불은 철과 유황의 결합과 동요로 일어나는 것이므로 토질의 성격을 보면 지진에 가장 취약한 국가들을 알 수 있을 것이다. 그러나 그 시기와 영향은 아직도 인간의 지식 범위 밖에 있으며, 철학자는 이 가연성 광물을 조용히 통과하는 물방울의 양이 계산되고 밀폐된 공기의 폭발이 마찰에 의해 커지는 공동(空洞)이 측정되기 전까지는 지진 예측을 삼가야 한다. 역사는 이러한 재난이 드물거나 잦았던 시기를 원인을 밝히지 않고도 구분 지을 수 있는데, 이러한 땅의 동요가 유스티니아누스 치세에 유난히 심하게 일어났음을 알 수 있다. 매년 엄청난 지진이 반복되었고 그 기간도 너무나 길어 콘스탄티노플이 40일 넘게 흔들린 적도 있었다. 강도 또한 대단해서 그 충격은 지구 표면 전체, 적어도 로마 제국

---

62 이 마지막 혜성은 1680년 12월에 관측되었다. 1681년 1월 「혜성에 관한 고찰」을 쓰기 시작한 베일(Bayle)은 초자연적인 혜성이 고대인의 우상 숭배를 확립해 주었을 것이라는 주장을 펼칠 수밖에 없었다. 베르누이(Bernoulli)는 혜성의 머리는 몰라도 꼬리가 신의 분노를 나타내는 징후라는 사실을 인정할 수밖에 없었다.

63 『실낙원』은 1667년 발간되었다. 이 구절은 1664년의 혜성을 암시하고 있었을 것이다. 이 혜성은 크리스티나 왕비가 참석한 가운데 로마에서 카시니에 의해 관측되었다. 찰스 2세가 호기심이나 두려움의 징후를 나타낸 적이 있었던가?

64 보트리스는 티르의 왕 이토발이 세웠다.(기원전 935~903년) 그 빈약한 대표인 파트로네 마을에는 지금 항구가 없다.

65 하이네키우스는 베리투스의 대학, 장려함, 몰락을 로마 법학의 역사에서 중요한 부분으로 보고 있다. 베리투스는 유스티니아누스 치세 25년째인 서기 551년 7월 9일에 전복되었다. 그러나 아가티아스는 이탈리아 전쟁 얘기를 끝낼 때까지 지진 얘기를 하지 않는다.

전체에 미쳤다. 충격이나 흔들림이 느껴졌고, 거대한 균열이 생기고 큰 물건들은 공중으로 튀어오르고 바다에는 비정상적인 해수의 간만이 생겨났으며, 리바누스의 봉우리 하나가 바다로 굴러 떨어져 페니키아의 새로운 항구 보트리스64를 보호하는 방파제가 되었다. 개미집에 충격을 가하면 수많은 개미가 흙 속에서 깔려 죽을 것이다. 그러나 사실대로 고백하자면 인류는 스스로의 파멸을 향해 나아갔던 것이다. 성벽 하나 안에 한 나라를 수용할 정도의 큰 도시의 출현은 로마인들 전체가 목 하나만 가졌으면 좋겠다던 칼리굴라의 소망을 거의 실현시

서기 526년 5월

켰다. 안티오크의 지진으로 25만 명이 죽었다고 한다. 예수 승천제에 참가하기 위해 각지에서 많은 사람들이 몰려와 도시 인구가 갑자기 늘어나는 바람에 희생자가 많았던 것이다. 베리

서기 551년 7월

투스의 손실65은 규모는 작았지만 그 영향 면에서는 훨씬 컸다. 페니키아 연안의 이 도시는 민법 연구로 유명했고, 이것으로 부와 명예를 향한 가장 확실한 길을 열어 주었던 곳이다. 베리투스의 학교는 당대의 신흥 세력으로 가득했다. 살았더라면 조국을 다스리거나 수호했을 많은 젊은이들이 지진으로 희생된 것이다. 이런 재난에서 건축가는 인류의 적이다. 미개인의 오두막이나 아랍인의 천막은 설령 무너지더라도 그 안에 사는 사람은 부상을 입지 않을 수 있다. 페루 원주민들에게는 그렇게 많은 비용과 노고를 들여 스스로의 무덤을 판 에스파냐 정복자들의 어리석음을 비웃을 만한 이유가 있었던 것이다. 귀족들의 호화로운 대리석은 지진이 일어나면 자기 머리 위로 넘어진다. 공공 및 개인 건축물 아래 시민들이 모두 묻혀 버린 경우도 있었다. 대도시의 일상과 생산에 필요한 수많은 불은

대화재를 일으켰다. 사람들은 고통 속에서 서로 위로하고 도와주는 대신, 처벌의 두려움에서 해방된 마음으로 저지르는 악덕과 격정을 끔찍할 정도로 경험하게 된다. 복수는 순간을 잡아 희생자를 고른다. 그리고 암살자 또는 약탈자들이 죄를 짓는 순간 대지가 그들을 삼켜 버리는 일도 잦다. 미신은 현재의 위험을 눈에 보이지 않는 공포와 연관 짓는다. 죽음의 이미지가 개인의 미덕이나 참회에 도움이 되는 경우도 있지만, 공포에 질린 사람들은 더욱 포악하게 굴며 세상의 종말을 기다리거나 비굴하게 제물을 바쳐 복수의 신의 분노를 면하고자 한다.

3. 에티오피아와 이집트는 매 시대마다 전염병의 진원지이자 온상으로 낙인찍혔다. 습기 차고 덥고 탁한 공기 속에서

서기 542년, 전염병

이 아프리카의 열병은 동물 성분의 부패, 특히 살아서나 죽어서나 인류에게 재앙을 가져온 메뚜기 떼에서 생겨난다. 유스티니아누스와 그 후계자들의 시대에 지상의 인류를 감소시켰던 이 치명적 질병은 세르보니아 습지와 나일 강의 동쪽 수로 사이에 있는 펠루시움 인근에서 처음 발생했다. 거기서부터 두 갈래 길로 간 듯, 이 질병은 동쪽으로 시리아, 페르시아와 인도 제국에까지 퍼졌고, 아프리카 해안을 따라 서부를 관통했으며 유럽 대륙까지 퍼졌다. 발발 2년째의 봄, 콘스탄티노플에는 3~4개월 정도 이 전염병이 돌았다. 그 진전과 증상을 의사의 눈으로 살펴본 프로코피우스[66]는 아테네의 전염병을 기술한 투키디데스에 지지 않는 솜씨로 상세한 기록을 남겼다. 간혹 병적인 공상이 만들어 낸 망상 때문에 전염이라는 진단이 내려질 때가 있었는데, 그러면 이를 듣는 순간 사람들은 절망하며 보이지 않는 유령의 타격을 느끼는 것이었다. 그러나 침상에, 거리에, 일터에 있던 대부분의 사람들은 그저 미열을 갑

[66] 프라인드(Freind)는 전문적인 용어를 사용하고 그에 대한 지식을 갖추고 있는 것으로 보아 프로코피우스가 의술을 공부했음에 틀림없다고 생각한다. 그러나 오늘날 과학적인 단어 가운데 상당 부분이 그리스 표현에서는 일반적이고 대중적인 표현이었다.

67 투키디데스는 감염은 한 번만 된다고 확언하고 있다. 그러나 이 전염병을 집안에서 겪었던 에바그리우스는 첫 번째 감염에서 살아남은 사람이 두 번째 감염으로 죽는 경우도 있다고 술회한다. 그리고 이는 파비우스 파울리누스도 확인하고 있다. 이에 대해 유명한 의사들도 의견이 갈리고 있음을 알 수 있다. 아마도 이 질병의 성격과 작용이 늘 비슷한 것은 아닐 터이다.

자기 맞이했을 뿐이다. 정말 경미한 열이어서 맥박도, 환자의 낯빛도 다가오는 위험의 신호를 나타내지 않았다. 그러나 그 날, 다음 날, 또는 그 다음 날, 분비선, 특히 사타구니나 겨드랑이, 귀밑 분비선이 부풀어 오른다. 이러한 샅 임파선종이나 종양을 절개하면 콩알만한 크기의 석탄 같은 검은 물질이 들어 있었다. 그저 붓고 화농이 생기기만 하면 환자는 병균이 자연스럽게 방출되어 목숨을 구한다. 그러나 이것이 딱딱하고 마른 상태면 괴사가 급속히 진행되어 보통 5일 후에 죽게 된다. 이 열병은 혼수 상태나 착란 상태를 동반했다. 병자의 몸은 곧 닥쳐오는 죽음을 알리는 검은 고름집이나 등창으로 뒤덮였다. 발진이 생기지 않는 허약한 체질의 경우 토혈 뒤에 장의 괴사가 따랐다. 임신한 여자들에게 이 열병은 치명적이었다. 그러나 아이 하나가 죽은 어머니의 몸에서 태어난 경우도 있었고, 감염된 태아를 잃고 어머니가 살아남은 경우도 세 건 있었다. 청년층이 가장 위험한 연령대였고 여성은 남성보다 감염률이 낮았다. 그러나 모든 지위와 직종의 사람들이 무차별적으로 전염병에 걸렸다. 감염에서 살아남은 사람도 대부분 말하는 능력을 잃게 되었으며, 그렇다고 이 질병이 다시 오지 않는다는 보장도 없었다.67 콘스탄티노플의 의사들은 열성적이고 솜씨도 좋았지만 이 질병의 다양한 증상과 집요한 맹위에 어찌할 바를 몰랐다. 같은 치료책이 상반되는 결과를 낳았고, 이는 사망 또는 회복 진단을 뒤집었다. 장례식의 질서나 묘지에 대한 권리도 혼란에 빠졌다. 친구나 시종도 없이 죽은 사람은 길거리나 폐가에 내버려졌다. 정무관 하나가 뒤범벅이 된 시체 더미를 거둬들여 육로나 수로로 운반해 도시 경계에서 멀리 떨어진 곳의 깊은 구덩이에 묻는 일을 위임받았다. 아무리 사악한 자도 자신의 신체에 닥친 위기와 사회적인 고난을 보고 마음속에 가책이 일었다. 그러나 건강을 확인하게 되면 격정과 습관이 되살아났다. 철학에서는 그러한 자들의 목숨이 운명, 또는 신의 특별한 은총으로 보호되었다는 프로코피우스의 발언은 무시해야 할 것이다. 그는 유스티니아누스도 이 전염병에 걸렸다는 사실을 잊었든지 아니면 슬쩍 넘어가고 있는 것이다. 그러나 황제의 회복과 관련해 좀 더 합리적이고 마땅한 원인은 소크라테스의 경우와 마찬가지로 소박한 식사에 있었을지 모른다.[68] 그의 와병 중에 사회에 불어닥친 충격의 여파가 시민들의 행태에 나타나기 시작했으며, 그들의 나태와 절망은 동로마 제국 수도를 전반적인 궁핍 상태로 몰아넣어 버렸다.

전염은 역병에서 빠질 수 없는 속성이다. 호흡을 통해 병균이 환자의 입에서 주위 사람의 위와 폐로 들어가는 것이다. 철학자들은 이를 믿고 두려워하는데, 터무니없는 가공의 공포를 쉽게 믿는 일반인들이 이런 실제적 위험의 존재 자체를 부정했다는 것은 특이한 일이다.[69] 그러나 프로코피우스 당대의 시민들은 단기간의 편파적인 경험을 통해 가까이서 얘기해도 전염이 되지 않는다고 생각했다.[70] 바로 이러한 확신 때문에 냉정하고 신중한 사람이라면 고독과 절망 속에 내버려 두었을 병자들의 간호에 친구와 의사들이 열성을 보였을 것이다. 그러나 투르크족의 운명 예정설과 마찬가지로 이 치명적 결과를 가져온 확신이 역병을 확대시켰음에 틀림없다. 오늘날 유럽의 안위의 기초가 되는 여러 사전 대책들은 유스티니아누스의 시대에는 알려지지 않았다. 로마 속주 간의 자유롭고 빈번한 교류에 아무런 제약도 내려지지 않았다. 페르시아부터 프랑스까지 여러 민족은 전란과 이민으로 서로 섞이고 동화되었다. 그리고 빈번한 교역으로 목화 꾸러미에 몇 년 간이나 잠복하는 전염병

서기 542~594년, 범위와 지속 기간

[68] 소크라테스가 아테네의 전염병에서 안전할 수 있었던 것은 그의 절제된 생활 습관 덕분이었다. 미드(Mead)는 종교 시설의 특별한 건강 상태를 격리와 절제라는 두 가지 이점으로 설명하고 있다.

[69] 미드는 투키디데스와 루크레티우스, 아리스토텔레스, 갈레누스를 통해, 그리고 일반적 경험으로 이 역병이 전염성이 었음을 증명했다. 그는 1720년 마르세유를 방문한 프랑스 의사들의 반대 의견을 논박하고 있다. 그러나 이들은 현재의 번영과 교역 중에서 기껏해야 인구 9만 명인 도시에서 단 몇 달 만에 5만 명의 목숨을 앗아간 역병에 대해 최신의, 더 많은 정보를 가진 사람들이다.

[70] 프로코피우스의 강력한 주장은 그 뒤 에바그리우스의 경험에 의해 뒷집혔다.

의 기미가 아주 먼 지역까지 수출되었다. 그 확산 경로에 대해서는 프로코피우스가 설명하고 있다. 즉 언제나 해안에서 내륙 지역으로 퍼진다는 것이다. 아무리 멀리 떨어진 섬이나 산간 지역에도 결국 전염병이 찾아들었다. 초기 역병의 맹위가 비껴간 지역들은 그래 봐야 다음 해에 전염에 노출되었다. 그 미세한 독성을 바람이 퍼뜨렸을 수도 있다. 그러나 그 이전에 대기가 이를 받아들일 상태가 되지 않았더라면 한대 내지 온대 지역에 이르러 역병은 곧 사라졌을 것이다. 대기의 오염이 어찌나 일반적이었는지, 유스티니아누스 치세 15년째에는 전염병이 창궐했지만 계절이 바뀌어도 억제되거나 약화되지 않았다. 첫 번째 전염은 다소 약화되고 잦아들었다가 되살아나기를 반복했다. 인류가 건강을 되찾고 공기가 다시 신선하고 깨끗해진 것은 52년간의 재해 시기가 다 지나고 나서였다. 이 엄청난 질병으로 사망한 사람들의 수를 기록했거나 추측할 수 있는 자료는 전혀 없다. 다만 콘스탄티노플에서는 3개월 동안 5000명에서 나중에는 1만 명까지 사망자가 나왔다는 사실만을 발견했다. 동로마 제국의 여러 도시가 텅 비었고, 이탈리아 여러 지역에서 추수할 곡식과 포도나무가 그대로 땅에서 시들어 갔다고 한다. 전쟁, 역병, 기근이라는 삼중고가 유스티니아누스의 국민을 괴롭혔으며 그의 치세는 눈에 띄는 인구 감소라는 오점을 남기게 되었고, 지구상에서 가장 아름다운 몇몇 지역에서 그 손실은 결코 치유되지 않았다.

로마 법학의 개념 · 왕정기의 법 · 10인위원회의 12표법 · 민중의 법 · 원로원의 포고 · 정무관의 고시와 황제의 칙령 · 로마 법학자의 권위 · 유스티니아누스의 칙법휘찬, 학설휘찬, 신칙법, 법학제요 : 1. 개인권 · 2. 물권 · 3. 위법행위와 소송 · 4. 범죄와 형벌

민법 또는 로마법

승리자라는 유스티니아누스의 공허한 칭호는 먼지가 되어 사라졌지만 입법가로서 그의 이름은 정당하고 영속적인 기념비 위에 새겨져 있다. 민법 체계는 그의 치세하에서 『칙법휘찬(勅法彙纂, Code)』, 『학설휘찬(學說彙纂, Pandects)』, 『법학제요(法學提要, Institutes)』라는 불멸의 작품에 요약되었다.1 로마의 공적 이성은 유럽 각국의 제도에 은연중에 또는 의도적으로 스며들었다.2 유스티니아누스의 법률은 여러 나라에서 아직도 존중되거나 준수되고 있다. 인간의 영속적인 질서가 갖는 영예와 이익에 자신의 명성을 연결 짓는 군주는 현명하거나 운이 좋은 것이다. 어느 시대든 시조(始祖)를 변호하는 것이 법학자가 열과 성의를 다하는 최초의 대의명분이 된다. 이들은 시조의 덕성을 경건히 찬양하고 약점은 모르는 척하거나 부정한다. 그리고 감히 왕의 위엄을 욕되게 하려 했던 반역자들의 죄 또는 어리석음을 맹렬히 비난한다. 애정으로 인한 우상 숭배는 대개

1 보다 무지한 시대의 로마 법학자들은 터무니없고 이해 불가능한 인용 방식을 확립했는데 이것은 선례와 관습의 뒷받침을 받았다. 『칙법휘찬』과 『학설휘찬』, 『법학제요』를 참조할 때, 그들은 권(book)이 아니라 법률(law)의 번호만을 참조했다. 그러고는 그것이 속하는 표제(title) 가운데 처음 몇 단어만을 인용하는 것으로 만족했다. 이러한 표제는 1000개가 넘는다. 루드비히(Ludewig)는 이러한 현학의 굴레를 벗어던지고자 하는 것이다. 이 책에서는 권, 표제, 법률의 순서로 번호를 매기는 단순하고 합리적인 방법을 채택했다.

2 이는 독일과 보헤미아, 헝가리, 폴란드, 스코틀랜드에서 관습법 또는 사

회 일반의 이성으로 수용되었다. 프랑스와 이탈리아에서는 직·간접적인 영향을 끼쳤다. 그리고 영국에서는 스테판 왕부터 영국의 유스티니아누스라 할 수 있는 에드워드 1세 시대까지 존경을 받았다.

[3] 16세기의 학식 있고 명민한 법률가인 프란시스 오토만(Francis Hottoman)은 쿠자키우스를 폄하하였다. 그의 저작 『반(反)트리보니아누스』는 프랑스에서 1609년에 발간되었다.(입수하지는 못했다.) 그리고 그의 이론은 독일로 퍼져 나갔다.

[4] 이러한 안내자의 선봉에 서 있는 것은 명쾌한 하이네키우스(Heineccius)라고 감히 말하고 싶다. 이 독일 교수는 1741년 할레에서 사망했다.

[5] 원전 텍스트는 로마 법률가인 폼포니우스의 『법학 기원론』 중 일부이다. 이 책은 트리보니아누스가 간추렸고 아마도 변조했을 것이며, 그 뒤 빈케르쇼에(Bynkershoek)가 복간했다.

[6] 법의 세 부문 분리는 유스투스 립시우스가 이 세 왕들에게 적용한 것이다. 그라비나는 이 의견을 받아들였고, 그의 독일판 편집인 마스코우(Mascou)는 마지 못해 이를 인정했다.

반대편의 원한을 불러일으킨다. 유스티니아누스의 성품 역시 맹목적인 감언과 독설의 대상이 되었다. 그리고 한 파벌(반(反)트리보니아누스파)에서는 이 군주와 그의 신하, 나아가 이 때 만들어진 법에 대한 칭송과 그들의 업적을 모두 부인했다.[3] 여기에서는 어떠한 분파와도 관계없이 다만 역사의 진실과 공평무사함에만 관심을 두고 가장 온건하고 노련한 안내자들의 인도를 받아,[4] 이미 수많은 학자들이 인생을 바치고 방대한 도서관의 벽을 꽉 채우고 있는 민법이라는 주제를 조심스럽게 다루고자 한다. 가능하면 짧은 이 한 장에 로물루스에서 유스티니아누스까지의 로마 법체계를 짚어 보고,[5] 유스티니아누스 황제의 노고를 평가함과 아울러 사회의 평화와 행복에 매우 중요한 이 학문의 원칙에 대해 잠시 고찰해 볼 것이다. 국가의 법률은 그 역사에 대해 가장 잘 알려 주는 부분이다. 여기에서 비록 기울어 가는 제국에 대해 다루고 있지만 이 순간을 빌려 공화정 시대의 신선하고 활기찬 공기를 호흡해 보고자 한다.

로마 왕들의 법

로마의 초기 통치 형태는 정치적으로 다소 복잡했는데 선출된 왕과 귀족 위원회 그리고 민중의 총회로 구성되어 있었다. 전쟁과 종교는 최고 통치자가 관장했고 그만이 법률을 발의할 수 있었다. 제안된 법률은 원로원의 토의를 거쳐 이 도시의 서른 개 쿠리아(curia)에서 투표를 통해 다수결로 가부를 결정했다. 로물루스, 누마, 세르비우스 툴리우스 등이 가장 오래된 입법가로 알려져 있다. 이들은 법학을 세 부분으로 분리하는 데 각자 한몫을 했다.[6] 결혼, 자녀 교육, 부모의 권위에 대한 법은 자연에 그 기원을 둔 것 같지만, 로물루스가 자연스레 갖추었던 지혜에서 비롯된 것이다. 제국민 간의 법과 종교 숭배에 관한 법은 누마가 도입했는데, 에게리아의 님프와 밤에 나눈 대화에서 나왔다고 한다. 민법은 세르비우스의 경험을 토대로 마련되었다. 그는 시민 일곱 계층의 권리와 재산을 균형 있게 다루고 쉰 개의 새로운 규정을 통해 계약 준수와 범죄에 대한 처벌을 보장했다. 그가 민주주의 성향으로 끌어갔던 국가 제도는 마지막 왕인 타르퀴니우스에 의해 무법의 전제주의로 변했다. 그리고 왕이라는 직무가 폐지되자 귀족들은 자유의 혜택을 독점했다. 60년이 지난 뒤에도 로마 시민들은 여전히 정무관의 자의적인 평결에 지배당하고 있다며 불평하고 있었다. 그러나 이 왕들의 실질적인 제도는 도시의 공적·사적 관습에 이미 섞여 들었다. 이 시기의 존경할 만한 법학의 단편들7은 골동품 애호가들이 열심히 편찬했다.8 그리고 고대 로마인의 조잡한 펠라스기 방언으로 쓰여진 스무 개 이상의 원전이 남아 있다.9

잘 알려진 10인위원회10의 이야기를 반복할 생각은 없다. 그들은 청동, 나무, 또는 상아에 새겨진 로마 12표법을 스스로의 행동으로 훼손해 버렸다.11 이는 일반 시민들의 정당한 요구에 마지못해 고개 숙인 귀족들이 완고하고 시샘 많은 정신에서 자행한 행동이었다. 그러나 12표법의 내용은 도시의 정세에 반영되었다. 로마인들은 자신들보다 개화된 이웃 나라의 제도를 연구하고 포용할 능력이 있었기 때문에 미개 상태에서 벗어날 수 있었던 것이다. 에페수스의 한 현자가 조국에서 시기를 받고 쫓겨났다. 그는 라티움 해안에 도착하기까지의 여정에서 인간 본성과 시민 사회의 다양한 형태를 관찰하고 로마의 입법가들에게 자신의 지식을 전수했다. 공공 광장에는 이 헤르모도루스의 업적을 영원히 기리는 조각상이 세워졌다.12 이 탄생한 지 얼마 되지 않은 국가의 유일한 화폐였던 동전의 이름과 구

10인위원회의 12표법

7 가장 오래된 법전은 최초의 편찬자 파피리우스의 이름을 따 『파피리우스 법전』이라고 한다. 파피리우스는 '국왕 추방' 전후에 활발한 활동을 벌였던 것으로 보인다. 최고의 법 평론가들, 빈케르쇼크와 하이네키우스까지도 폼포니우스의 이 이야기를 인정하는데, 3세기의 '문맹' 도시에 대한 기록의 가치나 희귀성에 그다지 주의를 돌리지 않는 것 같다. 누마의 법을 되살린 대제사장 카이우스 파피리우스는 구전 전승만을 남겼다. 그라니우스 플라쿠스의 파피리우스 법전은 주해서가 아니라 창작품이며 카이사르 시대에 편찬된 것이다.

8 테라송(Terrasson)의 『로마 법학사』에서는 원본을 복구하려는 미약하나 과시적인 시도를 하고 있다. 이 저작은 실제 이룬 것보다는 약속하고 있는 것이 더 많다.

9 1444년, 코르토나와 구비오 사이에서 7~8개의 동표(銅表)가 발굴되었다. 대개는 에트루스키어로 쓰여져 있지만, 일부는 펠라스기 문자와 말의 원시적 형태를 보여 주고 있다. 헤로도토스는 이를 이탈리아의 해당 지역에 속하는 것이라고 한 바 있다. 도리아와 아이올리스 그리스 방언이 혼합된 로마 방언이 점차 발전해 12표법, 엔니우스, 테렌케, 키케로의 문체를 이루게 되었다.

10 리비우스와 디오니시우스를 비교할 것. 리비우스가 간결하고 활기찬데 반해 디오니시우스는 얼마나 장황하고 생기가 없는지! 그래도 그는 역사의 지도자들을 훌륭하게 판단하고 법칙을 규정했다.

11 역사가들을 참조해 하이네키우스는 12표법이 청동(aereas)으로 되어 있었다고 주장한다. 이는 폼포니우스의 텍스트에서는 '상아(eboreas)'라고 쓰여져 있다. 이에 대해 스칼리게르(Scaliger)는 '오크(roboreas)'라는 말로 대체했다. 나무, 청동, 상아가 다 사용되었을 수도 있다.

12 키케로는 그의 망명을, 플리니우스는 그의 조각상을 언급하고 있다. 헤라클리투스의 편지, 꿈, 예언은 모두 근거가 빈약한 것이다.

13 시칠리아와 로마의 화폐라는 이 난해한 주제는 벤틀리(Bentley)가 훌륭하게 다루고 있다.

14 로마인이나 그 우방은 아프리카의 페어 곶까지 항해했다. 쿠마이 등으로의 항해에 대해서는 리비우스와 디오니시우스가 적고 있다.

15 이 상황만으로도 레기움과 카타나의 입법가인 카론다스가 얼마나 오래 되었는지를 증명해 준다. 그는 디오도루스 시쿨루스의 이상한 실수로 그 뒤로도 오랫동안 투리움

분은 도리아에 그 기원을 두고 있다.13 캄파니아와 시칠리아의 수확은 전쟁과 당파 싸움으로 농사를 중단하게 된 민중을 구해 주었다. 그리고 교역이 성립된 이후14 테베레 강에서 배를 타고 출발한 사절들은 정치적 지혜라는 훨씬 더 귀중한 화물을 싣고 돌아왔을 것이다. 위대한 그리스의 식민도시들은 모국의 예술을 들여와 발전시켰다. 쿠마이와 레기움, 크로토나, 타렌툼, 아그리켄툼, 시라쿠사 등이 가장 번영한 도시들이다. 피타고라스의 제자들은 통치에 철학을 적용했다. 카론다스의 불문율은 시와 음악의 도움을 받아들였다.15 잘레우쿠스는 로크리아인들의 공화국의 기초를 세웠고, 이는 200년 이상 변화 없이 계속되었다.16 리비우스와 디오니시우스는 둘 다 민족적 긍지라는 비슷한 동기에서, 로마 사절단이 페리클레스의 현명하고 장엄한 지배를 받던 아테네를 방문했으며 솔론의 법 정신이 12표법에 주입되었다고 믿고 싶어한다. 헤스페리아의 야만족으로부터 그러한 사절단을 맞아들였다면 로마의 이름은 알렉산드로스 대왕의 치세 이전부터 그리스에 알려져 있었을 것이고,17 후대 사람들은 궁금증 때문에 이에 관한 아무리 희미한 증거라도 탐색해서 기념했을 것이다. 그러나 아테네의 기념비들은 아무것도 말해 주지 않는다. 게다가 로마의 귀족들이 민주주의의 가장 순결한 모범을 따르기 위해 길고 위험한 뱃길에 올랐으리라는 것도 믿을 수 없는 이야기다. 솔론의 법과 10인위원회의 법을 비교하면 우연한 유사성을 찾을 수 있다. 자연과 이성이 모든 사회에 알려 주는 몇몇 법칙, 이집트 또는 페니키아에서 내려온 공통된 유산이라는 정도에서 말이다.18 그러나 공적·사적 법학의 모든 유파를 따져 보아도 로마와 아테네의 입법가들은 서로 몰랐거나 의견이 상반되는 것으로 보인다.

12표법의 기원 또는 장점이 무엇이든, 로마인들은 이에 대해 어느 나라 법률가라도 자국의 제도에 기꺼이 부여하는 맹목적이고 편파적인 공경을 바쳤다. 키케로는 12표법을 공부하는 것이 즐겁고 유익하다고 추천하고 있다. 툴리는 솔직하게, 아니면 짐짓 편견을 가장하며 이렇게 말하고 있다.

12표법의 성격과 영향

이 법률들은 조사(措辭)를 생각나게 하고 고대의 관습을 그리고 있어 마음을 즐겁게 해 준다. 그리고 통치와 도덕에 대한 가장 건전한 원칙을 일깨워 준다. 10인위원회의 이 짧은 저작은 진정한 가치 면에서 그리스 철학의 장서 목록을 능가한다고 단언할 수 있다. 우리 조상들의 지혜는 얼마나 훌륭한가! 시민적 법체계를 완전히 통제하고 있는 것은 우리뿐이며, 드라콘, 솔론, 리쿠르구스의 조잡한 법체계를 보면 우리의 우월함은 더욱 뚜렷해진다.

젊은이들은 12표법을 외우고 노인들은 이를 연구했으며 학자들은 부지런히 필사하고 설명했다. 12표법은 갈리아족의 화염을 피해 유스티니아누스 시대까지 살아남았고, 그 후에 유실되었다가 근대 비평가들의 손으로 불완전하게 복구되었다. 이 존경할 만한 기념비는 비록 권리의 법칙이자 정의의 원천으로 간주되기는 했지만 쏟아져 나오는 다양한 새로운 법에 압도되었다. 5세기 후에는 새로운 법이 어찌나 많은지 법이 도시의 악덕보다 참기 힘들 정도였다. 원로원과 민중이 만든 3000개의 청동 판이 카피톨리누스에 보관되었다. 그 가운데는 부당 이득을 금하는 율리아누스 법처럼 전부 백 장(章)이 넘는 것도 있었다. 10인위원회는 잘레우쿠스의 나라를 아주 오랫동안 온전

의 정책을 세운 자로 칭송되었다.

[16] 한때 성급하게 비난받았던 인물, 잘레우쿠스는 일단의 무법자(로크리아인)들을 그리스 국가 가운데 가장 고결하고 질서 잡힌 민족으로 변모시켰다는 공을 갖고 있다. 그러나 디오도루스와 스토바이우스에게도 강요된 잘레우쿠스와 카론다스의 법이라는 것은 피타고라스주의자인 한 소피스트가 꾸며 낸 것이며, 벤틀리의 비판적 현명함으로 이러한 허위가 밝혀졌다.

[17] 이 기회에 이 국가적 교류의 과정을 추적해 보고자 한다. 1) 헤로도투스와 투키디데스는 로마라는 이름과 그 존재를 모르고 있었던 것 같다. 2) 테오폼푸스는 갈리아족의 침략에 대해 언급하고 있으며, 이는 헤라클리데스 폰티쿠스가 산만한 말로 설명하고 있다. 3) 알렉산드로스에게 로마인들이 보냈다는 실제 혹은 가상의 사절단에 관해서는 클리타르쿠스와 아리스투스, 아스클레피아데스, 헤라클레아의 멤논이 확인하고 있다. 그러나 리비우스는 이를 암묵적으로 부정한다. 4) 리코프론은 트로이 식민지와 아이네이드 이야기의 씨앗을 처음으로 퍼뜨렸다.

[18] 모세와 솔론, 10인위원회 모두 밤에 숨어든 도둑을 죽일 권리를 선언했다.

하게 유지해 온 제재를 채택하는 일에 소홀했다. 새 법을 제안하는 로크리아인은 목에 밧줄을 감고 민회 앞에 나섰으며, 법안이 거부되면 발안자는 즉시 교살되었다.

로마 대중들의 법

백인대의 집회에서 10인위원회가 임명되고 법이 승인되었는데, 백인대에서는 인원수보다 부가 중요했다. 세르비우스의 교묘한 정책에 의해 동화 10만 파운드를 소유한 제1 계급의 로마인들에게[19] 아흔여덟 표가 주어졌고, 나머지 아래 여섯 계급의 사람들에게 재산에 따라 돌아간 것은 아흔다섯 표뿐이었다. 그러나 호민관들은 이윽고 좀 더 그럴듯하고 대중적인 처세를 했으니, 시민은 누구나 준수할 의무가 있는 법률 제정에 대해서는 동등한 권리를 가진다고 주장했다. 이들은 백인대 대신 부족 회의를 소집했다. 귀족들은 헛되이 투쟁한 끝에 자신들의 표와 천하디천한 평민들의 표가 섞이는 민회에서 곧 항복하고 말았다. 그러나 부족 회의가 계속해서 좁은 다리를 지나며 큰소리로 의견을 내는 한 모든 시민의 행동은 친구와 이웃의 눈에 전부 드러나게 되었다. 돈을 갚을 수 없게 된 채무자는 채권자가 무엇을 바라는지 물었다. 예속 평민은 보호자인 귀족의 견해에 반대하는 것을 어렵게 생각했다. 고참병들은 장군을 쫓아냈다. 근엄한 정무관의 모습이야말로 대중에게 산 교훈이 되었다. 비밀투표라는 새로운 방법이 두려움과 수치, 명예와 이해의 영향을 받지 않도록 해 주었고, 자유의 남용으로 무정부 상태와 전제주의의 진전이 가속화되었다.[20] 로마인들은 평등을 염원했지만 예속의 평등함으로 평준화되고 있었다. 아우구스투스의 명령은 부족 회의 또는 백인대의 참을성 있는 공식 동의에 의해 인가되었다. 그는 단 한 번 진지하고 강력한 반대를 경험했다. 그의 백성들은 모든 정치적 자유를 포기했지

[19] 디오니시우스는 10만 아스(ass)를 1만 드라크마, 즉 영국 돈 300파운드가 조금 넘는 것으로 표기하고 있는데, 이는 아버스넛(Arbuthnot)이나 대부분의 현대인들도 마찬가지이다. 그러나 이 계산은 그 무게가 옛날의 24분의 1로 줄어든 후대에나 적용되는 것이다. 또한 고대 초기에 아무리 귀금속이 부족했다고 해도 은 1온스가 동화 70파운드와 교환될 수 있었다는 것도 믿을 수 없다. 좀 더 단순하고 합리적인 방법으로는 동화 자체를 현재 비율에 따라 계산하고, 발행가와 시장가, 로마 시대와 상형(常衡) 무게를 비교하면 초기의 아스 또는 로마 동화 파운드의 가치는 영국 돈 1실링이 될 것이고, 그러면 제1 계급 시민의 재산 10만 아스는 영국 돈 5000파운드가 된다. 같은 계산법으로 로마에서 소는 5파운드, 양은 10실링, 밀 1쿼터는 1파운드 10실링에 판매된 것으로 보인다. 초기 로마인들의 궁핍에 대한 우리의 생각을 완화시켜 주는 이 결과에 반대할 이유는 없어 보인다.

[20] 키케로는 이 구조상의 문제에 대해 논쟁을 벌이고, 동생 퀸투스에게 가장 인기 없는 편을 맡겼다.

334

만 가정생활의 자유만은 방어해 낸 것이다. 결혼의 의무와 구속을 강화하는 법은 요란한 반대 속에 거부되었다. 프로페르티우스는 델리아의 팔 안에서 방종한 사랑의 승리에 대해 환호했다. 개혁 사업은 한결 다루기 쉬운 신세대가 생겨날 때까지 미루어졌다. 신중한 찬탈자는 이러한 예도 필요 없이 일반 민회의 폐단을 쉽게 인식하였다. 아우구스투스가 은밀히 준비한 민회의 폐지는 그의 후계자가 취임하자마자 저항도 없이 모르는 사이에 달성되었다. 그 수 덕분에 강성해졌으나 가난 때문에 어찌할 수 없게 되어 버린 6만 명의 평민 입법가들이 자신의 명예와 재산과 목숨을 황제의 자비에 의지하고 있는 600명의 원로원 의원으로 대체되었다. 집행권의 상실에 대한 불만은 입법권을 부여함으로써 완화되었다. 자유로운 시대에 민중의 결의는 순간의 격정 또는 과오로 결정되었다. 코르넬리우스, 폼페이우스, 율리우스의 법은 만연하는 무질서에 대응하는 한 사람의 손으로 만들어진 것이다. 그러나 카이사르들 치세의 원로원은 정무관과 법률가로 구성되어 있었으며, 사적인 법체계라는 문제에 관하여 그들 판단의 성실성은 공포나 이해에 의해 왜곡되는 일이 거의 없었다.

원로원의 법령

　법의 침묵 또는 모호함은 국가의 명예를 맡게 된 이러한 정무관들의 포고령에 의해 보완되었다.[21] 로마 왕들이 예전에 누렸던 이 특권은 집정관과 독재관, 감찰관과 법무관 등 각각의 직무에 양도되었다. 그리고 평민 출신 호민관과 조영관(造營官), 속주 총독도 비슷한 권한을 누렸다. 로마와 각 속주에서는 신하의 의무와 총독의 의도가 공포되었다. 민법 체계는 최고 판관인 로마 시의 법무관이 발표하는 연례 고시로 개선되었

법무관의 포고

[21] 법무관과 여타 정무관들의 관직법은 『법학제요』의 라틴어 원문에 엄격하게 규정되어 있으며, 테오필루스의 그리스어 번역본에는 다소 부정확하게 정의되어 있다.

다. 법무관은 판관석에 오르자마자 의심스러운 사건을 판결하는 데 따라야 할 규칙과 고대 법령의 고루한 엄격함을 제거하는 자신의 공평무사함을 정리(廷吏)로 하여금 우선 크게 외치게 한 뒤 이를 흰 벽에 새겼다. 군주 정치의 구미에 더 잘 맞는 자유 재량의 원리가 공화정에 도입되었다. 법의 이름은 존중하면서 그 효력은 피하는 기술이 법무관들에 의해 연이어 향상되었다. 10인위원회가 말하는 가장 명백한 의미를 무력화하기 위해 난해하고 허구적인 이야기가 고안되었다. 그리고 결과가 좋다고 하더라도 그 수단은 대개 불합리했다. 죽은 자가 숨겼거나 마음속에 품었을 것으로 짐작되는 소망이 법적인 상속 순위와 유언장보다도 우선했다. 그리고 상속자에서 제외되었던 원고가 죽은 친척이나 후원자의 재산 소유권을 법무관의 호의로 인정받고 기뻐하는 경우도 있었다. 개인 피해 보상에서도 시대에 뒤떨어진 12표법의 엄격함을 벌금이나 보상금이 보완했다. 미성년, 사기, 폭력이라는 항변이 있으면 의무를 무효화하거나 불합리한 계약의 이행을 면제해 주었다. 이렇게 모호하고 자의적인 법체계는 매우 심각하게 오용될 소지가 있었다. 덕성에 대한 선입관, 갸륵한 애정에 의한 편견, 그리고 이해관계나 분노에 의한 저급한 유혹 때문에 사법(司法)의 형식은 물론 내용까지도 희생되었던 것이다. 그러나 각 법무관의 과오나 악덕은 매년 임기와 함께 끝나는 것이었다. 후임 법관은 이성과 관행으로 승인된 준칙만을 따랐다. 새로운 사건의 해결로 재판 절차의 규칙이 정의되었다. 그리고 불의에 관대해지려는 유혹은 코르넬리우스 법에 의해 제거되었는데, 이 법에 따라 그해의 법무관은 최초 선언의 내용과 정신을 지키지 않으면 안 되었다. 카이사르의 천재성에 의해 착상되었던 계획을 달성하는 데는 하드리아누스의 호기심과 학식이 필요했다. 뛰어난 법률가

였던 살비우스 율리아누스는 『영구고시
록(Perpetual Edict)』을 만들어 냄으로써   영구 고시(告示)
법무관으로서 불후의 명성을 얻게 되었
다. 잘 요약된 이 법전은 황제와 원로원의 승인을 얻어 법과
형평 간의 오랜 괴리가 마침내 조절되었다. 그리고 12표법
대신 『영구고시록』이 민법 체계의 불변의 기준으로 자리 잡
았다.22

    아우구스투스에서 트라야누스까지, 신
중한 황제들은 로마 최고 정무관으로서의   황제들의 법령
여러 가지 자격에 따라 자신들의 칙령을
선포하는 데 만족했다. 그리고 원로원의 포고에는 군주의 서한
과 연설이 정중하게 삽입되었다. 하드리아누스는 입법권을 충
분하게, 숨김없이 행사한 최초의 왕이었던 것 같다. 그의 적극
적인 기질에 아주 잘 맞았던 이러한 혁신은 시대의 인내와 로
마를 오랫동안 비운 덕을 보았다. 후임 황제들 역시 같은 정책
을 수용했는데 테르툴리아누스의 날카로운 은유에 따르면

    고대 법이라는 음울하고 복잡한 숲은 왕의 명령과 율령이라
    는 도끼로 개간되었다.

하드리아누스로부터 유스티니아누스까지의 4세기 동안 공적·
사적 법체계는 통치자의 의지에 의해 형성되었다. 그리고 성속
(聖俗)의 구별 없이 이전의 기반 위에 남아 있도록 허용되는
제도는 거의 없었다. 황제 입법의 기원은 시대의 무지와 무력
을 갖춘 전제 정치에 대한 공포로 가려졌다. 그리고 로마와 비
잔티움 궁정의 은혜를 입은 법학자들이 보여 준 노예근성과 어
쩌면 무지 때문에 이중의 허구가 유포되었다. 1) 예로부터 황

22 하이네키우스라는 거장의 손길로 각종 고시의 역사가 기록되고, 『영구고시록』의 원문이 복원되었다. 그의 연구는 안심하고 인정해도 될 것이다.

23 '법의 구속을 받지 않는(Legibus solutus)'이라는 율령상의 표현은 디오 카시우스의 술책 혹은 무지에 의해 잘못 해석되고 있다. 이에 대해 그의 편집자인 레이마르(Reimar)는 이 노예근성 있는 역사가에게 자유롭고 비판적으로 쏟아진 일반적인 책망과 의견을 같이하고 있다.

24 이 단어(왕의 법률(Lex Regia))는 그 실체보다 훨씬 최근의 것이다. 콤모두스의 노예들조차 왕의 존엄이라는 말에 놀랐을 것이다.

제들의 요청에 따라 평민 또는 원로원이 특정 법령의 의무나 형벌을 간혹 면제해 주었다는 것이다. 그 모든 면책은 공화국이 시민 가운데 제일인자에게 행사한 판결에 따라 이루어진 행위였으며, 이러한 사소한 특권이 전제 군주의 대권으로 변질되었다. '법의 구속을 받지 않는'23이라는 라틴어 표현은 황제를 모든 인간적 구속에서 벗어난 곳에 두고 그의 양심과 이성만을 자기 행동의 성스러운 척도로 삼고자 하는 것이었다. 2) 치세가 바뀔 때마다 황제의 칭호와 권한을 정했던 원로원의 포고령에도 유사한 의존 관계가 포함되어 있다. 그러나 황제 흠정의 법24과 불변적인 민중의 증여권을 울피아누스 또는 트리보니아누스가 고안해 내고, 사실 면에서는 허위였고 결과 면에서는 노예적이었으나 황제의 권력이 자유와 정의의 원리에 입각해서 정당화된 것은 로마인들의 개념과 언어가 변질되고 나서였다.

황제들의 입법권

로마 시민들은 황제가 제정한 법에 따라 자신들의 권리와 주권을 최대한도로 군주에게 이양했으므로 황제의 의지는 법적 구속력과 효력을 갖는다.

한 사람 또는 한 어린아이의 의지가 수 세대에 걸친 지혜와 수백만의 의향에 앞설 수 있게 된 것이다. 그리고 타락한 그리스인들은 입법권 행사를 오로지 그 한 사람의 손에만 안심하고 맡길 수 있다고 자랑스럽게 선언하고 있다. 유스티니아누스의 궁정에서 테오필루스는 이렇게 외쳤다.

어떤 이해나 정념이 군주의 평온하고 숭고한 고결함에 미칠 수 있겠습니까? 군주란 이미 백성들의 목숨과 재산을 소유한

주인입니다. 그의 비위를 거스르는 자들은 이미 죽은 목숨으로
간주되지요.

이 역사가는 사법 체계의 문제에서 대제국의 절대 통치자는 개
인적 고려의 영향을 받을 수 없다는 뜻을 전하는 듯하다. 덕성
또는 이성까지도 군주의 공명정대한 마음에서 나오기 때문에,
군주는 평화와 형평성의 수호자로서 사회의 이익은 곧 자신의
이익과 불가결하게 연결되어 있음을 시사하고 있다. 아무리 취
약하고 사악한 치세에서도 사법 부문은 파피니아누스와 울피
아누스의 지혜와 청렴으로 충만했다. 그리고 『칙법휘찬』과 『학
설휘찬』의 가장 순수한 자료에는 카라칼라 황제와 그 신하들
의 이름이 새겨져 있다.[25] 로마의 폭군은 때로는 속주의 은인
이 되기도 했다. 도미티아누스의 악행은 한 자루의 단도로 종
지부가 찍혔으나, 네르바는 분개한 원로원이 폭군에게서 해방
된 것을 기뻐하며 철폐했던 법을 신중하게 확인했다. 그러나
정무관들의 자문에 대해 황제가 답서[26]를
보낼 때 아무리 현명한 군주라도 사건의
편파적인 설명에 속을 수 있다. 그리고
그들의 성급한 결정을 현명하고 신중하게 입법된 법률과 같은
선상에 놓는 이러한 폐해는 트라야누스 황제의 양식과 모범으
로 비난받았으나 효과는 없었다. 황제의 칙서, 인가와 포고,
칙령, 조칙은 자주색 잉크[27]로 서명되어 각 속주에 일반법이나
특별법으로 전달되었고, 정무관들은 이 법을 집행하고 백성들
은 그에 따라야 했다. 그러나 그 수가 지속적으로 증가하면서
어떻게 복종할 것인가 하는 점은 매일같이 의심스럽고 모호해
졌으며 그러한 상황은 그레고리우스, 헤르모게니아누스, 테오
도시우스 등이 만든 법전으로 군주의 의지가 확정되고 승인될

황제들의 교서

[25] 『칙법휘찬』에는 안토 니누스 카라칼라 한 사람의 율령만 해도 200개, 그 부왕의 것으로는 160개의 율령이 남아 있다. 이 두 군주는 『학설휘찬』에서 50번, 『법학제요』에서 8번 인용되고 있다.

[26] 황제들은 이 법과 사실에 대한 조사, 약간의 유예, 청원 등을 마지못해 허락했다. 그러나 이러한 불충분한 치유책은 지나치게 법관의 자유재량에 달려 있었으며 법관도 위험을 무릅써야 했다.

[27] 두 가지 주홍색의 혼합으로 레오 1세(Leo I, 서기 470년)부터 동로마 제국의 몰락 때까지 황제의 서류에 사용되었다.

28 쿠자키우스는 하드리아누스로부터 갈리에누스까지의 치세를 그레고리우스에게, 그 후속은 동료인 헤르모게네스에게 맡겼다. 이 일반적인 구분은 옳을지 모른다. 그러나 이들은 종종 서로의 영역을 침범했다.

29 스카이볼라. 아마도 파피니아누스의 스승인 케르비디우스 스카이볼라는 불과 물의 수용을 결혼 생활의 정수로 간주했다.

때까지 계속되었다. 그레고리우스와 헤르모게니아누스의 법전은 단편만이 남아 있는데, 두 명의 개인 법률가가 그 틀을 잡아 하드리아누스로부터 콘스탄티누스 황제에 이르기까지 이교도 황제들의 율령을 기록했다. 아직도 남아 있는 세 번째 법전은 열여섯 권으로 정리되어 있고 테오도시우스 2세의 명령으로 콘스탄티누스부터 자기 치세까지 그리스도교 군주들의 법을 축성(祝聖)할 목적으로 편찬되었다. 세 법전은 법정에서 똑같은 권위를 가졌으며, 이 신성한 저작에 수록되지 않은 법령은 근거가 없거나 진부한 것으로 법관에게 무시당하기 쉬웠다.28

로마법의 형식들

야만족 사이에서는 문자의 결여가 공적 또는 사적 거래의 기억을 영속적으로 보존하고자 하는 가시적인 신호의 사용으로 불완전하게나마 보완되고 있었다. 초기 로마인들의 법학에서는 팬터마임으로 장면을 예시했다. 단어는 몸짓에 따라 변경되었으며, 재판 절차 형식에서 사소한 실수나 과실을 저지르면 아무리 정당한 청구 내용이라도 무효화할 수 있었다. 결혼 생활은 불과 물이라는 필수 요소로 표시되었고29 이혼당한 아내는 가정을 꾸려 나가도록 자기에게 맡겨졌던 열쇠 꾸러미를 내놓았다. 아들이나 노예의 해방은 뺨을 가볍게 쳐서 돌려세우는 행위로 이루어졌다. 돌을 던지는 것은 행위의 금지를 뜻했고, 나뭇가지를 꺾으면 시효 중단을 표시했다. 주먹을 쥐는 것은 서약 또는 보증의 상징이었으며, 오른손은 신의와 신뢰를 부여하는 것이었다. 꺾인 지푸라기는 계약 증서를 말했다. 모든 지불에는 추와 저울이 도입되었다. 유언장에 포함된 상속인은 때로 손가락을 딱딱 치고 옷을 벗어던지고, 본심으로 또는 황홀한 척하면서 뛰어오르고 춤춰야 했다. 민사 재판에서 원고는 증인의 귀를 만졌고, 달갑지 않은 적대자라면 상대편의 목을 잡고 엄숙한 탄식을 하며 동료 시민들의 도움을 간청했다. 두 경쟁자는 법무관의 법정에서 싸울 준비를 하고 서 있는 것처럼 서로의 손을 잡는다. 법무관이 분쟁의 대상을 내놓으라고 하면 둘은 물러갔다가 정해진 발걸음으로 되돌아오며 자신들이 다투는 땅의 상징으로 법무관의 발밑에 흙 한 덩어리를 던진다. 법률적 용어와 제스처로 이루어진 이 신기한 학문은 신관과 귀족들이 이어받았다. 이들은 칼데아의 점성학자들처럼 공판 날짜와 휴일을 알렸다. 이러한 사소한 것들이 누마의 종교에 섞여들면서, 12표법의 공표 이후에도 로마 시민들은 여전히 재판 절차에 대해서는 무지했으나, 일부 평민 출신 관리들의 배신으로 마침내 이 유익한 비밀이 폭로되었다. 좀 더 개화된 시대에는 이러한 법률 행위가 조롱당하고 구경거리가 되었다. 이러한 원시적 언어의 관행을 신성시해 온 전통은 이제 그 용도와 의의를 잃게 되었다.[30]

30 무레나를 위한 연설에서 키케로는 법학자들의 형식과 비밀을 비웃는다. 아울루스 겔리우스, 그라비나, 하이네키우스는 더욱 노골적으로 이를 설명한다.

법학자들의 계승

그러나 로마의 현자들에 의해 한층 자유로운 기술이 개발되었다. 이들은 엄밀한 의미에서 민법의 기초자로 보아도 될 것이다. 로마인의 상용어와 관습의 변화로 12표법의 문체는 새로운 세대에게는 점차 낯선 것이 되어 갔으며, 고대 법학자의 연구로도 애매한 표현은 충분하게 설명할 수 없었다. 그보다는 모호함을 규명하고 허용 범위를 한정하며 원칙을 적용하고, 실제적 또는 명백한 모순을 조절하는 것이 훨씬 크고 중요한 과제였다. 그리고 고대 법령의 해석자들이 입법 영역을 조용히 침공하기 시작했다. 이들의 미묘한 해석은 암울한 시대의 전제정치를 개혁하려는 법무관의 공평무사함과 일치했다. 인위적 법학의 목적은 방법이 아무리 기묘하거나 난해해도 자연과 이성의 소박한 지시를 회복하는 것이었으며, 일반 시민들의 기량

31 폼포니우스는 일련의 민법 법률가를 추측하고 있다. 현대인들은 학식과 비판적인 자세를 가지고 이 문학적 역사의 분파를 논의했다. 그 가운데 이 책에서 참고한 것은 그라비나와 하이네키우스이다. 키케로, 특히 그의 책『웅변론』,『저명한 웅변가들에 관하여』,『법률론』및 에르네스티의『키케로 저작에의 열쇠』등은 매우 신선하고 유쾌한 정보를 준다. 호라티우스는 법학자들이 새벽녘까지 일하는 것에 대해 자주 언급했다.

이 국가의 공공 제도를 개선하는 데 활용되었다. 12표법에서 유스티니아누스 치세까지 1000년에 달하는 혁신은 거의 비슷한 길이의 세 시기로 나눌 수 있으며, 각 시기는 법학자의 교육 방식과 성품에 따라 구별된다.31 제1기에는 오만과 무지로 인해 로마법 학문은 좁은 반경 내에 제한되었다. 시장이나 집회가 열리는 날이면 법학자들은 시민 중 아무리 천한 사람에게라도 필요한 자문을 할 준비를 하고 광장을 어슬렁거렸는데, 이는 향후 시민들의 표로 보답받을 것을 기대하는 것이었다. 나이와 명예가 쌓여 갈수록 그들은 집에서 옥좌처럼 높은 자리에 앉아, 날이 밝으면 도시와 시골에서 온 사람들이 몰려들어 문을 두드릴 것이라고 기대하며 끈기 있고 엄숙하게 고객의 방문을 기다렸다. 이러한 상담의 일반적인 주제는 사회생활의 의무와 재판 절차의 부대조건 등이었고, 이 법학자의 구두 또는 서면 의견은 신중함과 법의 규칙에 따라 작성되었다. 이들과 같은 계급이나 가족의 청년들은 배석해 조언을 들을 수 있었고 자녀들은 좀 더 개인적인 교습을 받을 수 있었는데 무키아누스 일족은 민법 지식의 전승으로 오랫동안 명성을 떨쳤다. 제2기는 학구적이고 눈부신 법학의 시대였으며, 키케로의 출생 시기부터 세베루스 알렉산데르의 치세까지 이어진다고 볼 수 있다. 체계가 성립되고 학교가 설립되었으며 저작이 나오고 산 자와 죽은 자 모두가 배우는 자들에게는 도움이 되었다. '노련한 자'라는 별명을 얻은 아일리우스 파이투스의 3부작은 법학의 가장 오래된 저작으로 남아 있다. 감찰관 카토는 자신과 아들의 법학 연구로 추가적인 명성을 얻었다. 법의 세 현자는 무키우스 스카이볼라 집안의 이름을 가지고 있으나, 법학의 완성

제1기,
로마 기원 303~648년

제2기,
로마 기원 648~988년

은 그들의 제자이자 키케로의 친구인 세르비우스 술피키우스가 이루어 냈다. 공화정과 카이사르들의 치세에 시종일관 빛나는 긴 흐름은 파피니아누스, 파울루스, 울피아누스라는 존경할 만한 인물들로 끝을 맺고 있다. 그들의 이름과 다양한 저작물 표제는 상세하게 보존되어 있으며, 라베오의 예를 보면 그들의 부지런함과 풍부한 창조력을 어느 정도 짐작할 수 있다. 아우구스투스 시대의 이 뛰어난 법률가는 한 해를 반으로 나누어 도시와 시골 생활, 업무 처리와 창작 활동을 하였는데 그러한 은거의 결과 400권에 달하는 책을 써냈다. 그의 경쟁자 카피토의 장서 가운데 하나를 보면 확실하게 그의 책 259번째 권을 인용하고 있다. 자신들의 견해를 백 권 이하의 책으로 전달할 수 있는 학자는 거의 없었다. 알렉산데르에서 유스티니아누스 치세까지의 제3기에는 법학에서의 신탁이 잠잠해졌다. 호기심은 충족되었고 왕좌는 전제 군주나 야만족이 차지했다. 활발한 정신은 종교 논쟁에 기울어졌다. 그리고 로마와 콘스탄티노플, 베리투스의 교수들은 보다 개화되었던 선대(先代)의 교훈을 복습하는 데 만족했다. 이런 법학 연구의 더딘 진전과 빠른 퇴보를 통해 우리는 평화와 정련이 부족했음을 추측할 수 있다. 제2기에 넘쳐났던 수많은 저서를 생산한 법학자들을 보건대 그러한 연구와 저작물은 판단력, 경험, 근면이 있어야 가능하다는 사실이 자명해진다. 키케로와 베르길리우스의 천재성을 뼈저리게 느끼게 되는 것은 향후 어떤 시대도 그와 비슷한, 또는 그에 버금가는 사람을 배출해 내지 못한다는 것을 알기 때문이다. 그러나 가장 뛰어난 법학 스승들은 확실하게 업적과 명성에서 자신과 동등하거나 훨씬 뛰어난 제자들을 배출했다.

초기 로마인들의 필요에 조잡하게 적용되던 법체계는 로마

> 제3기,
> 로마 기원 988~1230년

32 크라수스 또는 키케로가 직접 법학의 기술 또는 학문이라는 개념을 주창한다. 말은 잘하지만 문맹인 안토니우스는 이를 비웃는 척하고 있다. 이 개념은 세르비우스 술피키우스가 일부 실행에 옮겼는데, 그에 대한 칭송은 로마인 그라비나의 손끝에서 고전적인 라틴어로 멋지고 다양하게 제시된다.

법학자들의 철학

건국 7세기에 이르러 그리스 철학과 결부되어 정화되고 개선되었다. 스카이볼라 일족은 실용과 경험의 가르침을 받았지만, 세르비우스 술피키우스는 특정한 일반론 위에 자기 논리를 확립한 최초의 법학자였다.32 진실과 허위의 구분에 대해 그는 아리스토텔레스와 스토아 학파의 논리를 틀림없는 규칙으로 적용해 특정 사건을 일반 원리로 환원함으로써 그 형체 없는 덩어리 위로 질서와 달변이라는 빛을 뿜어 냈다. 동시대인이자 친우였던 키케로는 전문 법률가로서의 명성을 거부했다. 그러나 손이 닿는 물건마다 금으로 만들어 버리는 비할 데 없는 그의 천재성이 로마 법학을 장식했다. 그는 플라톤의 전례를 따라『국가론』을 쓰고 그 국가에서 시행할 법률들을 모아 책으로 냈는데, 그는 여기서 로마의 국체(國體)가 갖는 지혜와 정의가 하늘에 그 기원을 두고 있음을 연역해 내려 애쓰고 있다. 그의 웅대한 가설에 따르면 우주 전체는 하나의 거대한 공동체를 구성한다. 같은 본질을 가지는 신과 인간은 한 공동체의 일원이다. 이성은 자연과 국가의 법을 정한다. 그리고 모든 실질적 제도는 우연이나 관습에 의해 어느 정도 변형된다 해도, 신이 모든 덕성 있는 사람들의 마음에 새겨 둔 권리의 법칙에서 나온다. 그는 믿음을 거부하는 회의론자와 행동을 꺼리는 에피쿠로스 학파를 이러한 철학적 신비에서 제외하고 있다. 후자는 국가에 대한 봉사를 거부하기 때문에, 키케로는 그들에게 정원 그늘에서 잠이나 자라고 충고한다. 그러면서 또 신(新)아카데메이아에는 도전적인 반대는 아름답고 잘 균형 잡힌 그의 고매한 체계를 파괴할 터이니 침묵을 지켜 달라고 요청하고 있다. 그는 사회 생활의 의무로 시민을 무장시키고 교육해 줄 유일한 스승으로 플라톤과 아리스토텔레스, 제논을 꼽고 있다. 특히

스토아 학파33의 무장이 가장 훌륭한 것으로 밝혀졌으며, 이는 법학 학교에서 실용과 장식용 모두로 사용되었다. 스토아 학파를 통해 로마 법학자들은 이성에 따라 살고 죽는 법을 배웠다. 그러나 이들은 역설의 잦은 사용, 끈질긴 논쟁의 습관, 단어와 용어 구분에 대한 지나친 세밀한 집착 등 스토아 학파 특유의 편견에 조금 과도하게 물들었다. 재산권 확정에 실체보다 형식이 우선한다는 사고가 도입되었다. 트레바티우스는 범죄의 동질성을 주장했는데, 이는 귀를 만진 사람은 신체 전체를 만진 것과 같으며 곡물 한 더미나 포도주 한 통을 훔친 행위는 전체를 훔친 것과 같다는 것이다.

법학자들의 권위

무기와 웅변, 민법의 연구를 통해 시민들은 영달을 이룩할 수 있었다. 한 인물이 이 세 직업을 겸하고 있으면 훨씬 저명해졌다. 포고문을 작성할 때 학식 있는 법무관은 자신의 개인적 신념을 우선시했다. 감찰관이나 집정관의 의견은 정중하게 청취되었다. 법에 대한 의심스러운 해석은 법학자의 미덕 또는 승리로 보완할 수 있었다. 귀족들의 기술은 신비라는 베일에 가려 오랫동안 보호받았지만, 보다 개화된 시대에 이르러 탐구의 자유가 법학의 일반 원리를 확립했다. 미묘하고 난해한 사례는 대광장의 토론으로 해명되었다. 규칙과 공리, 정의34는 이성의 진실한 지시로 수용되었다. 법학 교수들의 합의가 심판관의 결정에 섞여 들어갔다. 그러나 이러한 해석자들은 공화국의 법을 제정할 수도, 실행할 수도 없었다. 법관은 스카이볼라 일족의 권위도 무시할 수 있었는데, 이는 영리한 변호사의 달변이나 궤변으로 뒤집어지는 경우가 잦았다. 아우구스투스와 티베리우스는 법학자들의 학문을 유익한 수단으로 채택한 최초의 황제였다. 이들의 노고는 구체제의 법체계를 전제주의의

33 아들 스키피오의 벗이었던 파나이티우스가 스토아 학파의 철학을 최초로 로마에 가르쳤다.

34 카토니아누스의 규칙, 아퀼리아누스의 조항, 마닐리아누스의 양식 등에 관해 211개의 공리와 247개의 정의가 있다고 들었다.

정신과 시책 방향에 맞추어 주었다. 이 기술의 권위를 보호한다는 그럴듯한 구실하에 법률적이고 유효한 의견을 제시할 수 있는 특권은 군주의 판단으로 미리 승인을 얻은 원로원 의원이나 기사 계급의 전문가에게 한정되었다. 이러한 독점은 하드리아누스 황제가 자신의 능력과 지식을 아는 시민 모두에게 직업의 자유를 되찾아줄 때까지 계속되었다. 법무관의 재량은 스승의 가르침에 의해 지배되었고, 법관들은 법조문은 물론 주해를 따르라고 명령받았다. 아우구스투스 황제가 법학자들의 조언에 따라 인정한 유언보충서는 기념할 만한 혁신이었다.

법학자들의 분파

아무리 절대적인 명령이라 해도 판관은 법학자들의 의견이 일치하는 경우 그들과 의견을 같이해야 한다. 그러나 실제 제도는 관습과 편견의 결과로 만들어지기도 하며, 법이나 언어는 애매하고 자의적인 것으로 되어 버린다. 이성으로 단언할 수 없는 경우 경쟁자 간의 시기, 전문가의 허영, 그 제자들의 맹목적인 집착으로 논쟁의 열기에 불이 붙는다. 로마 법학계는 한때 프로쿨루스파와 사비니아누스파로 갈리기도 했다. 법학의 두 현자 아테이우스 카피토와 안티스티우스 라베오는 아우구스투스 시대의 평화기를 장식했다. 카피토는 군주의 총애를 받은 것으로 잘 알려졌다. 한편 라베오는 그러한 총애에 대한 경멸, 그리고 로마의 전제 군주에 대한 무해하지만 완고한 반발로 더 유명했다. 이들의 법학 연구는 개인적 기질과 원칙으로 고유한 색을 띠게 되었다. 라베오는 옛 공화국 형식에 애착을 가졌지만 그의 경쟁자는 신흥 왕정의 보다 수익성 있는 실체를 받아들였다. 그러나 궁정 조신의 기질이란 온순하고 순종적인 법이다. 카피토는 선임자들의 감정이나 어구에서 감히 벗어나려 하지 않았다. 반면 공화주의자인 라베오는 역설이나 혁신을 두려워하지 않고 독자적인 생각을 추구했다. 그러나 라베오의 자유 역시 자기 결론의 엄격함에 얽매여 있었고, 그는 저 관대한 경쟁자가 인간의 상식과 감정에 더 어울리는 형평의 재량을 가지고 해결한 문제를 법률 어구 그대로 결정했다. 카피토는 금전을 지불하는 대신 그에 상당하는 대체물이 제공되면 해당 거래를 정당한 판매로 인정했다.35 사춘기도 열두 살이나 열네 살이라는 정의에 구애되지 않고 자연적인 현상에 따라 결정했다.36 이 감정 대립은 두 사람의 저작과 강의에도 확산되었다. 카피토와 라베오 학파는 아우구스투스에서 하드리아누스 시대에 이르기까지 뿌리 깊은 갈등을 계속했다.37 이 두 분파는 가장 유명한 스승인 사비누스와 프로쿨루스에서 그 이름을 가져왔으며, 각각 카시우스파와 페가수스파라고 불리기도 했다. 그러나 어떤 기묘한 반전으로 민중의 대의는 도미티아누스의 소심한 노예인 페가수스의 손안에 들어가 있었던 반면38 황제의 총애는 카시우스에 의해 표시되었으니, 그는 애국적인 암살자의 후예임을 자랑으로 여겼다. 두 분파의 논쟁은 『영구 고시록』에 의해 대부분 결론이 났지만, 하드리아누스 황제가 이 중요한 사업에 사비누스파 우두머리를 등용하면서 황제파가 우세하게 된다. 그러나 살비우스 율리아누스의 중도적인 태도로 승자와 패자는 점차 화해하게 되었다. 두 안토니누스 황제 시대의 법률가들은 동시대 철학자들과 마찬가지로 한 스승의 권위를 고집하지 않고 모든 체계에서 가장 개연성 있는 교의를 채택했다. 그러나 이들의 선택이 좀 더 일치했다면 저작물이 이렇게 많지는 않았을 것이다. 법관의 양심은 일치하지 않는 증거의 수와 무게에 당혹했고, 개인의 격정과 이해에 따라 내려진 판결은 어떤 권위 있는 인물의 재가를 받아 정당화되었다. 테오도시우스 2세의 관대한 포고는 법관들에게 이러

35 유스티니아누스는 이 중요한 논쟁과 양쪽 가운데 하나가 법적 권위가 있는 것으로 주장한 호메로스의 시를 기록하고 있다. 파울루스는 간단한 교환에서 구매자와 판매자를 구분할 수 없다는 근거를 두고 이 문제의 결론을 내렸다.

36 이 논쟁은 프로쿨리아누스에게 주어져 점잖지 못한 조사를 대신해 히포크라테스의 잠언에 따르도록 했다.

37 이 양 분파의 연속적인 사례와 결론은 마스코우가 설명하고 있는데, 이 시대에 뒤진 파벌들에 대해 그가 보여 준 공명정대함을 칭송한다는 것은 매우 우스꽝스러운 일일 것이다.

38 에우베날리스는 그가 대단한 학식 때문에 인간이 아니라 책으로 불렸다고 말하고 있다. 그는 페가수스라는 독특한 이름을 자기 아버지가 지휘하던 갤리선의 이름에서 따왔다.

39 이 판결은 「시골 친구에게 쓴 편지」의 경우처럼 예수회 관련 논쟁을 일으킬 빌미를 제공했을지도 모른다. 법관이 아니면 그의 판단과 양심 등에 반하여 파피니아누스나 다수의 의견을 따라야 하는지에 대한 논쟁이 그것이다. 그러나 입법가는 아무리 허위적이더라도 그 의견에 진실이 아니라 법률의 유효성을 줄 수 있다.

40 수이다스의 두 구절은 바로 이 사람을 가리키는 것 같다. 모든 상황이 다 들어맞다. 그러나 법률가들은 그 사실을 몰랐던 듯하며 파브리키우스는 두 인물을 따로 보려는 경향이 있다.

한 논증을 일일이 비교 분석하는 노고를 면하도록 해 주었다. 카이우스, 파피니아누스, 파울루스, 울피아누스, 모데스티누스의 다섯 법학자가 법학의 현인으로 공인되고, 이들이 다수결로 최종 결정을 내리곤 했다. 견해가 동수로 갈릴 경우 결정권은 최상의 지혜를 가진 파피니아누스가 가졌다.39

서기 527년 등, 유스티니아누스의 로마법 개혁

유스티니아누스가 제위에 올랐을 때 로마법 개혁은 까다롭지만 필수불가결한 과제였다. 10세기라는 기간 동안 무한히 다양한 법률과 법학 이론이 이미 수만 권의 책을 채워 나갔다. 아무리 재산이 많아도 다 살 수 없고, 아무리 능력이 뛰어나도 소화할 수 없는 분량의 책이었다. 책은 쉽게 찾을 수 없었고, 풍요함 속에서도 궁핍했던 재판관들은 책을 읽지 않는 자유재량을 발휘할 수밖에 없었다. 그리스 속주의 국민들은 자신의 삶과 재산을 처리하는 언어를 알지 못했고, 라틴의 야만적인 방언은 베리투스와 콘스탄티노플의 학교에서는 교육되지 않았다. 일리리쿰의 병사였던 유스티니아누스는 젊은 시절 이 방언에 익숙해 있었고, 청년 시절에 법학 수업을 받은 그는 제위에 오르자 동로마 제국에서 가장 박식한 법학자들을 선발해 자신과 함께 이 개혁 사업에 참여하도록 했다. 교수들의 이론은 법률 실무자의 관행과 정무관의 경험으로 보완되었다. 이 사업

서기 527~546년, 트리보니아누스

전체는 트리보니아누스의 정신에서 활기를 얻었다. 수많은 칭송과 비판의 대상이 되었던 이 범상치 않은 인물은 팜필리아의 시데 태생이었다. 그는 베이컨(Bacon)에 견줄 만한 천재성으로 이 시대의 모든 실무와 지식을 자신의 것으로 수용했다. 트리보니아누스는 산문과 운문으로 기묘할 정도로 다양한 신기하고 난해한 주제에 대해 책을 썼다.40 유스티니아누스 황제

에 대한 이중적인 찬양의 글, 철학자 테오도투스의 전기, 행복의 본성과 정부의 의무, 호메로스의 도서 목록과 스물네 종류의 운율, 프톨레마이오스의 천문학 규범, 다달의 변화, 행성 12궁, 세계의 조화로운 체계 등이 이에 해당했다. 그는 그리스 문헌에 정통하고 라틴어도 쓸 줄 알았으며, 로마 법학자 모두가 그의 서고나 머리 속에 들어 있었다. 그는 부와 영예를 향한 길을 열어 준 학문에 힘을 다해 정진했고 민정 총독, 재무관, 집정관 등 높은 지위로 승진했다. 유스티니아누스의 고문회의에서는 그의 웅변과 지혜를 경청했고, 그에 대한 시샘도 온화한 태도와 붙임성 덕택에 완화되었다. 트리보니아누스의 덕성이나 명성은 신앙심이 부족하고 탐욕스럽다는 비난으로 더럽혀져 왔다. 편견과 박해가 심한 궁정은 그가 남몰래 그리스도교 신앙에 반감을 품고 있다고 의심했고, 터무니없게도 그리스의 마지막 철학자들이 가졌던 무신론과 이교도의 감정을 품고 있다고 생각했다. 그의 탐욕은 보다 확실하게 증명되고 확실하게 느껴졌다. 만일 그가 사법 처리에서 대가를 받고 흔들렸다면 이 또한 베이컨의 사례와 같을 것이다. 트리보니아누스가 자기 직무의 신성함을 훼손하고 사적인 이득에 대한 욕심으로 법을 매일 제정, 수정, 철폐했다면 어떠한 업적도 그 천박함을 보상하지 못할 것이다. 콘스탄티노플에서 소요가 일어났을 때 민중의 아우성, 어쩌면 정당한 분노에 의해 그는 면직되었다. 그러나 이 재무관은 곧바로 복직되었고 죽을 때까지 20년 이상 황제의 총애와 신뢰를 확보했다. 그의 순순하고 공손한 복종에 대해서는 유스티니아누스가 직접 찬사를 보내기도 했는데, 이 허영심 많은 황제는 그러한 복종이 가장 비열한 아첨으로 타락하기가 얼마나 쉬운지를 분별할 능력이 없었다. 트리보니아누스 또한 고마우신 군주의 덕을 찬양했다. 그는 유스티니아누스 황제도 엘리야나 로물루스처럼 허공으로 사라져, 살아 있는 채로 하늘의 영광스러운 궁전으로 승천할지 모른다며 짐짓 경건한 두려움을 느끼는 척했다.41

<u>서기 528년 2월, 529년 4월, 유스티니아누스 법전</u>

카이사르가 로마법 개혁을 완수했더라면 그의 창조적인 천재성은 숙고와 연구를 통해 깨우침을 얻어 순수하고 독창적인 법체계를 세상에 내놓았을 것이다. 사람들이 뭐라 아첨하든, 동로마 제국의 황제는 자신의 개인적인 판단을 형평의 표준으로 확립하는 것을 두려워했다. 그는 입법권을 장악하기까지 시간과 여론의 지원을 얻었고, 그가 열심히 편찬한 법전도 과거의 현인과 입법가들의 권위로 보호받고 있다. 유스티니아누스의 작업은 예술가의 손에 의해 단순한 형태로 만들어지는 조각상이 아니라 낡고 값비싸고 대개는 일관되지 않은 파편으로 이루어진 모자이크 장식과 같았다. 재위 첫해에 그는 충성스러운 트리보니아누스와 아홉 명의 박식한 동료들에게 하드리아누스 이후 그레고리우스, 헤르모게니아누스, 테오도시우스 등 역대 황제의 법전에 담겨 있는 포고령들을 수정하도록 지시했다. 오류와 모순은 일소하고, 진부하거나 불필요한 것은 삭제하고, 재판관의 실무와 국민의 소용에 가장 잘 맞게 조절된 현명하고 유익한 법률을 추려 내라는 것이었다. 이 작업은 14개월 만에 끝났다. 이 새로운 10인위원회가 만든 열두 권의 책은 선대 로마인들의 작품을 모작하려는 것이었을지도 모른다. 새로운 유스티니아누스 법전은 그의 이름을 붙여 기렸고 황제의 서명으로 완성되었다. 공증인과 필경사들이 원본을 베껴 여러 권의 사본을 만들었는데 이 필사본은 유럽과 아시아, 그리고 이후에는 아프리카 속주에도 전달되었다. 제국의 법은 각 교회의 문 앞에서 엄숙한 예식과 함께 선포되었다. 그러나

41 이 이야기는 헤시키우스, 프로코피우스, 수이다스에서 나온다. 이 정도의 아첨이라니 믿을 수가 없다! 퐁트넬(Fontenelle)은 온건한 베르길리우스의 뻔뻔함을 비웃었다. 그러나 바로 그 퐁트넬은 자신의 군주(루이 14세)가 아우구스투스 황제보다 우월하다고 칭송한 바 있다.

아직 더욱 힘든 과업이 남아 있었다. 로마 법학자들의 결정과 추측, 질문과 논쟁에서 법체계의 정신을 뽑아내는 것이었다. 황제는 트리보니아누스를 필두로 열일곱 명의 법률가를 임명하여 선임자들의 저작에 대해 절대적인 권한을 행사하도록 했다. 이들이 황제의 명령을 10년 후에 완수했다고 해도 유스티니아누스는 그들의 근면함에 만족했을 터였다. 그러나 『학설휘찬(Pandects, Digesta)』[42]이 3년 만에 서둘러 완성되었다는 사실은 그에 대해 칭송하거나 비난하기에 마땅한 이유를 준다. 그들은 트리보니아누스의 장서에서 이전 시대의 가장 뛰어난 법학자 마흔 명을 골라낸 다음[43] 2000건에 달하는 논고를 요약해서 50권의 책으로 만들었는데, 300만 행 또는 문장[44]이 15만이라는 적당한 수로 줄어들었다고 주의 깊게 기록되어 있다. 이 대작의 편집은 『법학제요』의 편집보다 한 달이 지연되었지만 로마법의 원리가 그 학설집보다 선행했다는 것은 합당한 일로 보인다. 『칙법휘찬』, 『학설휘찬』, 『법학제요』가 민간 법체계의 정당한 체제로 인정되었다. 이들만을 법정에서 인정하고 로마와 콘스탄티노플, 베리투스의 학교에서 가르치게 되었다. 유스티니아누스 황제는 자신의 이 영원한 신탁을 원로원과 각 속주에 전달했다. 그는 자신의 오만 위에 경건함이라는 가면을 쓰고 이 위대한 계획의 완성을 신의 가호와 영감 덕택으로 돌렸다.

황제가 원전 작성자로서의 명성도, 그에 대한 선망도 거부했으므로 그에게서 요구할 수 있는 것은 방법, 선택, 충실함 등 겸허하지만 필수불가결한 편찬자의 미덕뿐이다. 사상의 다양한 결합 속에서 어느 하나를 합리적 기준에 따라 우선적으로

서기 530년 12월, 서기 533년 12월, 『학설휘찬』

『칙법휘찬』과 『학설휘찬』에 대한 찬사와 비난

---

[42] 판덱타이(Πάνδεκται)은 그리스 문집에서 흔한 제목이었다. 스카이볼라, 마르켈리누스, 켈수스의 'Digesta'는 이미 법학자들에게 잘 알려진 것이었다. 그러나 유스티니아누스가 이 두 호칭을 동의어로 사용한 것은 잘못이다. 'Pandects'라는 단어는 그리스어인가 라틴어인가, 남성형인가 여성형인가? 부지런한 브렌크만(Brenckman)도 이 중요한 논쟁에 감히 결론을 내리려고 하지 않는다.

[43] 안겔루스 폴리티아누스는 『학설휘찬』에 37명의 법학자가 인용되었다고 한다. 그의 시대로서는 굉장한 목록이었다. 『학설휘찬』의 그리스어 목록은 39명을 제시한다. 40이라는 수는 지칠 줄 모르는 파브리키우스에게서 나온 것이다. 안토니누스 아우구스투스는 54명의 이름을 추가했다고 전해진다. 그러나 이들은 아마도 모호하거나 간접적인 참조였을 것이다.

[44] 고대 필사본의 스티코이(Στιχοί)는 엄밀하게는 완전히 뜻이 통하는 문장 또는 미문(美文)으로 정의될 수 있을 것이다. 이는 양피지 두루마리나 책 위에 불규칙한 길이의 같은 수의 행으로 지어졌다. 각 권의 스티코이의 수는 사본 필경자의 실수에 대한 견제의 의미로 사용되었다.

선택하기는 어렵다. 세 저작에서 유스티니아누스의 지시가 다르므로 모두가 그를 수도 있으며, 적어도 그 가운데 둘은 옳지 않음은 확실하다. 고대의 법령을 추려내는 작업에서 그는 선임자들을 시기하지 않고 공평하게 존경하며 조사했던 것 같다. 이 총서는 하드리아누스 대왕의 치세 이상으로는 거슬러 올라갈 수 없으며, 테오도시우스의 미신으로 도입된 이교와 그리스도교의 편협한 구분은 인류의 동의하에 이미 폐지되었다. 그러나 『학설휘찬』의 법체계는 『영구고시록』에서 세베루스 알렉산데르가 사망하기까지의 백 년이라는 기간으로 제한된다. 제정 초기의 법학자들은 의견을 말하는 것이 거의 허락되지 않았고, 공화정 시대에 속하는 인물은 세 명뿐이다. 유스티니아누스의 총신은 로마 현인들이 보여 주는 자유의 서광과 진지함을 마주하는 것이 두려웠던 것이라는 격렬한 주장이 있었다. 트리보니아누스는 카토, 스카이볼라 일족, 술피키우스 등의 진실하고 로마인 본래의 지혜를 망각 속으로 사라지게 하고 자기 마음에 더 맞는 자들, 라틴어를 외국어로 공부하고 법학을 수입 좋은 직업으로 삼기 위해 황제의 궁정에 모여들었던 시리아, 그리스, 아프리카인들의 정신을 불러냈다는 것이다. 그러나 유스티니아누스의 대신들[45]은 골동품 수집가의 호기심을 위해서가 아니라 신민들의 직접적인 이익을 위해 일하라는 지시를 받았다. 로마법의 유용하고 실제적인 부분을 골라내는 것이 그들의 의무였다. 고대 공화정 시대 사람들의 저작은 아무리 흥미롭고 훌륭해도 새로운 관습과 종교, 통치 체제에 더 이상 맞지 않았다. 아마 키케로를 가르치는 자나 그의 옹호자들이 남아 있다고 해도, 언어의 무결성을 제외한다면[46] 그 내재적 가치는 파피니아누스 학파와 울피아누스 학파에게 뒤질 터였다. 법이란 시간과 경험이 서서히 성숙하며 형성된 학문이

[45] 오토만과 그의 서기의 맹렬한 공격에 대해 슐틴기우스는 독창적이고 박식한 연설로 트리보니아누스의 선택을 정당화하고 있다.

[46] 트리보니아누스의 겉치레를 벗겨 내고 전문적인 단어의 사용을 보면 『학설휘찬』의 라틴어는 은(銀)의 시대에 부족함이 없다. 15세기의 까다로운 문법학자인 라우렌티우스 발라와 그의 변증자인 플로리두스 사비누스는 이를 맹렬히 비난했다. 알키아트와 한 이름 없는 옹호자(아마도 제임스 카펠러스일 것이다.)는 이를 옹호해 주었다. 더커(Duker)는 이들의 여러 글을 수집하고 있다.

고, 그 방법과 소재의 장점은 자연스럽게 가장 최근의 저자들이 취하게 된다. 두 안토니누스 황제 치세의 법학자들은 선대의 저작을 공부했다. 그들은 철학적 기질로 고대의 엄격함을 완화하고, 재판 절차의 형식을 간소화하며 경쟁 파벌의 시기와 편견에서 벗어났다. 『학설휘찬』을 구성하는 전거는 트리보니아누스의 판단에 달려 있었다. 그러나 군주의 힘조차도 그에게서 진실과 충실이라는 의무를 면해 줄 수는 없었다. 유스티니아누스는 제국의 입법자로서 안토니누스 치세의 법령을 폐기할 수도, 공화정 최후의 법률가들이 주장한 자유 원칙을 선동적인 것으로 치부할 수도 있었다. 그러나 과거 사실의 존재는 전제 군주의 손이 미치지 않는 곳에 있었다. 황제는 본래의 원문을 변질시키고 굴종적인 자기 치세의 조사(措辭)와 사상을 선조들의 명예로운 이름과 함께 새기고는[47] 그들의 의견을 반영한 순결하고 진정한 사본(寫本)을 권력을 사용해 은폐하면서 사기와 위증죄를 저지른 것이다. 트리보니아누스와 그 동료들은 변조와 수정 어구 삽입을 통일성이라는 구실로 변명했다. 그러나 이들은 주의가 부족했으며 『칙법휘찬』과 『학설휘찬』의 이율배반 또는 모순은 여전히 현대 법학자의 인내심과 민감함을 자극한다.[48]

유스티니아누스 황제의 적들은 증거 없는 소문을 퍼뜨렸다. 『학설휘찬』의 저자가 이제는 허위라거나 불필요하다는 오만한 믿음에서 고대 로마의 법학 서적을 불태웠다는 것이었다. 황제는 굳이 그런 괘씸한 일을 하지 않아도 그것을 파괴하고자 하는 소망을 안전하게 시간과 망각에 맡길 수 있었을 것이다. 인쇄술과 종이가 발명되기 전, 저술이라는 노고와 그 재료는 부유층만이 살 수 있는 것이었다. 당시의 책값은 오늘날 가치

고대 법체계의 상실

[47] 빈케르쇼크는 이 문장의 수를 상당히 줄이고 있다. 그는 유스티니아누스의 권리와 트리보니아누스의 의무에 대해 빈약한 주장을 펼친다.

[48] '이율배반', 즉 『칙법휘찬』과 『학설휘찬』의 상반되는 법은 민법의 놀라운 불확실성의 원인이자 구실이 되기도 한다.

의 약 백 배는 되었을 것으로 봐도 무방하다.49 사본은 더디게 만들어졌고 조심스럽게 갱신되었다. 이득을 바라는 죄받을 필경사들은 고대의 글을 말소하고자 하는 유혹을 받았다. 소포클레스와 타키투스 역시 미사 경본(經本), 설교집, 성인 전기집 등의 필사에 양피지 사용을 단념하지 않으면 안 되었다.50 천재의 가장 아름다운 작품도 이러한 운명일진대, 진부한 학문의 지루하고 보잘것없는 저술이 무슨 영속성을 가질 수 있겠는가? 법학 서적에 관심을 가지는 사람은 극히 적으며, 재미를 느끼는 사람은 전혀 없다. 따라서 이들의 가치는 현재의 실용성과 결부된다. 그 실용성이 양식의 혁신이나 더 탁월한 작품, 공공의 권위에 의해 추월당하면 이런 책들은 쇠퇴하는 것이다. 키케로에서 마지막 안토니누스 황제까지의 평화와 학문의 시대에도 많은 저작물이 소실되었으며, 학교와 대광장에서 이름을 빛낸 사람들 가운데 일부가 호기심 많은 사람들의 구전과 보고를 통해 알려졌을 뿐이다. 혼란과 쇠퇴로 이루어진 360년의 세월은 이러한 망각의 진전을 가속화했다. 유스티니아누스가 무시했다고 비난받는 저작 가운데 많은 부분은 이미 동로마제국 내 도서관에서 찾을 수 없었으리라는 점을 충분히 짐작할 수 있다. 개혁자가 배척한 파피니아누스와 울피아누스의 사본은 향후 참고할 가치가 없는 것으로 여겨졌다. 12표법과 법무관의 포고도 점차 사라졌다. 고대 로마의 기념비는 경시되거나 파괴되었다. 『학설휘찬』 역시 이런 일반적인 파괴에서 어렵사리 겨우 빠져나왔는데, 비평가들은 서로마 제국에 있는 모든 판본과 원고는 하나의 원본에서 나왔다고 주장한다.51 이는 7세기 초 콘스탄티노플에서 필사되었고52 전쟁 또는 무역 등을 통해 아말피,53 피사, 피렌체54에 연이어 전해졌으며 오늘날에는 신성한 유물로55 공화국의 옛 궁전에 보관되어 있다.

49 푸스트 또는 파우스투스가 파리에서 자신의 성경 초판의 원고를 팔았을 때 양피지 사본의 가격은 400~500크라운에서 60, 50, 40크라운으로 떨어졌다. 대중은 처음에는 이 싼 가격에 만족했지만 결국에는 사기임을 알아내고 분노했다.

50 이 저주받을 관행은 8세기에 시작되어 12세기에는 보편적으로 이루어졌다.

51 여러 경우에서 '모두'가 사본 필경자의 실수를 되풀이하고 있으며, 일부의 변경이 피렌체 판 『학설휘찬』에 남아 있다. 이것이 진실이라면 이러한 사실은 결정적인 것이다. 그러나 샤르트르의 이보(Ivo, 1117년 사망), 캔터베리 대주교인 테오발드, 최초로 로마법을 가르친 바카리우스가 1140년에 이를 인용하고 있다. 『학설휘찬』의 영국 사본은 대조가 된 것인가?

52 이 원본에 대한 설명은 브렌크만 참조. 열성적이던 폴리티아누스는 이것이 유스티니아누스 자신의 진짜 표준이라고 주장했다. 그러나 이러한 역설은 피렌체 판 사본의 축약본에 의해 반박된다. 이것은 얇은 양피지에 여백이 넓은 8절판의 책으로 이루어져 있는데, 라틴 문자를 보면 그리스인 사본 필경자의 손길을 드러내고 있다.

개혁자가 첫째로 신경 쓰는 것은 추가적인 개혁을 예방하는 것이다. 『학설휘찬』과 『법학제요』, 『칙법휘찬』의 보전을 위해 암호나 약자의 사용이 엄격하게 금지되었다. 유스티니아누스 황제는 『영구고시록』이 주해자의 권위에 묻혀 버린 사실을 상기하고는, 군주의 의사를 멋대로 해석하거나 왜곡하는 경솔한 법학자들을 위조죄로 처벌할 것이라고 밝혔다. 황제에게 후계자들의 권위와 정신의 자유를 구속할 권리는 없다고 논박하지 않았다면 아쿠르시우스, 바르톨루스, 쿠자키우스 등의 학자들은 자신들이 쌓아 올린 죄를 부끄러이 여겨야 한다. 그러나 황제는 스스로의 모순을 고칠 수 없었다. 그는 디오메데스의 교환, 즉 청동을 금으로 바꾸는 일을 재개한다고 호언장담하면서 금을 보다 불순한 혼합물에서 정제해 내야 한다는 사실을 깨달았다. 『칙법휘찬』을 편찬한 지 채 6년도 지나지 않아 그는 바로 그 저작물의 최신판에서 이러한 불완전한 시도에 대해 비난하고 있다. 그는 여기에 자신의 법률 200건과 법학의 가장 모호하고 난해한 논점에 대한 판결 50건을 잔뜩 덧붙였다. 그의 기나긴 치세에서 매년, 아니, 프로코피우스에 따르면 매일같이 어떤 식으로든 법적인 혁신이 있었다. 법령 가운데 많은 부분은 자신이 직접 철폐했고 후세에 거부당한 것도 많으며 시간이 지나며 잊혀진 것도 많았다. 결국 16개의 칙령과 168개의 신법(新法)이 인증된 로마 법체계에 수용되었다. 직업적 편견을 넘어선 철학자의 의견에 따르면, 자신의 판단력과 법을 부끄러운 줄 모르고 팔아넘긴 군주의 부패한 정신으로만 이러한 끊임없고 사소한 개정을 설명할 수 있다. 저 역사가

유스티니아누스의
법률적 변덕

서기 534년 11월,
『칙법휘찬』의 두 번째 판

서기 534~565년,
신칙법

53 브렌크만은 그의 『역사』 맨 말미에 아말피 공화국과 1135년의 피사 전쟁 등에 대해 두 개의 논문을 집어넣었다.

54 피사는 1406년 피렌체 사람들에게 점령당했다. 그리고 1411년 『학설휘찬』이 이 도시로 들어왔다. 이는 근거가 분명하며 유명한 사건들이다.

55 이 필사본들은 자주색으로 새로 싸여 화려한 작은 상자에 들어 있었고, 모자를 벗고 작은 초를 든 수도사들과 정무관들이 호기심 많은 여행객들에게 보여 주고 있었다.

(프로코피우스)의 비난은 노골적이고 맹렬하다. 그러나 그가 제시하는 유일한 사례는 유스티니아누스의 탐욕보다는 신앙에서 기인했을 것이다. 고집불통인 부자 한 사람이 에메사의 교회에 자기 재산을 유언으로 증여했다. 재산의 가치는 뛰어난 기민함에 의해 불어났고, 그는 가장 부유한 시리아인들의 이름이 쓰여진 빚과 지불 약속 구술서에 서명했다. 그들은 일반 관행대로 30년에서 40년의 취득시효를 주장했는데 이들의 항변은 교회의 권리에 대해 백 년의 시효를 규정한 소급적 칙령에 의해 기각되었다. 이 칙령은 부정과 혼란을 너무 많이 안고 있었기 때문에 이 경우에만 사용되고는 현명하게도 그의 치세에 폐지되었다.56 솔직히 황제 자신의 책임을 면해 주고 이 죄를 그의 아내나 총신들에게 전가한다 하더라도, 이런 더러운 악행의 혐의가 그의 법이 갖는 위엄을 손상시킨다는 것만은 사실이다. 유스티니아누스의 옹호자들조차 이런 경솔함은 동기가 무엇이건 간에 입법가 및 인간으로서의 그에게 걸맞지 않는다고 인정할 것이다.

<small>56 로마 교회에도 유사한 특권이 주어졌다. 이러한 바람직하지 않은 관대함에 대한 일반적인 폐지에 관해서는 『신칙법』을 참조할 것.

57 우아하고 그럴듯한 작품인 『그리스도교 원리』에서 락탄티우스는 법학자들의 칭호와 방법을 따라할 것을 제안했다.</small>

서기 533년 11월, 『법학제요』

군주는 황송하게도 국민을 교육시키는 일 따위는 하지 않는다. 그런 면에서 직접 명령을 내려 방대한 법체계를 초보적인 짧은 교본으로 통합시킨 유스티니아누스 황제는 어느 정도 칭찬받을 만하다. 로마법에 관한 여러 가지 법학 통론57 가운데 카이우스의 저작이 동서 제국 전체에서 가장 널리 사용되었다. 이처럼 광범위하게 보급되었다는 사실은 그 우수성을 말해 준다. 이 저작은 트리보니아누스, 테오필루스, 도로테우스 등 황제의 대리인에 의해 선정되었으며, 두 안토니누스 황제의 자유와 순결함에 퇴보한 후세의 조악한 소재가 덧붙여졌다. 로마와 콘스탄티노플, 베리투스의 젊은이들이 차근차근 『칙법휘찬』과 『학설휘찬』을 공부하도록 소개한 이 책은 역사가, 철학가, 정무관에게는 여전히 귀중한 것이었다. 유스티니아누스의 『법학제요』는 네 권으로 나뉜다. 이 네 권은 꽤 훌륭한 방법으로 구성되어 있는데 1. 인권에서 2. 물권으로, 그리고 물권에서 3. 소송법으로, 마지막으로 4. 위법행위는 형법의 원리로 마감하고 있다.

1. 위계와 신분의 구분은 혼합적이고 제한된 정부의 가장 확실한 기반이다. 프랑스는 귀족 5만 명의 정신과 명예, 나아가 선입견이 자유의 유풍을 살리고 있다.58 왕과 하원 사이에서 헌정상의 균형을 유지하고 있는 영국 입법부의 제2원은 귀족 가계의 직계 후손인 200가문이 구성하고 있다. 제노아와 베네치아, 고대 로마의 귀족 제도는 귀족과 평민, 이방인과 신민의 구분으로 지탱했다. 인류의 완전 평등이야말로 민주 정치와 전제 정치라는 두 극단적 체제가 혼동되어 있는 지점이다. 어떤 한 개인이 그의 노예 무리나 일반 시민 수준 이상으로 상승하면 군주 또는 민중의 위엄이 손상되기 때문이다. 로마 제국이 쇠퇴하면서 공화정 시대의 긍지 높은 특성은 점차 사라졌고, 유스티니아누스의 이성 또는 본능은 단순한 절대왕정 형태를 완성시켰다. 이 황제는 세습된 부의 소유나 저명한 선조의 기억에 대한 대중의 경외를 완전히 근절할 수는 없었다. 그는 장군과 정무관, 원로원 의원들에게 칭호와 보수를 내려 영예를 주는 일을 즐겼다. 그의 변덕스러운 관대함은 그들의 아내와 자녀의 신분에도 영광의 서광을 일부 전해 주었다. 그러나 법 앞에 모든 로마 시민은 평등했으며 제국의 모든 신민은 로마 시민이었다. 이러한 더할 나위 없이 귀한 자격이 진부하고 공허한 칭호로 품격을 잃게 되었다. 이제 더 이상 로마 시민의

사람들에 관하여
자유민과 노예

58 가장 오래된 가계들은 태곳적부터 무기와 영지를 소유했음을 주장하고 있다. 존경할 만한 일부 가문은 십자군 전쟁 이후 업적과 노고를 치하하기 위해 왕이 만든 것이다. 최근의 상스러운 무리는 신임이나 위엄 없는 다수의 썩어 빠진 관직이 계속해서 돈 많은 평민들을 귀족화한 데서 비롯된 것이다.

목소리가 법을 제정하거나 권력의 대행자를 만들어 내는 일은 없었다. 게르만이나 아라비아의 대담한 모험가들도 평등한 호의에 의하여 시민만이 행사할 수 있었던 민사·군사상의 지휘를 동등하게 맡을 수 있었다. 제정 초기의 황제들은 어머니의 신분에 의해 결정되는 정상적 태생과 비천한 태생의 구분을 까다롭게 유지했다. 이 원칙의 공평무사함은 수태와 분만 사이의 어느 한 시기에 그 어머니가 자유민임이 확인될 경우에만 충족되었다. 관대한 주인이 해방시켜 준 노예들은 즉시 해방노예라는 중간 계급이 되었다. 이들은 후에도 복종과 감사의 의무에서는 해방되지 못했다. 열심히 일해서 돈을 얼마나 모으든, 해방노예의 보호자와 그 가족은 그들이 남긴 유산의 3분의 1을, 자식이나 유언 없이 죽었을 경우에는 전부를 물려받았다. 유스티니아누스는 이러한 보호자의 권리를 존중했다. 그러나 그는 관대하게도 해방노예의 가장 낮은 두 계층에게서 불명예의 상징을 벗겨 주었다. 노예에서 해방된 사람은 누구나 곧바로 시민 신분을 취득했다. 결국에는 천성적으로 거부되었던 정상적 태생의 위엄마저도 전지전능한 황제의 손에 의해 인위적으로 부여되었다. 결국 노예 해방의 남발과 비천하고 궁핍한 로마 시민이 급속하게 증가하는 것을 억제하기 위해 도입되었던 나이, 형식, 인원수의 제약은 모두 폐지되고 말았다. 유스티니아누스의 법 정신은 가내노예의 소멸 또한 촉진했다. 유스티니아누스의 시대에 동부 속주에는 태생이 노예이거나 주인에게 봉사하기 위해 구입된 노예의 수가 아주 많았다. 금화 열 닢에서 일흔 닢까지에 이르는 노예의 몸값은 연령, 체력, 교육 정도에 따라 결정되었다.[59] 그러나 이러한 예속 상태의 고난은 통치와 종교의 영향에 의해 끊임없이 완화되었고, 예속민의 생명과 행복에 대한 절대적인 지배권을 통해 고양되었던 신민의 긍지는 이

[59] 한 노예의 선택권이 여러 유산 상속인에게 주어질 경우에는 제비뽑기가 실시되었고, 진 사람들은 그의 가치 일부를 가질 권리를 갖게 되었다. 10세 이하의 일반 하인 또는 하녀는 금화 10닢이었다. 그 나이를 넘을 경우는 20닢, 상술을 알면 30닢, 공증인이나 문필가는 50닢, 산파나 의사는 70닢, 10세 이하의 환관은 30닢, 그 나이 이상은 40닢, 상술을 알 경우 70닢이었다. 이러한 법정가는 일반적으로 시장가보다 낮았다.

358

제 과거의 일이 되었다.

자연의 법칙은 대부분의 동물이 새끼를 돌보고 교육하도록 가르친다. 이성의 법칙은 인간 종족에게 자녀의 효심이 주는 이익에 대한 생각을 심어 준다. 그러나 아버지가 자녀에 대해서 갖는 배타적·절대적·영속적 지배권은 로마 법체계의 고유한 특징이며 아마도 이 도시의 기원과 그 연대를 같이 할 것으로 추정된다. 이러한 부권은 로물루스가 직접 창시 또는 확립했고, 3세기간의 관행 후에 10인위원회가 제정한 제4표법에 성문화된다. 로마 시민으로 성년이 된 자녀는 대광장, 원로원, 군대 내에서는 공적·사적으로 개인의 권리를 누렸다. 그러나 아버지의 집안에서 그는 단지 하나의 물건에 불과해 다른 동산이나 가축, 노예와 구분되지 않았고, 변덕스러운 가장은 지상의 어떠한 법정에서도 책임을 추궁당하지 않은 채 자녀를 양도 또는 물건처럼 파괴할 수 있었다. 매일매일의 부양을 맡고 있는 자는 이러한 임의적인 증여를 다시 차지할 수 있었으며, 자식의 노동 또는 행운으로 벌어들인 모든 것은 아버지의 재산으로 흡수되었다. 아버지가 도둑맞은 물건(소 또는 자녀)은 같은 절도 행위로 되찾을 수 있었다. 만일 그 자녀나 소가 타인의 권리를 침해했을 경우에는 피해 보상을 해 주거나 아니면 마음에 들지 않는 이 동물을 양도하는 것 가운데 선택할 수 있었다. 빈곤하거나 탐욕스러운 가장은 자녀나 노예를 자유로이 처분할 수 있었다. 그러나 노예의 상황이 훨씬 더 유리했으니, 노예의 경우 해방되면 잃어 버린 자유를 되찾을 수 있었지만, 자식의 경우 다시 애정 없는 부친에게 양도되어 두 번이고 세 번이고 예속을 강요당할 수 있었고, 이렇게 계속 남용되는 가정 내의 권력에서 해방되는 것은 세 번째 매매가 이루어진 뒤였다. 가장은 재량에 따라 태형, 유폐, 유형, 또는 쇠사슬에 묶어 노예와 함께 먼 나라로 부역을 보내는 등의 방법을 통해 자식의 실제 또는 가공의 과오를 벌할 수 있었다. 아버지의 권위는 생사 여탈권으로 무장하고 있었다. 간혹 칭찬을 받는 일은 있어도 처벌은 결코 받지 않던 이 피비린내 나는 처벌의 실례는 폼페이우스와 아우구스투스 시대를 넘어 후대 로마의 연대기에서까지 찾아볼 수 있다. 나이도, 지위도, 집정관의 지위도, 개선의 영예도 이러한 자식으로서의 예속성을 면제해 주지 못했다. 자신의 후예는 모두 같은 선조의 가계에 포함되며, 양자 결연의 유대는 자연적 유대와 조금도 다름없이 신성하고 엄격했다. 로마 입법가들은 부성애라는 감정을 일말의 불안도 없이, 아마 남용의 위험은 조금 느꼈을지는 몰라도, 절대적으로 신뢰했다. 세대가 바뀌면 누구든 부친이자 주인으로서의 무시무시한 권위를 반드시 계승한다는 확신으로 이에 대한 저항감은 완화되었다.

부권의 제한 부권에 최초로 제동을 건 것은 누마의 정의감과 인간애였다. 남자의 부친의 동의를 얻어 자유민과 결혼한 처녀는 노예의 아내라는 불명예를 면할 수 있었다. 라틴과 투스카니 인근 지역의 압박으로 간혹 기근에 빠지곤 했던 건국 초기에 자녀 매매는 잦은 관행이었다. 그러나 로마인이 같은 시민의 자유를 사들일 법적인 권리가 없었으므로 이 시장은 점차 쇠퇴했고, 공화국이 정복에 나서게 되면서 이러한 거래는 거의 소멸했다. 불완전하나마 재산권이 점차 자식들에게 넘어가면서 부친 승계 재산, 외래 재산, 직업 재산의 세 가지 구분이 유스티니아누스의 『칙법휘찬』과 『학설휘찬』의 법체계에서 확정된다. 부친의 모든 재산에 대해서는 사용권만을 부여하고 절대적 소유권은 유보했지만, 재산을 매각할 경우에는 호의적 해석에 따라 자식의 지분은 채권자의 요구에서 제외되었다. 결혼이나 증여, 방계 상속으로 취득한 재산권은 자식에게 귀속되고 부친은 특별히 배제되지 않는 한 생존 중에 그에 대한 용익권을 누렸다. 군사적 공훈에 대한 정당한 보수로 적군에게서 취한 물건은 병사만이 취득, 보유, 유증할 수 있었다. 모든 자유 직업의 보수, 공무원의 봉급, 황제와 황후에게 받은 신성한 하사금에도 정당한 유추에 따라 같은 원리가 적용되었다. 시민의 생명은 재산에 비해 부권 남용에 노출될 위험이 적었으나, 타락한 부친의 이익이나 정념에 자식의 목숨이 방해가 되는 일은 있었다. 아우구스투스 시대 사람들은 타락으로 인한 범죄를 더욱 절실하게 느꼈다. 그리하여 잔인한 에릭소가 아들을 죽을 때까지 채찍질했을 때, 그는 황제의 개입 덕분에 겨우 대중의 정당한 분노를 모면할 수 있었다.[60] 아우구스투스는 아리우스의 가정 재판에 몸소 참석하고 의견을 내어 존속살해범에 대한 유형 선고를 확인했다. 하드리아누스 황제는 계모와 불륜 관계였던 자식을 사냥에 데리고 나갔다가 몰래 살해한 아버지를 섬으로 유배시켰다. 사적인 사법권은 군주정의 정신에 위배된다. 이 부친은 판관의 지위에서 고소인의 지위로 격하되었고, 정무관들은 세베루스 알렉산데르의 명령에 따라 이 부친의 고소를 청취하고 판결을 집행했다. 주인이기도 한 아버지라도 더 이상 살인죄와 그에 따른 형벌을 지지 않고서는 자식의 생명을 취할 수 없게 되었다. 폼페이우스 법이 면제해 주었던 존속살인에 대한 형벌도 콘스탄티누스 황제의 정의(正義)에 의해 결국 다시 부과되었다. 이러한 보호는 모든 연령의 사람에게 적용되었다. 신생아를 목졸라 죽이거나 굶기거나 유기하는 부친, 공공 기관에 자기 자신은 거부한 어버이로서의 자비를 요구하는 부친에

[60] 에릭소와 아리우스의 예는 세네카도 언급하고 있는데, 에릭소에 대해서는 혐오를, 아리우스에게는 칭찬을 보내고 있다.

44장 361

게 살인죄를 적용한 파울루스의 인간애는 이성에 비추어 칭찬할 만하다. 그러나 영아 유기는 고대의 보편적이고 끈덕진 악행이었다. 이 관행은 로마식 부권 개념을 전혀 가진 적 없는 여러 민족 사이에서도 간혹 금지되고 대개는 허용되었으며 거의 항상 처벌 없이 이루어졌다. 인간의 마음에 호소하는 극시인(劇詩人)들도 경제적 곤란 또는 동정 때문이라고 변명하는 이 일반적인 관행을 무심하게 묘사하고 있다. 아버지가 자기 감정을 억제할 수 있는 경우에는 비난은 면하지 못한다 해도 적어도 처벌은 면할 수 있었다. 발렌티니아누스와 그 동료들이 코르넬리우스 법의 자구(字句)와 정신에 이러한 살인 행위를 포함시킬 때까지 로마 제국은 영아의 피로 물들었다. 극형에 대한 공포로 보강될 때까지 법학의 교훈과 그리스도교 정신의 온화한 영향력만으로는 이러한 비인도적 관행을 근절하기에 역부족이었던 것이다.

남편과 부인

미개인들은 여성에게 폭군과 같으며 여성의 상황은 대개 사회생활의 정제로 인해 나아진다는 사실은 경험으로 증명할 수 있다. 리쿠르구스는 튼튼한 후손을 얻기 위해 결혼 시기를 늦추었다. 누마는 로마인 남편이 열두 살의 어린 나이로도 순결하고 복종적인 처녀를 자기 의지에 맞게 교육시킬 수 있다고 못 박았다. 고대 관습에 따르면 로마인은 상대방 부모에게서 신부를 사들이고, 신부는 동전 세 닢

종교적 결혼 의식

으로 남편의 집과 그 가족의 수호신에 대한 정당한 소개장을 사들임으로써 가상 결혼을 실행했다. 신관은 열 명의 증인 앞에 과일을 공물로 바쳤다. 계약의 두 당사자는 같은 양가죽 위에 앉아 밀이나 쌀로 만든 얇은 빵을 먹었다. 고대 이탈리아 음식의 상징에 따른 공

동 회식 결혼은 심신의 신비로운 결합을 상징했다. 그러나 여성 쪽에서 볼 때 이러한 결합은 가혹하고 불평등했다. 여성은 결혼이라는 이름으로 치장된 새로운 예속의 굴레로 들어가기 위해 아버지의 가문과 성(姓), 종교를 포기해야 했다. 합리적이지도 우아하지도 못한 이러한 법의 허구성이 한 가족의 어머니(여성에게 적절한 호칭은 바로 이것이다.)이자 넘치는 부권을 가진 남편 또는 주인의 딸이라는 기묘한 특성을 부여한 것이다. 아내의 행동은 남편의 판단이나 변덕에 의해 인정되거나 비난받거나 처벌받았다. 남편은 생사 여탈권을 행사했고, 부인이 간통을 저지르거나 술에 취한 경우[61] 그에 따라 판결을 내릴 권한이 있었다. 아내가 취득하거나 물려받는 것은 온전히 남편의 수입이 되었다. 게다가 여성은 인간이 아니라 물건이라고 너무도 확실하게 규정되어 있어서 권원(權原)이 명확하지 않은 경우에는 다른 동산과 마찬가지로 1년간의 사용과 점유에 따라 권리 청구를 할 수 있었다. 로마인 남편은 아테네와 유대교의 법에서는 매우 철저하게 강요하는 부부 관계의 의무도 자기 마음대로 행사하거나 유보할 수 있었다.[62] 그러나 일부다처제는 존재하지 않았기 때문에 더 아름답거나 더 마음에 드는 상대를 침실에 들일 수는 없었다.

포에니 전쟁의 승리 이후 로마 부인들은 자유롭고 풍요한 공화국의 혜택을 공유하고자 하는 열망에 싸였다. 그들의 소망은 아버지와 연인들의 관대함으로 승인받았고, 그들의 야망은 근엄한 감찰관 카토의 저항에도 불구하고 성공을 거두었다.[63] 여성들은 옛 혼례 의식을 거부하고 3일간의 부재로써 연간 취득 시효를 무효로 만들었으며, 이름이나 독립성을 잃지 않고도 자유롭고 확실한 결혼 계약 조건에 서명했다. 개인 재

결혼 계약의 자유

[61] 와인을 맛보거나 와인 창고의 열쇠를 훔치는 것만으로도 충분했다.

[62] 솔론은 월 3회를 요구하고 있다. 미스나는 할 일 없고, 정력적이고, 젊은 남편에게는 일 1회, 시민에게는 주 2회, 농민에게는 주 1회, 낙타몰이꾼에게는 30일에 1회, 뱃사람에게는 6개월에 1회를 요구한다. 그러나 학생이나 의사의 경우는 이 의무에서 면제되었다. 그리고 주 1회씩 부부 관계를 하는 부인은 절대 이혼 소송을 낼 수 없었다. 1주일간의 금욕 선서는 허용되었다. 일부다처의 경우는 남편의 의무를 늘리는 것이 아니라 나누었다.

[63] 오피아누스 법에서는 발레리우스 플라쿠스의 부드러운 연설과 대(大) 카토의 엄준한 감찰관 연설을 들을 수 있다. 그러나 우리는 6세기의 거친 웅변가들의 말보다는 8세기의 세련된 역사가의 말을 듣게 될 것이다. 아울루스 겔리우스는 카토의 원칙과 문체까지 훨씬 정확하게 보존하고 있다.

64 플루타르코스에 따르면 로물루스는 이혼의 근거로 세 가지, 즉 음주, 간통, 살림을 잘못 영위하는 것만을 허락했다. 그렇지 않을 경우 자신의 지배권을 남용하는 남편은 재산의 절반을 아내에게, 절반을 여신 케레스에게 빼앗겼고 대지의 신들에게 공양을 바쳤다.(남은 것을 가지고 말인가?) 이 기괴한 법은 가상의 것이거나 일시적인 것임에 틀림없다.

산에서도 사용권은 나누어 가졌으나 소유권은 보전했다. 방탕한 남편은 아내의 영지를 양도하거나 저당 잡힐 수 없었고 상호 증여는 법의 견제로 금지되었다. 어느 일방의 간통은 다른 명목의 향후 소송에서 절도 행위로 간주할 수도 있었다. 이런 느슨하고 임의적인 계약에서 종교적·사회적 의식은 더 이상 필수가 아니었다. 비슷한 계층의 사람들 사이에서는 표면상의 공동 생활이면 혼인의 증거로 충분했다. 결혼의 존엄성을 부활시킨 것은 신심 깊은 자들의 기도나 사제 또는 주교의 축복을 통해 영적인 은총을 이끌어 낸 그리스도교도들이었다. 이 신성한 제도의 기원과 유효성, 의무는 유대교 회당의 전통과 복음의 교리, 지방 또는 총교회 회의가 정한 교회법에 의해 규제되었다. 그리스도교도의 양심은 교회 지배자들의 계율과 설교를 경외했다. 그러나 유스티니아누스의 정무관들은 교회의 권위에 따르지 않았다. 황제는 신앙 없는 고대 법학자들에게 의존했으며『칙법휘찬』과『학설휘찬』에서 결혼법의 제정은 정의, 정책, 양성(兩性)의 선천적 자유라는 세속적인 동기에 따랐다.

이혼의 자유와 남용

모든 합리적 계약의 정수인 두 당사자의 합의 외에도 로마의 결혼에는 부모의 사전 승인이 필요했다. 최신 법에 따라 아버지는 성년인 딸의 결점을 보완하라는 강요를 받을 수 있었으며, 아버지가 정신적 결함이 있다 해도 여전히 동의는 받아야 했다. 로마인에게 결혼 해소의 원인은 다양했다.64 그러나 가장 엄숙한 성례(聖禮)인 공동 회식 결혼마저도 언제든 정반대 성향의 의식에 의해 무효화될 수 있었다. 초기 시대에 한 가정의 아버지는 자식을 팔 수 있었고, 아내 또한 자식 중의 한 명이었다. 이 가정의 판관은 죄지은 아내에게 사형을 언도할 수도 있었고, 자비를 베풀어 자기 침상과 집에서 쫓아낼 수도 있었다. 이렇듯 비참한 여성의 예속 상태는 남편이 자신의 편의를 위해 이혼이라는 남성의 특권을 주장하지 않는 한 절망적이고 영속적이었다. 이런 유혹적인 특권의 행사를 500년 이상 자제한 로마인들의 미덕은 열렬한 찬사를 받았다.65 그러나 이러한 사실은 노예나 다름없는 여성이 폭군과의 관계를 끊을 수 없었으며, 그 폭군은 노예를 놓아 주기 싫어했다는 불평등한 관계를 명시하고 있다. 로마 부인들이 남편에 대해 평등하고 자발적인 반려자가 되면서 새로운 법체계가 도입되었다. 결혼 역시 다른 동반 관계와 마찬가지로 어느 일방의 포기에 의해 해소될 수 있다는 것이다. 번영과 부패로 이어진 3세기 동안 이 원칙은 확대되어 빈번히 실행된 결과 오용의 해를 가져왔다. 정념과 이해관계, 변덕이 매일같이 결혼 해소의 동기를 제공했다. 말 한 마디, 전언 하나, 편지 한 통, 자유민의 명령 등으로 간단하게 이별이 선언되었다. 가장 다정해야 할 인간 결합이 이득이나 쾌락을 위한 일시적 동거로 타락하게 되었다. 다양한 인생살이에 따라 남녀 모두가 번갈아 수치 또는 상처를 입었다. 부정한 아내가 자신의 부를 새 가족에게 양도하고, 어쩌면 사생아일지도 모를 수많은 자식들을 전남편 아버지의 권위와 보호하에 버려두었다. 아름다웠던 처녀가 이혼한 후 늙어 궁핍하고 의지할 곳 하나 없이 세상에 버려질 수도 있었다. 그러나 아우구스투스 황제가 결혼을 강요하자 로마인들이 못마땅한 태도를 보인 것은 결혼 제도가 남자들에게 그다지 유리하지 않았음을 보여 준다. 이혼의 자유가 행복이나 미덕에 기여하지 않음을 증명하는 이 자유롭고 완벽한 실험은 그럴듯한 이론을 간단하게 잠재웠다. 쉬운 이혼은 모든 상호 신뢰를 파괴하고 온갖 사소한 논쟁에 불을 당겼다. 남편과 타인 사이의 작은 차이가 아주 쉽게 제거된다면 그 차이는 쉽게 잊혀질 것이

65 스푸리우스 카르빌리우스 루가는 아름답고 선량하지만 불임인 아내와 이혼했다. 그는 감찰관의 심문을 받았고 대중에게 미움을 받았으나, 그의 이혼은 법률상으로 고발되지 않았다.

다. 5년 동안 여덟 명의 남편 품에 몸을 맡긴 기혼 여인은 자신의 정절을 존중하지 않게 될 것임에 틀림없다.

이혼 자유의 제한

부작용이 빠르게 확산되면서 한참 뒤늦게 불충분한 구제책이 따랐다. 고대 로마인의 신앙에서는 특정 여신이 결혼 생활의 불만을 들어주고 조정해 주는 역할을 했다. 그러나 '비리플라카(Viriplaca)', 즉 '남편의 위안자'라는 이 여신의 별명만 보아도 복종과 회개가 어느 편에 요구될지는 뻔한 일이었다. 시민은 모든 행위에서 감찰관의 판결에 복종했다. 이혼이라는 특권을 처음 사용한 사람은 감찰관의 명령에 따라 행위의 동기를 설명해야 했음에도 불구하고 한 원로원 의원은 동료들 모르게, 권고를 받지 않고 처녀인 아내를 내쳤다는 이유로 추방되었다. 결혼 지참금 회수 소송이 제기되면 법무관은 형평의 수호자로서 사건의 원인과 성격을 조사한 후, 죄가 없고 해를 입은 사람에게 유리한 쪽으로 온화하게 판결의 저울을 기울여 주었다. 두 정무관의 직무를 통합한 아우구스투스는 이혼의 자유를 억제 또는 벌하는 별도의 방법을 채택했다. 이 엄숙하고 신중한 행위에 대해 유효성을 얻으려면 일곱 명의 로마 시민 증인이 입회해야 했다. 남편이 충분한 원인을 제공했을 경우에는 2년간의 유예가 아니라 즉시 또는 6개월 이내에 지참금을 반환해야 했다. 그러나 남편이 아내의 행동거지에 죄를 물을 수 있는 경우에는 아내 쪽이 지참금의 6분의 1 또는 8분의 1로 자신의 죄나 경솔함을 속죄할 수 있었다. 그리스도교도 군주들은 처음으로 개인 이혼의 정당한 근거를 명시했다. 콘스탄티누스에서 유스티니아누스에 이르기까지, 그들의 제도는 제국의 관습과 교회의 소망 사이에서 오락가락했던 것으로 보인다. 신법의 편찬자는 『칙법휘찬』과 『학설휘찬』의 법학을 지나치게 자주 고쳤다. 가장 준엄한 법에 따르면 남편이 도박꾼, 술주정뱅이, 난봉꾼이더라도 살인, 독살, 신성 모독 등의 죄를 범하지 않는 이상 아내는 그를 부양해야 했다. 남편의 신성한 권리는 계속 유지되어 그의 이름과 가문을 간통이라는 치욕에서 보호할 수 있었다. 남성용이든 여성용이든 대죄(大罪) 목록은 계속되는 규정으로 축소 또는 확대되었으며, 치유될 수 없는 성교불능, 장기간의 부재, 수도(修道) 생활 등은 결혼 의무를 무효로 할 수 있는 이유가 되었다. 법의 허용을 넘어선 자는 누구든 여러 가지 중형을 받았다. 여자는 심지어 비녀까지 포함하여 모든 재산과 장신구를 빼앗겼다. 남자가 새 여자를 침대에 끌어들인 경우, 쫓겨난 아내는 보복으로 그 여자의 재산을 합법적으로 몰수할 수 있었다. 재산 몰수는 때로 벌금으로 바뀌었고, 벌금형은 섬으로의 유배나 수도원 감금으로 가중되는 경우도 있었다. 피해자는 결혼의 구속에서 벗어나고 가해자는 일생 또는 일정한 기간 동안 다시 결혼할 권리를 박탈당했다. 유스티니아누스의 후계자는 불행한 신민들의 소청을 받아들여 상호 동의에 의한 이혼의 자유를 허락했다. 법학자들은 만장일치로 찬성했고 신학자들은 의견이 갈렸는데, 그리스도의 교의를 담고 있는 그 모호한 자구(字句)에 대해서는 입법가의 지혜가 필요로 하는 그 어떠한 해석도 가능했기 때문이다.

로마 시민 간의 연애와 결혼의 자유는 자연적이고 사회적인 장애로 제한되었다. 근친상간, 첩, 서자
거의 천성적이고 보편적인 인간 본능은 무한히 계속되는 존비속의 일족에서 부모 자식 간의 근친상간적 교섭을 금하고 있다. 그러나 모호하고 방계적인 분파에 대해 자연은 무관심하고 이성은 침묵하며 관습은 다양하고 자의적이다. 이집트에서는 형제자매 간의 결혼이 거리낌도 예외도

없이 인정받았다. 스파르타인은 아버지의 딸을 아내로 맞아들일 수 있었고, 아테네에서는 어머니의 딸을 아내로 삼을 수 있었고, 백(숙)부와 조카딸의 결혼은 가장 친밀한 친척 간의 행복한 결합이라며 축하받았다. 로마의 세속적 입법가들은 이익이나 미신 때문에 이런 금지된 친인척의 범위를 늘리려는 유혹은 받지 않았으나 형제자매의 결혼은 엄금했고, 사촌 사이에도 같은 금지를 적용해야 할지 주저했으며 백(숙)모와 백(숙)부의 친권을 존중해 인척 및 양자 관계가 혈연 관계를 정당하게 모방한 것으로 인정했다. 공화국의 자랑스러운 격언에 따르면 합법적 결혼은 자유 시민에 의해서만 성립될 수 있었다. 원로원 의원의 배우자는 명예로운 신분, 최소한 자유 시민 출신이어야 했다. 그러나 왕족의 피는 로마 시민과 합법적인 결혼으로 섞일 수 없었다. 클레오파트라와 베레니케는 이방인이라는 이유 때문에 각각 마르쿠스 안토니우스와 티투스의 첩이라는 신분으로 격하될 수밖에 없었다. 위엄을 해치는 이런 호칭을 이 동방의 여왕들에게 함부로 적용할 수는 없었다. 법학자들의 좀 더 엄격한 정의에 따르면 첩(concubine)이란 노예 또는 평민 출신의 여자로, 독신 로마 시민의 유일하고 정숙한 반려자를 뜻했다. 아내의 영예에는 미치지 못하고 창부의 오명은 넘어서는 그 겸허한 지위는 법으로 인정받고 승인되었다. 아우구스투스 시대부터 10세기까지 이러한 준(準)결혼은 동서 로마 제국에서 만연했으며, 귀족 부인의 허영과 오만방자함보다 첩의 겸허한 덕성을 선호하는 경우도 잦았다. 군주로서도 또 남자로서도 최고로 평가된 두 안토니우스 황제는 이러한 결합으로 가정적 위안을 누렸는데, 독신 생활은 견디기 힘들고 가문에는 구애받던 많은 시민들도 그 예를 따랐다. 후에 그들이 이런 동거 생활에서 얻은 사생적인 자연아(natural children)를 적자로 삼고자 할 경우에는 다산성과 충실성을 이미 검증받은 그 반려자와의 혼례로 적자 전환이 즉시 이루어질 수 있었다. '자연(natural)'이라는 어구에 의해 첩의 자식은 간통, 매춘, 근친상간 등으로 태어나 유스티니아누스 황제가 최소한의 부양도 마지못해 허락했던 사생아와 구별되었다. 그리고 이들만이 인정된 부친의 유산 가운데 6분의 1을 상속받을 수 있었다. 법의 엄격한 규정에 따르면 서자는 어머니의 성과 신분을 승계했으므로 어머니의 처지에 따라 노예, 외국인, 시민 등의 신분을 얻었다. 가정에서 버림받은 모든 아이들은 아무 비난도 받지 않고 국가의 자식으로 받아들여졌다.

보호자와 피보호자, 로마식 표현으로는 후견인과 피후견인의 관계는 『법학제요』와 『학설휘찬』의 많은 항목을 구성하고 있지만 매우 단순하고 통일된 성격을 갖고 있다. 고아의 신병과 재산은 반드시 분별 있는 후원자의 보호에 맡겨야 한다. 사망한 부친이 의사를 밝히지 않았을 경우에는 아버지 쪽에서 가장 가까운 친척이 자연히 보호자가 되어야 했다. 아테네인은 어린아이를 아버지의 죽음으로 가장 이익을 얻게 되는 사람 손에 넘기는 것이 아닐까 걱정했다. 그러나 로마 법체계의 공리(公理)는 후견 책임이 항상 상속의 보수에 수반되어야 한다는 사실을 천명했다. 아버지의 선택이나 혈족 관계에서 적절한 후견인을 찾지 못할 경우에는 로마의 법무관이나 속주 총독의 지명으로 이를 보완했다. 그러나 이러한 공적인 직무에 지명된 사람들은 정신이상이나 실명, 무지나 무능, 이전의 불화 또는 이해의 상충, 이미 떠맡고 있는 자식 또는 피후견인의 수, 또는 정무관, 법률가, 의사, 교수 등 공공 직무에 종사하는 사람들에게 주어지는 면제 등을 이유로 법적으로 후견인 자리를 사

후견인과 피후견인

양할 수 있었다. 영아가 말하고 생각할 수 있게 될 때까지는 후견인이 그를 대변하며 그러한 권한은 사춘기 연령에 도달하면 끝난다. 후견인의 동의 없이는 피후견인의 어떠한 행위도 그에게 손실의 책임을 지울 수 없지만 자신의 이익을 위해 다른 사람들에게는 의무를 지울 수 있다. 말할 필요도 없지만 후견인은 종종 보증을 하고 보고를 해야 했는데, 이 문제에 관한 근면 또는 성실성 부족은 민사는 물론 형사상의 기소 대상이 되는 일도 있었다. 법학자들은 사춘기 연령을 성급하게 14세로 정했다. 그러나 대개 신체의 성숙보다는 정신의 발달이 늦었으므로, 청년들의 경험 부족과 고집 센 정열에서 재산을 보호해 주기 위해 관리자가 지정되었다. 원래 이런 수탁인은 방탕하거나 정신이 이상한 사람의 맹목적인 난동에서 가족을 지키기 위해 법무관이 관리자를 지정해 주는 제도에서 나왔는데 미성년자들도 25세라는 나이에 도달할 때까지는 자기 행위의 효력을 인정받기 위해 이러한 보호를 요청하도록 법으로 정해져 있었다. 여성은 부모와 남편 또는 후견인에게서 끊임없이 보호를 받았다. 기쁨을 주고 복종하기 위해 창조된 이 성(性)이 이성적, 경험적으로 성숙한 연령에 도달할 리가 없다는 것이었다. 이는 적어도 엄격하고 오만한 고대법의 정신이었으며, 유스티니아누스 시대까지는 알게 모르게 완화되었다.

사물에 관하여
소유권

2. 원래 소유권은 사전 점유라는 우연 또는 실체적 사항에 의해서만 정당화될 수 있다. 소유권은 이러한 기반 위에서 법학자들의 철학에 의해 현명하게 성립되고 있다. 나무를 파거나 나무 손잡이에 날카로운 돌을 끼워 넣거나 휘는 나뭇가지에 끈을 잡아맨 원시인은 자연 상태에서는 카누나 손도끼, 활의 정당한 소유자가 된다. 재료는 누구에게나 공유되었지만 이 새

로운 실체, 즉 자신의 시간과 단순한 노동으로 만든 생산품은 자기 자신에게만 속한다. 굶주린 동족들은 스스로 옳지 않은 일임을 인식하지 않고서는 이 사냥꾼으로부터 그의 개인적인 힘과 솜씨로 잡거나 도살한 사냥감을 탈취할 수 없을 것이다. 만일 선견지명으로 유순하게 길들여지는 가축을 키워 수를 늘린다면 그는 자기 힘으로 늘린 수많은 새끼들을 사용할 수 있는 영구한 권리를 얻게 된다. 나아가 이 짐승들과 스스로를 부양하기 위해 땅을 에워싸고 경작을 시작하면 황무지가 비옥한 토양으로 변모한다. 종자와 비료, 노동이 새로운 가치를 창출하는 것이다. 수확이라는 보상은 오랜 세월의 노고로 고통스럽게 얻은 것이다. 이러한 각각의 사회 상태에서 사냥꾼, 양치기, 농부는 인간의 마음속에 강하게 작용하는 두 가지 이유에서 자신의 소유를 방어할 것이다. 자신이 향유하는 것은 모두 자기 노동의 결실이며 이런 행운을 선망하는 사람은 똑같은 노동으로 같은 생산물을 만들어 내면 될 것이라고. 사실 비옥한 섬에 자리 잡은 작은 거주지의 자유와 부는 그렇게 만들어진 것이다. 그러나 면적은 그대로인데 거주지가 증가하면 인류의 평등한 유산이던 공통의 권리는 뻔뻔하고 교활한 자들에게 독점당하고 만다. 모든 밭과 숲은 질투심 많은 주인에 의해 경계선 표지로 둘러싸이게 된다. 지상, 공중, 수중의 야생동물에 대한 최초 점유자의 권리를 옹호한 것은 로마 법학의 독특한 공적이다. 원시의 공평함에서 최종적 불공평으로의 이행의 발걸음은 매우 조용하고, 거의 눈에 띄지 않았으며, 절대적 독점은 실정법과 인위적 이성의 보호를 받기에 이르렀다. 자기애라는 만족을 모르는 활발한 원리만이 생활의 기술과 노동의 대가를 공급할 수 있다. 시민 정부와 배타적 소유는 도입되자마자 인류의 존속에 필수적인 전제가 되었다. 현명한 입법가들은 스

66 이 짧은 시효를 언급하면서 흄(Hume)은 그 당시 로마에는 현재 타타르족에게 있는 정도의 질서와 안정밖에 없었을 것이라고 추론하고 있다. 그의 적수인 법학자 왈러스(Wallace)는 상황을 간과했다는 비판을 받는데 그러한 비판에 이유가 없는 것은 아니다.

파르타의 독특한 제도를 제외하면 토지법이 허위적이고 위험한 제도라며 거부했다. 로마인들 사이의 엄청난 부의 편중은 의심스러운 전통과 시대에 뒤진 법령에 들어 있던 이상적 제한을 모두 타파해 버렸다. 전승에 따르면 로물루스의 가장 가난한 신하도 2유게라의 토지에 대한 영구 상속을 보장받았고, 법에 따르면 아무리 부유한 시민도 500유게라 또는 312에이커의 땅밖에는 가질 수 없었다. 로마의 본래 영토는 테베레 강 제방을 따라 펼쳐진 수 마일의 숲과 목초지에 불과했다. 역내의 교환은 국고를 늘리는 데 전혀 도움이 되지 않았으나 외국인이나 적의 재산은 최초의 적대적 점유자에 의해 합법적으로 취득되었다. 로마는 이렇게 전쟁이라는 수익성 좋은 장사로 부유해졌다. 볼스키족의 양, 브리튼의 노예, 아시아 왕국들의 보석과 황금을 얻기 위해 치른 대가는 로마의 아들들이 흘린 피뿐이었다. 유스티니아누스 시대에는 이미 변질되어 잊혀진 고대 법학 언어는 이러한 전리품들을 'manceps' 또는 'mancipium', 즉 '손으로 취해진 것'이라고 분류한다. 이런 것들을 매매하거나 양도할 때 구매자는 이것이 같은 시민이 아니라 적의 소유물이었다는 확인을 요구했다. 시민은 오로지 유기(遺棄)에 의해서만 자신의 권리를 상실할 수 있었고, 귀중한 물건이라면 이런 유기의 추정을 쉽게는 받지 못했다. 그러나 12표법에 따르면 현재의 점유자가 실제 적법한 소유주라고 생각한 사람에게서 정당한 거래를 통해 사들였을 경우 동산은 1년, 부동산은 2년의 시효를 통해 이전 주인의 청구를 무효화할 수 있었다.[66] 사기나 강제가 섞이지 않은, 그러한 양심적인 권리 침해가 작은 공화국의 구성원에게 해를 가할 일은 거의 없었다. 그러나 유스티니아누스가 결정한 3년, 10년, 20년이라는 다양한 시효는 광활한 제국의 규모에 훨씬 적합한 것이었다. 법학자가 부동산과 동산의 구분을 표시한 것은 시효의 기간에 따라서였으며, 소유권에 대한 그들의 일반적 개념은 단순하고 통일되고 절대적인 지배권 개념이었다. 이웃의 편의를 위해 토지와 가옥에 설정된 사용권, 용익권, 지역권 등의 부차적인 예외는 법학자들이 충분히 설명하고 있다. 소유권의 주장은 실체의 혼합, 분할, 변질로 변경되는 한도 내에서 같은 법학자들이 형이상학적으로 면밀하게 조사한 바 있다.

최초 소유주라는 개인의 자격은 사망으로 종료되어야 한다. 그러나 그 점유는 별다른 변화도 없이 노동의 동료이자 부의 공유자인 자녀들에게 평화롭게 인계된다. 이 자연스러운 상속은 모든 풍토와 시대의 입법자들이 보호해 온 바, 아버지는 자손 대대로 자기 노동의 결실을 누릴 수 있기를 바라는 따뜻한 마음에서 먼 땅에서 더디게 이루어지는 개량을 참아 낼 수 있었다. 상속 계승의 원칙은 보편적이지만 그 순위는 편의 또는 변덕, 국가 제도의 정신, 사기 또는 폭력에 의해 결정되는 편파적 사례에 따라 다양하게 정해졌다. 로마의 법체계는 유대인,[67] 아테네,[68] 영국[69]의 법체계보다는 자연의 평등에서 벗어난 정도가 덜한 것으로 보인다. 시민이 죽으면 그의 모든 자손은 이미 부권에서 배제되어 있지 않은 한 재산 상속을 받을 수 있었다. 장자 상속이라는 오만한 특권은 없었으며, 양성(兩性)이 평등한 선상에 놓여 아들과 딸들은 상속 재산을 똑같은 비율로 받을 권리를 갖고 있었다. 아들들이 이미 죽고 없으면 유족인 자녀들이 그 인격을 대표해 그의 몫을 분배받았다. 직계가 없으면 이런 상속권이 방계로 넘어갔다. 친등(親等)에 대해서 법학자는 마지막 점유자에서 공통의 부모로 거슬러 올라

상속권, 계승권

민법에서 정하는 친족의 등급

[67] 원로 가운데 가장 먼저 태어난 사람이 신비적·영적 장자 상속권을 누렸다. 가나안 땅에서 원로는 두 배의 상속을 받을 권리를 가진다.

[68] 아테네에서 아들들은 평등했으나 불쌍한 딸들은 오빠나 남동생의 재량에 따라 재산을 받았다.

[69] 영국에서는 장자만이 모든 토지를 상속받았다. 정통파 판사인 블랙스톤(Blackstone)이 말하기를, 이는 차남 이하의 형제들 생각에만 부당한 법이었다. 이 법은 그들이 더욱 열심히 일하도록 하는 데 정치적으로 다소 효과가 있었을지 모른다.

가고, 이 부모에게서 다시 다음 상속자로 내려가면서 친등의 수를 결정했다. 아버지는 1촌, 형제는 2촌, 형제의 자녀는 3촌 등으로 계산하고 그 이상의 촌수는 머릿속에서 생각하거나 가계도를 그려 이해하는 것이다. 다만 계산할 때 로마법은 물론 국가 제도에서도 중요한 구분이 이루어졌다. 부계 친족은 가장 가까운 친등 관계인 이상 평등한 분할을 받았는데, 여성은 어떤 법적 권리도 후손에게 이양할 수 없었다. 모든 계층에서 모계 친족은 모자 관계라는 가장 친밀한 관계를 포함해 모두 예외 없이 이방인 또는 외국인으로 취급되어 12표법에 의해 상속권을 박탈당했다. 로마인 사이에 혈통은 공동의 성씨와 가족 의식으로 묶여 있었다. 스키피오나 마르켈루스 같은 다양한 가명(家名) 내지 성(姓)은 코르넬리우스나 클라우디우스 등 같은 씨족 이름을 가진 하위 분파와 서로를 구별하기 위한 호칭이었다. 같은 성씨의 부계 친족이 없는 경우에는 씨족이라는 더 큰 공통분모로 보충했다. 법의 신중함은 이러한 같은 씨족 이름으로 종교와 재산의 영속적인 전승을 보장한 것이다. 여성의 상속권을 폐지해 버린 보코니우스 법도 같은 원리가 지배하고 있었다.[70] 딸은 결혼으로 양도되거나 팔리게 되면 아내로서 새로운 인연을 맺었기 때문에 딸로서 가질 수 있는 기대는 사라지게 되었다. 그러나 독립한 기혼 여성의 평등한 계승권은 그들의 긍지와 호사를 지탱해 주었으며 아버지의 재산을 타지로 옮길 수도 있었다. 카토의 격언이 존중되는 동안 그 격언은 각 가계에 정당하고 덕성스러운 평범함을 영속시키는 힘을 발휘했다. 그러다 여성의 감언(甘言)이 점차 승리를 거두면서 공화국의 거대함 속에서 모든 건전한 제한이 해소되고 말았다. 10인 위원회의 엄격성은 법무관들의 공평함으로 완화되었다. 그들은 포고로 해방된 아들이나 유복자의 자연적 권리를 부활시켰

[70] 보코니우스 법은 로마력 584년에 제정되었다. 이 해에 열일곱 살이 된 소(小)스키피오는 어머니와 여자 형제들에게 관대하게 재산을 나누어 주었다.

고, 부계 친족이 없는 경우 그 권리나 특성이 서서히 망각 속에 묻혀 버린 씨족이라는 이름보다 모계 친족의 혈통을 우선시했다. 모자간의 상호 상속도 원로원의 자비에 의해 테르툴리아누스 법과 오르피티우스 법에 의해 확립되었다. 12표법의 법체계 부활을 표방한 유스티니아누스의 『신칙법』은 훨씬 공평한 새로운 순위를 도입했다. 남녀 친족의 계통 구분이 없어졌다. 존비속 및 방계 순위도 정확하게 규정되어 각 친등은 혈연과 애정의 친밀도에 따라 로마 시민의 유산을 승계하게 되었다.

승계 순위는 자연에 따라 적어도 입법자의 보편적이고 항구적인 이성에 의해 규정된다. 그러나 이 순위는 유언자의 지배를 사후까지 연장시키는 자의적이고 편파적인 유언장에 의해 간혹 파괴되었다.[71] 미개한 사회 상태에서는 이러한 최후 소유권 행사 내지 남용이 거의 없었다. 이는 아테네가 솔론의 율법에 의해 도입한 것이며, 후에 가장의 개인적 유언이 12표법으로 승인되었다. 10인위원회 이전[72] 로마 시민은 자신의 소망과 동기를 30쿠리아의 총회에서 공표했고, 그러면 일반 상속법은 입법부의 임시법에 의해 일시 정지되었다. 10인위원회가 인가를 내리면 각각의 개인 입법가가 로마 시민 다섯 계급을 대표하는 시민 다섯 명의 입회하에 구두 또는 서면으로 유언장을 발표했다. 여섯 번째 증인은 이들이 일치함을 증언했고 일곱 번째 증인은 가상의 구매자가 지불하는 동전의 무게를 쟀다. 그러면 가공의 거래와 즉각적인 양도로 부동산이 옮겨졌다. 그리스인을 경탄시킨 이 기묘한 의례는 세베루스 시대까지 행해졌지만 이때쯤은 법무관들이 훨씬 간소한 유언 수속을 승인했고, 이 중요한 행위의 수행을 위해 특별한 법률상 이의가 없는 한 증인 일곱 명의 인장(印章)과 서명만을 요구했다. 자

[71] 승계는 '법칙'이고 유언장은 '예외'라는 사실은 박식하고 다소 산만하지만 생기 있는 작가 테일러(Taylor)가 증명했다. 제2권과 3권의 『법학제요』의 방식은 확실히 터무니없다. 대법관 다구에소는 트리보니아누스의 저택에서 자기 동포인 도마트(Domat)에게 행운을 빌고 있다. 그러나 승계 이전의 계약은 확실히 민법의 자연적 순위는 아니다.

[72] 그 전의 유언에 관한 사례는 아마도 허구일 것이다. 아테네에서는 자식 없는 아버지만이 유언장을 만들 수 있었다.

73 유스티니아누스 황제는 공적·사적 범죄만을 나열하고 있는데 이에 대해 아들도 아버지의 상속권을 박탈할 수 있었다.

식들의 생명과 재산을 지배한 가장은 자식에 대한 분배를 각각의 장점이나 자신의 애정도에 따라 임의로 정할 수 있었다. 가장은 자신의 감정 여하에 따라 자식의 상속권을 박탈하거나 이방인을 더 편애하는 수치를 가함으로써 자식에게 벌을 줄 수 있었다. 그러나 이치를 거스르는 부모들의 사례는 유언의 힘을 제한하는 것이 바람직하다는 사실을 증명했다. 아들이나, 유스티니아누스 법에 의해 딸도 부친의 침묵에 의해 상속권을 박탈당할 수 없었으며 상속 제외 대상자와 그 죄를 명시해야 했다. 황제의 사법부는 이런 자연과 사회의 제1 원리의 위반을 정당화할 수 있는 특정 사유들을 열거하여 제한했다.73 합법적 상속분인 4분의 1이 자녀들에게 확보되지 않으면 자녀들은 이러한 인륜에 반하는 유언에 대해 소송을 제기하거나 민원을 내서 아버지의 지력이 병이나 노령으로 손상되었다고 가정하고, 아버지의 엄격한 판결에서 벗어나 정무관의 사려 깊은 지혜에 호소할 수 있게 되었다. 로마 법체계는 상속과 유증의 본질적인 차이를 인정했다. 유언자의 전 재산 또는 12분의 1이라도 승계한 상속인이 유언자의 사회적·종교적 인격을 대표해 그의 권리를 주장하고 채무를 이행하면 그가 유언장 안에서 유증이라는 이름으로 물려준 우정 또는 선의의 기증을 실행한 셈이 된다. 그러나 죽어 가는 자의 무분별 또는 방탕 때문에 상속재산이 완전히 없어지고 승계자가 위험과 수고만 부담할 가능성도 있으므로 승계자는 팔키디우스 법에 따른 상속분을 보유할, 즉 유증의 실제 지급 전에 자기 몫으로 4분의 1을 공제할 권한이 있었다. 부채와 자산의 비율을 조사해 유언장을 받아들일 것인지 거절할 것인지 결정할 충분한 시간 여유도 주어졌다. 자산 조사의 편의를 활용할 수 있을 경우 채권자의 요구는

유증

자산 평가액을 초과해서는 안 되었다. 시민의 유언이 살아 있는 동안 변경되거나 사후에 폐기될 수도 있었다. 그가 지명한 사람이 자기보다 먼저 죽거나 유산 상속을 거부하거나 법적 결격 사항이 생길 수 있었기 때문이다. 이러한 경우를 고려해 제 2, 제3의 상속인을 세울 수 있었는데 이들은 유언의 순위에 따라 서로 대치될 수 있었다. 또 재산을 증여할 권리가 없는 정신이상자나 영아의 경우에도 유사한 대치가 이루어졌다.[74] 그러나 유언자의 권한은 유언장이 수리(受理)되면서 소멸되었다. 성년이 된 보통의 로마 시민은 누구나 자기 상속 재산에 대한 절대적 지배권을 얻었으므로, 민법의 단순함 때문에 앞으로 태어날 세대의 행복과 자유가 길고 난해한 한사(限嗣)상속으로 어두워질 일도 없었다.

[74] 근대 민법의 신탁 유증 대체는 봉건적 개념이 로마 법체계에 접합된 것으로 고대의 신탁 유증과는 유사점이 거의 없다.

유언 보충서와 신탁

잦은 정벌과 법의 형식성 때문에 유언 보충서가 사용되기 시작했다. 로마 시민이 멀리 떨어진 속주에서 갑자기 죽게 될 경우 정당한 또는 유언상 상속인 앞으로 짧은 편지를 썼다. 상속인은 이 마지막 요구를 신의 있게 이행할 수도 있었지만, 이행하지 않아도 벌은 받지 않았다. 아우구스투스 이전의 시대에는 재판관이 이러한 이행을 강제할 권한을 갖지 못했다. 유언 보충서는 어떤 형태, 어떤 언어로 표시해도 무방했지만 작성자가 직접 쓴 것임을 인정하는 증인 다섯 명의 서명은 반드시 있어야 했다. 그런데 본인의 의도가 아무리 훌륭해도 불법인 경우가 있었다. 이러한 자연적 정의와 실정법 체계 간의 갈등에서 신탁유증이 생겨났다. 그리스나 아프리카의 외국인이 우연히 자식 없는 로마 시민의 친구 내지 은인이 된다고 해도, 같은 로마 시민이 아닐 경우에는 누구도 상속인이 될 수 없었다. 여성의 상속을 폐지한 보코니우스 법은 여성의 유증 또는 상속

75 디오 카시우스는 그리스 돈으로 2만 5000드라크마를 명시했다.

76 상속에 관한 로마법의 혁명은 몽테스키외가 다소 상상을 가미했지만 매우 세밀하게 묘사하고 있다.

77 승계와 유언장, 유언보충서, 유증, 신탁 등의 민법 체계에 관한 원칙은 카이우스와 유스티니아누스, 테오필루스의 『법학제요』에서 확인되고 있다. 『학설휘찬』의 열두 책은 엄청난 세부 사항으로 가득하다.

을 10만 세스테르티우스로 제한했다.75 외동딸이 아버지의 집에서 외국인과 거의 같은 운명에 처하는 셈이었다. 열렬한 우정과 부성애 때문에 갖은 책략이 고안되었다. 유언장에서는 자격 있는 사람이 지명되지만, 그러면서 그 사람에게 상속 재산을 정말 주고 싶은 사람의 소유로 양도해 달라는 부탁이나 지시를 하는 것이다. 이런 괴로운 상황에 처한 수탁자의 행동은 갖가지였다. 나라 법의 준수를 선서했어도 명예를 따르자면 선서는 파기해야 했다. 애국자라는 가면을 쓰고 자기 이익을 우선시하면 그들은 덕 있는 모든 사람의 존경을 잃을 것이었다. 아우구스투스의 선언은 그들의 의심을 없애 주었다. 비밀스러운 유언장과 보충서의 법률상 효력을 인정해 공화국 법체계의 형식과 규제를 완화한 것이다.76 이 새로운 신탁의 관행이 역시 남용되면서 수탁자는 트레벨리우스 또는 페가수스 칙령에 따라 사전에 자산의 4분의 1을 유보하거나 승계에 따른 모든 부채와 소송을 실제 상속인에게 부담시키는 것 가운데 하나를 선택할 수 있었다. 유언서의 해석은 엄격하고 문자 그대로 이루어졌지만 신탁과 보충서의 용어들만은 법학자의 세밀하고 전문적인 정확성에 따르지 않아도 좋았다.77

행위에 관하여

3. 인류의 일반적 의무는 공적·사적 관계에 의해 부여된다. 그러나 인간이 서로에 대해 지는 구체적인 채무 관계는 1) 약속, 2) 이득, 3) 손해의 결과로 비로소 생겨난다. 이러한 채무가 법으로 승인되면 이해관계 당사자는 사법 소송에 의해 그 이행을 강요할 수 있다. 이 원칙에 대해 각국 법학자들은 보편적 이성과 정의에 의한 정당한 결론이라는 유사한 법체계를 세웠다.

1) 신의(인간적 신의와 사회적 신의)의 여신은 신전에서뿐만

이 아니라 로마인들의 삶을 통해 숭배되었다. 로마인들에게 자비나 관대함 같은 온화한 특성은 부족했을지 모르나, 그리스인들은 이들이 아무리 힘든 약속이라도 얼마나 진지하고 성실하게 이행하는지 놀랐다고 한다.[78] 그러나 이러한 국민들 사이에서도 있는 그대로의 계약이나 약속, 아니 선서라고 해도 약정이라는 법적인 형식으로 확인되지 않는 한 어떠한 민사상의 채무도 발생시키지 못했다. 라틴어 어원이 무엇이었든 '약정(stipulation)'이라는 단어는 대개 문답식으로 이루어지는 확고하고 취소 불가능한 계약이라는 개념을 전달하고 있다. 세이우스가 엄숙하게 묻는다. "금화 백 닢의 지불을 약속하는가?" 셈프로니우스가 대답한다. "틀림없이 약속한다." 그가 지불할 능력과 의향을 갖고 있다고 대답해 준 셈프로니우스의 친구들은 세이우스의 선택에 따라 별도로 고소당할 수도 있었다. 그런데 분할의 편의, 또는 반대소송의 규칙은 알게 모르게 약정의 엄격한 이론에서 멀어져 갔다. 무상 약속의 유효성을 유지하려면 당연히 조심스럽고 신중한 동의가 필요했고, 법적인 보장을 얻은 시민이 약속을 이행하지 않았을 경우 사기 혐의로 벌금을 물어야 했다. 그러나 법학자들은 창조성을 발휘해 단순한 약속을 엄숙한 약정으로 변모시키는 데 성공했다. 법무관들은 사회적 신의의 수호자로서 자발적이고 신중한 행위의 증거 전부를 채택했고, 이는 재판정에서 공평한 채무를 발생시켰으며 그들은 이에 대해 소송 또는 구제 행위를 취했다.[79]

2) 두 번째 종류의 채무는 사물의 인도에 의해 발생하므로 법학자들은 이를 실물이라는 이름으로 구별했다.[80] 편의 제공자에게는 마땅히 감사의 사례가 주어져야 한다. 다른 사람의

약속

이익

[78] 모호한 무차별적 찬사보다는 폴리비우스의 냉정하고 합리적인 증거가 훨씬 낫다.

[79] 홀랜드와 브란덴부르크 대학들이 금세기 초에 몹시 정당하고 자유주의적인 원칙에 따라 민법을 연구한 것으로 보인다는 사실을 언급해 두고자 한다.

[80] 동의에 의한 계약이라는 자세하고 다양한 주제는 『학설휘찬』 네 권 전체에 걸쳐 나와 있으며, 영국의 학생들도 이에 가장 주목해야 할 것이다.

재산을 위탁받은 사람은 정당한 소유자에 대해 반환이라는 신성한 채무를 진다. 관용의 마음은 우정에 입각한 대차(貸借)일 경우 빌려 주는 쪽에만, 기탁의 경우 수령인 쪽에만 있다. 그러나 저당이나 다른 일상생활의 이기적인 거래에서 편익은 등가물로 보상받고 반환 채무는 거래의 성격에 따라 여러 가지로 변경되었다. 라틴어에서는 다행히 사용대차와 소비대차의 근본적 차이를 명시하고 있으나, 우리의 빈약한 언어에서는 대부(loan)라는 애매하고 공통된 호칭으로 혼용하고 있다. 사용대차의 경우 빌려 쓴 이는 일시적 필요를 충당하기 위해 융통한 특정 사물을 반환할 채무를 진다. 소비대차의 경우 빌려 쓴 이의 사용과 소비가 목적이므로 빌려 쓴 이는 이 상호 약정을 정확한 수량, 중량, 치수의 평가에 따라 같은 가격으로 반환한다. 매매계약에서는 절대적인 지배권이 구매자에게 양도되므로 구매자는 현세적 소유물의 보편 척도인 금과 은으로 이 편익을 일정한 가격에 보상한다. 또 다른 계약인 임대채무의 경우는 조금 더 복잡하다. 토지와 가옥, 노동과 재능 등은 일정 기간 빌린 뒤 기간이 만료될 경우 이 수익이 따르는 점유 또는 사역에 추가적인 보수를 더해 반환해야 했다. 조합계약과 위탁을 포함한 이런 이윤 추구 계약의 경우 법학자는 계약 대상이 인도되는 것으로 추측하거나 때로는 당사자 간의 합의를 가정한다. 현물적 질권은 저당권이라는 비가시적 권리로 순화되었다. 일정 가격에 매매하려는 합의에서 손익의 위험은 합의 순간부터 구매자에게 속하게 된다. 사람이 누구나 자신의 이익을 따른다는 것은 지극히 당연한 가정이다. 그리고 이익을 취한다면 그는 거래 경비를 부담할 의무가 있다. 역사가로서 이 광범위한 주제에 대해서는 농업과 상업의 번영에 중대한 영향을 미치는 토지와 금전 대차, 즉 토지 임대와 대차의 이자에 대해서만 다루고자 한다. 지주는 경작을 위한 원료와 기구를 빌려 주고 그 결과물을 분할받는 것에 만족해야 하는 경우가 잦았다. 약자인 소작인은 사고나 전염병, 적대자의 폭력 등과 같은 곤궁에 처하면 법의 형평 정신에 입각해 이에 상응하는 감면을 요구할 권리가 있었다. 통상 계약 기간은 5년이었으며, 어느 때든 토지 매각으로 추방될 수 있는 농민에게 확실하고 비용이 많이 드는 개선을 기대할 수는 없었다.[81] 로마의 뿌리 깊은 불만의 원인인 고리대금업은 12표법에 의해 제한되었고 민중의 아우성에 의해 폐지되었다. 그러다 다시 시민들의 필요와 게으름 탓에 부활되고 법무관의 재량으로 묵인되었으며 유스티니아누스 법전에서 마침내 확정되었다. 높은 지위의 사람이 얻을 수 있는 수익은 4퍼센트로 제한되었다. 일반 법정이자는 6퍼센트로 결정되었고 상공업자의 경우 8퍼센트가 인정되었다. 한편 더 현명한 고대인들도 정하려 들지 않았던 해상보험 이율은 12퍼센트로 결정된다. 그러나 이 위험한 모험을 제외하고는 과도한 고리대금은 엄격히 제한되었다.[82] 아무리 낮은 금리라도 동서 로마 제국의 성직자들은 이를 계속 지탄했다.[83] 그러나 고리대금이 상호 이득이라는 인식은 공화국의 법을 넘어섰으며 교회의 명령에도 인류의 편견에도 꿋꿋하게 버티어 냈다.[84]

　3) 자연과 사회는 손해를 복구하기 위해 엄격한 채무를 부과한다. 피해자는 사적 부정(不正)에 대해 개인적 권리와 적법한 소송권을 획득한다. 타인의 재산이 우리 손에 맡겨진다면 필요한 관리의 정도는 그 일시적인 점유에서 우리가 얻는 이익에 따라 증가하기도 하고 감소하기도 할 것이다. 필연적 사고

이자

상해

[81] 임대의 계약 조항은 『학설휘찬』과 『칙법휘찬』에 정의되어 있다. 5년의 기한은 법이라기보다 관습이었던 것 같다. 그러나 프랑스에서는 모든 토지 임차가 9년으로 정해져 있었는데 이 제한은 1775년에야 철폐되었다. 그러나 유감스럽게도 내가 살고 있는 이 아름답고 행복한 나라에는 이것이 아직도 성행하고 있다.

[82] 유스티니아누스는 『법학제요』에 고리대금 항목을 두려고 하지 않았다. 그러나 『학설휘찬』과 『칙법휘찬』에 필요한 규칙과 제한이 삽입되어 있다.

[83] 키프리아누스, 락탄티우스, 바실, 크리소스토무스, 니사의 그레고리우스, 암브로시우스, 히에로니무스, 아우구스티누스, 그리고 수많은 위원회와 결의론자 등 성직자들은 한목소리를 냈다.

[84] 카토, 세네카, 플루타르코스 등은 고리대금의 관행 또는 남용을 소리 높여 비난했다. 이자(fœnus, τόκος)라는 단어의 어원에 따르면 원금이 이자를 발생시키도록 되어 있다. 셰익스피어는 이에 대해 '불모의 금속에서 나온 종족'이라고 말하고 있다. 무대는 진실로 대중의 목소리를 반영하는 곳이다.

에 대해서 우리가 책임을 질 일은 거의 없지만, 고의적인 실수로 인한 결과는 언제나 행위자의 탓이 되게 마련이다.[85] 로마인은 절도에 대한 민사소송으로 도난당한 물건을 되찾으려 했다. 이 물건들이 죄 없는 결백한 사람들의 손을 연달아 거쳐 갈 수도 있겠지만 30년의 시효가 지날 때까지 주인의 원래 권리가 소멸할 수는 없었다. 도난당한 물건들은 법무관의 판결에 의해 복구되었고, 죽은 자가 은밀하게 사기를 당했든 공개적으로 약탈을 당했든, 도둑이 불시에 잡혔든 사후 수사에서 적발되었든, 경우에 따라 두 배, 세 배, 네 배까지 손실이 보상되었다. 아퀼리우스 법은 로마인의 살아 있는 재산, 즉 노예와 가축을 악의나 과실의 피해에서 보호했다. 가축 피해의 경우에는 살아 있던 1년간의 최고 가격으로 보상을 요구할 수 있었다. 다른 값비싼 동산 파괴에 대해서도 30일 동안에 대해 이와 유사하게 가격을 인정해 주었다. 개인에게 가해진 위해의 경우는 시대 풍습이나 본인의 감수성에 따라 좀 더 무덤덤하게, 또는 예민하게 받아들여졌다. 말이나 폭행으로 인한 고통 또는 불명예는 금전으로 쉽게 환산할 수 없었다. 10인위원회의 조잡한 법체계는 사지 골절이 없는 모든 우발적 모욕에 대해 가해자에게 일괄적으로 25아스의 벌금을 부여했다. 그러나 벌금 액수는 3세기 동안 중량 1파운드에서 2분의 1온스로 줄어들었다. 부유하고 오만한 로마인이라면 12표법의 규정을 어기고 벌금형을 받아도 그저 값싼 여흥을 즐기는 것일 뿐이었다. 일례로 베라티우스는 아무 잘못도 없는 행인의 얼굴을 때리며 길을 지나다녔고, 그러면 지갑을 든 수행 하인이 그 자리에서 1실링에 해당하는 동전 25닢을 합법적으로 제공해 맞은 사람들의 아우성을 무마했다.[86] 법무관은 공평하게 각각의 민원을 세밀하게 검토하고 평가했다. 민사상의 배상을 재정(裁定)함에 있어 정

[85] 존스(William Jones)는 위탁법에 대한 매우 독창적이고 합리적인 소론을 제시했다. 그는 아마도 웨스트민스터 연감, 울피아누스의 주해, 아라비아와 페르시아의 카디에 모두 똑같이 정통한 유일한 법률가일 것이다.

[86] 아울루스 겔리우스는 라베오의 주해에서 이 이야기를 빌려 왔다.

무관은 시간과 장소, 연령과 위신 등 여러 상황을 고려하는 권한을 행사했는데, 이것이 피해자의 수치와 고통을 악화시킬 수도 있었다. 그러나 벌금, 형벌, 본보기라는 개념을 받아들이면서 정무관은 결국 결점을 보완하면서도 형법의 영역을 침해한 것이었다.

리비우스는 여덟 필의 말에 의해 사지가 찢겨 죽은 알바의 독재자 처형은 극악무도한 범죄의 처벌에 대하여 로마인이 보여 준 잔인함의 최초이자 최후의 예라고 말하고 있다. 그러나 이런 정의(正義) 또는 복수의 행위는 승리의 열기 속에서 한 사람의 명령에 의해 행해진 것이다.

12표법은 원로원에서 가장 현명한 의원들이 기초하고 국민의 자유로운 목소리에 의해 채택된 것이므로 로마인의 국민성에 대해 좀 더 결정적인 증거를 제시한다. 그러나 이 법은 드라코의 법[87]과 마찬가지로 피로 쓰여진 것이었고, 복수라는 비인간적이고 불평등한 원칙을 승인했다. 가해자는 동전 300파운드의 벌금을 내고 상대방의 용서를 얻지 못하면 엄격하게 눈에는 눈, 이에는 이의 형벌을 받았다. 10인위원회는 태형 및 노역 등 비교적 가벼운 형벌을 내렸다. 그러나 이와 전혀 다른 성격의 다음 아홉 개 범죄에 대해서는 사형을 언도했다. (1) 국가에 대한 반역 또는 적과의 내통. 처형 방법은 고통스럽고 수치스러웠다. 죄인의 머리 부분을 베일로 감싸고 양손은 뒤로 묶은 채 릭토르가 채찍질을 한 뒤 대광장 한복판에서 십자가나 불길하다는 나무에 매달았다. (2) 도심에서의 야간 집회. 쾌락, 종교, 공익 등 이유를 막론한다. (3) 시민의 살해. 인간 공통의 감정으로 살인자의 피가 요구된다. 검이나 단검에 의한 살인에 비해 독살이 훨

범죄와 처벌에 관하여

12표법의 엄격함

[87] 드라코의 시대는 마샴(John Marsham)과 코르시니(Corsini)에 의해 정해졌다. 그의 법에 관해서는 아테네의 통치를 다룬 시고니우스, 메우르시우스, 포터 등을 참조할 것.

88 흄은 사적인 덕행과 공적인 덕행의 시대를 구분하고 있다. 그러나 그러한 악행의 분출(1680년의 프랑스에서와 마찬가지로)은 한 민족의 풍습에 별다른 흔적을 남기지 않는 우발적인 사건이고 이상 현상이라고 생각하고 싶다.

89 12표법과 키케로는 자루만으로 만족하고 있다. 세네카는 여기에 독사를 덧붙인다. 에우베날리스는 죄 없는 원숭이들을 동정한다. 하드리아누스와 모데스티누스, 콘스탄티누스, 유스티니아누스는 존속 살해자의 동반자 모두를 하나하나 열거하고 있다. 그러나 이 기묘한 처형은 집행에서는 간소화되었다.

90 로마 최초의 부친 살해범은 제2차 포에니 전쟁 후, 오스티우스였다. 킴브리 전쟁 동안 말레올루스는 최초의 모친 살해를 저질렀다.

91 빈케르쇼크는 채권자가 채무자의 신체가 아니라 대가를 나누었다고 증명하기 위해 무척 애썼다. 그러나 그의 해석은 끊임없는 가혹한 은유일 뿐이다. 그리고 그는 퀸틸리아누스, 카이킬리우스, 파보니우스, 테르툴리아누스의 권위를 넘어서지도 못한다.

씬 흉악한 범죄였다. 두 가지 극악무도한 사건을 보면 이러한 교묘한 사악함이 공화국의 소박함과 로마 부인들의 정숙한 덕성을 얼마나 일찍부터 오염시켰는지에 놀라게 된다.88 자연과 감사의 의무를 잊은 존속 살해범은 자루에 넣어 강이나 바다에 던져졌다. 그에 가장 어울리는 동반자로 닭, 독사, 개, 원숭이 등도 같이 넣었다.89 이탈리아에는 아마도 원숭이가 없었을 것이나 그 사실은 6세기 중엽 존속 살해가 처음 일어나고 나서야 인식하게 되었다.90 (4) 방화범의 살의. 태형이라는 사전 의식 뒤에 죄인 역시 불살라졌다. 이 사례에서만은 보복의 정의에 대해 칭찬을 보내고 싶어진다. (5) 재판에서의 위증. 부패한 혹은 악의적인 증인은 타르페이아 바위에서 거꾸로 떨어뜨려 대가를 치르도록 했다. 허위 증언은 형법의 엄격함과 문서 증거의 부족 때문에 더 중형으로 다스려졌다. (6) 뇌물을 받고 부정한 판결을 내린 부패한 법관. (7) 비방과 풍자. 이러한 무례한 말투는 간혹 글을 모르는 도시 사람들의 평안을 어지럽혔다. 이를 쓴 자는 곤봉으로 맞았는데, 이것이 적당한 형벌이기는 했으나 사형 집형인에게 죽을 때까지 맞았는지는 확실하지 않다. (8) 이웃의 곡물을 손상하거나 파괴하는 밤도둑질. 범죄자는 케레스에게 바치는 감사의 제물로 교수형에 처해졌다. 그러나 숲의 신들의 노여움을 달래기는 좀 더 쉬워서 귀중한 나무 한 그루를 쓰러뜨릴 경우 동전 스물다섯 닢이라는 약간의 벌금을 매겼다. (9) 마술적 주문. 라틴인 양치기들은 주문이 적의 힘을 고갈시키고 생명을 빼앗고 그들의 땅에서 목초지를 없앨 수도 있다고 믿었다. 마지막으로 지불 불능 채무자에 대한 12표법의 잔인성에 대해 다루겠다. 여기서는 현대 비평의 그럴듯한 세련됨보다 고대에 정해진 문자 그대로의 의미를 취할 것이다.91 채무의 법적 확인이나 자백 후 30일의 유예기간이 지나면 로마인은 같은 시민인 채권자에게 맡겨진다. 개인 감옥에서 하루에 주어지는 식사는 12온스의 쌀이었다. 채무자는 15파운드 무게의 사슬로 묶일 수도 있었다. 또 친구나 동료의 동정을 구하기 위해 그 비참한 모습을 세 번, 시장에서 보여야 했다. 30일이 지나면 채무는 자유의 상실 또는 죽음으로 해소되었다. 지불 불능 채무자는 사형당하거나 테베레 강 너머 외국의 노예로 팔려 갔다. 그러나 여러 명의 채권자가 다 같이 집요하고 무자비한 경우 그들은 채무자의 몸을 토막 내어 나눔으로써 복수심을 채울 수 있었다. 이 야만적인 법을 옹호한 사람들은 게으른 사기꾼들이 값지도 못할 빚을 지지 않도록 예방하는 효과가 있다고 주장했다. 그러나 경험을 돌아보면 그에 대한 두려움을 없앨 수 있다. 채무자의 목숨이나 팔다리 같은 유익하지 못한 죗값을 강요한 채권자는 없었음이 증명되기 때문이다. 로마의 풍습이 점차 세련되어 가면서 10인위원회의 형벌 법규는 고발자나 증인, 법관들의 온정으로 사라졌으며 지나친 엄격함으로 벌이 아예 내려지지 않게 되었다. 포르키우스와 발레리우스의 법은 정무관이 자유 시민의 사형이나 체벌을 언도하는 것을 금했다. 피비린내 나는 법령이 폐지된 것은 교묘하게도 귀족이 아니라 왕정, 전제 정치의 정신에 의한 것이라고 선전되었는데 아마도 이 말은 맞을 것이다.

형법의 부재와 불충분한 민사소송 속에서 로마의 평화와 정의는 시민들의 사적인 법체계로 불완전하게 유지되고 있었

형법의 폐지 또는 망각

다. 현대의 감옥을 채우고 있는 범죄자들은 사회의 낙오자이며, 그들이 죗값을 치르고 있는 범죄는 보통 무지, 가난, 잔인한 성향 탓일 것이다. 비슷한 범죄를 저질렀다 해도 로마의 타락한 평민은 공화국 구성원의 신성한 특권을 주장하거나 남용

했다. 그러나 노예나 외국인은 범죄의 증거나 혐의만으로도 십자가에 못 박혔으며, 이 엄격한 즉결재판은 대부분의 로마 시민에게도 사정없이 적용되고 있었다. 각 가족 내에는 가내 법정이 있었으며 이는 법무관의 법정처럼 외부 행위의 심리에 한정된 것이 아니었다. 교육과 훈련으로 덕성의 원리와 습관이 주입되었는데 자식의 생명과 자유, 상속을 자기 의사대로 처분할 수 있었던 로마인 아버지는 자식들의 태도에 대해 국가에 책임을 졌다. 긴급 상황이 발생하면 시민은 자신의 사적 또는 공적 피해를 복수할 권리가 있었다. 유대교와 아테네, 로마법은 모두 밤도둑의 살해를 승인했다. 그러나 대낮에는 위험이나 피해의 사전 증거가 없다면 도둑을 죽일 수 없었다. 누구든 자신의 부부 침상에서 간부(姦夫)를 잡은 사람은 자유롭게 복수할 수 있었다.[92] 이러한 도발로 인한 것이라면 아무리 피비린내 나는 또는 방종한 행위도 용서받았다. 남편이 죄지은 자의 지위를 가늠하거나 부모가 죄 많은 유혹자와 함께 딸을 희생시켜야 했던 것은 아우구스투스 시대나 되어서의 일이었다. 왕정 폐지 이후 감히 왕의 칭호를 취하거나 그들의 압제를 모방하려던 야심 많은 로마인은 지옥의 신들에게 바쳐졌다. 동료 시민들이 모두 정의의 칼로 무장하고 있는 상태에서 일어난 브루투스의 행동은 감사와 신중함에 아무리 어긋나는 것이라도 이미 국가의 판결에 의해 죄를 씻은 것이었다.[93] 로마인들에게 평화 시 무기를 지니고 다니는 야만적인 관행[94]이나 피비린내 나는 명예의 금언 같은 것은 전혀 없었다. 평등한 자유의 확립부터 포에니 전쟁의 종전에 이르기까지 가장 순수한 2대에 걸쳐 로마 시는 소요의 혼란을 겪지 않았고, 잔인무도한 범죄로 더럽혀지는 일도 거의 없었다. 형법이 부족하다는 사실은 국내의 파벌 싸움과 해외 정복으로 모든 악덕에 불이 붙으면서 비로소

[92] 리시아스의 최초의 연설은 간부를 살해한 한 남편을 변호하는 것이었다. 로마와 아테네의 남편 및 아버지들의 권리는 테일러(Taylor)가 매우 박학하게 다루었다.

[93] 리비우스와 플루타르코스가 이 법에 주목하고 있다.(그리고 이는 수에토니우스가 황제 통치하에 편찬할 수 있었던 카이사르의 죽음에 대한 대중의 의견을 완벽하게 정당화하고 있다.)

[94] 이 상황을 문명화의 시금석으로 간주하는 역사가는 유럽 궁정의 야만주의를 경멸할 것이다.

실감하게 되었다. 키케로 시대에는 모든 시민이 무정부 상태의 특권을 누렸다. 공화국의 모든 대신들은 왕권의 유혹을 받고 고양되어 있었다. 그들의 덕행은 자연 또는 철학의 자연적 결실이라는 열렬한 칭송을 받을 만하다. 시칠리아의 폭군 베레스는 호색과 약탈, 잔학 행위를 3년간 만끽하고도 단지 30만 파운드에 해당하는 금전 배상에 대한 고소만을 당했다. 법이나 재판관, 아마 고발자 자신의 기질도 그러하였기에 베레스는 자신이 약탈한 것의 13분의 1만 상환한 뒤 조용히 안락하고 호화로운 유배 생활을 즐겼다.95

죄와 형벌 간의 균형을 회복시키려는 불완전한 시도를 처음으로 한 사람은 독재관 술라로, 그는 유혈 낭자한 승리 속

사형의 부활

에서 로마인들의 자유를 억압하는 것이 아니라 방종을 제한하고 싶어했다. 그는 4700명의 시민에 대한 독단적인 추방을 자랑으로 여겼다.96 그러나 입법자로서 그는 시대의 선입관을 존중했다. 술라는 도둑이나 암살자, 군대를 저버린 사령관이나 속주를 몰락시킨 총독에게 사형을 언도하는 대신 금전적 손해 배상에 추방의 형벌, 좀 더 헌정적인 말로 표현하면 불과 물의 금지를 더 내리는 것에 만족했다. 코르넬리우스 법, 후일에는 폼페이우스와 율리아누스 법이 새로운 형법 체계를 도입했다. 아우구스투스에서 유스티니아누스에 이르는 황제들은 엄격함의 수위를 높인 것이 자신들이라는 사실을 이들 원입안자들의 이름을 사용하여 숨기고 있었다. 그러나 '특별 형벌'이라는 표현을 고안하고 빈번하게 사용한 것은 독재 정치를 확대하는 한편 이를 숨기려는 욕구에서 비롯된 것이다. 원로원은 지위 높은 로마인에게 선고를 내리면서 언제나 주인인 황제의 의지에 따라 사법권과 입법권을 뒤섞을 준비가 되어 있었다. 총독의

95 베레스는 공판 후 30년 가까이 살았다. 제2차 삼두정치 시기에 안토니우스가 자기 취향에 맞는 그의 코린토스식 접시 때문에 그를 처벌자로 공고할 때까지 말이다.

96 발레리우스 막시무스가 지정한 수는 그랬다. 플로루스는 그 가운데 2000명의 원로원 의원과 기병대원이 있었다고 구별해 내고 있다. 아피아누스는 좀 더 정확하게 원로원 의원급에서 40명의 피해자가 있었으며 기병대원급은 1600명가량이라고 계산하고 있다.

의무는 자의적이고 엄격한 사법권 행사로 각 관할 속주의 평화를 유지하는 것이었다. 로마 시의 자유는 광활한 제국 속으로 증발해 버렸으며, 로마 시민의 특권을 주장했던 한 에스파냐 범죄자는 갈바의 명령으로 더 멋지고 더 높은 십자가에 매달렸다. 새롭거나 중요하여 속주 총독의 권한을 넘는 것으로 간주되는 문제의 처분에 대해서는 궁정에서 수시로 칙서를 내렸다. 유배와 참수는 명예로운 자들의 몫이었다. 더 미천한 자들은 교수형, 화형, 생매장을 당하거나 대경기장에서 맹수의 먹이가 되었다. 무장한 도적 떼는 잡아서 사회의 적으로 추방되었다. 말이나 가축을 쫓아 흩어 놓는 행위는 사형을 받을 만한 죄였지만 이것들에 대한 단순 절도는 일괄적으로 민사적·개인적 침해로 간주되었다. 죄의 정도와 형벌의 방식은 지배자의 재량으로 결정되는 경우가 너무 잦아서 백성들은 자신이 생활 속에서 저지르는 모든 행동이 어떠한 법적 위험을 갖는지 모르는 실정이었다.

범죄 행위의 한계

죄, 악덕, 범죄는 각각 신학과 윤리학, 법학의 대상이다. 이 세 가지 학문의 판단이 일치하면 각 분야는 서로를 명확하게 해 준다. 그러나 의견이 서로 다른 경우, 신중한 입법가는 사회의 피해에 따라 죄와 형벌을 평가한다. 이 원칙에서는 시민 개인의 생명과 재산에 대한 아무리 대담한 공격도 공화국의 존엄성을 침해하는 반역이나 반란의 죄상보다 극악하지 않다. 아첨하는 법학자들은 공화국이 그 수장의 몸에 담겨 있다고 입을 모아 주장했다. 이리하여 율리아누스 법의 칼날은 여러 황제들의 끊임없는 근면으로 갈고닦였다. 남녀 간의 방종한 성관계는 자연의 충동으로 보아 넘겨 줄 수도 있었고, 무질서와 퇴폐의 근원으로 금할 수도 있었다. 그러나 아내의 간통은 남편

가문의 명예와 부에 심각한 손상을 주는 행위였다. 아우구스투스는 지혜롭게도 복수의 자유를 제한하고 이러한 가정 범죄에 법의 비난을 가했다. 죄를 지은 자는 재산 몰수라는 무거운 형벌과 함께 두 개의 멀리 떨어진 섬으로 장기 또는 종신 유배형을 받았다.[97] 종교는 남편의 부정에 대해서도 똑같이 비난한다. 하지만 그렇다고 같은 민사상의 효력을 수반하지는 않으므로 여성은 자신이 입은 피해에 대해 청구할 수 없었다.[98] 교회법에서 그리도 보편적이고 중요한 단순 또는 이중 간통의 구분은 『칙법휘찬』이나 『학설휘찬』의 법체계에는 전혀 들어 있지 않다. 이제 내키지는 않지만 정숙함이 그 이름을 말하는 것을 거부하고 자연이 그 생각만으로도 진저리를 치는 흉악한 악행에 대해 아주 간단하게 다루고자 한다. 초기 로마인들은 에트루스키인과 그리스인의 본보기에 물들어 있었다.[99] 번영과 권력을 미친 듯 남용하는 가운데 순수한 쾌락을 미적지근한 것으로 여겼다. 폭력 행위로 무리하게 강요된 스칸티니아누스법은 시간이 지나고 범죄자들이 늘어나면서 점차 유명무실해졌다. 이 법에 따르면 순진한 젊은이를 강간 또는 유혹한 죄는 불과 1만 세스테르티우스, 즉 80파운드의 손해배상금을 개인 상해 명목으로 지불하면 그만이었다. 강간범은 정절의 저항 또는 복수로 살해될 수 있었다. 로마에서도 아테네에서와 마찬가지로 타고난 성(性)을 스스로 버린 여자 같은 자들은 시민의 명예와 권리를 박탈당했을 것이라고 믿고 싶다. 그러나 이 악덕의 관행은 여론의 지탄을 그다지 심하게 받지 않았다. 이런 남성의 지울 수 없는 오점은 간통죄 정도로 다소 가볍게 취급되었다. 이 방탕한 연인은 자신의 범죄로 상대방 남녀가 받는 불명예를 똑같이 받는 것도 아니었다. 카툴루스에서 에우베날

자연감정에 어긋나는 악덕 행위

[97] 슐팅(Schulting)의 율리우스 파울루스가 발간될 때까지는 율리아누스법이 간통을 사형으로 처벌했다고 믿어졌다. 이러한 오류는 트리보니아누스의 거짓 또는 실수로 인한 것이다.

[98] 간통의 경우 세베루스는 공개적으로 비난할 수 있는 권리를 남편에게 한정했다. 이 특권은 부당한 것이 아니었다. 남성과 여성의 부정이 가져오는 결과가 너무도 달랐기 때문이다.

[99] 페르시아인들도 같은 습속에 물들어 있었다. 호메로스의 시대 이후 남색의 도입, 그리스와 아시아, 유럽에서의 그 확산, 그들 정념의 격렬함, 아테네의 철학자들을 즐겁게 했던 덕성이라는 힘없는 대책 등에 대해서는 몹시 기이한 글을 쓸 수 있을 것이다.

리스의 시대까지 시인들은 시대의 퇴폐를 비난하고 세상에 알렸으며, 미미하나마 법학자들의 이성과 권위로 풍습의 개혁이 시도되었다. 그러다 결국 황제 가운데 가장 덕성을 갖춘 인물이 이러한 자연에 반하는 죄를 반사회적 범죄로 금하게 되었다.

<small>그리스도교 황제들의 엄격함</small> 콘스탄티누스의 종교와 함께 그 과실(過失)조차 존경할 만한 새로운 입법 정신이 제국에 등장했다. 모세의 율법은 사법에 대한 신(神)의 원형으로 받아들여졌으며, 그리스도교 군주들은 형법령을 도덕적·종교적 타락의 정도에 맞게 조정했다. 간통이 처음으로 사형 가능한 범죄로 선포되었다. 이 남녀 간의 죄악은 독살이나 암살, 주술 행위나 존속 살해에 비견되었다. 남색의 죄를 지은 자는 수동적이었든 능동적이었든 같은 형벌을 받았다. 자유민이건 예속 상태이건, 범죄자는 물에 빠져 죽거나 참수를 당하거나 복수의 불길 속에 산 채로 던져졌다. 간통을 저지른 자들은 인류가 공통으로 느끼는 동정으로 목숨만은 구제되었다. 그러나 동성을 사랑하는 자들은 일반 대중과 종교의 분노를 샀다. 그리스의 불순한 풍습은 아시아 여러 도시에서 아직도 만연하고 있었고, 수도사와 성직자들의 독신 생활에서 여러 악덕이 조장되었다. 유스티니아누스는 적어도 여성의 부정에 대한 형벌은 경감해 주었다. 죄지은 아내는 독거(獨居)와 회개를 선고받을 뿐으로, 2년 후에는 용서를 베푼 남편의 품으로 다시 부름을 받을 수도 있었다. 그러나 이 황제는 자신이 남자답지 못한 욕망에 대해서는 무자비한 적대자라고 선언했고, 동기가 아무리 순수하다 해도 용인하기 힘든 잔혹한 박해를 가하였다. 모든 사법 원칙을 무시하고 유스티니아누스 황제는 자신의 칙서를 적용하는 데 미래는 물론이고 과거까지 소급 적용하고, 다만 자백과 사면을 구할 짧은 유예기

간을 허용할 뿐이었다. 그리고 죄 많은 기관을 절단하거나 한층 민감한 신체의 구멍 또는 관에 날카로운 갈대를 삽입하여 고통스러운 죽음을 내렸다. 유스티니아누스는 범죄자들이 신성 모독으로 기소되었다면 손발이 절단되었을 터이니, 이러한 사형 집행은 적절한 것이라고 변명했다. 로도스의 이사야와 디오스폴리스의 알렉산데르라는 두 주교는 콘스탄티노플 거리를 질질 끌려 다녔으며, 선전관은 그들의 동료들에게 이 무시무시한 교훈을 잘 보고 자기들 직무의 신성함을 더럽히지 말라고 훈계했다. 아마도 이 고위 성직자들은 결백했을 것이다. 아이나 시종이 제공하는 하찮고 신빙성 없는 증언에 근거해 사형과 치욕스러운 평결이 내려질 때도 있었다. 이런 경우 재판관들은 녹색파, 부유층, 테오도라에 반대하는 적대자들의 죄라고 추정했고, 아무런 죄도 돌릴 수 없는 사람에게는 남색의 죄를 씌웠다. 한 프랑스 철학자는 무엇이든 비밀스러운 것은 의심스러운 것임에 틀림없으며, 악덕에 대한 우리의 천성적인 공포는 전제주의의 수단으로 사용될 수도 있다고 감히 말하고 있다. 그러나 달갑지 않게도 이 병이 얼마나 오래되고 얼마나 널리 퍼졌는지를 깨달으면서, 입법가는 인류의 취향과 이성을 신뢰해도 좋다는 이 철학자의 낙관적인 신념에 의문을 갖게 된다.

아테네와 로마의 자유 시민은 모든 형법상의 사건에서 조국의 재판을 받는다는 귀중한 특권을 누렸다.[100] 1) 사법의 운영은 군주의 가장 오래된 직무이며 로마 역대 왕들은 이를 행사했고 타르퀴니우스는 이를 남용했다. 오로지 그만이 법도 협의도 없이 자의적 판결을 선고했다. 초기 집정관들은 이러한 왕의 특권을 이어받았다. 그러나 항소라는 신성한 권리가 곧 정무관들의 권한을 없앴으며 모든 공공의 대의명분은 민중의 최

일반 대중들의 판단

[100] 로마에서의 공공 심문과 판결이라는 중요한 주제는 시고니우스(Charles Sigonius)가 매우 박식하게 고전적인 문체로 설명하고 있다. 보포(Beaufort)의 『로마 공화국』에서도 훌륭한 요약을 발견할 수 있다. 더 난해한 법학을 원하는 사람은 누트(Noodt), 하이네키우스, 그라비나를 연구하면 될 것이다.

고 법정에서 결정되었다. 그러나 형식을 갖추지 않은 조야한 민주주의는 사법의 가장 중요한 원리들을 무시하는 일이 너무 잦았고 전제적 오만은 평민의 선망으로 독기를 띠게 되었다. 아테네의 영웅들은 전제 군주 단 한 명의 변덕에 운명이 달려 있는 페르시아인의 행복에 찬사를 보냈을 수도 있다. 민중이 자신들의 정념에 부여한 몇몇 건전한 제약은 로마인들의 진지함과 절제의 원인이자 결과이기도 했다. 고발의 권리는 정무관들에게 한정되어 있었다. 서른다섯 개 부족의 투표로 벌금을 부과할 수 있었지만 사형에 해당하는 모든 범죄의 심리는 기본법에 의해 백인대의 집회로 유보되었는데, 여기에서는 확실히 명망과 재산의 무게가 어느 정도인지가 중요했다. 개정과 휴정이 되풀이해서 선언되어 선입관과 분노를 잦아들게 했다. 재판이 좋은 징조의 날로 정해진다든가 또는 호민관의 반대로 취소되기도 해서 이런 대중적인 재판은 결백한 자에게 힘든 것이라기보다 죄 있는 자에게 호의적인 편에 가까웠다. 그러나 사법권과 입법권이 통합된 이런 상황에서는 고소당한 쪽이 사면된 것인지, 무죄 방면된 것인지가 모호했다. 신분 높은 의뢰인을 변호하기 위해 로마와 아테네의 웅변가들은 자신들의 주장을 통치자의 정의는 물론 정책과 자비에 호소했다. 2) 시민과 범죄자가 끊임없이 증가해 개개 범죄자의 재판을 위해 시민을 소집하는 일이 점점 어려워졌다. 편법으로 민중의 재판권을 일반 정무관 또는 임시 심문관에게 맡기는 방식이 채택되었다. 초기에 이러한 심문은 드물었으며 이따금씩 발생했으나 로마력 7세기에는 끊임없이 발생하고 있었다. 매년 네 명의 법무관이 반역, 직무상 부당 취득, 공금 유용, 뇌물 수수 등의 국가 범죄를 판결하는 권한을 받았다. 술라는 여기에 개인의 안전에 한층 직접적인 해를 가하는 범죄를 다룰 새로운 법무관과 심문을 추가했다. 이 심문관들이 재판을 준비하고 지시했으나 이들은 재판관 과반수 이상의 평결을 공표할 수 있을 뿐이었는데, 이 재판관들은 어느 정도는 사실이지만 상당 부분은 편견에 근거하여 영국 배심원과 비교되어 왔다.101 고되지만 중요한 이 직무를 수행하기 위해 법무관은 매년 나이 많고 존경할 만한 시민의 명단을 만들었다. 헌정상의 갈등을 수없이 겪은 뒤 원로원, 기사 계급, 평민에서 동수로 이들을 선출했다. 재판 한 건에 450명이 지명되었다. 다양한 재판관 명부는 국가의 사법적 권위를 대표하는 수천 명의 로마인 이름을 담고 있었음에 틀림없다. 각각의 사건에 대해 항아리에서 충분한 수의 사람을 뽑아 선정하였고 그들은 선서로 청렴을 보증했다. 투표 방식으로 이들의 독립성이 보장되었다. 고발자와 변호인 사이의 상호 증거 요구로 편파성에 대한 의심을 피할 수 있었다. 밀로의 재판에서는 양측에서 열다섯 명씩을 줄여 무죄, 유죄, 증거 불충분의 쉰한 표로 줄어들었다.102 3) 로마의 법무관은 민사재판에서 진정한 판관이었으며 거의 입법가에 가까웠지만 소송을 명령하는 즉시 사실의 결정을 대리인에게 위임하는 경우가 많았다. 소송 사건이 늘어나면서 그가 주재한 100인 법정은 더 큰 중요성과 평판을 얻게 된다. 그러나 법무관이 단독으로 처리하든, 자문 회의의 도움을 얻어 처리하든 가장 절대적인 권한은 민중의 투표로 매년 선출되는 정무관에게 있었다. 자유의 규칙과 예방 조치는 약간의 설명을 필요로 한다. 전제주의에 의한 명령은 단순하고 획일적이다. 유스티니아누스, 어쩌면 디오클레티아누스 시대 이전에 로마 판관들은 거의 이름뿐인 직위로 격하되었다. 배석 판사의 겸허한 조언은 받아들일

재판관 선출

법정 보좌역

101 로마에서나 영국에서나 이 자리는 임시 의무로 간주되어야 한다. 정무관직이나 직업이 아닌 것이다. 그러나 만장일치 평결은 영국법 고유의 제도로 이는 배심원들을 고문해 결국은 범죄자를 면제해 주게 되는 것이다.

102 이 흥미로운 사실은 티베리우스 치세에 활약한 아스코니우스 페디아누스의 단편적인 글 덕택에 알 수 있었다. 키케로의 연설에 대한 그의 주해를 잃은 것은 역사적·법적 지식에 대한 귀중한 자산의 상실이라고 할 수 있다.

103 제국과 로마 시의 확장으로 망명자는 더 먼 은거지를 찾지 않으면 안 되었다.

수도 무시할 수도 있었다. 모든 법정에서 민사상·형사상 재판권은 황제의 의지에 따라 영전 또는 면직될 수 있는 단 한 명의 정무관이 발휘했다.

자발적 망명과 죽음

중죄로 고발된 로마인은 누구든 자발적 망명이나 죽음으로 법의 평결을 막을 수 있었다. 법적으로 죄가 판명될 때까지는 무죄로 추정되어 신병도 자유로웠다. 마지막 백인대의 표를 세어 선언이 내려질 때까지 고발된 자는 이탈리아의 어떤 동맹국이나 그리스, 아시아의 도시로 평화롭게 물러날 수 있었다.103 이 사회적 사망 선고에도 불구하고 그의 명예와 재산은 적어도 자식들에게는 보전될 수 있었다. 로마의 야심적 소요에 익숙한 자가 로도스나 아테네의 획일성과 침묵을 견딜 수만 있다면 합리적이고 감각적인 향락을 모두 누릴 수 있었다. 황제의 압제에서 벗어나려면 더 대담한 노력이 필요했지만 스토아 학파의 격언, 용감한 로마인들의 선례, 그리고 자살의 법적인 장려 속에서 이러한 노력은 낯설지 않은 것이었다. 처형된 죄인들의 시체는 대중 앞에 드러나 수치를 당했고, 더 운수 사나운 그 자식들은 재산 몰수로 곤궁하게 되었다. 그러나 티베리우스나 네로의 희생자들이 군주나 원로원의 포고에 앞서 자살할 경우, 이들의 용기와 실행은 대중의 갈채와 영예로운 장례식, 그리고 유언의 인정 등으로 보상을 받았다. 도미티아누스의 절묘한 탐욕과 잔혹성은 이 불행한 자들에게서 마지막 위안마저도 빼앗은 듯하며 두 안토니누스 황제의 관용에서도 이를 거부했다. 고발로부터 판결이 날 때까지의 사이에 이루어진 자발적인 죽음은 중죄의 경우 죄의 자백으로 받아들여졌고, 죽은 자의 남은 재산은 국고(國庫)의 비정한 요구에 따라 몰수되었다. 그러나 법학자들은 자기 목숨을 처분할 수 있는 시민의 자연적 권리를 언제나 존중했다. 후대의 독재자들도 신민의 절망을 견제하기 위해 타르퀴니우스가 고안한 사후의 치욕104을 부활시키거나 모방하지 않았다. 죽기로 작정한 자에게 이 세상의 권력은 아무런 지배력도 갖지 못한다. 그를 막을 수 있는 것은 내세에 대한 종교적 근심뿐이다. 베르길리우스는 자살을 죄가 아니라 불행으로 보고 있다.105 지옥의 그림자에 대한 시적 우화들도 인류의 신념이나 관행에 심각한 영향을 주지 못했다. 그러나 복음 또는 교회의 교의가 마침내 그리스도교인들의 마음에 경건한 예속 상태를 부여했으며, 이들로 하여금 군소리 없이 병이나 사형 집행인의 마지막 손길을 기다리도록 했다.

형법 법령은 『칙법휘찬』과 『학설휘찬』 예순두 권 가운데 아주 작은 부분을 차지하고 있다. 모든 사법 절차에서 시민의 생명과 죽음은 계약이나 상속 같은 가장 통상적인 문제보다 훨씬 적은 주의와 유예를 받았다. 사회 평화를 수호할 필요의 시급성도 다소 참작은 해야겠지만, 이러한 독특한 구분은 형법과 민법 체계의 성격에서 유래하는 것이다. 국가에 대한 우리의 의무는 단순하고 한결같다. 인간이 고발을 받는 법은 청동이나 대리석에 새겨져 있을 뿐 아니라 죄지은 자의 양심에도 새겨져 있으며, 그의 죄는 단 한 가지 사실의 증언에 의해 대부분 증명된다. 그러나 서로에 대한 우리의 관계는 다양하고 무한하다. 인간의 채무는 상해와 이익, 약속에 의해 생겨나고 무효가 되고 수정된다. 그리고 종종 사기 또는 무지로 이루어지는 수의계약과 유언장의 해석은 판관의 현명함을 시험하는 길고도 고된 작업을 필요로 한다. 생활상의 사무는 상업과 정치 권력의 확대에 따라 한층 더 복잡해지고, 상대방이 제국의 먼 속주

민사법 체계의 남용

104 그가 신전의 건립으로 신민을 지치게 하자 일하던 사람들 가운데 상당수가 분노하여 목숨을 끊어 버렸다. 그는 이들의 시신을 십자가에 못박았다.

105 과격하고 때이른 죽음이라는 유일한 유사성은 베르길리우스로 하여금 영아와 연인, 부당하게 비난받은 사람들의 죽음과 자살을 혼동하게 했다. 베르길리우스의 최고 편집자인 하이네 역시 이런 생각의 유래를 찾지도, 이 로마 시인의 법학을 확인하지도 못하고 있다.

에 거주하는 상황은 의심과 지연, 그리고 필연적으로 지역에서 중앙의 정무관에게 올리는 상소를 생겨나게 했다. 콘스탄티노플과 동로마 제국의 그리스 황제 유스티니아누스는 테베레 강변에 식민지를 만든 라틴 양치기들의 합법적인 후계자였다. 1300년이라는 기간 동안 법은 마지못해 통치와 풍속의 변화를 따랐다. 고대의 명칭과 최근의 제도를 조화시키려는 갸륵한 욕망은 이 모호하고 변칙적인 체계의 조화를 파괴하고 중요성을 과장했다. 수시로 자기 신민의 무지를 봐주는 법은 그 자체의 불완전함을 고백하는 것이다. 유스티니아누스가 축약한 민법 체계는 여전히 수수께끼 같은 학문이자 수익성 있는 장사였고, 그 연구에 내재하는 혼란은 관련자들의 사적인 노력 때문에 열 배는 더 짙은 어둠에 싸이게 되었다. 소송 비용이 때로 대상물의 가치를 넘어섰고, 청구인은 가난 또는 조심스러움 때문에 아무리 정당한 권리도 포기했다. 이렇게 돈이 많이 드는 정의(正義)는 기소 정신을 위축시키는 경향이 있으며, 불평등한 압력은 부유한 자의 영향력을 증가시키고 빈민의 비참함을 악화시킬 뿐이다. 부유한 탄원자는 판관의 우연한 부패보다는 이렇게 더디고 돈이 많이 드는 소송 절차 때문에 더 큰 이익을 얻을 수 있었다. 우리 시대와 국가 역시 완전히 없애지는 못한 법의 남용 경험은 때로 분노를 불러일으키며, 현대의 복잡한 법체계를 투르크족 법관의 단순한 약식 율령으로 대체하고 싶은 성급한 마음을 불러일으킨다. 좀 더 침착하게 생각해 보면 그러한 형식과 지연은 시민의 생명과 재산을 보호하기 위해 필요하고, 재판관의 자유재량은 전제 정치의 첫 번째 도구이며, 자유로운 민중의 법은 권한 행사와 근면한 업무에서 발생할 수 있는 모든 문제를 예측하고 결정한다는 사실을 알게 될 것이다. 그러나 유스티니아누스의 통치는 자유와 예속의 악덕을 결부시켰다. 로마인들은 수많은 법률과 지배자의 독단적인 의사에 의해 동시에 억압받았던 것이다.

45

THE DECLINE AND FALL
OF THE ROMAN EMPIRE

유스티누스 2세의 치세 · 아바르족의 사절 · 그들의 도나우 강 연안 정착 · 롬바르드족의 이탈리아 정복 · 티베리우스의 즉위와 치세 · 마우리키우스의 즉위와 치세 · 롬바르드족과 라벤나 총독 지배하의 이탈리아 정세 · 로마의 고난 · 교황 그레고리우스 1세의 성품과 정책 · 로마의 구원자

유스티니아누스 말년에 그의 허약한 정신은 내세에 대한 고찰에 전념하여 비천한 속세의 일은 소홀히 했다. 로마 시민들은 그의 장수와 긴 치세에 조바심을 쳤다. 그러나 생각 깊은 사람들은 모두 도시를 소요에 휩싸이게 하고 제국에 내란을 불러올 그의 죽음의 순간을 두려워했다. 후사가 없는 이 군주의 형제자매의 아들과 손자 일곱 명이 황제의 보호하에 훌륭한 교육을 받았다. 이들은 속주와 군대의 고위직을 맡고 있었다. 노령의 질투 때문에 후계자 지명이 늦어지고 있었으므로 이들 모두가 제위 계승을 바라볼 수 있었다. 유스티니아누스는 38년간의 치세 끝에 궁전에서 사망했다. 그리고 결정적인 기회는 비길란티아의 아들 유스티누스가 잡았다. 자정에 그의 하인들은 끈덕지게 문을 두드려대는 한 무리의 사람들 때문에 잠이 깼는데, 이들은 원로원의 주요 의원들이라고 신분을 밝힌 후에야 집으로 들어올 수 있었다. 이 반가운 사절은 황제의 죽음에

> 서기 565년 11월,
> 유스티니아누스의 죽음

¹ 파기가 이렇게 명백하고 확실한 코리푸스의 텍스트에 반론을 제기하고, 유스티누스의 집정관직 취임을 서기 567년까지 미루려 했던 것은 놀라운 일이다.

대한 중대한 비밀을 발표했다. 황제가 죽어 가면서 조카들 가운데 가장 사랑하며 가장 자격 있는 사람을 골랐다는 이야기를 보고 또는 조작했던 것이다. 이들은 유스티누스에게 날이 밝아 주인을 잃었다는 사실을 알고 백성들이 겪을 혼란을 막아 달라고 간청했다. 놀람과 슬픔, 적절한 겸허함을 표시한 뒤 유스티누스는 아내 소피아의 조언에 따라 원로원의 권위에 따르기로 했다. 그는 조용하면서도 신속하게 궁전으로 안내되었으며 근위병들은 새로운 황제에게 경의를 표했다. 대관식의 군사적, 종교적 의식이 부지런히 준비되었다. 담당 관리들이 그에게 붉은 편상 반장화, 하얀 튜닉, 자의 등 황제의 의관을 입혔다. 그가 즉석에서 사령관의 지위로 승격시킨 운 좋은 군인이 그의 목에 군사 훈장을 둘러 주자 네 명의 건강한 청년들이 그를 방패 위에 들어 올렸다. 그는 단호하고 꼿꼿한 자세로 서서 신하들의 경배를 받았으며, 그들의 선택은 정통파 군주의 머리 위

서기 565년 11월~
574년 12월,
유스티누스 2세의 통치

에 왕관을 씌워 준 총대주교의 축성을 받았다. 대경기장은 벌써 수많은 군중으로 메워져 있었는데 황제가 등장해 옥좌에 앉자마자 청색파와 녹색파가 한목소리로 충성을 표했다. 원로원과 민중을 향한 연설에서 유스티누스는 선대의 치세를 더럽히던 폐습을 시정할 것을 약속하고, 정의롭고 관대한 통치의 금언을 제시하면서 다가오는 1월 초하루부터는¹ 자신이 직접

서기 566년 1월,
유스티누스 2세의
집정관직

로마 집정관의 칭호와 공평무사함을 부활시키겠다고 약속했다. 그가 유스티니아누스의 채무를 즉시 갚았다는 사실은 그의 신의와 관대함을 확실하게 보여 주는 것이었다. 금이 든 자루를 짊어진 운반인의 행렬이 대경기장 중앙으로 들어왔으며 희망을 잃고 있던 유스티니아누스의 채권자들은 이 공평무

사한 지불을 자발적인 선물로 받아들였다. 3년이 지나기도 전에 황후 소피아는 그의 본보기를 따르고 또 이를 능가하여 수많은 궁핍한 시민들을 빚과 고리대금의 압박에서 구제해 주었다. 가장 참기 힘든 고난에서 구제해 주었으니 무엇보다 감사를 받을 만한 자비로운 행동이었지만, 이는 군주의 관대함이 방탕함과 기만에 의해 오용되기 쉬운 경우이기도 하다.[2]

즉위 7일째, 유스티누스는 아바르족의 사절을 접견했으며 그 무대는 야만족들에게 놀람과 존경, 공포심을 심어 주기 위해 장식되었다. 넓은 궁전과 긴 주랑에는 높다란 투구 장식과 금을 입힌 둥근 방패를 든 경호원들이 궁전 문에서부터 늘어서 있었고, 이들은 실제 전쟁터에서보다 훨씬 자신감에 차서 창과 도끼를 다루었다. 군주의 권한을 대행하거나 근처에서 그를 수행하는 문무관들은 가장 화려한 옷을 차려입고 서열에 따라 정렬해 있었다. 옥좌 앞에 드리운 막이 올라가자 아바르족 사절들은 동로마 제국 황제가 네 개의 기둥으로 떠받치고 꼭대기에 날개 달린 승리의 여신상이 장식된 닫집 아래에 있는 모습을 보게 된다. 처음 보는 놀라운 광경 속에서 그들은 비잔티움 궁전에 굴종적인 경배를 보냈다. 그러나 바닥에서 일어나자마자 사절단 대표인 타르게티우스는 야만족의 자유와 긍지를 표현했다. 그는 통역관의 입을 통해 아바르족 왕의 위대성을 격찬하고, 그의 자비로 남부 왕국들이 존속할 수 있었으며 승전을 달성하는 그의 신민들은 스키타이의 언 강을 건넜고, 이제 수많은 막사로 도나우 강변을 뒤덮고 있다고 말했다. 돌아가신 황제는 매년 값비싼 선물로 우정을 키워 왔으며 로마의 적 또한 아바르족의 동맹을 존중해 왔으니 유스티니아누스의 조카 역시 같은 사리분별로 선대의 관대함을 본받아, 전쟁터에서 우

서기 566년,
아바르족 사절단

[2] 케드레누스나 조나라스가 단순히 다른 사람의 기록을 필사하고 있는 경우에는 그들의 증언을 내세울 필요가 없다.

3 이 독특한 연설에 대해서는 코리푸스의 운문과 메난드로스의 산문을 비교할 것. 상이성은 그들이 서로 모사하지 않았음을, 유사성은 공통의 원형에서 나왔음을 증명한다.

수한 기량을 자랑하는 무적의 민족으로부터 평화라는 축복을 사들이라는 것이었다. 황제의 대답 역시 오만하고 도전적인 태도로 전달되었는데 그의 자신감은 그리스도교의 신, 로마의 오랜 영광, 그리고 유스티니아누스가 최근 거둔 성공에서 비롯된 것이었다. 그는 이렇게 말했다.

제국에는 국경을 수비하고 야만족을 벌하기에 충분한 사람과 말과 무기가 있소. 당신들은 원조를 제의하면서 적대 행위로 위협하고 있소. 짐은 당신들의 적의를 경멸하고 원조를 거부하오. 아바르족의 정복자 자신이 우리와의 동맹을 요구했소. 그런데 짐이 그런 도망자와 망명자를 두려워해야 하오? 선대의 너그러움은 당신들의 곤궁에, 당신들의 겸허한 탄원에 주어진 것이오. 짐에게서는 더 중요한 은혜를 입게 될 거요. 바로 자신의 약함을 깨닫게 되는 것이지. 물러가시오. 사절단의 목숨은 살려 주겠소. 용서를 청하러 다시 돌아온다면 자비를 얻게 될지도 모르지.3

사절단의 보고를 듣고 아바르족 왕은 성품도 지략도 전혀 알지 못하는 로마 황제의 단호함에 경외감을 느꼈다. 그는 동로마 제국에 대한 위협을 실행에 옮기는 대신, 프랑크족의 지배하에 놓여 있던 가난하고 미개한 게르마니아의 여러 영토로 진군해 들어갔다. 두 번의 어정쩡한 전투 후에 그는 퇴각하는 데 동의했고, 아우스트라시아의 왕은 즉시 곡물과 가축을 공급해 아바르족 진영의 곤궁을 덜어 주었다. 이러한 되풀이되는 실망으로 아바르족의 사기는 땅에 떨어졌다. 롬바르드족 왕 알보인과의 동맹으로 군대의 새로운 목표를 얻고 피곤에 지친 운명에 영원한 정착지를 얻지 않았던들, 이들은 사르마티아 사막에서 해체되어 사라졌을 것이다.

알보인은 부친의 지휘 아래 복무하는 동안 호적수인 게피다이족의 왕자와 전투에서 맞닥뜨려 단번에 창으로 꿰뚫어 버린 적이 있었다. 롬바르드족은 이 나이 어린 젊은이의 무용을 칭찬하면서 그의 부친에게 전장의 위험을 같이 나눈 이 영웅적인 젊은이를 승전 연회에 참석하게 해 달라고 한 목소리로 간청했다. 완고한 아우도인은 이렇게 말했다.

롬바르드족 왕 알보인.
그의 용기, 사랑
그리고 복수

여러분 모두 조상들의 지혜로운 관습을 모르지 않으실 거요. 공훈이 얼마나 됐든 타국 왕족의 손에서 무기를 받아 들고 나서야 왕자가 부친과 같은 자리에 앉을 수 있다는 사실을.

알보인은 고국의 풍습에 경건히 복종하고 마흔 명의 병사를 선발해 대담하게도 게피다이족의 왕인 투리순드의 궁정을 방문했고, 투리순드는 환대의 관습에 따라 자기 아들을 죽인 자를 포옹하고 접대했다. 연회 석상에서 알보인이 자신이 죽인 젊은이의 자리를 차지하고 있자 왕의 마음에 아픈 기억이 되살아났다.

저 자리는 얼마나 사랑스러우며 그 자리에 앉아 있는 자는 얼마나 가증스러운가!

분노한 아버지의 입에서 한숨과 함께 이런 말이 새어 나왔다. 그의 슬픔은 게피다이족의 민족적 분노를 북받치게 했다. 살아남은 아들 쿠니문드는 술 때문인지, 형제애 때문인지 복수의 열망에 사로잡혔다. 이 미개한 야만인은 이렇게 외쳤다.

⁴ 프리울리의 부제(副祭) 파울루스. 국가 풍습에 대한 그의 묘사는 조잡하기는 하지만 비드(Bede)나 투르의 그레고리우스보다는 생생하다.

롬바르드족은 모습이나 냄새가 우리 사르마티아 평원의 암말과 닮았군.

이것은 그들의 다리를 감싸고 있는 흰 띠를 빗댄 모욕이었다.

닮은 점이 하나 더 있지요.

대담한 왕자는 이렇게 대꾸했다.

그놈들이 얼마나 강하게 발길질을 하는지 아셨을 거요. 아스펠드 평원에 가서 당신 형제의 뼈를 찾아보시오. 가장 미천한 짐승들의 뼈와 섞여 있을 테니.

전사의 민족인 게피다이족은 자리를 박차고 일어났고, 두려움을 모르는 알보인은 마흔 명의 병사와 함께 검에 손을 가져갔다. 이 소란은 투리순드의 엄숙한 중재로 진정되었다. 그는 자신의 명예와 손님의 목숨을 구한 것이다. 그리고 엄숙한 작위 수여식을 치른 후 아버지의 눈물의 선물이기도 한 아들의 피가 묻은 무기를 주며 이 이방인을 물러가게 했다. 알보인은 의기양양하게 돌아왔다. 롬바르드족은 대적할 바 없는 그의 대담함을 칭찬하면서도 적장의 덕성에 찬사를 보내지 않을 수 없었다.⁴ 그는 아마도 이 방문에서 후에 게피다이 왕위에 오른 쿠니문드의 딸을 보았을 것이다. 그녀의 이름은 로사몬드로 이는 여성의 아름다움을 나타내는 호칭이었으며, 영국 역사나 로맨스 문학에서도 사랑 이야기로 이 이름을 신성하게 만든 바 있다. 롬바르드족의 왕(알보인의 부친은 이미 타계했다.)은 클로비스의 손녀와 약혼한 상태였다. 그러나 신의와 정책에 따르는 구속은 아름다운 로사몬드를 소유하고 그녀의 가족과 민족을 모욕하고 싶다는 소망에 지고 말았다. 설득의 기술이 성공을 거두지 못하자 이 조급한 연인은 무력과 계략으로 욕망의 대상을 얻어 냈다. 전쟁은 그가 예견하고 바랐던 결말이었지만 롬바르드족은 로마군의 지원을 얻은 게피다이족의 맹렬한 공격을 오래 견뎌 내지 못했다. 결혼 제의가 경멸적인 태도로 거절당하면서 알보인은 로사몬드를 풀어 주었고 쿠니문드 가문에 자신이 초래한 치욕을 나누어 갖는 모양새가 되었다.5

5 이 이야기를 한 사람은 사기꾼이다. 그러나 그는 공적이고 악명 높은 사실에 근거하여 자신의 허구를 구축하는 재간이 있었다.

공적인 전투가 개인적 상처로 독기를 띠게 되면 치명적이 아니거나 결정적이지 못한 타격은 단기간의 휴전만을 낳을 뿐이며, 패배한 투사는 새로운 대결을 위해

서기 566년, 게피다이족의 왕국을 파괴한 롬바르드족과 아바르족

무기를 갈고닦게 된다. 알보인의 힘은 그의 사랑과 야망, 복수를 달성하기에는 불충분했기 때문에 아바르족 왕의 지원을 요청하기로 했다. 그의 논리는 야만족의 술책과 정책을 보여 주었다. 그는 로마 제국과의 동맹으로 아바르족과 롬바르드족, 두 민족의 적대자이자 아바르족 왕의 개인적 원수가 된 이 민족을 없애는 것이 정당하다고 주장했다. 이 영광스러운 싸움에서 아바르족과 롬바르드족의 병력이 힘을 합치면 승리는 보장되고, 그 보상은 셈할 수 없는 정도가 된다는 것이다. 도나우 강, 헤브루스, 이탈리아, 콘스탄티노플이 아무런 장벽 없이 자신들의 무적의 군대 앞에 노출될 것이다. 그러나 로마인의 악의 앞에서 주저하거나 지체하면 아바르족을 욕보인 바로 그 힘이 자신들을 지구 끝까지 쫓아올 것이라고 부추겼다. 아바르족 왕은 이 그럴듯한 이유들을 냉담하게 듣고 무시했다. 그는 롬바르드족 사절단을 자기 진영에 계속 머물게 하며 협상을 질질 끌고는 이 중요한 과업에 참여할 의사 또는 능력이 없다는 말

을 번갈아 했다. 마침내 그는 동맹 체결의 최종 조건을 표명했다. 롬바르드족이 가축의 10분의 1을 바쳐야 한다는 것이었다. 전쟁 포로와 전리품은 균등하게 분배하되, 게피다이족의 토지는 아바르족이 독점적으로 소유할 것이라고도 했다. 알보인은 정열에 불타 이런 심한 조건을 기꺼이 받아들였다. 로마 역시 게피다이족의 배은망덕과 배신에 불만이 많았으므로, 유스티누스는 이 방약무인한 민족에게 지원을 해 주지 않고 역부족인 전투를 조용히 지켜보았다. 쿠니문드는 절망했지만 그 절망은 행동이 따르는 위험한 것이었다. 그는 아바르족이 자기 영토를 침입했다는 소식을 들었으나, 롬바르드족을 물리치면 이 다른 외적은 쉽게 퇴치할 수 있으리라는 확신을 가지고 자신과 가문의 명예를 더럽힌 이 용서할 수 없는 적에게 달려들었다. 하지만 그의 용기는 명예로운 죽음밖에는 가져다주지 못했다. 가장 용감한 전사가 전장에서 쓰러졌다. 롬바르드족의 왕은 쿠니문드의 수급을 기쁘게 바라보았으며, 그의 두개골은 정복자의 증오를 만족시키기 위해서인지 아니면 그 민족의 야만적인 관습에 따르기 위해서인지 모르지만 잔으로 만들어졌다.[6] 이 승리 이후 동맹군의 전진을 저지하는 장애물은 없었으며 이들은 협약 조건을 충실히 이행했다. 왈라키아, 몰다비아, 트란실바니아의 아름다운 여러 지방과 도나우 강 너머 헝가리 지역 일부가 별 저항도 없이 새로운 스키타이인 집단의 점령을 받게 되었다. 아바르족 왕 지배하의 다키아 왕국은 그 뒤 230년 이상 번영했고 게피다이족은 해체되었다. 그러나 포로 배분에서 아바르족의 노예가 된 자들은 롬바르드족 포로들보다 불운했다. 롬바르드족은 관대하게도 용맹한 적을 수용했기 때문이다. 그들의 자유는 냉정하고 고의적인 압제와는 양립 불가능했다. 전리품의 절반으로 알보인의 진영은 야만족이 쉽게 계산할 수 없을 정도의 부를 얻었다. 아름다

[6] 스트라보, 플리니우스, 마르켈리누스를 보면 이와 같은 관습은 스키타이 부족 사이에서는 일반적인 것이었다. 북아메리카의 머리 가죽 벗기기도 이와 마찬가지로 용맹으로 얻은 전리품을 의미하는 것이었다. 쿠니문드의 두개골은 롬바르드족 사이에서 200년 이상 보존되었다. 파울루스 자신도 라치스 대공이 귀족들의 축제에서 이 잔을 보여 주었을 때 손님으로 참석해 있었다.

운 로사몬드는 승리를 거둔 이 연인의 권리를 인정하도록 설득 또는 강요당했다. 쿠니몬드의 딸은 저항할 수 없는 자신의 매력 때문에 일어난 그 죄들을 용서하는 듯 보였다.

알보인의 명성은 강력한 왕국을 파괴하면서 확립되었다. 샤를마뉴 대제 시대까지도 바바리아인, 색슨인 및 기타 튜턴 어족에 속하는 민족들은 롬바르드 왕의 영웅적 미덕, 용기, 관대함, 그리고 무운을 칭송하는 노래를 되풀이하고 있다. 그러나 그의 야심은 아직 충족되지 않았다. 이 게피다이족 정복자는 도나우 강에서 더 비옥한 포 강과 테베레 강변으로 눈길을 돌렸다. 그의 신하들이 나르세스의 동맹자로 이 쾌적한 이탈리아 땅을 밟은 지 15년도 채 되지 않았다. 산과 강, 대로 등은 그들의 기억에 낯설지 않았다. 성공할 것이라는 보고 또는 눈앞에 놓인 전리품은 젊은 세대로 하여금 경쟁과 모험심을 더욱 불타오르게 했다. 알보인의 기개와 달변은 그들의 희망을 더욱 고무했다. 그가 궁정 연회에서 이 세계의 정원에서 자연적으로 자란 가장 아름답고 더없이 맛있는 과일을 내놓아 사람들의 감각에 직접 호소했다는 사실도 확인된다. 그가 군기(軍旗)를 세우자마자 기존의 롬바르드족 군대에 게르마니아와 스키타이의 모험적인 젊은이들까지 모여들었다. 노리쿰과 판노니아의 건장한 농민들도 야만족의 풍습을 다시 따랐다. 실제로 게피다이, 불가리아, 사르마티아, 바바리아족에서 유래하는 이름을 이탈리아 여러 지역에서 확실하게 찾아볼 수 있다.7 롬바르드족의 가장 오래된 맹우인 색슨족 가운데 2만 명의 전사가 처자를 이끌고 알보인의 초대를 받아들였다. 이들의 용맹은 그의 성공에 기여했다. 그러나 그들의 수는 수많은 병력 가운데 그리 눈에 띄는 것은 아니었다. 모든 형태의 종교 의식이 각각의

서기 567년, 이탈리아 정복에 착수한 알보인

7 파울루스는 다른 민족도 열거하고 있다. 무라토리는 모데나에서 3마일 떨어진 곳에서 바바리아인의 마을을 발견했다.

성직자와 함께 자유로이 거행되었다. 롬바르드 왕은 이단 아리우스파의 교육을 받았다. 그리스도교도들은 공공 예배에서 그의 개종을 위해 기도할 수 있었다. 반면 한층 완고한 야만인들은 암염소나 포로를 희생 제물로 삼아 선조들의 신 앞에 바쳤다.[8] 롬바르드족과 그 동맹군들은 야만족 영웅이 갖출 수 있는 미덕과 악덕의 모든 면에서 뛰어난 수장에 대한 공통의 애착으로 단결되어 있었다. 알보인은 빈틈없이 원정에서 사용할 공격용, 방어용 무기를 충분히 마련했다. 롬바르드족의 풍부한 물자가 그들의 행군을 따랐다. 그들은 토지는 기꺼이 아바르족에게 넘겨주고, 이탈리아 정복에서 실패하면 이 자발적인 망명자들이 전(前) 소유물을 되찾는다는 맹약을 미소도 없이 엄숙하게 주고받았다.

[8] 로마의 그레고리우스는 이들이 암염소를 숭배한 것으로 짐작한다. 나는 신과 제물이 일치하는 종교는 하나밖에 모른다.

민중의 불만과 나르세스의 죽음

적이 나르세스였다면 롬바르드족은 실패했을지도 모른다. 고참 전사들과 고트 전쟁의 맹우들은 아마도 마지못해 두려움과 경외의 대상인 적에 대항했을 것이다. 그러나 비잔티움 궁정의 유약함이 야만인의 대의명분에 도움이 되었다. 황제가 신민의 불만을 한 번 귀담아 들었던 것이 이탈리아의 몰락으로 이어졌다. 나르세스의 미덕은 탐욕으로 얼룩져 있었다. 15년간 이탈리아를 통치하면서 그는 개인이 가질 수 있는 부의 한계치를 넘어설 정도의 금은보화를 축적했다. 그의 통치는 억압적이고 인기가 없었으며 로마 시의 대표들은 민중의 불만을 공공연하게 표출했다. 유스티누스의 옥좌 앞에서 그들은 그리스인 환관의 폭정보다는 고트족에게 예속되었던 상황이 더 참을 만했다고 대담하게 선언하고 저 폭군이 당장 면직되지 않으면 스스로 주인을 선택해 행복을 찾을 길을 모의하겠다고 말했다. 또 얼마 전 벨리사리우스의 공훈을 짓밟았던 시기와 중상의 목소리가 다시 일어나 반란이 일어날지도 모른다는 우려가 제기되었다. 이리하여 이탈리아 정복자의 뒤를 이을 총독으로 롱기누스가 임명되었는데, 소피아 황후의 모욕적인 명령은 나르세스를 소환하는 데 숨겨진 비열한 동기를 담고 있었다.

무기의 사용은 남자들에게 맡기고 궁정 시녀들 속의 원래 자리로 돌아오셔야 할 겁니다. 환관의 손에는 물레가 쥐어져야 겠지요.

이에 나르세스는 분노하여 자신의 공훈을 생각하면서 이렇게 대답했다고 한다.

저는 황후께서 쉽게 풀지 못할 실을 자아드릴 겁니다!

나르세스는 비잔티움 궁정의 문 앞에 노예이자 죄인으로 나서는 대신 나폴리에 은거했고, 거기서 롬바르드족에게 자기 주군과 민중의 배은망덕을 벌해 달라고 했다고 한다.(당시의 풍문을 믿을 수 있다면 말이다.)9 그러나 민중의 열정은 맹렬하고 변하기 쉬운 것이어서, 로마인들은 곧 승전을 거둔 사령관의 공훈을 기억하거나 그의 분노를 두려워하게 되었다. 나폴리로 특별 순례를 떠난 교황의 중재로 그들의 회개는 수용되었다. 나르세스는 한결 온화한 태도와 예의 바른 언사로 카피톨리누스에 거처를 정하는 데 동의했다. 비록 고령이었지만 그의 죽음은10 갑작스럽고 때 이른 것이었다. 그의 천재성만이 자기 인생 최후의 치명적 실수를 되돌릴 수 있었기 때문이다. 이탈리아 사람들은 음모 때문에, 또는 음모에 대한 의심 때문에 전의를 상실하고 분열했다. 병사들은 장군이 받은 치욕에 분개하고

9 파울루스가 나르세스에게 가한 비난은 근거가 없을지도 모른다. 그러나 최고의 비평가인 파기와 무라토리, 그리고 최후의 편집자인 호라티우스 블란쿠스와 필리프 아르젤라투스 등은 추기경의 궁색한 변명을 받아들이지 않고 있다. 유스티누스의 대관식에서 도움을 주었던 나르세스는 확실히 다른 인물로 이해되고 있다.

10 나르세스의 죽음은 파울루스와 아그넬루스가 언급하고 있다. 그러나 나르세스가 95세였다는 아그넬루스의 말은 믿을 수가 없다. 80세에 그 모든 전공을 올린다는 게 말이나 되는가?

11 나르세스와 롬바르드 족의 이탈리아 침공 계획은 파울루스의 제1권 마지막 장과 제2권의 처음 일곱 장에 나와 있다.

12 이 번역본에서는 신(新)아퀼레이아라고 되어 있다. 그라도의 대주교는 곧 공화국 최초의 시민이 되었으나, 그의 자리는 1450년이 되어서야 베네치아로 옮겨졌다. 그는 이제 갖가지 칭호와 영예로 장식되어 있다. 그러나 교회는 국가의 풍조에 머리를 숙였으며, 가톨릭 도시의 통치는 엄격하게 장로제로 이루어졌다.

그의 죽음을 비통해 했다. 그들은 새 총독에 대해서 전혀 알지 못했고 롱기누스 역시 군대와 이탈리아 속주의 상황을 전혀 몰랐다. 그 뒤 몇 년 동안 이탈리아는 전염병과 기근으로 황폐해졌고, 불만을 품은 사람들은 자연의 재난을 통치자의 죄 또는 어리석음 탓으로 돌렸다.11

서기 568~570년, 이탈리아의 상당 부분을 정복한 롬바르드족

그 확신의 근거가 무엇이었든 알보인은 로마군과 전장에서 대적할 것을 기대하지도, 실제로 경험하지도 않았다. 그는 율리아알프스에 올라 자신의 승전으로 롬바르디아라는 영원한 명칭을 알리게 된 비옥한 평원을 경멸과 욕망의 눈길로 내려다보았다. 충직한 부장 하나와 정예부대가 지금의 프리울리인 율리우스 포룸에 주둔해 산으로 가는 통로를 방어했다. 롬바르드족은 파비아의 힘을 존중하고 트레비소인의 간청을 들어주었다. 대군의 더딘 행렬은 전진을 계속해 베로나 궁정과 도시를 점령했다. 이제 잿더미에서 겨우 벗어나고 있던 밀라노는 판노니아에서 출격한 지 다섯 달 된 알보인에게 포위당했다. 그의 진군에는 공포가 앞섰다. 가는 곳마다 황량한 거리를 발견하거나 떠나는 곳마다 황량한 거리를 만들었던 것이다. 겁 많은 이탈리아인들은 시험조차 해 보지 않고 이 이방인이 무적이라 추측했던 것이다. 호수나 바위 지대, 낮은 습지로 피신하면서 두려움에 휩싸인 군중들은 재산의 일부를 숨기고 예속의 순간을 늦추었다. 아퀼레이아의 총대주교 파울리누스는 도망치면서 성스러운 재보와 속세의 재산 모두를 그라도 섬12으로 은닉시켰으며, 이런 국가의 재난 덕택에 계속 부를 축적해 온 신생 베네치아 공화국이 그의 후계자들을 받아들였다. 성 암브로시우스의 자리를 이은 호노라투스는 어리석게도 신의 없는 항복 조건을 받아들였다. 알보인의 배신으로 이 대주교는 밀라노의

성직자 및 귀족들과 함께 접근하기 좀 더 힘든 제노아의 성벽으로 피신할 수밖에 없었다. 연안 지방에서는 보급의 용이함, 구원에 대한 기대, 탈출 가능성 등으로 주민들의 용기가 배가 되었다. 그러나 트렌트 언덕에서 라벤나와 로마의 성문까지 이탈리아의 육로는 전투나 포위 공격 없이 롬바르드족의 몫이 되고 말았다. 민중의 복종으로 이 야만족 왕은 적법한 통치자인 양 행세하게 되었고, 무력한 총독이 할 수 있었던 일은 그저 유스티누스 황제에게 그의 속주와 도시들이 빠르고 돌이킬 수 없이 함락되고 있다고 전하는 것뿐이었다.[13] 고트족이 부지런히 수비를 강화해 두었던 한 도시는 이 새로운 침략자의 무력에 저항했다. 비록 이탈리아는 롬바르드족에게 정복되고 있었지만 왕의 본진영은 티키눔, 즉 파비아의 성문 앞에서 3년 이상을 꼼짝하지 못했다. 용기는 개화된 적에게서는 존경을 얻어내지만 야만인에게서는 분노를 이끌어 낸다. 이 성급한 공격자는 연령과 성별, 지위를 구별하지 않고 모두 대량 학살해 버리겠다는 무시무시한 선서를 했다. 기근 덕택에 그는 결국 자신의 피비린내 나는 맹세를 실현할 수 있었다. 그러나 알보인이 성문을 들어서자마자 그의 말이 굴러 넘어져 쓰러지더니 일어나지 못했다. 수행원 가운데 하나는 동정심 또는 신심 때문에 이 사고를 하늘의 분노에서 온 기적의 징조라고 해석했다. 정복자는 잠시 머뭇거렸지만 이내 마음이 누그러졌다. 그는 칼을 칼집에 넣고 테오도리크의 궁전에서 평화롭게 휴식을 취한 뒤, 부들부들 떨고 있는 군중에게 목숨만은 살려줄테니 얌전하게 복종하라고 명했다. 롬바르드족의 군주는 힘들게 얻어 냈기에 더욱더 자신의 긍지를 드높인 이 도시에 만족하여 예로부터 내려온 밀라노의 영광은 무시했다. 그리고 파비아는 몇 세대 동안 이탈리아 왕국의 수도로 존경받았다.

[13] 파울루스는 당시 열여덟 개 지역으로 나뉘어 있던 이탈리아를 묘사한 바 있다.

서기 573년 6월,
자신의 부인 로사몬드에게
살해당한 알보인

창건자의 통치는 화려하지만 일시적이었다. 새로운 정복지의 점령을 완수하기도 전에 알보인은 가신의 반역과 여자의 복수의 제물이 되었다. 그는 야만족을 위해 세워진 것이 아닌 베로나 부근의 한 궁전에서 동료 장군들과 연회를 즐기고 있었다. 술에 취하는 것은 용맹의 대가이며, 왕 자신도 식욕과 허세 때문에 정도를 넘어 취해 버렸다. 라에티아산, 팔레르노산 포도주를 몇 잔이나 마신 뒤, 그는 장식장의 가장 귀중한 보물인 쿠니문드의 해골을 가져오게 했다. 롬바르드족 수장들은 어마어마한 갈채로 승리의 잔을 환대했다.

술을 다시 따르라.

이 비정한 정복자는 이렇게 말했다.

넘치도록 따르라. 그리고 이 잔을 왕비에게 가져가 자기 부친과 함께 기뻐해 달라고 내 이름으로 요청하라.

슬픔과 분노의 고통 속에서 로사몬드는 겨우 이렇게 중얼거렸다.

폐하의 뜻을 따르겠습니다!

그리고 잔에 입술을 대면서 이 모욕은 반드시 알보인의 피로 씻어 낼 것이라고 조용히 저주하는 것이었다. 그녀가 아내로서의 의무를 깨뜨리지 않았다면 딸로서 분노를 품은 데 다소 참작의 여지는 있을 것이다. 누그러질 길 없는 적의 속에서, 또는 부정한 사랑 속에서 이탈리아의 왕비는 신하의 품에 안겼으니, 왕의 갑옷을 가지고 다니는 헬미키스가 그녀의 쾌락과 복수의 밀사였다. 암살을 제의받았을 때 그는 이미 왕에 대한 충성심과 고마움이라는 양심의 가책을 주장할 수 없었다. 그러나 헬미키스는 죄는 물론이고 위험에 대해 곰곰이 생각하고, 또 자신이 전장에서 그렇게 자주 보아 온 대적할 수 없는 왕의 힘과 용맹을 상기하고는 두려움에 떨었다. 그는 롬바르드족 중 가장 용맹한 장수 가운데 한 명인 페레데우스에게 이 음모에 가담해 달라고 압력을 넣었으나 다만 비밀을 엄수하겠다는 약속만 받아 내는 데 그쳤다. 이에 로사몬드가 사용한 유혹의 방법은 그녀가 명예와 사랑 모두에 대해 수치스러울 정도로 무감각했음을 보여 준다. 그녀는 페레데우스를 그가 사랑한 자기 시녀의 방으로 불러들이고 어둠과 침묵을 가져올 구실을 만들어 냈다. 그리고 마침내 페레데우스가 롬바르드족의 왕비를 취했음을 알리고, 대역죄에 해당하는 이러한 간통의 결말은 그 자신 또는 알보인의 죽음밖에는 없다고 말했다. 그는 이 양자택일의 상황에서 로사몬드의 희생양보다는 공모자가 되기로 했다. 그녀의 담대한 기질에는 두려움도 회한도 없었다. 왕비는 좋은 기회를 기다리다 왕이 포도주를 마시고 낮잠을 즐기기 위해 물러난 순간을 곧 포착했다. 부정한 아내는 왕의 건강과 평안한 휴식을 바란다고 했다. 궁전의 문은 닫혔고 무기는 제거되었으며 시종들은 모두 물러가게 했다. 로사몬드는 다정한 애무로 그를 잠에 빠지게 한 뒤 방문을 열고, 내키지 않아하는 공모자들에게 당장 계획을 실행에 옮기라고 종용했다. 처음 경계심을 느꼈을 때 이 전사는 침상에서 벌떡 일어났다. 그는 검을 빼어 들려 했으나 이미 로사몬드의 손으로 칼집에 단단히 묶여 있었다. 유일한 무기인 작은 의자는 암살자들의 창으로부터 그를 오래 지켜 주지 못했다.

쿠니문드의 딸은 그가 쓰러지자 미소 지었다. 그의 시신은 궁전 계단 아래 묻혔지만, 롬바르드족의 후손들은 승리를 거둔 이 지도자의 무덤과 유덕(遺德)을 경배했다.

로사몬드의 도망과 죽음

야심만만한 로사몬드는 자기 연인의 이름으로 통치를 계속하고 싶었다. 베로나 시와 궁정은 그녀의 힘에 두려움을 느꼈다. 동포인 게피다이족의 충실한 한 무리는 이 복수에 갈채를 보내고 그녀의 소망을 지지했다. 그러나 최초의 경악과 혼란의 순간에 도망쳤던 롬바르드족 수장들은 신속하게 용기를 되찾고 무력을 결집했다. 국민 또한 그녀의 통치에 복종하지 않고 한목소리로 죄 많은 왕비와 국왕 시해자들의 처단을 요구했다. 그녀는 결국 적국으로 피신해야 했는데, 만인의 혐오의 대상이 된 이 죄인은 총독의 이기적인 정책으로 보호받게 된다. 로사몬드는 롬바르드족 왕위 계승자인 딸과 두 애인, 충직한 게피다이족 출신 하인들, 베로나 궁전의 전리품까지 챙긴 뒤 그리스 배를 타고 아디게 강과 포 강을 따라 내려와 라벤나의 안전한 피신처에 도착했다. 롱기누스는 알보인의 미망인이 가진 매력과 재산에 매우 기뻐했다. 그녀의 현 상황과 과거 행동을 보면 어떠한 음탕한 제의라도 정당화할 수 있었다. 로사몬드 또한 아무리 쇠퇴하고 있는 로마 제국이지만 일국의 왕과 같은 대접을 받는 대신인 그의 정열을 기꺼이 받아들였다. 질투심 강한 애인 하나를 살해하는 것쯤은 쉽고 고마운 희생이었다. 헬미키스는 목욕을 마치고 나와 정부의 손에서 독이 든 음료를 받았다. 이상한 술맛과 그 신속한 효력, 로사몬드의 성격에 대한 경험으로 그는 자신이 독살당하고 있음을 확신했다. 헬미키스는 단검을 그녀의 가슴에 겨누고 컵에 남아 있는 것을 전부 마시게 했다. 그리고 몇 분 후 그녀가 저지른 악행의 결과를 누릴 수 없으리라는 것을 위안으로 삼으며 죽고 말았다. 알보인과 로사몬드의 딸은 롬바르드족의 많은 전리품들과 함께 콘스탄티노플로 보내졌다. 페레데우스의 놀라운 힘은 궁정 사람들을 즐겁게 하고 또 두렵게 만들었다. 그의 맹목적인 성격과 복수심은 삼손의 모험에 대한 불완전한 모방으로 보였다. 한편 파비아의 집회에서는 지위가 높은 수장 가운데 하나인 클레포가 국민의 자유로운 투표에 의해 알보인의 후계자로 선출되었다. 그러나 18개월도 지나지 않아 왕위는 또다시 살인으로 얼룩졌다. 클레포가 한 하인의 손에 찔려 죽은 것이다. 그의 아들 아우타리스가 아직 성년이 아니었으므로 그 뒤 10년 이상 동안 국왕의 직무가 정지되었다. 이탈리아는 이로써 서른 명의 참주들이 지배하는 소수 귀족정치 제도로 분열되고 억압받았다.

서기 573년 8월, 롬바르드족의 왕 클레포

유스티니아누스의 조카는 즉위 당시 행복과 영광의 새 시대를 선포했다. 그러나 유스티누스 2세의 연대기는 국외에서의 치욕과 국내의 비참함으로 요약된다. 동로마 제국은 서쪽으로 이탈리아의 상실과 아프리카의 황폐화, 동쪽으로 페르시아군의 침략에 시달리고 있었다. 수도와 여러 속주에서는 부정부패가 만연했다. 부자들은 재산에 대해, 빈민들은 안전에 대해 염려했고 일반 정무관들은 무식하거나 부패했으므로 가끔 제공되는 구제책도 자의적이고 난폭한 것이었으며, 민중의 불만은 이제 입법자나 정복자의 크고 화려한 이름만으로는 달랠 수 없게 되었다. 역사가는 시대의 재난에 대한 모든 책임을 군주 한 사람에게만 돌리는 견해가 올바른 진리 또는 건전한 선입견이라고 묵인할 수도 있을 것이다. 그러나 유스티누스 개인의

유스티누스 2세의 무력함

생각은 순수하고 자비로웠다. 정신이 병으로 손상되고 다리도 쓸 수 없게 되어 궁중 깊이 칩거한 끝에 민중의 불만과 정부의 악습을 전혀 알지 못한 채 생애를 끝마치지만 않았던들, 아마도 그는 본연의 직무를 수행했으리라는 호의적인 가정도 성립될 수 있을 것이다. 자신의 무력함을 때늦게 자각한 그는 왕관의 무게에서 벗어나기로 결심하게 되었다. 그는 적당한 후계자를 선택하는 데서 분별력 있고 고결하다 할 수 있는 정신의 징후를 보여 주었다. 유스티누스와 소피아 사이에 태어난 독자는 아주 어릴 때 죽었다. 딸인 아라비아는 궁전 경호 대장이자 훗날 이탈리아 군대 사령관이 된 바두아리우스와 결혼했는데, 바두아리우스는 양자 결연의 권리로 결혼에 의한 권리를 확실히 하려는 헛된 기대를 품고 있었다. 제국 전체의 욕망의 표적이 되면서 유스티누스는 왕위 승계를 놓고 경쟁을 벌이는 형제자매나 사촌들을 경계와 증오를 느끼며 바라보는 데 익숙해졌다. 게다가 그는 왕위를 증여가 아닌 권리 회복의 의미로 받으려는 자들의 감사의 마음도 믿을 수가 없었다. 경쟁자 가운데 한 사람은 유형 및 뒤이은 죽음으로 제거되었다. 황제는 또 하나의 후보자를 매우 냉혹하게 모욕했는데, 결과적으로 그의 분노를 두려워하거나 아니면 그가 참기만 하는 것을 보고 경멸하게 된 것이 틀림없다. 가족 내의 원한은 결국 친척이 아니라 공화국 내에서 후계자를 찾겠다는 고매한 결심으로 발전했다. 지략 있는 소피아는 황제의 충실한 친위대장 티베리우스를 추천했다.14 황제 역시 그의 덕성과 행운을 자신의 현명한 선택이 맺은 결실이라 여길 수 있을 것이었다. 그가 황제의 지위로 올라가는 의식이 총대주교와 원로원 의원들이 참석한 가운데 궁전 주랑에서 열렸다. 유스티누스는 몸과 마음에 남은 모든 힘

14 군주가 왕위에 등극하기 이전에 주어지는 칭송은 가장 순수하고 믿을 만하다. 코리푸스는 유스티누스의 등극 당시 티베리우스를 칭찬했다. 그러나 친위대장도 아프리카인 망명자의 아부를 얻을 수 있는 법이다.

서기 574년 12월, 티베리우스와의 제휴

을 다 짜냈는데, 그의 연설이 신의 영감을 받은 것이라는 일반적인 믿음을 보면 황제와 그 시대가 얼마나 낮은 평가를 받았는지 알 수 있다.15

그대는 여기서 지고한 권력의 표지를 보고 있소. 그대는 나의 손이 아니라 신의 손에서 이것들을 받으려는 참이오. 이들을 존중하면 거기서 명예를 얻을 수 있을 겁니다. 황후를 어머니로서 존경해 주시오. 그대는 이전에는 그녀의 종복이었지만 이제 황후의 아들입니다. 피를 보고 기뻐하지 말고 복수를 자제하고, 내가 국민의 미움을 초래했던 행동을 피하고 나를 본보기가 아니라 경험으로 생각하시오. 인간으로서 짐은 죄를 지었고 죄인으로서 이 세상에서 나는 심한 벌을 받았소. 그러나 나의 신뢰를 악용하고 격정을 불타게 한 이 종복들은 (하고 그는 대신들을 가리켰다.) 나와 함께 그리스도의 재판정 앞에 나가야 할 것이오. 나는 왕관의 광휘에 눈이 멀었소. 그대는 현명하고 겸허하게 처신하시오. 자신이 과거에 어떤 사람이었는지, 지금 어떤 사람인지 명심하시오. 우리 주위에는 그대의 노예와 자식들이 있소. 위엄을 갖추고 어버이의 애정을 보이시오. 국민을 자신처럼 사랑하시오. 군대의 애정을 구하고 규율을 유지하시오. 부자들의 재산을 보호하고 빈자들의 필요를 구제해 주시오.16

그 자리에 모인 사람들은 침묵과 눈물로 군주의 충고에 칭송을 보내며 그의 회개에 공감했다. 총대주교는 교회의 기도를 반복하고 티베리우스는 무릎을 꿇고 왕관을 받았다. 이 양위식에서 가장 군주다워 보였던 유스티누스는 새 황제에게 이렇게 말했다.

15 에바그리우스는 신하들에 대한 꾸짖음을 덧붙였다. 그는 이 연설이 티베리우스가 카이사르의 지위를 얻은 의식에서 이루어진 것이라고 보고 있다. 테오파네스 등이 확실히 실수를 했다는 것은 아니지만, 그 느슨한 표현 때문에 이 연설은 유스티누스 사망 직전 그의 정제 즉위식까지로 늦추어졌다.

16 테오필락투스 시모카타는 유스티누스의 연설을 언어나 수사법의 불완전함을 고치지 않고 있는 그대로 후손에게 전하겠다고 선언했다. 아마도 이 자만심 강한 소피스트는 그러한 감정을 담아낼 수 없었을 것이다.

그대가 동의한다면 나는 살 것이오. 그대가 명령하면 나는 죽겠소. 하늘과 땅의 신이 모쪼록 그대에게는 내가 무시했거나 잊었던 것들을 불어넣어 주시기를.

～～～～～
서기 578년 10월,
유스티누스 2세의 죽음
～～～～～

유스티누스 황제의 마지막 4년은 고요한 은거 속에 흘러갔다. 그의 양심은 이제 더 이상 자신이 수행할 수 없었던 의무를 상기하고 고통받을 필요가 없었다. 그의 선택이 정확했음은 티베리우스가 보여 준 자식으로서의 효심과 감사의 마음으로 증명되었다.

～～～～～
서기 578~582년,
티베리우스 2세의 통치
～～～～～

티베리우스 황제의 미덕 가운데 소피아 황후의 총애를 얻게 한 것은 그의 아름다움일지도 모른다.(그는 로마인 가운데 가장 키가 크고 잘생긴 사람에 속했다.) 유스티누스의 미망인은 훨씬 더 젊은 두 번째 남편을 얻어 그의 치세에서도 지위와 영향력을 유지하겠다고 결심했다. 그러나 이 야심에 찬 후보자가 아첨이나 위선의 유혹에 빠졌다고 하더라도, 그는 실제로 그녀의 기대나 자신의 약속을 지킬 능력이 없었다. 경기장에서 여러 당파들은 조급하게 새 황후의 이름을 요구했다. 민중도, 소피아도, 합법적이지만 공포되지 않았던 티베리우스의 아내 아나스타시아의 이름이 포고되자 놀라고 말았다. 소피아의 양자는 그녀의 실망을 덜어 줄 황실의 명예, 화려한 궁전, 수많은 시종 등 갖가지 은전을 후하게 베풀었다. 또 중요한 사안에 대해서는 은인의 미망인을 만나 의견을 물었다. 그러나 그녀의 야심은 공허한 외양뿐인 지위를 경멸했으며, 어머니라는 존칭마저도 상처받은 여인의 분노를 진정시키는 것이 아니라 오히려 들쑤셔 놓았다. 정중한 미소와 함께 이러한 존경과 신뢰의 미사여구들을 들으면서 황태후는 예전의 적들과 비밀스러운 제휴를 맺었다. 게르마누스의 아들 유스티니아누스가 그 복수의 도구로 사용되었다. 전 황제 일족은 마지못해 신참자의 지배를 지지하고 있었다. 이 젊은이는 민중의 인기도 얻고 있었는데 유스티누스 사후, 불만을 가진 파벌이 그의 이름을 거론하기도 했다. 실제로 그가 6만 파운드의 재보와 자신의 생명까지 고분고분 내놓았다는 사실은 그의 죄, 적어도 그의 두려움의 증거라고 해석할 수도 있을 것이다. 유스티니아누스는 특사를 받고 동부 군대를 지휘하게 되었다. 그의 군사력 앞에 페르시아 왕은 도망쳤고, 승전에 따르는 갈채는 그가 왕좌에 오를 만하다는 사실을 세상 사람들에게 보여 주었다. 그의 교활한 후원자인 황후는 포도를 수확하는 때를 음모 실행의 시기로 골랐는데 이 시기에 황제는 시골에 조용히 칩거하며 일반 백성으로서의 즐거움을 맛볼 수 있었다. 하지만 그녀의 계략을 알게 되자마자 황제는 콘스탄티노플로 돌아왔고, 그가 돌아와 확고한 의지를 보여 주자 음모는 진압되었다. 소피아는 자신이 남용했던 화려함과 영예를 빼앗기고 적당한 수당만을 받게 되었다. 티베리우스는 그녀의 시종들을 없애고 연락을 차단했으며 충직한 근위병에게 그녀의 신병을 맡겼다. 그러나 이 뛰어난 군주는 유스티니아누스의 역할이 죄를 가중시키는 것으로 보지 않았다. 그의 반역과 망은은 가벼운 훈계로 용서를 받았다. 황제가 이 제위 경쟁자와 이중적인 제휴를 맺을 생각을 어느 정도 했다는 것이 일반적인 믿음이다. 천사의 목소리가 황제는 내부의 적에게 언제나 승리를 거둘 것이라는 계시를 내렸다는 것이다.(이런 객쩍은 이야기가 퍼졌다.) 그러나 티베리우스는 자기 마음의 순수성과 관대함에서 더 확고한 확신을 얻었다.

그는 티베리우스라는 불유쾌한 이름과 보다 인기가 좋은 콘

티베리우스 2세의 미덕

스탄티누스라는 이름을 함께 사용했고, 두 안토니누스 황제의 순결한 덕성을 모방했다. 그렇게 많은 로마 황제들의 악행이나 어리석음을 기록하고서 잠시만이라도 인간애와 정의, 절제, 꿋꿋함을 확실하게 보여 주는 인물에 대해 묘사할 수 있다는 것은 즐거운 일이다. 궁정에서는 상냥하고, 교회에서는 신심이 두텁고, 판관의 자리에서는 공평하고, 페르시아 전쟁에서 적어도 그의 장군들의 손으로 승리를 거둔 그런 왕을 고찰하는 일 말이다. 티베리우스의 승리 가운데 가장 영예로운 기념비는 그가 그리스도교 영웅의 자비로운 정신으로 몸값을 치르고 포로들을 구해 내 고향으로 돌려보낸 일이었다. 백성의 공훈이나 불운은 훨씬 더 많은 자비를 얻었으며, 그는 그들의 기대가 아니라 자신의 위엄에 입각해 관대함을 베풀었다. 나라의 부를 관리하는 사람으로서 아무리 위험하다고 해도, 이 원리는 인간애와 정의라는 원칙으로 균형을 잘 잡았다. 또 같은 원리로 그는 민중의 눈물에서 뽑아낸 황금이야말로 가장 비천한 금속으로 혐오하라는 가르침을 받았다. 민중들은 종종 자연재해나 전쟁으로 고통받았으므로 황제는 그들을 구제하기 위해 체납된 세금이나 향후의 세금을 면제해 주곤 했다. 그는 대신들이 바치는 비굴한 공물도 엄격히 거절했다. 그것은 신민들에게 열 배나 되는 억압으로 돌아갈 것이기 때문이었다. 티베리우스 황제의 현명하고 공평한 법은 후대의 칭송과 회한을 불러일으켰다. 콘스탄티노플 사람들은 황제가 보물이라도 발견했다고 생각했다. 그러나 그의 진짜 보물은 인색하지 않은 검약의 실천과 쓸데없는 지출에 대한 경멸이었다. 하늘이 내린 선물인 이 애국적인 군주가 영원한 축복으로 존재했다면 동로마 제국 국민들은 오랫동안 행복할 수 있었을 것이다. 그러나 유스티누스 사후 4년도 되지 않아 이 뛰어난 후계자도 불치의 병에 걸리고 말았으며, 그에게는 자기가 가진 권한에 따라 같은 시민 가운데 가장 적당한 자에게 왕관을 넘겨줄 정도의 시간밖에는 남아 있지 않았다. 그는 시민 가운데에서 마우리키우스를 택했다. 총대주교와 원로원의 대표들이 죽어 가는 군주의 침상으로 부름을 받았다. 그는 자신의 딸과 제국을 넘겨주었고 그의 마지막 말이 재무관의 입을 통하여 엄숙하게 전달되었다. 티베리우스는 후계자인 마우리키우스의 덕성이 자신에 대한 기억 가운데 가장 숭고한 기념비가 되기를 바랐다. 그의 유덕은 국민의 비탄으로 기념되었다. 그러나 아무리 진실한 슬픔도 새로운 치세의 소요 속에서는 증발해 버리게 마련이며, 사람들의 눈과 찬사는 재빨리 새로운 태양을 향했다.

마우리키우스 황제는 고대 로마로부터 대대로 내려온 가문 출신이다. 그의 부모는 카파도키아의 아라비수스 지방에 오랫 동안 살다가 자식이 황제가 되는 것을 보는 지복(至福)을 누렸다. 마우리키우스는 청년기를 군대에서 보냈다. 티베리우스는 그를 1만 2000명의 동맹군으로 이루어진 최신 정예부대의 지휘관으로 승격시켰다. 그는 페르시아 전쟁에서 뛰어난 무용과 지휘 능력을 보였다. 그리고 그에 대한 마땅한 보상으로 제국을 물려받기 위해 콘스탄티노플로 돌아오게 된다. 마우리키우스는 43세라는 원숙한 나이에 제위에 올랐고 동로마 제국과 스스로를 20년 이상 다스렸다. (에바그리우스의 기이한 표현에 따르면) 그의 정신에서 격정으로 이루어진 거친 민주주의는 몰아내고 이성과 미덕으로 이루어진 완전한 귀족정치를 확립하면서 말이다. 그는 이 비밀스러운 찬사가 황제의 귀에 절대 들어가지 않았다고 항변하지만 이러한 신하의 증언은 다소 가치가 떨

서기 582~602년, 마우리키우스의 통치

어지며, 몇 가지 약점을 보면 마우리키우스의 성품은 선대의 순결한 장점에 비해 뒤떨어지는 것으로 보인다. 냉정하고 말수가 적은 태도는 오만 탓으로 돌릴 수 있었다. 그의 정의에는 잔혹함이 없지 않았으며 그의 자비에는 약점이 없지 않았다. 그리고 그의 너무 엄격한 검약은 지나친 욕심이라는 비난을 자주 받았다. 그러나 전제 군주의 합리적인 소망은 그의 백성들의 행복에 이바지할 수 있다. 마우리키우스는 그러한 행복을 더 발전시킬 수 있는 분별과 용기를 가졌으며, 그의 통치는 티베리우스의 원칙과 본보기에 따라 이루어지고 있었다. 소심한 그리스인들은 국왕과 장군의 직무를 완전히 분리시킴으로써 받아 마땅한 자격으로 제위를 거머쥔 이가 군대의 선두에 나서서 싸우는 경우가 거의 없었지만, 마우리키우스 황제는 페르시아 군주를 왕위에 복귀시키는 영광을 누렸다. 그러나 부하들은 도나우 강 유역에서 아바르족에 대항해 불리한 전쟁을 계속하고 있었다. 이탈리아 속주의 비참하고 곤궁한 상황에 대해서는 그도 무력한 연민의 눈길을 보낼 따름이었다.

이탈리아의 고민 역대 동로마 황제들은 이탈리아의 불행에 대한 보고와 원조 요구로 끊임없이 시달렸으며, 이 때문에 결국 자신들의 취약함을 수치스럽게 고백할 수밖에 없었다. 로마의 꺼져 가는 위엄은 자유롭고 거센 불평의 형태로만 남아 있다. 로마는 이렇게 호소한다.

롬바르드족의 칼에서 구해 주실 수 없다면 적어도 기근의 재앙에서만이라도 저희를 구해 주십시오.

티베리우스는 비난의 말은 용서하고 이들을 곤란에서 구제해 주었다. 이집트에서 테베레 강까지 곡물이 운반되었다. 그러자 로마 민중들은 카밀루스가 아니라 성 베드로의 이름을 외치면서 성벽 아래까지 밀어닥친 야만족을 물리쳤다. 그러나 구제는 일시적이었으며 위험은 영속적이고 다급했다. 성직자와 원로원 의원들은 부유하던 시절에 가지고 있던 자신들의 재물 가운데 남은 것들을 모아 황금 3000파운드를 마련해 명예고관 팜프로니우스에게 준 뒤, 자신들의 선물과 하소연을 비잔티움 궁전의 왕좌 앞에 갖다 바치도록 했다. 궁정의 관심과 동부 병력은 페르시아 전쟁으로 향해 있었다. 그러나 티베리우스는 정의롭게도 로마의 방어를 지원해 주었다. 그는 롬바르드족 수장들에게 뇌물을 주거나 프랑크 군주들의 원조를 돈을 주고 사라는 최선의 조언과 함께 로마의 특사를 돌려보냈다. 부실하나마 이러한 대책을 마련했음에도 불구하고 이탈리아는 여전히 시달림을 받았고, 로마는 다시 포위되었으며 라벤나에서 3마일밖에 떨어지지 않은 클라세의 교외는 일개 대공인 스폴레토의 군대에 약탈당하고 점령되었다. 마우리키우스는 성직자와 원로원 의원들로 이루어진 2차 사절단을 접견했다. 그들이 가져온 로마 교황의 서한에는 종교의 의무와 위협이 강하게 담겨 있었다. 그리고 로마 교황의 대리인인 부제(副祭) 그레고리우스는 천상과 지상의 힘을 요구할 권한을 가지고 있었다. 여기서 황제는 선대의 대책을 더욱 강하게 시행했다. 강력한 부장들이 로마와의 우호 관계를 받아들이라고 설득당했다. 그 가운데 온화하고 충실한 한 야만족은 죽을 때까지 총독에게 봉사했다고 한다. 알프스로 이어지는 통로는 프랑크족에게 넘어갔다. 교황은 이들에게 그리스도교를 믿지 않는 자들에 대해서는 주저 말고 서약과 협정을 깨뜨리라고 권했다. 클로비스의 증손자인 킬데베르트는 5만 닢을 받고 이탈리아 침공을 하도록 설득당했다. 언젠가 금 1파운드 무게의 비잔티움 동전을 보고 기뻐했다는 이 아우스트라시아의 왕은 훌륭한 동전을 적당히 섞어서 보내 주면 한층 더 기쁜 선물이 될 것이라며 이를 요구했던 모양이다. 롬바르드족 수장들은 강력한 이웃인 갈리아인들을 자주 침략함으로써 그들의 분노를 사게 되었다. 그들은 정당한 보복을 두려워하게 되자 자신들의 취약하고 무질서한 할거를 끝내기로 했다. 통합, 비밀성, 활력 등 왕정의 장점을 모두가 만장일치로 인정했다. 클레포의 아들 아우타리스는 이미 전사로서 힘과 명성을 얻고 있었는데 이 새로운 왕의 군기 아래 이탈리아 정복자들은 연속 세 차례의 침략에 대항했는데, 그 가운데 한 번은 알프스에서 내려온 메로빙거 왕가의 마지막 후손 킬데베르트가 직접 지휘한 것이었다. 첫 원정은 프랑크족과 알레만니족의 시기로 빚어진 분쟁 때문에 실패했다. 두 번째 원정에서 그들은 피비린내 나는 전투 끝에 패배했는데, 이로써 왕국 창건 이래 최대의 손실과 치욕을 기록했다. 복수심에 조급해진 그들은 병력을 증강해 세 번째로 쳐들어왔으며, 이 쏟아져 들어오는 격렬한 맹위에는 아우타리스도 항복하고 말았다. 롬바르드족의 군대와 재보는 알프스와 아펜니노 산맥 사이에 있는 요새 도시들에 배치되어 있었는데. 위험보다는 피로와 지연에 민감한 이 민족은 지휘관 스무 명의 어리석음에 대해 곧 투덜거리기 시작했다. 또 이탈리아의 태양 아래 발생하는 뜨거운 증기는 이미 무절제와 굶주림으로 타격을 입은 알프스 저 너머에서 넘어온 병사들의 몸을 병들게 했다. 병력은 영토의 정복에는 불충분했지만 황폐화하기에는 충분했다. 겁에 질려 떠는 토착민들은 적과 해방군을 구분할 수 없었다. 밀라노 인근에서 메로빙거의 군대와 동로마 제국의 군대가 합류하는

서기 584~590년,
롬바르드족의 왕
아우타리스

데 성공했더라면 이들은 롬바르드족의 왕권을 전복시켰을 것이다. 그러나 프랑크족은 6일 동안이나 봉화 신호가 오르기만을 기다렸고, 동로마 제국 군대는 쓸모없게도 모데나와 파르마를 정복하는 데 쓰였으며 그나마도 알프스 너머에서 온 북방 동맹군의 철수 뒤에는 다시 빼앗기고 말았다. 아우타리스는 최종적으로 승리를 거두고 이탈리아의 지배권을 주장했다. 그리고 라에티아알프스의 산기슭에서 저항을 진압하고 코뭄 호에 있는 조용한 섬에 숨겨진 보물도 모두 약탈해 갔다. 그는 칼라브리아 최극단에서 레기움의 해안에 있는 한 기둥에 창을 대고[17] 이 고대의 이정표가 자기 왕국의 움직일 수 없는 경계를 나타낸다고 선언했다.[18]

200년이라는 기간 동안 이탈리아는 롬바르드족의 왕국과 라벤나의 총독령으로 불균등하게 나뉘어 있었다. 이전에 콘스탄티누스의 경계심으로 분할되었던 관직과 직무들이 유스티니아누스의 관대함으로 통합되었는데 제국의 쇠퇴기에 라벤나에는 열여덟 명의 총독이 계속해서 임명되었다. 그들은 민사, 군사, 심지어 종교적 권한까지 갖추고 있었다. 후일 교황의 기본 재산으로 헌납된 그들의 직접 관할 지역은 현대의 로마냐, 페라라와 콤마키오의 소택지 혹은 계곡,[19] 리미니에서 안코나까지의 다섯 도시, 그리고 아드리아 해안과 아펜니노 산맥 사이의 내륙 다섯 개 도시 지역을 포함했다. 이 가운데 적군의 영토 때문에 라벤나 궁전과 갈라져 있던 로마, 베네치아, 나폴리의 세 지방도 평화 시나 전쟁 시 총독의 통치권을 인정하고 있었다. 로마 공국은 최초 400년 동안은 투스카니, 사비니, 라티움의 정복 영토를 포함했던 것으로 보이며 그 경계선은 치비타베키아에서 테라키나까지의 해안선과 아메리아와 나르니에서

라벤나 총독령

[17] 메시나의 파로에 있는 가장 협소한 지역인 콜룸나 레기나는 레기움에서 100스타디움 떨어져 있고 고대 지리학에서 자주 언급된다.

[18] 그리스인 역사가들은 이탈리아 전쟁에 대해 약간의 암시를 주고 있다. 로마 사람들은 좀 더 만족스럽다. 세쿤두스와 투르의 그레고리우스의 고대 역사를 더 많이 읽은 파울루스의 경우가 특히 그렇다. 바로니우스는 교황 등의 서신을 제시하고 있다. 그리고 파기와 무라토리는 정확한 척도로 시대를 측정하고 있다.

[19] 로마 교황의 옹호자인 자카니와 폰타니니는 콤마키오의 계곡 또는 소택지가 총독 관할구라고 주장할 것이다. 그러나 모데나와 레조, 파르마, 플라켄티아를 포함시키려는 야망 때문에 지리학상의 문제는 다소 불확실하고 모호해졌다. 에스테 왕가의 종복이었던 무라토리 역시 편향과 편견에서 자유롭지 못하다.

오스티아 항구까지 이어진 테베레 강의 흐름으로 확실하게 정할 수 있었다. 그라도에서 키오차까지의 해상에 흩어져 있는 수많은 섬들은 신생 베네치아 공국의 영토였다. 그러나 대륙 내 본토의 접근하기 쉬운 여러 도시는 롬바르드족에게 정복되었는데, 그들은 무력한 분노를 느끼며 파도 너머에서 새로운 수도가 일어나는 것을 바라보았다. 나폴리 대공의 세력은 나폴리 만(灣)과 인접한 섬들, 적대적인 카푸아의 영역과 아말피의 로마 식민지로 둘러싸여 있었는데, 아말피의 근면한 시민들은 해상용 나침반을 발명해서 이미 지구 표면의 비밀을 밝혀 내고 있었다. 사르디니아, 코르시카, 시칠리아의 세 섬은 여전히 제국에 속해 있었다. 그리고 아우타리스의 경계선은 칼라브리아 전방을 획득하면서 레기움의 해안에서 콘센티아 지협으로 옮아갔다. 사르디니아의 야만 산악 민족들은 조상들이 누리던 자유와 신앙을 그대로 보존했다. 그러나 시칠리아의 농민들은 풍요로운 개간지에 예속되어 있었다. 로마는 총독들의 강철 같은 압제에 허덕이고 있었으며, 아마도 환관인 듯한 한 그리스인 총독은 아무런 처벌도 받지 않고 카피톨리누스의 유적을 파괴했다. 그러나 나폴리는 대공을 스스로 선출하는 특권을 획득했고 아말피의 독립은 교역의 결실이었으며, 베네치아의 자발적 충성은 결국 동로마 제국과의 평등한 동맹이라는 영예로 보상받았다. 이탈리아 지도에서 총독 관할령은 극히 한정된 공간에 불과했지만 이는 부와 산업, 인구 대부분을 포함하고 있었다. 충실하고 유능한 신민들은 야만족의 멍에에서 도망쳤고 새로운 라벤나의 주민들이 파비아, 베로나, 밀라노, 파두아의 여러 지역에서 자신들의 깃발을 올렸다. 이탈리아의 나머지 지역은 롬바르드족이 장악하고 있었다. 그들의 왕국은 수도 파비

롬바르드족 왕국

아부터 동, 북, 서로 아바르족, 바바리아족, 아우스트라시아와 부르고뉴의 프랑크족 국경에 맞닿는 부분까지 뻗어 있었다. 근대의 지리학적 명칭에 따르면 이는 현 베네치아 공국의 본토, 티롤, 밀라노 공국, 피에몬트, 제노아 해안, 만투아, 파르마, 모데나, 투스카니 대공국, 페루자로부터 아드리아 해까지의 교황령 대부분을 포함한다. 베네벤툼의 대공들이자 훗날의 국왕들은 군주국보다 오래 살아남아 롬바르드족의 이름을 세상에 남겼다. 그들은 거의 500년 가까이 카푸아에서 타렌툼까지 현 나폴리 왕국의 대부분을 통치하고 있다.[20]

승전국과 패전국의 국민 비율을 비교할 때는 언어의 변화로 가장 확실한 추론이 가능하다. 이 기준으로 보면 이탈리아의 롬바르드족, 에스파냐의 서고트족은 프랑크족이나 부르군트족보다 적었다. 갈리아 정복자들도 브리타니아어를 거의 근절시킨 색슨족이나 앵글족의 수와 비교하면 소수였다. 근대 이탈리아어는 여러 민족어의 혼합으로 점차 형성된 것이다. 야만족들은 격 변화와 동사 변화의 미묘한 활용에 서툴러 관사와 조동사만 겨우 사용했다. 많은 새로운 개념이 튜턴어로 표시되었다. 그러나 기술 및 일상용어 어간은 주로 라틴어에서 파생되어 나왔다.[21] 우리가 만일 고대 이탈리아의 폐어, 시골이나 도시의 방언을 충분히 알고 있다면 로마의 고전적 순수성으로는 거부될지 모르는 많은 용어의 근원을 추적할 수 있을 것이다. 2만 명의 색슨족이 철수하자 롬바르드족의 힘은 곧 약화되었다. 색슨족은 예속을 경멸하면서 대담하고 위험한 많은 모험을 겪은 뒤 고향 땅으로 돌아갔다. 알보인의 진영은 대단히 광활했지만 진영의 넓이란 도시 하나의 경계선 안으로 한정되게 마련이다. 그러니 군사들은 광대한 영토 위에 드문드문 분산될

롬바르드족의 언어와 관습

[20] 이탈리아의 상황은 베레티(Beretti)의 탁월한 글에서 인용했다. 잔노네(Giannone)는 나폴리 왕국의 지리에 관해 박식한 펠레그리니(Camillo Pellegrini)를 따르고 있다. 진정한 칼라브리아를 잃은 뒤 그리스인들은 허영심에서 이를 브루티움이라는 천한 명칭으로 바꿔버렸다. 그리고 이 변화는 샤를마뉴 대제 시대 이전에 일어난 것으로 보인다.

[21] 마페이(Maffei)와 무라토리는 이탈리아 언어 본래의 권리를 주장했다. 마페이는 매우 열성적으로, 무라토리는 신중하게 말이다. 두 사람 다 박학하고 독창성 있으며 진실하다.

수밖에 없다. 알보인은 알프스에서 내려온 후 조카를 초대 프리울리 대공으로 임명하고 영토와 백성의 통치권을 주었다. 그러나 신중한 기술프는 군대와 백성을 갖춘 영구적 식민지를 만들기에 충분한 여러 가문을 롬바르드 귀족 가운데 뽑을 권리를 주지 않으면[22] 이 위험한 직무를 거절하려 했다. 정복이 진행되자 브레스키아, 베르가모, 파비아, 토리노, 스폴레토, 베네벤툼 등의 각 대공에게는 이와 같은 선택권을 줄 수 없었다. 그러나 이들 모두, 이들의 동료 모두는 전시에는 자기 휘하에, 평화 시에는 자기 관할권에 속하는 한 무리의 추종자들을 데리고 각각 지정된 지역에 부임했다. 그들의 복종은 자유롭고 명예로웠다. 그들은 이전에 받았던 선물과 혜택을 반납하면 일족을 데리고 다른 대공의 관할권으로 이동할 수 있었다. 그러나 왕국에서 이탈하면 탈영 죄로 사형에 처해졌다. 최초 정복자들의 자손은 머지않아 그 땅에 깊이 뿌리내리게 되었으며 이익과 명예라는 동기에 의해 영토를 방어할 의무를 지녔다. 롬바르드족은 태어나면서부터 국왕과 대공의 병사였고, 이 민족의 민회는 정규군의 호칭하에 그의 군기를 내걸었다. 군대의 급여와 보상은 정복된 속주에서 나왔다. 알보인 사후까지 실행되지 않은 실제 급여와 보상의 배분은 불의와 약탈이라는 타락한 낙인으로 더럽혀졌다. 부유한 이탈리아인 상당수가 살해당하거나 추방되었다. 남은 사람들은 이방인들 사이로 흩어졌으며, 롬바르드족에게 농작물 수확의 3분의 1을 바치라는 공납 의무가 부과되었다. 그러나 70년이 지나지 않아 이 인위적 체제는 한결 간소하고 확실한 보유권으로 바뀌었다.[23] 두 가지 경우가 있었는데, 로마인 지주가 강하고 오만한 외래인에 의해 추방되거나, 연간 공납인 수확물의 3분의 1을 소유 토지의 적정 비율에 따라 좀 더 공정하게 처리하게 되었다. 이런 외국인 지배자 밑

[22] 파울루스는 이 일족 또는 가계를 파라스라는 튜턴족 이름으로 부르고 있다. 이 이름은 롬바르드의 법에도 사용되고 있다. 파울루스는 자기 종족의 귀족에 대해 무심하지 않았다.

[23] 서기 643년에 공포된 로타리스의 법은 이 3분의 1 지급에 대한 그 어떤 흔적도 지니고 있지 않다. 그러나 이 법들은 이탈리아의 정세와 롬바르드족의 풍습에 관한 많은 기묘한 상황을 담고 있다.

에서 곡식과 포도, 올리브 농사를 짓는 사람들은 기술이 서투르고 근면하지 못한 노예와 토착민들이었다. 그러나 목축은 야만인들의 나태함에 좀 더 잘 맞았다. 베네치아의 비옥한 목초지에서 그들은 이 지방의 유명 산물이었던 말 품종을 복원하고 개량했다.[24] 이탈리아 사람들은 외래종의 소와 물소를 보고 경이로워했다.[25] 롬바르디아의 인구 감소와 삼림 증가는 넓은 땅에서 사냥을 즐길 수 있는 기회를 주었다. 새를 훈련시켜 주인의 목소리를 알아듣고 명령에 따르도록 하는 놀라운 기술은 그리스인과 로마인의 독창성으로도 하지 못했던 일이었다.[26] 스칸디나비아와 스키타이 지역은 용맹하고 길들이기 쉬운 매를 생산했다.[27] 매는 늘 말을 타고 평원을 이동하는 주민들 손에 사육되고 훈련받았다. 우리 조상들이 즐겼던 이 오락은 야만인들이 로마 속주에 도입한 것이다. 그리고 이탈리아의 법에서는 검과 매를 롬바르드 귀족이 갖추어야 할 위엄과 지위와 동일한 것으로 보고 중요하게 여겼다.[28]

풍토와 본보기가 미치는 영향이 어찌나 빨랐는지, 제4 세대의 롬바르드족은 이미 야만적인 선조들의 초상화를 호기심과 놀라움을 느끼며 바라보게 되었다. 선조들의 머리는 뒤쪽은 밀려 있지만 덥수룩한 머리카락이 눈과 입가까지 덮고 있고 긴 턱수염이 그 민족의 이름과 기질을 나타내고 있었다. 옷은 성긴 아마로 된 긴 옷으로, 그들 생각으로는 앵글로색슨족의 유행을 따라 다채로운 색의 넓은 띠 모양으로 훌륭하게 꾸며져 있었다. 다리와 발은 긴 양말과 앞이 트인 샌들로 감쌌고, 평화 시의 안전 속에서도 항상 호신용 칼을 허리에 차고 있었다. 그러나 이 기묘한 의상과 무시무시한 외양 뒤에는 온화하고 너그러운 기질이 감춰져 있는 경우가 많았다. 전투의 흥분이 잦

의복과 결혼

[24] 시라쿠사의 디오니시우스의 종마와 올림피아 경기에서 그의 잦은 우승은 그리스인들 사이에 베네치아 말의 명성을 퍼뜨렸다. 그러나 스트라보의 시대에 이 품종은 멸종 상태였다.

[25] 원래 아프리카와 인도 산으로 짐작되는 물소는 이탈리아 외의 유럽 국가에는 알려져 있지 않았다. 이탈리아에서는 물소의 수가 많았으며 유용하게 쓰였다. 아리스토텔레스가 아라코시아의 야생 소라고 기록한 것만 아니라면 고대 사람들은 이러한 동물들에 대해 몰랐을 것이다.

[26] 이들이 몰랐다는 사실은 공공연하게 사냥 기술과 짐승의 역사를 다룬 저자들의 침묵으로도 증명된다. 아리스토텔레스, 플리니우스, 아일리아누스, 아마도 호메로스까지도 매와 트라키아의 새 사냥꾼 사이의 무언의 결합과 이들이 함께 사냥감을 쫓는다는 사실에 놀라움을 표하고 있다.

[27] 특히 작은 독수리 크기의 큰 매.

[28] 이는 경건왕 루드비히(Lewis the Pious)의 열여섯 번째 법이다. 그의 부친 샤를마뉴 대제는 집안에 사냥꾼은 물론이고 매 조련사까지 두었다. 로타리스의 법에서 매 사냥 기술에 대한 보다 앞 시대의 언급을 볼 수 있다. 그리고 5세기 갈리아

아들자마자 포로와 민중들은 승자의 자비심에 놀라곤 했다. 롬바르드족의 악덕은 격정과 무지, 음주의 결과였다. 그러나 그들의 미덕은 이 민족이 사회적 관습의 위선에 물들지도, 법과 교육의 엄격한 제약에 구속되지도 않았기 때문에 더욱 칭찬할 만한 것이었다. 여기서 잠시 이탈리아 정복자들의 사생활에 대해 기술할 수 있다면 본론에서 빗나가긴 하지만 진정한 기사도와 로맨스 정신이 살아 숨쉬는 아우타리스의 모험 가득한 연애 이야기를 하고자 한다. 메로빙거의 공주인 약혼자를 잃은 뒤 그는 바바리아 왕의 딸과 결혼하고자 했다. 가리발드는 이 이탈리아 왕과의 혼담을 받아들였다. 교섭의 진전이 더딘 데 초조해진 이 열렬한 연인은 궁전을 빠져나가 자국 사절단 행렬에 섞여 바바리아 궁전에 들어갔다. 접견 장소에서 이 이방인은 옥좌 앞으로 나아가 사절단장은 국가 대신이 맞지만 자신만이 아우타리스의 벗이며, 왕이 반려자 될 사람의 미모를 충실히 보고하라는 까다로운 임무를 자신에게 맡겼다고 말했다. 이 중요한 심사를 위해 테우델린다가 불려 왔고, 조용한 환희의 한 순간이 지나자 아우타리스는 그녀가 이탈리아의 왕비라 선언하면서 그녀에게 나라의 관습에 따라 새로운 신하 가운데 첫 번째 사람에게 포도주 한 잔을 내려 달라고 요청했다. 그녀는 아버지의 명에 따라 이 요청을 들어주었다. 아우타리스는 잔을 공주에게 돌려주면서 몰래 그녀의 손을 만지고는 그 손가락을 자신의 얼굴과 입술에 대었다. 저녁이 되자 테우델린다는 유모에게 이 낯선 사람의 지각 없는 무엄함에 대해 밝혔는데 이때 그러한 대담함은 매력이나 용기에서 공주의 사랑을 얻을 만한 자, 그녀의 남편이 될 왕 본인이나 보여 줄 수 있다는 확신을 얻고 위안을 얻었다. 사절단이 물러나 이탈리아의 국경에 도달하자마자 아우타리스는 말 위에 올라서서 비할 데 없는 힘과

> 지방에서는 시도니우스 아폴리나리스가 이것이 아비투스의 재능 가운데 하나라고 칭찬한 바 있다.

솜씨로 한 나무에 전투용 도끼를 힘껏 던졌다. "이것이", 그는 놀라워하는 바바리아인들에게 말했다. "이것이 롬바르드족 왕의 솜씨요." 프랑크 군대가 접근해 오자 가리발드와 그 딸은 우방의 영토로 피신했다. 혼례는 베로나 궁전에서 이루어졌는데 이 결혼은 1년 후 아우타리스의 죽음으로 막을 내리고 말았다. 그러나 테우델린다는 훌륭한 덕성[29]으로 사랑을 받았으며, 자기 손으로 직접 이탈리아 왕국의 왕홀을 수여할 권한을 받았다.

비슷한 여러 사건과 이 사실을 보면[30] 롬바르드족이 통치자를 선출할 자유를 누리고 있었으며, 그 위험한 특권의 잦은 사용을 거부할 분별력을 갖고 있었음은 확실해진다. 왕국의 수입은 지대와 사법적 이익에서 나왔다. 독립 공국의 대공들은 아우타리스가 선친의 왕위를 잇는 데 동의하면서 각자 소유 영지의 절반 이상을 왕에게 바쳤다. 아무리 긍지 높은 귀족도 바로 곁에서 왕을 섬기는 영예를 얻기를 갈망했다. 아우타리스는 가신들의 충성에 연금과 녹봉이라는 불안정한 선물로 보답했고, 전쟁의 참화를 많은 수도원과 교회의 창설로 보상했다. 평화 시에는 재판관이요, 전시에는 지휘관인 그는 결코 한 사람의 절대적 입법가로서 권한을 휘두르지 않았다. 이탈리아 왕은 파비아의 궁전에서 아니, 아마도 그 부근의 벌판에서 국민 회의를 소집했다. 그의 고문 회의는 출생 신분과 위엄 면에서 가장 훌륭한 인물로 구성되었다. 그러나 그들의 포고령의 시행은 물론 유효성까지도 롬바르드의 충실한 백성, 상서로운 군대의 승인에 의해 결정되었다. 이탈리아 정복 후 대략 80년이 지나자 그들의 전통적 풍습은 튜턴식 라틴어로 성문화되어 국왕과 민중의 동의로 승인되었다. 현재 상황에 더 적합한 새로운 규

통치 형태

서기 643년 등, 법률

[29] 잔노네는 권리도 진실도 구실도 없이 경건한 테우델린다 왕비를 노새몰이꾼의 품에 주어 버린 보카치오(Boccaccio)의 무례함을 정당하게 비난하고 있다.

[30] 이탈리아 왕국의 정세에 대해서는 무라토리의 첫 논고와 잔노네의 역사 첫 권을 참조할 수 있을 것이다.

31 스트리가(Striga)는 마녀의 이름으로 사용되었다. 이것은 가장 순수한 고전적 기원이다. 그리고 페트로니우스의 말에서 그 편견은 야만족에게서 나온 것이 아니라 이탈리아에서 나온 것임을 추론할 수 있다.

제 몇 가지가 도입되었다. 현명한 후계자들은 로타리스의 본보기를 따랐는데 이리하여 롬바르드족의 법은 야만족 법전 가운데 가장 결함이 적다는 평가를 받고 있다. 자신들의 용기만으로 자유를 소유할 수 있다고 확신한 이 성급한 야만족 입법가들은 제도상의 권한을 균형 있게 조절하거나 정치적 통치의 미묘한 이론을 논의할 능력은 없었다. 주권자의 생명이나 국가 안전에 위협이 되는 범죄는 사형을 받아 마땅했다. 그러나 그들의 관심은 주로 신민들의 신변과 재산을 보호하는 데 있었다. 당시의 기묘한 법체계에 따르면 유혈이 수반된 죄는 벌금으로 배상할 수 있었다. 그러나 금화 900닢이라는 높은 금액은 한 시민의 가치에 대한 올바른 감각을 보여 주고 있다. 그보다 경미한 가해, 즉 상해나 골절, 구타, 모욕적 언사 등은 주의 깊게, 어찌 보면 우스울 정도로 꼼꼼하게 계산되었다. 이교 또는 그리스도교에 대한 무지 때문에 롬바르드족은 마술의 악의와 해악을 맹목적으로 믿었다. 그러나 이러한 허황된 미신을 비웃고 불행한 희생자들을 대중 또는 사법의 잔혹함에서 보호한 로타리스의 지혜에는 17세기의 재판관까지도 가르침을 얻고 당혹했을 것이다.31 시대와 국가를 초월한 이와 같은 입법가 정신은 루이트프란드에게서도 찾아볼 수 있다. 그는 불경하고 뿌리 깊은 결투라는 대결 방식의 남발을 인내심을 갖고 비판하며, 개인적 경험에 비추어 볼 때 한층 정당한 대의명분이 폭력의 승리에 짓눌릴 수 있다고 경고하고 있다. 롬바르드족의 법에서 찾을 수 있는 모든 장점은 이탈리아 주교들을 자신들의 입법 위원회에 절대로 앉히지 않았던 이 야만족의 이성에서 나온 참된 결실이다. 그들의 왕위 계승에는 미덕과 능력이 발휘되었고, 그들의 고난에 찬 연대기 사이사이는 상당한 수준의 평화, 질서, 국내의 행복으로 장식되고 있다. 이탈리아인들은

서로마 제국의 폐허 위에 세워진 다른 어느 왕국들보다도 더 온화하고 공정한 통치를 누릴 수 있었다.[32]

롬바르드족의 무력에 제압되고 그리스인들의 전제 제도에 복속된 로마의 운명을 다시 한 번 살펴보겠다.[33] 로마는 6세기 말경 최악의 침체기에 접어들었다. 제국의 수도가 이전되고 속주를 연달아 잃으면서 공적·사적 부의 근원이 고갈되었다. 지상의 여러 민족이 몰려들어 휴식을 취했던 높은 나무 그늘이 이제는 잎도, 가지도 없이 말라비틀어진 줄기만이 땅 위에서 시들어 가고 있을 뿐이었다. 명령의 전달자나 승리의 전령들이 아피아 가도나 플라미니아 가도에서 만나는 일은 이제 더 이상 없었다. 롬바르드족의 적대적 접근만이 점점 피부에 와 닿으면서 두려움을 낳고 있었다. 강하고 평화로운 도시에 살며 걱정 없이 가까운 시골의 정원을 방문하는 사람들이 로마인의 고통을 상상하기란 힘들 것이다. 그들은 떨리는 손으로 문을 여닫았고, 성벽에서 자기 집이 불타는 것을 바라보았으며, 개처럼 사슬에 묶여 산과 바다 너머 먼 땅으로 노예로 끌려가는 동포들의 한탄을 들었다. 이런 끊임없는 불안은 당연히 농촌 생활의 즐거움과 노동을 중단시켰다. 로마의 저지대 평원은 땅은 척박해지고 물은 더러워졌으며 공기는 오염되어 급속하게 황무지 상태로 되돌아갔다. 호기심이나 야심이 여러 민족을 이 세계의 수도로 끌어들이는 일은 더 이상 없었다. 기회 또는 필요에 의해 방랑하는 이방인의 발걸음이 이곳을 향했다면 그는 아마도 텅 빈 도시를 경악하여 바라보면서, 원로원은 어디 있으며 사람들은 어디 있는지 묻고 싶어졌을 것이다. 심한 우기에는 테베레 강이 범람해 로마의 일곱 언덕 골짜기가 맹렬한 기세로 흘러든 물에 잠기곤 했다. 홍수로 물이 괴면서

로마의 불행

[32] 바로니우스는 교황 그레고리우스의 비난과 모순되는 듯한 이러한 칭송을 거부한다. 그러나 무라토리는 이 성자가 아리아족과 적들의 결점을 확대했을지도 모른다는 암시를 하고 있다.

[33] 로마와 이 나라의 비참한 상태를 설명한 그레고리우스의 설교 몇 구절이 바로니우스의 연대기에 필사되어 있다.

전염병이 발생했고, 전염 속도는 너무도 빨라 하늘의 자비를 간구하는 엄숙한 행렬의 참가자 중에서 여든 명이 불과 한 시간 안에 죽기도 하였다.³⁴ 결혼이 장려되고 근면이 지배하는 사회는 전염병과 전쟁으로 인한 일시적 파괴에서 곧 회복된다. 그러나 대부분의 로마인이 절망적인 궁핍과 독신 생활의 운명을 짊어지고 있었던 만큼 인구 감소는 현저하고 지속적이었으며, 비관적인 광신도라면 아마도 인류의 멸망이 다가온다고 예견했을 것이다. 그러나 시민의 수는 여전히 생활 물자의 공급량을 웃돌았다. 불안정한 식량 공급은 시칠리아나 이집트의 수확으로 충당되었다. 그리고 기근 보고가 잦았다는 사실은 멀리 떨어진 속주에 대한 황제의 무관심을 증명한다. 로마의 건물들 또한 파괴와 쇠락에 노출되어 있었다. 썩어 가는 건물은 홍수나 태풍, 지진에 쉽게 무너졌다. 가장 혜택받은 위치에 있던 수도사들은 고대 문물의 쇠망을 보며 자신들의 저속한 승리에 기뻐했다. 교황 그레고리우스 1세는 로마의 신전과 조각상들을 파괴했다는 것이 일반적인 믿음이다. 야만적인 교황의 명령으로 팔라티누스 도서관이 전소되고, 리비우스의 역사 저작이 당한 일은 이 황당하고 해로운 광신의 흔적이라는 것이다. 그레고리우스가 남긴 글은 이 천재가 지은 기념비적 작품에 대한 억누를 수 없는 혐오를 보여 주고 있다. 또한 그는 문법 기술을 가르치고, 라틴계 시인들을 연구하고, 유피테르와 그리스도를 동시에 찬양한 한 주교의 학식에 대해 통렬하게 비난하고 있다.³⁵ 그러나 그의 파괴적 행위에 대한 증거는 불확실하다. 평화의 신전이나 마르켈루스 극장은 오랜 세월에 걸친 완만한 풍화 작용으로 붕괴된 것이다. 그리고 만일 정식 금지령이 내려졌다면 저 교회의 독재자에게 복종하지 않았던 여러 나라에서는 베르길리우스와 리비우스의 저작 사본이 오히려 증가했을 것이다.

³⁴ 홍수와 전염병은 한 부제가 기록하고 있는데, 그는 자기 주교인 투르의 그레고리우스가 어떤 유물을 가져오도록 파견한 사람이었다. 이 영리한 전령은 자신의 이야기와 강을 거대한 용과 작은 뱀의 행렬로 미화했다.

³⁵ 그레고리우스의 글은 그가 고전적 취향이나 문학에 대해 매우 무지하다는 점을 입증하고 있다.

만일 로마가 예전의 명예와 지배적 위치를 회복하는 하나의 중대한 원리로 활기를 되살리지 않았더라면 로마라는 이름은 테베나 바빌론, 카르타고처럼 이 지상에서 사라졌을 것이다. 모호한 전승에 따르면 네로에 의해 대경기장에서 천막 제조인(바울)과 어부(베드로)가 처형되었다고 한다. 그리고 500년 후 진위도 분명치 않은 유적이 그리스도교 로마의 수호물로 숭배를 받았다. 동방과 서방의 순례자들이 이 신성한 곳을 찾아왔다. 사도들을 모신 성소는 기적과 보이지 않는 두려움으로 보호되고 있었다. 경건한 그리스도교도들은 경배의 대상에 두려움을 느끼며 다가갔다. 그들은 성인들의 유해를 만지면 목숨을 잃고 눈으로 보는 것도 위험하다고 믿었다. 아무리 순수한 동기에서라도 감히 성역의 평안을 어지럽히는 자는 환영으로 두려움에 떨거나 급사(急死)의 벌을 받았다. 로마 시민의 신성한 보물인 성 바울의 머리를 제거하고자 했던 황후의 말도 안 되는 요구는 깊은 증오를 받으며 거절당했다. 교황은 사도 주위의 축성(祝聖)된 아마천이나 경우에 따라 쉽게 얻어지거나 아니면 전혀 입수할 수 없었던, 사도가 묶였던 사슬을 줄칼로 잘라 낸 쇠 부스러기가 모두 기적적 효과를 가진다고 주장한 듯하다.[36] 그러나 사도들의 미덕은 물론 권능은 그 후계자들의 가슴속에 생생한 힘을 가지고 살아 있었다. 마우리키우스의 치세에 성 베드로의 자리는 그레고리우스라는 이름을 지닌 교황 가운데 최초이자 가장 위대한 그레고리우스 1세가 차지했다.[37] 그의 조부 펠릭스도 교황이었는데, 주교들은 이미 독신의 계율에 구속되어 있었으므로 그의 교황 즉위는 아내의 사후에 이루어진 것이 틀림없다. 그레고리우스 1세의 양친인 실

사도들의 무덤과 유물

그레고리우스의 출생과 신앙 고백

[36] 그레고리우스의 서한과 바로니우스의 연대기 제8권에서 신심 깊은 독자라면 열쇠나 금 십자가에 집어넣어진 이 신성한 작은 쇳조각들이 브리타니아, 갈리아, 에스파냐, 아프리카, 콘스탄티노플, 이집트에 배포된 것을 알 수 있다. 이 쇠 톱밥을 다룬 교회의 대장장이는 자신만이 작동시키거나 저지할 수 있는 기적에 대해 이해하고 있었음에 틀림없다.

[37] 뒤팽(Dupin)이 체계화한 그레고리우스의 서간 외에도 교황의 전기 세 편이 있다. 처음 두 작품은 8세기와 9세기에 파울루스와 부제 요하네스에 의해 집필된 것이며, 다소 불확실하지만 어쨌든 원형인 증거를 담고 있다. 세 번째 저작은 베네딕트 수도회의 편찬자들이 만든 길고도 애쓴 흔적이 있는 편집물이다. 바로니우스의 연대기는 방대하지만 부분적인 역사일 뿐이다. 교황에 대한 그의 편견은 플뢰리(Fleury)의 훌륭한 분별로 완화되고, 또 플뢰리의 연대기는 파기와 무라토리의 비평으로 시정되었다.

비아와 고르디아누스 역시 원로원 의원 가운데 신분이 높고 로마 교회에서 가장 신앙심이 깊은 사람들이었다. 그의 여성 친척들도 성인과 성처녀의 반열에 올랐으며 그의 인물상은 성 안드레아 수도원에 바친 한 가족 초상화에 양친의 모습과 함께[38] 300년 이상 걸려 있었다. 이 그림의 구도와 채색법은 회화 기법이 6세기 이탈리아에서도 발달하고 있었다는 사실을 명예롭게 증명하고 있다. 그레고리우스의 서한, 설교집, 대화록은 당대에 박식함에서 둘째가라면 서러워할 인물의 작품이다. 그는 유리한 출생 신분과 능력으로 빠르게 로마의 수도 총독 자리에 올랐고, 이 자리에서 그는 현세의 허영과 허식을 포기하는 가치를 즐겼다. 그의 엄청난 세습 재산은 로마에 하나[39] 시칠리아에 여섯 개 해서 모두 일곱 개의 수도원[40]을 세우는 데 헌납되었다. 그레고리우스의 소망은 현세에 알려지지 않고 내세에 영광을 얻는 것이었다. 그러나 신앙은 진정했을지 모르지만 그는 교활하고 야심적인 정치가가 택했을 법한 길을 쫓았다. 그레고리우스의 재능과 그의 은둔에 수반된 광휘는 그를 교회에 몹시 소중하고 유용한 인물로 만들었는데, 절대적인 복종은 수도사의 제일가는 의무라고 항상 교육받아 오던 터였다. 그레고리우스는 부제(副祭)의 지위를 얻자마자 비잔티움 궁정에 주재하도록 파견되었다. 그는 여기서 성 베드로의 이름으로 독자적이고 위엄 있는 언동을 해 나갔는데, 이는 제국의 아무리 저명한 속인에게라도 범죄가 될지 모를 위험한 행동이었다. 그는 명성이 높아지자 로마로 돌아왔고, 단기간 동안 수도사로서의 덕성을 쌓고는 성직자, 원로원, 민중의 일치된 여망으로 수도원에서 나와 교황의 자리에 올랐다. 그의 영전에 반대한 것은, 적어도 반대한 것으로 보이는 것은 오로지 그 혼자였다. 마우리키우스 황제에게 로마인들의 선택을 거부해 달

[38] 부제 요하네스는 이들을 마치 눈으로 본 것처럼 묘사했다. 그의 묘사는 또 로마 골동품 연구가인 로카(Angelo Rocca)가 삽화로 만들었는데, 그는 7세기 교황들의 모자이크 일부가 아직도 구(舊)로마 교회에 남아 있다고 기술하고 있다. 그레고리우스의 가족 초상화를 전시했던 바로 그 벽은 현재 도미니키노(Dominichino)와 귀도(Guido)의 신성한 작품인 「성 안드레아의 순교」로 장식되어 있다.

[39] 이 집과 수도원은 팔라티누스를 마주하는 카일리우스 언덕에 위치하고 있다. 이들은 현재 카말돌리회가 차지하고 있다. 성 그레고리우스가 이겼으며 성 안드레아는 작은 교회당으로 물러났다.

[40] 베네딕트 수도회는 그레고리우스의 수도원을 자신들의 지배하에 두려고 애쓴다. 그러나 이 문제가 의심스럽다는 고백이 나왔으므로 이 강력한 수도사들이 틀렸다는 점은 확실하다. 가치 있는 작품인 버틀러(Butler)의 『성인전』을 참조할 것. 이 작품의 분별력과 학식은 저자의 것이고 그의 편견은 그 직업에 속하는 것이다.

라고 호소한 그의 청원은 황제와 민중의 눈에 그의 인품을 더 고매하게 만들 뿐이었다. 운명적인 포고가 나자 그레고리우스는 몇몇 상인 친구들에게 자기를 광주리에 숨겨 로마 성문 밖으로 데려가 달라고 부탁해서 숲과 산 속에 몸을 숨겼으나, 결국 이 은둔지도 하늘의 빛에 의해 발견되었다고 전해진다.

13년 6개월 10일간 지속되었던 그레고리우스 1세의 교황 재위 기간은 교회 역사상 가장 교훈적 시기 중 하나였다. 단순함과 교활함, 오만과 겸양, 상식과 미신이 기묘하게 뒤섞인 그의 덕성과 결함까지도 모두 그의 지위와 시대의 풍조에 맞아 떨어졌다. 그는 경쟁자인 콘스탄티노플 총대주교에게 부여된 세계총대주교라는 반그리스도교적 칭호를 비난했는데, 이 칭호를 용인하기에는 성 베드로의 후계자는 너무 오만스러웠고 그렇다고 자신이 사용하기에는 힘이 너무 부족했다. 그레고리우스의 교권상 관할권은 로마 주교, 이탈리아 수석 주교, 서방 사도의 셋으로 한정되어 있었다. 그는 기회만 있으면 설교단에 올라가 서투르지만 격렬한 언변으로 같은 기질을 가진 청중의 정열에 불을 지폈다. 유대인 예언자들의 말이 자유로이 해석되고 적용되었다. 현세의 고통에 짓눌려 있는 국민들은 눈에 보이지 않는 세계로 희망과 불안을 돌렸다. 그의 교훈과 모범은 로마 교회 전례(典禮)의 모델, 교구의 구분이나 축일 달력, 행렬 순서, 성직자와 주교의 집전 의식, 제복(祭服)의 종류와 갈아입는 법 등을 확립했다. 그는 생애 마지막 날까지 세 시간이나 계속되는 미사를 주재했다. 그레고리우스 성가[41]는 극장 성악과 기악을 보존하고 있다. 야만족들은 이 로마 음악을 거친 목소리로 모방하고자 했었다. 그레고리우스는 어릴 때

서기 590년 2월~ 604년 3월, 교황 그레고리우스의 재임

그레고리우스의 영적 지위

[41] 나는 뒤보(Abbé Dubos)를 읽고 암브로시우스 성가의 단순함은 4음계에 한정되어 있는 반면, 그레고리우스의 한층 완벽한 화성은 8음계 또는 15화음으로 이루어져 있다는 사실을 알게 되었다. 그는 감정가들이 그레고리우스식 예배의 감사송과 악절에 찬탄을 표한다고 언급하고 있다.

부터 얻은 경험으로 장엄하고 화려한 의식은 평민의 고통을 어루만져 주고 신앙을 강화시키며 폭력성을 완화하고 어두운 광신을 물리치는 효과가 있다는 사실을 알고 있었다. 그는 성직과 미신의 지배를 촉진하려는 경향을 기꺼이 용인했다. 이탈리아와 인근 섬 주교들은 로마 교회의 수장을 자신들의 특별한 대주교로 인정했다. 주교직의 존폐, 통합, 전보 등은 모두 그의 절대적인 재량으로 결정되었고 그리스, 에스파냐, 갈리아 등 여러 속주에 대한 포교의 성공으로 그의 후대 교황들은 더욱 교만하게 허세를 부릴 수 있었다. 그는 민중에 의한 선거의 남용을 막는 데 개입했다. 또 신앙과 규율의 순수성을 유지하기 위해 빈틈없이 주의를 기울였다. 사도들의 목자는 그렇게 성직자들의 신앙과 규율을 엄중하게 감시했다. 그의 재임 기간 중 이탈리아와 에스파냐의 아리우스파는 그리스도교회로 귀의했으며, 브리타니아 정복은 카이사르보다 그레고리우스 1세의 이름에 더 큰 영광을 가져다주었다. 여섯 개 군단 대신 마흔 명의 수사가 이 먼 나라를 향해 떠났고, 교황은 엄격한 직무 때문에 이 영적 전쟁에 참여하지 못함을 탄식했다. 2년이 채 지나지 않아 그는 알렉산드리아 대주교 앞으로 보낸 서한을 통해 그들이 이미 켄트의 왕과 앵글로색슨족 신하 1만 명에게 세례를 주었으며, 이들 로마 선교사들은 원시교회의 선교사들과 마찬가지로 영적이고 초자연적인 힘 외에는 어떤 무장도 하지 않았다고 알렸다. 그레고리우스는 경신(輕信) 또는 빈틈없음에서 사람들이 유령이나 기적, 부활 등의 증거로 종교상의 진리를 확인하도록 했다.[42] 그가 동시대 또는 전 세대의 덕성에 대해 후하게 경의를 보냈듯이, 후세 사람들도 그에게 마찬가지로 경의를 표했다. 역대 교황들의 권위는 하늘의 영광을 부여하는 데 한결같이 관대했지만, 특히 그레고리우스는 교황들이

[42] 프랑스 비평가인 귀상빌루스(Petrus Gussan-villus)는 담화록의 허튼소리에 대해 그레고리우스의 권리를 옹호했다. 뒤팽은 이 모든 기적의 진실성은 누구라도 보증할 것이라고 언급했다. 그 자신은 도대체 그 가운데 몇 개나 믿었는지 묻고 싶다.

성인의 달력에 새긴 마지막 인물이 되었다.

    교황들이 누린 속세의 권력은 시대의 재난에서 비롯된 것이었다. 유럽과 아시아를 피로 물들였던 로마 주교들은 이제 자비와 평화의 사자로 나타나지 않으면 안 되었다. 1) 앞서 언급했지만 로마 교회는 이탈리아, 시칠리아, 훨씬 더 멀리 떨어진 속주에 광대한 영토를 소유하게 되었다. 이를 관리하는 대리인은 대개 차부제(次副祭)로서 그들은 토지나 가옥 등을 빌려 쓰는 사람과 농민들에 대해 사법 및 형사상 관할권을 갖게 되었다. 성 베드로의 후계자는 자신의 가산을 주의 깊고 온화한 지주의 마음으로 관리했다.[43] 그레고리우스의 서한에는 동기가 의심스러운, 오로지 소송을 위한 소송을 자제할 것, 도량형을 그대로 유지할 것, 이유가 있는 연체는 모두 허용할 것, 자의적 부담금으로 혼인의 권리를 구매한 교회 농지 노예의 인두세는 경감해 줄 것 등 건전한 지시 사항으로 꽉 차 있었다.[44] 지대(地代)나 수확물은 교황이 책임지고 경비를 대 테베레 강 하구까지 운반되었다. 재물을 사용하는 데 있어 그는 교회와 빈민의 충실한 집사 역할을 하였다. 이들에게 금욕과 질서라는 고갈되지 않는 자원을 후하게 제공하여 필요를 충족시켜 주었던 것이다. 그가 작성한 수입과 지출의 방대한 기록은 그리스도교 경제의 모범으로 300년 이상이나 라테라노 궁전에 보관되어 있었다. 4대 축일에 그는 로마의 모든 성직자, 하인, 수도원, 교회, 묘지, 구빈원, 병원에 분기별 수당을 나눠 주었다. 매달 첫째 날에는 계절에 따라 빈민들에게 곡물과 포도주, 치즈, 채소, 기름, 생선, 신선한 식료품, 옷, 현금을 나누

그레고리우스의 세속 통치

그레고리우스의 토지

그레고리우스의 시혜

[43] 바로니우스는 교회 재산이 왕령(王領)이 아니라 농장으로 이루어졌다는 사실이 드러날까 봐 교회 재산의 관리를 상세히 설명하는 것을 꺼렸다. 프랑스 저자들과 베네딕트회 편집자들, 플뢰리는 유용하지만 보잘것없는 이 세부 사항을 밝히는 것을 전혀 주저하지 않았다. 플뢰리의 인간애는 그레고리우스의 사회적 덕성을 역설하고 있다.

[44] 농민의 결혼에 매겨진 금전의 지급이 초야권이라고 하는 저 유명하고 대개는 사실이 아닌 권리를 만들어 내지 않았나 의심이 된다.

어 주었다. 회계 담당자들은 궁핍과 공훈에서 비롯된 특별한 요구를 그의 이름으로 충족시켜 주라는 지시 때문에 끊임없이 불려 다녔다. 환자, 곤란에 빠진 사람, 외국인과 순례자의 갑작스러운 병환 등은 매일 지급되는 하사금으로 구제되었다. 교황은 동정을 받을 만한 대상에게 자기 식탁에서 음식을 덜어 보내고 나서야 검소한 식사를 했다. 시대의 곤궁으로 귀족과 귀부인들도 부끄러움 없이 교회의 자선을 받고 있었다. 3000명의 처녀들이 이 은인에게서 먹을 것과 옷을 받았다. 이탈리아의 많은 주교들도 야만족의 지배에서 도망쳐 환대해 주는 바티칸 성으로 왔다. 그레고리우스는 국가의 아버지라 불러도 마땅했다. 그 양심의 감수성은 얼마나 극단적인지, 그는 어느 날 길에서 숨을 거둔 거지 한 명 때문에 며칠 동안 성직을 수행하지 않았다. 2) 로마의 불행 때문에 이 사도들의 목자는 평화와 전쟁의 업무에도 관여하게 되었다. 공석이던 군주의 대리 임무를 수행하게 한 것이 과연 신앙심인지, 야심인지 그 자신도 잘 몰랐을 것이다. 그레고리우스는 황제를 기나긴 잠에서 깨워 총독과 열등한 대신들의 죄 또는 무능을 드러냈으며, 스폴레토 방어를 위해 고참 병사들이 로마에서 끌려 나가고 있다고 불평하고, 이탈리아인들에게 자신들의 도시와 제단을 보호하라고 촉구하고는 위기가 닥치자 사령관을 임명하고 속주 군대의 작전을 지시하는 일까지 했다. 그러나 교황의 군인적 기질은 인간애와 신앙심으로 인한 주저 때문에 견제되었다. 그는 아무리 이탈리아 전쟁에 사용되는 것이라 해도 공물의 부과는 끔찍하고 억압적인 것이라고 거리낌 없이 비난했다. 한편 황제의 칙령에 대항해 군대를 버리고 수도원 생활을 택한 병사들의 신앙심에서 비롯된 비겁함을 옹호했다. 그 자신의 호언장담을 믿는다면 그레고리우스는 롬바르드족을 쉽게 섬멸할 수 있었다. 그것도 왕이나 대공, 제후를 적의 복수에서 구출해 내는 여지를 전혀 남기지 않는 내분에 의해서 말이다. 그레고리우스는 그리스도교 주교로서 건전한 평화의 직무를 선호했다. 그의 중재는 군대의 소요를 진정시켜 주었다. 그러나 그는 그리스인들의 술책과 롬바르드족의 격정을 너무 잘 알고 있었기 때문에 휴전협정의 준수를 위하여 자신의 신성한 약속을 쉽게 주지는 않았다. 보편적이고 영속적인 협정의 희망을 잃은 그는 황제나 총독의 동의 없이 나라를 구하려 했다. 적의 칼이 로마 위에 매달려 흔들리고 있었다. 그러나 이교도와 야만족에게서도 존경받고 있던 이 교황의 온화한 웅변과 적절한 선물로 적들은 물러갔다.

그레고리우스의 공훈은 비잔티움 궁정의 비난과 모욕을 받았다. 그러나 민중의 애정 속에서 그는 시민이 받을 수 있는 가장 순수한 보상과 군주가 누릴 수 있는 최상의 권리를 찾았다.

46

THE DECLINE AND FALL
OF THE ROMAN EMPIRE

호스로우(누시르반) 사후의 페르시아 혁명 · 그의 아들 압제자 호르모우즈의 폐위 · 바흐람의 찬탈 · 호스로우 2세의 도주와 복위 · 로마에 대한 그의 사의(謝意) · 아바르족의 왕 · 마우리키우스 황제에 대한 군사 반란 · 그의 죽음 · 포카스의 전제 정치 · 헤라클리우스의 즉위 · 페르시아 전쟁 · 호스로우의 시리아, 이집트, 소아시아 정복 · 페르시아와 아바르족의 콘스탄티노플 포위 · 헤라클리우스의 승리와 개선

로마와 페르시아의 싸움은 크라수스 사후 헤라클리우스 치세까지 계속되었다. 700년간의 경험으로 두 민족은 저 운명적인 티그리스 강과 유프라테스 강의 경계선 너머로 상대방의 정복지를 얻어 내는 것은 불가능하다는 사실을 납득했을 것이다. 그러나 트라야누스와 율리아누스의 경쟁심은 알렉산드로스 대왕의 전승 기념비를 보고 자극받았고, 페르시아 군주들은 키루스의 제국을 복원하겠다는 야심만만한 희망을 품고 있었다. 이렇게 비상한 힘과 용기를 기울이며 애쓴 노력은 언제든 후세의 주목을 끌 것이다. 그러나 여러 민족의 운명을 근본적으로 바꾸지 못한 이 노력은 역사의 장에 아주 희미한 인상만을 남기고 있을 뿐이며, 명분 없이 시작되어 영광 없이 수행되고 성과 없이 끝나 버린 똑같은 전투를 반복하면 독자의 인내심은 한계에 달할 것이다. 비잔티움 황제들은 그 옛날 원로원과 카이사르들의 단순한 위대함에는 전혀 없던 교섭의 기술을 발전시켰

> 로마와 페르시아의 경쟁

¹ 아랍족의 일반적인 독립성을 인정하기에는 많은 제한이 있지만 보편사의 저자들이 막무가내로 주장하고 있다. 영구한 기적이 이스마엘의 후손을 위해 예언을 지켜 준 것으로 간주되고 있다. 이 박식한 편견들은 이 취약하고 불안정한 근거로 아무 두려움도 없이 그리스도교의 진실성을 위태롭게 하고 있다.

² 파기(Pagi)는 10년간의 평화가 끝나고 서기 571년, 20년간 지속된 페르시아 전쟁이 재개되었음을 증명했다. 마호메트는 서기 569년, 코끼리의 해 또는 아브라하가 패배한 해에 태어났다. 이 설명은 예멘의 정복에 2년이 걸렸음을 짐작하게 한다.

다. 그들이 끊임없이 파견한 사절들의 기록은 하나같이 똑같은 허위와 장광설로 가득하며 야만족의 오만함과 종속적인 동로마 제국 황제들의 비굴한 기질을 드러내고 있다. 실속 없는 자료가 넘쳐나는 것을 개탄하면서 별로 재미도 없는 이런 거래에 대한 설명은 줄이고자 한다. 그러나 정의로운 누시르반은 지금도 동방 군주의 귀감으로 존경받고 있으며, 손자인 호스로우 2세의 야망은 후일 마호메트의 후계자들이 무력과 종교로 신속하게 이루어 낸 동방 혁명의 채비를 갖추어 주었다.

서기 570년 등,
누시르반의 예멘 정복

두 군주 사이의 싸움에 앞서 비잔티움과 페르시아 측은 반드시 이를 정당화하려는 무의미한 말다툼을 하면서, 유스티니아누스가 죽기 4년 전쯤 양 제국이 체결한 평화 조약을 상대방이 침해했다며 서로를 비난했다. 페르시아와 인도의 통치자는 예멘, 즉 아라비아¹ 펠릭스 속주를 자기 지배하에 두고 싶어했다. 이 머나먼 몰약(沒藥)과 유향(乳香)의 땅은 동방 정복자들에게 저항해 온 것이 아니라 다만 그들의 관심에서 벗어나 있었던 것뿐이었다. 메카 성벽 아래서 아브라하가 패배한 뒤 벌어진 그 아들들과 형제들 사이의 불화 덕분에 페르시아군은 쉽게 진군할 수 있었다. 그들은 아비시니아 이방인들을 홍해 너머로 추방하고 호메리테족의 왕자를 누시르반 대왕의 가신 내지 부왕(副王)으로 복위시켰다.² 그러나 유스티니아누스의 조카는 그리스도교 우방인 아비시니아 군주가 입은 상처에 대해 보복할 뜻을 선언했다. 이 사건이 연금이라는 이름으로 콘스탄티노플에 바쳐야 했던 연공을 중단할 구실로 사용되었기 때문이다. 페르사르메니아의 교회들은 관용을 모르는 마기의 정신에 억압당했고, 비밀리에 그리스도교도의 보호자에게 호소했다. 이 반도들은 신앙의 명령에 따라 태수를 살해한 뒤 로마 황제의 동포이자 신민으로 공언되고 보호받았다. 비잔티움 궁정은 이에 대한 누시르반의 항의를 무시했다. 한편 유스티누스 황제는 공동의 적에 대처하기 위해 동맹 체결을 제의한 열성적인 투르크군에 응하기로 했다. 이제 페르시아는 유럽과 에티오피아, 스키타이라는 연합군의 위협에 노출된 것이다. 이 동방의 군주는 아마도 80세의 나이에 자신의 영광과 위대함을 평화롭게 즐기고 싶었을 것이다. 그러나 일단 전쟁이 불가피해지자 침략자는 콘스탄티노플의 궁전에서 떨고 있는데 비해 그는 청년과도 같은 기민함으로 전장에 나섰다. 누시르반, 즉 호스로우는 다라의 포위 공격을 직접 지휘했다. 이 중요한 요새는 군대도 병기도 부족했지만 주민들의 용맹으로 이 위대한 왕의 궁사, 코끼리, 무기 공격을 막아 냈다. 한편 그의 장군 아다르만은 바빌론에서 진군해 사막을 넘고 유프라테스 강을 건너 안티오크 교외를 짓밟으며 아파메아 거리를 잿더미로 만든 뒤, 겨우내 끈덕지게 동쪽 성채를 정복한 군주 앞에 시리아에서 획득한 전리품을 바쳤다. 이 손실은 비록 각 속주와 궁정을 놀라게 했지만 오히려 유스티누스 황제의 회오와 퇴위라는 긍정적인 결과를 가져오기도 했다. 비잔티움의 고문 회의에도 새로운 정신이 일어났다. 티베리우스 2세가 용의주도함을 발휘해 3년간의 휴전 협정이 성립되었고, 이 적절한 휴지기는 전쟁 준비에 사용되었다. 제국군 기병대가 알프스 산맥과 라인 강 등 먼 땅과 스키타이, 마이시아, 판노니아, 일리리쿰, 이사우리아 등에서 병사를 보충해 15만 병력이 되었다는 소문이 퍼졌다. 그러나 페르시아 대왕은 두려움도 신의도 없이 적의 공격을 저지하겠다고 결심했다. 그는 다시 유프라테스 강

누시르반과 로마인들의 최후 전쟁

서기 572년 등

을 건넜다. 그리고 티베리우스가 보낸 사절들을 물리치며 그들에게 카파도키아 속주의 수도 카이사레아에서 자신의 도착을 기다리라고 오만하게 명했다. 양 군대는 멜리테네 전투에서 대치했다. 야만족 군대는 화살을 구름같이 쏘아 하늘을 뒤덮으며 전선을 확대했고, 평원을 가로질러 양 날개를 펼쳐 나갔다. 깊고 굳건한 대형을 이룬 로마 군대는 칼과 창을 사용하는 접근전의 우세를 기대했다. 우익에서 지휘하고 있던 한 스키타이족 지휘관이 갑자기 적의 측면으로 돌아가 호스로우 앞에서 후위를 공격, 진영 한가운데로 뚫고 들어가더니, 왕의 천막을 약탈하고 영원의 불을 모독하며 아시아의 전리품을 낙타 행렬 한가득 싣고 페르시아군 사이를 돌파해, 겨우 일 대 일 전투나 무용한 작은 접전으로 하루를 소비하고 있는 우군 사이로 승전보를 올리며 돌아왔다. 밤의 어둠과 로마군의 분열은 페르시아 왕에게 복수할 기회를 주었다. 로마군 진영 가운데 하나가 빠르고 맹렬한 습격으로 완전히 사라지고 말았다. 그러나 손실을 점검하고 위험을 자각한 호스로우는 신속한 퇴각을 결심했다. 퇴각하면서 그는 비어 있는 멜리테네를 불태워 버렸다. 그리고 자기 군대의 안전을 고려하지 않고 대담하게도 코끼리 등에 타고는 유프라테스 강을 건넜다. 이 실패한 싸움 후에 보급의 부족과 아마도 투르크족의 침략 때문에 그는 병력을 해산 또는 분할해야 했다. 로마인들이 전장을 통제했다. 그 지휘관인 유스티니아누스는 페르사르메니아의 반도들을 구제하기 위해 전진하면서 아라크세스 강둑에 군기를 세웠다. 위대한 폼페이우스도 전에 카스피 해에서 3일 걸리는 지점에 주둔한 적이 있었는데[3] 이때 그 내해에 처음으로 적의 함선이 찾아들었고[4] 히르카니아에서 키프로스 섬으로 7만 명의 포로가 이송되었던 것이다. 봄이 돌아오자 유스티니아누스는 아시리아의 비옥한 평

[3] 그는 1만 2000명의 기병대와 6만 명의 보병대를 이끌고 나온 알바니아인들을 섬멸했다. 그러나 그는 실제 있었는지는 의심스러운 독 파충류 떼와 인근의 여전사들을 두려워했다.

[4] 세계사에서 카스피 해에 있던 해군은 두 개밖에 찾을 수 없다. 1) 마케도니아 해군. 시리아 왕 셀레우코스와 안티오쿠스 휘하의 제독 파트로클레스는 인도 국경으로부터 아마도 옥수스 강을 따라 내려왔을 것이다. 2) 러시아 해군. 표트르 1세가 모스크바 인근에서 함대와 군사를 이끌고 페르시아 해안까지 내려왔다. 그는 볼가 강에 이런 장대한 군사 행렬이 나온 적이 없었을 것이라고 했는데, 이는 맞는 말이었다.

원으로 내려왔고, 전쟁의 불길이 누시르
반의 궁전에 다가오자 분개한 왕은 그만
수명이 다하고 말았다. 그러나 그의 마지
막 칙령 때문에 그 후계자들은 로마와의 전쟁에 직접 나설 수
가 없게 되었다. 하지만 이 일시적인 모욕은 그의 긴 치세의
빛나는 영광 속에 사라졌으며, 강성한 그의 적들도 정복의 꿈
을 즐기더니 다시 전화(戰禍)에서 벗어나 짧은 휴전 기간을 청
하고자 했다.

서기 579년,
누시르반의 죽음

누시르반의 왕좌는 그의 장남이자 가
장 총애받던 아들 호르모우즈, 일명 호르
미스다스가 이어받았다. 그는 페르시아와
인도의 왕국은 물론 아버지의 명성과 본보기, 지위 고하를 막
론한 현명하고 용맹한 관리들의 복종, 그리고 시간과 정치적
지혜 덕택에 군주와 신민의 행복을 도모하도록 짜인 조화롭고
보편적인 행정 체계를 물려받았다. 그러나 이 젊은 왕에게는
더욱 귀중한 축복이 있었으니 이는 바로 그의 교육을 담당해
왔고 제자의 이익보다 명예를, 의지보다 이익을 중시한 한 현
인과의 우정이었다. 부주르그[5]는 그리스 및 인도 철학자들과
논쟁을 벌이던 도중 인생의 가장 슬픈 불행은 덕행의 기억 없
이 노년에 이르는 것이라 주장한 적이 있다. 그가 바로 이 원
칙에 입각해서 3년간 페르시아 제국의 고문 회의를 지도했을
것이라 믿고 싶다. 그의 열정은 양친보다도 스승에게 훨씬 많
은 은혜를 입었다고 인정한 호르모우즈의 다정한 감사의 말로
보답받았다. 그러나 노령과 과중한 업무 때문에 건강과 아마도
정신력까지 손상되자, 이 현명한 조언자는 젊은 군주를 그 자
신과 총신들의 열정에 맡기고 궁정에서 물러나게 된다. 인간사
의 운명적인 흥망성쇠에 의해 마르쿠스 안토니누스의 사후 로

서기 579~590년,
누시르반의 아들
호르모우즈의 폭정과 악덕

[5] 부주르그 미히르(Buzurg Mihir)는 그 품성과 위상 면에서 동방의 세네카로 간주되었다. 그러나 그의 덕성과 아마도 그의 단점은, 훨씬 말이 많았던 듯한 저 로마인에 비해 잘 알려져 있지 않다. 이 페르시아의 현자가 바로 인도에서 체스 게임과 필페이의 우화를 들여온 사람이다. 그의 지혜와 덕성은 어찌나 명성이 자자한지 그리스도 교도들은 그가 복음의 신봉자라고 주장했으며, 마호메트 교도들은 그를 초기 무슬림으로 숭앙했다.

마에서 나타났던 바로 그 상황이 크테시폰에서 재현되었다. 아버지가 추방한 아첨과 부패의 무리들은 아들에게 다시 불려 와 총애를 받았으며, 누시르반의 충신들이 추방되면서 이들의 폭정이 확립되었다. 호르모우즈의 마음과 궁정과 국가 통치에서 덕성은 점차 사라져 갔다. 왕의 충직한 사자들, 그의 눈과 귀 역할을 하는 자들은 무질서가 확산되고 있다고, 지방 태수들이 사자와 독수리처럼 맹렬하게 먹이에 달려들고 있으며 그들의 약탈과 불의 때문에 아무리 충성스러운 신하도 군주의 이름과 권위를 소름 끼치도록 싫어하게 되었다고 알려 주었다. 이 진실한 충언은 죽음으로 처벌을 받았으며 도시의 불만은 무시되었고 그들의 소요는 무력으로 진압되었다. 왕좌와 민중 사이의 중간 권력은 완전히 없어졌다. 매일 왕관 써 보기를 즐기던 호르모우즈는 어린아이 같은 허영심으로 오로지 자신만이 이 나라의 재판장이자 주인이라고 선언하기를 좋아했다. 누시르반의 아들은 모든 말과 행동에서 아버지의 덕성으로부터 퇴보하고 있었다. 그는 탐욕에 눈이 멀어 군대의 돈을 횡령했고, 시기심 많은 변덕 탓에 태수들의 체면도 손상시켰다. 궁정과 재판정, 티그리스 강의 물은 무고한 자의 피로 물들었고 독재자는 1만 3000명에 이르는 희생자의 고통과 처형을 즐거워했다. 그 잔인함에 대한 변명에서인지 그는 간혹 페르시아 국민들의 공포가 증오를 낳을 것이며 그들의 증오는 반란으로 이어질 것이라고 말하곤 했다. 그러나 이러한 개탄스러운 감정을 불어넣은 것이 바로 자신의 죄와 어리석음이라는 사실을 잊고, 자신이 두려워한 이 당연한 결말을 착실히 준비해 갔다. 길고 절망적인 억압에 격분한 바빌론과 수사, 카르마니아 속주는 반란의 깃발을 높이 세웠고 아라비아, 인도, 스키타이의 군주들은 자격 없는 누시르반의 후계자에게 통례적인 공물을 바치기를 거부했다. 로마 군대는 더딘 포위 공격과 잦은 침공을 통해 메소포타미아와 아시리아 국경을 공격하고 있었다. 그 장군들 가운데 하나는 자신이 스키피오의 후계자라고 공언했다. 그리스도기적의 성상(聖像)은 그 온화한 모습을 결코 전장에서 보이면 안 되었지만, 이를 보자 군인들은 활기를 얻었다. 동시에 페르시아의 동부 속주는 30~40만 명의 투르크족 군대 선두에 서서 옥수스 강을 건너 온 위대한 칸의 침공을 받았다. 분별 없는 호르모우즈는 그들의 강력하지만 불성실한 지원을 받아들였고 코라산 또는 박트리아나 등 여러 도시에 성문을 열어 주라는 명령을 내렸다. 히르카니아 산을 향한 야만족의 진군은 투르크족과 로마군이 내통하고 있음을 보여 주었다. 아마도 그들의 결합이 사산 왕조의 왕좌를 끝장냈을 것이다.

페르시아는 왕 한 명 때문에 쓰러졌으며 영웅 한 명 덕택에 구원 받았다. 바라네스, 일명 바흐람은 반란을 일으킨 뒤 호르모우즈의 아들에게 배은망덕한 노예라고 비난받았다. 이는 분명 독재자의 오만하고 근거 없는 중상이다. 그야말로 고대 레이 군주6들의 진정한 후손으로, 페르시아 귀족의 수장보다 훨씬 지위가 높은 장대하고도 엄청난 특권을 누린 일곱 가문 중 하나에 속한 인물이었던 것이다.7 바흐람의 용맹은 다라의 포위 공격 당시 누시르반의 눈에 들었으며 아버지와 아들 모두가 그를 군사령관으로, 메디아의 총독으로, 궁정 감독관으로 발탁했다. 그를 페르시아의 구원자라 했던 민중의 예언은 아마도 과거 승리의 전적과 그의 특이한 외모에 기인했을 것이다. 기우빈(Giubin)이라는 그의 별명은 건조한 나무의 성질을 나타낸다. 그는 거인 같은 힘과 체구를 가지고 있었으며 사나운 얼굴은 야생 고양이의 얼굴과 비교되곤 했다. 나라 전체가

서기 590년, 바흐람의 공훈

6 라가이 또는 레이는 기원전 700년 아시리아 제국에서부터 이미 번성하고 있었으며, 외전 『토비트(Tobit)서(書)』에서 언급되어 있다. 에우로푸스와 아르사키아라는 외국 명칭으로 알려진, 카스피해 성문에서 남쪽으로 500스타디움 떨어진 이 도시는 마케도니아와 파르티아 사람들이 잇달아 미화하였다. 그 장엄함과 많은 인구는 믿을 수 없을 정도로 과장되어 있다. 그러나 레이는 그 이래로 전쟁과 나쁜 공기 때문에 멸망했다.

7 일곱 페르시아인의 이야기는 헤로도투스의 책 제3권에 나와 있다. 그들의 후손인 귀족들도 특히 크테시아스의 단편에서 자주 언급된다. 그러나 오타네스의 독립은 전제 정치의 정신에는 적대적인 것이었으며, 그 일곱 가문이 1100년의 혁명을 거치는 동안에도 살아남았다는 것은 그다지 개연성이 없어 보인다. 그러나 그들은 일곱 대신(大臣)이라고 표현할 수 있다. 그리고 폰투스와 카파도키아의 왕 같은 페르시아 귀족들은 아마도 다리우스의 용맹한 동료들의 후손이라고 주장할 수 있을지 모른다.

떨고 있을 때, 호르모우즈가 의심이라는 이름으로 공포를 숨기고 있을 때, 그의 신하들이 두려움이라는 가면 아래 불충을 숨기고 있을 때, 바흐람만은 홀로 불굴의 용기와 명백한 충성심을 보여 주었다. 오로지 1만 2000명의 병사만이 자신을 따라 적에 대항할 것임을 깨달은 순간, 현명하게도 그는 이 운명적인 숫자는 하늘이 승리의 영광을 위해 남겨 둔 것이라고 선언했다. 군대가 레이의 영토와 메디아의 평원으로 진입할 수 있는 유일한 통로는 풀레 루드바르, 즉 히르카니아 바위의 험준하고 좁은 내리막길뿐이었다. 아래가 내려다보이는 꼭대기에서는 소수의 결사대가 돌과 투창만으로 수많은 투르크족을 압도할 수 있었다. 투르크족 왕과 그 아들은 화살에 몸을 꿰뚫리고 말았다. 도망치는 패잔병들은 지휘도 보급도 받지 못한 채 상처받은 민중의 복수에 맡겨졌다. 이 페르시아 장군의 애국심은 선조의 도시에 대한 애정으로 고무되었다. 승리의 순간에는 농부들도 병사였고, 병사들은 영웅이었다. 엄청난 금으로 된 침대와 왕좌, 테이블을 비롯한 아시아의 전리품, 적 진영의 사치품을 보고 그들의 열정이 타올랐다. 아마 악의가 덜한 군주라 해도 자기 은인을 관대하게 받아들이는 것이 그렇게 쉽지는 않았겠지만, 호르모우즈의 은밀한 증오심은 바흐람이 투르크족과의 전쟁에서 거둔 승리의 결실 대부분을 개인적으로 차지했다는 악의적인 보고를 듣고 더욱 독기를 띠었다. 그러나 아라스 강 쪽에서 다가오는 로마 군대 때문에 이 앙심 깊은 독재자도 미소 지으며 칭찬할 수밖에 없었다. 바흐람의 노고에 주어진 보상은 그 능력이나 규율 면에서 스키타이 군사보다 훨씬 강력한 새로운 적을 마주하라는 명령뿐이었다. 최근의 성공에 의기양양해진 그는 대담하게도 로마군의 진영에 전령을 보내 결전 날짜를 잡으라 이르고, 아울러 로마군이 직접 강을 건널 것인지 아니면 페르시아 대왕의 군대가 건너가기를 바라는지 택하라고 했다. 마우리키우스 황제의 부관은 안전한 쪽을 선택했고, 이 지엽적 상황 때문에 페르시아군의 패배는 훨씬 유혈낭자해졌으며 도주는 더 힘들어졌다. 그러나 호르모우즈의 마음속에서는 이렇게 신하를 잃은 것이나 왕국이 위험에 처한 것보다 그의 개인적인 적이 받은 치욕이 더 중요했다. 바흐람은 병력을 점검하자마자 왕의 전령에게서 물렛가락, 물레, 여자 옷 한 벌이라는 모욕적인 선물을 받았다. 그는 군주의 의지에 복종하여 이 부당한 복장을 한 모습을 병사들에게 보였다. 병사들은 장군과 자신들의 치욕에 분개했으며 지위 고하를 막론하고 반란의 함성이 퍼져 나갔다. 폭도를 사슬에 묶어 데려오라는 명령을 받은 두 번째 전령은 코끼리의 발아래 뭉개지고 말았으며, 페르시아 국민들 사이에는 흉악하고 비열한 압제자에 대항해 자유를 찾으라고 선동하는 성명서가 부지런히 돌았다. 전군에서 이탈자가 급속히 늘어났고, 왕의 충직한 노예들은 대중의 분노에 희생되었으며 군대는 바흐람의 깃발 아래 몰려들었다. 속주는 또다시 조국의 구원자에게 경의를 표했다.

통로가 충실하게 방어되고 있었으므로 호르모우즈가 적의 수를 계산하는 길은 양심의 가책을 느끼는 사람들의 증언에

폐위되어 감금된 호르모우즈

의존하거나 또는 이 고난의 시기에 과거의 피해를 보복하거나 의무를 저버리고 전향해 오는 변절자들의 수를 세는 방법뿐이었다. 그는 자랑스럽게 왕가의 군기를 올렸지만, 모다인 시와 궁전은 이미 이 압제자의 손에서 벗어나 있었다. 사산의 군주 빈도에스는 호르모우즈의 잔혹함의 희생자 가운데 하나로, 지하 감옥에 갇혀 있다가 열심히 용감하게 노력한 형제 덕택에 족쇄를 부수고 탈출했다. 그는 왕의 감금, 어쩌면 처형까지 생

46장 **451**

각하고 선택한 믿을 만한 호위병들을 이끌고 왕 앞에 섰다. 이 포로의 재빠른 침입과 대담한 질책에 놀란 호르모우즈는 충고나 도움을 줄 사람이 없는지 헛되이 주위를 둘러보았다. 그러더니 이제 자신의 힘이 타인에 대한 복종밖에는 남아 있지 않음을 깨닫고 순순히 빈도에스의 한 팔에 몸을 맡겼다. 빈도에스는 자신이 최근까지 갇혀 있던 지하 감옥으로 그를 끌고 갔다. 최초의 소요 당시 호르모우즈의 장남 호스로우는 수도에서 탈출했다가 빈도에스의 집요하고도 호의적인 초청으로 귀환에 동의했다. 빈도에스는 그를 아버지의 자리에 앉혀 주겠다고 약속하면서, 실은 이 경험 없는 청년의 이름을 내세워 자신이 나라를 지배할 심산이었다. 그는 공범자들이 용서하지도 또 용서받기를 바라지도 않을 것이며, 모든 페르시아 국민이 독재자의 심판관이자 적대자라고 정확하게 확신하고는 동방의 연대기에서 그 선례도 기록도 찾아볼 수 없는 공개재판을 실시한다. 자기 변호를 요청해 왔던 누시르반의 아들은 귀족과 태수들이 모두 모인 집회 앞에 범죄자로 끌려 나왔다.[8] 그가 질서와 복종, 혁신이 갖는 위험, 적법한 세습 군주를 짓밟은 자들 사이에서 필연적으로 일어날 불화 등에 대해 세세히 늘어놓는 동안 사람들은 예의를 차리고 귀를 기울였다. 호르모우즈는 그들의 인간애에 볼썽사납게 호소하면서 몰락한 왕의 운명에 대해 좀처럼 거부되는 법이 없는 동정에 호소했다. 사실 이 죄수의 비굴한 자세와 누추한 모양새, 눈물, 쇠사슬, 그리고 치욕스러운 채찍자국을 보고 있으면 사람들은 아주 최근까지도 자기들이 그의 왕관과 왕위가 갖는 광휘를 경배했다는 사실을 잊을 수 없었다. 그러나 그가 뻔뻔하게도 자기 행동을 변호하고 자기 치세를 칭찬하기 시작하면서 분노의 소리가 일기 시작했다. 페르시아 귀족들은 그가 왕의 의무에 대해 논하자 경멸적인 미소를

[8] 동방인들은 바흐람이 이 회의를 소집했고 호스로우를 왕으로 선언했다고 추정하고 있지만, 이 경우에는 테오필락투스 쪽이 훨씬 확실하고 믿을 만하다.

띠고 이야기를 들었으며, 그가 아들 호스로우의 성품을 헐뜯기 시작하자 분노로 불타올랐다. 그리고 호르모우즈는 지각없이 둘째 아들에게 왕홀을 넘겨줄 것을 제의함으로써 자신의 유죄 판결을 확정 짓고 죄 없는 사랑하는 아들의 목숨을 희생시켜 버렸다. 난도질당한 소년과 그 어머니의 시체는 민중들 앞에 전시되었다. 호르모우즈의 눈은 불에 달군 바늘로 찔렸다. 아버지에게 형이 내려진 뒤 아들의 대관식이 거행되었다. 호스로우 자신은 죄를 짓지 않고 왕위에 올랐지만 그는 효심에서 폐위된 왕의 비참함을 덜어 주고자 했다. 그는 아버지를 지하 감옥에서 빼내어 궁전의 한 방으로 옮겼으며 그가 위안을 얻도록 관능적 향락을 후하게 제공하고 분노와 절망에 찬 호르모우즈의 맹렬한 비난을 묵묵히 참아 냈다. 그가 눈멀고 인심 잃은 독재자의 분노를 경멸했든 아니든 간에, 그의 머리 위에 씌워진 왕관은 저 강력한 바흐람의 힘을 타도하거나 그의 호의를 얻을 때까지는 아직도 불안했다. 바흐람이 페르시아의 진정한 대표인 자신과 그 군대의 의견을 전혀 묻지 않은 혁명의 정당성을 완강하게 부정하고 있었던 것이다. 대사면과 왕국 제2의 지위를 보장하겠다는 제안에 바흐람은 신들의 친구, 인류의 정복자, 폭군의 적, 태수 중의 태수, 페르시아 군대의 총사령관 등 열 개의 직함과 덕목으로 장식된 답서를 보냈다. 호르모우즈의 아들인 호스로우는 아버지의 본보기와 운명을 멀리할 것이며 사슬에서 풀려난 반역자들을 구속하고 자신이 찬탈한 왕위를 어디 신성한 곳에 맡겨 두고 그의 자비로운 보호자에게 자신의 실수를 용서받은 후 속주 하나의 통치를 받아들이라고 명령했다. 이 반란자는 아마도 오만하지 않았을 것이며 왕은 확실히 비굴하지 않았다. 그러나 반란자는 자신의 힘을, 왕은

호르모우즈의 아들
호스로우의 등극

9 테오필락투스는 호르모우즈의 죽음을 아들 탓으로 돌리면서 그가 아들의 명령으로 곤봉에 맞아 죽었다고 한다. 이 책은 콘데미르와 에우티키우스의 자극적이지 않은 해석을 따랐으며 존속 살해의 죄를 덜어 줄 어떤 작은 증거에도 만족할 생각이다.

10 파르살리아 전투 이후 루칸의 폼페이우스도 비슷한 논쟁을 벌였다. 그 자신도 파르티아인들을 찾아가고 싶어했다. 그러나 그의 동료들은 이 부자연스러운 동맹에 몸서리를 쳤다. 이 좋지 못한 선입관이 호스로우와 그 동료들에게도 강하게 작용했을 것이며, 이들 역시 동방과 서방의 법, 종교, 관습의 현격한 차이에 대해 몹시 강력하게 이야기했다.

자신의 약함을 알고 있었다. 답신의 신중한 언어도 협의와 화해의 여지를 남기고 있었다. 호스로우는 궁정의 노예와 수도의 민중을 이끌고 벌판으로 나아갔다. 그들은 공포심을 느끼며 이 노련한 군대의 군기를 바라보았다. 그들은 이 사령관에게 포위당한 뒤 급습을 받았다. 호르모우즈를 폐위시킨 태수들은 반역에 대한 처벌을 받았다. 아니, 처음의 반역의 죄를 다음 번의 좀 더 범죄적인 불충으로 갚았다고 할 것이다. 호스로우는 목숨과 자유는 구제받았지만 외국 어딘가에서 원조와 피난처를 구해야 하는 신세로 전락했다. 그리고 원한 깊은 빈도에스는 확실한 권리를 얻기 위해 급히 궁으로 돌아가 누시르반의 아들(호르모우즈)의 비참한 삶을 활시위를 당겨 끝내 버렸다.9

서기 590년, 호르모우즈의 죽음

로마인들에게 도망친 호스로우

호스로우는 퇴각 준비를 하면서 남아 있는 벗들과 카프카즈 산골짜기에 숨을 것인지 투르크족의 천막으로 피할 것인지, 아니면 동로마 제국 황제의 보호를 구해야 할 것인지 심사숙고했다.10 아르타크세르크세스와 콘스탄티누스 후예들 사이의 오랜 경쟁 때문에 경쟁자의 궁정에 탄원자로 나타나는 것은 더욱 꺼려졌다. 그러나 그는 로마의 병력을 가늠해 보고 시리아 부근을 통하면 탈주도 더 쉽고 로마군의 원조도 훨씬 효과적일 것이라고 신중하게 판단을 내렸다. 그는 첩과 호위병 서른 명만 대동하고 은밀히 수도를 떠나 유프라테스 강둑을 따라 사막을 건너 키르케시움 앞 10마일 정도 되는 거리에 멈췄다. 밤 세 시경에 로마 사령관이 왕의 도착을 전해 듣고는 새벽녘에 요새로 데리고 갔다. 페르시아 왕은 거기서 히에라폴리스의 좀 더 나은 거처로 안내받았다. 마우리키우스는 오만함을 숨긴 채 누시르반의 손자의 사절을 접견하면서 자비를 보여 주었다.

사절들은 운명의 흥망성쇠와 양 군주의 공통의 이익에 대해 겸손하게 늘어놓고 악의 근원을 대리하는 바흐람의 배은망덕함을 과장해 언급했으며 그럴듯한 주장을 펼치면서 세상의 균형을 잡고 있는 두 군주국, 좋은 영향으로 활기를 불어넣고 있는 두 위대한 지도자를 지원하는 것은 로마인 자신을 위한 것이기도 하다고 설득했다. 황제가 정의와 충성이라는 대의명분을 지지한다는 확신을 주자 호스로우의 우려는 씻겨 나갔다. 그러나 마우리키우스는 비용과 시간 끌기만 발생시킬 뿐 무용할 것이 분명한 콘스탄티노플 방문은 신중하게 거절했다. 관대한 은인의 이름으로 이 망명 군주에게 값진 보석과 황금 선물과 함께 화려한 왕관이 전달되었다. 용맹하고 충직한 나르세스의 지휘 아래 시리아와 아르메니아 국경에 강력한 군대가 집결했다.[11] 황제와 같은 지방 출신이며 황제가 직접 선발한 이 지휘관은 티그리스 강 너머로 진군해 호스로우를 조상 대대로 이어온 왕위에 복귀시킬 때까지 칼집에 검을 도로 넣어서는 안 될 것이라는 명을 받았다. 이 과업은 장대했지만 보기보다 힘든 일은 아니었다. 페르시아는 이미 역신(逆臣)의 야망을 위해 사산 왕조의 후계자를 배반한 치명적 성급함을 후회하고 있었다. 바흐람은 왕위 찬탈을 축성해 달라는 요청을 마기들이 대담하게도 거부한 탓에 국가의 법과 관습을 무시하고 스스로 왕홀을 취할 수밖에 없었다. 이윽고 궁정은 음모로, 도시는 소요로, 속주는 봉기로 혼란해졌다. 범죄자 또는 용의자에 대한 잔인한 처벌 또한 대중의 불만을 잠재우는 것이 아니라 더욱 돋우게 되었다. 티그리스 강 저편에 누시르반의 손자가 로마군의 깃발과 함께 등장하자 점점 더 많은 귀족과 평민들이 매일 그에 가세했다. 진군하면서 그는 사방에서 감사의 말과 도시의

호스로우의 귀환

[11] 이 시대에는 나르세스라는 이름을 가진 전사가 세 명 있었는데 이들이 혼동되는 경우가 많다. 1) 페르사르메니아의 나르세스. 이삭과 아르마티우스의 동생으로 벨리사리우스를 이긴 뒤 페르시아 군주를 버리고 그 뒤로는 이탈리아 전쟁에 복무함. 2) 이탈리아를 정복한 환관. 3) 호스로우를 왕위에 복귀시킨 자. 코리푸스의 시에서 칭송받고 있다.

46장 455

열쇠와 적장의 수급을 넘겨받았다. 모다인이 왕위 찬탈자에게서 해방되자마자 충직한 주민들은 단 2000명의 기병대를 이끈 메보데스의 부름에 고분고분 따랐으며, 호스로우는 그들의 진심과 다가오는 승리에 대한 예언의 증표로 성스럽고 귀중한 궁정의 장식을 받았다. 바흐람이 저지하고자 했던 제국 군대와의 합류 뒤, 전투는 자브 강둑과 메디아의 국경에서 벌어진 두 번의 접전으로 결정이 났다. 로마 군대는 페르시아의 충직한 신하들을 포함하면 6만에 달했지만 찬탈자의 병력은 채 4만이 되지 않았다. 두 군대의 사령관 모두 용맹과 능력이 뛰어났으나 승리는 결국 병력과 군기(軍紀)의 우세로 가름이 났다. 패잔병들을 이끌고 바흐람은 옥수스 강 동쪽 속주로 피신했다.

<small>호스로우의 최종 승리</small>

그는 페르시아의 적의로 인해 투르크족과 타협했다. 그러나 그의 남은 생은 단축되고 있었으니 그것은 후회와 절망, 그리고 지난날의 영광에 대한 쓰디쓴 추억이라는 독 중에서도 치유하기 가장 힘든 독 때문이었다. 그러나 현대의 페르시아인들은 아직도 바흐람의 공적을 기념하고 있으며, 몇몇 훌륭한 법은 고되고 덧없던 그의 치세를 연장시켜 왔다.

<small>바흐람의 죽음</small>

호스로우의 복위는 축제와 처형으로 축하되었다. 궁정 연회의 음악이 죽어 가는 또는 신체를 절단당한 죄수들의 신음으로 방해받는 경우도 잦았다. 대사면이 실시되었다면 혁명으로 뒤흔들린 나라에 위안과 평온을 주었을지 모른다. 그러나 호스로우의 피비린내 나는 기질을 비난하기에 앞서 페르시아인들이 군주의 엄격함을 두려워하거나 그 약함을 경멸하는 일에 얼마나 익숙했는지 이해해야 한다. 바흐람의 모반과 태수들

<small>서기 591~603년, 호스로우의 복위와 정책</small>

의 음모는 정복자의 복수 또는 정의로 공정하게 처벌받았다. 빈도에스의 공훈도 왕의 피로 더럽힌 그 손을 완전히 깨끗하게 씻어 줄 수 없었으며, 호르모우즈의 아들은 자신의 무죄를 주장하고 왕의 존엄함을 지키고 싶어했다. 로마의 국력이 왕성한 동안에는 초기 황제들의 권위로 페르시아의 왕위가 채워지는 일이 많았다. 그러나 페르시아의 신민은 외국 땅에서 흡수한 악덕 또는 미덕에 곧 반발하게 되었다. 통치가 불안정하자 이 동방의 노예들이 변덕스러운 경박함에서 로마의 선택을 열성적으로 간청하거나 거절한다는 소문이 생겨났다. 그러나 마우리키우스의 명예로움은 이제 그의 양아들이자 맹우가 된 자의 상서로운 긴 치세에서 확실히 드러난다. 1000명의 로마 군단이 계속해서 호스로우의 신변을 경호했다는 사실은 그가 이 이방인들의 충성을 신뢰한다는 사실을 만천하에 증명했다. 또 권력이 굳건해지면서 이 인기 없는 원군을 물리치게 되었을 때에도 그는 양아버지에 대한 감사와 존경을 일관되게 표했다. 마우리키우스가 죽을 때까지 양 제국의 평화와 동맹은 충실하게 유지되었다. 그러나 돈에 의해 움직이는 로마 군주의 우호는 값비싸고 귀중한 선물로 사들인 것이었다. 마르티로폴리스와 다라 등 강성한 도시들이 수복되었고 페르사르메니아인들은 기꺼이 제국의 신민이 되었으며, 제국의 동방 국경은 아라스 강둑과 카스피 해 인근까지 확장되었다. 이 혁명에서 국가는 물론 교회까지 승리를 거두었으면 하는 경건한 희망도 자라났다. 그러나 호스로우가 아무리 그리스도교 주교들의 이야기를 열심히 들었다고 해도, 그들이 남긴 인상은 마기의 열의와 달변으로 곧 지워졌다. 비록 철학적 무관심으로 무장하고 있었지만 그는 그저 망명자 또는 통치자로서의 다양한 상황에 따라 신앙심 아니, 자신의 신앙고백을 바꿔 왔던 것이다. 페르시아 왕의 그리스도교 개종이라는 상상은 세르기우스에 대한 지엽적이고 미신적 신심에 불과하게 되었다.12 이에 따르면 안티오크의 성인 세르기우스가 왕의 기도를 듣고 꿈에 나타났다고 한다. 호스로우는 금과 은을 바쳐 성소를 화려하게 장식했으며, 군대가 승리를 거두고 신실한 그리스도교도이자 부인들 가운데 가장 사랑하는 시라가 임신한 것도 다 이 보이지 않는 보호자 덕이라고 했다.13 시라, 일명 쉬린14의 아름다움, 재치, 음악적 재능은 동방의 역사 또는 로맨스에서 여전히 유명하다. 그녀의 이름은 페르시아어로 달콤함과 우아함을 뜻하며, 파르비즈(Parviz)는 그녀의 연인인 국왕의 매력을 나타내는 말이다. 그러나 시라는 자신이 자아낸 열정을 결코 공유하지 않았다. 호스로우가 받은 축복은 그가 그녀의 몸을 소유하고 있어도 그녀가 자신보다 더 미천한 자에게 애정을 주고 있다는 질투와 의심 때문에 고통받고 있었다.15

12 세르기우스와 그의 동료인 바쿠스는 막시미아누스의 박해를 받았다고 전해지며 프랑스와 이탈리아, 콘스탄티노플, 그리고 동방에서 성인으로 추앙받았다. 라사페에 있는 그들의 무덤은 기적으로 유명하며, 이 시리아의 도시는 세르기오폴리스라는 영예로운 이름을 얻게 되었다.

13 에바그리우스와 테오필락투스는 그리스어로 쓰여진 호스로우의 자필 서명 서한 원본을 보관하고 있었다. 이는 후일 세르기오폴리스의 교회에 보관되어 있는 황금 십자가와 황금판에 새겨졌다. 이것들은 시리아의 총대주교인 안티오크의 주교에게 보내졌다.

14 그리스인들은 그녀가 로마 태생이며 종교는 그리스도교라고만 기록하고 있다. 그러나 페르시아와 투르크족의 로맨스 문학에서 그녀는 마우리키우스 황제의 딸이라고 되어 있다. 이 로맨스들은 쉬린에 대한 호스로우의 사랑, 동방에서 가장 아름다운 청년 페르하드에 대한 쉬린의 사랑을 그리고 있다.

15 호르모우즈의 폭정, 바흐람의 반란, 호스로우의 도주와 복위라는 이 일련의 사건들에 대해 동시대 그리스인 두 명이 언급하고 있다. 에바그리우스는 더 명료하고 테오필락투스 시모카타는 더 장황하다. 그 뒤의 편찬

※ 서기 570~600년 등,
아바르족 왕의 자부심,
정책 그리고 권력 ※

로마라는 이름의 권위는 동방에서 되살아나고 있었지만 유럽의 상황은 이렇게 만족스럽지도 영광스럽지도 않았다. 롬바르드족이 떠나고 게피다이족이 멸망하면서 도나우 강변의 힘의 균형이 무너졌다. 아바르족은 알프스 산기슭에서 흑해 해안으로 영구적 지배권을 확장하고 있었다. 바이안의 치세는 그들 왕국의 가장 번영한 시기였다. 아틸라의 시골풍 궁전에 기거하는 아바르족의 왕은 성격에서도 정책에서도 아틸라를 모방한 듯하다.16 그러나 이는 다만 같은 장면이 더 작은 무대에서 재현되었을 뿐으로, 본디 사본의 세밀한 재현에는 원본의 위대함과 신선함이 결여되게 마련이다. 유스티누스 2세, 티베리우스, 마우리키우스의 긍지는 전쟁의 참화로 고통받기보다는 고통을 주는 데 더 능한 한 오만한 야만인 때문에 손상되었

다. 소아시아가 페르시아 군대의 위협을 받을 때마다 유럽은 아바르족의 위험한 침공 또는 값비싼 우호로 억압받았다. 로마 사절단은 아바르족 왕 앞에 나설 때면 왕이 만나 줄 때까지 열흘이고 열이틀이고 천막 문 앞에서 기다리라는 명령을 들었다. 만일 전갈의 내용이 귀에 거슬리면 그는 진실로 혹은 짐짓 분노하며 사절단과 그 군주의 위엄을 모욕했다. 그들의 짐은 약탈당했고 더 진귀한 선물과 더 큰 경의를 담은 인사말을 약속해야 목숨만 겨우 구할 수 있었다. 한편 아바르족 왕의 사절단은 콘스탄티노플 한복판에서 무제한의 자유를 즐기고 남용했다. 그들은 끈덕지게 큰소리치면서 공물을 늘려 달라거나 포로와 탈영병을 송환하라고 요구했다. 그러한 무례한 요구를 비굴하게 받아들이거나 회피하기 위해 짐짓 두려움에 떠는 듯한 태도로 변명을 늘어놓으면서 제국의 위엄은 손상되었다. 아바르족의 왕은 코끼리를 본 적이 없었다. 그런데 이 신기한 동물에 대한 기묘한, 아마도 거짓이었을 묘사가 그의 호기심을 자극했다. 그의 명령에 따라 제국의 외양간에서 가장 큰 코끼리가 장엄한 성장(盛裝)을 하고 많은 수행 인원을 대동한 채 헝가리 평원에 있는 아바르족의 수도로 향했다. 그는 이 거대한 짐승을 놀라움과 혐오, 아마도 두려움을 품고 살펴보더니 이 쓸모없는 진귀한 것을 찾아 육지와 바다를 헤맸을 로마인들의 헛된 수고에 미소 지었다. 그는 또 동로마 제국 황제의 돈으로 황금 침상에서 쉬고 싶다고 했다. 이 변덕을 당장 충족시켜 주기 위해 콘스탄티노플의 재보와 장인들의 노고가 동원되었다. 그러나 작업이 끝나자마자 그는 이것이 위대한 왕의 위엄에 어울리지 않는 선물이라며 코웃음을 치고 거절해 버렸다. 이러한 행동들은 그의 오만이 일상적으로 분출되는 사례였을 뿐, 그의 탐욕은 훨씬 지속적이며 채우기 쉬운 정열이라 하겠다. 비단

자인 조나라스와 케드레누스는 그저 필사하고 축약했을 뿐이다. 아랍인 그리스도교도인 에우티키우스와 아불파라기우스는 특정한 회고록을 참조한 것으로 보인다. 푸르몽(Abbé Fourmont)과 데르벨로(d'Herbelot)가 이를 번역했다. 이들의 전거에 완전히 만족했다면 나는 아마도 이 동방의 자료가 좀 더 방대하기를 바랐을 것이다.

16 왕(chagan)의 오만과 힘에 대한 일반적인 생각은 메난데르와 테오필락투스에게서 얻을 수 있다. 테오필락투스의 여덟 권의 책은 로마 황제보다는 아바르족의 군주에게 영예로운 것이다. 바이안의 선조들은 로마의 관대함을 맛보았고, 그는 마우리키우스의 치세보다 오래 살아남았다. 서기 611년에 이탈리아를 침공했던 아바르족의 왕은 아마도 바이안의 아들이나 손자였을 것이다.

옷, 가구, 식기 등이 풍부하게 정기적으로 공급됨으로써 스키타이족의 천막에도 예술과 사치의 기본이 도입되었다. 그들의 입맛은 인도산 후추와 계피의 자극에 길들여졌다.[17] 해마다 받는 보조금 또는 공물은 황금 8만에서 12만 냥으로 인상되었다. 전쟁으로 보조금이 중단될 경우에는 어마어마한 이자를 붙여 체납액을 지불하라는 것이 늘 새 조약의 첫째 조건이 되었다. 아바르족의 왕은 교활함이라고는 전혀 없는 야만족의 언어로 그리스인의 불성실함에 대해 불평하는 척했지만,[18] 그러면서도 시치미 떼기와 배반에서는 가장 개화된 나라의 기교에 전혀 뒤지지 않았다. 아바르족의 왕은 롬바르드족의 후계자로서 일리리쿰 속주의 고대 요새인 시르미움이라는 요지의 소유권을 주장했다.[19] 헝가리 저지대의 평원은 아바르족 기병대로 뒤덮였고 도나우 강을 따라 내려가 사베 강으로 교량 자재를 운반할 대형 선단이 헤르시니아 숲에서 건조되었다. 그러나 두 강의 합류점을 호위하는 싱기두눔의 강력한 수비대가 선단 통과를 저지해 계획을 좌절시킬 것을 겁낸 그는 자신의 의도가 제국에 적대적인 것이 아니라고 엄숙하게 서약하면서 그들의 우려를 불식시켰다. 그는 자기가 로마의 적으로 사베 강에 다리를 놓으려는 것이 아니라며 전쟁의 수호신의 상징인 자기 검에 대고 맹세했다. 대담한 바이안은 이어 이렇게 말했다.

> 만일 짐이 이 서약을 깨뜨린다면 짐과 우리 민족의 마지막 한 사람까지 이 검으로 소멸되기를! 하늘과, 불과, 하늘의 신이 우리 머리 위에 떨어지기를! 사베 강이 자연의 법칙을 거슬러 역류해 그 분노의 물결로 우리를 집어삼키기를!

야만인다운 이런 기도를 올린 후 그는 그리스도교도 사이에는

[17] 들판에서도 이 아바르족의 왕은 이러한 향료의 사용을 즐겼다. 보다 미개한 시대의 유럽인들은 현대인들의 민감한 미각에는 맞지 않을 정도로 음식과 음료에 향신료를 많이 사용했다.

[18] 역사가 테오필락투스는 자신의 비판이 진실하며 정의로운 것이라고 스스로 인정하고 있다.

[19] 메난데르는 바이안의 배신과 시르미움의 항복에 대해 기록하고 있다. 테오필락투스가 격찬한 포위 공격에 대한 설명 부분은 소실되었다.

어떤 서약이 가장 신성하고 존경받는지, 가장 위험한 배반의 죄가 어떤 것인지 조용히 물었다. 싱기두눔의 주교는 성서를 내밀었고 아바르 족의 왕은 경의를 표하며 이를 받아들고 말했다.

> 이 신성한 책에서 말하고 있는 신께 짐의 혀에는 거짓이 없고, 짐의 가슴에는 배반이 없음을 맹세하오.

꿇었던 무릎을 일으키자마자 그는 교량 공사를 서둘렀고 시르미움 공략 계획을 더 이상 숨기기 싫다며 사절을 보냈다. 배반자 바이안은 이렇게 말했다.

> 황제에게 시르미움은 사방이 포위되었다고 알려라. 분별을 발휘해 시민과 그들의 가재(家財)를 철수시키고 이제 구원도 방어도 할 수 없는 도시는 내놓으라고 전하라.

원군의 희망도 없이 시르미움의 방어는 3년 이상 계속되었다. 성벽은 여전히 무사했다. 그러나 성벽 안으로 기근이 잠식해 들어오고 있었으며 마침내 자비로운 항복 조건에 따라 헐벗고 굶주린 주민들은 도망치고 말았다. 50마일 떨어진 곳에 있는 싱기두눔은 더 잔혹한 운명을 맞았으니, 건물은 부서지고 패배한 주민들은 노예가 되거나 망명했다. 그러나 시르미움의 폐허는 더 이상 찾아볼 수 없는 반면 싱기두눔은 유리한 위치 덕택에 슬라브인들을 끌어들일 수 있었다. 사베 강과 도나우 강의 합류점은 여전히 벨그라데, 즉 백색 도시의 요새가 지키고 있었는데, 이 도시를 두고 그리스도교와 투르크 군대는 너무도 자주, 완강하게 분쟁을 벌여 왔다.[20] 벨그라데에서 콘스탄티노

[20] 벨그라데라는 슬라브 이름은 10세기에 콘스탄티누스 포르피로게니투스가 언급하고 있다. 알바 그라이카라는 라틴 이름은 9세기 초 프랑크족이 사용했다.

21 바느프리드(Paul Warnefrid)는 서기 632년경에 있었던 그들의 프리울리 침입과 자기 선조들의 포로 신세에 대해 설명하고 있다.

22 이것은 박식한 뷔아(de Buat)의 가장 개연적이고 명쾌한 추측 가운데 하나이다. 체코족과 세르비아족 모두 일리리쿰의 카프카즈 산 부근과 엘베 강 하류에서 찾을 수 있다. 보헤미아족 등의 야만스러운 전통도 이 가설을 뒷받침하고 있다.

플의 성벽까지는 직선 거리 600마일로 추정되는데 그곳은 화염에 휩싸이고 피로 물들었다. 아바르족의 기병대는 흑해와 아드리아 해에서 번갈아 미역을 감았다. 그런데도 로마 교황은 더 야만스러운 적의 접근에 놀라²¹ 롬바르드족이 이탈리아의 보호자라고 여기게 되었다. 조국이 몸값 지불을 거절한 한 포로는 절망하여 아바르족에게 군사 병기 제조와 사용법을 누설했다. 그러나 첫 시도에서는 병기가 너무 조잡했고 운용도 부적절했으며 디오클레티아노폴리스, 베로이아, 필리포폴리스, 아드리아노플의 저항은 곧 공격자들의 기술과 인내심을 고갈시켰다. 바이안의 교전은 타타르족 방식이었지만 그의 마음도 인간애와 자비라는 감정은 느낄 수 있었다. 그는 영험한 물로 아내들 가운데 가장 총애하는 아내의 건강을 회복시켜 준 도시 안키알루스는 파괴하지 않았다. 로마인들도 적의 관대함이 굶주린 자기들 군대를 먹여 주고 물러나게 했다는 사실을 인정하고 있었다. 그의 제국은 도나우 강어귀에서 오데르 강어귀까지 헝가리, 폴란드, 프러시아로 확대되었다. 그의 새로운 신민들은 정복자의 경계성 정책에 따라 나뉘어 이주해야 했다.²² 게르마니아 동부 지역은 반달족의 이주로 비어 있는 상태였는데 이제 일단의 슬라브 사람들로 채워졌다. 이 종족은 아드리아 해와 발트 해 인근에서도 찾을 수 있다. 일리리쿰의 네이스와 리사 등의 여러 도시의 이름이 바이안의 이름과 함께 실레시아 중심부에서도 발견되고 있다. 아바르족의 왕은 군대와 속주를 배치할 때 목숨 따위는 중요하지 않다고 생각하는 가신들을 최전방에 내세웠다. 그렇게 하면 아바르족 특유의 용맹과 접하기도 전에 적군의 칼은 무력해지는 것이었다.

페르시아와의 동맹으로 동로마 제국의 군대를 유럽 방어에 돌릴 수 있었다. 10년간이나 아바르족 왕의 무례함을 견뎌 온 마우리키우스는 직접 야만족을 치겠다는 결의를 선포한다. 지난 2세기 동안 테오도시우스의 후계자 가운데 그 누구도 전장에 나서지 않았으며, 그들의 삶은 콘스탄티노플 궁전에서 무기력하게 소진되었다. 그리스인들은 황제라는 명칭이 원래 공화정 시대에 군대의 통수권자를 의미했다는 것을 더 이상 알지 못했다. 군인으로 나서겠다는 마우리키우스의 열정은 원로원의 우려 섞인 감언과 소심한 총대주교의 미신, 그리고 황후 콘스탄티나의 눈물로 반대를 받았다. 모두가 스키타이 전쟁의 노고와 위험은 더 미천한 신분의 장군에게 위임하라고 간청했다. 그러한 조언과 애원을 듣지 않고 황제는 수도에서 7마일 떨어진 곳까지 용감하게 전진해 나갔다.23 신성한 십자가 군기가 전선에 보이자 마우리키우스는 일찍이 역전의 장수들이 티그리스 강 너머에서 자기가 지휘하는 군대와 장비를 보며 품었을 법한 긍지를 느꼈다. 육·해로의 최종 목적지는 안키알루스였다. 그는 자신의 밤 기도에 기적적인 응답이 있기를 바랐지만 소용이 없었다. 거기에 애마가 죽고, 멧돼지와 맞닥뜨리고, 강한 비바람이 몰아치고 기형아가 태어나자 그의 마음은 어지러워졌다. 황제는 조국 방어에서 최고의 징조란 검을 칼집에서 빼어 드는 일이라는 사실을 잊었던 것이다. 페르시아 사절단 영접을 구실로 황제는 콘스탄티노플로 돌아왔으며 전쟁 대신 기도를 택하고는 전쟁에서 도망친 사실과 뒤이은 부장들의 선임으로 사람들을 실망시켰다. 황제의 동생 페트로스는 야만족으로부터, 자신의 부하들로부터 그리고 한 로마 도시의 주민 모두에게서 치욕적으로 도망친 바 있건만 형제애라는 맹목적인 편견 때문인지 이런 인물을 승진시켰던 것이다. 한 도시란 아틸라의 급습을 유일하게 견뎌 낸 저 유명한 아지문티움을 말

서기 595~602년, 아바르족에 맞선 마우리키우스의 전쟁

23 마우리키우스의 출정과 귀환은 테오필락투스 참조. 그가 만일 풍류나 천재성을 갖춘 작가였다면 우아한 아이러니를 사용하고 있는 것으로 의심할 수 있다. 그러나 테오필락투스에게 악의가 없는 것은 확실하다.

46장 **463**

24 내 기억에는 떠오르지 않았던 이 사실을 증거로, 공평한 독자는 아시무스, 즉 아지문티움의 쇠망을 앞당긴 본 역사서 다른 권의 주해를 정정하고 용서해 주기 바란다. 이러한 고백으로 애국심과 용맹의 한 세기를 또 값싸게 사들인 셈이다.

한다.[24] 이 도시의 용감한 젊은이들의 모범은 후세에 길이 전해졌다. 그들은 유스티누스 1세 또는 2세로부터 그들의 용맹이 향후 조국 방위를 위해서만 보전된다는 명예로운 특권을 얻었다. 그런데 마우리키우스의 동생이 특권을 침해하여 이 애국자들의 부대를 자기 진영의 용병과 한데 섞고자 하였다. 이들은 교회라는 성역으로 피신했지만 페트로스는 교회의 신성함에 기죽지 않았다. 민중들은 자신들의 명분을 지키기 위해 궐기했고, 성문을 닫고 성벽에 군사를 배치했다. 페트로스는 오만하고 불의할 뿐 아니라 비겁했다. 코멘티올루스의 군사적 명성은 진지한 역사가 아닌 풍자의 주제였는데, 이는 그가 개인적 용기라는 미천하고도 통속적인 자격조차 부족했기 때문이다. 그의 엄숙한 건의, 기묘한 기동술, 비밀 지령은 항상 도주 또는 작전 지연의 구실이 될 뿐이었다. 적을 향해 진군할 때는 하이무스 산맥의 아름다운 골짜기들이 난공불락의 요새라고 하더니, 퇴각하면서는 두려움을 모르는 호기심을 발휘하여 나이 많은 토착민들도 기억 못 하는 가장 험난한 길을 탐험해 나갔다. 그가 흘린 유일한 피라고는 진짜인지 가짜인지 모를 병 때문에 의사에게 맞은 침 때문에 흘린 것뿐이었다. 그의 건강은 야만족이 다가오면 더욱더 민감하게 반응했고, 동절기에 안전하게 휴양하고 나면 회복되었다. 이렇게 가치 없는 총신을 승진시키는 군주였으니 같은 장군인 프리스쿠스의 공훈에서는 아무런 영예도 이끌어 내지 못했을 것이다. 그가 뛰어난 기술과 결의를 가지고 연속으로 치른 다섯 차례의 전투에서 1만 7200명의 야만족이 포로로 잡혔다. 그리고 아바르족 왕의 네 아들을 포함한 약 6만 명이 학살당했다. 이 로마 사령관은 아바르족의 보호 아래 잠들어 있던 게피다이족 평화 지역을 급습했다. 그의 마지막 승전기는 도나우 강과 테이스 강둑에 솟아올랐다.

트라야누스 사후에 제국의 군대가 고대 다키아 지역으로 이렇게 깊숙이 뚫고 들어간 적은 없었다. 그러나 프리스쿠스의 성공은 일시적이었고 결실을 맺지 못했다. 그리고 그는 불굴의 기개를 다지며 새로 병력을 모집한 바이안이 콘스탄티노플 성벽 아래서 패배에 대한 복수를 준비하고 있을 것이라는 우려 때문에 곧 소환되고 말았다.[25]

유스티니아누스와 마우리키우스도 카이사르와 트라야누스만큼은 전쟁의 이론에 익숙했다.[26] 투스카니와 폰투스의 철은 여전히 비잔티움 장인들에 의해 가장 날카롭게 담금질되었다. 온갖 종류의 공격용, 방어용 무기도 충분히 준비되어 있었다. 야만족들은 선박, 병기, 요새의 건축에서 나타난 로마인의 뛰어난 천재성 때문에 전투에 지면서도 그 기술에 감탄했다. 고대의 용병술, 전투 대형, 기동 연습, 전략 등은 그리스인이나 로마인의 책에서 모사되고 연구되었다. 그러나 속주의 고립 또는 퇴보 때문에 이렇게 무기를 다루고 성벽을 방어하고 배를 항행시키며 전쟁 이론을 과감하고 성공적인 실전으로 만드는 군대에 병력을 더 이상 공급할 수 없게 되었다. 벨리사리우스와 나르세스의 천재성은 스승 없이 형성되어 후계자 없이 소멸하고 말았다. 명예도, 애국심도, 미신도 로마 군단의 명예를 이어받은 노예와 이방인들의 생기 없는 몸에 활기를 불어넣을 수는 없었다. 황제가 전제적인 명령을 행사할 수 있는 곳은 군대일 뿐인데도 그의 권위가 무시당하고 모욕받은 곳은 역시 군대에서뿐이었다. 그는 군대의 방종함을 금화로 달랬지만 이는 오히려 그들의 방종을 더욱 부추기는 꼴이 되었다. 그러나 그들의 악덕은 타고난 것이었고 승리는 우연한 것이었으니, 그들에게 드는 값비싼 유지비로 인해 그들이 방어하는 데 실패한

로마 군대의 상태

[25] 아바르족과의 전쟁에 대한 일반적인 세부 사항은 테오필락투스 시모카타가 지은 『마우리키우스 황제의 역사』 제1, 2, 6, 7, 8권에서 찾아볼 수 있다. 이 책은 헤라클리우스의 치세에 저술했기 때문에 그는 전혀 아부할 필요가 없었다. 그러나 그는 판단력 부족으로 사소한 일은 장황하게 늘어놓고 매우 흥미로운 사실들은 아주 간략하게 언급하고 있다.

[26] 마우리키우스는 직접 군사학에 대한 열두 권의 책을 썼는데 이들은 아직도 남아 있으며, 셰퍼(John Scheffer)가 『아리아누스의 용병술』 말미에 삽입해 두고 있다. 그는 적당한 곳에서 이 저작에 대해 좀 더 자세하게 얘기하겠다고 약속하고 있다.

국가의 재정은 고갈되었다. 길고도 해로운 인내 끝에 마우리키우스는 이 뿌리 깊은 악덕을 치유하고자 했다. 그러나 파멸을 가져온 성급한 시도는 오히려 병을 깊게 할 뿐이었다. 개혁자는 이해관계가 있다는 의혹에서 자유로워야 하며 개선하고자 하는 대상의 신뢰와 존경도 얻어야 한다. 그러나 마우리키우스의 군대는 전쟁에서 승리한 지휘관의 말에 귀를 기울였을지 모르지만 정치가나 소피스트의 훈계는 경멸했다. 무기와 피복 값을 급여에서 제한다는 포고문을 받자, 그들은 전쟁의 위험과 피로에서 도망쳐 고통이라고는 전혀 모르는 군주의 탐욕을 통렬하게 비난했다.

군대의 불만

아시아든 유럽이든 진지가 설치된 곳은 어디나 잦은 과격한 폭동으로 소요 상태에 휩싸였다. 에데사에서는 분노한 병사들이 떨고 있는 장군들을 비난하고 협박하고 상처 입히며 쫓아다녔다. 그들은 황제의 조각상을 쓰러뜨리고, 그리스도의 기적의 성상에 돌을 던지고, 모든 시민적, 군사적 법의 구속을 파기하거나 자의적 복종이라는 위험한 사례를 만들어 냈다. 언제나 멀리 떨어져 있으며 종종 기만당하는 황제는 급박한 상황에 따라 양보 또는 고집하는 능력이 없었다. 그러나 총체적인 반란을 두려워한 나머지 그는 어떠한 용맹스러운 행동이나 충성심의 표현도 덥석 받아들여 버렸다. 새 개혁안은 발표 당시와 똑같이 서둘러 폐기되었다. 군대는 처벌과 구속 대신 자비로운 사면과 보상이라는 뜻밖의 즐거움을 얻었다. 그러나 병사들은 황제가 뒤늦게 마지못해 보낸 이 선물을 감사의 표시 없이 받아들였다. 황제의 약함과 자신들의 강함을 깨닫자 그들의 오만함은 점점 고무되었다. 이제 서로에 대한 증오가 용서에 대한 바람이나 화해의 희망을 넘어 불타오르고 있었다. 당시의 역사가들은 마우리키우스가 개혁하고자 애썼던 군대를 파멸시키려는 음모를 꾸몄다는 천박한 의심을 보여주고 있다. 코멘티올루스의 비행과 그가 입은 총애가 이 사악한 계획 탓이라는 것이다. 금화 6000닢이라는 얼마 안 되는 몸값이면 아바르족 왕의 손에 잡혀 있던 1만 2000명의 학살을 막을 수 있었는데도 그렇게 하지 않은 군주의 몰인정함과 탐욕은 어느 시대에나 비난받아 마땅하다. 이 정당한 분노 속에서 도나우 강 주둔 군대에는 속주의 무기고는 그대로 놔두고 아바르족의 땅에 겨울 숙영지를 구축하라는 명령이 전달된다. 군대의 불만은 이제 한계에 달했다. 그들은 마우리키우스가 통치할 자격이 없다고 선언하고 그의 충실한 지지자들을 추방하거나 학살했다. 그리고 백인대장에 지나지 않는 포카스의 지휘하에 서둘러 진군해 콘스탄티노플 인근으로 귀환했다. 오랜 시간 계속되어 온 합법적인 계승의 끝자리에 포카스가 오르게 됨으로써 3세기 당시의 군의 무질서가 부활했다. 그러나 이 행동 자체가 매우 드문 일이었으므로 폭도들은 스스로가 경솔한 것이 아닌지 두려움을 품게 되었다. 그들은 자신들이 택한 자에게 제권을 넘기기를 주저했고, 마우리키우스와의 모든 협정은 거부하면서도 그의 아들 테오도시우스와 이 젊은이의 장인 게르마누스와 친교를 유지했다. 포카스의 이전 신분은 너무도 미천하여 황제는 자기 경쟁자의 이름조차 알지 못했다. 그러나 이 백인대장이 소요 가운데서는 대담해도 위기 앞에서는 소심하다는 사실을 알게 되자 절망에 빠진 군주는 이렇게 외쳤다.

군대의 반란

서기 602년 10월, 포카스의 선출

아아! 그가 비겁자라면 틀림없이 살인자이기도 할 것이다!

27 마우리키우스에 저항하는 소요 속에서 콘스탄티노플의 민중들은 그를 마르키오니테(Marcionite) 또는 마르키오니스트(Marcionist)라고 불렀다. 테오필락투스는 이것이 이단이라고 말한다. 그들은 그저 애매한 비난을 했던 것일까, 아니면 황제가 정말로 고대 그노시스파 전도사의 말을 들었던 것일까?

28 성 아우토노무스(그에 대해서는 불행히도 알지 못한다.) 교회는 콘스탄티노플에서 150스타디움 떨어진 거리에 있었다. 마우리키우스와 그 자녀가 살해당한 에우트로피우스의 항구에 대해 길리우스는 칼케돈의 두 항구 가운데 하나라고 묘사하고 있다.

콘스탄티노플의 반란

콘스탄티노플이 의연하고 충직했더라면 그 살인자는 분노를 헛되이 소모하고 말았을 것이며, 반란을 일으킨 군대 또한 황제의 현명함으로 점차 해체되거나 타협했을 것이다. 다시 개최한 보기 드물게 화려한 대경기장의 시합에서 마우리키우스는 마음속의 불안을 자신감 있는 미소로 감췄다. 그는 각 당파의 갈채를 얻기 위해 각각의 대표에게서 청색파 900명과 녹색파 1500명의 명부를 받아 들고는 자신이 마치 이들을 왕좌의 튼실한 뒷받침으로 생각하는 양했다. 그들의 믿을 수 없는, 혹은 마지못한 지지는 그의 약점을 드러내고 몰락을 재촉했다. 녹색파는 반도들과 은밀히 공모하고 있었고 청색파는 동포들끼리의 싸움에서 관용과 타협을 권하고 있었다. 마우리키우스의 엄격하고 인색한 성품은 이미 오래전부터 신민의 마음속에서 그를 멀어지게 했다. 종교 행렬에서 맨발로 걷고 있을 때 그는 무례하게도 돌 세례를 받았고, 호위병들은 그의 몸을 보호하기 위해 철퇴를 사용하지 않으면 안 되었다. 한 광신적인 수도사는 칼을 빼어 들고 길을 달리면서 그에게 신의 분노와 판결을 통고했고, 또 한 평민은 그의 모습과 복장을 하고 당나귀에 태워진 채 군중으로부터 저주의 말을 들었다.27 황제는 군인과 시민들 사이에서 일고 있는 게르마누스의 인기를 의심하고는 그를 치겠다고 위협하면서도 이를 지연시키고 있었다. 게르마누스는 교회의 성소로 피했다. 민중은 봉기하여 그를 방어했고 근위대는 성벽을 버렸으며 법이 부재하는 도시는 밤 동안 소요의 불길과 약탈에 방치되었다. 마우리키우스는 작은 범선을 타고 아내와 아홉 자녀를 데리고 아시아 해안으로 탈출했으나 바람이 거칠어 칼케돈 근처의 성 아우토노무스 교회에 내릴 수밖에 없었다.28 거기서 그는 장남 테오도시우스를 보내 페르시아 왕의 은의와 원조를 요청하도록 하고 자신은 도주를 거부했다. 그의 몸은 좌골신경통으로 고통받고 있었으며 마음은 미신으로 약해진 상태였다. 그는 혁명의 결과를 묵묵히 기다리는 동안 하느님께 열렬히 기도를 올리며 자신의 죄에 대한 벌이 내세가 아니라 현세에서 내려지게 해 달라고 빌었다. 마우리키우스의 폐위 이후 두 당파는 황제 선정을 두고 논란을 벌였다. 그러나 청색파가 고른 인물은 녹색파의 경계로 거부당했고, 게르마누스도 백인대장 포카스의 즉위를 축하하기 위해 수도에서 7마일 떨어진 헤브도몬 궁전에 몰려든 대중에게 휩쓸려 갔다. 게르마누스에게 그의 신분과 공로를 감안해 제권을 이으라는 조심스러운 요청이 있었으나 그 자신이 매우 완고하고 진지하게 이에 반대했다. 원로원과 성직자들은 포카스의 요구에 따랐다. 총대주교는 이 제위 찬탈자의 정통 신앙을 확인하자 그를 곧 성 세례 요하네스 교회에서 축성했다. 그 후 사흘째 되는 날 포카스는 생각 없는 민중들의 환호를 받으며 네 마리 백마가 끄는 전차를 타고 공식적으로 입성했다. 군대의 반란은 무절제할 정도의 선물로 보답을 받았다. 새 통치자는 궁전에 들른 뒤 옥좌에 앉아 경기장에서 벌어지는 경기를 관람했다. 양 당파 사이에서 우위를 두고 논쟁이 벌어지자 그는 편파적인 판결을 내려 녹색파의 편을 들었다. 그러자 반대편에서

마우리키우스가 살아 있다는 것을 잊지 마시오.

라는 소리가 들렸다. 청색파의 이 무분별한 외침은 폭군의 잔인성에 경고와 자극을 주어 칼케돈으로 사형 집행인이 파견되었다. 그들은 황제를 성역에서 끌어냈다. 마우리키우스의 다섯 아들은 고통스러워하는 아버지의 눈앞에서 차례차례 살

29 이 관대한 노력에서 코르네유는 자신의 비극인 「헤라클리우스」에 나온 복잡한 실타래를 풀어냈다. 이 작품을 이해하려면 한 번 이상 보아야 하며, 몇 년 뒤에는 작가 자신도 혼란에 빠졌다고 한다.

서기 602년 11월, 마우리키우스와 그의 자녀들의 죽음

해당했다. 가슴 깊이 아프게 느껴지는 일격이 가해질 때마다 그는 힘을 내어 경건하게 소리쳤다.

당신은 정의로우십니다, 주여. 당신의 판단은 정당합니다.

마지막 순간까지도 그는 진리와 정의에 엄격하게 집착해 그의 아들 대신 자기 아들을 살인자 앞에 내놓은 충직한 유모의 거짓말마저도 스스로 폭로하고 말았다.[29] 이 비극적인 장면은 황제의 처형으로 마무리되었다. 재위 20년, 63세 되던 해였다. 아버지와 다섯 아들의 유해는 바다에 던져졌고 수급은 콘스탄티노플에 효수되어 민중의 모욕 또는 연민을 받았다. 포카스는 이 고결한 유해에 부패의 징후가 나타나고 나서야 개인적 매장을 허락했다. 마우리키우스의 결함과 과오는 그 무덤에 수급과 함께 매장되었다. 그의 비운은 후세에도 기억되었는데, 20년 뒤 테오필락투스의 역사 낭독회는 청중들이 이 비참한 이야기에 눈물을 흘리는 바람에 중단되었다.

서기 602~610년, 포카스 황제

그러나 동서 두 제국의 속주에서 평화적으로 승인된 포카스의 치세에 이런 눈물은 몰래 흘려야 했음에 틀림없으며 그에 대한 동정은 범죄로 여겨졌을 것이다. 황제와 그 아내 레온티아의 초상은 라테라노 궁전에 전시되어 로마 성직자와 원로원의 경배를 받고는 역대 황제들이 모셔진 궁전의 콘스탄티누스와 테오도시우스 사이에 진열된다. 신민으로서, 그리스도교도로서 교황 그레고리우스는 확립된 통치 체제에 따를 의무가 있었다. 그러나 이 성인이 암살자의 행운에 기쁘게 환호했다는 사실은 지금도 그의 훌륭한 성품에 지울 수 없는 오점으로 남아 있다. 사도의 후계자는 온화하지만 단호한 어조로 그에게 피비린내 나는 죄에 대해, 회개의 필요에 대해 가르치고 깨닫게 할 수도 있었다. 그러나 그는 그저 민중의 해방과 압제자의 몰락을 축하하는 것으로 만족했다. 그러고는 포카스가 신심과 자비로 하늘의 뜻에 따라 제위에 올랐다며 기뻐하고, 그가 앞으로 모든 적에 강건하게 대비하기를 기원했다. 그리고 그에게 영광이 가득하고 오랜 치세 뒤 지상의 왕국에서 영원의 왕국으로 돌아가기를 기도 또는 예언해 주었다. 지금까지의 혁명의 경과는 그레고리우스의 의견으로는 하늘에도 지상에도 매우 만족스러운 것으로 보였다. 그러나 포카스는 권력의 획득에서나 그 행사에서나 한결같이 가증스러웠던 듯하다. 공평무사한 역사가의 붓은 괴물의 초상을 그리고 있다.30 작고 뒤틀린 체구, 미간이 좁은 덥수룩한 눈썹, 붉은 머리, 수염 없는 턱, 큰 상처로 변색된 뺨. 학문에도 법에도 군사학에도 무지한 그는 최고의 지위를 이용해 호색과 음주에 빠져들었고, 그의 잔인한 쾌락은 신민에게 해를 주거나 자신에게 치욕이 되는 것뿐이었다. 그는 군주의 의무를 다하지 않으면서 군인의 임무마저 저버렸다. 포카스의 치세는 유럽에 치욕스러운 평화를, 아시아에 황폐한 전쟁을 가져왔다. 그의 야만적 기질은 격정으로 불타올랐고 두려움 때문에 무자비해졌으며 반항이나 비난을 받으면 격분했다. 페르시아 궁정으로 도주하던 테오도시우스는 빠른 추격 또는 거짓 전갈 때문에 도중에서 잡히고 말았다. 이 젊은 왕자는 니케아에서 참수되었는데, 그는 마지막 순간에 종교적 위안과 자신의 결백함의 자각으로 위로받았다. 그러나 그의 망령은 찬탈자의 평안을 어지럽혔다. 마우리키우스의 아들이 아직도 살아 있다는 풍문이 동로마 제국 전체에 퍼졌으며,

포카스의 성격

30 포카스의 그림 등은 모두 파괴되었다. 그러나 그의 적들의 악의가 아무리 심했다 해도 초상화나 풍자화 하나 정도는 불길을 피해 갔을 것이다.

사람들은 누군가 원수를 갚는 자가 나타나기를 기대했다. 죽은 황제의 미망인과 딸들의 입장에서는 아무리 사악한 인간이라 해도 원수를 갚을 아들로, 형제로 받아들이려 했을 것이다. 이 불행한 여인들은 황제 일가족의 학살에서31 포카스의 자비, 아니 재량으로 목숨을 부지했고 볼썽사납지 않을 정도의 처우만 받으며 한 민간인의 집에 구속되어 있었다. 그러나 황후 콘스탄티나의 마음은 여전히 아버지와 남편과 아들들을 생각하며 복수를 갈망했다. 깊은 밤 그녀는 성 소피아 성당의 성역으로 도망쳤다. 그러나 그녀의 눈물도, 조력자 게르마누스의 황금도 반란을 일으키기에는 충분하지 못했다. 그녀는 보복 그리고 정의에 대항한 벌로 목숨을 빼앗길 참이었다. 그러나 총대주교가 황제에게서 그녀의 안전에 대한 서약을 받아 내고 이를 맹세하도록 했다. 수도원이 그녀의 감옥으로 정해졌고, 마우리키우스의 미망인은 남편을 암살한 자의 자비를 받아들인 뒤 이를 이용했다. 두 번째 음모의 발각 내지 혐의로 포카스는 자기 서약을 파기했고 다시 격분했다. 사람들의 존경과 연민을 받았고, 황제들의 딸이자 아내이자 어머니였던 이 귀부인은 천하디천한 범죄자처럼 고문당하며 음모 계획과 공범자를 자백하라는 강요를 받았다. 콘스탄티나 황후는 죄 없는 세 딸과 함께 남편과 다섯 아들의 피로 물든 바로 그 땅에서 참수당했다. 이런 사례를 보면 이들보다 신분이 훨씬 낮은 희생자의 이름과 그들이 겪은 고통을 일일이 나열하는 것은 쓸모없는 수고일 것이다. 유죄 판결은 재판의 형식도 갖추지 않고 내려졌고 형벌은 잔혹함의 극치로 더욱 고통스러워졌다. 사람들은 두 눈을 찔리고 뿌리째 혀가 뽑히고 팔다리를 절단당했다. 어떤 이는 채찍에 맞아, 어떤 이는 불에 타서, 또 어떤 이는 화살에 몸을

31 마우리키우스의 일가족은 뒤캉주(Ducange)가 설명하고 있다. 장남 테오도시우스는 겨우 네 살이었을 때 황태자가 되었으며, 그레고리우스의 문안 인사에 항상 아버지와 함께 했다. 그리스도교도인 딸들 아나스타시아와 테옥티스테 사이에 이교도의 이름인 클레오파트라가 있다는 사실이 놀랍다.

포카스의 폭정

꿰뚫려 죽어 갔다. 단순하고 빠른 죽음은 좀처럼 얻기 힘든 자비였다. 로마인들의 쾌락과 자유의 성스러운 보호소 역할을 하던 대경기장은 절단당한 수급과 사지(四肢)로 더럽혀졌다. 포카스의 벗들은 그의 총애도, 자신들의 섬김도 제국 초기의 칼리굴라나 도미티아누스에 버금가는 이 폭군에게서 자신들을 보호해 주지 못한다는 사실을 누구보다 잘 알고 있었다.

포카스의 외동딸은 명예고관인 크리스푸스와 결혼했는데32 경솔하게도 이 신혼부부의 조각상이 대경기장에 황제의 조각상과 나란히 세워져 버렸다. 보통이라면 아버지는 자기가 저지른 죄의 결실을 후손이 이어받기를 바라겠지만, 이 군주는 사람들이 너무 빨리 그런 생각을 하는 데 기분이 상했다. 조각가들의 주제넘은 잘못을 비난한 녹색파의 대표는 즉시 사형 판결을 받았으나 사람들의 간청으로 목숨만은 부지할 수 있었다. 그러나 크리스푸스는 아무리 자기 뜻이 아니라지만 어쩌다 경쟁자가 되어 버린 자신을 저 질투심 많은 찬탈자가 과연 용서할 것인지 당연히 의심하게 되었다. 녹색파는 포카스의 배은망덕함과 자신들에게 주어졌던 특권의 상실로 마음이 돌아서게 되었다. 제국 내 모든 속주에서 반란의 기운이 무르익었다. 한편 아프리카 총독인 헤라클리우스는 콘스탄티노플의 옥좌에 불명예를 안긴 백인대장에 대한 공납과 복종을 2년 이상이나 거부해 왔다. 크리스푸스와 원로원이 보낸 밀사는 이 자주적인 총독에게 조국을 구원하고 통치해 달라고 요청했다. 그러나 그의 야심은 노령으로 열기가 식어 있었다. 대신 그는 이 위험한 사업을 아들 헤라클리우스와 자신의 친구이자 부관인 그레고리우스의 아들 니케타스에게 맡겼다. 아프리카의 병력은 두 젊은 모험가에 의해 무장되었다. 이 두 사람은 헤라클리우스가

*서기 610년 10월,
포카스의 몰락과 죽음*

32 여러 저자들과 그들 작품의 사본을 보면 프리스쿠스라는 이름과 크리스푸스라는 이름 사이에서 어찌나 주저하고 있는지. 이 포카스의 사위를 아바르족에게 다섯 번이나 승리를 거둔 영웅과 같은 사람이라고 생각할 뻔했다.

카르타고에서 콘스탄티노플로 선단을 이끌고 니케타스가 이집트와 아시아를 통해 군대를 이끄는 데 동의하고는 제위는 공훈을 쌓고 성공한 자의 보상이 될 것이라는 점에 합의했다. 그들의 진군에 대한 희미한 소문이 포카스의 귀에 들어왔다. 그러자 그는 충성을 요구하기 위한 인질로 아들 헤라클리우스의 아내와 어머니를 잡아 두었다. 그러나 크리스푸스는 저 멀리서 다가오는 위험을 교묘하게 축소하고 방어를 태만히 하거나 지연시킴으로써 장인을 배신했다. 아프리카 함대가 헬레스폰투스 해협에 마침내 닻을 내렸을 때 폭군은 게으르게 잠을 자고 있었다. 복수를 갈망하던 망명자와 도망자들은 아비두스에서 이들의 깃발 아래 합류했다. 헤라클리우스의 선단은 돛대 높이 신성한 깃발을 달고 당당하게 프로폰티스 해를 항해했다. 포카스는 궁전 창 너머로 다가오는 피할 수 없는 운명을 바라보고 있었다. 녹색파는 황제의 선물과 약속 때문에 상륙 중인 아프리카 군대에 미약하고 무의미한 저항을 시도할까 잠시 고려했지만, 크리스푸스의 시의적절한 변절을 보고 민중도 근위대도 태도를 결정해 버렸다. 결국 폭군은 아무도 없는 궁전에 용감하게 진입한 적의 손에 체포되었다. 그는 왕관과 자의 대신 남루한 옷을 입은 뒤 쇠사슬에 묶인 채 작은 배에 실려 헤라클리우스의 갤리선으로 수송되었다. 헤라클리우스가 그의 치세 중에 저질러진 극악무도한 범죄에 대해 꾸짖자 그는

그대 같으면 더 잘 다스릴 수 있겠소?

라고 마지막으로 절망적인 말을 내뱉었다. 갖가지 모욕과 고문을 당한 뒤 그의 머리는 몸통에서 잘려 나갔다. 토막난 몸은 불길 속에 던져졌고 이 허영심 많은 찬탈자의 조각상과 녹색파

의 깃발도 같은 운명에 처해졌다. 성직자와 원로원과 민중은 헤라클리우스에게 자기 손으로 죄와 치욕을 씻어 낸 제위에 올라 달라고 청했다. 약간의 품위를 갖춘 주저함 끝에 그는 청을 받아들였다. 그의 대관식 뒤에는 아내 에우독시아의 대관식이 치러졌다. 그들의 후손은 네 세대 동안 동로마 제국을 지배하게 된다. 헤라클리우스의 항해는 쉽고 성공적이었지만 니케타스의 더딘 진군은 그들 경쟁의 결말이 이미 난 뒤에야 끝났다. 그러나 그는 군소리 없이 친구의 행운에 따르기로 했으며, 그의 고결한 뜻은 말을 탄 모습의 조각상을 세우고 황제의 딸과 결혼하는 것으로 보답받았다. 크리스푸스의 충성을 믿기는 더 힘들었다. 그는 공로를 인정받아 카파도키아 군대의 지휘권을 얻었지만 오만함 때문에 새 통치자는 이윽고 그의 은혜를 잊게 되었고, 그러한 망은의 구실을 갖게 되었다. 포카스의 사위는 원로원에서 수도원 생활을 받아들이라는 판결을 받았다. 헤라클리우스는 자기 장인을 배신한 인간이 친구에게 충직할 리가 없다는 말로 그러한 판결을 지지했다.

　　포카스는 죽었지만 공화국은 그의 죄로 여전히 고통을 받았다. 그로 인해 공화국의 가장 강한 적이 경건한 대의명분으로 무장했던 것이다. 비잔티움과 페르시아 사이의 우호적이고 평등한 예법에 따라 포카스는 페르시아에 자신의 즉위를 통보했다. 그의 사절 릴리우스는 마우리키우스와 그 아들들의 수급을 가져갔는데, 그는 이 비극적인 광경의 세부 사항까지 웅변적으로 보고하는 데 적임자였다.33 그의 보고가 아무리 허구나 궤변으로 꾸며졌다 해도 호스로우는 이를 보고 혐오감을 느꼈다. 호스로우는 암살자에게서 고개를 돌리고 자칭 사절이라

서기 610~642년,
헤라클리우스의 통치

서기 603년 등,
동로마 제국을
침공한 호스로우

33 『마우리키우스의 생애』는 전직 이집트 장관 테오필락투스 시모카타가 서기 628년경에 지었다. 이 작품을 많이 발췌한 포티우스는 그의 문체에 나타나는 호의와 우화적 상징을 조용히 꾸짖고 있다. 그의 서문은 철학과 역사 간의 대화로 되어 있다.

34 이제 몇 세기에 대해서는 현재의 역사가들은 내버려 두고 수사학의 허식에서 연대기와 요약본의 조잡한 단순함으로 옮겨 가야 한다. 테오파네스와 니케포루스는 정기적이지만 불완전한 페르시아 전쟁사를 보여 주고 있다. 추가적인 사실에 대해서는 나만의 특별한 전거를 참조하고 있다. 조신(朝臣)이었다가 수사가 된 테오파네스는 서기 748년에 태어났다. 니케포루스는 콘스탄티노플의 총대주교로 829년에 사망했으며 테오파네스보다는 나이가 어렸다. 두 사람 모두 성상(聖像)의 대의명분 때문에 고통을 겪었다.

는 자를 투옥하여 찬탈자의 권리를 부인했으며 아버지와도 같은 은인의 원수를 갚겠다고 선언했다. 인간애가 있다면 자각할 것이고, 명예를 안다면 느끼지 않을 수 없는 슬픔과 분노의 감정은 이 경우에 페르시아 왕의 이해관계를 증폭시켰다. 그의 이해는 마기와 지방 태수들의 민족적, 종교적 편견으로 더욱 강화된다. 이들은 자유라는 말로 꾸며진 교묘한 아첨을 통해 대왕이 저 그리스인들에게 보여 주는 은혜와 우정은 지나치다고 감히 비난했다. 그리스인들은 화평도, 동맹도 맺기에 위험한 민족이며 그들의 미신에는 진리도 정의도 없고, 게다가 군주 살해라는 극악무도한 범죄까지 저질렀으니 덕성이라고는 알지 못함이 틀림없다는 것이다. 야심적인 백인대장 하나가 지은 범죄 때문에 그에게 억압당하던 백성들은 전화(戰禍)라는 벌마저 받아야 했다. 그로부터 20년 후에는 페르시아 국민이 그보다 몇 배나 참혹한 참화로 보복을 당했다.34 호스로우를 복위시킨 동로마의 장군은 여전히 동부에서 군을 지휘하고 있었다. 나르세스라는 이름은 아시리아 지역의 어머니들이 우는 아이에게 으름장을 놓거나 달랠 때 사용하는 무서운 울림을 가지고 있었다. 페르시아의 신민들이 군주이자 벗인 호스로우에게 아시아 속주를 해방시키고 점령할 기회는 바로 지금이라고 부추긴 것은 거의 확실하다. 호스로우는 병사들이 가장 두려워하는 로마군이 칼을 빼기도 전에 전쟁은 끝날 것이며, 또 칼을 빼어 든다 해도 이는 자신들의 황제에게 맞서기 위한 것이라며 병사들을 격려했다. 영웅은 찬탈자의 신의를 믿을 수 없었고 찬탈자는 자신에게 영웅을 복종시킬 자격이 없음을 알고 있었다. 나르세스는 지휘권을 박탈당한 뒤 시리아의 히에라폴리스에서 독자적으로 깃발을 올렸으나 거짓 약속에 속아 콘스탄티노플의 저잣거리에서 산 채로 화형당했다. 승리를 이끌어 왔던 그의 군대는 자기들이 유일하게 두려워하고 존경하던 지휘관을 잃고는 야만족의 기병대에게 거듭 패배하고 코끼리에게 짓밟히고 화살로 몸을 관통당했다. 승리자의 판결로 수많은 포로들이 전쟁터에서 참수되었는데 호스로우는 이들 선동적 용병들이 마우리키우스를 죽인 하수인 또는 공범자라며 처단을 정당화할 수 있었을 것이다. 포카스 치세하의 메르딘, 다라, 에데사, 아미다의 요새는 잇달아 페르시아 왕의 포위 공격을 당하고 함락된 뒤 파괴되었다. 그는 유프라테스 강을 건너 히에라폴리스, 칼키스, 베로이아, 즉 알레포 등 시리아의 여러 도시를 점령했고 곧 막강한 군대로 안티오크 성벽마저 포위했다. 이 급속한 승리는 제국의 쇠퇴, 포카스의 무능, 그의 신민들 사이의 민심 이탈을 보여 주었다. 호스로우는 거기에 제국의 합법적 후계자인 마우리키우스의 아들이라며 그의 진영을 찾아온 한 사기꾼으로부터 항복 내지 반란의 구실을 얻었다.35

　헤라클리우스가 동방에서 처음 얻은 정보는36 안티오크의 상실에 관한 것이었다. 그러나 이미 너무 잦은 지진과 약탈을 겪은 이 고대의 도시에서 흘러 나간 재보나 피는 미미한 정도였다. 페르시아 군대는 카파도키아의 수도 카이사레아의 약탈에서도 성공을 거두었고 운도 더 좋아, 옛 전쟁의 경계선이던 국경의 누벽을 넘으며 저항은 별로 받지 않고 전리품은 훨씬 많이 거둬들였다. 다마스쿠스의 쾌적한 골짜기에는 어느 시대에나 수도가 자리 잡았는데 이 도시의 알려지지 않은 지복(至福)은 이제까지는 로마 제국 역사가의 주의에 들어오지 않았다. 그러나 호스로우는 리바누스의 언덕을 내려와 페니키아 연안의 도시들을 침공하기 전에 다마스쿠스라는 낙원에서 군

서기 611년,
시리아를 정복한 호스로우

서기 614년,
팔레스타인을 정복한 호스로우

35 페르시아 역사가들 또한 속아 넘어갔다. 그러나 테오파네스는 호스로우가 사기와 거짓을 저질렀다며 비난한다. 에우티키우스는 암살자들에게서 살아남은 마우리키우스의 아들이 시나이 산에서 수도사로 살다가 죽었다고 믿고 있다.

36 에우티키우스는 제국의 모든 피해가 포카스의 치세에 일어난 것으로 돌리고 있다. 이는 헤라클리우스의 명예를 지켜 주는 실수인데, 그는 헤라클리우스가 콘스탄티노플을 구하기 위해 채소를 실은 선단을 이끌고 카르타고가 아니라 살로니카에서 온 것으로 적고 있다. 동방의 다른 그리스 도교도였던 바르헤브라이우스, 엘마킨, 아불파라기우스는 좀 더 진지하고 정확하다. 페르시아 전쟁 연도는 파기의 연대기에 나와 있다.

대를 쉽게 했다. 누시르반이 구상했던 예루살렘 정복이[37] 그 손자의 열의와 탐욕으로 달성되려 하고 있었다. 마기들은 편협한 정신으로 그리스도교의 가장 자랑스러운 기념물을 파괴할 것을 촉구했다. 그는 이 성전(聖戰)에 2만 6000명의 유대인들을 징집할 수 있었다. 아마도 그들에게 부족한 용맹과 규율은 흉포하고 편협한 신앙으로 어느 정도 보충할 수 있었을 것이다. 갈릴레아와 요르단의 저항 때문에 정벌은 다소 지연되었지만 두 도시는 결국 함락되고, 예루살렘도 맹렬한 공격에 무너졌다. 그리스도의 성묘(聖墓)와 헬레나 황후 및 콘스탄티누스가 세운 웅장한 교회들이 불길에 사라지거나 손상되었다. 300년 된 이 신실한 봉헌물들이 단 하루의 침범으로 강탈당하고 만 것이다. 총대주교 자카리아와 성 십자가는 페르시아로 이송되었다. 9만 명에 이르는 그리스도교도를 학살한 자들은 아마도 페르시아군의 진군에 무질서를 배가시킨 유대인과 아랍인들이었던 것으로 짐작된다. 알렉산드리아로 도망친 팔레스타인 난민들은 수많은 성인 가운데서도 '자선가'라는 이름으로 잘 알려진 요하네스 대주교의 자애에서 위안을 얻었다.[38] 30만 파운드의 재보와 함께 교회 수입은 그 진정한 소유자라고 할 수 있는 빈민들에게 돌아갔다. 그러나 디오클레티아누스 시대부터 안팎의 전쟁을 면해 온 유일한 속주 이집트마저 키루스의 후계자에게 정복당하고 말았다. 이 난공불락 국가의 관문인 펠루시움은 페르시아 기병대의 급습을 받았다. 기병대는 삼각주의 수많은 수로를 무사히 통과하고 멤피스의 피라미드에서 에티오피아 국경까지 나일 강의 긴 골짜기를 더듬어 갔다. 해군이 있었다면 알렉산드리아는 구할 수 있었을지 모르겠으나 대주교와 총독은 키프로스를 향해 떠나 버렸다. 호스로우는 산업과 교역에서 얻은 부의

서기 616년,
이집트를 정복한 호스로우

---

[37] 교회에는 매우 흥미로울 사건인 예루살렘 정복에 대해서는 에우티키우스의 연대기와 수사 안티오쿠스의 애가(哀歌) 참조. 그의 129편의 설교는 현존하고 있다. 아무도 읽지 않는 것에 대해 현존한다고 말할 수 있다면 말이다.

[38] 이 훌륭한 성인의 생애는 동시대의 주교인 레온티우스가 기록하고 있다. 바로니우스와 플뢰리(Fleury)는 이 도움 되는 저작을 충분히 발췌해 놓았다.

잔재를 아직도 보유하고 있는 제국의 제2 도시에 진입했다. 서부의 전승 기념비가 세워진 곳은 카르타고의 성벽이 아니라[39] 트리폴리 인근이었다. 키레네의 그리스 식민지는 결국 절멸하고 말았고 정복자는 알렉산드로스 대왕의 발자취를 더듬으며 리비아 사막의 모래를 뚫고 의기양양하게 귀환했다. 바로 이 정벌에서 또 다른 군대가 유프라테스 강으로부터 트라키아의 보스포루스로 진군했다. 칼케돈은 오랜 포위 공격 끝에 항복했고 이후 페르시아 진영이 콘스탄티노플 바로 앞에 10년 이상이나 계속 주둔하게 되었다. 폰투스 연안, 안키라, 로도스 섬이 대왕의 마지막 정복지로 꼽히고 있다. 만일 호스로우가 해군력을 보유하고 있었다면 그의 무한한 야심은 아마도 유럽 전체를 노예 상태로 만들고 황폐화시켰을 것이다.

서기 616년 등, 소아시아를 정복한 호스로우

[39] 호스로우의 군대를 칼케돈이 아니라 카르타고까지 간 것으로 묘사하고 있는 바로니우스와 많은 다른 역사가들의 실수는 테오파네스 등의 원전에 나온 그리스어 단어 칼케도나(Καλχηδόνα)와 카르크세도나(Καρχηδόνα)가 매우 비슷한 데 기인한다. 필사가나 비평가들도 간혹 이 단어를 혼동하곤 했다.

누시르반의 손자의 영토는 긴 항쟁이 이어진 티그리스와 유프라테스 강둑에서 고대 페르시아 왕국의 경계선이던 헬레스폰투스와 나일 강까지 갑자기 뻗어 나갔다. 그러나 600년간이나 로마 통치의 미덕과 악덕에 길들어 있던 속주들은 마지못해 야만인들이 부여한 굴레를 지지했다. 공화국이라는 이념은 그리스인과 로마인의 제도, 적어도 문헌에 의해 살아남았으며 헤라클리우스의 신민들은 자유와 법이라는 단어를 표명하도록 교육받아 왔다. 그러나 동방의 군주들은 언제나 자신의 전지전능함이라는 칭호와 특성을 드러내는 것, 노예인 백성들에게 그들의 실상과 비참한 처지를 알려 주고 힐책하며 잔인하고 무례한 위협으로 군주의 절대적 명령을 반드시 수행하도록 만드는 것을 긍지이자 정책으로 삼아 왔다. 동로마 제국의 그리스도교도들은 불 숭배와 두 가지 원칙으로 이루어진 불경한 교의 때

호스로우의 통치

문에 분개하고 말았다. 마기들의 편협함은 주교들보다 더하면 더했지 덜하지는 않았으며, 조로아스터교를 버린 몇몇 페르시아 토착민의 순교는[40] 흉포하고 광범위한 박해의 서곡이었다. 유스티니아누스의 억압적인 법에 따라 교회의 적은 국가의 적으로 간주되었다. 유대교도와 네스토리우스파 교도, 야고보파 교도와의 동맹은 호스로우의 성공에 기여했으며 이들 종파에 대한 그의 편파적인 총애는 로마 가톨릭 성직자들의 증오와 공포를 자아냈다. 이들의 공포와 증오를 알아차린 페르시아의 정복자는 새 신민들을 철권으로 다스렸다. 그리고 나라의 안정을 의심이라도 한 듯 어마어마한 공물과 무절제한 약탈을 통해 이들의 재산을 고갈시키고 동로마 제국의 신전들을 약탈하거나 파괴했다. 그는 아시아 여러 도시의 금과 은, 귀중한 대리석, 예술품, 예술가들을 자신이 물려받은 왕국으로 이송했다. 제국이 겪은 참화에 대한 불분명한 묘사에서 호스로우 개인의 모습을 분간하는 것, 그의 행동과 부관들의 행동을 구분하는 것, 또는 영광과 장엄함이라는 보편적인 광휘 속에서 그의 개인적 공훈을 확인하는 것은 쉽지 않은 일이다. 그는 보란 듯이 승리의 결실을 누렸고 전쟁의 고난에서 물러나 궁정의 사치를 즐기는 일도 잦았다. 그러나 24년 동안 그는 미신 또는 원한 때문에 크테시폰의 성문에 다가가지 못했다. 그가 좋아하는 아르테미타 또는 다스타게르드의 거처는 티그리스 강 너머, 수도 북쪽 60마일 지점에 위치해 있었다. 인근 목초지는 양과 소 떼로 뒤덮여 있었다. 이 낙원 내지 공원에는 꿩과 공작, 타조, 노루, 멧돼지 등이 풍부했고 한층 짜릿한 즐거움을 느끼기 위해 금수의 왕인 사자와 호랑이를 사냥에 풀어놓는 일도 간혹 있었다. 대왕이 사용하거나 그 위엄을 더하기 위해 960마리의 코끼리가 사육되었다. 1만 2000마리의 큰 낙타와 8000마리의 작

[40] 성 아나스타시우스의 '진정한 결의'는 제7차 공의회의 결의서로 간행되었으며, 바로니우스와 버틀러(Butler)의 설명은 여기에 근거한다. 이 신성한 순교자는 페르시아 군대를 이탈해 로마 군대로 왔으며 예루살렘에서 수도사가 되었고, 마기의 예배를 모욕했다. 당시 마기의 예배는 팔레스타인의 카이사레아에 막 자리 잡고 있었다.

은 낙타가 천막과 짐을 날랐다.⁴¹ 왕의 마구간은 6000마리의 노새와 말로 채워졌으며 그 가운데 셰브디즈와 바리드라는 이름은 그 빠르기와 아름다움으로 잘 알려져 있었다. 6000명의 호위병이 궁전 문 앞에 교대로 배치되었다. 궁전 안에서는 1만 2000명의 노예가 일하고 있었다. 아시아에서 가장 아름다운 3000명의 처녀 가운데 운 좋은 첩이 왕비 시라의 노령 또는 무관심으로 고통받는 주인을 위로했다. 금, 은, 보석, 비단, 향료 등의 재보가 백 개의 지하 금고에 보관되었다. '바다베르드'라는 방은 헤라클리우스에게서 얻은 전리품을 시리아의 항구 중 하나로 실어 나르는 우연한 바람의 선물이라는 의미를 내포하고 있었다. 전혀 부끄러움 없는 허구일 듯한 아첨의 말에 따르면 3만 개의 화려한 벽걸이가 벽을 장식하고 있었고, 4만 개의 은 또는 대리석 기둥과 도금한 나무가 지붕을 받치고 있었으며, 금으로 만든 공이 돔 한가운데 매달려 행성의 움직임과 12궁의 별자리를 나타내고 있었다고 한다.⁴² 페르시아 왕이 이렇게 자신의 기술과 힘의 경이로움에 대해 생각하는 동안 잘 알려지지 않은 메카의 한 시민이 마호메트를 신의 사도로 인정하라는 서한을 보냈다. 그는 이 권유를 물리치고 서신을 찢어 버렸다. 아라비아의 예언자는 이렇게 소리쳤다.

> 신은 이 왕국을 바로 그렇게 찢어 버릴 것이며 호스로우의 애원을 저버릴 것이오.

위대한 두 제국의 경계에 있던 마호메트는 그들의 파멸이 진전되는 것을 은밀히 기뻐하며 지켜보았고, 페르시아가 승리를 거두는 중에도 승기는 오래지 않아 다시 로마군에게 넘어갈 것이라고 예언했다.⁴³

---

⁴¹ 이 두 종류의 낙타는 등에 혹이 하나 있느냐, 두 개 있느냐에 따라 차이가 났다. 단봉낙타는 혹이 하나 있고 일반적으로 몸집이 더 컸으며 투르케스탄 또는 박트리아 나산이었다. 단봉낙타는 아라비아와 아프리카에 한정되어 있었다.

⁴² 다스타게르드에 대해 그리스인들은 쇠퇴를, 페르시아인들은 장엄함을 묘사하고 있다. 그러나 그리스인들의 경우는 눈으로 신중하게 목격한 바를, 페르시아인들의 경우는 모호하게 귀로 들은 바를 전하고 있는 것이다.

⁴³ 정직하고 박식한 번역자 살레(Sale)는 마호메트의 이 어림짐작, 추측, 내기에 대해 공평하게 기술하고 있다. 그러나 불랭빌리에(Boulainvilliers)는 사악한 의도를 가지고 미래의 사건에 대한 이 명백한 예언을 확증하려 하는데, 그의 생각에는 이것이 그리스도교의 논증법을 뒤엉키게 한다는 것이었다.

서기 610~622년,
헤라클리우스의 고민

처음에는 아마 이만큼 이루어지기 힘든 예언도 없어 보였을 것이다. 헤라클리우스의 치세 첫 12년은 제국의 해체가 다 가오고 있음을 보여 주었기 때문이다. 호스로우의 동기가 명예롭고 순수한 것이었다면 그는 포카스의 죽음과 함께 마땅히 전쟁을 중지하고, 은인 마우리키우스가 당한 모욕을 훌륭하게 갚아 준 상서로운 아프리카인을 최고의 우방으로 받아들여야 했다. 그가 전쟁을 계속했다는 것은 이 야만족의 진정한 성품과 야망을 보여 준 것이다. 헤라클리우스는 페르시아 국왕에게 탄원하는 사절을 보내 무고한 자들의 목숨을 살려 주고 공납을 받아 세계에 평화를 가져다 달라고 청했으나, 사절단은 경멸적인 침묵 또는 오만한 위협으로 거부당했다. 시리아, 이집트, 아시아의 여러 속주는 페르시아군의 무력에 정복되었고 유럽은 이스트리아 국경에서 트라키아 성벽에 이르기까지 이탈리아 전쟁의 유혈과 약탈로는 성이 차지 않은 아바르족에 의해 정복되었다. 그들은 신성한 판노니아 전장에서 남자 포로들을 냉혹하게 학살했다. 여자와 아이들은 노예로 전락했고 귀족 집안의 처녀들까지도 상대를 가리지 않는 야만족들의 정욕에 내던져지고 말았다. 프리울리 성문을 열었던 음탕한 여인 로밀다는 애인인 국왕의 품에서 짧은 하룻밤을 보내고 그 다음 날 저녁에는 열두 명의 야만족 품에 안기라는 선고를 받게 된다. 3일째 되는 날 이 롬바르드족 왕녀는 진영에서 말뚝에 찔리는 형벌을 받게 되었고, 아바르족 왕은 잔인한 미소를 띠며 그녀의 음탕함과 배신에는 그런 남편이 적합한 보상이라고 말했다. 헤라클리우스는 양쪽에서 이렇게 무자비한 적들의 공격을 받고 포위되었다. 동로마 제국은 이제 콘스탄티노플 성벽 안쪽과 그리스, 이탈리아, 아프리카의 몇 지역과 티르에서 트레비존드에 이르는 아시아 해안의 도시 몇 개로 줄어들었다. 이집트를 잃은 뒤 수도는 기아와 전염병으로 고통을 겪고 있었고, 황제는 저항도 구원도 기대할 수 없어 자신의 신병과 수도를 좀 더 안전한 카르타고로 옮길 생각까지 하고 있었다. 황제의 배는 이미 궁전의 재보를 가득 싣고 있었다. 그러나 총대주교가 이 도피를 막았다. 그는 조국 방어를 위해 종교의 힘으로 무장한 채 성 소피아의 제단으로 황제를 끌고 나가 신이 그에게 맡긴 국민과 함께 생사를 같이하리라는 엄숙한 선서를 하도록 했다. 아바르족의 왕은 트라키아 평원에 주둔하고 있었는데, 그는 배신할 생각을 숨기고는 헤라클레아 부근에서 황제와 회담을 청했다. 기병대의 승마 경연이 그들의 화합을 축하했고 원로원과 민중들은 가장 좋은 옷을 입고 평화의 축제에 참가했으며 아바르족은 시기와 탐욕을 느끼며 로마의 화려함을 지켜보았다. 그러다 대경기장은 밤을 타고 은밀히 진군해 온 스키타이족 기병대에게 갑작스레 포위되었고, 아바르족 왕의 엄청난 채찍 소리가 공격 신호를 내렸다. 헤라클리우스는 왕관을 팔에 끼고 달려 발 빠른 말 덕에 아슬아슬하게 목숨을 건졌다. 아바르족의 추적은 몹시 빨라서 도망치는 무리와 거의 동시에 콘스탄티노플의 금문에 진입할 뻔했지만, 이들은 교외의 약탈로 이 배신 행위의 보상을 얻어 내자 27만 명의 포로를 데리고 도나우 강 너머로 물러갔다. 황제는 칼케돈 해안에서는 좀 더 명예를 아는 적장과 안전한 회담을 했다. 페르시아 사령관 사인(Sain)은 헤라클리우스가 갤리선에서 내리기 전에 존경과 동정을 담아 황제의 자의가 갖는 권위에 경의를 표했다. 사절단이 대왕을 알현하도록 해 주겠다는 호의적인 제의는 감사히 받아들여졌고 민정 총독과 수도 총독, 총주교 교회의 최고 성직자 가운

평화를 갈구하는 헤라클리우스

데 하나가 공손하게 용서와 화평을 간구했다. 그러나 호스로우의 부관은 주군의 의도를 치명적으로 오해했다.

짐의 발밑에 끌고 와야 할 것은 사절단이 아니라 사슬에 묶인 헤라클리우스이니라. 짐은 로마의 황제가 십자가에 매달린 신을 버릴 것을 선언하고 태양을 경배하게 되는 그날까지 결코 화평을 허용하지 않을 것이다.

아시아의 폭군은 이렇게 말했고 무자비한 국가 관행에 따라 산 채로 사인의 가죽을 벗겼다. 한편 사절단은 엄중히 감금되었는데 이 또한 여러 민족의 법과 명문화된 협약에 따른 신의를 위반한 행동이었다. 그러나 6년간에 걸친 경험으로 페르시아 국왕은 마침내 콘스탄티노플 점령을 단념하고 동로마 제국에서 금 1000탈렌트, 은 1000탈렌트, 비단옷 1000벌, 말 1000필, 처녀 1000명 등 연간 공납 또는 배상금을 받기로 했다. 헤라클리우스는 이 굴욕적 조건을 받아들였지만 궁핍한 동로마 제국 속주에서 재보를 거둬들이는 데 필요하다며 시간을 벌고 그 시간을 부지런히 활용해 과감하고 필사적인 공격을 준비했다.

서기 621년, 전쟁에 대비하는 헤라클리우스

역사상 유명한 인물의 성격 가운데 헤라클리우스의 성격은 가장 특이하고 모순적이다. 긴 치세의 처음과 마지막 몇 년 간 이 황제는 나태와 쾌락, 미신의 노예 또는 국가 재난의 무기력한 방관자처럼 보인다. 그러나 이 아침저녁의 맥없는 안개 사이에 한낮의 태양 빛이 있었으니, 궁전의 아르카디우스가 진지의 카이사르로 되살아나 로마와 헤라클리우스의 명예는 여섯 번의 대담한 전투에서 얻은 업적과 전리품으로 영광스럽게 되찾을 수 있었다. 그의 무기력과 활동의 원인을 밝히는 것은 비잔티움 역사가들의 의무였다. 그때로부터 멀리 떨어진 우리는 그저 그가 천부적으로 정치적 결단력보다 개인적 용기를 갖추고 있었고, 황후 에우도키아 사후에 근친 결혼한 조카딸 마르티나의 매력 또는 계략에 휘둘렸을 것이며, 황제의 목숨을 함부로 전장에 내놓아서는 안 된다는 원칙을 강조하는 고문관들의 비겁한 조언을 따른 결과라고 상상할 수 있을 뿐이다. 아마도 그는 페르시아 정복자의 마지막 오만방자한 요구에 깨어난 것일지도 모른다. 그러나 헤라클리우스가 영웅의 기개를 취하고 있던 순간, 로마인들은 그저 호스로우의 오만한 번영을 위협하고 가장 비참한 상태로 전락한 자들에게 호기를 가져다줄 운명의 흥망성쇠에 유일한 희망을 걸고 있었다. 황제가 가장 먼저 신경 쓴 부분은 전비(戰費) 조달이었다. 그는 공납 징수를 위해 동부 속주들의 협력을 요청할 수 있었지만 수입은 더 이상 통상적인 경로로 생기지 않았다. 자의적인 군주의 신용이 그의 권력에 의해 사라졌던 것이다. 헤라클리우스의 용기는 그가 교회와 제국에 봉사하기 위해 사용해야만 하는 모든 것에 높은 이자를 붙여 상환하겠다는 엄숙한 맹세를 하고 교회의 신성한 부를 빌릴 때 처음으로 드러났다. 성직자들 역시 민중의 고난에 동정을 느낀 듯하다. 알렉산드리아의 신중한 총대주교는 신성 모독의 전례를 허용하지 않고 기적적으로 또는 시의적절하게 비밀스러운 재보를 발견하여 군주를 도왔다.[44] 포카스와 공모했던 병사들 가운데 단 두 명만이 시대의 변화와 야만족의 공격을 견디고 살아남았다.[45] 헤라클리우스가 새로 징집한 병사들로는 반란을 주도했던 병사들의 상실마저도 벌충하기에 충분하지 않았다. 성역에서 나온 황금은 동서 로마 제국의 여러 민족과 군대, 언어를 같은 진영에 결합시켰다. 그

[44] 바로니우스는 꿀이 아니라 금을 몇 통씩 이렇게 발견 또는 양도한 것에 대해 엄숙하게 기술하고 있다. 그러나 이 대출은 자의적인 것이었으니, 징수한 것은 병사들이었으며 그들은 알렉산드리아의 총대주교에게 금 100파운드만 남겨 두라는 명령을 받았던 것이다. 니케포루스는 200년 뒤 이 기부에 대해 불쾌하게 묘사하고 있으며, 콘스탄티노플 교회는 아직도 그렇게 느끼고 있을지 모른다.

[45] 이 상황에 대해 놀랄 필요는 없다. 군대의 등록 명부는 평화 시에도 20~25년이 되기 전에 갱신된다.

46 그는 자줏빛 반장화를 검은 반장화로 바꿔 신고 그것을 페르시아인들의 피로 붉게 물들였다.

47 피시디아의 게오르기오스가 이 시리아와 킬리키아 성문이라는 요지를 정했다. 1000년 전에 이 성문을 지난 크세노폰이 이들을 격조 높게 묘사하고 있다. 높은 바위와 지중해 사이로 난 3스타디움의 좁은 통로는 육로로는 난공불락이고 해로로 접근할 수 있는 강력한 문으로 양쪽 끝이 막혀 있었다. 이 문은 타르수스에서는 25, 안티오크에서는 8~10파라상 또는 리그 정도 떨어져 있었다.

는 아바르족이 중립을 지켜 주는 것으로 만족했다. 그리고 아바르족의 왕에게 제국의 적이 아니라 보호자 역할을 해 달라는 우호적 요청과 그보다 훨씬 설득력 있는 20만 닢의 금화를 딸려 보냈다. 부활절 축제 이틀 후 황제는 자의를 고해자이자 병사의 평범한 옷으로 갈아입고 46 출전 신호를 내렸다. 헤라클리우스는 민중들의 신의에 자기 자녀들을 맡겼고 가장 적합한 사람의 손에 민사와 군사상의 권한을 맡겼다. 그가 없는 동안 우세한 적의 압박을 받을 경우 총대주교와 원로원이 도시를 구하거나 투항할 권한을 위임받았다.

서기 622년, 페르시아에 맞선 헤라클리우스의 1차 원정

칼케돈 부근의 언덕은 막사와 군대로 뒤덮였다. 그러나 헤라클리우스의 새 군대가 성급하게 공격을 감행했다면 콘스탄티노플 바로 앞에 있던 페르시아군이 승리해 로마 제국은 마지막 날을 맞이했을 것이다. 아시아 속주로 진군한다 해도 수많은 기병대가 그의 호위대를 저지한 채 계속 후방을 지치게 하고 교란시킬 것이 분명했으니, 이 또한 신중하지 못했을 것이다. 그러나 그리스인들은 여전히 바다를 제패하고 있었다. 갤리선, 수송선, 군수물자 보급선으로 이루어진 선단이 항구에 집결했다. 야만족들도 항해에 동의해 그들은 안정된 바람을 타고 헬레스폰투스까지 나아갔다. 소아시아 서부 및 남부 연안이 그들 왼편에 있었다. 황제의 기개는 폭풍우 속에서 처음 드러났으며 수행원들 가운데 환관들까지도 흥분해서 주인의 본보기를 따라 함께 고난을 겪고 일하고자 했다. 그는 해안이 갑자기 남쪽으로 굽어지는 스칸데룬 만의 시리아와 킬리키아 국경에 군대를 상륙시켰다. 이 요지를 선택한 것은 그의 분별력을 보여 준다.47 해안 도시와 산악 지대에 산재한 수비대들이 사방에서 빠르고 안전하게 황제의 깃발 아래 집결할 수 있었다.

킬리키아의 자연 요새는 헤라클리우스의 진영을 보호해 주었는데[48] 진영은 이수스, 즉 예전에 알렉산드로스 대왕이 다리우스의 군대를 격파했던 바로 그 지점에 위치하고 있었다. 황제가 차지한 지역은 아시아, 아르메니아, 시리아 속주에 반달 모양으로 깊이 파고 들어가 있었다. 이 원주 안의 어느 지점에서 공격을 하든 아군의 움직임은 숨기고 적의 공격을 막아 내기는 아주 쉬웠다. 이수스의 진영에서 황제는 고참들의 나태와 무질서를 바로잡고, 신병들에게 군사적 덕목이 무엇이며 그 실천이 어떤 것인지 가르쳤다. 그리스도의 기적의 성상을 보여 주면서 불의 숭배자들이 모독한 신성한 제단을 위해 복수하라고 촉구했다. 그는 그들을 아들과 형제라고 친근하게 부르면서 공화국의 공적·사적 부정을 개탄했다. 이 군주의 신민들은 자신이 자유라는 대의명분 속에서 싸우고 있다고 믿게 되었다. 로마와 페르시아의 이해관계를 무심하게 바라보았을 것이 분명한 외국 용병들까지도 이와 같은 열의에 전염되었다. 헤라클리우스는 직접 백인대장의 기술과 인내력을 가지고 전술을 가르쳤으며, 병사들은 무기 사용법과 전장에서 벌어질 기동 훈련을 받았다. 기병대와 보병대는 무장의 경중에 관계없이 두 개 부대로 나뉘었다. 중앙에 나팔수가 고정되었으며 그들의 신호로 돌격, 후퇴, 추격, 직선 또는 사선 정렬, 밀집 또는 산개 방진(方陣) 등의 명령을 내렸는데 이러한 훈련 과정에서 실제 전투의 작전을 시연해 보였다. 황제는 휘하 군대에 어떤 고된 일을 시키든 자신도 똑같이 엄격하게 같은 일을 수행했다. 군대의 노역, 식사, 취침은 모두 엄격한 규율하에 이루어졌다. 그들은 적을 가볍게 보지 않으며 자신들의 용맹과 지휘관의 지혜에 전폭적인 신뢰를 품는 법을 배웠다. 킬리키아는 곧 페르시아 군대에게 포위되었다. 그러나 페르시아 기병대가 타우루스 산의

[48] 크세노폰의 시대에 번영하던 부유한 도시 이수스는 만 반대편의 알렉산드리아 또는 스칸데룬의 번영에 의해 멸망하고 말았다.

⁴⁹ 포기니는 이들이 아일리아의 군대의 복잡한 나선형 움직임에 속은 것이 아닌가 의심하고 있다. 그는 피시디아의 게오르기오스의 군사적 묘사가 레오 황제의 용병론에 필사되어 있다고 기록하고 있다.

⁵⁰ 테오파네스는 헤라클리우스를 재빨리 아르메니아로 보내고 있다. 니케포루스는 두 번의 원정을 혼동하고 있긴 하지만 라지카의 속주라고 정하고 있다. 에우티키우스는 5000명의 병사를 좀 더 개연성 있게 트레비존드에 주둔한 것으로 본다.

⁵¹ 콘스탄티노플에서 트레비존드까지 바람이 좋은 방향으로 불면 4~5일 걸린다. 여기서 에르제롬까지 5일, 에리반까지 12일, 타우리스까지 10일로, 모두 합치면 32일 걸린다. 아시아의 길에 대해 완벽하게 알고 있던 타베르니에(Tavernier)가 그린 여정은 그런 것이었다. 터키의 군사령관과 함께 여행했던 투른포(Tournefort)는 트레비존드와 에르제롬 사이에서 10~12일을 보냈다.

⁵² 헤라클리우스의 페르시아 원정은 당빌(M. d'Anville)이 세세하게 묘사하고 있다. 그는 간드자카, 테바르마, 다스타게르드 등의 상황을 존경할 만한 노련함과 학식을 가지고 밝히고 있다. 그러나 624회라는 모호한 전투 횟수에 대해서는 조용히 지나치고 있다.

협곡에 들어가기를 주저하는 사이에 헤라클리우스가 전투 대열을 가다듬고 정면으로 돌파하는 척하면서 몰래 후방으로 돌아가는 전개를 펼치자 페르시아 군대는 의표를 찔리고 말았다. 헤라클리우스는 아르메니아를 위협하려는 것처럼 보인 거짓 이동으로 페르시아군의 의사와는 반대로 총력전을 유도했다. 이들은 황제 진영의 교묘한 무질서에 유인당했다. 그러나 이 야만족이 전투를 하기 위해 전진했을 때 지형과 햇빛, 군대의 기대 모두가 상서롭지 못했다. 로마군은 실제 전장에서 자신들이 연습한 전술을 성공적으로 반복했다.⁴⁹ 이날 전투의 결과는 페르시아 군대가 소문처럼 무적이 아니며 영웅은 자의를 입은 자라는 사실을 세상에 보여 주었다. 첫 승리와 명성에 자신을 얻은 헤라클리우스는 과감하게 타우루스 산을 넘고 카파도키아 평원을 지나 진군하여 좀 더 안전하고 윤택한 할리스 강둑의 진지에서 겨울을 날 준비를 했다. 그의 영혼에는 콘스탄티노플을 불완전한 승리로 기쁘게 하려는 허영은 없었다. 그러나 아바르족의 약탈 정신을 누르기 위해서는 황제의 모습을 드러내야 했다.

서기 623, 624, 625년, 헤라클리우스의 2차 원정

스키피오와 한니발의 시대 이래로 헤라클리우스가 제국의 해방을 위해 시도한 것만큼 대담한 모험이 감행된 적은 없었다.⁵⁰ 그는 페르시아 군대가 여러 속주를 억압하고 동로마 제국의 수도를 아무 제재도 받지 않고 약탈하도록 놔두었다. 로마의 황제는 흑해⁵¹와 아르메니아 산맥의 위험한 길을 지나 페르시아의 심장부를 관통해⁵² 결국 페르시아 왕의 군대가 피 흘리는 조국의 방어를 위해 돌아가게 만들었다. 헤라클리우스는 5000명의 정예 병사를 데리고 콘스탄티노플에서 트레비존드로 항해했다. 그리고 폰투스에서 겨울을 나고 있던 군대를

집결시킨 다음 파시스 강어귀에서 카스피 해에 이르는 지역의 신민과 동맹군들에게 콘스탄티누스 대제의 후계자와 함께 십자가의 승전기 아래 행군하자고 독려했다. 루쿨루스와 폼페이우스의 군단이 유프라테스 강을 처음 지날 때 그들은 아르메니아 토착민들에게 손쉽게 승리를 거둔 것에 부끄러워했다. 그러나 오랜 전쟁을 경험하며 온화하던 민족의 몸과 마음은 단련되었고, 그들의 열의와 용맹은 쇠퇴해 가는 제국에 봉사하며 입증되었다. 그들은 사산 왕조의 약탈을 혐오하고 두려워했으며, 박해의 기억으로 그리스도의 적에 대한 신앙심 깊은 증오에 더욱 독기를 불어넣었다. 아르메니아 국경은 이전에 마우리키우스 황제에게 양도되어 아라크세스 강까지 확장되어 있었다.[53] 헤라클리우스는 마르쿠스 안토니우스의 발자취를 따라 예전부터 메디아 속주의 주도였던 타우리스, 일명 간드자카를 향해 갔다.[54] 로마 군대의 진군에 맞서기 위해 4만 명의 병력을 이끌고 호스로우가 먼 원정 길에서 친히 돌아왔다. 그러나 그는 헤라클리우스가 접근하자 평화 또는 전투라는 선택을 회피하고 후퇴했다. 사파비 왕조의 치세에 주민 50만 명이었다는 타우리스에는 이제 3000가구밖에 남아 있지 않았다. 그러나 왕가의 보물의 가치는 키루스에 의해 사르데스 요새로부터 운반된 크로이수스의 전리품이라는 구전에 의해 크게 올라 있었다. 헤라클리우스의 빠른 정벌은 겨울철이라는 계절 때문에 지연되고 있을 뿐이었는데, 신중함 또는 미신 때문에[55] 카스피 해 해안을 따라 알바니아 속주로 후퇴하자는 결정이 내려졌다. 그의 막사는 아마도 동방의 군주들이 가장 선호하는 지역인 모간 평원에 세워졌을 것이다.[56] 성공적인 공격 과정에서 그는 그리스도교 황제의 열의와 보복을 확실히 보여 주었다. 그의 명령에 병사들은 신성한 불을 꺼 버리고 마기의 신전을 파괴했으며 신

[53] 아라크세스 강은 몹시 요란하고 빠르고 맹렬하게 흐르며 눈이 녹으면 거스를 수 없다. 아무리 강하고 두터운 다리도 그 물살에 휩쓸려 버린다. 그리고 그 물살의 분노에 가까운 파괴력은 줄파라는 오래된 도시 부근에 있는 수많은 아치의 잔해가 증명하고 있다.

[54] 샤르댕(Chardin)은 타우리스 또는 테브리스가 유명한 칼리프 하룬 알 라시드의 아내인 조베이데 때문에 건설된 것이라고 한다. 그러나 이 도시는 그보다 더 오래된 것으로 보인다. 간드자카, 가자카, 가자라는 이름은 왕가의 보물을 상징한다. 주민 수 55만 명은 샤르댕이 110만 명이라는 일반적인 추산에서 줄인 것이다.

[55] 그는 복음서를 펼치고 처음 우연히 마주한 문장을 알바니아라는 이름 및 위치로 적용 또는 해석했다.

[56] 키루스와 아라크세스 강 사이에 있는 모간의 황야는 길이가 60파라상, 폭이 20파라상이며 물과 비옥한 목초지가 풍부하다.

격화되었던 호스로우의 조각상은 불길에 던져졌다. 조로아스터의 고향인 테바르마 또는 오르미아의 황폐화는[57] 성묘(聖墓)가 입은 상처를 어느 정도 보상해 주었다. 한편 5만 명의 포로를 풀어 준 행위에서는 보다 순수한 종교 정신을 찾아볼 수 있었다. 헤라클리우스는 그들의 눈물과 감사의 환호로 보답을 받았다. 이 현명한 방책으로 그는 자애롭다는 명성을 드높였고, 페르시아인들 사이에는 자기들 군주의 오만과 완고함에 대한 불만이 퍼져 나갔다.

거듭되는 승전의 영광 속에서 헤라클리우스는 우리와 비잔티움 역사가들의 눈앞에서 거의 사라진다.[58] 광활하고 비옥한 알바니아 평원에서 황제는 히르카니아 산맥을 연이어 따라가다 메디아나 이라크로 내려간 뒤, 승승장구하는 군대를 이끌고 로마 황제들이 한 번도 접근한 적 없는 카스빈과 이스파한이라는 왕도(王都)까지 간 것 같다. 왕국의 위기에 놀란 호스로우의 군대는 즉시 나일 강과 보스포루스에서 소환되었으며, 멀고 적대적인 땅에서 강력한 세 개 부대가 황제의 진영을 에워쌌다. 콜키스의 우방은 황제의 군기를 버릴 준비를 했다. 제아무리 용맹한 고참 병사들도 의기소침한 침묵으로 감추지 않고 두려움을 드러냈다.

적이 많다고 두려워하지 말라.

용맹한 헤라클리우스는 이렇게 말했다.

하늘의 도우심으로 로마인 한 사람이 1000명의 야만족에게 승리를 거둘 수도 있다. 형제들의 구원을 위해 목숨을 바친다면 우리는 순교의 관을 쓰게 될 것이며 하느님과 후손들이 우

[57] 당빌은 스파우토 호 부근에 있는 테바르마와 오르미아가 같은 도시임을 증명했다. 페르시아인들에 따르면 이곳은 조로아스터의 출생지로 공경받고 있다.

[58] 살반, 타란툼, 훈족의 영토 등은 테오파네스의 글에 언급되어 있지 않은 것 같으며, (게다가) 당빌은 그러한 흔적을 찾으려 하지도 않는다. 에우티키우스는 아스파한을 언급하고 있다. 카스빈은 아마도 사포르의 도시임이 거의 확실하다. 이스파한은 타우리스에서 24일 거리에 있는데 카스빈은 바로 그 중간에 있다.

리를 위해 불멸의 보수를 후하게 내려 줄 것이다.

그는 활기찬 행동으로 이 용감한 감정을 뒷받침했다. 헤라클리우스는 페르시아군의 삼중 공격을 물리치고 적장들의 불화를 활용했으며, 잘 조화된 일련의 진군과 후퇴, 성공적 교전으로 마침내 페르시아군을 전쟁터에서 몰아내 메디아와 아시리아의 요새 도시로 후퇴시켰다. 사르바라자는 혹독한 동절기인만큼 자신이 살반의 성벽 안에서 안전할 것이라고 생각했다. 그러나 헤라클리우스는 군대를 나누어 밤의 적막 속에 어렵게 진군해 민첩하게 급습했다. 사르바라자는 용맹하게 방어했지만 로마군의 투창과 횃불 앞에 성 안의 집들의 납작한 지붕은 무력했다. 페르시아 태수들과 귀족들은 처자식과 젊은 병사들과 함께 살해되거나 포로가 되었다. 이곳의 사령관은 급히 도망쳤지만 그의 황금 갑옷은 정복자의 전리품이 되었다. 헤라클리우스의 병사들은 당당히 받을 자격이 있는 재물과 휴식을 얻었다. 봄이 돌아오자 황제는 7일 만에 쿠르디스탄 산맥을 넘었으며 티그리스 강의 급한 물살을 아무런 저항도 받지 않고 건넜다. 전리품과 포로가 너무 많아 부담을 느낀 로마 군대는 아미다 성벽 아래 정지했다. 헤라클리우스는 콘스탄티노플을 포위하고 있던 페르시아 군대가 철수하는 모습을 보고 이미 황제의 안전과 성공을 감지하고 있던 원로원에게 공식적으로 소식을 전했다. 유프라테스 강의 다리는 페르시아군의 손으로 파괴되었지만 황제가 얕은 여울을 발견하자마자 이들은 황급히 킬리키아의 사루스 강으로 후퇴했다.[59] 격렬하게 흐르는 이 강은 폭이 약 300피트였고 다리는 튼튼한 작은 탑들로 방어되었으며 강기슭에는 야만족 군사들이 정렬해 있었다. 저녁까지 계속된 유혈 낭자한 전투 끝에 로마군이 공격의 주도권을 잡았다. 황제

[59] 타르수스에서 10파라상 떨어진 거리에서 키루스 2세의 군대가 사루스를 지나갔는데 그 폭이 3플레트라였다. 폭이 1스타디움인 피라무스는 동쪽으로 5파라상 더 뻗어 있다.

60 피시디아의 게오르기오스는 페르시아군과 맞선 세 번의 전투에서 한결같이 보여 준 용기를 진실되게 칭송하고 있다.

61 페타비우스는 헤라클리우스와 싸우도록 차례로 보낸 페르시아 장군 다섯 명의 이름과 교전을 구분하고 있다.

는 몸집이 엄청난 한 페르시아인을 베어 사루스 강에 던졌으며 적은 당황하여 뿔뿔이 흩어졌다. 헤라클리우스는 카파도키아의 세바스테까지 진군을 계속했다. 3년의 세월이 흐른 뒤 바로 그 흑해 연안 지역에서는 오랜 원정에서 승리를 거두고 돌아오는 그를 환영했다.⁶⁰

~~~~~~~~~~
서기 626년,
페르시아인들과
아바르족으로부터
콘스탄티노플의 구출
~~~~~~~~~~

동로마 제국을 놓고 항쟁하던 두 군주는 국경에서 사소한 접전을 벌이는 대신 상대방의 심장부에 치명적인 타격을 가하고자 했다. 페르시아의 군사력은 20년간의 진군과 전투로 소모되었고, 칼과 풍토의 위험에서 살아남은 고참 병사들 가운데 상당수는 아직도 시리아와 이집트의 요새에 묶여 있었다. 그러나 호스로우의 복수심과 야망이 왕국을 고갈시키고 있었다. 그는 신민과 이방인, 노예 등을 징집해 세 개의 엄청난 주력부대를 만들었다.⁶¹ 5만 병사로 조직된 첫 번째 부대는 황금창(golden spears)이라는 장식과 칭호로 유명했는데, 이들은 헤라클리우스에 대적하라는 임무를 띠고 파병되었다. 두 번째 부대는 헤라클리우스의 형제 테오도루스의 군대가 합류하는 것을 저지하기 위해 배치되었다. 세 번째는 콘스탄티노플의 포위를 통하여 이미 페르시아 국왕과 동맹 및 분할 협정까지 맺고 있던 아바르족 왕의 작전을 뒷받침하기 위한 부대였다. 제3 부대의 사령관 사르바르는 아시아의 여러 속주를 관통해 저 유명한 칼케돈의 진지로 나아갔고, 보스포루스 반대쪽에 우방 스키타이군이 도착하기를 기다리면서 아시아 교외에 있는 교회 또는 일반 건물들을 파괴하고 다녔다. 6월 29일, 아바르족 선발대인 3만 명의 야만족이 장성(長城)을 돌파함으로써 농민, 시민, 병사로 뒤죽박죽인 무리를 수도로 끌어들였다. 원래의 신민과 가신 종족인 게피다이족, 러시아족, 불가리아족, 슬라브족 등으로 이루어진 8만 병력[62]이 아바르족 왕의 깃발 아래 전진했다. 진군과 협상에 한 달이 소요되었다. 그러나 7월 31일에는 콘스탄티노플의 페라와 갈라타 교외로부터 블라케르나이와 일곱 개의 탑까지 도시 전체가 포위되었다. 주민들은 공포를 느끼며 유럽과 아시아 해안의 봉화 신호를 지켜보았다. 한편 콘스탄티노플의 정무관들은 계속해서 돈을 주고 아바르족 왕의 후퇴를 사들이려 했다. 그러나 그들의 대리인은 거절과 모욕을 당했다. 아바르족 왕은 페르시아 사절단이 비단옷을 입고 자기 옆에 앉아 있는 동안 이들 동로마 명예고관들을 왕좌 앞에 세워 두었다. 오만한 야만족 왕은 이렇게 말했다.

> 이제 대왕과 짐의 완벽한 결속의 증거를 알겠소. 대왕의 부관은 짐의 진영에 3000명의 최정예 전사를 보내 주려 하고 있소. 더 이상 불완전하고 부적절한 몸값으로 그대들의 주인을 유혹하려 들지 마시오. 짐이 받아들일 수 있는 선물은 그대들의 부와 도시뿐이오. 그대들이 물러가는 것은 허락해 주겠지만 각자 내의와 웃옷 한 벌만 입고 가시오. 짐이 요청하면 짐의 벗 사르바르는 그대들이 그의 군영을 지나가는 것을 거절하지는 않을 것이오. 포로가 되었든지 도망하고 있을, 여기에는 없는 그대들의 주군은 지금도 콘스탄티노플을 운명에 맡겨 두었소. 그대들이 새처럼 하늘로 날아오르거나 물고기처럼 파도 속으로 뛰어들지 못하는 이상 아바르족과 페르시아인의 군대를 피할 수는 없을 것이오

수도는 열흘 내내 아바르족의 공격을 받았는데 이들의 공격술은 상당히 진보해 있었다. 그들은 꿰뚫을 수 없는 거북 껍데기

---

[62] 이 8만이라는 수는 피시디아의 게오르기오스가 밝히고 있다. 이 시인은 연로한 왕이 헤라클리우스의 치세까지 살았으며, 그의 후계자인 아들은 다른 민족의 어머니에게서 태어났다고 명확히 밝히고 있다. 그러나 포기니는 이 구절에 대해 다른 해석을 하고 있다.

63 『파스칼리스 연대기』는 콘스탄티노플의 포위와 해방에 대해 상세하고 근거 있는 설명을 하고 있다. 테오파네스는 여기에 설명을 덧붙이고 있다. 그리고 이 상서로운 사건을 기념하는 시를 쓴 피시디아의 게오르기오스의 암시에서도 희미한 지식을 얻을 수 있다.

64 코자르의 힘은 7, 8, 9세기에 매우 우세했다. 이들은 그리스인, 아랍인, 그리고 중국인들에게도 코사(Kosa)라는 이름으로 알려져 있었다.

의 엄호를 받으며 성벽 밑을 파서 무너뜨리거나 포격을 퍼붓기 위해 접근했다. 그들의 포는 끊임없이 돌과 창을 퍼부었다. 그리고 나무로 된 열두 개의 높은 탑을 통해 성벽 높이까지 전투병들이 올라왔다. 그러나 원로원과 민중은 일찍이 자신들을 구원해 줄 1만 2000명의 흉갑 기병을 보유하고 있었는데 이들이 헤라클리우스의 기개를 보고 전의를 불태웠다. 콘스탄티노플 방어에서는 화기와 기계의 힘이 교묘하게 성공적으로 사용되었다. 2~3열의 노가 달린 갤리선이 보스포루스를 제압하고 있어 페르시아군은 아군의 패배를 그저 바라볼 수밖에 없었다. 아바르족은 패배했고 슬라브족의 카누 선단은 항구에서 파괴되었다. 가신들이 이탈하겠다고 위협하고 공급이 고갈되자 아바르족의 왕은 화기를 불태운 뒤 전 부대에 서서히 후퇴하라는 명령을 내렸다. 로마인들은 이 구원을 성모 마리아의 가호 덕으로 돌렸다. 그러나 그리스도의 어머니라도 법으로 보호받지는 못했으나 자비를 얻을 권리는 있었던 페르시아 사절들을 무참하게 살해한 사실은 비난했을 것이다.63

헤라클리우스의 동맹과 정복

헤라클리우스는 군대를 나눈 뒤 신중하게 파시스 강둑으로 후퇴해 페르시아의 5만 황금창 부대에 대한 방어전을 펼쳤다. 콘스탄티노플의 승리로 그의 근심거리는 줄어들었고 동생 테오도루스의 승전으로 희망은 확고해졌다. 로마 황제는 유익하고 명예로운 투르크족과의 동맹으로 호스로우와 아바르족의 적대적인 동맹에 맞섰다. 그의 관대한 초대에 코자르의 유목민64은 볼가 강 평원에서 그루지아 산간 지대로 천막을 옮겼다. 헤라클리우스는 이들을 테플리스 인근에서 영접했고, 그리스 역사가들의 말을 믿는다면 칸과 그의 귀족들은 말에서 내려 땅에 엎드린 채 황제의 자의를 경배했다. 이러한 자발적인 충성 서약과 귀중한 원조는 가장 따뜻한 감사를 받을 만했다. 황제는 자신의 왕관을 벗어 투르크 군주의 머리에 씌워 주고 부드럽게 그를 안으며 아들이라 불렀다. 호화로운 연회가 끝나자 그는 지에벨에게 자신이 황실 연회에서 사용했던 접시와 장신구, 금은보석, 비단을 선물하고 새로운 동맹군에게 값비싼 보석과 귀고리 등을 직접 나누어 주었다. 비밀 회담에서 그는 자기 딸 에우도키아[65]의 초상화를 내놓으며 야만족에게 아름다운 황녀 신부를 약속하고 그 자리에서 4만 명의 기병대 원조를 얻었으며, 옥수스 강 쪽으로 투르크족 부대와 강력한 양동작전을 펼칠 것을 협상했다.[66] 이에 페르시아 군대는 황급히 후퇴했다. 헤라클리우스는 에데사 진지에서 로마인과 이방인 7만 명으로 이루어진 군대를 점검했다. 그리고 아직 요새를 완벽하게 복구하지 못한 시리아, 메소포타미아, 아르메니아의 여러 도시를 성공적으로 탈환하는 데 몇 개월이 흘렀다. 사르바르는 여전히 칼케돈의 요지를 확보하고 있었다. 그러나 호스로우의 질투심 또는 헤라클리우스의 책략으로 곧 이 강력한 태수의 마음은 국왕과 조국에 대한 충성에서 멀어졌다. 이 죄지은 또는 불운한 장군의 수급을 지체 없이 옥좌에 대령하라는 내용의, 진위를 알 수 없는 서한을 카다리간, 즉 부(副)지휘관에게 전하러 가던 전령 하나가 붙잡혔다. 이 밀서는 곧 사르바르에게 보내졌다. 그는 자신의 사형선고장을 읽고는 여기에 교묘하게 400명의 장교의 이름을 집어넣고 군사 회의를 소집한 뒤 카다리간에게 저 폭군의 명령을 실행할 준비가 되어 있느냐고 물었다. 페르시아 군사들은 만장일치로 호스로우가 통치권을 상실했다고 선언했고, 콘스탄티노플과 별도의 조약이 체결되었다. 사르바르는 명예 또는 정책적 고려 때문에 헤라클리우스의 진영에 합류하기를 꺼렸지만 황제는 이제 승리와 평화의 계획을

[65] 에피파니아 또는 에우도키아는 헤라클리우스와 그의 첫 아내 에우도키아의 외동딸로 서기 611년 7월 7일 콘스탄티노플에서 태어났고, 8월 15일에 세례를 받았으며, 같은 해 10월 4일에 황녀로 책봉되었다. 당시 그녀는 15세였다. 에우도키아는 후에 이 투르크족 남편에게 보내졌으나 그의 사망 소식에 여정은 중지되고 결혼식도 취소되었다.

[66] 엘마킨은 흥미롭고 개연성 있는 몇 가지 사실을 제시하고 있다. 그러나 그가 제시하는 수는 너무 많다. 에데사에 30만 명의 로마군이 집결하고, 50만 명의 페르시아군이 니네베에서 죽었다는 것이다. 자릿수 하나를 줄여도 그를 제정신으로 볼 수 없을 정도다.

67 크테시아스는 니네베의 둘레가 480스타디움(아마도 32마일 정도밖에 안 될 것이다.)이라고 한다. 요나스는 3일 거리라고 하고 있다.

거침없이 실행할 수 있다는 확신을 얻었다.

서기 627년,
헤라클리우스의 3차 원정

호스로우는 가장 확고한 지지자를 빼앗기자 신민의 충성에 의심을 품었지만 파멸하면서도 여전히 위대함을 보여 주었다. 헤라클리우스의 침략에 대비해 메디아와 아시리아를 뒤덮은 병사와 무기, 말과 코끼리를 설명하는 50만이라는 숫자는 아마도 동양적 비유로 해석해야 할 것이다. 그러나 로마군은 용감하게 아라크세스 강을 지나 티그리스 강으로 행군했고, 라자테스는 소심에 가까운 신중함 때문에 황폐한 국가를 억지로 통과하는 데 만족하다가 마침내는 일전으로 페르시아의 운명을 결정지으라는 엄명을 받았다. 티그리스 강 동쪽으로 모술의 다리 끝에는 옛날의 저 위대한 니네베가 서 있었지만[67] 이 도시와 그 폐허마저도 사라진 지 오래였다. 빈 공간 덕택에 두 군대가 작전을 수행할 넓은 벌판이 생겼다. 그러나 비잔티움의 역사가들은 이 회전을 과소평가하고, 서사시나 로맨스의 작가들처럼 군사적 행동이 아니라 자신들이 좋아하는 영웅의 개인적 용맹으로 승리의 영광을 돌리고 있다. 이 기념할 만한 날,

12월,
헤라클리우스의 승리

애마 팔라스에 올라탄 헤라클리우스는 가장 용감한 전사들을 능가했다. 황제는 창에 입술을 찔렸고 준마는 허벅지에 상처를 입었지만 삼중의 방진을 뚫고 승리를 거둔 주인을 안전하게 싣고 돌아왔다. 치열한 접전 중 세 명의 용맹한 적장들이 황제의 검과 창에 차례로 죽어 갔다. 그 가운데에는 라자테스도 있었는데 그의 수급은 의기소침한 페르시아 군대에 슬픔과 절망을 퍼뜨렸다. 묵직한 순금으로 된 그의 갑옷과 120개의 판으로 이루어진 방패, 검과 허리띠, 안장과 흉갑이 헤라클리우스의 승리를 장식했다. 그리스도와 그 어머니에 대한 신실한

믿음만 아니었더라면 로마의 승리자는 아마도 이 네 번째 최상의 전리품을 카피톨리누스의 유피테르에 바쳤을지도 모른다.[68] 새벽부터 11시까지 맹렬하게 계속된 니네베 전투에서 페르시아 군대는 부러지거나 찢어진 것을 제외하고 스물여덟 개의 군기를 빼앗겼다. 페르시아 군대의 대부분은 뿔뿔이 흩어져 있었고, 승자는 자신들의 손실을 숨기면서 전장에서 그날 밤을 보냈다. 그들은 이번 경우에는 호스로우의 병사들을 패주하도록 놔두는 것보다 죽이는 편이 더 수월하다는 것을 인정했다. 동료들의 시신 속에서, 적으로부터 두 화살거리도 안 되는 지점에서 페르시아 기병대의 잔병들이 밤 7시까지 완강하게 버티고 있었다. 8시경 그들은 아직 약탈되지 않은 진영으로 후퇴해 짐을 가지고는 사방으로 흩어졌다. 결의가 부족해서가 아니라 명령이 없었기 때문이었다. 헤라클리우스의 근면함은 승리를 활용하는 면에서도 칭찬받을 만했다. 24시간 동안 48마일을 진군한 선봉 부대는 자브 강의 다리들을 점거했다. 아시리아의 여러 도시가 처음으로 로마군에게 문을 열었다. 그들은 점차 장대한 광경을 이루면서 왕좌가 있는 다스타게르드를 통과했다. 비록 대부분의 보물은 옮겨져 상당 부분이 없어졌지만 남아 있는 부만 해도 그들의 기대를 웃도는 것이었고 탐욕을 충족시켜 주었던 듯하다. 쉽게 옮길 수 없는 것은 불에 태워 버렸다. 이로써 호스로우는 자신이 제국의 속주에 자주 주었던 상처의 고통을 느꼈을 것이다. 이러한 약탈이 왕가의 부에만 한정되고 민족적 증오, 군사적 방종, 종교적 열의가 죄 없는 백성들의 거주지와 사원에까지 미치지 않았더라면 이 행동은 정의라고 변명할 수 있었을 것이다. 헤라클리우스의 군대가 이룩한 보다 순수한 영광은 300개의 로마 군기를 되찾고 에데사와 알렉산드리아에서 잡혀간 수많은 포로를 구한 데서 찾을 수

[68] 최상의 전리품을 적군의 왕 또는 장군을 죽인 일개 병사에게까지 주었다는 글자 그대로의 해석을 바로가 정당화할 수 있었다면, 그 영예는 아마도 훨씬 값싸고 일반적인 것이 되었을 것이다.

69 헤라클리우스의 이 마지막 원정을 묘사하는 데서 테오파네스가 기록한 사실, 장소, 날짜 등이 그렇게 정확하고 믿을 만한 것을 보면 그는 황제의 편지 원본을 모사한 것임에 틀림없다.

있다. 그는 다스타게르드의 궁전에서 모디안 또는 크테시폰으로부터 몇 마일 더 떨어진 곳까지 진군하다가 도강(渡江)의 곤란, 혹독한 계절, 그리고 아마도 난공불락의 수도라는 명성 때문에 아르바 강둑에 멈췄다. 황제의 귀환은 현재 셰르조우르라는 도시의 이름에 흔적이 남아 있다. 그는 운 좋게도 34일이나 계속된 눈이 오기 전에 자라 산을 통과했다. 간드자카, 일명 타우리스의 시민들은 그의 병사와 말들을 환대하지 않으면 안 되었다.69

서기 627년 12월,
호스로우의 도주

호스로우의 야심이 물려받은 왕국의 방어로 후퇴하면서 그는 영광에 대한 애착과 수치심 때문에라도 전쟁터에서 적을 만나야 했다. 그랬더라면 니네베의 전투에서 그의 용기가 페르시아군에게 승리를 가져다주었을지도 모른다. 또는 그가 로마 황제의 창에 명예롭게 찔려 죽었을 수도 있다. 그러나 키루스 왕의 후예는 안전하게 멀리 떨어진 곳에서 결과를 기다리다가 패배의 잔해를 모아 헤라클리우스의 진군에 잘 맞춰진 발걸음으로 후퇴하더니, 마침내 한숨을 쉬며 자신이 한때 사랑한 다스타게르드의 궁전을 바라보았다. 그의 벗과 적 모두 호스로우가 이 도시와 궁전의 폐허 아래 뼈를 묻으리라고 생각했다. 아마도 벗이나 적 모두가 그의 도주를 혐오할 것이므로 이 아시아의 군주는 로마군이 도착하기 9일 전 아내 시라와 세 명의 첩만을 데리고 성벽에 난 구멍을 통해 도망쳤다. 엎드려 절하는 군중 앞에 그가 몸을 드러내던 느릿하고 웅장한 행렬은 이제 빠르고 비밀스러운 여정으로 바뀌어 있었다. 첫째 날 저녁, 그는 대왕이 방문할 일이라고는 전혀 없었을 한 농부의 오두막에 머물렀다. 두려움이 그의 미신적 습관을 억눌렀다. 셋째 날, 그는 기뻐하며 크테시폰 요새에 진입했다. 그러나 티그리스 강물을 이용해 로마군의 추격을 뿌리칠 때까지 그는 계속 자신의 안전을 걱정했다. 왕의 도주를 깨닫고 다스타게르드의 궁정과 도시, 군대는 공포와 소요로 흔들렸다. 태수들은 자신들의 군주를 두려워해야 할지, 적을 두려워해야 할지 결정할 수 없었다. 하렘의 여인들은 남자들을 구경하면서 놀라고 즐거워했는데 이 후궁 3000명의 질투심 많은 남편들은 그들을 멀리 있는 성에 가두었다. 왕의 명령에 다스타게르드의 군대는 새로운 진지로 퇴각했고 전방을 아르바 강과 200마리의 코끼리 부대의 전열로 엄호했다. 멀리 떨어진 속주의 군대가 잇달아 도착했다. 가장 미천한 가신과 태수들까지도 왕좌의 마지막 방어를 위해 소집되었다. 호스로우는 아직도 적절한 화평을 얻을 기회가 있었고, 헤라클리우스의 전령들은 계속해서 더 이상 신민의 피를 흘리지 말고, 아시아에서 가장 아름다운 나라를 불과 검을 들고 통과해야 하는 고통스러운 임무에서 자애로운 정복자를 해방시켜 달라고 촉구했다. 그러나 페르시아 왕의 긍지는 아직 자신의 운명만큼 추락하지는 않았다. 그는 황제의 퇴각에서 일순간의 자신을 얻었다. 그는 아시리아 궁전의 잔해를 보고 무기력한 분노를 느끼고 흐느꼈으며, 한 노인의 완고함 때문에 자기들 목숨과 재산이 희생되고 있다고 푸념하는 온 나라의 불평을 무시했다. 이 불행한 노인은 몸과 마음에 극심한 고통을 느끼고 있었다. 임박한 죽음을 의식하고 그는 아들 중 가장 총애하는 메르다자의 머리에 왕관을 씌워 주기로 결심한다. 그러나 호스로우의 의지는 더 이상 존중되지 않았고 어머니 시라의 지위와 가치를 자랑하던 시로에스는 불평분자들과 공모하여 장자 상속권을 주장하며 선수를 치고자 했다. 애국자라 자칭하는 스물두 명의 태수들이 새로운 치세의 부와 명예라는 유혹에 이끌렸다. 호스로우의 상속자는 병사들에게는 급여

70 이 사산 왕조의 마지막 시기에 대한 동방 최고의 기록은 에우티키우스의 글에서 찾아볼 수 있다. 그는 시로에스의 부친 살해를 모른 척하고 있다.

인상을, 그리스도교도들에게는 종교의 자유를, 포로들에게는 자유와 보상을, 그리고 국민에게는 즉각적 화평과 감세를 약속했다. 공모자들은 시로에스가 왕가의 인장을 가지고 군영에 나타나야 한다고 결정했다. 만일 이 기도가 실패하면 그들은 동로마 황제의 궁정으로 도주한다는 계획이었다. 그러나 새로운 군주는 만장일치로 환호를 받았다. 호스로우의 도주(어디로 도망갈 수 있었겠는가?)는 거칠게 저지되었고 열여덟 명의 아들이 아버지 앞에서 학살되었으며 그는 지하 감옥에 감금된 지 5일 만에 죽고 말았다. 그리스인들과 지금의 페르시아인들은 호스로우가 제 아비보다도 무자비한 아들에게 어떤 식으로 모욕과 굶주림과 고문을 당했는지 상세하게 기록하고 있다. 그러나 그가 죽어 가는 순간에 감히 어떤 입이 이 아버지 살해의 이야기를 할 수 있었을까? 감히 어떤 눈이 이 어둠의 탑을 꿰뚫어 볼 수 있었을까? 그의 적인 그리스도교도의 신앙과 자비에 따르면 시로에스는 솟아날 희망이 없는 훨씬 깊은 곳으로 떨어졌다고 한다. 시대와 당파의 구별 없이 폭군은 그러한 지옥에 사는 것이 가장 옳다는 점은 부정할 수 없다. 사산 왕조의 영광은 호스로우의 목숨과 함께 끝장이 났다. 천륜을 거스른 그의 아들은 자기 죄의 과실(果實)을 단 8개월 누렸을 뿐이다. 그후 4년 동안 아홉 명의 후보가 검과 단검을 들고 나와 이 피폐해진 왕국의 잔해에 대한 지배권을 주장하며 왕을 참칭했다. 페르시아의 모든 속주와 도시는 독립과 불화, 유혈의 현장이었으며 무정부 상태는 8년간 더 지속되다가 각 당파는 마침내 아라비아 칼리프의 지배를 받게 되었다.70

서기 628년 2월, 폐위된 호스로우

2월, 자신의 아들 시로에스에게 살해된 호스로우

산맥을 넘을 수 있게 되자마자 황제는 음모의 성공, 호스로우의 죽음, 그리고 장자의 페르시아 왕 즉위라는 반가운 소식을 들었다. 혁명의 주모자들은 타우리스 궁정 또는 진영에서 자신들의 공훈을 드러내고 싶은 나머지, 주군 시로에스가 그의 형제인 로마 황제에게 보내는 서한을 가지고 파견된 사절단을 앞질러 갔다. 그는 어느 시대에나 찬탈자들이 쓰는 말을 사용해 자신의 죄를 신의 뜻으로 돌리고, 자기의 동등한 위엄을 손상시킴 없이 놋쇠나 철보다도 영속적인 평화와 동맹의 조약을 통해 양국 간의 오랜 불화를 해소하고 싶다고 밝혔다. 이 조약의 조건은 쉽게 정해지고 충실하게 실행되었다. 페르시아군의 손에 떨어진 군기와 포로들을 되찾으면서 황제는 아우구스투스의 선례를 따랐다. 국가적 위엄에 대한 그들의 배려는 당대의 시인에 의해 칭송받았다. 그러나 호라티우스와 피시디아의 게오르기오스 사이의 차이를 보며 천재성은 쇠퇴했음을 가늠할 수 있다. 헤라클리우스의 신민과 동포들은 박해와 예속, 유형에서 구제되었다. 콘스탄티누스 대제의 후계자가 끈덕지게 요구하여 로마의 독수리(군기) 대신 진짜 성 십자가를 되찾을 수 있었다. 승리자는 제국의 약점을 더 이상 확대시키고 싶지 않았다. 호스로우의 아들은 전혀 아쉬워하지 않고 부친의 정복 의지를 포기했으며 시리아와 이집트의 여러 도시에서 철수한 페르시아군은 명예롭게 국경으로 이동했다. 이리하여 양 제국의 국력을 탕진시킨 이 전쟁은 외관상으로는 아무런 변화도 낳지 않았다. 헤라클리우스가 타우리스에서 콘스탄티노플로 돌아온 것은 개선의 연속이었다. 여섯 차례에 걸친 원정에서 빛나는 성공을 이룬 후에야 그는 평화로운 안식을 취할 수 있었다. 오랫동안 기다린 끝에 원로원과 성직자, 민중은 눈물과 박수갈채로, 올리브 나뭇가지와 수많은 등불을 들고 이 영웅을

서기 628년 3월 등, 동로마 제국과 페르시아의 평화 조약

71 상자의 인장은 전혀 파괴되지 않았다. 그리고 십자가의 이러한 보존은 (신의 가호로 인한) 시라 왕비의 신앙 덕택이라고 생각된다.

72 다니엘, 티모테우스 등의 보다 낮은 비교는 무시했다. 호스로우와 아바르족의 왕은 당연히 벨사자르, 파라오, 태초의 뱀 등에 비유되었다.

73 수이다스가 이런 숫자를 제시하고 있다. 그러나 이 페르시아인이 이사우리아 전쟁의 숫자를 읽었거나, 이 구절이 헤라클리우스 황제에 속하는 것은 아닐 것이다.

맞이했다. 그는 네 마리의 코끼리가 끄는 전차를 타고 수도에 입성했다. 황제는 국가적 환희의 소란에서 벗어나자마자 어머니와 아들의 포옹을 받고 훨씬 참된 만족을 느꼈다.

다음 해에는 매우 다른 종류의, 성 십자가를 성묘에 반환하는 개선 행사가 있었다. 헤라클리우스는 직접 예루살렘으로 순례를 떠났는데 이 유물이 바로 성 십자가 맞다는 사실은 신중한 총대주교가 확인했으며,71 이 존귀한 의식은 매년 십자가를 찬미하는 축제로 기념하고 있다. 황제는 축성받은 땅을 밟기 전에 속세의 허식과 허영을 상징하는 왕관과 자의를 벗으라는 지시를 받았다. 그러나 그의 성직자들의 판단으로는 유대교도들에 대한 박해는 복음서의 교리에 훨씬 잘 맞는 일이었다. 황제는 다시 한 번 옥좌에 올라 프랑스와 인도 사절단의 축하를 받았다. 대중에게는 모세, 알렉산드로스, 헤라클레스72의 명성조차도 위대한 헤라클리우스의 뛰어난 업적과 영광에 비하면 빛이 바래는 것으로 보였다. 그러나 동로마 제국의 구원자는 불완전하고 취약했다. 페르시아에서 얻은 전리품 대부분은 전쟁에서 소비되거나 병사들에게 분배되었거나 운 나쁘게도 태풍 탓에 흑해의 파도 속으로 묻혀 버렸다. 황제는 양심 때문에 성직자들 자신의 방어를 위해서 빌린 것이기도 한 재물을 돌려주어야 한다는 채무감에 시달렸다. 무자비한 채무자들을 만족시키려면 끝없는 자금이 필요했다. 이미 페르시아인들의 무력과 탐욕으로 황폐해진 제국의 속주들은 똑같은 세금을 두 번 내야 했다. 다마스쿠스의 회계원인 한 시민은 체납액을 금화 10만 닢의 벌금으로 갚아야 했다. 검 앞에 쓰러진 20만 병사의 손실73은 이 기나긴 파괴적 전쟁으로 인한 기술과 농경의 쇠퇴, 인구의 감소만큼 치명적이지는 않았다. 비록 군대는 헤라클리우스의 군기 아래 승리를 거두었지만 이 부자연스러운 노고로 그들의 힘은 발휘된 것이 아니라 소진되었다. 황제가 콘스탄티노플이나 예루살렘에서 개선식을 거행하고 있을 때에도 사라센족은 시리아 국경의 잘 알려지지 않은 마을을 약탈하고 있었으며 마을을 구하러 간 부대를 오히려 산산조각 내놓았다. 이는 강력한 혁명의 전주곡만 아니었다면 그저 일상적이고 사소한 사건이었을 것이다. 그러나 이 강도떼는 다름 아닌 마호메트의 신도들이었다. 그들의 광신적 용맹은 사막에서 발원했다. 헤라클리우스 황제는 치세의 마지막 8년 동안 자신이 페르시아인들로부터 구해 낸 바로 그 영토를 아랍인들에게 잃고 말았다.

47

THE DECLINE AND FALL
OF THE ROMAN EMPIRE

성육신 교리의 신학사 · 그리스도의 인성과 신성 · 알렉산드리아와 콘스탄티노플 총대주교들의 대립 · 성 키릴루스와 네스토리우스 · 제3차 에페수스 공의회 · 에우티케스의 이단 · 제4차 칼케돈 공의회 · 민정과 교권의 불화 · 유스티니아누스의 편협함 · 3장 논쟁 · 단의론 논쟁 · 동방 종파의 상황 · 1. 네스토리우스파 · 2. 야고보파 · 3. 마론파 · 4. 아르메니아파 · 5. 콥트파

이교 신앙이 소멸된 후 그리스도교도들은 평온하고 경건하게 자신들이 단독으로 거둔 승리를 누려도 좋았을 것이다. 그러나 그들의 가슴속에는 불화의 원리가 있었으니 그들은 창시자의 법을 실천하는 대신 그의 본성을 규명하는 데 더 열을 올렸다. 앞서 언급했듯이 삼위일체 논쟁에 이어 성육신(成肉身) 논쟁이 일어났다. 이 논쟁이 교회에 불명예스럽기나 국가에 유해하기는 전과 같았고, 그 기원은 더 복잡했으며 후세에 끼친 영향은 훨씬 지속적이었다. 이 장에서는 250년간의 종교전쟁을 요약하고, 동방 여러 종파의 교권과 정치 분리를 논하고, 원시교회의 교의를 신중하게 검토하며 그들의 떠들썩하고 피비린내 나는 분쟁을 소개하려 한다.1

그리스도의 성육신

1. 초기 그리스도교 개종자들이 명예에 대해 품었던 칭찬할 만한 경의 때문에 에비온파, 적어도 나사렛파의 경우 모세

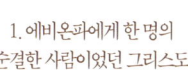
1. 에비온파에게 한 명의 순결한 사람이었던 그리스도

1 이전의 탐구를 압축하고 한정시키려 애썼지만 과연 어떤 방법으로 증명할 수 있을까? 만일 매사실 또는 성찰을 그 고유의 특별한 증거로 뒷받침하려 한다면 한 줄마다 수없이 많은 선서를 해야 할 것이며 주석 하나가 비평 논문 길이가 될 것이다. 그러나 내가 직접 본 고대의 수많은 글들은 페타비우스(Petavius)와 르 클라크(Le Clerc), 보소브르(M. de Beausobre)와 모스하임(Mosheim)이 편찬, 주해, 예시해 놓았다. 이 존경하는 안내자들의 이름과 인품으로 이 장의 이야기를 강화하도록 할 것이다. 매우 세세하거나 먼 옛날의 대상에 대해서는 이 강력한 거울의 도움을 빌렸음을 부끄럼 없이 밝힌다. 1) 페타비우스의『신

학교의』는 엄청난 노작이며 방대한 범위를 다루고 있다. 성육신에 관해서만 다루는 책은 열여섯 편으로 나뉘어 있다. 첫 번째는 역사를 다루고 나머지 편에서는 논쟁과 교의를 다루고 있다. 이 예수회 수도사의 학식은 엄청나며 정확하다. 그의 라틴어 사용은 순수하고, 방법은 정연하며, 논쟁은 심오하고 긴밀하게 짜여 있다. 그러나 그는 가톨릭의 대의명분에 불리한 경우에 한해서는 언제나 선조들의 노예, 이단에 대한 채찍, 진실과 솔직함의 적이 되고 있다. 2) 아르미니우스 신자인 르 클라크. 4절판 책으로 처음 2세기 동안의 교회사를 다루었으며 기질이나 입장에서 모두 자유로웠다. 그의 감각은 명철했으나 사고는 협소했다. 시대의 이성 또는 어리석음을 자기 개인의 판단으로 낮추었으며, 교부들에 대한 반대 때문에 공평무사함이 활기를 띠거나 얼룩지는 일이 있었다. 날짜별 이단에 대한 내용을 참조. 3) 보소브르의 『마니교 비평사』는 고대 철학과 신학에 대한 보물이다. 이 박식한 역사가는 대적할 수 없는 기술로 체계적으로 견해의 실을 자아내며 스스로가 차례로 성인, 현자, 이단으로 변모한다. 그러나 그의 세련됨은 지나친 경우가 간혹 있다. 그리고 약자 쪽에 가깝게 편파적인 경우가 있다. 또한 비방을 경계하고 있지만 미신과 광신에 대해서는 충분히

의 율법을 완고하게 지킨 것이 유일한 특징이라는 믿음, 희망, 또는 소망이 묵인되어 왔다. 그들의 교회는 사라졌고 경전은 소실되었다. 알려지지 않은 자유가 그들에게 폭넓은 신앙을 허용했을 것이며, 갓 태어난 교의는 300년간의 열의 또는 신중함 덕택에 다양한 형태를 갖추게 되었을 것이다. 그러나 아무리 호의적인 비판에서도 이들 종파의 신도들이 그리스도 고유의 순수한 신성을 알고 있었다고 생각해서는 안 된다. 유대교의 예언과 선입관 속에서 교육받은 그들에게 인간적이고 현세적인 메시아 이상의 것을 희망하라는 가르침은 주어지지 않았다. 그들에게 평민의 옷을 입고 나타난 왕을 환호하며 맞이할 용기가 있었다고 해도, 그 조잡한 이해력으로는 살아 있는 한 인간의 이름과 모습 아래에 자신의 신성한 역할을 열심히 감추고 있던 신을 분간해 낼 수는 없었다.² 나사렛 예수의 동료들 또한 신적인 존재가 아니라 인간의 합리적·동물적 삶에서 자신들과 같은 부류로 보이는 친구, 동향 사람으로서 대화를 주고받았다. 그는 아기에서 소년, 청년, 어른이 되는 과정에서도 키가 자라고 지능이 발달함에 있어 보통 사람들의 일반적인 성장 과정을 보여 주었다. 정신적·육체적 고통 끝에 십자가에서 죽어 가는 과정 또한 범인(凡人)과 다를 바 없었다. 그가 인류를 위해 태어나고 죽었다면 소크라테스의 삶과 죽음 또한 종교와 정의라는 대의를 위해 바쳐졌다 할 수 있을 것이다. 스토아학파나 영웅들은 예수의 겸허한 덕목을 경시할지 몰라도 그가 동료와 조국을 위해 흘린 눈물은 그의 인간성을 대변하는 가장 순수한 증거로 볼 수 있다. 변하지 않는 신념을 가지고 모세의 율법이 자아내는 훨씬 장대한 경이를 주장해 온 사람들이 복음서의 기적에 놀랄 리가 없었다. 고대 예언자들은 쉽사리 사람들의 병을 고쳤고, 죽은 사람을 살려 내고 바닷물을 가르고,

태양의 움직임을 멈추고 불 마차를 타고 하늘로 올랐다. 게다가 히브리어의 비유적 문체는 성인과 순교자에게 신의 아들이라는 호칭을 부여했다.

그러나 나사렛파와 에비온파의 불충분한 교의 가운데에서도 그리스도의 탄생이 자연 공통의 질서와 전혀 다르지 않다고 생각한 이단자들과 그 어머니의 처녀성을 숭앙하고 지상의 아버지의 도움을 배제한 분리론자들 간에 약간의 차이는 느낄 수 있다. 이단의 불신은 출생 당시의 상황, 부모로 알려진 요셉과 마리아의 법적 혼인, 다윗 왕국과 유대의 유산에 대한 직계 후손으로서의 요구 등으로 뒷받침되었다. 그러나 성 마태가 이 은밀하고 권위 있는 역사를 복음서 몇 권에 기록했으며,[3] 이 종파의 신자들은 그 내용을 신앙의 유일한 증거로 삼고 히브리어 원전을 오랫동안 보존해 왔다.[4] 자기 순결을 알고 있는 남편은 당연히 의심을 품었지만 그 의심은 아내가 성령으로 수태했다는 (꿈속의) 언질을 받고 걷혔다. 이 머나먼 과거에 한 가정 내에서 일어난 경이를 역사가 개인이 관찰할 수는 없었을 것이다. 역사가는 아마도 예전에 이사야에게 미래의 원죄 없는 잉태에 대해 말해 준 바로 그 목소리를 들었음에 틀림없다. 성령의 신성한 작용으로 태어난 처녀의 아들은 심신의 모든 속성에서 다른 아담의 자손에 비해 전례 없이, 견줄 수 없이 뛰어난 피조물이었다. 그리스와 칼데아 철학이 도입된 이후 유대교도[5]들은 영혼의 선재(先在), 윤회, 불멸을 신봉하게 되었다. 신의 섭리는 인간 영혼이 전생에 얻은 오점을 속죄하기 위해 지상의 감옥에 갇혀 있다는 가정으로 정당화된다.[6] 그러나 신성함과 타락의 정도는 거의 측정 불가능하다. 아마도 마리아와 성령의 자손에게 가장 숭고하고 고결한 인간 정신이 불어넣어

그리스도의 탄생과 거양(擧揚)

다루고 있지 않다. 독자는 엄청난 분량의 목차를 바탕으로 어디든 보고 싶은 부분을 찾아갈 수 있을 것이다. 4) 페타비우스보다 심오함은 덜하고, 르 클라크보다 독립성도 떨어지며, 보소브르보다 독창적이지는 않지만 역사가 모스하임의 저작은 완전하고, 합리적이고, 정확하며 중도적이다.

[2] 크리소스토무스와 아타나시우스는 그리스도나 그 제자들이 그리스도의 신성에 대해 그다지 언급하고 있지 않다는 점을 인정해야만 했다.

[3] 성 마태가 쓴 처음 두 장(章)은 에비온파 사본에는 존재하지 않았다. 그리고 프리슬리(Dr. Priestly)는 그의 빈약한 교의에서 저 기적적인 수태를 빼고 있다.

[4] 유대교 개종자들이 사용하는 복음서의 첫 부분이 히브리 또는 시리아 방언으로 쓰여졌으리라는 것은 매우 개연성 있는 이야기이다. 그 사실은 파피아스, 이레나이우스, 오리게네스, 히에로니무스 등 일련의 교부들이 증명하고 있다. 가톨릭 신자들은 이를 경건하게 믿고 있으며, 신교도 비평가 가운데서도 카소봉(Casaubon), 그로티우스(Grotius), 보시우스(Isaac Vossius) 등은 이를 인정하고 있다. 그러나 성 마태의 이 히브리어 복음서는 거의 설명할 수 없는 이유로 소실

되었다. 이는 아마도 이름 없고 인정도 받지 못한 그리스어 판본을 선호한 원시 그리스도 교회의 부지런함 또는 충실함 탓으로 돌릴 수 있을 것이다. 에라스무스와 그의 추종자들은 그리스어 판본을 복음서의 원전으로 존중해 왔으며, 따라서 그것이 한 사도에 의해 만들어진 작품임을 증명하는 증거를 스스로 박탈하고 있다.

5 예수의 제자들은 인간이 태어나기 전부터 죄를 지었을 수도 있다는 사실을 납득했으며, 바리사이인들은 덕성을 가진 영혼의 윤회를 보았다. 현대의 랍비는 헤르메스, 피타고라스, 플라톤 등이 형이상학을 자기 동포에게서 얻어 낸 것이라고 겸허하게 확신하고 있다.

6 인간 영혼의 기원에 대해서는 네 가지 의견이 신봉되었다. 1) 인간 영혼은 영속적이며 신성하다. 2) 인간 영혼은 육신과 결합되기 전에 별개의 존재 상태에서 창조되었다. 3) 인간 영혼은 아담의 원래 몸에서 퍼져 나온 것이며, 그는 자기 몸 안에 후손의 육신의 씨앗은 물론 정신적 씨앗까지 담고 있었다. 4) 각각의 영혼은 수태의 순간에 창조되며 체현된다. 근대인들 사이에서는 이 마지막 의견이 우세한 것으로 보인다. 우리의 영적 역사는 이해하기 쉬워진 것은 아니면서도 숭고함은 줄어들고 있다.

졌다는 추측은 할 수 있을 것이다. 그가 당한 굴욕은 스스로의 선택이었고, 그 사명의 대상은 자신이 아니라 세상의 죄를 정화하는 것이었다고 말이다. 자신이 태어난 하늘로 돌아가면서 그는 복종에 대한 엄청난 보상, 즉 예언자들이 평화, 정복, 지배라는 세속적인 이미지로 모호하게 예언했던 영원한 메시아의 왕국을 얻었다. 전능한 신은 그리스도의 인간적 능력을 하늘의 직능에 맞게 확장시킬 수 있었다. 고대 언어에서 신이라는 말은 최초의 아버지에게만 한정되어 있었으며 그의 비할 데 없는 대리인, 독생자가 지상에서 이차적이지만 종교적인 경배를 받는다고 해서 그다지 외람된 일은 아닐 것이다.

2. 도케트파에게 순결한 신이었던 그리스도

2. 유대의 험준한 바위와 척박한 땅 가운데 서서히 자라난 신앙의 씨앗은 만개한 상태로 더 좋은 풍토를 가진 이방인들의 땅에 이식되었다. 그리스도의 인간적 본성을 본 적 없는 로마 또는 아시아 이방인들은 그의 신성을 훨씬 더 수월하게 받아들였다. 다신교도나 철학자, 그리스인과 야만인들 모두 빛의 왕좌에서 뿜어 나오는 천사, 악마, 신성, 신의 아이온(æon), 방사(放射) 등 긴 연속 또는 무한한 연쇄라는 생각에 익숙해 있었다. 그러한 아이온 가운데 최초의 것, 로고스 또는 신의 말씀이 하느님 아버지와 동일한 실체를 가진 인간 종족을 악덕과 과오에서 구원하기 위해 땅으로 내려와 그들을 생명과 불멸의 길로 인도한다는 생각 또한 그다지 이상한 것이 아니었다. 그러나 물질의 영속성과 내재적 타락이라는 당시의 지배적 교의가 동방의 원시 그리스도 교회를 오염시켰다. 대부분의 이방인 개종자들은 하늘의 영(靈), 최초의 실재에서 분리되지 않은 부분이 불순하고 오염된 육신 덩어리에 섞여 들어갔다는 것을 부정한다. 그리고 그리스도의 신성을 추구하려는 열의 속에서 경

건하게 그의 인간성을 버리고 만다. 골고다 언덕에 그의 피가 아직 마르지도 않았을 때[7] 아시아의 박식한 한 종파 가운데 수많은 가현론자(假現論者, Docetes)들은 이원론적 체계를 고안해 냈고, 이는 후에 마르키온파, 마니교파, 그리고 다양한 명칭의 그노시스파 이단들이 널리 퍼뜨렸다.[8] 이들은 마리아의 수태, 그리스도의 탄생과 그가 사명을 수행하기 전까지의 30년에 대해서는 복음서의 진실과 권위를 부정한다. 그리스도는 요르단 강 강둑에 완전한 성인의 모습을 하고 처음 나타났다는 것이다. 그러나 그것은 형체일 뿐 실재가 아니었다. 인간의 능력과 활동을 모방하고 벗과 적들에게 영속적인 감각적 환상을 주기 위해 전능하신 신의 손이 만들어 낸 인간의 형상이었던 것이다. 사도들의 귀에는 분명히 소리가 울렸다. 그러나 그들의 시신경을 자극하는 상(像)에는 촉감이라는 확실한 증거가 없었고 그들은 신의 아들의 육신이 아닌 영적인 존재를 누렸다. 유대인들의 분노는 감각 없는 유령에 헛되이 소비되었다. 그리고 그리스도의 수난과 죽음, 부활과 승천이라는 신비한 장면들이 인류를 구제하기 위해 예루살렘이라는 극장에서 벌어졌다. 그러한 이상적인 모방, 끊임없는 기만이 진리의 신에 걸맞지 않다는 주장이 있을 경우 가현론자들은 수많은 정통 그리스도교의 신도들과 함께 경건한 거짓을 정당화했다. 그노시스파 학설에서 이스라엘의 여호와는 반항적이거나 적어도 무지한 영(靈)이었다. 신의 아들은 그의 신전과 율법을 없애기 위해 지상에 강림했다. 그는 이런 유익한 목적을 달성하기 위해 현세적 메시아의 희망과 예언을 교묘하게 자기 한 몸으로 전달했다.

한 마니교 학파의 교활한 논객이 그리스도교의 신이 인간의 태아 상태에서 출발해 9개월 뒤 여자의 자궁에서 나왔다는

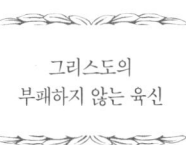
그리스도의
부패하지 않는 육신

[7] 이그나티우스가 스미르나이인들에게 보낸 서한과 성 요한에 의한 복음까지도 세간에서 지나치게 많은 신뢰를 얻어 버린 가현론자들의 점점 늘어 가는 과오에 맞추어져 있었다.

[8] 서기 200년 정도에 이레나이우스와 히폴리투스는 32분파에 대해 반박했는데 이들은 에피파니우스 시대에는 80분파로 증식해 있었다. 이레나이우스의 다섯 권의 책은 원시적인 라틴어로밖에 남아 있지 않다. 그러나 그 원전은 그리스의 어느 수도원에서 발견될지도 모를 일이다.

가정은 위험하고 외설적이라고 강조했다. 이 적대자의 신앙심 깊은 혐오에 그리스도교도들은 수태 및 분만과 관련된 모든 감각적 상황을 부인했다. 햇빛이 유리판을 통과하듯 신성이 마리아를 통과했다는 주장이었다. 따라서 그녀의 처녀성은 그리스도의 어머니가 된 순간에도 파괴되지 않았다. 그러나 이 경솔한 부인은 온건한 가현론자들을 자극했고, 그리스도는 환영이 아니라 감각을 느끼지 않으며 부패하지 않는 육신을 갖추었다는 주장이 나왔다. 더 정통적인 교의에 따르면 그리스도는 부활 후 이런 상태에 이르렀고 저항이나 손상 없이 매개 물질에 스며들 수 있었다면 그 상태를 늘 보유해 왔음에 틀림없다. 가장 본질적 육신의 특성을 갖추지 않았으니 그 특징이나 결점을 피할 수 있었을 것이다. 보통의 음식을 먹지 않고도 눈에 보이지 않는 상태에서 완전한 성숙 상태에 도달한 태아, 완전한 어른으로 자라날 수 있었던 아이는 성인이 된 후에도 외부 물질을 섭취하지 않고서도 매일의 소모에 견뎌 살아남았을 것이라는 얘기다. 예수는 특별히 갈증이나 굶주림이라는 자연적 욕구 때문에 사도들과 식사를 한 것이 아니다. 그 동정(童貞)의 순결성도 관능적 색욕이라는 무의식적 오점으로 훼손되지 않았다. 이토록 특별하게 이루어진 신체가 도대체 어떻게, 무엇으로 만들어졌는가 하는 질문이 제기될 수 있다. 지금의 건전한 신학에서는 형체와 실체는 신적 본질에서 출발했다는 대답이 그노시스파에 한정되지 않고 나오는 것에 놀라게 된다. 순수하고 절대적이라는 관념은 근대 철학의 진보로 이루어진 것이다. 고대인이 인간 영혼, 거룩한 존재, 신에 대해서까지 부여한 무형의 본질은 확장된 공간이라는 관념을 배제하지 않았다. 그들의 상상력은 물질적 세계의 조잡함과는 비교도 할 수 없을 만큼 완벽한 공기, 물, 또는 에테르의 신비한 본성에 만족했다.

신이 어디 있는지 규정하면 그 형상을 설명해야만 한다. 우리는 경험, 어쩌면 허영 때문에 인간 형상을 하고 있는 이성과 덕성의 권능을 묘사한다. 이집트 수도사와 아프리카 가톨릭교도 가운데 많았던 신인동성동형론자(神人同性同形論者)들은 인간이 창조주의 형상을 본떠 만들어졌다는 성서의 확실한 진술을 제시할 수 있었다. 니트리아 사막의 성인 가운데 하나인 가경자(可敬者) 세라피온은 많은 눈물을 흘리며 소중히 여겨 온 선입견을 포기했다. 그러고는 신을 앗아 가고 마음속에 신앙 또는 귀의의 뚜렷한 대상 하나도 남지 않게 해 버린 자신의 불행한 개종에 대해 어린아이처럼 애통해 했다고 한다.

3. 잠시 지나가는 가현론의 그림자는 이 정도였다. 한편 감히 마지막 사도와 대립했던 아시아의 케린투스[9]는 이렇게

3. 케린투스의 이중 본성 이론

단순하지는 않지만 훨씬 실질적인 가설을 고안해 냈다. 유대교와 그리스도교 세계의 경계에서 그는 하나의 메시아 안에 인간과 신이 초자연적으로 결합해 있다고 확언하여 그노시스파와 에비온파를 조화시키려 했다. 이 신비주의적 교리는 이집트 이단인 카르포크라테스, 바실리데스, 발렌티누스의 기상천외한 손질을 거쳐 수용된다.[10] 그들의 눈에 나사렛 예수는 단순한 인간, 요셉과 마리아의 적자(嫡子)였다. 그러나 그는 인간 가운데 가장 뛰어나고 가장 현명했으며 진정한 최고신의 경배를 지상에 부활시키는 데 적절한 도구로 선택되었다. 그가 요르단 강에서 세례를 받았을 때 아이온의 첫 번째 형태이자 신의 아들인 그리스도가 비둘기의 모습으로 예수에게 강림해 자신의 임무를 위해 부여된 시간 동안 예수의 마음속에 머물며 그의 행동을 인도하고자 했다. 메시아가 유대인들의 손에 넘겨지자 불멸의 초연한 존재 그리스도는 지상의 거처를 떠나 성령의 나

[9] 요하네스와 케린투스는 에페수스의 공공 목욕탕에서 우연히 마주쳤다. 그러나 우리의 사도는 이 이단을 보고 건물이 머리 위로 무너질까 봐 도망쳤다고 한다. 미들턴(Dr. Middleton)은 이 어리석은 이야기를 꾸짖고 있지만 이레나이우스는 폴리카르프(Polycarp)의 증거를 근거로 이 이야기를 하고 있다.

[10] 발렌티니아누스주의자들은 복잡하고 일관되지 못한 체계를 받아들였다. 1) 그리스도와 예수는 다른 정도이기는 하지만 둘 다 아이온(æon)이다. 2) 수난의 시간에 둘 모두가 물러나 감수성이 풍부한 영혼과 인간의 몸만을 남겨 두었다. 3) 그 육신마저도 에테르의 성질을 가지고 있었으며 겉모양뿐이었을지도 모른다. 모스하임은 애쓴 끝에 이렇게 결론을 내리고 있다. 그러나 이 라틴어 번역자가 이레나이우스를 이해하고 있었는지, 이레나이우스와 발렌티니아누스주의자들이 스스로 무슨 말을 하는지 이해하고 있었는가는 의심스럽다.

라인 충만한 세계로 날아가 예수가 홀로 고통받고 한탄하며 숨을 거두게 내버려 두었다. 그러나 이러한 유기가 정당하고 관대한 것인지는 매우 의심스럽다. 신성한 동반자에게 처음에는 강요당하고 결국은 버려진 죄 없는 순교자의 운명은 범속한 인간들의 연민과 분노를 일으킬 것이다. 그들의 불만은 케린투스의 이중 체계를 옹호하고 변형시킨 열성적인 신도들이 잠재웠다. 예수는 십자가에 못 박혔을 때 심신에 기적적인 무감각을 부여받아 그 명백한 고통을 느끼지 못하게 되었다는 주장이 나왔다. 그 순간적이지만 엄청난 고통은 새로운 예루살렘의 왕국에서 메시아를 위해 준비된 1000년간의 지배로 보상받는다는 주장이었다. 또 예수가 실제로 고통을 느꼈다고 해도 그 고통은 견딜 만한 것으로서 인간 본성은 절대로 완전하지 않기 때문에 십자가의 수난은 요셉의 아들이 신의 아들과 신비한 결합을 이루기 전에 저지른 가벼운 죄를 씻어 주는 역할을 했을 것이라고 넌지시 비쳤다.[11]

11 이단들은 "나의 하느님, 나의 하느님, 어찌하여 나를 버리시나이까?"라는 격렬한 외침을 남겨 왔다. 루소(Rousseau)는 뛰어난 언변을 발휘해, 그러나 부적절하게 그리스도와 소크라테스를 비교하면서 저 죽어가는 철학자의 입에서는 초조함이나 절망의 말이 한 마디도 새어 나오지 않았다는 사실을 간과하고 있다. 메시아에게 그러한 말은 예언으로 간주된다.

4. 아폴라나리스의 성육신

4. 영혼의 비물질성이라는 그럴듯하고 고매한 교의를 신봉하는 사람들은 모두 자신의 현재 경험을 바탕으로 정신과 물질의 불가사의한 결합을 인정해야 한다. 이러한 결합은 한층 고매한, 어쩌면 최고로 고매한 정신 능력의 결합과 어느 정도 일관된다. 창조된 영(靈) 가운데 가장 완전한 존재인 아이온 또는 대천사의 성육신에는 확실한 모순 또는 불합리성이 포함되어 있지 않다. 니케아 공의회에서 결정이 날 때까지의 종교적 자유 시대에 그리스도의 위엄은 성서나 이성 또는 전통 등 막연한 규칙에 따라 개인적 판단으로 측정되었다. 그러나 순결한 그 고유의 신성이 아리우스주의의 폐허 위에 확립되자 가톨릭교도들의 신앙은 물러서기는 불가능하고 서 있기는 위험하

며 떨어지기에는 무서운 벼랑 끝에서 떠는 처지가 되었다. 이들은 삼위일체의 제2 위격인 신 자신이 육신을 가지고 나타났다는 것도,[12] 우주에 널리 퍼져 있는 존재가 마리아의 자궁 속에 구속되어 있었다는 것도, 그의 영속적 시간이 인간 존재의 연월일로 표시되었다는 것도, 전능한 신이 채찍으로 맞고 십자가에 매달렸다는 것도, 그의 초연한 본질이 고통과 번뇌를 느꼈다는 것도, 전지전능한 그분 또한 알지 못하는 일이 있었다는 것도, 생명과 불멸의 원천이 골고다 언덕에서 숨을 거두었다는 것도 인정하고 싶지 않았다. 이 놀라운 결론을 라오디케아의 주교이자 교회의 지도자 가운데 하나인 아폴리나리스는 거리낌 없이 단순하게 확인해 주고 있다. 박식한 문법학자의 아들인 그는 그리스의 모든 학문에 정통했다. 아폴리나리스의 저작에서 명확하게 보이는 웅변, 학식, 철학은 겸허하게 종교에 바쳐졌다. 아타나시우스의 훌륭한 벗이자 율리아누스의 덕망 있는 적대자인 그는 아리우스주의자 및 다신론자들과 용감하게 싸웠으며, 비록 기하학적 논증의 엄격함을 차용하는 척했지만 그의 주해는 성서 문구의 우화적 의미를 나타냈다. 그의 외고집 노력에 힘입어 애매한 대중적 믿음 속에 오랫동안 부유(浮游)하던 신비가 기술적 형태로 규정되었다.

단 하나뿐인 그리스도 성육의 본성

은 그가 처음으로 입 밖에 낸 유명한 표현으로 지금까지도 아시아와 이집트, 에티오피아의 여러 교회의 적대적인 소요를 불러일으키고 있다. 그는 신성이 한 인간의 육체에 결합되거나 섞여 들어갔다고 가르쳤다. 영원의 지혜인 로고스는 인간 영혼이 머물 곳과 그 의무를 육신에 제공했다. 그러나 이 심오한

[12] 이 강한 표현은 아마도 성 바울의 언어로 정당화할 수도 있겠지만 우리는 근대의 성서에 의해 기만당하고 있다. 6세기 초에 콘스탄티노플에서 ὅ(Which)라는 단어가 θεός(God)라는 단어로 변경되었다. 라틴어와 시리아어 판본에서 명확히 보이는 원래의 해석은 라틴어는 물론이고 그리스어를 사용하는 교부들의 논법에서도 확실하게 드러난다. 그리고 뉴턴(Isaac Newton)은 성 요한의 세 명의 증인의 기만성과 이 허위를 잡아내고 있다. 이 주장들을 점검해 본 결과 비판 및 신학에 심오한 지식을 가졌던 최고 철학자의 권위를 믿을 수 있을 것으로 보인다.

학자가 자신의 성급함에 두려움을 느끼게 된 것인지, 사람들은 그가 희미하게 변명과 해명의 말을 중얼거리는 소리를 들었다. 그는 인간의 이성적 영혼과 감각적 영혼을 구분하는 그리스 철학자의 전통적인 학설을 받아들였다. 로고스는 지적 기능을 위해 남겨 두고 동물적 생활의 저급한 행동에는 인간의 하위 원리를 사용한다는 말이다. 그는 온건한 가현파와 더불어 마리아가 그리스도 육신의 어머니가 아니라 영적인 어머니라고 경배했다. 그리스도의 초연한 불멸의 육신은 그대로 천국에서 내려왔거나 신성의 본질 속에 흡수되어 변형되었을 것이다. 아폴리나리스의 이 이론은 바실리우스, 그레고리우스, 크리소스토무스 등이 명예를 빛내고 디오도루스, 테오도루스, 네스토리우스 등이 오점을 남긴 아시아와 시리아 학파로부터 심한 공격을 받았다. 그러나 이 라오디케아 노주교의 몸과 평판, 위엄은 무사했다. 관용이라는 약한 모습을 가질 리 없는 그의 적들은 논쟁의 참신함에는 놀랐지만 가톨릭 교회의 최종 판결은 자신하지 못했다. 교회의 판단은 결국 그들의 손을 들어 주었다. 아폴리나리스의 이단은 비판받았고 그 제자들이 분리되어 결성했던 분파는 로마 제국법에 의해 금지되었다. 그러나 그의 학설은 이집트의 수도원에서 암암리에 신봉되었고 그의 적들은 알렉산드리아 대주교인 테오필루스나 키릴루스와 같이 이를 증오했다.

정통파의 동의와
자구(字句) 논쟁

5. 비굴한 에비온파와 공상적인 가현론자들은 곧 배격되고 잊혀졌다. 그 결과 아폴리나리스의 오류를 배척하는 새로운 열광이 자연스럽게 케린투스의 이중 본성 이론과 표면적으로 일치하는 지경에 이르렀다. 그러나 그들은 일시적이고 임시적인 관계 대신 완전한 신과 완전한 인간의 본질적이고 확고하며

영속적인 결합. 이성적 정신과 인간의 육신을 가진 삼위일체의 제2 위격을 확립시켰고 우리는 지금도 이를 받아들이고 있다. 5세기 초에 교회의 지배적인 교의는 두 개 본성의 단일성이었다. 그들의 공존은 우리 생각으로 나타내거나 언어로 표현할 수 없다는 얘기가 사방에서 나왔다. 그러나 그리스도의 신성과 인성을 혼동하는 것을 경계한 사람들과 이 둘을 분리하는 것을 두려워한 사람들 사이에는 은밀하고도 치유할 수 없는 불화가 싹트고 있었다. 그들은 종교적 광기에 떠밀려 서로가 진리와 구원에 파괴적이라 생각하는 상대방의 오류에서 도망치려 했다. 어느 쪽이든 두 본성의 결합과 구분을 옹호하고 방어하기 위해, 의심이나 모호함이 가장 덜한 형태의 언어와 교의의 상징을 고안하기 위해 필사적으로 애썼다. 사상과 언어의 빈곤함 때문에 그들은 가능한 모든 비교를 하기 위해 인위와 자연을 동원했고, 각각의 비교 때문에 비할 데 없는 신비에 대한 그들의 공상은 더욱 오도되었다. 논쟁이라는 현미경으로 들여다보면 원자 하나도 괴물로 확대되는 법이다. 양 파는 서로의 원칙에서 나올 수 있는 허황하거나 불경한 결론을 과장하는 솜씨가 뛰어났다. 그들은 서로에게서 도망치기 위해 어둡고 구불구불한 수많은 덤불을 헤쳐 나갔지만 결국에는 신학적 미로의 양쪽 출구를 수호하고 있는 케린투스와 아폴리나리스의 끔찍한 환영에 놀라게 되었다. 감각과 이단의 기미를 깨닫는 순간 그들은 놀라 발걸음을 되짚어갔으며, 또다시 뚫고 들어갈 수 없는 정통성이라는 암울함에 잠기게 되었다. 저주받을 오류라는 죄 또는 그러한 비난을 씻기 위해 그들은 자신들의 결론을 부정하고 원리를 설명했으며, 경솔함을 사죄하고 이구동성으로 신앙의 일치라는 목소리를 냈다. 그러나 이 논쟁의 잿더미 속에는 거의 보이지 않을 정도로 작은 불씨가 잠재하고 있었다. 편견과 열정이 불어넣어지면서 불씨는 재빨리 불꽃이 되어 퍼져 나갔고 동방 종파들 사이의 자구(字句) 논쟁13은 교회의 기둥을 흔들 정도였다.

서기 412~444년, 알렉산드리아의 총대주교 키릴루스

알렉산드리아의 키릴루스라는 이름은 논쟁사에서 유명하다. 그에게 주어진 성자라는 칭호는 그의 의견과 종파가 결국에는 우세하게 되었음을 말해 준다. 그는 삼촌인 대주교 테오필루스의 집에서 열성과 권세에 대한 정통파의 가르침을 흡수했으며 청년기의 5년 동안을 인근 니트리아의 여러 수도원에서 유익하게 보냈다. 대수도원장 세라피온의 가르침 아래 그는 지칠 줄 모르는 열의로 교회 학문에 정진했으며 단 하룻밤 동안 네 권의 복음서와 가톨릭의 사도 서간, 로마서를 통독하기도 했다. 그는 오리게네스를 혐오했다. 그러나 클레멘스와 디오니시우스, 아타나시우스와 바실리우스의 저작은 끊임없이 손에 쥐고 있었다. 논쟁의 이론과 실천에 의해 신앙은 확고해졌고 지혜는 연마되었다. 그는 자기 방에 학문적 신학이라는 거미줄을 쳐 놓고 알레고리와 형이상학 작품들을 생각해 냈다. 2절판 일곱 권인 작품의 잔재는 지금도 그 경쟁자들의 작품과 나란히 평화롭게 잠들어 있다. 키릴루스는 사막에서 기도하고 단식했지만 (한 친구의 비난에 따르면14) 그의 사상은 여전히 속세에 고정되어 있었다. 이 야심 있는 은자는 자신을 도시와 종교 회의의 소요 속으로 끌어들인 테오필루스의 부름에 너무 쉽게 복종했다. 그는 테오필루스의 승인을 얻어 대중 설교자의 지위를 따 내고 명성을 얻었다. 그의 잘생긴 용모는 제단을 장식하는 효과가 있었다. 조화로운 목소리가 성당에 울려 퍼졌으며 집회의 박수갈채를 유도하기 위해 친구들이 요소요소에 배치되었다. 서기들이 서둘러 남긴 설교 기록을 보면 문장은 몰

13 멜키트교도, 야고보파, 네스토리우스파 등이 교의에는 동의하지만 표현에서는 차이가 난다고 한 동로마 제국의 야고보파 총대주교 그레고리우스 아불파라기우스와 다마스쿠스의 네스토리우스파 대주교 엘리아스 등 동방의 고위 성직자 두 명의 고백을 빌리고자 한다. 가장 박식하고 합리적인 신학자들 — 바스나지(Basnage), 르 클라크, 보소브레, 라 크로즈(La Croze), 모스하임, 야블론스키(Jablonski) — 은 이 관대한 판단에 찬성하려는 경향을 보인다. 그러나 페타비우스는 큰소리로 분노에 차서 열정을 표현했고 뒤팽(Dupin)은 속삭이며 자신의 중용을 전달했다.

14 펠루시움의 이시도르. 이 서한이 특별히 신용할 만한 것은 아니므로 볼란드파 회원들보다는 열성적이지 않은 티유몽(Tillemont)은 이 키릴루스가 과연 테오필루스의 조카인지 짐짓 의문을 제기하고 있다.

라도 그 효과만은 아테네의 웅변가들에 견줄 만한 것이었다. 테오필루스의 죽음은 조카의 희망을 더욱 크게 키우고 실현시켜 주었다. 알렉산드리아의 성직자들은 파가 갈렸다. 군인과 사령관들은 부주교 편을 들었다. 그러나 그 뜻을 거스를 수 없는 군중들이 목소리를 높여 자기들이 좋아하는 인물의 대의명분을 직접 나서서 주장해 주었다. 서른아홉 살의 나이에 키릴루스는 아타나시우스의 옥좌에 앉게 된다.15

이 지위는 그의 야심으로 볼 때 충분히 만족할 만한 것이었다. 궁정에서 멀리 떨어져 있고 광대한 알렉산드리아의 수장인 총대주교라는 직함을 얻은 그는 점점 민정 정무관의 지위와 권한을 빼앗아 갔다. 도시의 공적·사적 자선사업은 그의 재량으로 관리되었다. 그의 목소리는 대중의 열정에 불을 붙이거나 이를 달래 주었다. 수많은 광신적인 일상 업무에서 죽음의 현장에 익숙한 파라볼라니16는 그의 명령에 맹목적으로 복종했다. 이집트의 민정관들은 이 그리스도교 성직자들의 속세적 권한에 놀라거나 분노했다. 이단의 처벌에 열성이던 키릴루스는 여러 종파 중 가장 결백하며 무해한 노바티아누스파를 탄압하면서 자신의 치세를 경사스럽게 열었다. 그들의 종교적 예배를 금지한 것은 자기 눈에는 정당하고 가치 있는 행동이었다. 그는 그들의 성물을 성물 모독이라는 죄의식도 느끼지 않고 몰수했다. 이미 4만 명으로 늘어나 있던 유대인들에 대한 관용과 그들의 특권은 동로마 제국 황제들과 프톨레마이오스 왕조의 법률로 알렉산드리아 창건 후 700년이라는 긴 시간 동안 보장되어 왔다. 그러나 총대주교는 어느 새벽 아무런 법적 포고도, 왕의 명령도 없이 선동된 군중을 이끌고 유대교 회당을 공격하도록 했다. 무장도 대비도 되어 있지 않았던 유대인들에게 저

서기 413, 414, 415년 등, 키릴루스의 폭정

15 키릴루스의 청년기와 영전(榮轉)에 대해서는 소크라테스와 르노도 참조. 르노도 신부(Abbé Renaudot)는 10세기 헤르모폴리스 마그나 혹은 아슈무네인의 주교였던 세베루스의 아라비아 역사에서 자료를 가져오고 있는데, 우리가 사실의 증거로 억지로 동의하는 경우를 제외하면 이 주교는 믿을 만하지 못하다.

16 알렉산드리아의 파라볼라니는 자선단체로, 갈리에누스 치세에 역병이 돌던 시기에 병자를 방문하고 죽은 자를 매장할 목적으로 설립되었다. 이들은 점차 자신들의 특권을 확장하고 남용하고 매매했다. 키릴루스가 재임하는 동안 그들의 무도한 행동은 황제로 하여금 그들의 임명권을 박탈하고 그 수를 500~600명으로 제한하도록 했다. 그러나 이러한 제한은 일시적이고 효과가 없는 것이었다.

항은 불가능했다. 교회당은 완전히 무너졌다. 교회의 전사는 병사들에게 물자 약탈이라는 보상을 내린 뒤 이 신앙심 없는 민족의 잔존자들을 도시에서 추방해 버렸다. 아마도 그는 유대인의 오만 방자한 번영과 악의적 또는 우발적 소요로 유혈 사태를 낳는 그리스도교도에 대한 유대인의 극심한 증오를 탄압의 이유로 내세웠을지 모른다. 그러한 범죄는 정무관의 비난을 받아 마땅했다. 그러나 이 앞뒤 가리지 않는 유린 속에서 죄 없는 자와 죄 있는 자가 혼동되었으며 알렉산드리아는 부유하고 근면한 민족을 잃고 말았다. 키릴루스의 열성은 율리아누스 법의 징계를 받을 수 있었다. 그러나 통치 기반이 취약하고 미신적인 시대 덕분에 그는 면죄와 칭송까지 보장받았다. 오레스테스는 이를 고발했지만 테오도시우스의 대신들은 그의 고발을 너무도 쉽게 잊어 버린 반면 키릴루스에게는 너무도 깊이 기억되었다. 그는 이집트 총독을 용서하는 척하면서 계속 증오하였다. 오레스테스가 길을 지나갈 때 500명의 니트리아 수도사 무리가 그의 마차를 습격했다. 호위병들은 이 사막의 야수들을 피해 달아났다. 자신이 그리스도교도이며 가톨릭교도라는 항의에 돌세례로 답이 돌아왔으며 오레스테스의 얼굴은 피로 뒤덮였다. 알렉산드리아의 충성스러운 시민들이 그를 구하기 위해 급히 달려왔다. 그는 즉각 자신을 상처 입힌 수도사들에게 자신의 정의와 복수를 행사했고 암모니우스가 릭토르(lictor)의 매를 맞고 죽었다. 그의 시신은 키릴루스의 명령에 따라 수습되어 엄숙한 행렬로 성당까지 운반되었다. 암모니우스라는 이름은 '불가사의한 타우마시우스'라는 이름으로 바뀌었다. 그의 무덤은 순교의 기념물로 장식되었다. 그리고 총대주교는 설교단에 올라 이 암살자, 반역자의 담대함을 칭송했다. 그러한 명예는 믿음 있는 자들이 성인의 깃발 아래 싸우고 죽도록 선동할 수 있었다. 그는 곧 그리스인들의 종교를 공언하고 오레스테스와 친교를 맺었던 한 처녀의 희생을 촉구 또는 승인했다. 수학자 테온의 딸 히파티아는 아버지의 학문을 전수받았다. 그녀의 박식한 주해는 아폴로니우스와 디오판투스의 기하학을 명료하게 해 주었다. 그녀는 아테네와 알렉산드리아 두 곳에서 플라톤과 아리스토텔레스의 철학을 가르쳤다. 아름다움이 만개하고 지혜가 성숙한 이 겸손한 처녀는 추종자들의 구애를 거부하고 제자들을 가르쳤다. 지위 또는 업적이 뛰어난 사람들도 이 여성 철학자를 만나기 위해 안달이었다. 키릴루스는 그녀의 학당 문 앞에 몰려든 화려한 말과 노예의 행렬을 질투와 경계에 찬 눈으로 바라보았다. 총독과 대주교의 화해를 가로막는 유일한 장애물은 테온의 딸이라는 소문이 그리스도교도들 사이에 퍼졌다. 그리고 운명의 날, 신성한 사순절에 히파티아는 자기 마차에서 끌어내려져 옷이 벗겨진 채 교회까지 끌려가 낭독자 페트루스와 야만스럽고 무자비한 광신도들의 손에 살해되고 말았다. 그들은 그녀 뼈에서 굴 껍데기로 살점을 긁어 냈고[17] 경련을 일으키는 그녀의 팔다리를 불 속에 던져 넣었다. 정당한 심문과 처벌은 적당한 선물로 중지되었다. 그러나 히파티아의 살해는 키릴루스의 품성과 신앙에 지울 수 없는 오점을 남겼다.

어쩌면 성인을 추방하는 것보다는 미신으로 처녀의 피에 대한 속죄를 받는 것이 더 간편할 것이다. 키릴루스는 삼촌과

서기 428년 4월, 콘스탄티노플의 총대주교 네스토리우스

함께 불법적인 떡갈나무 종교 회의에 참석한 적이 있었다. 크리소스토무스가 복권되고 축성을 받았을 때 생명이 다해 가는 종파를 이끌고 있던 테오필루스의 조카는 여전히 자기 판결이 정당하다고 주장했다. 그는 지루할 정도로 지체하고 완강히 저

[17] 굴 껍데기는 카이사레움의 해안에 아주 많이 흩어져 있다. 따라서 발루아(M. de Valois)가 사용한 테굴라이(tegulae), 즉 타일이라는 비유적 해석을 거부하지는 않지만 문자 그대로를 사용하겠다. 희생자가 그 당시 아직 살아 있었는지는 모르겠으나, 살인자들은 아마도 상관하지 않았을 것이다.

18 그는 콘스탄티노플의 아티쿠스와 펠루시움의 이시도르의 말을 전혀 듣지 않았으며, (니케포루스의 말을 믿는다면) 단지 성처녀의 개인적 중재에만 승복했다고 한다. 그러나 말년에도 그는 크리소스토무스가 정당하게 처벌을 받았다고 중얼대곤 했다.

항한 후에야 가톨릭계의 합의에 승복했다.[18] 비잔티움 성직자들에 대한 그의 적대감은 열정의 분출이 아니라 이해타산에서 비롯된 것이었다. 그는 황제 궁정의 밝은 빛 속에 있는 그들의 행복한 상태를 부러워한 것이다. 그리고 유럽과 아시아 지역을 억압하고 안티오크와 알렉산드리아의 속주를 침략하며 주교 관구를 제국의 국경으로 판단한 그들의 갑작스러운 야심을 두려워했다. 크리소스토무스의 자리를 조용히 빼앗은 아티쿠스의 오랜 중용으로 동로마 제국 대주교들의 적대감은 완화되어 왔었는데 키릴루스는 자신의 존경과 증오를 받을 만한 적대자가 나타나면서 마침내 깨어났다. 시신니우스 콘스탄티노플 주교의 짧고 괴로운 치세 후 성직자와 민중의 각 당파는 황제가 명망 있는 자들의 말에 귀 기울여 뛰어난 이방인을 선택하고 받아들이고 나서야 겨우 진정되었다. 게르마니키아 출신으로 안티오크 수도사인 네스토리우스가 검소한 생활과 유창한 설교로 추천을 받았다. 그러나 네스토리우스가 독실한 테오도시우스 앞에서 행한 첫 설교는 그의 열정이 신랄하고 성급하다는 사실을 드러냈다.

오, 황제 폐하시여! 제게, 제게 이단들이 씻겨 나간 땅을 주십시오. 그러면 대신 폐하께 천상의 왕국을 드리겠습니다. 이단들을 말소해 버리십시오. 그러면 저는 폐하와 함께 페르시아인들을 모조리 말살해 버리겠습니다.

5일째 되는 날 콘스탄티노플 총대주교는 마치 협정이라도 체결된 듯 아리우스파의 비밀 집회를 발견하고 놀라더니 집회를 공격했다. 그들은 굴종보다 죽음을 택했다. 그들의 절망으로 인해 일어난 불꽃은 곧 인근 가옥으로 번져 갔으며 네스토리우스의 승리는 방화범이라는 이름으로 더럽혀졌다. 그의 열의로 신앙과 계율에 대한 엄격한 의식서(儀式書)가 헬레스폰투스 해협 양쪽 지역에 내려졌다. 부활절 축일에 관한 연대상의 오류는 교회와 국가에 대한 범죄로 처벌받았다. 리디아와 카리아, 사르데스와 밀레투스는 완강한 14일교도들의 피로 정화되었다. 황제, 아니 총대주교의 칙령은 이단의 죄를 처벌하는 데 스물세개 등급과 명칭을 열거하고 있었다. 그러나 네스토리우스가 광포하게 휘두른 이 박해의 칼은 이윽고 자신의 가슴을 겨누게 된다. 종교는 구실이었고, 당대 한 성인의 판단에 따르면 교회 전쟁의 진짜 원인은 야심이었다.

시리아 교회에서 네스토리우스는 두 본성을 하나로 혼동하는 것을 혐오하며 주인 되시는 그리스도의 인성과 구세주 예수의 신성을 구분하라는 가르침을 받았었다. 그는 성처녀를 그리스도의 어머니로 경배했지만 아리우스파 논쟁이 시작된 이래로 알게 모르게 차용된 신의 어머니라는 경솔한 호칭에는 기분이 상했다. 콘스탄티노플의 설교단에서는 총대주교의 벗과 그 자신이 한 단어의 사용 또는 오용에 대해 계속 설교했다.[19] 이 단어는 사도들도 몰랐고 교회도 인정하지 않았으며, 소심한 자들을 놀라게 하고 단순한 자들을 오도하며, 이단들을 기쁘게 하고 외관상의 유사성으로 인해 올림푸스의 옛 계보를 정당화하는 역할을 할 것이라는 말이었다.[20] 좀 침착해지는 순간에는 네스토리우스도 두 본성의 결합과 그들 관용어의 소통으로 이를 묶인 또는 용서할 수 있다고 고백했다. 그러나 반론에 부닥쳐 분개한 그는 갓 태어난 어린 신의 경배를 부정하고 결혼 또는 사회적 공동 생활에서 부적절한 비유를 끌어냈으며 그리스도의 인성을 신성의 옷, 도구, 임시 거처인 육신으로 보

서기 429~431년, 네스토리우스의 이단

[19] 바스나지는 논쟁적인 저작 『교회의 역사』에서 신의 피로써 신의 어머니를 정당화하고 있다. 그러나 그리스어 사본들은 일관되지 않았다. 그리고 그리스도의 피라는 초기 문체는 시리아 판본, 말라바르 연안의 성 토마스 그리스도교도들이 사용하는 판본에까지 담겨 있다. 네스토리우스파와 단성론자들의 경계심으로 그들 원전의 순수함은 보호되었다.

[20] 이집트의 이교도들은 이미 그리스도교도들의 새로운 대모신(大母神, Cybele)을 비웃었다. 히파티아의 이름으로 서신이 위조되어 그녀를 살해한 자들의 신학을 비웃었다. 네스토리우스에 대한 논고에서 베일(Bayle)은 성처녀 마리아의 숭배에 대한 산만한 철학을 늘어놓고 있다.

았다. 이 불경스러운 소리에 성역의 중심이 흔들리기 시작했다. 네스토리우스에게 패배한 경쟁자들은 신앙적, 개인적 분노에 빠졌다. 비잔티움 성직자들은 이방인의 침입에 은밀히 불쾌해 하고 있었으며, 미신적이고 허황한 그의 언설은 수도사들의 지지를 받을 수 있다고 생각되었다. 사람들은 수호 성처녀의 영광에 관심을 기울였다. 대주교의 설교와 제단의 예배가 떠들썩한 소란으로 방해받고 그의 권위와 교의는 개개의 집회에서 부정되었다. 모든 바람이 제국 전체에 논쟁이라는 잎새를 흩뿌렸다. 무대 위에서 울려 퍼지는 논쟁자들의 목소리는 팔레스타인과 이집트의 암자에도 반향을 일으켰다. 키릴루스의 임무는 자기가 관리하는 수많은 수도사들의 열의와 무지를 깨우쳐 주는 것이었다. 알렉산드리아 학파에서 그는 단일 본성의 성육에 대해 가르침을 받고 이를 고백했다. 아타나시우스의 후계자는 교회 조직의 제2위 자리에 있는 한층 두려우며 한층 죄 많은 또 다른 아리우스에 대적해 무력 시위를 하면서 긍지와 야망을 느꼈다. 두 적수는 서로의 증오를 경의와 자비를 가장한 빈말로 숨긴 채 짧은 서신을 주고받았다. 그 뒤 알렉산드리아 총대주교는 황제와 민중, 동방과 서방에 비잔티움 고위 성직자들의 저주받을 오류를 고발했다. 동방, 특히 안티오크에서 그는 관용과 침묵을 발휘하라는 모호한 충고를 들었는데 이들은 네스토리우스의 대의명분에 동의하면서도 양쪽에 같은 충고를 주었다. 그러나 바티칸은 이집트의 사절들을 두 팔 벌려 환영하고 접대했다. 켈레스티누스의 허영심은 이들의 호소로 우쭐해졌다. 그리고 한 수도사의 편파적인 번역 때문에 그의 라틴인 성직자들과 마찬가지로 그리스인의 언어, 예술, 신학에 무지하던 교황의 믿음은 결정되고 말았다. 이탈리아 주교 회의의 수장으로서 켈레스티누스는 키릴루스 교의가 갖는 명분의 장점을 가늠하고 그 교리를 승인했으며 네스토리우스의 의견과 그 사람됨을 비판했다. 그리고 이단이라는 이유로 그에게서 성직을 박탈하고 주장의 철회와 회개에 열흘 간의 유예를 허용하고는 이 성급하고 불법적인 평결의 집행을 네스토리우스의 적에게 위임해 버렸다. 그러나 알렉산드리아의 총대주교는 신처럼 우레를 내려치면서도 인간으로서의 실수와 감정을 드러내고 말았다. 그가 조치한 12개조 저주문[21]은 칼케돈 공의회에 대한 충성심을 잃지 않으면서도 이 성인을 숭배하는 정통 교회의 노예들에게 아직도 고통을 주고 있다. 이 대담한 주장은 아폴리나리스파 이단의 지울 수 없는 흔적을 보여 주고 있다. 하지만 심각하고 진지한 네스토리우스의 고백은 보다 현명하고 편파성이 덜한 현재의 신학자들을 만족시켜 주었다.[22]

그러나 황제도, 동로마 제국 총대주교도 일개 이탈리아 성직자의 명령에 따를 생각은 없었다. 이 교회의 싸움을 달래거나 결판을 낼 유일한 치유책은 가톨릭 교회보다는 그리스 교회의 종교 회의뿐이라는 요청이 만장일치로 제기되었다. 회의 장소는 바다와 육지로 사방이 접근 가능한 에페수스로, 날짜는 오순절 축일로 결정되었다. 각 대주교에게 소환장이 발송되었으며 하늘의 신비적 교의와 지상의 신앙에 결론을 내릴 때까지 교부들을 보호하고 가두어 두기 위해 호위병이 배치되었다. 네스토리우스는 죄인이 아니라 판관으로서 나타났다. 그는 자기편 고위 성직자들의 수보다 그 권위의 무게에 의존하고 있었다. 제우크십푸스의 욕탕에서 데려온 그의 건장한 노예들이 모든 사태에 대비해 무장하고 있었다. 그러나 그의 적수인 키릴루스가 가진 육신과 영적인 무기는 훨씬 강력했다. 황제의 소환 서신, 적어도 그것이 의미하는 바에 불복한 그는 총대주교

서기 431년 6월~10월, 제1차 에페수스 공의회

[21] 교회는 이 파문을 직접적으로 승인한 적이 없다. 페타비우스가 『신학교의』 제6관에서 몹시 심란하게 다루고 있는, 분노와 궤변으로 가득한 고뇌에는 동정이 갈 정도다.

[22] 이성적인 바스나지와 박식한 학자 라 크로즈 등. 그의 자유로운 언변은 야블론스키와 모스하임 등의 지지자에 의해 확인되고 있다. 박식하고 겸허한 노예인 아세만은 네스토리우스파의 죄와 오류를 분간해 낼 수 없었다.

23 처음 4세기 동안 그리스도교도들은 마리아의 사망과 매장지에 대해 알지 못했다. 에페수스의 전승은 종교 회의에서 확인되었으나 예루살렘의 주장에 지고 말았다. 순례자들에게 보여지는 마리아의 빈 무덤은 그녀의 부활과 승천이라는 우화를 낳았으며, 그리스와 라틴 교회들은 이 우화에 경건하게 묵종했다.

24 칼케돈의 결의는 이집트 주교들이 그들 총대주교에게 얼마나 맹목적이고 완고하게 예속되어 있는지를 생생하게 보여 준다.

25 안티오크의 주교는 민정상 또는 교회 업무 때문에 5월 18일까지 올 수가 없었다. 에페수스는 30일 걸리는 거리에 있었다. 그리고 여러 가지 우발적 일이나 휴식으로 열흘 정도가 더 걸릴 터였다. 같은 지역을 여행한 크세노폰의 원정에서는 이를 260파라상 또는 리그 이상이라고 했다. 티유몽은 마지못해 안티오크의 요하네스에게는 죄가 없다고 하고 있다.

의 끄덕임 하나에서도 성령의 영감을 얻기를 기대하는 쉰 명의 이집트 주교를 끌고 나타났다. 그는 에페수스의 멤논 주교와 긴밀한 동맹을 맺고 있었다. 이 전제적인 아시아의 주교는 서른 내지 마흔 표를 원조할 준비가 되어 있었다. 교회의 노예인 한 무리의 농민들이 도시로 쏟아져 들어와 완력으로 소동을 부리면서 형이상학적 논쟁을 지원했다. 사람들은 에페수스 성벽 안에 잠들어 있는 성처녀의 명예를 열성적으로 주장했다.23 알렉산드리아에서 키릴루스를 태우고 온 선단은 이집트의 재보를 가득 싣고 있었다. 그는 또 성 마르코와 신의 어머니의 깃발 아래 맹목적으로 복종하며 모여든 수많은 선원과 노예, 광신자들을 풀어놓았다. 종교 회의에 참석한 교부들과 호위병들마저도 이 군사적 포진에 두려움을 느꼈다. 키릴루스와 마리아에 적대하는 사람들은 길거리에서 공격당하고, 자기 집에서 협박받았다. 그의 달변과 후한 인심으로 추종자는 나날이 늘어 갔다. 이 이집트인은 자신이 이제 주교 200명의 참여와 주장을 통제할 수 있다는 사실을 곧 깨달았다.24 그러나 12개조 저주문의 입안자는 적은 수이지만 존경할 만한 주교와 성직자 들을 대동하고 먼 동방의 도시에서 더딘 여정을 통해 다가오고 있는 안티오크의 요하네스 주교가 반대할 것을 두려워했다. 키릴루스는 그의 지체가 의도적이며 범죄적인 것이라고 짜증을 내면서25 오순절 축일 16일 후에 종교 회의를 개최하겠다고 선포했다. 동방의 지지자들의 도착에 기대를 걸고 있던 네스토리우스는 크리소스토무스가 그랬던 것처럼 적들의 관할권을 부정하고 소환에 불응했다. 그들은 심판을 서둘렀으며 고발자가 판관의 자리에 앉았다. 스물두 명의 대주교를 포함한 예순여덟 명의 주교가 겸허하고 온건한 반대로 네스토리우스의 주장을 옹호해 주었다. 그들은 결국 주교 회의에서 제외되었다. 칸디디아누스는 황제의 이름으로 4일간의 유예를 요청했지만 이 불경한 정무관은 폭력과 모욕을 당하며 성도들의 모임에서 쫓겨났다. 이 모든 중요한 업무가 어느 여름 날 하루 동안 처리되어야 했다. 주교들은 각자 의견을 내놓았지만 문체가 동일한 것을 보면 한 사람의 영향력 내지 지휘가 작용했음을 알 수 있다. 이 한 사람은 그들의 결의서와 서명까지 변조했다는 비난을 받고 있다. 반대의 목소리 하나 없이 그들은 키릴루스의 교서가 니케아 신조와 교부들의 교의를 담고 있다고 승인했다. 그러나 네스토리우스의 서한이나 설교를 조금만 발췌해도 저주라며 중단시켰다. 이 이단은 교회 지위를 박탈당했다. 새로운 유다에게 새겨진 판결이 에페수스의 거리에 포고되었다. 지친 고위 성직자들은 신의 어머니의 교회에서 나오면서 마리아의 옹호자라며 환호를 받았다. 햇불과 노래, 밤의 소란이 그녀의 승리를 축하했다.

6월,
네스토리우스에 대한
유죄 판결

그로부터 5일 후 이 승리는 동방 주교들의 도착과 이들의 분노로 어두워졌다. 안티오크의 요하네스는 숙소에 도착해 신발에서 먼지를 닦아 내기도 전에 황제의 대리인인 칸디디아누스를 접견했다. 그는 이집트인의 성급한 폭력을 막으려 했던 자신의 무력한 노력에 대해 언급했다. 쉰 명의 동방 주교들은 한결같이 성급하고 격렬하게 키릴루스와 멤논의 교회가 갖는 영예를 격하시키고, 12개조 저주문에는 아폴리나리스 이단의 맹독이 들어 있다고 비난하면서 알렉산드리아의 대주교는 교회의 파괴를 위해 태어나고 그렇게 교육받은 괴물이라고 말했다.26 그의 대주교좌는 너무 멀리 떨어져 있어서 손길이 닿지 않았지만 이들은 그 자리에서 에페수스의 회중에게 충실한 목

6월,
동방 주교들의 저항

26 요하네스와 키릴루스가 동맹을 맺은 뒤 이 독설은 서로에게 잊혀졌다. 이 비난의 방식을 존경할 만한 적들이 서로의 장점에 대해 갖는 참된 인식과 혼동해서는 절대 안 될 것이다.

자의 축복을 내리기로 결의했다. 멤논의 경계로 인해 그들이 들어오지 못하도록 교회의 문이 닫혔고 성당에는 강력한 수비대가 투입되었다. 칸디디아누스가 지휘하는 군대는 공격을 감행했다. 외부 호위대는 그들의 칼에 쓰러졌지만 성당은 난공불락이었고 포위 공격자들은 물러났다. 후퇴에는 격렬한 추격이 따랐다. 그들은 말을 잃었고 병사들은 곤봉과 돌로 맞아 심각한 부상을 입었다. 성처녀의 도시 에페수스는 분노와 소동, 소요와 피로 더럽혀졌다. 적대하고 있는 두 종교 회의는 자신들의 영적 병기인 파문과 추방을 내던졌다. 테오도시우스의 궁정은 시리아와 이집트 파벌의 적대적이고 상반되는 설명에 혼란에 빠졌다. 3개월의 혼란스러운 기간 동안 황제는 가장 효과적 수단인 무관심과 경멸을 제외한 모든 방법을 동원해 신학적 논쟁을 화해시키려 했다. 그는 무죄방면이나 유죄 판결 등의 일반적인 방법을 통해 지도자들을 제거 또는 위협하려 했다. 황제는 에페수스에 엄청난 권한과 군사력을 가진 사절을 보냈다. 그리고 양쪽에서 여덟 명의 대리인을 보내 대중의 광기에 물들지 않은 수도 부근에서 자유롭고 솔직한 회의를 열도록 했다. 그러나 동방 주교들은 이에 승복하지 않으려 했고, 가톨릭교도들은 수적 우위와 라틴 교회의 지원을 믿고 화합이나 관용의 조건을 모두 거부했다. 온순한 테오도시우스의 인내심도 한계에 달해 그는 이 교회의 소요를 분노 속에 해산시켰다. 이 소요는 13세기가 지난 지금까지도 제3차 공의회라는 존경할 만한 이름으로 알려져 있다. 경건한 황제는 이렇게 말했다.

짐이 이 소동을 일으키지 않았음은 신께서도 증명해 주실 것이오. 전능하신 신께서는 죄지은 자를 분별해 벌주실 것이오. 각자 자신의 영토로 돌아가 이 회의의 악행과 치욕을 개인적 덕성으로 보상할 수 있기를 바라오.

그들은 자기 영토로 돌아갔다. 그러나 에페수스의 종교 회의를 혼란하게 만들었던 바로 그 열성이 동방 세계 전체에 퍼져 있었다. 세 번의 끈질긴 똑같은 싸움 끝에 안티오크의 요하네스와 알렉산드리아의 키릴루스는 마지못해 서로 해명하고 포옹했다. 그러나 외관상의 재결합은 분별이 아니라 이해타산, 두 대주교의 그리스도교적 자비심이 아니라 오랜 논쟁으로 인한 피로에 따른 것이었다.

비잔티움 고위 성직자는 이집트인 적수의 행위와 인품에 대한 악의적인 편견을 황제의 귀에 불어넣었다. 소환장에 동봉한 협박과 독설을 담은 서한은 그를 참견 잘하고 오만 방자하며 질투심 많은 사제라고 비난하고 있다. 그가 신앙의 단순성을 혼란시키고 교회와 국가의 평안을 깨뜨렸으며 테오도시우스의 아내와 누이에게 교활하게 따로 접근하여 감히 황가에 불화의 씨를 퍼뜨리려 했다는 것이다. 황제의 엄명에 따라 키릴루스는 에페수스로 돌아갔고, 그곳에서 네스토리우스와 동방 교파의 이해와 얽혀 있는 정무관들의 저항과 협박을 받고 감금당했다. 이들은 리디아와 이오니아에 군대를 집결시켜 총대주교의 광신적이고 무법한 행렬을 진압하고자 했다. 그는 황제의 허락을 기다리지 않고 호위병들을 피해 달아나 배를 서둘러 출항시켰다. 그리고 불완전한 종교 회의를 버리고는 안전하고 독립적인 자신의 교회 요새로 후퇴했다. 그러나 그가 궁정과 수도로 파견한 노련한 사절단은 갖은 노력으로 황제의 분노를 가라앉히고 호의를 얻어 내는 데 성공했다. 아르카디우스의 허약한 아들은 아내와 누이, 환관과 궁정의 여인들에게 번갈아

*서기 431~435년,
키릴루스의 승리*

조종당했다. 그들을 지배하고 있던 열정은 미신과 탐욕이었으므로 정통파 교회의 수장들은 미신을 만들어 내고 탐욕을 충족시키도록 부지런히 애썼다. 콘스탄티노플과 인근 지방은 많은 수도원으로 신성시되었고, 경건한 수도원장 달마티우스와 에우티케스는 키릴루스의 대의명분인 마리아 숭배와 그리스도의 통일성에 열의와 충성을 바쳤다. 수도원 생활을 시작한 첫 순간부터 그들은 속세와 섞이거나 도시의 세속적 땅을 밟은 적이 없었다. 그러나 교회의 위기라는 이 무시무시한 순간에는 그들의 맹세보다 더 숭고하고 불가피한 의무가 우선했다. 그들은 불 켜진 초를 손에 들고 신의 어머니에게 바치는 연도(連禱)를 읊는 수도사와 은자들의 긴 행렬 앞에 서서 궁정을 향해 수도원을 나섰다. 사람들은 이 범상치 않은 광경에 교화되고 자극받았으며 황제는 벌벌 떨면서 성도들의 기도와 서원을 들었다. 그들은 대담하게도 아타나시우스의 정통파 후계자와 교의를 수용하지 않는 한 그 누구도 구원받을 수 없다고 선언했다. 동시에 제위로 통하는 모든 길은 황금 세례를 받았다. 찬양과 축복이라는 점잖은 이름 아래 남녀 궁정인 모두가 권력과 욕심을 좇아 뇌물을 받았다. 그러나 그들의 끊임없는 요구는 콘스탄티노플과 알렉산드리아의 성역을 파괴하고 말았다. 이 수치스러운 타락의 비용을 대기 위해 빚이 이미 6만 파운드에 이르렀다는 성직자들의 정당한 불만을 잠재우는 것은 총대주교의 권한으로는 불가능했다.[27] 동생 테오도시우스에게서 제국이라는 짐을 덜어 준 풀케리아는 정통파 교회의 가장 든든한 후원자였다. 종교 회의의 성난 목소리와 궁정의 속삭임이 어찌나 밀접하게 엮여 있었던지, 키릴루스는 테오도시우의 총애를 받는 환관 하나를 쫓아내고 다른 사람으로 바꾸면 자신이 성공할 것이라고 확신했다. 그러나 이 이집트인은 명예로운 또는 확실한

[27] 키릴루스의 부주교가 자신이 임명해 준 콘스탄티노플의 신임 주교에게 보내는 흥미로운 편지가 알 수 없는 이유에서 라틴어 판본에 보존되어 있다. 가면은 거의 벗겨졌으며 성도들은 이해와 동맹에 대해 정직하게 언급하고 있다.

승리를 자랑할 수는 없었다. 황제는 평소와 달리 확고하게 동방 주교들을 보호해 주겠다는 약속을 지켰다. 키릴루스도 12개조 저주문을 완화하고 마지못해 그리스도의 양성(兩性)에 대해 모호하게 고백하고 나서야 불운한 네스토리우스에 대한 복수를 달성할 수 있었다.

성급하고 완고한 네스토리우스는 종교회의가 끝나기 전에 키릴루스의 탄압을 받고 궁정으로부터는 배신당했으며 동방의 지지자들에게서는 미약한 지원만을 받았다. 두려움 또는 분노 때문에 그는 아직 때가 되지 않았는데도 자발적 사임이라는 명예를 택하는 척했다. 그의 소망 또는 요청은 순순히 수용되었다. 그는 에페수스에서 예전에 머무르던 안티오크의 수도원으로 명예롭게 물러났다. 얼마 후에는 그의 후계자인 막시미아누스와 프로클루스가 콘스탄티노플의 적법한 주교로 승인되었다. 그러나 지위를 잃은 총대주교가 독방의 정적 속에서 한 개인 수도사로서 다시 순결과 안전을 도모할 수는 없었다. 그는 과거를 후회하고 현재에 불만을 품었으며 미래는 두려워할 만했다. 동방의 주교들은 잇달아 자신들의 대의명분을 인망 없는 그의 이름으로부터 분리했다. 네스토리우스를 신앙의 증거자라며 숭앙하던 분리파의 수는 나날이 줄어들었다. 그가 안티오크의 거처에서 4년을 지낸 뒤 테오도시우스의 손으로 포고령이 내려졌다. 네스토리우스를 마법사 시몬과 같은 격으로 취급하여 그 견해와 추종을 금지하고, 저작물을 불태웠으며 처음에는 아라비아의 페트라로, 마지막에는 리비아 사막의 섬 가운데 하나인 오아시스로 추방했다.[28] 교회와 속세에서 격리된 후에도 이 유배자는 여전히 편협한 분노와 전쟁에 쫓겨 다녔다. 블레미에스족 또는 누비아족의 방랑 부족이 그의 고독한 감옥을

서기 435년,
네스토리우스의 추방

[28] 섬이라는 비유는 저 엄숙한 로마 법학자들이 리비아 사막에서 물과 목초지로 구분되는 운 좋은 장소들을 지칭하는 데 사용한 것이다. 그 가운데 세 곳이 오아시스 또는 알바하트라는 이름을 가졌다. 1) 암몬의 유피테르 신전. 2) 중간 오아시스. 리코폴리스 서쪽에서 사흘 거리. 3) 네스토리우스가 추방된 남부. 훌륭한 기후를 갖고 있으며 누비아 국경에서 사흘 정도 걸린다.

47장 529

습격했다. 그들은 퇴각하면서 필요 없는 포로들을 놓아주었다. 네스토리우스는 나일 강둑에 도착한 순간, 로마 정통파 교회 도시로부터 훨씬 온건한 야만인의 예속 상태로 몸을 숨기는 것이 나았을지도 모른다. 그의 도주는 새로운 범죄라며 처벌받았다. 총대주교의 영혼이 이집트의 민사 및 교회권을 쥐고 있었다. 정무관, 군인, 수도사들이 그리스도와 성 키릴루스의 적을 열심히 고문했다. 이 이단자는 에티오피아의 국경 지역으로 추방되었다가 소환되기를 반복하다가 마침내 고된 여정과 사고로 늙은 몸은 상하고 말았다. 그러나 그의 마음은 여전히 자주적이고 바로 서 있었다. 테베의 총독은 성직자다운 그의 편지에 경외심을 느꼈다. 그는 저 알렉산드리아의 가톨릭 독재자보다 오래 살았다. 칼케돈 공의회는 16년간의 추방 끝에 그의 명예, 적어도 교회의 구성원으로서의 자격은 회복시켜 주었을지 모른다. 그러나 네스토리우스가 죽는 바람에 그러한 반가운 소환에 따를 수가 없게 되었다.[29] 신성 모독을 자행한 기관인 그의 혀가 구더기에 파먹혔다는 중상은 그의 병환을 과장한 이야기일지 모른다. 그는 켐니스, 파노폴리스 또는 아크민이라는 이름으로 알려진 상(上)이집트의 한 도시에 매장되었다. 그러나 야고보파의 꺼지지 않는 적의는 수세기 동안 지속되어 그의 무덤에 돌을 던졌고 의인과 신앙심 없는 자들의 구별 없이 공평하게 내리는 하늘의 비마저 그를 피해 갔다는 어리석은 소문을 퍼뜨렸다.[30] 자비심을 발휘하여 네스토리우스의 운명에 눈물을 흘릴 수도 있다. 그러나 공정을 기하자면 그는 자신이 승인하고 실제로 자행했던 박해를 스스로 당한 것임도 기록해 두어야 한다.[31]

32년간이나 군림한 뒤에 알렉산드리아의 대주교가 사망함으로써 가톨릭교도들은 무절제한 열성과 승리의 남용에 아끼

[29] 네스토리우스가 칼케돈 공의회에 초청되었다는 것은 멜리테네의 주교인 자카리아스, 히에라폴리스의 주교인 유명한 크세나이아스, 일명 필로크세누스가 언급하고 있다. 이에 대해 에바그리우스와 아세만은 부정하며 라크로즈는 결연하게 주장하고 있다. 이 사실은 개연성이 없지는 않다. 그러나 단성론자들은 불쾌한 말을 퍼뜨리는 것이 관심사였다. 에우티키우스는 네스토리우스가 7년의 유배 끝에, 따라서 칼케돈 공의회 10년 전에 사망했다고 확신하고 있다.

[30] 에우티키우스와 아불파라기우스는 10세기와 13세기 사람들이 이 이야기를 믿었음을 보여준다.

[31] 에바그리우스 덕택에 네스토리우스의 서신에서 몇 가지 발췌를 읽을 수 있다. 그러나 이 냉정하고 어리석은 광신도는 그의 고통에 대한 생생한 설명은 모욕스럽게 대하고 있다.

지 않고 몸을 맡겼다. 단성론 교리(성육신
의 하나의 본성)는 이집트 교회와 동방의

서기 448년,
에우티케스의 이단

수도원에서 엄격하게 설파되었다. 아폴리
나리스의 소박한 신조는 이제 키릴루스의 존엄으로 보호되었
다. 네스토리우스의 시리아 이단에 가장 적대적인 종파에는 키
릴루스의 벗 에우티케스의 이름이 붙여졌다. 네스토리우스의
적대자 에우티케스는 300명의 수도사를 통솔하는 수도원장 또
는 관장이었다. 비잔티움 성직자 플라비아누스의 분노 또는 무
분별 때문에 그와 관련된 추문이 그리스도교 세계의 눈앞에 폭
로되지 않았더라면 이 단순하고 무학(無學)인 은둔자의 견해
는 70년이 넘도록 그가 기거해 온 독방에서 자연히 소멸되었을
것이다. 그가 속한 교구의 주교 회의가 즉각 소집되었고 회의
진행은 소요와 책략으로 얼룩졌다. 이 늙은 이단은 자기 주장
이 그리스도의 몸이 성처녀 마리아의 실재에서 나오지 않았다
는 것으로 간주되자 놀랐다. 이들의 편파적인 결의에 대해 에
우티케스는 공의회에 상소했다. 그의 주장은 궁정에서 세도가
높던 대자(代子) 크리사피우스와 테오필루스의 조카(키릴루
스)에게서 지위와 신조, 재능, 악덕까지 물려받은 그의 동료
디오스코루스가 열렬히 옹호해 주었다. 테오도시우스의 특별
소환으로 제2차 에페수스 공의회는 동로

서기 449년 8월,
제2차 에페수스 공의회

마 제국의 여섯 주교 교구에서 각각 열
명의 대주교와 열 명의 주교를 뽑아 세심
하게 구성되었다. 총애 또는 공훈으로 인한 예외를 더해 그 수
는 135명으로 늘어났다. 시리아의 바르수마스는 수도사들의
수장이자 대표로서 사도들의 계승자들 가운데 앉아 표결을 행
사하도록 초청되었다. 그러나 알렉산드리아 총대주교의 전제
는 이번에도 토론의 자유를 억압했다. 또다시 영적·육체적 무

기를 이집트의 무기고에서 끌고 나왔다. 한 무리의 궁사로 이루어진 아시아의 고참 병사들이 디오스코루스의 명령에 복종하고 있었다. 이성이나 자비를 전혀 모르는 훨씬 무시무시한 수도사들이 성당 문을 포위했다. 주교들의 일치되고 자발적인 발언은 키릴루스의 신앙과 저주까지도 받아들였다. 양성(兩性)이라는 이단은 가장 박식한 동방의 주교들과 그들의 저작에 의해 정식으로 비난받았다.

그리스도를 나누려 하는 자는 검으로 쪼개지기를, 그들이 조각조각 찢어지기를, 산 채 불태워지기를!

이라는 것이 그리스도교 종교 회의의 자비로운 소망이었다. 에우티케스의 결백과 고결함은 즉시 인정되었다. 그러나 트라키아와 아시아의 주교들은 대주교(플라비아누스)가 합법적 재판권을 사용 또는 남용했다는 이유로 해임되지 않기를 바랐다. 그들은 위협적으로 주교좌의 발판에 서 있는 디오스코루스의 무릎을 끌어안고, 형제의 죄를 용서하고 위엄을 존중해 달라고 간청했다. "폭동을 일으킬 생각이오?" 이 냉혹한 폭군은 소리쳤다. "장교들은 어디 있나?" 이 말에 곤봉과 칼, 쇠사슬을 손에 든 광포한 수도사와 병사 무리가 교회로 돌진했다. 벌벌 떨던 주교들은 제단 뒤 또는 긴 의자 밑으로 숨었다. 순교의 열성은 갖고 있지 않던 이들은 차례로 백지에 서명했고 나중에 그 백지는 비잔티움 고위 성직자에 대한 단죄의 글로 채워졌다. 플라비아누스는 즉시 이 영적 원형경기장의 야수들에게 인도되었다. 수도사들은 바르수마스의 말과 본보기에 자극받아 그리스도에 가해진 모욕에 보복하려 했다. 알렉산드리아의 대주교는 이 콘스탄티노플의 형제를 욕하고 때리고 발로 차고 짓밟았다고 한다. 이 희생자는 에페수스에서 입은 상처 때문에 그로부터 3일 후 유배지에 도착하기 전에 사망하고 말았다. 제2차 공의회가 강도와 암살자들의 회의로 낙인찍힌 것은 당연한 일이다. 그러나 디오스코루스를 비난하는 사람들이 자신들의 행동의 비겁함과 줏대 없음을 무마하기 위해 그의 폭력성을 과장한 것일지도 모른다.

이집트의 신앙이 패권을 잡았다. 그러나 패배한 종파는 아틸라와 가이세리크의 적개심에 찬 분노에 두려움 없이 맞섰던

서기 451년 10월~11월, 칼케돈 공의회

바로 그 교황의 지지를 받고 있었다. 레오 1세의 신학과 성육신의 신비에 대한 유명한 교서는 에페수스 종교 회의에서 무시되었다. 그와 라틴 교회의 권위가 사절단을 통해 모욕을 당한 것이다. 사절단은 굴종과 죽음을 피해 달아나 디오스코루스의 폭정과 플라비아누스의 순교에 관한 우울한 이야기를 전했다. 교황의 교구 종교 회의는 에페수스의 변칙적 의사 진행을 무효화했다. 그러나 이 조치 자체가 변칙적인 것이었으므로 그는 이탈리아의 자유로운 정통파 속주에서 정규 공의회를 개최했다. 독립적인 위치에 서서 이 로마 주교는 그리스도교의 수장으로서 위험을 느끼지 않고 말하고 행동했으며, 플라키디아와 그녀의 아들 발렌티니아누스는 아첨하며 그의 명령을 받아들였다. 이들은 동로마 제국의 동지들에게 교회의 평화와 통합을 되찾을 것을 권유했다. 그러나 동로마 제국의 궁정은 환관의 손안에서 교묘하게 조종되는 모양새였다. 테오도시우스는 교회는 이미 평온하며 승리했고 남은 불꽃도 네스토리우스파에 대한 정당한 처벌로 꺼졌다고 주저 없이 선언했다. 황제의 말〔馬〕이 때마침 넘어져 주지 않았다면 아마도 그리스인들은 여전히 단성론이라는 이단에 빠져 있을지 모른다. 황제는 죽었고

정통파인 누이 풀케리아가 명목상의 남편과 함께 제위를 이었다. 크리사피우스는 화형에 처해졌고 디오스코루스는 파면되었으며 유배자들은 소환되었고 레오의 교서는 동방 주교들의 인정을 받았다. 그러나 교황은 라틴 종교 회의를 개최하려는 계획에서는 좌절을 겪었다. 그는 비티니아의 니케아에서 신속하게 집결된 그리스 주교 회의를 주재하는 일을 경시했다. 그의 사절단은 독단적인 어조로 황제가 참석할 것을 요구했다. 지친 주교들은 마르키아누스 황제와 콘스탄티노플 원로원의 눈이 바로 닿을 수 있는 곳인 칼케돈으로 장소를 옮겼다. 트라키아 보스포루스에서 4분의 1마일 떨어진 곳에 있는 성 에우페미아 교회는 높지만 완만한 언덕 정상에 세워져 있었다. 이 삼중 구조의 건물은 비범한 예술이라며 칭송되었고, 끝없이 내다보이는 육지와 바다의 전망은 신도들이 마음으로 우주의 신에 대해 숙고하도록 고무했을 것이다. 630명의 주교가 교회 본당의 회중석에 순서대로 앉았다. 그러나 동로마 제국의 대주교들보다 교황의 사절단이 상석을 차지했고 그 사절단 가운데 세 번째 자리에 앉은 사람은 일반 사제였다. 집정관 또는 원로원 의원 지위의 평신도 스무 명이 앉을 명예석이 확보되어 있었다. 복음서는 중앙에 눈에 띄게 놓여 있었지만 신앙의 법칙은 칼케돈 공의회의 13회기를 주재한 교황과 황제의 대리인들이 정했다.[32] 그들은 편파적 간섭으로 교회의 엄숙함을 깨뜨린 무절제한 외침과 저주의 말을 잠재웠다. 그러나 사절단의 정식 고발로 디오스코루스는 대주교 지위에서 범죄자 신분으로 강등되었는데 판관들의 의견으로 그는 이미 단죄되어 있었다. 네스토리우스보다 키릴루스에게 더 적대적이었던 동방 사람들은 로마인을 구원자로 받아들였다. 트라키아, 폰투스, 아시아는 플라비아누스의 살해에 분개하고 있었지만 콘스탄티노플과 안

[32] 칼케돈 공의회 결의는 플라비아누스 지배하의 콘스탄티노플 주교 회의로 구성된 에페수스 공의회 결의를 포함하고 있다. 이 이중의 혼란을 풀어내려면 주의를 기울여야 한다. 에우티케스, 플라비아누스, 디오스코루스에 대한 사건 전체에 관해 에바그리우스와 리베라투스가 언급하고 있다. 이번이 거의 마지막이겠지만 다시 한 번 티유몽의 부지런함에 의존하고자 한다. 이 책의 길고도 힘든 여정에서 계속 동반할 것은 바로니우스와 파기의 연대기이다.

티오크의 신임 대주교들은 은인을 희생시켜 자기 자리를 확보한 것이었다. 팔레스타인과 마케도니아, 그리스 주교들은 키릴루스의 신조를 믿고 있었다. 그러나 주교 회의를 앞두고 열띤 싸움 속에서 이 지도자들은 추종자들과 함께 오른쪽을 지나 왼쪽 편으로 갔으며 이 시의적절한 이탈로 승리를 결정해 주었다. 알렉산드리아에서 온 속교구의 주교 열일곱 명 가운데 네 명은 동맹을 저버렸고 남은 열세 명은 땅바닥에 엎드려 공의회의 자비를 간청했다. 그들은 한숨과 눈물로 자신들이 여기서 승복하면 이집트에 돌아가는 즉시 분개한 민중들의 손에 학살되리라고 말했다. 디오스코루스의 공모자들에게 죄 또는 과오를 속죄하라며 때늦은 회개의 기회가 주어졌다. 그러나 그들의 죄는 디오스코루스에게 모두 가중되었다. 그는 사면을 요청하지도 바라지도 않았으며, 대사면을 요청하는 사람들의 온건한 목소리는 승리와 복수를 외치는 요란한 목소리에 묻혀 버렸다. 새로운 지지자들의 체면을 세우기 위해 개인적인 죄목들이 교묘하게 적발되었다. 디오스코루스가 성급하고 불법적으로 교황을 파문했다거나 주교 회의의 소환에 불응했다는(죄인으로 억류되어 있는 동안에 말이다.) 것이었다. 그의 오만, 탐욕, 잔인함에 대한 특이한 사실들을 증명하기 위해 증인들이 소환되었다. 주교들은 교회 구호품이 여자 무용수들에게 아낌없이 주어졌고 그의 궁전과 욕탕이 알렉산드리아의 창녀들에게 개방되었으며 저 악명 높은 판소피아, 일명 이레네가 총대주교의 첩으로 공공연하게 대우받았다는 얘기를 듣고 혐오를 느꼈다.

이러한 수치스러운 죄로 인해 디오스코루스는 주교 회의에 의해 직위를 박탈당하고 황제에게 추방당했다. 그러나 그 신앙의 순수성은 주교들 앞에서 암묵적인 승인을 받으며 확인

칼케돈 신조

되었다. 그들은 분별력을 발휘하여 재판정 앞에 소환된 적 없는 에우티케스의 이단을 확언하지 않고 추정만 했다. 한 용감한 단성론자가 그들의 발아래에 키릴루스의 책을 던지면서 성인의 교리를 저주해 보라고 도전적으로 말하자 그들은 무안해하며 조용히 앉아 있었다. 칼케돈의 결의를 정통파에서 기록한 대로 공정하게 꼼꼼히 읽어 보면 대다수의 주교가 그리스도의 단순한 단일성을 수용하고 있음을 알 수 있다. 그리고 그리스도가 두 본성에 의해 또는 두 본성으로 형성되었다는 모호한 타협은 이들의 선재(先在) 또는 그 후의 혼재, 아니면 인간의 수태와 신의 승천 사이의 위험한 단계를 가정할 수 있었다. 로마의 신학에서는 훨씬 단정적이고 간명하게 이집트인들에게 가장 거슬리는 그리스도는 두 본성으로 존재했다(Christ existed 'in' two natures.)는 말을 채택했다. 그리고 (이해하는 것이 아니라 기억해 간직해야 하는) 이 중요한 단어(in)는 가톨릭 주교들을 거의 분열시켰다고 할 수 있다. 레오의 교서는 정중하게, 아마도 진심으로 승인되었지만 그들은 두 번의 토론을 통해 성서와 전통의 규칙에 따라 니케아, 콘스탄티노플, 에페수스에서 확정된 신성한 지침을 침해하는 것은 이익이 되지도 적법하지도 않다고 주장했다. 결국 그들은 끈덕진 요구에 굴복했지만 그들의 절대적 교령(教令)은 심사숙고한 표결과 열렬한 환호 속에 승인된 뒤 다음번 회기에서 교황의 사절단과 동방 동료들의 반대로 뒤집어지고 말았다.

주교들의 결의는 정통적이며 불변이다! 이제 이단들을 찾아냈다! 네스토리우스파에게 파문을! 그들을 주교 회의에서 몰아내라! 로마로 돌려보내라!

수많은 교회의 목소리가 이렇게 외쳤지만 소용없었다. 교황의 사절단은 위협을 가했고 황제는 절대적이었으며 열여덟 명의 주교로 이루어진 위원회가 새로운 교령을 준비하여 내키지 않아하는 회의 참석자들에게 승인을 강요했다. 제4차 공의회의 이름으로 그리스도는 한 사람 안에 있지만 두 개의 본성으로 존재한다는 발표가 가톨릭 세계에 울려 퍼졌다. 아폴리나리스의 이단과 성 키릴루스의 신앙 사이에 보이지 않는 경계선이 그어졌다. 천국으로 가는 길, 그 면도날만큼이나 날카로운 다리는 신학적 명인의 뛰어난 솜씨에 의해 심연 위에 매달려 있었다. 맹목과 예종의 1000년 동안 유럽은 바티칸의 신탁에서 종교적 견해를 받아 왔다. 이미 고대의 녹이 슨 바로 그 교리가 논쟁도 없이 로마 교황의 최고권을 부정한 개혁자들의 신조에도 수용되었다. 칼케돈 주교 회의는 아직도 프로테스탄트 교회에서 승승장구하고 있다. 그러나 논쟁의 홍분은 잦아들었으며 현재는 아무리 경건한 그리스도교도라도 성육신의 신비적 교의에 대한 자기 믿음이 어떤 것인지 모르거나 아니면 관심을 갖지 않는다.

레오와 마르키아누스의 정통파 황제들의 치세에서 그리스와 이집트인의 기질은 전혀 달랐다. 경건한 황제들은 무력과 포고령으로 자기들 신앙의 상징을 강요했다. 500명의 주교들은 양심 또는 명예를 걸고 칼케돈 주교 회의의 교령을 피를 보는 한이 있더라도 적법하게 지지한다고 선언했다. 가톨릭교도들은 바로 그 주교 회의가 네스토리우스파와 단성론자 모두에게 적대적이라는 사실을 만족하며 지켜보았다. 그러나 네스토리우스파의 분노 또는 저항은 약했던 반면 동로마 제국은 단성론자들의 완강하고 살벌한 열의로 혼란에 빠졌다. 예루살렘은 수

서기 451~482년, 동방 교회의 불화

33 밤에 돌아다녀 아일로우로스(Αἴλουρός)라는 이름을 얻었다. 그는 어둠 속에서 변장하고 수도원의 여러 방을 돌아다녔으며, 자고 있는 동료들에게 이 계시를 속삭였다.

도사로 이루어진 군대로 점령되었다. 그들은 성육신의 하나의 본성이라는 명분하에 약탈하고 방화와 살인을 저질렀다. 그리스도의 묘지는 피로 더럽혀졌다. 도시의 성문은 황제의 군대에 맞서는 거친 반란자들이 지키고 있었다. 디오스코루스의 파면과 유배 이후에도 이집트인들은 자신들의 영적 아버지를 상실한 것을 애석해 했으며 칼케돈의 주교들이 정해 준 후임자를 찬탈자라며 혐오했다. 프로테리우스의 대주교 자리는 병사 2000명의 호위로 지탱되고 있었다. 그는 알렉산드리아의 민중과 5년간이나 전쟁을 치러 왔지만 마르키아누스의 사망 소식이 처음 전해지자마자 그들 열광의 희생자가 되었다. 부활절 축제 3일 전, 총대주교는 성당 안에 포위되어 세례당에서 살해되었다. 토막 난 시신은 불 속에 던져졌고 재는 바람에 날아갔다. 이런 행위는 거짓 천사의 환영에 의해 유도된 것으로 고양이 티모티우스33라는 이름 아래 디오스코루스의 지위와 신앙을 물려받은 한 야심 많은 수도사가 사주한 것이었다. 이 치명적 미신은 양 진영의 복수의 원칙과 그 실행으로 부추겨졌다. 형이상학적 논쟁 때문에 수천 명의 사람들이 살해되었으며, 지위 고하를 막론하고 그리스도교도들은 사회생활의 실질적 향유, 세례 및 성찬식이라는 보이지 않는 은혜를 박탈당했다. 아마도 당시의 한 과장된 우화는 서로를 박해했던 이 광신도들에 대한 비유를 숨기고 있을지 모르겠다. 한 엄숙한 주교는 이렇게 말하고 있다.

베난티우스와 켈레르가 집정관일 당시 알렉산드리아와 이집트의 민중들은 모두 기묘하고 악마적인 광기에 사로잡혔다. 칼케돈 주교 회의 결의에 반대한 귀족과 평민, 노예와 자유민, 수도사와 성직자를 구별할 것 없이 이 땅의 사람들은 말[言]과 이성을 잃고 개처럼 짖어대며 이빨로 서로의 손과 팔에서 살점을 뜯어냈다.

30년간의 무질서로 인해 마침내 제논 황제의 저 유명한 통일령이 나오게 되었다. 통일령은 제논과 아나스타시우스의

서기 482년, 제논의 통일령

치세에 모든 동방의 주교들에 의해 서명되었는데, 이 건전하고 기본적인 법을 거부하거나 침해할 경우 지위 박탈과 유배라는 형벌을 받게 된다는 조항이 마련되어 있었다. 성직자는 평신도가 감히 신앙 조항을 규정하는 것을 비웃거나 한탄할지 모른다. 그러나 어쩔 수 없이 이 굴욕적인 작업을 했던 황제의 마음은 편견이나 이해관계에 물들어 있지 않았다. 지배자의 권위는 민중의 화합에 의해서만 유지할 수 있었다. 제논이 가장 무시받지 않는 부분이 있다면 바로 교회에 관한 것이다. 필자는 그리스도를 경배하는 사람과 로마 시민을 박해하는 것은 황제로서 걸맞지 않다고 한 아나스타시우스의 관대한 말에서 마니교파나 에우티케스파의 죄를 감지할 수도 없다. 통일령은 이집트인들에게는 매우 만족스러운 것이었다. 정통파 신학자들의 경계심 많고 옹졸한 눈에도 작은 오점조차 보이지 않았다. 통일령은 적대적 종파의 특정 용어나 교의를 채택 또는 부정하지 않고도 성육신에 대한 가톨릭의 신앙을 정확하게 나타내고 있다. 네스토리우스와 에우티케스에 대해, 또 그리스도를 나누거나 혼합시키거나 환영으로 전락시키는 모든 이단에 대해 엄숙한 저주가 선포되었다. 본성이라는 말의 수 또는 내용을 정의하지 않고도 성 키릴루스의 순수한 교리와 니케아, 콘스탄티노플, 에페수스의 신앙이 정중하게 확인받았다. 그러나 제4차 공의회라는 이름 앞에 고개를 숙이는 대신 칼케돈이나 다른 어느

곳에서든 이에 반하는 교리를 가르친다 하더라도 이 문제는 그러한 교리를 비난함으로써 간단히 처리되었다. 가장 이성적인 그리스도교도도 이런 식의 관용에 묵묵히 따랐다. 그러나 그들의 논리는 약하고 모순적이었으며 그들의 복종은 그들 동족 가운데 격렬한 기질을 가진 자들로부터 소심하고 비굴한 일이라고 비난받았다. 인간의 사상과 논설을 모두 모아 둔 주제에 대해 중립을 지키는 일은 쉽지 않다. 책, 설교, 기도가 논쟁의 불씨를 되살렸다. 영적 교섭으로 인한 유대는 주교들의 개인적 적대감에 의해 깨지고 되살아나기를 반복했다. 네스토리우스와 에우티케스 사이의 간극은 수천 개의 언사와 견해로 채워졌다. 능력은 같지 않아도 용기 면에서는 동등하던 이집트의 아케팔리와 로마의 고위 성직자들이 이 신학적 저울의 양극단에 있었다. 왕이나 주교의 필요성을 부인하는 아케팔리파는 칼케돈 주교 회의의 정식 단죄를 요구하지 않고 콘스탄티노플의 교섭을 받아들인 알렉산드리아의 대주교와 300년 이상 관계를 단절했다. 그들의 완강한 전제주의는 그리스 교회 가운데 가장 정통파까지도 영적으로 오염된 것으로 간주하고 그들의 성사(聖事)를 부인 또는 의심하여 35년간이나 동방과 서방의 단절을 조장했으며, 마침내는 성 베드로의 최고 권위에 감히 도전했던 네 명의 비잔티움 대주교를 제명하기에 이르렀다. 그 시기 전에 이미 콘스탄티노플과 이집트의 불안한 평화 협정은 적대 관계인 고위 성직자들의 열성으로 깨졌다. 네스토리우스 이단이라고 의심받았던 마케도니우스는 지위를 잃고 유배당하는 가운데 칼케돈 공의회의 신조를 계속 주장했고 키릴루스의 후계자는 2000파운드의 황금을 뇌물로 바치면서 공의회의 전복을 사주하고자 했다.

 그 시대의 열기 속에서는 단어 한 음절의 의미, 아니 소리만으로도 제국의 평화를 어지럽히기에 충분 했다.

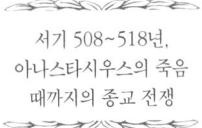
서기 508~518년, 아나스타시우스의 죽음 때까지의 종교 전쟁

신성한, 신성한, 신성하신 만군(萬軍)의 주님이시여!

라는 트리사기온(Trisagion, 세 번의 신성)34에 대해 그리스인들은 이것이 천사와 케루빔(Cherubim)들이 하느님의 왕좌 앞에서 영원히 반복하는 찬송가이며, 5세기 중엽 콘스탄티노플의 교회에 기적에 의해 계시되었다고 생각했다. 안티오크의 신앙은 여기에 곧

우리를 위해 십자가에 매달리신!

이라는 말을 덧붙였고, 그 대상이 그리스도였든 삼위일체 전부였든 이 감사에 넘치는 말은 신학의 여러 규칙으로 정당화되었으며 동방과 서방의 가톨릭교도에 의해 점차 채택되었다. 그러나 이것은 한 단성론자 주교의 상상이었다는 이유로35 당초에 이런 적의 선물은 무시무시하고 위험한 신성 모독이라며 거부되었고, 아나스타시우스 황제는 성급한 개혁을 시도하다가 제위와 목숨을 잃을 뻔했다.36 콘스탄티노플 민중들에게는 자유에 대한 이성적 원칙이 결여되어 있었다. 이들은 경기장 시합의 제복 색깔이나 각 종파의 성체 색 따위도 적법한 반란의 명분이 된다고 생각하는 사람들이었다. 그 불쾌한 어구를 덧붙였든 아니든 두 반대파 합창단이 성당에서 트리사기온을 노래했고, 그들은 노래를 부르다 지치면 방망이와 돌이라는 보다 확실한 논쟁에 의존했다. 공격자들은 황제로부터는 처벌을 받고 총대주교로부터는 보호를 받았다. 이 심상치 않은 싸움에 왕좌

34 페타비우스와 티유몽은 트리사기온의 역사와 교의를 설명하고 있다. 이사야와 아버지보다 앞서 하늘로 불려 간 콘스탄티노플 주교 성 프로클루스의 아들 사이에 흐른 12세기의 세월 동안 이 노래는 훨씬 발전했다. 소년은 천사들이 "신성하신 하느님! 신성하고 강건하시니! 신성하고 불멸이시니!" 하고 노래하는 것을 들었다.

35 천 다듬는 직공(수도원에서 했던 직업)으로 안티오크의 총대주교인 페테르 그나페우스. 그의 지루한 이야기는 파기의 연대기와 에바그리우스에 대한 발루아의 논고 마지막 부분에 실려 있다.

36 아나스타시우스 치세의 고난은 빅토르, 마르켈리누스, 테오파네스의 연대기에서 수집해야 한다. 바로니우스의 시대에는 테오파네스의 저작이 편찬되지 않았으므로, 그의 파기에 대한 비평은 훨씬 정확할 뿐 아니라 풍부하기도 하다.

와 주교의 자리가 걸려 있었다. 거리는 곧 수많은 남녀노소로 가득 찼다. 정렬한 수도사 군단이 그들 앞에 서서 행진하며 소리치고 싸웠다.

그리스도교도들이여! 오늘은 순교의 날이다. 우리의 영적인 아버지를 버리지 말자. 마니교파의 폭군에게 저주를! 그는 통치할 자격이 없다!

가톨릭교도들은 이렇게 소리쳤다. 아나스타시우스의 갤리선단은 총대주교가 고해자를 용서하고 광란하는 대중의 물결을 잠재울 때까지 궁정 앞에 노를 내린 채 대기하고 있었다. 마케도니우스의 승리는 신속한 유배로 견제되었다. 그러나 그를 따르는 무리의 열광은

삼위일체 가운데 누가 십자가에 못 박힌 것인가?

라는 것과 같은 질문으로 분노에 차서 다시 터져 나왔다. 이 중요한 순간에 콘스탄티노플의 청색파와 녹색파는 불화를 일시 중지했으며 문무의 권력은 그들 앞에서 무력해졌다. 도시의 열쇠와 경비대의 군기는 신앙인들의 주요 근거지이자 병영이기도 한 콘스탄티누스 광장에 맡겨졌다. 그들은 낮으로 밤으로 신의 영광을 찬양하거나 군주의 신민들을 약탈하고 살해하느라 바빴다. 황제가 총애하던 수도사, 그들이 삼위일체의 적의 친구라 이름 붙인 수도사는 창끝에 꿰어 높이 들어올려졌다. 이단의 건물에 던져진 횃불은 정통파의 건물도 가리지 않고 다 태워 버렸다. 황제의 조각상은 파괴되었고 그는 교외에 몸을 숨겼다가 사흘 후쯤 용기를 내어 신민들의 자비를 간청했다.

아나스타시우스는 왕관을 벗고 탄원자의 자세로 대경기장의 옥좌에 나타났다. 가톨릭교도들은 그의 면전에서 자신들의 진짜 트리사기온을 합창했다. 그들은 대리인을 통해 제위를 버리겠다는 그의 선언을 듣고 기뻐했다. 모두가 통치자가 될 수는 없는 법이니 사전에 통치자 선정에 합의해야 한다는 충고에 그들은 귀를 기울였다. 그리고 황제가 아무런 주저 없이 사자 굴에 던지도록 명령한 두 명의 인기 없는 대신을 희생 제물로 바쳤다. 이 광포하지만 일시적인 소요는 비탈리아누스의 성공으로 더 자극을 받았다. 그는 대부분이 우상 숭배자인 훈족 및 불가리아족의 군대와 함께 자신이 가톨릭 신앙의 수호자라고 선언했다. 이 종교적 반란으로 그는 트라키아의 주민을 없애 버렸고 콘스탄티노플을 포위 공격하여 같은 그리스도교도 6만 5000명을 말살했으며, 마침내는 주교들의 복직과 교황의 만족, 그리고 칼케돈 공의회의 확인, 죽어 가는 아나스타시우스가 마지못해 서명하고 유스티니아누스의 삼촌이 성실하게 이행한 정통파 조약 등을 이루어 냈다. 평화의 신이라는 이름으로 그의 사도들에 의해 벌어진 첫 번째 종교 전쟁은 그러했다.37

서기 514년,
첫 번째 종교 전쟁

유스티니아누스는 이미 군주, 정복자, 입법자 등 여러 면에서 조명된 바 있다. 이제 신학자로서의 면모가 남아 있는데

서기 519~565년,
유스티니아누스의 신학적
면모와 통치

신학이 그를 묘사하는 데서 매우 두드러진 부분을 형성한다는 것은 다소 좋지 않은 선입견을 준다. 이 통치자는 살아 있거나 사망한 성인들에 대한 미신적인 숭배에 관하여 신민들과 동조했다. 그의 법전, 특히 신칙법은 성직자의 특권을 확인하며 확대하고 있다. 수도사와 평신도 사이에 발생하는 모든 논쟁에서 이 편파적인 판관은 진리와 순수와 정의는 언제나 교회 편에

37 칼케돈 공의회에서 아나스타시우스의 사망에 이르기까지의 통사는 리베라투스의 성무일과서, 에바그리우스의 제2권과 3권, 낭독자 테오도레의 강령, 주교 회의의 결의, 그리고 역대 교황들의 서한에서 볼 수 있다. 이 일련의 사건은 티유몽의 『교회사 기록』 제15권과 16권에 다소 무질서하게 기록되어 있다. 그리고 이쯤에서 이 견줄 바 없는 안내자는 그만 참조하도록 하겠다. 그의 박식함과 근면, 진실성, 조심스러운 세심함은 편협함을 능가하고 있다.

있다고 공언하려 들었다. 공적·사적 기도에서 황제는 근면하고 모범적이었다. 그의 예배, 철야 기도, 금식은 수도사의 엄격한 고행처럼 보일 정도였다. 그는 개인적 성령 감응을 희망하거나 믿으며 공상을 즐겼다. 자신이 성처녀와 대천사 성 미카엘의 수호를 얻어 냈다는 것이었다. 중병에서 회복한 것도 코스마스와 다미아누스라는 신성한 순교자의 기적적인 도움 덕으로 돌렸다. 동로마 제국의 수도와 속주는 그의 종교 기념비로 장식되었다. 이 값비싼 구조물이 세워진 것은 대부분 그의 취향 또는 허세 탓이라고 생각되었지만, 황제로서의 건축가의 열정은 보이지 않는 은인들에 대한 진실한 사랑과 감사의 마음에서 더 활기를 띠었을지 모른다. 황제의 위대함을 일컫는 칭호 가운데 '경건한'이라는 말은 무엇보다 그의 귀를 즐겁게 했다. 교회의 세속적·영적 이해를 증진시키기는 것이 그의 일생의 진지한 과제였다. 국부(國父)로서의 의무가 신앙의 옹호자로서의 의무에 희생되는 경우도 종종 있었다. 당시의 논쟁은 그의 기질과 지력에 잘 맞는 것이었다. 신학자들은 학문을 습득하면서 자기 일은 소홀히 한 이런 문외한의 성실함을 속으로 비웃었을 것임에 틀림없다. 한 대담한 음모가는 동료들에게 이렇게 말했다.

저 편협한 폭군에게서 두려워할 것이 뭐가 있소? 그는 매일 밤 자기 방에 틀어박혀 밤새 잠도 자지 않고 무장도 하지 않은 채 수염이 허옇게 센 성직자들과 논쟁이나 벌이고 교회 서적 책장이나 넘기고 있지 않소.

이러한 노작의 결실은 수많은 회의에서 드러났다. 이런 회의에서 유스티니아누스는 논객들 가운데 가장 큰 소리로 교묘하게 의견을 개진했다. 칙령과 서신이라는 이름으로 이루어진 수많은 설교는 제국에 군주의 신학을 선포하고 있었다. 야만족들이 속주를 침략하고 있는 동안, 승리를 거둔 군대가 벨리사리우스와 나르세스의 깃발 아래 행진하고 있는 동안, 군대의 일이라고는 모르는 트라야누스의 후예는 종교 회의 앞에서 정복하는 것으로 만족했다. 이러한 종교 회의에 객관적이고 이성적인 관객을 초대했다면 유스티니아누스는

> 종교적 논쟁은 거만함과 어리석음의 결과이다. 자신의 본성조차 모르는 인간이 감히 신의 본성을 파고들 수 있다고 생각해서는 안 된다. 신의 완벽한 속성이 권능과 자애라는 사실만 알면 충분하다.

는 사실을 깨달았을지 모른다.[38]

38 이 현명하고 중도적인 의견 때문에 프로코피우스는 알레만누스의 서문에서 몹시 비난을 받고 있다. 알레만누스는 그를 정치적 그리스도교인이라고, 신의 자비의 모방을 인간에게 설파한 혐오스러운 그리스도교도라고 하고 있다.

관용은 그 시대의 미덕에 속하지 않았으며 반란자들에 대한 너그러움은 군주의 미덕이 아니었다. 그러나 군주가 논객으로서 편협하고 속 좁은 품성을 갖게 되면 어마어마한 권력으로 논증의 결함을 메우려 하며, 증거가 확실한데도 악의적으로 눈을 감아 버리는 괴팍한 맹목성을 무자비하게 벌하려 들게 된다. 유스티니아누스의 치세는 다양하지만 일관된 박해의 현장이었다. 그는 법의 편찬이나 그 실행의 엄격함이라는 점에서 나태한 전임자들을 능가한 듯하다. 모든 이단자들에게 개종 또는 망명을 선택하는 데 3개월이라는 부족한 유예기간이 주어졌다. 그리고 그들에게 당분간의 유보는 묵과해 주었지만 황제의 강철 같은 속박 아래 사회적 혜택은 물론이고 인간과 그

유스티니아누스의 박해

이단에 대한 박해

리스도교도로서의 일반적 권리마저 박탈당했다. 프리기아의 몬타누스파들은 400년이 지난 뒤에도 여전히 성령의 특별한 기관인 남녀 사도들에게서 흡수한 완전과 예언이라는 격렬한 열정을 논하고 있었다. 가톨릭 사제와 군인들이 접근하자 그들은 민첩하게도 순교의 왕관을 잡아챘다. 비밀 집회소는 불에 타 사라졌지만 이 광신도들은 그들을 박해한 군주가 죽은 뒤에도 300년간 사라지지 않았다. 콘스탄티노플의 아리아누스파 교회는 고트 동맹자들의 보호 아래 법의 혹독함에 맞서 나갔다. 그들의 성직자는 원로원 의원 못지않은 부와 호사를 누렸다. 때문에 유스티니아누스의 탐욕스러운 손에 몰수된 그들의 금은보화는 아마도 속주의 전리품이자 야만족에게서 얻은 기념품이라고 주장되었을 것이다. 가장 세련된 환경에서든 가장 조야한 환경에서든 잔존하던 이교도의 자취는 그리스도교도들의 분노를 일으켰

이교도에 대한 박해

다. 그들은 아마도 이방인이 자신들의 내부 분쟁을 목격한다는 사실을 꺼림칙해 했을 것이다. 주교 한 명이 신앙의 심문자로 임명되었고 곧 궁정과 도시, 정무관, 법학자, 의사, 소피스트 가운데 그리스인들의 미신을 여전히 믿고 있는 자들을 가려냈다. 그들은 유피테르와 유스티니아누스 중 누구의 분노를 입을 것인지 지체 없이 선택할 것이며 더 이상 복음에 대한 혐오를 무관심 또는 무신앙이라는 가면으로 숨길 수 없다는 엄명을 들었다. 조상들처럼 살고 죽겠다고 결심한 것은 아마도 명예고관 포티우스 한 명뿐이었을 것이다. 그는 단검으로 스스로를 찔러 해방을 얻었으며 압제자에게는 생명이 빠져 나간 망명자의 시신에 치욕을 입힐 수 있는 초라한 위안만을 남겨 주었다. 그보다 소심한 동포들은 지상의 군주에게 복종하여 세례 의식을 받고 놀라운 열성을 보여 우상 숭배

라는 의심을 없애거나 그 죄를 씻으려 애썼다. 호메로스의 나라, 트로이 전쟁의 배경이 되는 땅은 여전히 그 신화의 마지막 생기를 보존하고 있었다. 주교는 또 세심한 주의를 기울여 아시아, 프리기아, 리디아, 카리아에서 7만 명의 이교도를 적발하고 개종시켰다. 새로운 개종자들을 위해 아흔여섯 개의 교회가 세워졌다. 유스티니아누스는 깊은 신앙심에서 우러나오는 넉넉함을 발휘해 아마천으로 된 제복(祭服), 성서, 기도서, 금과 은으로 만든 물병들을 제공했다.39 점점 특권을 잃어 가던 유대교도들은 그리스도교도들과 똑같은 날 부활절 축일을 지키라는 분통 터지는 법적 억압을 받았다.40 그들의 불만은 이유가 있는 것이었다. 가톨릭교도들도 자기네 군주의 역법상의 계산에 동의하지 않았기 때문이다. 콘스탄티노플 사람들은 당국의 선포 일주일 뒤에 사순절을 시작했다. 황제의 명령으로 고기가 판매되고 있는 와중에 그들은 7일간 기쁘게 금식했다. 팔레스타인의 사마리아인들은 혼성 종족으로 모호한 종파였는데 이교도들은 유대교도로, 유대교도들은 분리교파로, 그리스도교도들은 우상 숭배자라며 그들을 배척했다. 가증스러운 십자가가 이미 신성한 가리짐 산에 세워졌지만 유스티니아누스의 박해는 세례 또는 반란이라는 선택권만을 주었다. 그들은 반란을 선택했다. 절박한 지도자의 깃발 아래 사람들은 무기를 들고 일어났으며 자신들이 겪은 고난을 무저항 상태인 사람들의 목숨과 재산, 신전에 보복했다. 사마리아인들은 마침내 동로마 제국 정규군에게 정벌당했다. 2만 명이 살해당했고 2만 명은 아랍인들에 의해 페르시아와 인도의 이교도들에게 팔려나갔으며 이 불운한 종족의 나머지는 위선의 악덕으로 반역이

유대교도들에 대한 박해

사마리아인들에 대한 박해

39 아시아의 주교인 단성론자 요하네스는 이 일의 믿을 만한 증인이다. 그 자신이 직접 황제에게 고용되었다.

40 니케아 공의회는 알렉산드리아의 총대주교, 아니 차라리 천문학자에게 부활절을 매년 공포하라고 위임했다. 그러나 우리는 여전히 성 키릴루스의 파스칼리아 서한 가운데 많은 부분을 읽는다. 어쩌면 읽지 않는다고 하는 편이 더 맞을지 모르지만. 이집트에서 단성론이 지배하기 시작한 이후로 가톨릭교도들은 신교도들 사이에서 그레고리우스 방식의 수용을 그렇게 오랫동안 반대했던 어리석은 편견에 당혹스러워했다.

라는 범죄를 보상했다. 사마리아 전쟁에서 로마인 10만 명이 죽은 것으로 추산되는데[41] 그로 인해 한때 비옥하던 속주는 황폐하고 연기만 남은 황무지로 변해 버렸다. 그러나 유스티니아누스의 신조에서 살인죄는 신앙 없는 자들의 살육에는 적용되지 않았다. 그는 불과 검으로 그리스도교 신앙의 통일을 확립하기 위해 경건하게 노력했다.

이러한 생각을 가지고 있는 황제는 적어도 항상 옳아야 할 책임이 있었다. 치세 초기에 그는 정통파의 사도이자 후견인으로서 열정을 표했다. 그리스와 라틴 교회의 화해로 성 레오의 교서가 황제와 제국의 신조로 확립되었다. 네스토리우스파와 에우티케스파는 적발되어 어느 쪽에서건 양날의 박해를 받았다. 니케아, 콘스탄티노플, 에페수스, 칼케돈에서 열린 네 번의 공의회는 이 가톨릭 입법자의 법전에서 승인되었다.[42] 그러나 유스티니아누스가 신앙과 예배의 통일성을 유지하려는 반면, 그 악덕에도 불구하고 신실하던 황후 테오도라는 단성론자들의 가르침을 수용했다. 교회의 공개적인 또는 비밀스러운 적이 이 은혜로운 후원자의 미소 아래 부활하고 증식했다. 수도와 궁정, 부부의 침상이 영적 불화로 갈라졌다. 그러나 황제 부부의 진실성은 너무도 의심스러운 것이어서 그들의 외관상의 불화를 두고 많은 사람들이 국민의 종교와 행복을 해하려는 비밀스러운 악의적인 동맹이라고 주장했다.[43] 많은 책에서 필요 이상으로 다루고 있는 저 유명한 3장 논쟁[44]은 이 교활하고 음흉한 정신으로 특징지을 수 있다. 오리게네스의 시신이 벌레에 파먹힌 지도 300년이 지났다. 그가 선재(先在)를 주장했던 그의 영혼은 창조주의 손에 있었지만 그의 저작은 팔레스

---

[41] 반쯤은 철학적이고 반쯤은 미신적인 발언 하나가 기억난다. 유스티니아누스의 편협함으로 인해 파괴된 속주는 바로 마호메트교도들이 제국을 침범했을 때 파괴된 속주라는 것이다.

[42] 그의 치세 초기에 바로니우스 자신도 황제에 대해 매우 호의적이었으며, 황제는 자신의 힘 아래에 그들을 둘 때까지 교황들의 비위를 맞춰 주었다.

[43] 교회가 저 은밀한 역사가의 글을 잃지 않았어도 그들의 공통의 의심은 적어도 일반적인 증오를 증명하는 것이다.

[44] '3장 논쟁'이라는 주제에 대해 제5차 콘스탄티노플 공의회의 원(原) 결의는 믿을 만하지만 쓸모없는 지식을 주고 있다. 그리스의 에바그리우스는 아프리카의 파쿤두스, 리베라투스, 빅토르 투누넨시스에 비해 분량도 적고 정확하지도 않다. 아나스타시우스는 독창적인 이탈리아의 증거를 보여 준다. 근대의 독자는 뒤팽과 바스나지에게서 약간의 정보를 얻을 수 있을 것이다. 그러나 바스나지는 교황들의 권위와 품성을 격하시키려고 너무 확고하게 마음먹고 있다.

서기 532~698년, 3장 논쟁

타인 수도사들에 의해 열심히 읽히고 있었다. 유스티니아누스의 날카로운 눈은 이런 저작물에서 열 개 이상의 형이상학적 오류를 발견했다. 성직자들은 이 초기 신학자의 저술을 피타고라스와 플라톤의 작품과 함께 영원한 지옥 불 속으로 던졌다. 이 선례를 핑계로 칼케돈 공의회에도 배반의 일격이 겨누어지고 있었다. 주교들은 모프수에스티아의 테오도루스에 대한 칭송을 안달 내지 않고 들어 왔으며,[45] 그들의 정의 또는 관대함 덕택에 키루스의 테오도레투스, 에데사의 이바스와 교회의 소통이 회복되었다. 그러나 이 동방 주교들의 평판은 이단에 대한 꾸짖음으로 얼룩졌다. 테오도루스는 네스토리우스의 스승이었고 다른 두 명은 그의 벗이었다. 그들의 글 가운데 가장 의심스러운 부분이 '3장(three chapters)'이라는 이름으로 비난받았다. 그들 사후의 명성에 대한 단죄는 가톨릭계가 진정하게 또는 짐짓 경외를 가지고 말하던 종교 회의의 명예와 관련될 수밖에 없었다. 죄가 있든 없든 이 주교들은 죽음의 잠 속에서 소멸되었으니 100년 후 자기들 무덤 위에서 벌어진 소동에 잠이 깨지는 않았을 것이다. 그들이 이미 악마의 독니 속에 있었다면 인간의 노력으로 그 고통을 늘리거나 덜 수는 없었을 것이고, 성인과 천사들과 함께 신앙심의 보답을 즐기고 있었다면 그들은 아직 지상의 표면을 기어 다니고 있는 신학적 벌레들의 무용한 분노에 미소 지었을 것이 틀림없다. 그 벌레 가운데 가장 앞에 나섰던 로마 황제는 아마도 테오도라와 그녀 교파의 진정한 동기를 분간해 내지는 못한 채 침을 찔러 독을 주입했다. 희생자들은 그의 힘의 영향을 받지 않았으며 칙령의 격렬한 어조는 그저 동로마 제국 성직자들로 하여금 저주와 파문을 합창하게 만들 수 있을 뿐이었다. 그들은 조금 주저하며 군주의 목소리에 찬동했다. 3명의 총대주교와 165명의 주교가 참가

[45] 바스나지는 모프수에스티아의 테오도레의 죄와 결백을 공정하게 가늠했다. 그 후 이교의 시조 목록 가운데 그의 두 동료는 빠지고 오로지 그만이 포함되어 있다. 그리고 그 판결을 정당화하는 것은 아세만의 의무였다.

서기 553년 5월~6월, 제5차 공의회

한 제5차 공의회가 콘스탄티노플에서 열렸다. '3장'의 저자와 그 옹호자들은 성인들과의 교섭에서 격리되었고 엄숙하게 암흑의 통치자에게 인도되었다. 그러나 라틴 교회는 레오와 칼케돈 공의회의 명예를 지키기 위해 경계하고 있었다. 그들이 여느 때처럼 로마의 깃발 아래에서 싸웠더라면 아마도 이성과 인간애라는 명분에서는 우위를 차지할 수 있었을 것이다. 그러나 그들의 수장은 적의 손에 포로로 잡혀 있었다. 성직 매매라는 치욕을 입은 성 베드로의 자리는 비길리우스의 비겁함으로 배신당했다. 그는 길고 지조 없는 싸움 끝에 유스티니아누스의 전제주의와 그리스인들의 궤변에 항복하고 말았다. 그의 배교는 라틴 교회 사람들의 분노를 자아냈고 그의 후계자인 부제 펠라기우스에게 손을 내밀려는 주교는 두 명에 불과했다. 그러나 교황들의 인내는 모르는 사이에 그들의 적에게 분리교파라는 명칭을 이양하고 있었다. 일리리쿰, 아프리카, 이탈리아의 교회들은 시민과 교회의 권력으로 억압받았으며 거기에 군사력까지 행사되었다. 멀리 떨어진 지역의 야만인들은 바티칸의 신조를 그대로 베꼈다. 1세기가 지난 뒤에 '3장' 분파는 잘 알려지지 않은 베네치아 속주의 한 귀퉁이에서 사라졌다.[46] 그러나 이탈리아인들의 종교적 불만은 이미 롬바르드족의 정벌을 유발했으며 로마인들 또한 비잔티움 폭군의 신앙을 의심하고 그의 통치를 혐오하는 데 익숙해져 있었다.

서기 564년, 유스티니아누스의 이단

유스티니아누스는 자신의 변덕스러운 견해나 신민들의 의견을 고착화하는 섬세한 과정에서 안정적이지도 일관되지도 않았다. 청년기에 그는 정통파에서 조금만 벗어나도 화를 냈다. 노년기에 그는 온건한 이단의 한계를 침범했고, 그리스도

[46] 아퀼레이아의 대주교 지위에 있는 주교들은 서기 638년 호노리우스 교황의 주선으로 화해했다. 그러나 그들은 다시 나쁜 상태로 퇴보했으며 분열은 698년이 되어서야 최종적으로 사라졌다. 그 14년 전, 에스파냐의 교회는 제5차 공의회를 경멸적인 침묵으로 간과했었다.

의 육체는 불멸이며 그의 인성은 우리 육신이 물려받는 그 어떠한 욕구나 결함도 갖지 않았다고 선언함으로써 가톨릭교도는 물론 야고보파마저도 분개하게 만들었다. 이 가현주의적 견해는 유스티니아누스의 마지막 칙령에서 선포되었다. 시의적절한 그의 죽음의 순간에 성직자들은 서명을 거부했고 황제는 박해할 준비를 하고 있었으며 민중은 고통을 당하든가 저항할 결의를 굳히고 있었다. 그의 힘이 미치지 않는 곳에 안전하게 있던 트레브의 주교 한 명은 동로마 제국의 황제에게 권위와 호의를 가지고 다음과 같이 말했다.

> 자비로우신 유스티니아누스여, 당신의 세례와 신조를 기억하십시오! 당신의 흰머리가 이단으로 더럽혀지지 않도록 하십시오. 유배된 교부들을 소환하시고 당신의 추종자들이 지옥에 떨어지지 않게 하십시오. 이탈리아와 갈리아, 에스파냐와 아프리카가 이미 당신의 타락을 개탄하고 당신의 이름을 저주한다는 사실을 모르지 않으실 것입니다. 당신이 이제까지 가르친 것을 지체 없이 무효로 하지 않는 한, 당신이 내가 실수하였노라, 죄를 지었노라, 네스토리우스에게 저주를, 에우티케스에게 저주를, 하고 큰 소리로 선언하지 않는 이상 당신 영혼은 그들이 영원히 불에 탈 그 불길에 맡겨질 것입니다.

그는 죽었고 아무런 신호도 보내지 않았다.[47] 그의 죽음은 교회에 어느 정도 평화를 회복시켰으며 네 명의 후계자 유스티누스, 티베리우스, 마우리키우스, 포카스의 치세는 동로마 제국의 교회사에서 다행스럽지만 드문 공백으로 특징지을 수 있다.[48]

감각과 이성의 기능은 스스로에게는 작용하지 못한다. 눈은

[47] 트레브의 주교 니케티우스. 그 자신도 대부분의 갈리아 성직자들과 마찬가지로 3장을 비난하기를 거부함으로써 네 명의 총대주교와 교섭을 하지 않았다. 바로니우스는 유스티니아누스가 천벌을 받았다고 선언하고 있다.

[48] 유스티니아누스의 마지막 이단과 그 후계자의 칙령에 대해 언급한 후, 에바그리우스의 역사 나머지 부분은 교회가 아니라 민정에 관한 사건으로 채워져 있다.

서기 629년, 단의론 논쟁

보이기 어렵고 영혼은 사고의 대상이 되기 어렵다. 그러나 우리는 이성적이고 의식적인 존재에 하나의 의지, 유일한 행동 원칙이 필수적이라고 생각하며 그렇다고 느끼기도 한다. 헤라클리우스가 페르시아 전쟁에서 돌아왔을 때 이 정통파 영웅은 자신이 경배하며, 한 위격에 양성을 지닌 그리스도가 하나의 의지에 따라 행동했는지 아니면 두 의지에 따라 행동했는지에 대해 주교들과 상의했다. 주교들은 하나라고 답했으며 황제는 이집트와 시리아의 야고보파 신도들이 무해하고 진리인 하나의 교리를 고백함으로써 화해하기를 바랐다. 이 교리는 네스토리우스파 사람들도 가르치고 있었다. 그러나 이 실험은 효과가 없었으며 소심한 또는 격렬한 가톨릭교도들은 교활하고 뻔뻔한 적 앞에서 후퇴를 흉내 내는 것조차 비난했다. 정통파(주류파)는 새로운 화법, 논증, 해석을 고안해 냈다. 그리스도의 어느 본성에 대해서든 고유의 특별한 에너지가 그럴듯하게 적용되었다. 그러나 인성과 신성이 한결같다고 보았으므로 그 차이는 더 이상 보이지 않았다. 이 병에는 여느 때와 마찬가지의 징후가 따랐지만 비잔티움 성직자들은 성육신에 대한 끝없는 논쟁에 질린 듯, 군주와 민중들의 귀에 치유적인 조언을 해 주었다. 그들은 스스로를 단의론자(單意論者, monothelite)라고 칭하면서 말은 추가적인 것, 질문은 불필요한 것으로 보고 복음서의 예지와 자비에 가장 어울리는 것은 종교적 침묵이라고 권했다. 이 침묵의 법칙이 헤라클리우스의 『신앙진술서(ecthesis)』와 그의 손자 콘스탄스의 『전형(type)』에 의해 잇달아 부과되자 로마, 콘스탄티노플, 알렉산드리아, 안티오크의 총대주교 네 명은 황제의 칙령을 민첩하게 또

서기 639년, 헤라클리우스의 『신앙진술서』, 서기 648년, 콘스탄스의 『전형』

는 마지못해 수용했다. 그러나 예루살렘의 주교와 수도사들은 경종을 울렸다. 라틴 교회들은 그리스인들의 언어 또는 침묵 속에서조차 보이지 않는 이단을 감지했다. 군주의 명령에 대한 교황 호노리우스의 복종은 그 후계자들의 용감한 무지에 따라 철회되고 비난받았다. 그들은 마네스, 아폴리나리스, 에우티케스 등의 오류를 되살린 단의론자들의 저주스럽고 끔찍한 이단을 비난했고 성 베드로의 무덤에서 파문의 판결에 서명했다. 잉크에는 그리스도의 피인 성찬식의 포도주가 섞였고, 미신적인 정신에 공포와 놀라움을 불어넣을 수 있는 모든 의식이 빠짐없이 거행되었다. 서방 교회의 대표로서 교황 마르티누스와 그의 라테라노 종교 회의는 그리스인들의 죄 많은 침묵에 저주를 내렸다. 대부분 콘스탄스 황제의 신민인 105명의 이탈리아 주교가 그의 사악한 『전형』과 그 조부의 불경한 『신앙진술서』를 비난했고 이 두 사람을 스무한 명의 악명 높은 이단, 교회의 배교자, 악마의 앞잡이와 같이 취급했다. 아무리 온화한 치세에서도 그러한 모욕이 처벌받지 않고 넘어갈 수는 없었다. 마르티누스 교황은 흑해의 거친 해안에서 생애를 마쳤으며 그의 신탁 역할을 한 막시무스 수도원장은 혀와 오른손을 잘리는 무자비한 벌을 받았다.[49] 그러나 그 같은 불굴의 정신은 그들의 후계자에게서도 살아남았다. 라틴 교회의 승리는 그들의 패배를 복수하고 '3장' 논쟁의 치욕을 지워 냈다. 로마 종교 회의의 결정은 헤라클리우스의 후손인 새 황제 콘스탄티누스의 궁전에서 그가 임석한 가운데 콘스탄티노플 제6차 공의회에 의해 확인되었다. 개종한 황제는 비잔티움 총대주교와 주교 대부분도 개종시켰다.[50] 반대자들은 수장인 안티오크의 마카리우스와 함께 이단의 영적·현세적 고통으로 단죄되었다. 동

서기 680년 11월~
681년 9월,
제6차 공의회

[49] 마르티누스와 막시무스의 수난은 자신들의 서한과 결의서에 딱할 정도로 단순하게 기록되어 있다.

[50] 에우티키우스는 로마 주교회의의 124명의 주교가 콘스탄티노플로 건너갔다고 잘못 짐작하고 있다. 그리고 여기에 168명의 그리스 주교를 더하여 제6차 공의회가 292명으로 이루어졌다고 말한다.

로마 제국은 자존심을 누르고 서방의 교훈을 받아들였다. 마침내 그리스도의 위격에 두 개의 의지 또는 에너지가 조화되어 있다는 가르침을 모든 시대의 가톨릭교도에게 설파하는 교리가 정립되었다. 교황과 로마 주교 회의의 위엄은 두 명의 사제, 한 명의 부제, 세 명의 주교에 의해 대변되었다. 그러나 이 잘 알려지지 않은 라틴 교도들은 강요할 무기도, 뇌물을 줄 재보도, 설득할 언변도 갖추지 못했다. 그들이 대체 무슨 재주로 저 거만한 그리스인 황제가 유아기에 받은 교리문답을 영원히 버리고 선조들의 종교를 박해하도록 결심하게 했는지는 알 수 없다. 콘스탄티노플의 수도사와 민중은 정말이지 둘 가운데 별로 달갑지 않은 라테라노 신조에 더 호의적이었을 것이다. 이 싸움에서 스스로의 취약함을 의식하는 듯한 그리스인 성직자들의 부자연스러운 중용(中庸)을 보면 이 의심은 힘을 얻는다. 주교 회의가 논쟁을 벌이는 동안 한 광신자가 죽은 자를 되살리는 방법으로 훨씬 더 빠른 즉결 판결을 내리자고 제안했다. 고위 성직자들도 그 시도를 도왔다. 그러나 뻔한 실패는 대중의 열정과 편견이 단의론자들 편에 있지 않았다는 사실을 보여주는 데 도움이 되었다. 다음 세대에 콘스탄티누스의 아들이 폐위되고 마카리우스의 사도에게 살해당하자 그들은 복수와 지배권이라는 기쁨을 맛보았다. 제6차 공의회의 성상(聖像) 또는 기념물은 훼손되었으며 결의서 원전은 불태워졌다. 그러나 2년 후에 그들의 후원자가 제위에서 끌어내려지자 동로마 제국 주교들은 일시적 준거(遵據)에서 해방되었으며 바르다네스의 정통파 후계자들이 로마의 신앙을 더욱 확고히 되심었다. 성육신이라는 미묘한 문제는 성상의 숭배라는 한결 대중적이고 가시적인 싸움 속에 잊혀졌다.

    7세기가 다 가기 전, 로마와 콘스탄티노플에서 규정된 성육신 신조는 멀리 떨어진 브리타니아와 아일랜드의 섬에서도 설파되고 있었다. 그리스어 또는 라틴어로 쓰여진 기도서를 사용하는 모든 그리스도교도들은 이 신조를 믿거나 또는 같은 단어를 되풀이했다. 그들의 인원수와 가시적인 화려함은 가톨릭교도라는 명칭에 불완전하지만 하나의 근거를 주었다. 그러나 동로마 제국에서 그들은 멜키트교도 또는 황제파 교도라는 명예롭지 못한 이름으로 불렸다.51 이들의 신앙이 성경, 이성, 전통에 따른 것이 아니라 현세 군주의 자의적인 힘에 의해 확립되었고 유지되어 왔다는 얘기다. 그들의 적들은 아마도 황제의 노예라고 공언하는 콘스탄티노플 주교들의 말을 내세울지 모른다. 칼케돈의 신조가 마르키아누스 황제와 그의 동정녀 신부에 의해 어떻게 고쳐지고 개혁되었는지에 대해 악의적인 즐거움을 느끼면서 언급할 수 있을 것이다. 주류파는 당연히 복종의 의무를 주입하게 되며, 반대자들이 자유 원칙을 절감하고 주장하는 것도 마찬가지로 당연하다. 박해의 채찍 아래서 네스토리우스파와 단성론자들은 반란자와 망명자로 전락했다. 로마의 가장 오래되고 유용한 동맹들도 황제를 그리스도교의 수장이 아니라 적으로 보라는 가르침을 받았다. 인간 종족을 통합하거나 격리시키는 주도적 원리인 언어가 이윽고 동로마 제국의 여러 종파를 독특하고 영속적인 상징으로 구분했으며 이는 소통의 방법과 화해의 희망을 완전히 없애 버렸다. 그리스인들의 긴 치세, 그들의 식민지, 그리고 무엇보다 그들의 웅변은 인간 기술에 의해 생겨난 의심할 바 없이 가장 완전한 언어를 퍼뜨렸다. 그러나 시리아와 이집트 사람들은 여전히 자신들의 언어를 사용했다. 다만 콥트어는 나일 강의 조잡하고

동방 교회와 라틴 교회의 통합

동방 교회 종파들의 영구적인 분리

51 이 이름은 10세기까지는 알려지지 않았으며 아마도 시리아에서 생겨난 것으로 보인다. 야고파가 이 이름을 고안해 냈으며 네스토리우스파와 마호메트교도들이 이 이름을 열심히 사용했다. 그러나 가톨릭교도들은 이를 부끄럼 없이 받아들이고 있으며 에우티키우스의 연대기에서도 자주 사용된다.

무지한 농민들에게 한정되어 있었고 시리아어[52]는 아시리아의 산맥에서 홍해에 이르기까지 시(詩)와 논증이라는 한층 우월한 주제에 쓰여 왔다. 아르메니아와 아비시니아는 그리스의 웅변과 학식에 감염되었다. 근대 유럽의 연구로 되살아난 그들의 미개한 언어는 로마 제국 사람들은 알아들을 수 없는 것이었다. 시리아어와 콥트어, 아르메니아어와 에티오피아어는 각자의 교회 예배에서 사용되었다. 그들의 신학은 성서와 가장 대중적인 교부들의 글을 자기들의 언어로 번역함으로써 풍부해졌다.[53] 네스토리우스의 설교로 처음 지펴진 논쟁의 불꽃은 1360년의 세월이 지난 오늘날까지 동로마 제국 안에서 타오르고 있으며 적대적인 이들 종파는 각자 시조의 신앙과 계율을 여전히 지키고 있다. 무지, 빈곤, 예속이라는 가장 비참한 상태에서도 네스토리우스파와 단성론자들은 로마의 영적 우월성을 거부했으며 한편으로는 성 키릴루스와 에페수스의 주교 회의를, 또 한편으로는 교황 레오와 칼케돈 공의회를 저주할 수 있도록 해 준 투르크족 지배자의 관용을 소중히 여겼다. 동로마 제국의 멸망에 이들이 미친 영향을 가늠하면 이에 주의를 돌리게 된다. 아마도 1. 네스토리우스파, 2. 야고보파,[54] 3. 마론파, 4. 아르메니아파, 5. 콥트파, 6. 아비시니아파의 다양한 면모가 흥미로울 것이다. 앞의 세 종파는 시리아어를 공통으로 사용하며 나머지는 각 지역의 토착어를 사용하고 있다. 그러나 아르메니아와 아비시니아의 근대 토착민들은 선조들의 말을 사용하지 못한다. 아라비아인의 종교를 거부하는 이집트와 시리아의 그리스도교도들은 자신들의 언어를 채택했다. 시간의 흐름은 성직자의 학문을 뒷받침해 주었고 서방과 마찬가지로 동방에서도 대다수의 사람들이 알지 못하는 고어(古語)로 신과 대화하고 있었다.

[52] 토착민들이 원시 언어로 숭배하는 시리아어는 세 가지 방언으로 나뉘었다. 1) 아람어. 에데사와 메소포타미아의 여러 도시에서 다듬어졌다. 2) 팔레스타인어. 예루살렘, 다마스쿠스, 나머지 시리아 지역에서 사용되었다. 3) 나바타이어. 아시리아 산간 지방과 이라크 촌락의 거친 방언. 시리아어에 대해서는 에베드 예수(Ebed-Jesu)를 참조할 것. 오로지 그의 편견만이 시리아어를 아랍어보다 선호하도록 하고 있다.

[53] 어느 정도 주의를 기울여서 참조했지만 사이먼(Simon), 월턴(Walton), 밀(Mill), 베트스타인(Wetstein), 아세만누스(Assemannus), 루돌푸스(Ludolphus), 라 크로즈 등의 글로 나의 무지를 개선하지는 않겠다. 일단은 1) 교부들이 칭송하는 모든 판본 가운데 본래의 무결성을 지니고 남아 있는 것이 있는지 의심스럽다. 2) 시리아어가 가장 자격이 있는 듯하다. 그리고 동방 여러 종파의 동의는 이것이 그들의 분리보다 더 오래되었다는 증거이다.

[54] 단성론자와 네스토리우스파의 설명에 대해서는 아세만누스의 도움을 많이 받았다. 이 박식한 마론파 학자는 1715년에 교황 클레멘트 11세에 의해 사본을 찾아 이집트와 시리아의 수도원을 방문하도록 파견되었다.

1. 불운한 네스토리우스의 이단은 그
의 출생지나 속주에서 빠르게 잊혀졌다.   1. 네스토리우스파
에페수스에서 오만한 키릴루스에게 반
감을 느꼈던 동방 주교들은 때늦은 그의 양보로 누그러졌는데 바로 이 고위 성직자 또는 그들의 후계자들이 다소간의 불평 속에 칼케돈의 결의에 서명했다. 단성론자들의 세력 덕택에 열정, 이해, 그리고 의식은 하지 않았지만 신앙에 준거하여 가톨릭교도들과 화해가 이루어졌다. 마지못한 그들의 마지막 한숨은 3장 논쟁에서 새어 나왔다. 온건함도 진실함도 덜한 그들의 반대자들은 형법 아래 무너졌다. 유스티니아누스 치세에도 이미 로마 제국의 국경 안에서 네스토리우스파 교회를 찾기란 힘든 일이었다. 국경 너머에서 그들은 자유를 희망하고 선교를 기대할 수 있는 신세계를 발견했다. 페르시아에서는 마기의 저항에도 불구하고 그리스도교도들이 굳건히 뿌리박았으며 동방의 여러 민족은 그 은혜의 그늘에서 쉬게 되었다. 수석 대주교는 수도에 거주했으며 주교 회의 및 주교 관구에서 그의 대주교, 주교, 성직자들은 통상적 교권 제도의 장엄함과 명예를 뽐냈다. 그들은 젠드아베스타에서 복음서로, 속세에서 수도사적 생활로 개종하는 사람들이 늘어나는 것에 기뻐했다. 그들의 열의는 교묘하고 강력한 적의 존재로 자극받았다. 원래 페르시아의 그리스도 교회는 시리아 선교사들에 의해 세워졌기 때문에 그들의 언어, 계율, 교의가 밀접하게 짜여 있었다. 수석 대주교는 부주교 이상의 성직자들에 의해 선출되고 서품을 받았다. 그러나 그들이 안티오크의 총대주교에게 깊은 신앙심으로 의존하고 있었다는 사실은 동방 교회의 법규에서도 증명되고 있다.[55] 에데사의 페르시아 학파[56]에서는 막 생겨나는 신자들이 자신들의 신학적 언어를 흡수하고 있었는데 그들은 모

그의 네 권의 2절판 책은 1719~1728년에 로마에서 출간되었는데 자신의 광대한 사업 가운데 가장 가치 있는 일이었지만 일부분만을 담고 있다. 시리아 태생의 학자로서 시리아 문헌을 가지고 있었던 것이다. 그리고 로마에 종속되어 있었지만 중도적이며 솔직하고자 했다.

[55] 니케아와 아라비아라는 일반 민중이 사용하던 호칭은 출처가 의심스럽다. 니케아 공의회는 기껏 20개의 교회 법규를 선포했고 나머지 70 내지 80개는 그리스 교회의 주교 회의에서 나온 것이다. 시리아어 판 『마루타스(Marutbas)』는 더 이상 남아 있지 않고 아라비아 판본은 최근에 삽입한 흔적이 많다. 그러나 이 법전은 교회 계율의 흥미로운 흔적을 많이 담고 있다. 그리고 이것이 모든 동방의 성찬식에서 경배되고 있는 것을 보면 아마도 네스토리우스파와 야고보파의 분리 이전에 완성되었던 것 같다.

[56] 낭독자 테오도레는 이 에데사의 페르시아 학파를 알고 있었다. 그 고대의 광휘와 몰락의 두 시기(서기 431년과 489년)는 아세만니가 확실히 다루고 있다.

프수에스티아 출신 테오도루스의 시리아어 판 저작 1만 권을 연구했다. 티그리스 강 너머의 신도들은 인물도 교리도 잘 알려져 있지 않던 그의 제자 네스토리우스의 사도적 신앙과 신성한 순교를 숭배했다. 에데사의 주교 이바스는 잊을 수 없는 첫 설교를 통해 에페수스 공의회에서 불경하게도 그리스도의 양성을 혼동한 이집트인들을 증오하라고 가르쳤다. 안티오크에서 두 번이나 추방된 지도자와 제자들이 도주함으로써 종교와 복수라는 이중의 열성에 불탄 한 무리의 선교사들이 각지에 퍼져 나갔다. 제논과 아나스타시우스의 치세에 동방의 영적 제위에 올랐던 단성론자들의 엄격한 단결은 그들의 적대자들로 하여금 이 자유로운 땅에서 물리적이 아니라 도덕적인 면에서 그리스도의 두 위격의 결합을 선언하도록 했다. 복음서가 최초로 설파된 이래 사산 왕조의 역대 왕들은 조국의 전통적 적들의 종교를 신봉하는 외국인과 배교자들의 무리를 의심의 눈으로 바라보았다. 왕의 칙령은 시리아 성직자들과 그들의 위험한 소통을 종종 금지하곤 했다. 페로제스의 질투심 많은 긍지를 유지하는 데에 분리의 진행은 감사할 만한 것이었다. 그는 한 교활한 성직자의 달변을 귀 기울여 들었는데 이 성직자는 네스토리우스를 페르시아의 벗으로 칭하면서 이 로마 압제자의 희생자이며 적대자인 그의 종파에게 정당한 특혜를 주어 그리스도교 신민의 충성을 확보하라고 촉구했다. 네스토리우스파는 성직자와 민중의 대다수를 구성하고 있었다. 그들은 전제 군주의 미소에 고무되고 그 칼로 무장했다. 그러나 그들 가운데 심약한 사람들은 그리스도교 세계와 교섭을 끊는다는 생각에 놀랐으며, 7700명의 단성론자 또는 가톨릭교도의 피로 페르시아 교회의 신앙과 계율의 통일이 확립되었다. 그들의 교회 제도는 이성, 적어도 정책의 자유로운 원리라는 특징을 가졌으며, 수도원의 금욕 생활은 완화되고 점차 잊혀졌다. 고아와 버려진 아이들의 교육을 위한 시설이 생겼다. 페르시아 성직자들은 그리스와 라틴 교회가 그토록 강력하게 권장한 독신 규칙을 무시했다. 선민의 수는 사제와 주교, 심지어 총대주교의 공공연하고 반복된 결혼으로 점차 증가했다. 이 자연스럽고 종교적인 자유의 깃발 아래 수많은 망명자들이 동로마 제국의 여러 속주에서 나와 몸을 의탁했다. 유스티니아누스의 편협한 옹고집은 가장 근면한 신민들의 이탈이라는 벌을 받았다. 그들은 평화와 전쟁의 기술 모두를 페르시아에 들여왔고 총애를 받을 만한 자들은 승진하여 군주에게 봉사했다. 호스로우와 그의 흉포한 손자의 군대는 동방의 고향에 아직 남아 있던 필사적인 여러 종파의 조언과 자금, 군대의 원조를 받았다. 그들의 열성은 가톨릭 교회의 선물로 보답을 받았다. 그러나 헤라클리우스가 이런 도시와 교회들을 탈환하자 공개적으로 반역과 이단을 고백했던 그들은 멀리 동맹 국가로 망명해야 했다. 네스토리우스파의 겉으로 드러난 평안은 종종 위기에 처했고 때로는 무너졌다. 그들은 동방의 전제주의가 갖는 공통의 악덕에 말려들었다. 로마에 대한 적의가 그들의 복음서에 대한 신봉을 늘 면죄해 주는 것은 아니었다. 아파메아와 안티오크의 포로로 잡힌 30만 명의 야고보파는 페르시아 궁정의 지원하에 수석 대주교에 대항하는 적대적인 제단을 세운다는 허락을 받았다. 유스티니아누스는 페르시아와의 마지막 조약에 페르시아에서 그리스도교에 대한 관용을 확대, 강화하려는 몇 가지 조건을 집어넣었다. 양심의 권리라고는 모르는 이 황제는 신성한 주교 회의의 권위를 부정한 이단들을 동정하거나 존중할 능력이 없었다. 그는 그저 이들이 제국과 로마 교회의 결합이 갖는 현세적 이익을

서기 500년 등,
페르시아의 네스토리우스파

57 일명 인디코플레우스테스(Indicopleustes), 즉 인도 항해자라고 하는 코스마스의 『그리스도교 지지학』참조. 저자의 의도는 지구가 둥글지 성서에 나오는 것처럼 납작한 타원형의 평지가 아니라고 주장하는 불경한 이단을 반박하는 것이었다. 그러나 이 수도사의 허튼 소리는 여행자의 실질적인 지식과 혼재되어 있으며, 그는 서기 522년에 여행을 했고 547년 알렉산드리아에서 책을 발행했다.

점차 알아 갈 것이라고 스스로 자만했다. 그러고는 그들의 감사를 자아내는 데는 실패하더라도 페르시아 군주에게서 질투심을 불러일으키려 했다. 루터교도들은 후대에 가장 그리스도교적인 왕의 미신과 정책 때문에 파리에서는 화형에 처해졌고 독일에서는 보호받았다.

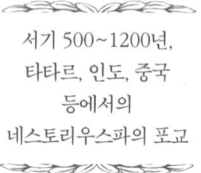

서기 500~1200년, 타타르, 인도, 중국 등에서의 네스토리우스파의 포교

모든 시대의 그리스도교 사제들은 신에게는 영혼을, 교회에는 신민을 얻어 주려는 열망에서 부지런히 일한다. 페르시아 정복으로 그들은 북, 동, 남쪽으로 영적 군대를 진출시켰다. 그리고 단순한 복음은 시리아 신학의 색채에 맞게 그려졌다. 6세기의 한 네스토리우스파 여행자의 기록에 따르면57 그리스도교는 박트리아족, 훈족, 페르시아인, 인도인, 페르사르메니아인, 메디아인, 엘람인 사이에서 성공적으로 설파되고 있었다. 야만족의 교회는 페르시아 만에서 카스피 해까지 무수히 많이 존재하였고, 그들의 신앙심의 열렬함은 수도사 및 순교자의 수가 많다는 것과 그 고결함에서도 명확히 드러났다. 말라바르의 후추 해안과 이 바다의 섬인 소코토라와 실론은 점점 늘어나는 그리스도교도들로 차 있었다. 이 외딴 지역의 주교와 성직자들은 바빌론의 수석 대주교에게서 서품을 받았다. 네스토리우스파의 열성은 다음 시대에 그리스인과 페르시아인의 야망과 호기심을 제한했던 한계를 뛰어넘고 있다. 겁 없는 발크와 사마르칸트의 선교사들은 유랑하는 타타르족의 발자취를 따랐으며 이마우스의 골짜기와 셀링가 강둑의 천막 생활자들에게 교묘하게 환심을 샀다. 그들은 글자를 모르는 이 양치기들에게 형이상학적 신조를 가르쳤고 피비린내 풍기는 전사들에게는 자애와 평안을 권했다. 권력을 뽐내며 세력을 확장한 어느 칸이 그들의 손으로부터 세례와 서품까지 받았

다고 전해진다. 그리고 프레스터(Prester) 또는 프레스비터(Presbyter) 존(John)의 명성은 오랫동안 신심 깊은 유럽인들을 즐겁게 했다. 개종한 칸은 이동식 제단을 사용했는데 그는 대주교에게 사절단을 보내 사순절 시기에 동물성 음식을 어떻게 금식하며 곡물이나 포도주가 생산되지 않는 사막에서 성체성사를 어떻게 치를지 문의했다. 바다로 육지로 전진하면서 네스토리우스파 신도들은 광둥〔廣東〕 항구와 시안〔西安〕 북부 거주지를 통해 중국으로 들어갔다. 사제와 복점관의 지위를 웃으며 승인해 주었던 로마 원로원 의원과는 달리 중국의 관리들은 공공연히 철학자의 이성을 갖춘 양하지만 실제로는 대중적 미신에 빠져 있었다. 그들은 팔레스타인과 인도의 신들을 신봉하고 혼동했다. 그러나 그리스도교의 확대는 국가의 경계심을 일으켰고 비호와 박해의 짧은 기복을 거친 뒤 이 외국 종파는 무지와 망각 속에 사라졌다.[58] 칼리프 치세에 네스토리우스파 교회는 중국에서 예루살렘과 키프로스로 확산되었다. 야고보파의 수와 합하면 그들의 수는 그리스와 라틴 종파를 능가했을 것으로 짐작된다. 교권 제도에는 스물다섯 명의 수석 대주교 또는 대주교가 있었지만 먼 거리와 위험한 여정 때문에 그 가운데 일부는 회의 참석이 면제되었고, 다만 6년마다 자신의 신앙과 복종을 바빌론의 수석 대주교 또는 총대주교에게 증언하면 된다는 쉬운 조건만 지키면 되었다. 바빌론이라는 모호한 이름은 셀레우키아, 크테시폰, 바그다드라는 왕도(王都)에 대해 연이어 사용된 호칭이다. 이 외딴 지역 교회들은 소멸한 지 오래고 대주교의 계보는 현재, 초기부터 내려온 진정한 직계 후예인 모술의 엘리야, 로마 교회와 화해한 아미다의 요셉, 그리고 16세기에 페르시아 소피스 왕가의 후원으로 4만 가족의 선두에 서서 반란을 일으킨 반(Van), 일명 오르미아의 시메온

[58] 7세기와 13세기 사이 중국의 그리스도교는 중국어, 아라비아어, 시리아어, 라틴어로 된 증거의 일치로 확실히 증명된다. 서기 636년의 최초 선교단으로부터 781년까지 네스토리우스파 교회의 운명을 기록하고 있는 시안의 비문에 대해 라크로즈, 볼테르 등은 위조라고 비난했다. 이들은 예수회의 사기를 두려워하다가 결국은 자기들 꾀에 넘어갔다.

47장 561

59 12세기에는 『색슨 연대기』(서기 883년)의 저자도, 맘스베리의 윌리엄도 이 놀라운 사실을 고안해 낼 수 없었다. 그들은 알프레드의 동기와 방책을 설명하지 못했다. 그리고 그들의 성급한 주목은 우리의 호기심을 자극할 뿐이다. 맘스베리의 윌리엄은 이 사업의 어려움을 느끼고 있었다. 사실 이 영국 사절단들이 자신들의 화물과 전설을 이집트에서 수집한 것이 아닌가 의심하고 있다.

으로 나뉘었다. 네스토리우스파 신도는 30만으로 추산되는데 이들은 칼데아인 또는 아시리아인이라는 이름 아래 가장 박식하거나 강성한 고대 동방 민족과 혼동되고 있다.

서기 883년, 인도의 성 토마스의 그리스도교도들

고대 전설에 따르면 인도에는 성 토마스에 의해 복음이 전해졌다고 한다. 9세기 말 알프레드의 사절단이 마드라스 인근에 있는 그의 성소에 충심으로 참배했으며 그들은 진주와 향료를 가득 싣고 귀환하여 무역과 발견이라는 거대한 사업을 구상하고 있던 잉글랜드 왕의 열의에 보답했다.59 포르투갈인들이 처음 인도로 가는 항로를 열었을 때 성 토마의 그리스도교도들은 말라바르 해안에 몇 세대에 걸쳐 살고 있었으며 그들 성격과 피부색의 차이는 외국 종족이 섞였음을 보여 주고 있다. 무기와 예술, 어쩌면 덕성에서도 그들은 토착인 힌두스탄을 능가했다. 그 농민은 야자나무를 길렀고 상인은 후추 무역으로 부를 축적했으며 병사는 말라바르의 나이르, 즉 토후(土侯)들보다 우위를 차지했고 그들의 세습 특권은 코친과 자모린의 왕이 품은 감사 또는 두려움 때문에 존중되었다. 그들은 힌두 군주를 인정했지만 실제로는 속세의 문제에서도 앙가말라 주교의 지배를 받았다. 그는 여전히 인도의 수석 대주교라는 옛 칭호를 유지하고 있었는데, 실제 관할권은 1400여 개 교회에 미쳤고 20만 영혼을 돌보는 일을 맡아 보고 있었다. 그들의

서기 1500년 등

종교가 포르투갈인들과의 가장 확실하고 진심 어린 동맹이 되었을 수도 있었지만 종교 재판관들은 곧 성 토마스의 그리스도교도들에게 이단과 분리주의라는 용서할 수 없는 죄가 있음을 알아챘다. 그들은 지상의 영적·현세적 통치자인 로마 교황의 신민임을 인정하는 대신 선조들과 마찬가지로 네스토리우

스파 총대주교의 신앙을 지지했다. 모술에서 그가 서품한 주교들은 위험한 바다와 육지를 넘어 말라바르 해안의 주교 관구에 도착했다. 그들의 시리아어 기도서는 테오도루스와 네스토리우스의 이름을 경건하게 기념하고 있었으며 이곳의 신도들은 그리스도의 두 위격을 통합하여 경배하고 있었다. 그들은 신의 어머니라는 이름을 혐오했으며 라틴인들의 미신이 거의 여신의 수준으로 끌어올린 성모 마리아의 명예를 조심스럽고 탐욕스럽게 점검했다. 그녀의 성상이 성 토마스의 제자들 앞에 처음 제시되자 그들은 분개하며 이렇게 외쳤다.

우리는 그리스도교도지 우상 숭배자가 아니오!

그들의 소박한 신앙은 십자가를 경배하는 것으로 만족했다. 서방 세계에서 분리된 그들은 1000년간 이루어진 발전 또는 타락에 대해 무지했다. 5세기의 신앙과 관행에 그들이 합치한다는 사실은 구교도나 신교도 모두를 실망시킬 것이다. 로마 성직자들의 첫 번째 관심사는 네스토리우스파 총대주교와의 모든 서신 교환을 금지하는 것이었고 그의 주교 가운데 상당수가 종교 재판소 감옥에서 죽어 갔다. 목자를 잃은 무리는 포르투갈인의 권력, 예수교파의 책략, 말라바르 해안을 직접 방문한 고아(Goa)의 대주교 알렉시스 데 메네제스의 열성 등의 집중 공격을 받았다. 그가 주재한 디암페르 종교 회의는 재결합이라는 신성한 작업을 완수했고, 로마 교회의 교의와 계율을 엄격하게 부과했으며 교회 고문의 가장 강력한 방책인 비밀 고해도 잊지 않았다. 테오도루스와 네스토리우스의 명성은 비난받았고 말라바르 해안 지대는 교황, 수석 대주교, 그리고 앙가말라, 일

서기 1599~1663년

명 크랑가노르를 침범한 예수회 수도사들의 지배를 받는 지경이 되었다. 네스토리우스파는 60년간의 예속과 위선을 참을성 있게 견뎌 냈다. 그리고 포르투갈 제국이 네덜란드인들의 용기와 근면으로 흔들리자마자 네스토리우스파 신도들은 열렬하고도 효과적으로 선조들의 종교를 주장했다. 예수회 수도사들은 자신들이 남용한 힘을 방어할 능력이 없었다. 4만 명의 그리스도교도로 이루어진 군대가 추락하는 전제 군주를 향하고 있었다. 인도의 부주교는 바빌론의 총대주교로부터 이 교회에 대한 지원과 시리아 선교단이 새로이 공급될 때까지 주교의 지위를 차지했다. 포르투갈인들을 몰아낸 뒤 말라바르 해안에서는 네스토리우스파 신조가 자유롭게 경배되었다. 네덜란드와 영국의 무역 회사들은 관용을 알았다. 그러나 탄압이 경멸보다 수치스럽지 않은 것이라면 성 토마스의 그리스도교도들은 유럽 동포들의 냉정하고 조용한 무관심에 대해 불만을 토로할 만한 이유가 있었다.

2. 야고보파

2. 단성론자의 역사는 네스토리우스파의 역사보다 방대하거나 흥미롭지는 않다. 제논과 아나스타시우스의 치세에 그들의 교묘한 지도자들이 군주의 귀를 놀라게 했고 동로마 제국의 제위를 찬탈했으며 시리아 학파를 그들의 고향에서 궤멸시켰다. 단성론자 신앙의 법칙은 안티오크의 총대주교 세베루스의 절묘한 재량에 의해 규정되었다. 그는 통일령의 문체로 네스토리우스와 에우티케스의 적대적인 양 이단을 비판했으며, 에우티케스에 반박해 그리스도의 육신의 실재를 주장하고 그리스인들에게 그가 진실을 말한 거짓말쟁이임을 인정하도록 만들었다. 그러나 사상의 일치는 정열의 격렬함을 줄여 주지 못했다. 각 종파는 맹목적인 적대자가 그렇게 사소한 차이를

두고 논쟁을 벌인다는 것에 더 놀라곤 했다. 이 시리아의 폭군은 자기 신조를 믿을 것을 강요했고 그의 재임 기간은 도발과 저항 끝에 아파메아 성벽 아래에서 살해된 350명의 수도사들의 피로 더럽혀졌다. 아나스타시우스의 후계자는 정통파 교회의 원칙을 다시 동로마 제국에 심었다.

세베루스는 이집트로 도주했다. 그의 벗으로 페르시아의 네스토리우스파 신도들을 피해 탈출했던 달변의 크세나이아스[60]는 유배지에서 파플라고니아의 멜키트교도들에게 교살되었다. 쉰네 명의 주교들이 자리에서 쫓겨났으며 800명의 성직자가 투옥되었다.[61] 테오도라의 모호한 후원에도 불구하고 동방의 양 떼들은 목자를 잃고 자기도 모르는 사이에 굶어 죽거나 독살되었을 것이 틀림없다. 이러한 영적 고난 속에서 한 수도사의 노고에 의해 소멸해 가던 종파가 소생하여 통합되고 살아남았다. 그가 바로 야고보 바라다이우스인데 그의 이름은 영국 독자의 귀를 놀라게 할 야고보파라는 호칭에 남아 있다. 콘스탄티노플 감옥의 증거자들에게서 그는 에데사 주교와 동방 사도의 권한을 받았으며 8만 명의 주교, 사제, 부제 서품이 바로 이 무한한 원천에서 나왔다. 이 열렬한 선교사는 한 신실한 아랍인 수령의 발 빠른 낙타 덕택에 더 재빨리 행동을 취할 수 있었다. 야고보파의 교리와 계율은 유스티니아누스 황제의 지배권 내부에 은밀히 확립되었다. 야고보파 신도들은 로마 입법가의 법을 어기고 그를 증오하는 숙명을 지니게 되었다. 세베루스의 후계자들은 수도원이나 마을에 잠입하여, 배척당한 자신들의 몸을 은둔자의 오두막이나 사라센족의 천막에 숨기면서도 여전히 안티오크 총대주교라는 직함과 지위, 특권에 대한 파기할 수 없는 권리를 주장했다. 그들은 이교도들의 보다 온건한 속박을 받으면서 메

서기 518년

[60] 아세만니와 라 크로즈는 시리아의 마부그, 일명 히에라폴리스의 주교인 크세나이아스, 일명 필로크세누스의 이야기를 전해 준다. 그는 시리아어를 완벽하게 알고 있었으며 신약성서 번역본의 역자 또는 편찬자였다.

[61] 유스티누스가 유배를 보낸 주교 쉰네 명의 이름과 직함은 디오니시우스의 연대기에 기록되어 있다. 세베루스는 에바그리우스에 따르면 혀가 잘리도록, 리베라투스에 따르면 재판을 받기 위해서 콘스탄티노플로 직접 소환되었다고 한다. 파기는 교회의 혁명을 서기 518년의 9월로 못박고 있다.

르딘에서 약 1리그 떨어진 자파란의 쾌적한 수도원에 머물렀고, 이곳을 각자의 독방과 수로, 밭으로 꾸몄다. 명예직이지만 제2인자 자리인 마프리안(Maphrian)이라는 직책은 그의 본거지인 모술에서 동방의 패권을 다투는 네스토리우스파 수석 대주교에 대항하고 있었다. 여러 시대에 걸쳐 야고보 교회에는 총대주교와 마프리안 아래 150명의 대주교와 주교들이 있었던 것으로 헤아릴 수 있다. 그러나 교권 제도의 서열은 완화 또는 해체되었고 그들의 주교 관구 대부분은 이제 유프라테스와 티그리스 강 인근으로 한정되어 있다. 총대주교는 알레포와 아미다 등의 도시를 자주 방문했는데, 이 도시에는 부유한 상인과 근면한 장인들도 있었지만 대부분은 매일매일의 노동으로 생계를 유지하고 있었다. 그들이 극단적인 금식을 하게 된 것은 미신에서 비롯되기도 했지만 아마 가난 때문이었을 것이다. 매년 다섯 번의 사순절 동안 성직자와 평신도들은 고기나 달걀은 물론이고 포도주, 기름, 생선도 먹지 않았다. 현재의 신도 수는 5만에서 8만 명 정도로 추산되는데 한때는 신도가 많았던 교회지만 12세기간에 걸친 박해를 거치며 점차 그 수가 줄어 이 정도밖에 남지 않은 것이다. 그러나 그 긴 세월 동안 뛰어난 이방인들이 단성론 신앙으로 개종했다. 한 유대인은 삶에서도 죽음에서도 뛰어났던 동로마 제국 총대주교 아불파라기우스의 아버지였다. 생전에 그는 시리아어와 아라비아어를 우아하게 구사한 작가이자 시인, 의사, 역사가, 치밀한 철학자, 온화한 성직자였다. 그가 죽자 장례식에는 적수였던 네스토리우스파 수석 대주교가 그리스인과 아르메니아인 수행원을 이끌고 참석해서 자신들이 벌인 논쟁을 잊고 적의 무덤 앞에 눈물을 쏟았다. 아불파라기우스의 미덕으로 존경받은 이 종파는 네스토리우스파의 수준에는 못 미친 것으로 보인다. 야고보파의 미신은 한층 천박했고 금식은 훨씬 엄격했으며 62 내부 분열은 훨씬 빈번했고 그 신학자들은 (어리석은 생각의 정도를 잴 수 있는 한) 이성의 경계에서 훨씬 멀리 떨어져 있었다. 단성론 신학의 엄격함이 갖는 어떤 가치를 인정할 수 있을지도 모른다. 수도원 제도의 강한 영향력에 대해서는 더욱 그렇다. 시리아, 이집트, 에티오피아에서 야고보파 수도사들은 고행의 엄격함과 성인 이야기의 황당함으로 두드러졌고 살아서든 죽어서든 신의 총애를 받는 자로 경배되었다. 주교와 총대주교의 홀장(笏杖)은 그들의 존귀한 손에 들어가게 되어 있다. 그리하여 그들은 아직도 수도원의 습관과 편견을 흘리고 다니면서도 신도들을 통치하는 역할을 하는 것이다. 63

3. 동방 그리스도교도의 글에서 모든 시대의 단의론자들은 마론파 64라는 이름으로 불리고 있다. 이 이름은 한 은둔자에게서 수도원으로, 수도원에서 한 종파로 전이되었다. 5세기의 성인이며 야만족이던 마론은 시리아에서 종교적 광신을 드러냈다. 적대 관계인 아파메아와 에메사는 그의 유품을 두고 논쟁을 벌였고 그의 무덤 위에 웅장한 교회가 들어서자 600명에 이르는 그의 제자들이 오론테스 강둑에 있던 자신들의 방을 통합했다. 성육신 논쟁에서 그들은 네스토리우스파와 에우티케스파 사이를 잘도 헤쳐 나가며 정통파를 추구했다. 그러나 호기심 많은 여가 속에서, 하나의 의지 또는 그리스도 양성의 작용이라는 저 불운한 질문이 생겨났다. 그들의 개종자인 헤라클리우스 황제는 에메사의 성벽에서 마론파라며 거부당하고 이 종파의 수도원에서 피난처를 찾은 일도 있었다. 그들의 신학적 교리는 광활하고 부유한 교회령의 하사로 보답을 받았다. 이 훌륭한 종파의 명칭과 교리는 그리스인과 시리아인 사이에

3. 마론파

62 이 극도의 금식에 대해서는 라 크로즈와 시리아의 아세만누스마저도 비난하고 있다.

63 단성론자들의 상황은 아세만누스의 제2권 첫 부분에 있는 142쪽짜리 글에 훌륭하게 그려져 있다.

64 두 단어를 동의어로 사용한 것은 아마도 에우티키우스와 포콕(Pocock)의 질서 정연한 표에서 찾을 수 있는 수많은 유사한 구절에서도 증명할 수 있을 것이다. 그는 10세기의 마론파에 대한 어떤 편견에 의해 움직인 것이 아니다. 그리고 아마도 야고보파와 라틴 교회파에 의해 그 증언이 확인되고 있는 한 멜키트교도의 말을 믿을 수 있을 것이다.

65 단의론의 명분은 아파메아의 시리아 사제인 콘스탄티누스가 확고하고 교묘하게 지지했다.

66 지난 세기까지 스무 그루의 커다란 삼나무가 남아 있었지만 현재는 네다섯 그루에 불과하다. 성서에서 매우 유명한 이 나무들의 보호를 위해 파문이 사용되었다. 이 나무는 작은 십자가 등을 위해 매우 드물게 사용되었으며, 그 그늘 아래서 매년 미사를 올렸다.

널리 퍼졌으며 그들의 열의는 안티오크 총대주교 마카리우스가 표현한 바 있다. 그는 콘스탄티노플 주교 회의에서 그리스도의 두 의지에 서명하느니 토막 난 채 바다에 던져지겠다고 공언했던 것이다.65 평원에 사는 비저항적인 신민들은 이와 비슷한 또는 좀 더 온건한 박해 수법으로 개종했지만, 리바누스 산간 지대의 강건한 토착민들은 마르드파 또는 반역자라는 영예로운 칭호를 용감하게 유지했다. 수도사 가운데 가장 박식하고 인기가 좋았던 요하네스 마론은 안티오크 총대주교의 자리에 올랐고, 그의 조카 아브라함은 마론파의 선두에 서서 동로마 제국의 압제자들에 맞서 시민과 종교의 자유를 수호했다. 정통파에 속하는 콘스탄티누스의 아들은 제국의 보루가 되어 줄 지도 모르는, 그리스도와 로마의 공동의 적에 대항하는 민족들을 증오했다. 그리스 군대가 시리아를 침략했으며 성 마론의 수도원은 불에 타 파괴되고 시리아의 용감한 수장들도 배신당해 살해되었다. 그들의 부하 1만 2000명은 멀리 떨어진 아르메니아와 트라키아의 국경으로 옮겨졌다. 그러나 겸손한 마론파 민족은 콘스탄티노플 제국보다 오래 생존했으며 투르크족 주인의 지배하에서도 여전히 자유로운 종교와 온건한 예속을 누리고 있다. 내정 통치자들은 세습 귀족 가운데에서 선정되고 총대주교는 카노빈의 수도원에서 자신이 여전히 안티오크의 대주교직에 있는 것으로 생각하고 있다. 그의 종교 회의는 9명의 주교와 150명의 사제로 구성되어 있는데 이들은 결혼할 자유가 있고 10만 명의 영혼을 돌보는 일을 위임받는다. 그들의 나라는 리바누스 산등성이에서 트리폴리 해안까지 뻗어 있다. 이 완만한 내리막에서 눈 밑에 우뚝 서 있는 신성한 삼나무 숲66으로부터 비옥한 계곡의 포도 덩굴, 뽕나무, 올리브 나무까지 협소한 공간에 다양한 땅과 기후가 공존하고 있다. 마론파는 12세기에 단의론의 오류를 버리고 안티오크와 로마의 라틴 교회와 화해했고67 이 동맹은 교황들의 야심과 시리아인들의 고난 때문에 자주 갱신되어 왔다. 그러나 그들의 결합이 완전했는지 또는 진실했는지에 의문을 제기하는 것은 당연한 일이다. 로마 학계의 박식한 마론파들은 선조들의 이단과 분리주의라는 죄를 씻기 위해 헛된 노력을 계속해 왔다.68

4. 콘스탄티누스 대제 시대부터 아르메니아파69는 그리스도교도의 종교와 제국에 애착을 보여 왔다.

4. 아르메니아파

조국의 혼란, 그리스어에 대한 무지로 성직자들은 칼케돈 종교 회의를 도울 수 없었고, 84년 동안70 무관심 또는 의심의 상태로 떠돌다가 마침내 자신들의 공허한 신앙을 할리카르나수스의 율리아누스의 선교단에 의해 채웠다. 율리아누스는 전에 두 사람 모두의 유배지였던 이집트에서 단성론자로 안티오크 총대주교인 그의 적수 세베루스와의 논쟁에서 그리고 그 영향력에 패배했다. 대부분의 영적 자녀들에게 거부당한 불운한 교부 에우티케스의 순수한 제자는 아르메니아파밖에 없다. 그리스도의 인성은 신성한 불멸의 실체에서 창조되었거나 창조 없이 존재했다는 견해를 견지한 것은 그들뿐이다. 적대자들은 그들이 유령을 숭배한다며 비난했다. 그러면 그들은 신성에 육신의 사악한 질병과 영양 섭취, 소화라는 생리작용까지 적용시키는 야고보파의 신성 모독을 비웃거나 비난하면서 저주했다. 아르메니아의 종교는 그 신도들의 학식이나 힘에서 그다지 영광을 얻지 못했다. 왕족은 분리파가 생겨나면서 소멸했으며 13세기 킬리키아의 국경에서 생겨났다 쇠락한 그들의 그리스도교 왕들은 라틴인의 비호를 받았으며 이코니움의 투르크족 술탄의 가신이었다. 이 무력한 민족은 예속이라는 평온도 누릴 수 없었다. 옛날부

67 티르의 윌리엄의 증거는 자크 드 비트라(Jacques de Vitra)가 모사 또는 확인하고 있다. 그러나 이 부자연스러운 동맹은 프랑크족의 힘으로 소멸되었다. 그리고 아불파라기우스(1286년 사망)는 마론파를 단의론의 한 종파로 간주했다.

68 라 로크(la Roque)의 『시리아와 리바누스 산기행』에서 마론파에 대한 설명과 그 역사를 찾을 수 있었다. 고대 부분에서 그는 나이론과 다른 로마 마론파들의 편견을 그대로 베끼고 있는데 아세만누스는 이에 대해 비난하기는 두려워하고 지지하기는 부끄러워했다.

69 아르메니아인의 종교는 라 크로즈가 간단하게 설명하고 있다. 그는 저 위대한 갈라누스의 『아르메니아 역사』를 참조하고 있으며, 『레반트 선교 신(新)회고록』에 나와 있는 아르메니아 관련 부분을 칭찬하고 있다. 라 크로즈가 칭찬할 정도면 예수회 수사의 저작은 확실히 뛰어난 것이리라.

70 아르메니아파의 분리는 칼케돈 공의회로부터 84년 후에 일어난 것으로 되어 있다. 이는 17년 뒤에 완성되었으며 아르메니아파의 시대를 추적하는 것은 서기 552년부터이다.

71 여행하는 아르메니아인은 모든 여행객과 맞닥뜨리며 그들의 모(母)교회는 콘스탄티노플과 이스파한 사이의 큰길에 있다. 그들의 현재 상황에 대해서는 파브리키우스, 올레아리우스, 샤르댕(Chardin), 투른포(Tournefort), 그리고 무엇보다 타베르니에(Tavernier)를 참조할 것. 이 산만한 보석상은 학식은 없지만 너무도 많은 것을 보고 너무도 정확하게 기록하고 있다.

터 지금까지 아르메니아는 끊임없는 전쟁의 무대였다. 타우리스와 에리반 사이의 땅에서는 소피스의 잔혹한 정책 때문에 사람들이 사라졌다. 수많은 그리스도교 일족들은 페르시아의 먼 속주로 보내져 사라지거나 번성하였다. 아르메니아인의 열의는 억압의 채찍 아래에서도 열렬하고 대담했다. 그들은 마호메트의 흰 터번보다 순교의 관을 택했으며, 그리스인들의 오류와 우상 숭배를 신실하게 증오했다. 라틴 교회와의 일시적인 통합은 그들의 총대주교가 로마 교황의 발아래 바친 1000명의 주교와 마찬가지로 진실하지 못했다. 아르메니아의 총대주교는 에리반에서 3리그 떨어진 에크미아신의 수도원에 기거했다. 각각 네다섯 명의 부주교를 거느릴 수 있는 마흔일곱 명의 주교가 그의 손으로 축성을 받았다. 그러나 대부분은 그저 유명무실한 성직자일 뿐이어서 그들은 자신들의 존재와 봉사로 보잘 것없는 총대주교의 거처에 위엄을 부여하는 역할을 했을 뿐이다. 총대주교는 자신의 영적 제국에 속한 8만 개의 마을과 촌락에서 15세 이상의 주민에게서 자발적인 소액의 세금을 걷었다. 그러나 연 60만 크라운으로는 끊임없는 자선과 공납의 수요를 충족시키기에 부족했다. 지난 세기 초 이래로 아르메니아인들은 동방 무역 가운데 꽤 큰 이익을 남기는 몫을 얻었다. 대상(隊商)들은 유럽에서 돌아오면서 대개 에리반 인근에서 묵었고 이때 그들의 끈기 있는 노동의 결실로 제단은 풍요로워졌다. 에우티케스의 신앙은 최근 바바리와 폴란드의 집회에서 설파되고 있다.71

5. 콥트파 또는 이집트인들

5. 로마 제국의 다른 지역에서는 군주의 폭정으로 그의 마음에 들지 않는 신조를 가진 종파가 근절 또는 침묵당했다. 그러나 이집트인들은 완고한 기질로 칼케돈 공의회에 계속 반

대했기 때문에 유스티니아누스의 정책은 기껏해야 내부 불화가 생겨나기를 기대하면서 그 기회를 잡는 정도에 불과했다. 알렉산드리아의 단성론 교회[72]는 부패파와 청렴파 논쟁 때문에 분열되었다. 총대주교가 사망하자 두 파벌은 각자 후보를 옹립했다. 가이아누스는 율리아누스의 제자였고 테오도시우스는 세베루스의 제자였다. 가이아누스의 주장은 수도사와 원로원 의원들, 도시와 속주의 동의를 얻고 지지를 받았다. 테오도시우스는 서품의 우위, 황후 테오도라의 총애, 한결 명예로운 전쟁에 사용될 수 있었을 환관 나르세스의 무력에 의존하고 있었다. 그리고 둘 중 더 인기 있었던 후보가 카르타고와 사르디니아로 유배되면서 알렉산드리아의 소요에 불이 붙었는데, 170년의 분열 뒤에도 가이아누스파는 여전히 창시자의 명성과 교의를 숭앙하고 있다. 필사적인 유혈 충돌에서 그들의 수적 우위와 강한 규율이 여실히 드러났다. 거리는 시민과 병사들의 시체로 가득 찼다. 신앙심 깊은 여인들은 지붕으로 올라가 적의 머리 위에 날카롭고 무거운 물건을 모조리 내던졌다. 나르세스가 최종적으로 승리를 거둔 것은 로마 제국의 제3위 도시를 전소시켜 버린 방화 덕택이었다. 그러나 유스티니아누스 황제의 부관은 이단자의 지원 속에 정복에 나선 것이 아니었으므로 테오도시우스도 정중하지만 신속하게 경질되고 정통파 수도사인 타니스의 파울루스가 아타나시우스의 자리를 차지했다. 그는 나르세스의 후원하에 권력을 남용하여 이집트의 두크스와 군 장교들을 임명하거나 파면하고 디오클레티아누스가 허가했던 빵 배급을 중단시켰으며 교회를 폐쇄하여 분리파 민족의 영적·육체적 양식을 한꺼번에 박탈했다. 이 전

서기 537~568년, 총대주교 테오도시우스

서기 538년, 파울루스

[72] 디오스코루스부터 벤야민까지 알렉산드리아 총대주교의 역사는 르노도와 에우티키우스의 연대기 제2권에서 따왔다.

제자는 훗날 자신도 민중의 열성과 보복으로 파문당하게 된다. 비굴한 멜키트교도를 제외하고는 그를 인간으로, 그리스도교도로, 주교로 받아들이려는 사람은 아무도 없었다. 그러나 야망이란 대단히 맹목적인 것이어서 파울루스는 살인 혐의로 추방되면서도 700파운드의 황금을 뇌물로 써서 증오와 치욕으로 얼룩진 그 자리에 복위하고자 했다. 후계자인 아폴리나리스는 군복 차림을 하고서 기도에도 전투에도 대비한 상태로 적대적인 이 도시에 입성했다. 무장한 군대가 거리 곳곳에 배치되고 성당의 문에도 경비병이 세워졌으며, 성가대에는 수장의 신병을 보호하기 위해 선택된 한 무리의 군사들이 배치되었다. 그는 대주교좌 앞에서 갑자기 웃옷을 벗더니 알렉산드리아 총대주교의 법복을 입고 군중의 눈앞에 섰다. 사람들은 놀라서 할 말을 잃었다. 그러나 아폴리나리스가 성 레오의 교서를 읽기 시작하자 저주와 욕설, 돌 세례가 날아들어 이 밉살스러운 황제와 주교 회의의 대리인을 공격했다. 사도들의 후계자인 총대주교는 즉각 공격을 명했는데 이때 병사들의 칼에 쓰러진 그리스도교도의 수는 20만이라고 전해진다. 그 기간이 하루에서 아폴리나리스 재임 기간인 18년으로 늘어난다 해도 믿을 수 없는 숫자이긴 하지만 말이다. 뒤를 이은 두 총대주교 에울로기우스[73]와 요하네스는 복음 전도에 훨씬 더 적합한 무력과 논리로 무장하고 이단의 개종에 힘썼다. 에울로기우스의 신학적 지식은 여러 권의 책에서 드러났다. 그는 에우티케스와 세베루스의 오류를 확대하여, 이를 성 키릴루스의 모호한 언사와 교황 레오 및 칼케돈의 주교들의 정통파 신조에 화합시키려

서기 551년,
아폴리나리스

서기 580년,
에울로기우스

서기 609년,
요하네스

[73] 안티오크의 수도사였던 에울로기우스는 웅변보다는 교활함에서 뛰어났다. 그는 신앙의 적, 가이아누스파 및 테오도시우스파와 화해서는 안 된다는 사실을 입증했다. 똑같은 제안도 성 키릴루스의 입에서는 정통파이지만 세베루스의 입에서는 이단이며, 성 레오의 상반되는 주장들도 역시 진실하다고 말이다. 그의 글은 포티우스의 발췌를 제외하면 더 이상 남아 있지 않은데 포티우스는 이 글들을 만족하면서 세심하게 읽었다.

했다. 자선가 요하네스의 아낌없는 시혜는 미신, 자비, 또는 정책에 의한 것이었다. 7500명의 빈민들이 그의 부양을 받았다. 그의 취임 시 교회 기금으로 8000파운드가 있었고 그 후 신자들의 너그러움 덕택에 1만 파운드를 거둬들였다. 그런데도 이 성직자는 자리에서 물러나면서 제일 적은 액수의 은화 3분의 1밖에 남기지 않았다고 자랑스럽게 말할 수 있었다. 알렉산드리아 교회가 가톨릭교도들에게 넘어가자 이집트의 단성론자들은 추방되었고 토착민들을 조국의 명예와 공로에서 배제하는 법이 부활되었다.

이집트 교회에는 신탁이자 지도자인 총대주교의 개종이라는 훨씬 중요한 문제가 남아 있었다. 테오도시우스는 유스티니아누스의 위협과 회유를 사도 또는 광신자의 기개를 가지고 거부해 왔었다. 그는 이렇게 답했다.

<small>콥트파의 분리와 쇠퇴</small>

유혹자가 지상의 왕국을 보여 주었을 때 그의 제안은 너무나 엄청난 것이었소. 그러나 내 영혼은 생명이나 지배권보다 훨씬 소중합니다. 교회는 육신을 죽일 수 있는 군주의 손안에 있지요. 그러나 양심은 나만의 것이오. 유배를 당하든 궁핍 속에서든 사슬에 매여서든 나는 신성한 전임자 아타나시우스, 키릴루스, 디오스코루스의 신앙을 충실히 지킬 겁니다. 레오의 교서와 칼케돈의 공의회에 저주를! 그들의 신조를 받아들이는 모든 자들에게 저주를! 그들에게 지금도 그리고 앞으로도 영원한 저주를! 나는 어머니의 자궁에서 벌거벗은 채 나왔고 벌거벗은 채 무덤으로 돌아갈 것이오. 신을 사랑하는 자, 나를 따라 구원을 모색하시오.

그는 동료들을 안심시킨 후 콘스탄티노플을 향해 떠났으며 여섯 번에 걸친 황제와의 면담에서 저항할 수 없을 정도의 압박을 견뎌 냈다. 그의 견해는 궁정과 도시에서 호의적으로 수용되었다. 테오도라의 영향력은 그에게 안전한 통행과 명예로운 퇴임을 보장해 주었다. 그는 비록 대주교의 자리에서는 아니지만 조국의 품에 안겨 생을 마쳤다. 그의 사망 소식을 듣자 아폴리나리스는 추잡하게도 성직자와 귀족들에게 잔치를 베풀었다. 그러나 새로 선거가 있으리라는 소식에 그의 기쁨은 사그라졌다. 그는 알렉산드리아의 부를 누렸지만 테베의 수도원은 그의 적대자들의 통제를 받으며 사람들의 자발적인 헌납으로 유지되었다. 총대주교의 영속적인 계보는 테오도시우스의 유해로부터 시작되었다. 시리아와 이집트의 단성론 교회들은 야고보파라는 이름과 신앙의 교섭으로 통합되었다. 그러나 시리아의 한 작은 종파에 한정되었던 바로 그 신앙이 과거 거의 만장일치로 칼케돈 공의회의 결의를 거부했던 이집트인들, 콥트인들 사이에 확산되었다. 이집트 왕국이 분열된 이래, 아시아와 유럽의 정복자들이 그 고대의 지혜와 힘이 역사의 기록을 넘어서는 민족을 유린한 이래 1000년이 지났다. 열정과 박해의 항쟁이 그들의 민족적 기개에 다시 불을 지폈다. 그들은 외국의 이단과 함께 그리스인의 관습과 언어를 포기할 것을 선언했다. 그들의 눈에 모든 멜키트교도는 이방인이었고 모든 야고보파는 동포 시민이었다. 멜키트교도와 결혼으로 성립되는 관계, 자비로운 중재는 대죄로 비난받았다. 토착민들은 황제에 대한 모든 의무를 부인했다. 알렉산드리아로부터 멀리 떨어진 곳에서 나오는 그의 명령은 군사력의 압박을 가해야만 복종을 받았다. 관대함을 베푸는 노력을 기울였다면 이집트의 종교와 자유를 다시 찾을 수 있었을지 모른다. 또한 600여 곳에 이르는 이집트 수도원에서는 삶이 위안도 기쁨도 주지 못했으므로 죽음에 대한 아무런 공포도 느끼지 못하는 수많은 성(聖) 전사를 배출할 수 있었을지 모른다. 그러나 과거의 경험은 능동적 용기와 수동적 용기의 차이를 증명해 주었다. 신음 소리 하나 없이 고문대나 화형 말뚝을 견뎌 내는 광신도라도 무장한 적 앞에서는 벌벌 떨며 도망치려 한다. 이집트인들의 비겁한 기질로는 주인이 바뀌기를 기다릴 수밖에 없었다. 호스로우의 군대는 이 땅의 주민들을 쓸어 냈지만 그의 치세 동안 야고보파는 짧고도 불안한 휴식을 누렸다. 헤라클리우스의 승리는 박해를 새로이 악화시켰으며 총대주교는 또다시 알렉산드리아에서 사막으로 도망쳤다. 벤야민은 도망치면서 10년이 지나면 이집트인들과 똑같이 고래의 할례 의식을 시행할 이민족의

서기 625~661년, 야고보파의 총대주교 벤야민

도움을 받을 수 있으리라는 목소리를 듣고 고무되었다. 이 해방자들의 성품과 그 구원의 성격은 나중에 설명할 것이다. 이제 현재 이집트의 야고보파가 받는 고통을 설명하기 위해 11세기라는 시간을 뛰어넘겠다. 인구가 많은 도시 카이로는 궁핍한 총대주교와 남은 열 명의 주교에게 거처, 아니 피난처라 할 만한 것을 제공하고 있다. 마흔 개의 수도원이 아랍인들의 침략을 피해 살아남았다. 예속과 배교의 진행으로 콥트인들은 2만 5000 내지 3만 세대라는 얼마 안 되는 수로 줄어들었다.[74] 이 문맹의 걸인 집단은 그리스 총대주교와 그의 추종자들이 겪는 한층 더 비참한 상황을 위안 삼아 살아가고 있다.[75]

6. 콥트파 교회의 총대주교는 황제의 반역자였던 시기에도 또 칼리프의 노예였던 때에도 시종일관 누비아와 에티오피아의 영적 복종을 확보하고 있었다. 그는 이러한 복종에 보답하

6. 아비시니아인과 누비아인

[74] 이 수는 흥미로운 「이집트인과 중국인에 대한 연구」에서 인용한 것으로 고대 60만, 또는 근대의 1만 5000이라는 게멜리 카레리(Gemelli Carreri)의 콥트인 수에 비해 훨씬 개연성 있는 것으로 보인다.

[75] 콥트인의 역사와 그들의 종교, 관습 등은 번역서도 창작물도 아닌 르노도 수도원장의 잡다한 저작에서 찾을 수 있다. 야고보파 페테르의 동방 연대기, 아브라함 에켈렌시스의 두 판본, 요하네스 시몬 아세만도 참조할 것. 이 연대기들은 13세기 이하로는 내려가지 않는다. 가장 최근의 설명은 이집트를 여행한 여행가와 『레반트 선교 신(新)회고록』에서 찾을 수 있으며, 지난 세기에 카이로에서 태어난 요셉 아부다크누스가 옥스퍼드에서 30쪽짜리 「야고보파 역사」를 발간했다.

여 이들의 위대함을 과장해서 표현했다. 총대주교는 대담하게도 그들이 말 10만 필과 낙타 10만 필을 전쟁에 동원할 수 있으며 그들의 손은 나일 강의 물줄기를 쏟아 내거나 막을 수 있다고 주장했다.76 콘스탄티노플에 망명 중이던 테오도시우스는 후원자 테오도라에게 북회귀선에서 아비시니아 국경까지 누비아의 흑인종을 개종시키라고 권했다.77 그녀의 의도는 의심을 받았고 그보다 정통파인 황제와 힘을 겨루게 되었다. 멜키트파와 야고보파의 상호 적대적인 선교사들이 동시에 출항했다. 그러나 사랑 때문인지 또는 공포 때문인지 모르지만 황후가 훨씬 효과적으로 복종을 얻어 냈다. 가톨릭 사제는 테베의 총독에게 억류되었으며 누비아의 왕과 그 궁정은 디오스코루스의 신앙으로 황급히 세례를 받았다. 유스티니아누스의 뒤늦은 사절은 명예롭게 환영받은 뒤 물러갔다. 그러나 그가 이집트인들의 이단과 반역에 대해 비난하자 개종한 흑인 왕은 진정한 신자인 자기 동포들을 저버리고 칼케돈 공의회 주교들에게 박해를 당하도록 내버려 둘 수 없다며 지시받은 대로 대답했다. 누비아의 주교는 수 세기 동안 알렉산드리아의 야고보파 총대주교에 의해 임명되고 축성받았는데 12세기에 이르기까지는 그리스도교가 널리 퍼지게 되었다. 그들의 풍습과 유적은 아직도 센나아르와 동골라의 황폐화한 마을에서 찾아볼 수 있다. 그러나 누비아인들은 다시 우상 숭배로 돌아가겠다는 위협을 마침내 실행하고 말았다. 기후 때문에 일부다처도 용인해야 했다. 그들은 십자가를 땅에 떨어뜨리고 코란이 승리를 거두는 쪽을 택했다. 흑인종에게는 형이상학적 종교가 너무 세련된 것으로 보일지도 모른다. 그러나 흑인이든 앵무새든 칼케돈 또는 단성론 신조의 단어를 반복해서 암송하라는 가르침을 받을 수는 있었을 것이다.

76 콥트인의 책략, 아비시니아인의 오만, 투르크와 아랍족의 공포와 무지로 이집트와 유럽에 도입된 이 견해는 진실과 전혀 다르다. 나일 강의 물을 범람시킬 때 에티오피아의 비가 군주와 의논하는 것은 아니다.

77 아비시니아인은 지금도 아랍인의 특질과 올리브 빛 얼굴색을 가지고 있지만 인간 종족의 피부색을 바꾸는 데는 2000년도 모자란다는 증거를 보여 주고 있다. 아프리카 종족인 누비아인들은 순수한 흑인으로 세네갈이나 콩고의 흑인만큼이나 까맣다. 고대인들은 근대의 철학자와 신학자들을 당황하게 만들 현상들을 별다른 주의를 기울이지 않고 바라보았다.

그리스도교는 아비시니아 제국에 한층 깊이 뿌리박고 있었다. 때로는 70년 또는 100년 넘게 소통이 가로막혔지만 알렉산드리아의 모(母)교회는 이 식민지를 영속적인 피보호자의 상태로 두었다. 한때는 일곱 명의 주교가 에티오피아의 주교 회의를 구성했다. 그 수가 열 명까지 늘었다면 아마도 독립된 대주교를 선출할 수 있었을 것이다. 그들의 왕 가운데 한 명은 자기 형제를 교회의 고위직에 앉히려는 야심을 품었으나 결과가 예견되면서 주교의 증원은 없던 일이 되었고, 교권 감독은 점차 아비시니아 교단의 수장이자 입안자인 아부나(abuna)[78]에게 집중되어 갔다. 총대주교는 주교의 결원이 생길 때마다 그 자리를 이집트 수도사로 채웠다. 이방인이 맡은 이 역할은 대중에게는 훨씬 존경스럽고 군주에게는 한층 위험이 적은 것으로 비쳤기 때문이다. 6세기에 이집트의 분리가 확정되었을 때 유스티니아누스와 테오도라를 각각 후원자로 둔 적대 관계의 수장들은 멀리 떨어진 독립 속주를 점령하는 데 서로 우위를 점하고자 했다. 황후의 근면이 또다시 승리를 거두었으며 경건한 테오도라는 그 외딴 교회에 야고보파 신앙과 계율을 확립했다.[79] 에티오피아인들은 종교적인 적들로 사방이 둘러싸여 거의 1000년간 잠들어 있었으며 세상을 잊고 자신들도 잊혀져 왔다. 그들은 마치 먼 행성에서 공기를 가르며 내려오기라도 한 듯 아프리카의 남쪽 갑(岬)을 돌아 인도양과 홍해에서 나타난 포르투갈인 때문에 잠에서 깨어났다. 만남 최초의 순간에 로마와 알렉산드리아의 신민들은 신앙의 차이보다는 유사성을 발견했다. 서로 그리스도교 형제와의 동맹에서 가장 중요한 이득을 얻기를 기대했다. 아무도 돌아보지 않는 위치에 있던 에티

서기 530년 등, 아비시니아 교회

서기 1525~1550년, 아비시니아의 포르투갈인

[78] 아부나는 라틴인들이 총대주교라는 칭호로 부적절하게 존엄성을 부여하고 있다. 아비시니아인들은 네 명의 총대주교만을 인정하며 그들의 수장은 대주교나 국가의 수석 대주교 이상은 될 수 없다. 1131년에 존재했던 르노도가 말하는 일곱 주교는 알려져 있지 않다.

[79] 테오도라가 누비아와 에티오피아에 보낸 이 그럴듯한 선교단에 대해 아세만누스가 왜 의문을 제기하는지 알지 못하겠다. 1500년까지 아비시니아가 주목받은 것은 르노도가 콥트 저자들의 작품에서 따온 것뿐이다. 루돌푸스의 생각은 완전히 백지 상태였다.

80 가장 필요한 기술은 유대인들이 행하고 있었으며, 외국과의 교역은 아르메니아인들의 손아귀에 있었다.

81 베르무데즈(John Bermudez)의 진술은 리스본에서 1569년에 인쇄되었으며, 푸르카스가 영어로 번역했고, 이것을 다시 라 크로즈가 프랑스어로 번역했다. 이 저작은 흥미롭다. 그러나 작가는 아비시니아와 로마, 포르투갈을 속인 것으로 의심된다. 그의 총대주교직 자격은 의심스럽고 모호하다.

오피아인들은 거의 야만 상태로 전락해 있었다. 한때 실론과 교역하던 그들의 배는 이제 아프리카의 강조차 항해하지 못했다. 아크수메의 유적은 버려졌고 국민들은 여러 촌락으로 흩어졌으며 황제(거창한 이름이다.)는 평화 시에나 전시에나 움직이지 않는 군영에 거처하는 데 만족했다. 스스로의 궁핍을 자각한 아비시니아인은 유럽의 기술과 독창성을 수입한다는 합리적인 계획을 세웠다.80 로마와 리스본으로 파견된 사절단은 조국에서 사용할 수 있도록 한 무리의 대장장이, 목수, 기와 제조인, 석공, 인쇄업자, 외과 의사, 내과 의사를 초청해 오라는 지시를 받았다. 그러나 이윽고 닥쳐온 국가적 위기, 즉 이 내륙국으로 침략해 오는 야만족, 이보다 더 강력한 병력으로 해상에서 침투해 온 투르크족과 아랍 군대로부터 호전적이지 않은 국민을 방어해야 했기 때문에 무기와 병사로 이루어진 즉각적이고 효과적인 원조가 필요했다. 에티오피아는 450명의 포르투갈인에 의해 구원받았으며 전장에서 그들은 유럽인 고유의 용맹과 소총과 대포의 위력을 보여 주었다. 공포를 느낀 순간 황제는 자기 신민을 가톨릭 신앙으로 개종시킬 것을 약속했기 때문에 라틴 총대주교 한 명이 교황의 최고 권위를 대표했다.81 열 배로 확대된 제국은 아메리카의 광산보다 훨씬 많은 금을 가지고 있을 것으로 짐작되었다. 아프리카 그리스도교도들의 순순한 복종 위에 탐욕과 열광의 희망이 세워졌다.

서기 1557년, 예수회의 포교

그러나 고통에서 강요된 맹세는 상황이 호전되자 철회되었다. 아비시니아인들은 여전히 단성론 신앙을 흔들림 없이 믿고 있었다. 그들의 허약한 믿음 때문에 논쟁이 시작되면서 불이 붙었다. 그들은 라틴 교회를 아리우스파와 네스토리우스파라고 낙인찍었으며 그리스도의 양성을 분리하는 사람들은 네 명의 신을 숭배한다고 비난했다. 예수회 선교사들에게는 예배지가 아니라 유형지에 가까운 프레모나가 배정되었다. 인문과 기술(技術) 면에서의 그들의 솜씨, 신학적 학식, 품위 있는 태도는 별다른 존경을 받지 못했다. 또한 그들은 기적을 일으키는 재능도 없었으며 유럽 군대의 증강 요청도 실현시키지 못했다. 40년간의 인내와 기민함 끝에 마침내 좀 더 호의적인 반응을 끌어냈다. 아비시니아의 두 황제가 로마가 그의 신도들의 현세와 내세의 행복을 보장해 주리라는 믿음을 갖게 된 것이다. 첫 번째로 개종한 황제는 목숨을 잃었다. 아부나는 반란군을 지원하여 황제를 배교자로 저주하면서 그에 대한 충성의 서약을 면제해 주었다. 수스네우스의 용기와 운은 자덴겔의 비운을 보복해 주었다. 그는 세구에드라는 이름으로 왕위에 오른 뒤 경건한 신앙 사업을 훨씬 활력적으로 시행했다. 이 황제는 예수회 수사들과 자신의 문맹 사제들 간의 불평등한 싸움을 지켜본 뒤 스스로 칼케돈 주교 회의의 신조로 개종한다고 선언했다. 그는 성직자와 신민들도 지체 없이 군주의 종교를 받아들일 것으로 생각했다. 선택의 자유는 법으로 대체되었고 이 법은 사형이라는 위협을 가하면서 그리스도의 양성에 대한 믿음을 강요했다. 아비시니아인들은 안식일의 노동과 유희를 금지당했다. 세구에드는 유럽과 아프리카에 대하여 알렉산드리아 교회와의 관계를 단절한다고 선언했다. 예수회 신도이자 에티오피아의 가톨릭 총대주교인 알폰소 멘데즈는 교황 우르바누스 8세의 이름으로 이 회오자의 충성 서약과 배교 선언을 받아들였다. 황제는 무릎을 꿇고 이렇게 말했다.

서기 1626년, 황제의 개종

고백합니다. 교황께서는 그리스도의 대리인이시며 성 베드로의 후계자이시며 세상의 군주이심을 고백합니다. 그분께 진정한 복종을 바칠 것을 맹세하며 그분 발아래 제 몸과 왕국을 바칩니다.

그의 아들과 형제, 성직자, 귀족, 심지어 궁정 귀부인들까지도 비슷한 맹세를 되풀이했다. 라틴 총대주교는 명예와 부를 얻었다. 그의 선교사들은 왕국의 가장 편리한 장소에 교회와 성채를 세웠다. 하지만 예수회교도들 스스로도 자기네 수장의 치명적인 무분별함을 개탄했다. 그는 복음의 온화함과 교단의 정책을 망각하고, 성급하고 폭력적으로 로마식 전례(典禮)와 포르투갈식 종교재판을 도입하려 했다. 그는 에티오피아의 풍토에서 미신보다는 건강상의 이유로 고안되었던 할례라는 고대부터의 관습을 비난했으며 토착민들에게 새로운 세례, 새로운 계율을 강요했다. 가장 경건한 자들을 무덤에서 파내고 살아 있는 자들 가운데 가장 훌륭한 사람들이 외국인 사제에 의해 파문되는 것을 보며 그들은 공포로 몸을 떨었다. 아비시니아인들은 종교와 자유를 방어하기 위해 무장 봉기했고 그들의 열성은 필사적이었지만 성공은 거두지 못했다. 다섯 번의 반란은 반란자들의 피로 물들여지며 진압되었다. 공훈도 지위도 성별도 이 로마의 적대자들을 치욕스러운 죽음에서 구해 주지는 못했다. 그러나 승리를 거둔 군주도 국민들과 자기 어머니, 아들, 그리고 가장 충실한 벗들의 절개에 마침내 손을 들고 말았다. 어쩌면 세구에드는 연민과 이성, 또는 공포의 목소리를 들었을 것이다. 그가 양심의 자유에 관한 칙령을 선포하자 예수회교도들의 폭정과 약점이 당장 드러났다. 바실리데스는 부친이 죽자 라틴 총대주교를 추방하고 국민의 소망에 따라 이집트의 신

서기 1632년, 예수회의 최종 추방

앙과 계율을 회복시켰다. 단성론 교회에는

> 에티오피아의 양들은 이제 서방의 하이에나들에게서 해방 되었네.

라는 승리의 노래가 울려 퍼졌다. 그리고 유럽의 예술과 과학, 광신에 대해 이 고독한 왕국의 문은 영원히 닫히고 말았다.[82]

---

[82] 세 명의 신교도 역사가인 루돌푸스, 게데스(Geddes), 라 크로즈는 중요한 자료를 예수회 수사들, 특히 1660년 코임브라에서 포르투갈어로 발간된 텔레즈(Tellez)의 『통사』에서 가져온 것이다. 그들의 솔직함에는 놀라게 될지 모른다. 그러나 그들의 가장 극악무도한 악덕, 박해의 정신도 그들 눈에는 가장 칭찬할 만한 미덕이었다. 루돌푸스는 에티오피아어를 조금이지만 알고 있었으며 자유정신의 소유자인 아비시니아 사제 그레고리우스를 로마에서 작세 고타의 궁정에 초대하여 개인적으로 대화를 나눴다는 이점이 있다.

윤수인　이화여대 영문학과를 졸업하고 동 대학원 박사과정을 수료했다. 옮긴 책으로 『생존 수업』, 『마지막 카니발』이 있다.

김혜진　이화여대 영문학과를 졸업하고 동 대학원에서 석사학위를 받았다. 현재 전문번역가로 활동하고 있다.

김지현　숙명여대 영문학과를 졸업하고 동 교육대학원 영어교육과에서 석사 학위를 받았다. 현재 전문번역가로 활동하고 있다. 옮긴 책으로 『한계를 뛰어넘는 삶』, 『더치쉬츠의 회복』, 『포옹―마음을 열어 주는 힘, 어머니』, 『헌터 부인의 죽음』, 『구원의 사랑』, 『다시 찾아간 나니아』 등이 있다.

로마 제국 쇠망사 4

1판 1쇄 펴냄　2009년 1월 9일
1판 20쇄 펴냄　2024년 5월 27일

지은이 | 에드워드 기번
옮긴이 | 윤수인, 김혜진, 김지현
발행인 | 박근섭, 박상준
펴낸곳 | (주)민음사

출판등록 1966. 5. 19.(제16-490호)
서울특별시 강남구 도산대로1길 62(신사동) 강남출판문화센터 5층 (우편번호 06027)
대표전화 02-515-2000, 팩시밀리 02-515-2007

www.minumsa.com

한국어 판 ⓒ (주)민음사, 2009. Printed in Seoul, Korea

ISBN 978-89-374-2634-6 04900
ISBN 978-89-374-2630-8 (세트)

* 잘못 만들어진 책은 구입처에서 교환해 드립니다.